Alfred Katz · Staatsrecht

Staatsrecht

Grundkurs im öffentlichen Recht

von

Prof. Dr. Alfred Katz

11., überarbeitete Auflage

C. F. Müller Juristischer Verlag
Heidelberg

Alfred Katz, Jahrgang 1939, Studium der Rechtswissenschaft, Politik- und Wirtschaftswissenschaft in Tübingen und München, Assessorexamen 1972, bis 1975 wissenschaftlicher Assistent an der Universität Tübingen, von 1975 bis 1984 in verschiedenen Funktionen im Wissenschafts-, Innen- und Finanzministerium des Landes Baden-Württemberg tätig, seit 1984 Erster Bürgermeister der Stadt Ulm/Donau. Der Autor hat 1975 mit einer vielbeachteten staatsrechtlichen und verwaltungswissenschaftlichen Arbeit promoviert. Er ist mit einer Vielzahl von Veröffentlichungen vor allem in den Bereichen Verfassungsrecht, Verwaltungswissenschaft, kommunales Wirtschafts- und Abgabenrecht sowie Finanzwissenschaft hervorgetreten. Seit 1973 ist er Lehrbeauftragter und seit 1991 Honorarprofessor an der Fachhochschule für öffentliche Verwaltung in Stuttgart/Ludwigsburg.

Die Deutsche Bibliothek – CIP-Einheitsaufnahme

Katz, Alfred:
Staatsrecht: Grundkurs im öffentlichen Recht / von Alfred Katz. –
11., überarb. Aufl. –
Heidelberg: Müller, Jur. Verl., 1992
(Jurathek: Studium)
ISBN 3-8114-4292-9

Satz und Druck: Gulde-Druck GmbH, Tübingen

ISBN 3-8114-4292-9

Vorwort

Die gute und positive Resonanz, die auch die zehnte Auflage des „Staatsrechts“ gefunden hat, erfordert eine weitere Neuauflage.

In den Jahren 1989 und 1990 hat sich Historisches ereignet. Die Teilung Deutschlands ist Vergangenheit; es begann ein neuer Abschnitt deutscher Geschichte unter dem „Dach“ des Grundgesetzes. Bereits wenige Monate nach der Einheit Deutschlands und der ersten gesamtdeutschen Bundestagswahl am 2. 12. 1990 konnte bereits die 10. Auflage vorgelegt werden. Daß diese „Jubiläumsauflage“ unmittelbar nach so großen verfassungsrechtlichen Ereignissen erscheinen konnte, mag – so habe ich Anfang 1991 geschrieben – als gutes Omen gewertet werden. Und in der Tat war es nach etwas mehr als einem Jahr aufgrund der guten Resonanz notwendig, eine weitere, die 11. Neuauflage, vorzubereiten.

Mit der Neuauflage wird die in der 1. und 3. Auflage begründete und in den späteren Auflagen vertiefte und vervollständigte Konzeption weiterverfolgt und noch zu verbessern versucht (vgl. dazu im einzelnen die nachfolgenden Auszüge aus der 1. und 3. Auflage). Dazu wurden alle Teile des Grundkurses ergänzt und überarbeitet sowie die verfassungsrechtlichen und -politischen Veränderungen ebenso wie die Neuentwicklungen in Politik, Gesetzgebung, Rechtsprechung und Literatur berücksichtigt. Dies gilt etwa besonders für die Vereinigung Deutschlands und Aspekte der europäischen Integration (vgl. Rdn. 127 ff.).

Literatur und Rechtsprechung sind ebenso wie Rechtsänderungen im wesentlichen bis Ende März 1992 eingearbeitet. Für das gute verbesserte Erscheinungsbild und die übersichtliche Textgestaltung habe ich dem Verlag zu danken.

Zu danken habe ich auch diesmal allen, die mich durch hilfreiche Anregungen und auch Kritik in dem Bemühen um eine Verbesserung des Grundkurses unterstützt haben.

Ulm, im April 1992 *Alfred Katz*

Aus dem Vorwort zur ersten und dritten Auflage

Die Beschäftigung mit Problemen des Öffentlichen Rechts bereitet den Studienanfängern bekanntermaßen besondere Schwierigkeiten. Der vorliegende Grundkurs soll daher vor allem dazu beitragen, den „Einstieg“ in die Materie zu erleichtern und Hinweise für das weitere Studium zu geben.

Der Grundkurs im Staatsrecht wurde durch die entsprechende Lehrveranstaltung, die seit vielen Semestern an der Universität Tübingen abgehalten wird, angeregt. Stoffauswahl und Darstellungsweise sind auch durch die Erfahrungen bestimmt, die der Verfasser in den vergangenen Jahren als Leiter einschlägiger Arbeitsgemeinschaften an der Universität Tübingen und als Lehrbeauftragter an der Fachhochschule für Öffentliche Verwaltung in Stuttgart/Ludwigsburg sammeln konnte.

Inhaltlich hat sich der Grundkurs mit den Grundfragen des Staates und seiner Verfassung auseinanderzusetzen. Das Staatsrecht steht somit im Mittelpunkt der Darstellung (insbesondere die Staatszielbestimmungen, die Staatsorgane und die Grundrechte). Darüber hinaus wurde angestrebt, einige für Studienanfänger notwendige Grundkenntnisse in der Allgemeinen Staatslehre und der Verfassungsgeschichte zu vermitteln. Einbezogen sind ferner – soweit es sinnvoll erschien – verwaltungsrechtliche und völkerrechtliche Probleme. Nach Möglichkeit wurden schließlich soziologische und politikwissenschaftliche Aspekte mitberücksichtigt, denen gerade auch bei der Untersuchung des geltenden Verfassungsrechts eine nicht zu unterschätzende Bedeutung zukommt. Besonderer Wert wurde zudem der Darstellung der Verfassungsentwicklung und der Verfassungswirklichkeit, des „Staates in Aktion“, beigelegt.

In dem Grundrechtsteil – Fünfter Teil – wird unter Inkaufnahme mancher Unvollständigkeit und Vereinfachung der Versuch unternommen, die äußerst schwierigen und vielschichtigen Grundrechtsprobleme in möglichst verständlicher Form dem Studienanfänger zugänglich zu machen. Deshalb wurde eine betont grundrechtssystematische und -methodische Darstellung angestrebt. Der Fünfte Teil ist ein Ergebnis meiner langjährigen Lehrtätigkeit und hat sich in der Lehrpraxis ausgesprochen gut bewährt.

Der vorliegende Grundkurs ist zwar auf den erforderlichen Mindeststandard an Wissenschaftlichkeit bedacht; er will aber kein Lehrbuch des Staatsrechts sein oder ersetzen. Vielmehr soll er den Studienanfängern – unter Zugrundelegung der höchstrichterlichen Rechtsprechung – den „Zugang“ zum Öffentlichen Recht (insbesondere zum Staatsrecht) erleichtern und gewisse Orientierungshilfen bieten, vor allem für die Vor- und Nacharbeit des in den Anfängerlehrveranstaltungen zu vermittelnden Lehrstoffes (vgl. dazu unten die Ausführungen zu den Arbeitsempfehlungen). Dabei sollte diese Arbeit – wie die Erfahrung lehrt – nicht in bloßem Selbststudium erfolgen; dringend anzuraten ist es, zu diesem Zweck kleinere private Arbeitsgruppen zu bilden.

Die allmähliche Vertiefung öffentlich-rechtlicher Fragestellungen ist auch im Grundkurs selbst angelegt. In diesem Sinne ist es etwa zu verstehen, daß über die Staatsformmerkmale zunächst im Rahmen der Staatsformenlehre (unten § 4) ein erster Überblick gegeben wird, daß dann im Zusammenhang mit dem verfassungsgeschichtlichen Abriß (unten § 5 II) die einzelnen Staatsformmerkmale wiederholt und veranschaulicht werden, und daß schließlich im Dritten Teil die Staatsformmerkmale der Bundesrepublik nach dem Grundgesetz ausführlich erörtert werden. Diesem Zweck dienen auch die jedem Abschnitt angefügten Literaturhinweise, Wiederholungsfragen, Fälle und Schaubilder.

Der Verfasser ist sich der Problematik seines Versuches, bei dem Unvollständigkeiten und bisweilen starke Vereinfachungen in Kauf zu nehmen waren, durchaus bewußt. Gleichwohl ist zu hoffen, daß mit dem vorliegenden Grundkurs dem Studienanfänger eine brauchbare und hilfreiche Arbeitsanleitung für das Öffentliche Recht, insbesondere das Staatsrecht, an die Hand gegeben werden kann. Daß es hierbei auch künftig eines permanenten Überdenkens, aber auch der Kritik bedarf und Verbesserungen sicher möglich und hie und da auch nötig sind, liegt in der Schwierigkeit der gestellten Aufgabe begründet.

Tübingen, im Juni 1975/April 1978

Inhaltsübersicht

Vierter Teil: Oberste Bundesorgane und ihre Aufgaben

Fünfter Teil: Grundrechte

Arbeitsempfehlungen und allgemeine Literaturhinweise

Der Grundkurs ist vor allem für den Jurastudenten der Anfangssemester konzipiert und will demzufolge eine grundrißartige Arbeitsanleitung für das Öffentliche Recht, insbesondere das Staatsrecht, geben. Dieser Zweck kann für die Arbeitsweise mit dem vorliegenden Grundkurs nicht ohne Konsequenzen bleiben. Läßt sich etwa ein größeres Lehrbuch, wenn man dabei von sicher bestehenden Verständnisschwierigkeiten für Studienanfänger einmal absieht, weitgehend zu Hause und nicht selten ohne weitere Literatur intensiv studieren, so sollte dies mindestens im Regelfall nicht für den „Grundkurs" gelten. Zwar hat jeder seinen sich im Laufe des Studiums angeeigneten persönlichen Arbeitsstil mitzuberücksichtigen, doch sollte gleichwohl jeder Student im Prinzip folgender Arbeitsempfehlung bei der Durcharbeit des Grundkurses folgen: Zuerst sollte, wenn möglich, als Vorarbeit für die Lehrveranstaltung (Grundkurs, Vorlesung), der entsprechende Abschnitt zusammenhängend aufmerksam gelesen werden. Anschließend, in der Regel nach der Lehrveranstaltung, ist dann das betreffende Sachgebiet nach Möglichkeit in einer Bibliothek (Juristisches Seminar), in der die öffentlich-rechtliche Literatur vorhanden ist, gewissermaßen Satz für Satz intensiv und sorgfältig „durchzuackern". Dabei sollten unbedingt die im Text selbst angegebenen Fundstellen, insbesondere die Entscheidungen des Bundesverfassungsgerichts (BVerfGE), und auch zusätzlich noch die entsprechenden Passagen wenigstens eines am Schluß jeden Abschnitts angegebenen Lehrbuches durchgelesen werden. Eventuell noch bestehende Unklarheiten und Zweifelsfragen dürften meist ohne weiteres mit den einschlägigen Kommentaren zum Grundgesetz (GG), unter Umständen auch mit den Lehrbüchern, zu klären sein. Zudem sollten zu wichtigen Einzelproblemen noch einige der in den Literaturhinweisen genannten Fundstellen (Aufsätze, Monographien, weitere Lehrbücher usw.) studiert werden. Die am Ende jedes Abschnitts angegebene Literatur ist dabei eine exemplarische Auswahl im allgemeinen gut zugänglicher, in der Regel leicht verständlicher und meist häufig zitierter Aufsätze und Schriften. Abschließend sollte dann versucht werden – quasi als Erfolgskontrolle – die am Ende jedes Abschnitts stehenden Wiederholungsfragen und Fälle wenigstens stichwortartig schriftlich zu beantworten.

Das A und O des juristischen Arbeitsmaterials ist der Gesetzestext (er ist stets aufmerksam und vollständig zu lesen und genau zu beachten!). Deshalb ist es unerläßlich, sich umgehend die wichtigsten Gesetzestexte anzuschaffen. In den öffentlich-rechtlichen Anfängerveranstaltungen und oft auch für den „Kleinen

Schein" genügt der Kauf einer Taschenbuchausgabe des GG (C. F. Müller-Ausgabe: Achterberg/Püttner, Staats- und verwaltungsrechtliche Gesetze; dtv-Ausgabe mit den wichtigen staatsrechtlichen Gesetzen; Goldmann-Ausgabe mit der Reichsverfassung von 1871, der Weimarer Verfasung von 1919 usw.). Die Gesetzessammlung „Sartorius" und die entsprechende Landesgesetzessammlung sollten aus Gründen der Kostenersparnis erst etwa im dritten Semester angeschafft werden.

Zur Vertiefung der in diesem Grundkurs behandelten Probleme wird im Bereich des Staatsrechts regelmäßig in den Literaturhinweisen auf die vier am meisten verbreiteten Lehrbücher von *Hesse,* Grundzüge des Verfassungsrechts der Bundesrepublik Deutschland, 18. Aufl. 1991 (C. F. Müller-Verlag), *Maunz/Zippelius,* Deutsches Staatsrecht, 28. Aufl. 1991 (C. H. Beck-Verlag), *Stein,* Staatsrecht, 13. Aufl. 1990 (Mohr/Siebeck-Verlag), und neuerdings auch auf *Badura,* Staatsrecht, 1986 (C. H. Beck-Verlag), verwiesen; auf den Gebieten der allgemeinen Staatslehre werden meist die Werke von *Herzog,* Allgemeine Staatslehre, 1971, *Kriele,* Einführung in die Staatslehre, 2. Aufl. 1981, *Schunck/De Clerck,* Allgemeines Staatsrecht und Staatsrecht des Bundes und der Länder, 12. Aufl. 1986, *Zippelius,* Allgemeine Staatslehre, 11. Aufl. 1991 (C. H. Beck-Verlag) genannt. Schließlich werden zu einer mehr kritischen (politikwissenschaftlichen) Vertiefung des Stoffes häufig noch *Denninger,* Staatsrecht 1, 1973, Staatsrecht 2, 1979 (rororo-Studium), *Ellwein/Hesse,* Das Regierungssystem der Bundesrepublik Deutschland, 6. Aufl. 1988, *Sontheimer,* Grundzüge des politischen Systems der Bundesrepublik Deutschland, 12. Aufl. 1989 (Piper-Verlag), und *Böhret/Jann/Junkers/Kronenwett,* Innenpolitik und politische Theorie, 3. Aufl. 1988 (Westdeutscher Verlag), zitiert. Neben diesen Lehrbüchern usw. werden schließlich in einem fortgeschrittenen Wissensstadium vor allem im Hinblick auf die klausurmäßige Fallbearbeitung und Examensvorbereitung noch besonders *Erichsen,* Staatsrecht und Verfassungsgerichtsbarkeit (Jur. Studienkurs) Bd. 1, 3. Aufl. 1982, Bd. 2, 2. Aufl. 1979, und *Schwerdtfeger,* Die öffentlich-rechtliche Fallbearbeitung, 8. Aufl. 1986, zur Lektüre empfohlen. Zur Vertiefung ist schließlich noch besonders auf das systematische Staatsrechtshandbuch von *Stern,* Das Staatsrecht der Bundesrepublik Deutschland, Bd. I, 2. Aufl. 1984, Bd. II 1980, Bd. III/1 1989 (C. H. Beck-Verlag) sowie auf Isensee/Kirchhof (Hrsg.), Handbuch des Staatsrechts, Bd. I, II, III, IV und VI (ab 1987; C. F. Müller-Verlag), hinzuweisen.

Für den Studenten nützlich und besonders bei der Anfertigung von Hausarbeiten etc. zwingend geboten ist die Heranziehung der einschlägigen Kommentare. An Großkommentaren zum GG sind hier der *„Bonner Kommentar"* (BK), *Maunz/Dürig* und der Alternativkommentar zum GG sowie an Handkommentaren vor allem *v. Münch* (Hrsg.), *Schmidt-Bleibtreu/Klein* und *Jarass/Pieroth* (Hrsg.) zu nennen. An gängigen Fachzeitschriften (Periodika) sind schließlich im Rahmen dieser Literaturhinweise die „Neue Juristische Wochenschrift" (NJW) mit der monatlichen Beilage „Zeitschrift für Rechtspolitik" (ZRP) und die „Juristenzeitung" (JZ) sowie speziell für das Öffentliche Recht „Die Öffentliche Verwaltung" (DÖV), das „Deutsche Verwaltungsblatt" (DVBl.) und die „Neue Zeitschrift für Verwaltungsrecht" (NVwZ) zu erwähnen. Endlich sei noch auf zwei speziell für die Bedürfnisse des Jurastudenten konzipierte Zeitschriften verwiesen: die „Juristischen Arbeitsblätter“ (JA = JurArbBl) und die „Juristische Schulung“ (JuS). Es wird empfohlen, eine dieser beiden zuletzt genannten Zeitschriften möglichst bereits zu Beginn des Studiums zu abonnieren.

Abkürzungsverzeichnis

a. A.	andere Ansicht
a. a. O.	am angegebenen Ort
Anm.	Anmerkung
AöR	Archiv des öffentlichen Rechts
Arg.	Argument
Art.	Artikel
Aufl.	Auflage
BAG	Bundesarbeitsgericht
BayVBl.	Bayerische Verwaltungsblätter
Bd.	Band
BGB	Bürgerliches Gesetzbuch
BGBl.	Bundesgesetzblatt
BGHSt	Entscheidungen des Bundesgerichtshofs in Strafsachen
BGHZ	Entscheidungen des Bundesgerichtshofs in Zivilsachen
BRRG	Beamtenrechtsrahmengesetz (150)*
BSGE	Entscheidungen des Bundessozialgerichts
BVerfG	Bundesverfassungsgericht
BVerfGE	Entscheidungen des Bundesverfassungsgerichts
BVerfGG	Bundesverfassungsgerichtsgesetz (40)*
BVerwGE	Entscheidungen des Bundesverwaltungsgerichts
BWahlG	Bundeswahlgesetz (30)
DJT	Deutscher Juristentag
DÖV	Die Öffentliche Verwaltung
DtZ	Deutsch-Deutsche Rechtszeitschrift
DVBl.	Deutsches Verwaltungsblatt
EStL	Evangelisches Staatslexikon (3. Aufl., 1987)
ESVGH	Entscheidungssammlung des Hess. und des Bad.-Württ. Verwaltungsgerichtshofs
EuGRZ	Europäische Grundrechts-Zeitschrift
EVertr	Vertrag zwischen der BRD und der DDR über die Herstellung der Einheit Deutschlands – Einigungsvertrag – vom 31. 8. 1990, BGBl. II S. 889
FamRZ	Zeitschrift für das gesamte Familienrecht
ff.	folgende
GeschOBReg	Geschäftsordnung der Bundesregierung (38)
GeschOBTag	Geschäftsordnung des Bundestages (35)
GG	Grundgesetz (1)
GGO	Gemeinsame Geschäftsordnung der Bundesministerien (I: Allgemeiner Teil; II: Besonderer Teil)
GmS-OGB	Gemeinsamer Senat der obersten Gerichtshöfe des Bundes

HdBStaatsR	Handbuch des Staatsrechts der Bundesrepublik Deutschland (Hrsg.: Isensee/Kirchhof), Bd. I u. II 1987, Bd. III 1988, Bd. IV 1990, Bd. VI 1989
h. M.	herrschende Meinung
Hrsg.	Herausgeber
i. d. F.	in der Fassung
i. S.	im Sinne
JABl.	Juristische Arbeitsblätter
JA ÖR	JABl., Öffentliches Recht
JöR	Jahrbuch des öffentlichen Rechts der Gegenwart
JuS	Juristische Schulung
JZ	Juristenzeitung
LV (BW)	Landesverfassung (Baden-Württemberg)
MDR	Monatsschrift für Deutsches Recht
m. w. N.	mit weiteren Nachweisen
NJW	Neue Juristische Wochenschrift
NVwZ	Neue Zeitschrift für Verwaltungsrecht
OLG	Oberlandesgericht
OVG	Oberverwaltungsgericht
PartG	Parteiengesetz (58)
PVS	Politische Vierteljahresschrift
RGZ	Entscheidungen des Reichsgerichts in Zivilsachen
Rspr.	Rechtsprechung
RV	Reichsverfassung von 1871
SGB	Sozialgesetzbuch – Allg. Teil – (408)
StGB	Strafgesetzbuch
StVertr	Vertrag über die Schaffung einer Währungs-, Wirtschafts- und Sozialunion zwischen der BRD und der DDR – Staatsvertrag – vom 18. 5. 1990, BGBl. II S. 537
VerwArch	Verwaltungsarchiv
VwRspr	Verwaltungsrechtsprechung in Deutschland
VG	Verwaltungsgericht
VGH (BW)	Verwaltungsgerichtshof (Baden-Württemberg)
VVDStRL	Veröffentlichungen der Vereinigung der Deutschen Staatsrechtslehrer
VwGO	Verwaltungsgerichtsordnung (600)
VwVfG	Verwaltungsverfahrensgesetz (101)
WV	Weimarer Reichsverfassung (6)
ZBR	Zeitschrift für Beamtenrecht
ZParl	Zeitschrift für Parlamentsfragen
ZRP	Zeitschrift für Rechtspolitik

* Die in Klammern angeführten Zahlen bezeichnen die Nummer, unter der das entsprechende Gesetz in der Gesetzessammlung „Sartorius" abgedruckt ist.

Über weitere Abkürzungen, die Ihnen im Verlauf Ihres Studiums begegnen, informiert zuverlässig und umfassend *Kirchner,* Abkürzungsverzeichnis der Rechtssprache, 3. Aufl. 1983.

Erster Teil: Einführung

§ 1 Recht und Rechtsquellen

I. Das Phänomen Recht und seine Funktion

1. Der Wirkungsbereich des **Rechts** und damit auch der Rechtswissenschaft ist das soziale Zusammenleben der Menschen in einer Gemeinschaft. Dabei kommt dem Recht die Aufgabe zu, eine gerechte Ordnung aufzustellen. Das Recht strebt nach materieller Richtigkeit und Rechtsvernunft, es will die Idee der Gerechtigkeit zur Geltung bringen (durch entsprechende Verhaltensregeln; ein „Gefüge von Sollensnormen"). Dem Recht kommt folglich die Aufgabe zu, das Verhältnis der Menschen zueinander, insbesondere in ihren Handlungen, ihre Beziehungen zu den öffentlichen Hoheitsträgern sowie die Beziehungen der Hoheitsträger untereinander sorgfältig festzulegen und gerecht zu ordnen. Neben dieser **Ordnungsfunktion** soll das Recht aber auch die **Funktionen der Einheits- und Friedensstiftung,** der Rechtssicherheit, der Billigkeit und der Zweckmäßigkeit erfüllen. Dies wird nicht zuletzt durch die Wesensmerkmale des Rechts erreicht: Es gilt allgemein, ist für alle gleich und jedermann ist ihm unterworfen. Die Kunst liegt nun darin, daß derjenige, der das Recht setzt (Gesetzgeber), die verschiedenen Funktionen unter der Leitidee der sozialen Gerechtigkeit dergestalt einander zuzuordnen, zueinander in Verhältnis zu setzen hat, daß unter Berücksichtigung der bewährten historischen Erfahrungen und Traditionen, der gesellschaftlichen und staatlichen Gegebenheiten sowie der politischen Zielvorstellungen eine maximale Synthese, ein gerechtes und gutes Rechtssystem, eine „richtige und damit legitime Ordnung" entsteht, die von einer breiten Mehrheit beachtet und akzeptiert wird und damit breiten Konsens, soziale Wirksamkeit und Autorität entfaltet. Nur, wenn das Recht in menschliches Verhalten eingeht, gewinnt es Leben und ist dauerhaft wirksam (vgl. Hesse Rdn. 13ff.; Dreier NJW 1986, 890ff.). 1

Das Recht unterscheidet sich von den übrigen sozialen Ordnungs- und Wertsystemen wie Sitte, Moral, Religion oder Konvention vor allem dadurch, daß es eine auf Gegenwart und Zukunft bezogene, zweckrationale und allgemeinverbindliche Ordnung in einem formell festgelegten Verfahren aufstellt, die die bestehenden und künftigen sozialen Probleme zu lösen und vorwegzunehmen versucht, und diese allgemeinverbindliche Ordnung erzwingbar ist, d.h. vom Staat durchgesetzt und sanktioniert, die Verwirklichung der Ordnung also grundsätzlich garantiert wird (Gerichtsbarkeit, Zwangsvollstreckung, Strafe). Recht ist gekennzeichnet durch 2 seine Abstraktheit, Allgemeinheit, Verbindlichkeit und Publizität. Das Recht sichert demnach die jeweils bestehende gesellschaftliche und politische Ordnung sowie die staatliche Einheit. Unter Recht versteht man also all jene Verhaltensnormen, die im Unterschied zu Sitte, Moral usw. eine sichere Chance haben, Wirksamkeit zu erlangen; aufgrund der Durchsetzungsmöglichkeit des Rechts, dem organisierten obrigkeitlichen Zwang, richtet der einzelne sein Verhalten eben grundsätzlich danach aus (**Zwangscharakter des Rechts,** ohne Willkür zu sein; „Recht geht vor Macht"), Befehl und Zwang sind zwar das Zeichen einer geltenden Rechtsordnung; doch äußert sich dies grundsätzlich nur in der „Krise". Auf Dauer läßt sich das Recht nicht auf Zwang, sondern nur auf ein allgemeines Verstehen, Anerkennen, auf Akzeptanz und Mitwirken des Volkes gründen.

3 2. Dieses stark vereinfachte und etwas idealistisch dargestellte Recht darf aber nicht nur als bloß abstrakter, statischer, normativer Sinngehalt verstanden werden. Das Recht ist vielmehr auch als eine lebendige, wirksame, aktuelle und dynamische Normenordnung, als zentraler Bestandteil der gesellschaftlichen Gesamtentwicklung zu begreifen. Der Inhalt des menschlichen Sollens geht aus dem gesellschaftlichen Sein hervor und hat als rechtliches Sollen nur dadurch ein Sein, daß es ganz überwiegend als Sollen gewußt, gewollt und vollzogen wird (E.-W. Böckenförde). Daraus folgt, daß das Recht in der sozialen Wirklichkeit und dem politischen Alltag eines demokratischen Staates **Züge eines „Kompromißcharakters"** angenommen hat. Das Recht, insbesondere das förmliche Gesetz, ist eben das Ergebnis eines Bemühens, im Rahmen des politischen Willensbildungsprozesses durch demokratische Verfahren umstrittene Interessen auszugleichen, zu befrieden und möglichst gerecht zu lösen; es ist aber auch ein zentrales Mittel des Staates, Impulse zu geben und politisch gewünschte Zustände herbeizuführen. Insoweit ist das Recht das im parlamentarischen Prozeß gefilterte und so legitimierte Substrat von Politik, das stets dem Zugriff der Novellierung oder Änderung durch die politische Mehrheit ausgesetzt ist. Recht und Politik treffen sich hier in dem Bemühen, „die unterschiedlichen Interessen der Menschen in Einklang zu bringen, um den inneren Frieden zu wahren" (Benda ZRP 1977, 2; Wassermann ZRP 1980, 125).

II. Rechtsquellen

4 Das Recht erschließt sich dabei nicht aus einer, sondern aus einer Vielzahl von „Quellen" (**Vielfalt der Rechtsgrundlagen;** unterschiedliche Rechtsqualität, Form, Geltungsbereiche; Bundes-, Landes-, Kommunalrecht usw.). Ihre Systematisierung ist Aufgabe der Rechtsquellenlehre.

1. Als **Rechtsquelle** bezeichnet man all jene normativen Regelungen, aus denen sich das geltende Recht ergibt. Der Begriff skizziert ein eindrucksvolles Sprachbild für das Entstehen, die Verbindlichkeit und die Erkennbarkeit von Recht („Quelle" als Ursprung hervortretender Substanz, als von verfaßten Organen in förmlichen Verfahren hervorgebrachtes Recht). Die Rechtsquelle ist der Erkenntnisgrund für etwas als positives Recht; sie verkörpert all jene in Rechtssätzen formulierten oder formulierbaren Rechtsnormen, die in einem bestimmten örtlichen Bereich zu einer

bestimmten Zeit mit Verbindlichkeits- und Vollzugsanspruch sozial gelten und in der Regel von einer staatlichen Autorität garantiert werden (alles was „Rechtens" ist; Wolff/Bachof, VerwR I, § 24 I; Achterberg, Allg. VerwR, 2. Aufl., 1986, § 17). Als Rechtsquellen bezeichnet man also alle Handlungsanweisungen und Maßstäbe, die Verhaltensmuster vorgeben (Ge- und Verbote usw.), Ziele und Mittel des staatlichen Handelns festlegen und die rechtliche Entscheidung von Konfliktfällen bestimmen (allgemeine Merkmale: Abstraktheit, Allgemeinheit, Verbindlichkeit und Öffentlichkeit). In der Literatur wird den verschiedensten Erscheinungsformen und Arten der Rechtsquellen besondere Aufmerksamkeit gewidmet. So werden etwa die Rechtsquellen nach dem Entstehen, der Verbindlichkeit und der Erkennbarkeit in geschriebenes Recht und ungeschriebenes Recht (Gewohnheitsrecht usw.), in ursprüngliches, originäres Recht (insbesondere Gesetze) und abgeleitetes, derivatives Recht (z. B. Verordnungen), in zwingende und nachgiebige Rechtsnormen oder in Bundes-, Landes- und autonomes Recht (z. B. Kommunalrecht) eingeteilt. Von den zahlreichen Unterscheidungsarten sollen hier einige etwas näher dargestellt werden (die Grundzüge der Rangordnung der Rechtsquellen sind gesondert in Rdn. 8 dargestellt):

2. Nach dem Inhalt unterscheidet man das **objektive Recht** als die Gesamtheit der 5
innerhalb einer Rechtsordnung allgemein geltenden Rechtsvorschriften (Summe aller Rechtsnormen; was objektiv „Rechtens" ist) von dem **subjektiven Recht** (was dem einzelnen als sein „persönliches" Recht zukommt). Letzteres verleiht dem einzelnen eine bestimmte Rechtsmacht, die sich im Interesse des Berechtigten aus dem objektiven Recht unmittelbar ergibt oder die aufgrund des objektiven Rechts erworben wird. Kann ein einzelner für sich unmittelbar aus einer öffentlichen Rechtsnorm eine Rechtsbefugnis, eine Machtposition, ableiten, so spricht man von einem subjektiv-öffentlichen Recht **(Rechtsanspruch).** Im Bereich des Staatsrechts sind dies vor allem die Grundrechte (vgl. Art. 1 III). Diese Unterscheidung ist für die Frage einer möglichen gerichtlichen Durchsetzung von entscheidender Bedeutung. So genügt es für den Erfolg eines Rechtsmittels (Klage usw.) nicht, daß ein hoheitlicher Träger (Behörde) nach objektivem Recht zu einem Handeln verpflichtet ist; ebensowenig reicht es aus, wenn ein Zustand objektiv rechtswidrig ist. Nur wenn der das Rechtsmittel einlegende, betroffene Bürger ein eigenes subjektives Recht (Anspruch, Anspruchsgrundlage!) auf die Vornahme einer behördlichen Handlung besitzt (z. B. Erlaß eines Verwaltungsakts, polizeiliches Einschreiten; vgl. Henke DÖV 1980, 621 ff.), kann er es selbst erzwingen. Also erst, wenn der Bürger durch eine Maßnahme selbst betroffen, belastet, in einem ihm zustehenden subjektiven Recht verletzt ist, kann er sein Verlangen (Petitum) durchsetzen (vgl. Art. 19 IV sowie §§ 42 II und 113 VwGO – lesen!).

3. Entsprechend der rechtlichen Natur der geregelten Materie unterscheidet man 6
zwischen materiellem und formellem Recht. Unter **materiellem Recht** versteht man die Rechtsnormen, die das Recht als solches ordnen, Rechtsbeziehungen und Rechtsverhältnisse regeln. Im Bereich des Öffentlichen Rechts handelt es sich um jene Vorschriften, die das öffentlich-rechtliche Verhältnis zwischen der öffentlichen Hand und dem einzelnen bzw. zwischen verschiedenen Hoheitsträgern inhaltlich im einzelnen bestimmen und formen. Im Unterschied dazu dient das **formelle Recht**

der Durchsetzung des materiellen Rechts („Rechtsdurchsetzungsrecht", Prozeßrecht und Verfahrensrecht). Das formelle Recht enthält also Bestimmungen, in denen die Formen und Wege der Verwirklichung des materiellen Rechts festgelegt sind (z.B. Zuständigkeiten, Verfahren, Formen, Fristen, Rechtsmittel; vgl. insbesondere das VwVfG und die einzelnen Prozeßordnungen: ZPO, StPO, VwGO usw.).

7 4. Von dieser Unterscheidung sind streng die Begriffe „Gesetz im formellen" und „Gesetz im materiellen Sinne" zu trennen. Unter einem **Gesetz** versteht man allgemein eine abstrakt-generelle Anordnung für menschliches Verhalten, eine in einem förmlichen Verfahren festgelegte allgemeine und verbindliche Rechtsnorm (Rechtssatzimperative; vgl. unten § 20 I; Einzelfallregelungen erfolgen durch Verwaltungsakt, vgl. § 35 VwVfG). Nach herkömmlicher und auch heute noch herrschender Meinung wird das Wesen der Gesetzgebung durch zwei verschiedene, sich allerdings teilweise deckende Begriffe bestimmt: **Gesetz im formellen Sinne** ist die rechtliche Regelung, die durch die Gesetzgebungsorgane in einem geordneten, in der Verfassung selbst festgelegten förmlichen Gesetzgebungsverfahren ergeht sowie ordnungsgemäß ausgefertigt und verkündet ist, also jede Anordnung, die in Gesetzesform als Akt der Legislative zustande kommt, und zwar ungeachtet ihres inhaltlichen Charakters (vgl. etwa Art. 77, 78, 82). Solche Gesetze genießen besondere Autorität und finden bevorzugte Anerkennung, weil sie vom demokratisch legitimierten Gesetzgeber in einem förmlich festgelegten öffentlichen Verfahren erlassen werden und ihnen deshalb die Vermutung der Verwirklichung der Gerechtigkeit und der Rechtmäßigkeit innewohnt. **Gesetz im materiellen Sinne** ist jeder positive Rechtssatz, d.h. jede von einer staatlichen Autorität gesetzte Anordnung, die allgemein verbindliche, generelle und abstrakte Regelungen mit Außenwirkung enthält (Rechtsnorm), also auch Rechtsverordnungen, Satzungen und Gewohnheitsrecht. Formelle und materielle Gesetze sind zwar weitgehend identisch; sie sind aber nicht deckungsgleich. So gibt es förmliche Gesetzgebungsakte, in denen wegen fehlender Allgemeinverbindlichkeit keine „materiellen Rechtsnormen" gesetzt werden, sogenannte „Nur-formelle-Gesetze" (z.B. Art. 110 II: Feststellung des Haushaltsplans; Art. 59 II: Zustimmung zu völkerrechtlichen Verträgen). Zu den Gesetzen im materiellen Sinne zählen andererseits neben den mit Rechtsqualität ausgestatteten Gesetzen im formellen Sinne auch jene Rechtsnormen, die nicht unmittelbar von den Gesetzgebungsorganen selbst erlassen wurden, die sogenannten „Nur-materiellen-Gesetze", also insbesondere die Rechtsverordnungen (Art. 80), die autonomen Satzungen (vgl. etwa Art. 28 II), aber auch das Gewohnheitsrecht.

III. Normenhierarchie

8 Die Rangfolge der Normen, auch Normenhierarchie oder **Normenpyramide** genannt, spielt infolge der Vielfältigkeit der öffentlich-rechtlichen Rechtsquellen und der besonderen Ordnungsfunktion des Rechts eine entscheidende Rolle. Unter der Rangordnung der Rechtsquellen bzw. Rechtssätze sind die einzelnen Stufen der

Geltungskraft innerhalb einer Rechtsordnung zu verstehen. Meist entspricht dabei der Rang der Rechtsquelle dem Rang des normensetzenden Organs. Die Notwendigkeit einer solchen Normenhierarchie ist in einer organisatorisch stark gegliederten bundesstaatlichen Ordnung besonders dringlich, um ein in sich geschlossenes, möglichst widerspruchsfreies, einheitliches Rechtssystem zu gewährleisten (vgl. etwa UNO, EG, Bund, Länder, Gemeinden usw.). Im übrigen zeigt die Praxis, daß die höherrangigeren Normen meist allgemeine Grundsätze beinhalten, die dann in den niederrangigeren Normen konkretisiert werden (vgl. etwa Art. 38 I, §§ 1, 34, 53 Bundeswahlgesetz und § 51 Bundeswahlordnung). Wenn man die überstaatlichen und zwischenstaatlichen Rechtsquellen (vgl. Art. 25, 59 II) außer acht läßt, so verläuft die bundesstaatliche Rangordnungsreihe des GG wie folgt: Bundesrecht – Landesrecht – autonomes Recht. Aus dieser Normenhierarchie ergibt sich grundsätzlich, daß Bundesrecht Landesrecht bricht (Art. 31) und staatliches Recht dem autonomen Recht der Körperschaften, Anstalten und Stiftungen des öffentlichen Rechts vorgeht (vgl. etwa Art. 28 II: „. . .im Rahmen der Gesetze. . ."). Innerhalb eines einzelnen der genannten Rechtskreise verläuft nun in einem Verfassungsstaat die Rangordnungsreihe folgendermaßen: Verfassung – Gesetz – Verordnung. Die Überlegenheit der Verfassung (Verfassungsurkunde, GG) gegenüber allen anderen Rechtsnormen ergibt sich besonders deutlich aus Art. 20 III und 1 III (lesen!). Schließlich geht Art. 80 I von der Höherrangigkeit der Gesetze im formellen Sinne gegenüber den Rechtsverordnungen aus (im Rechtsstaat bedarf eben jede Rechtsverordnung einer gesetzlichen Ermächtigungsgrundlage, Art. 80 I, lesen!)

Schaubild 1

§ 2 Öffentliches Recht als Teil der Gesamtrechtsordnung

I. Öffentliches Recht und Privatrecht

1. Das gesamte Recht (Rechtsordnung) zerfällt in zwei große Bereiche, das Öffentliche Recht und das Privatrecht. Diese Gliederung ist für die Rechtswissenschaft einer der grundlegenden Einteilungsgesichtspunkte. Die Unterscheidung ist bereits im klassischen Römischen Recht entwickelt worden und hat im 19. Jahrhundert 9

durch die Theorie des freiheitlich liberalen Rechtsstaates, nicht zuletzt als Konsequenz des Dualismus von Staat und Gesellschaft, seine Blüte erreicht. Die **duale Struktur des Rechts,** die Differenzierung in staatlichen und privaten Bereich, ist allerdings nicht unbestritten. Heute mehren sich die Stimmen, die die Auffassung vertreten, daß unter den Bedingungen des modernen Leistungsstaates das System zweier prinzipiell voneinander geschiedener Bereiche des Öffentlichen und des Privaten Rechts seinen Erklärungswert weitgehend verloren hat (Grundsatz der Rechtseinheit; vgl. etwa Achterberg, Allg. VerwR, § 1 Rdn. 12ff.; außerdem Pestalozza DÖV 1974, 188ff.). Gleichwohl liegt aufgrund der sachlichen Unterschiede der beiden Rechtsbereiche (zwingender Charakter/Gestaltungs- und Vertragsfreiheit; vgl. Rdn. 10f.) zu Recht diese zweigeteilte Gliederung der gegenwärtigen Rechtsordnung zugrunde, ist also nach wie vor von entscheidender Bedeutung, wenngleich nicht zu verkennen ist, daß es mitunter „Gemengelagen" gibt, in denen die Abgrenzung äußerst schwierig ist. Die **praktische Bedeutung** der Abgrenzung von öffentlichem Recht und Privatrecht ergibt sich vor allem aus folgenden Fragestellungen: anzuwendendes Recht (etwa VwVfG/BGB), zu beschreitender Rechtsweg (§ 40 VwGO/§ 13 GVG), Grundrechtsbindung, anzuwendende Haftungs- und Vollstreckungstatbestände (vgl. unten II).

a) Das **öffentliche Recht** umfaßt die Rechtsnormen, die sich auf das Verhältnis des einzelnen zum Staat als Hoheitsträger oder auf das Verhältnis der Träger der öffentlichen Gewalt untereinander beziehen. Dazu zählen insbesondere das Völkerrecht, das Staatsrecht, das Verwaltungsrecht, das Strafrecht, das Gerichtsverfassungs- und Prozeßrecht, das Kirchenrecht, aber etwa auch das Steuer- und Sozialversicherungsrecht.

b) Zum **Privatrecht,** auch Bürgerliches oder Zivilrecht genannt, gehören die Rechtssätze, die sich auf die Rechtsverhältnisse der Menschen zueinander beziehen, also für jedermann gelten und einen Hoheitsträger als Zuordnungssubjekt nicht besonders erfordern. Diesem Bereich ist vor allem das Bürgerliche Recht (BGB), das Handels-, Gesellschafts-, Wertpapier-, Urheber-, Erfinderrecht usw. zuzuordnen.

II. Abgrenzung zwischen Öffentlichem Recht und Privatrecht

10 1. Die Gliederung in Öffentliches und Privates Recht entscheidet über die Anwendung unterschiedlich ausgestalteter Organisations- und Handlungsformen, Verfahren und Zuständigkeiten sowie über die Geltung damit zusammenhängender Handlungsmaßstäbe und Rechtswirkungen. Während für das Öffentliche Recht weitgehend als Handlungsform die einseitig bindende Anordnung (Gesetz, Verwaltungsakt, Urteil; **zwingendes Recht**) charakteristisch ist, gilt im Privatrecht der Grundsatz der Vertrags- und Gestaltungsfreiheit („Gleichordnung"; **nachgiebiges Recht**). So müssen bei öffentlich-rechtlichen Beziehungen besonders folgende Kriterien eingehalten werden: die handelnde Stelle muß zuständig sein, die entsprechende Kompetenz besitzen; stets sind alle Verfassungsbestimmungen, vor allem die Grundrechte sowie das Sozial- und Rechtsstaatsprinzip (Gesetzmäßigkeit der Verwaltung, Grundsatz der Verhältnismäßigkeit u. a.), zu beachten. Im Bereich des Privatrechts gilt dies nicht ohne weiteres. Außerdem greift bei öffentlich-rechtlichen Tätigkeiten die Staatshaftung wegen Amtspflichtverletzung (Art. 34[1]) ein, wogegen im Privatrechtsbereich nach allgemeinem Zivilrecht (§§ 823ff. BGB) gehaftet wird.

Der für die Praxis wichtigste **Grund für die Unterscheidung** in Öffentliches Recht und Privatrecht ergibt sich daraus, daß für die Frage des richtigen und damit **zulässigen Rechtsweges** diese Abgrenzung entscheidend ist. Der rechtsuchende Bürger hat – wenn eine ausdrückliche Rechtswegzuweisung fehlt – je nach Cahrakter des Rechtsstreits, dem Gegenstand und Zweck des dem Klageantrag zugrunde liegenden Rechtsverhältnisses, sein Rechtsmittel bei dem dafür zuständigen Gericht anhängig zu machen. Die Art des dem Klagebegehren zugrunde liegenden Sachverhalts (Streitgegenstand), die „wahre Natur des Rechtsverhältnisses, aus dem der Kläger den von ihm geltend gemachten Klageanspruch herleitet" (Rechtsfolge privatrechtlich oder öffentlich-rechtlich) ist für den Rechtsweg maßgebend (BGHZ 41, 265; 89, 250, 251f.; GmS-OGB BGHZ 97, 312ff.; 102, 280ff.; GmS-OGB NJW 1990, 1527). Eine bürgerliche Rechtsstreitigkeit liegt danach dann vor, wenn sich das Klagebegehren als Folge eines Sachverhalts darstellt, der nach bürgerlichem Recht zu beurteilen ist, dessen gesetzliche Regelung nach dem Gesamtbild und -charakter ihren Schwerpunkt im Zivilrecht hat (vgl. BGH DVBl. 1977, 177ff. mit Anm. Bettermann; VG Köln NJW 1988, 1996ff. m. w. N.). Nach § 13 GVG (lesen!) gehören alle bürgerlichen Streitigkeiten vor die ordentlichen Gerichte (Amts-, Landgerichte usw.; **ordentlicher Rechtsweg**). Nach § 40 VwGO (lesen!) ist für alle öffentlich-rechtlichen Streitigkeiten nicht verfassungsrechtlicher Art der **Verwaltungsrechtsweg** gegeben (vgl. auch § 1 VwVfG!). Über verfassungsrechtliche Streitigkeiten entscheidet das BVerfG (Art. 93; § 13 BVerfGG; OVG Münster NJW 1982, 1415f.). **11**

2. Obgleich die Unterscheidung von Öffentlichem Recht und Privatrecht daher in der geltenden Rechtsordnung von großer praktischer Bedeutung ist, sind bis heute Einzelfragen wissenschaftlich nicht eindeutig geklärt. Vor allem die **Abgrenzung des Verwaltungsrechts vom Privatrecht** ist nach wie vor Gegenstand eines Theorienstreites. Im wesentlichen werden dazu drei Theorien vertreten: **12**

a) Nach der **Interessentheorie** ist entscheidend, ob ein Rechtsverhältnis oder ein Rechtssatz überwiegend dem Interesse des einzelnen oder der Öffentlichkeit dient (Individualinteresse: privatrechtlich; Allgemeininteresse, Gemeinwohl oder öffentliche Zwecke: öffentlich-rechtlich). **13**

b) Die Subjektions- oder **Subordinationstheorie** geht davon aus, daß das Öffentliche Recht vom Grundsatz her Über- und Unterordnung (Befehl, Zwang), das Privatrecht vom Prinzip der Gleichordnung beherrscht wird. Das Über- und Unterordnungsverhältnis ergibt sich daraus, daß ein mit hoheitlicher Gewalt ausgestatteter Träger beteiligt ist (obrigkeitliches Handeln). **14**

c) Die **Subjektstheorie** (z. T. auch „Zuordnungslehre" oder „Sonderrechtstheorie" genannt) betrachtet das Öffentliche Recht als „Sonderrecht", welches ausschließlich Hoheitsträger als solche berechtigen und verpflichten kann. Privatrechtlich sind **15**

---

[1] Artikel ohne Gesetzesangaben beziehen sich stets auf das Grundgesetz (GG).

danach jene Rechtsnormen, die für alle Rechtsträger – gleichgültig, ob Privatpersonen oder Träger hoheitlicher Gewalt – gelten, öffentlich-rechtlich dagegen jene Rechtssätze, die allein den Trägern hoheitlicher Gewalt zuzuordnen sind und sie in dieser Eigenschaft berechtigen oder verpflichten („Hoheitsträger" als Zuordnungssubjekt eines Rechtssatzes; „Sonderrecht", dem der Träger öffentlicher Aufgaben unterworfen ist, also nicht Rechtssätze, die für jedermann gelten; h. M. in der Literatur).

16 d) Die **Praxis** (Rechtsprechung) sucht die Mängel der einzelnen Theorien dadurch auszugleichen, daß sie sie miteinander kombiniert. Da die Theorien sich nicht gegenseitig ausschließen, ist es trotz gewisser Bedenken durchaus sinnvoll, sie nebeneinander anzuwenden und miteinander zu verbinden, wobei aber auch die Rechtsprechung im Grundsatz von der Subjektstheorie ausgeht (eine öffentlich-rechtliche Streitigkeit liegt vor, wenn die Natur des Rechtsverhältnisses von Über-/Unterordnung beherrscht wird und sonst, wenn die es prägenden Rechtsnormen überwiegend den Allgemeininteressen dienen, wenn sie sich nur an Hoheitsträger oder wenn der Sachverhalt einem Sonderrecht unterworfen ist; vgl. Rdn. 11 und BGHZ 63, 119, 121 f.; 66, 229, 233; BVerwGE 71, 183 ff.; 74, 251 ff.; BSGE 63, 144, 146 und NJW 1989, 2771 ff.; OVG Münster NJW 1991, 61 f.; GmS-OGB BGHZ 97, 312 ff. und NJW 1990, 1527 f. – ordentlicher Rechtsweg für Klagen auf Zulassung zur Belieferung von Versicherten mit Heilmitteln usw. –; allgemein: Kommentare zu § 40 VwGO und etwa Wolff/Bachof, VerwR I § 22 II; Achterberg, Allg. VerwR, § 1, Rdn. 12 ff.; Stober, in: Schweickhardt, Hrsg., Allg. VerwR, Rdn. 89 ff.; Renck JuS 1986, 268 ff.; Bross VerwArch 1988, 97 ff.).

III. Staatsrecht als Teil des Öffentlichen Rechts

17 1. Den systematischen Standort des Öffentlichen Rechts in der Gesamtrechtsordnung und des Staatsrechts im Öffentlichen Recht mag folgende Übersicht verdeutlichen:

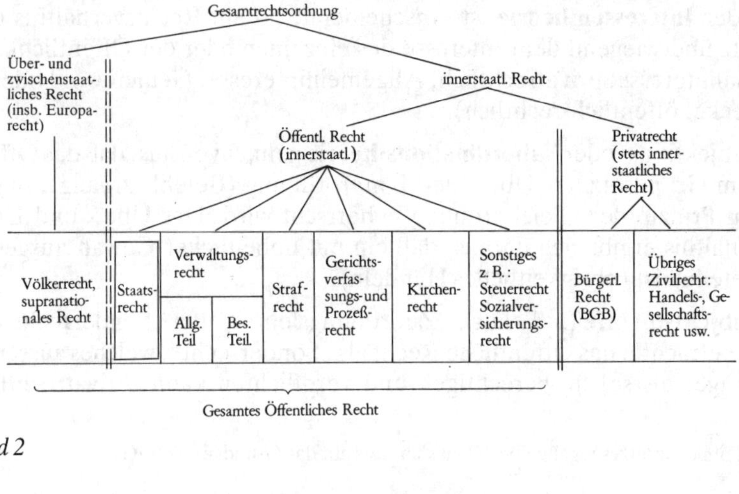

Schaubild 2

2. Das **Staatsrecht** umfaßt die grundlegenden, für den Staat konstitutiven Rechtsnormen über Aufbau, Organisation und Funktion des Staates und der obersten Staatsorgane sowie über das Verhältnis von Staat und Gesellschaft, insbesondere die Pflichten und Rechte der Menschen gegenüber den staatlichen Hoheitsträgern. Man versteht also darunter all jene Normen, die unabhängig von der mehr oder weniger zufälligen Auswahl bei der Abfassung der schriftlichen Verfassung ihrem „Wesen" nach zum Verfassungsrecht gehören (also neben dem GG auch das Staatsangehörigkeitsrecht, das Bundeswahl- und Parteiengesetz, das BVerfGG sowie die GeschO der obersten Staatsorgane; Staatsrecht als materielles Verfassungsrecht, h. M.). Vereinfacht könnte man deshalb das Staatsrecht als die allgemeinen Grundsatznormen des innerstaatlichen Rechts, die das Wesen des Staates ausmachen, als „politisches Recht", bezeichnen. **18**

3. Neben dem Begriff Staatsrecht kennt das Öffentliche Recht auch den Begriff **Verfassungsrecht.** Dieser Begriff wird unterschiedlich definiert (formell oder materiell). Nach überwiegender Meinung wird im Unterschied zum Staatsrecht, das mit dem materiellen Verfassungsbegriff identisch ist, das Verfassungsrecht formell verstanden (sog. **formeller Verfassungsbegriff**). Es besteht demnach aus der Gesamtheit der in der Verfassungsurkunde enthaltenen Bestimmungen. Im „Grundgesetz" des Gemeinwesens ist dabei der Verfassunggeber nicht auf die ausschließliche Ordnung des staatlichen Lebens selbst beschränkt. Das Verfassungsgesetz, die förmliche Verbriefung der verfaßten Ordnung, enthält deshalb nicht selten auch darüber hinausgehende Grundsätze (z. B. Art. 48 III S. 2, 119–120a; Fragen des Straf- und Prozeßrechts, Art. 102, 103). Andererseits sind in der Verfassung selbst keinesfalls alle materiellen staatsrechtlichen Fragen umfassend geregelt. Oft wird in der Verfassung auf ein „Ausführungsgesetz" verwiesen (vgl. z. B. Art. 21 III, 38 III: „Das Nähere bestimmt ein Bundesgesetz" – Parteien- und Bundeswahlgesetz; vgl. außerdem etwa die Geschäftsordnungen der obersten Staatsorgane). Staatsrecht und Verfassungsrecht sind demnach zwar überwiegend, aber eben doch nicht völlig identisch. Gleichwohl ist das Verfassungsrecht der zentrale Bereich des Staatsrechts. Nur dem formellen Verfassungsgesetz kommt aber höchster Rang (Vorrang der Verfassung), erschwerte Abänderbarkeit und erhöhte Bestandskraft zu (Art. 20 III, 93 und 79). **19**

Literatur: *Hesse* § 1; *Stein,* § 1; *Baumann,* Einführung in die Rechtswissenschaft, § 2; *Engisch,* Einführung in das juristische Denken, 8. Aufl. 1983; *Dubischar,* Vorstudium zur Rechtswissenschaft, 1974; *von Olshausen,* Die Rechtsquellen des Verwaltungsrechts, JA 1983, 177 ff.; *Stern,* EStL, 3. Aufl., Sp. 2274 ff. und 2657 ff.; *ders.,* StaatsR Bd. I, §§ 1 und 2; *Stolleis,* Öffentliches Recht und Privatrecht, Der Staat 1985, 51 ff.; *Wolff/Bachof,* Verwaltungsrecht I §§ 21–28; *Hoerster,* Die rechtsphilosophische Lehre vom Rechtsbegriff, JuS 1987, 181 ff.

Wiederholungsfragen und Fälle:

(1) Welches sind die besonderen Merkmale des Rechts als Ordnungs- und Wertsystem?
Dazu: § 1 I (Rdn. 1–3).

(2) Zählen Sie die wichtigsten Gebiete des Öffentlichen Rechts und des Privatrechts auf?
Dazu: § 2 I und III (Rdn. 9 und 17).

(3) Welche praktische Bedeutung kommt heute noch der Abgrenzung zwischen Öffentlichem

Recht und Privatbesitz zu? Welche Theorien werden zur Abgrenzung der beiden Bereiche im wesentlichen vertreten?
Dazu: § 2 II (Rdn. 10f.).

(4) Wie unterscheiden sich Staatsrecht und Verfassungsrecht?
Dazu: § 2 III 2 und 3 (Rdn. 18f.).

(5) Worin liegt der Grund für die Unterscheidung objektives Recht und subjektiv-öffentliches Recht?
Dazu: § 1 II 2 (Rdn. 5).

(6) Was versteht man unter den Begriffen materielles Recht und Gesetz im materiellen Sinne einerseits und formelles Recht und Gesetz im formellen Sinne andererseits?
Dazu: § 1 II 3 und 4 (Rdn. 6f.).

(7) Welche Gründe erfordern die Festlegung einer Normenhierarchie?
Dazu: § 1 III (Rdn. 8).

Zweiter Teil: Staat und Verfassung

§ 3 Begriff und Wesen des Staates

I. Staatsbegriff und Staatswirklichkeit

1. Jede theoretische Erfassung des Wesens von sozialen und politischen Erscheinungsformen steckt in einem Dilemma. Einerseits muß dabei, einer gewissen Allgemeingültigkeit wegen, auf einen möglichst hohen Abstraktionsgrad geachtet werden und zum anderen sollte auch die Verfassungswirklichkeit, der in einem technisch hochentwickelten, modernen Massenstaat sich ständig wandelnde empirische Befund, möglichst weitgehend mit berücksichtigt werden. Dies gilt selbstverständlich ebenso für die Festlegung des Begriffs Staat. Während die Staatslehre des 19. und beginnenden 20. Jahrhunderts ersteres ganz eindeutig und fast ausschließlich in den Vordergrund stellte, wird seit etwa 50 Jahren die empirische, sozialwissenschaftliche und politologische Betrachtungsweise immer stärker in die Überlegungen mit einbezogen. Bereits G. Jellinek versuchte der „Staatsrechtslehre" eine „Soziallehre vom Staat" gegenüberzustellen. Dabei hat nach Jellinek die Soziallehre das gegenständliche, historische, natürliche Sein des Staates (gesellschaftliches Gebilde), die Rechtslehre hingegen die in dem realen Sein zum Ausdruck kommenden, sollenden Rechtsnormen zum Inhalt (rechtliche Institution). Diese „Zweiseitentheorie", die noch von Nawiasky vertieft und weitergeführt wurde, indem er sie zu einer auf je einem rechtlichen, sozialen und ideellen Staatsbegriff beruhenden **„Dreigliederung" in Staatsrechtslehre, Staatsgesellschaftslehre und Staatsideenlehre** erweiterte, ist in den Grundgedanken trotz einiger Abwandlungen bis heute im wesentlichen fortgeführt worden. Es ist deshalb weitgehend anerkannt, daß die politische und soziale Realität des Staates geradezu den „Prüfstein der Staatstheorie" darstellt und folglich der juristische Staatsbegriff vom politologisch-soziologischen abhängig ist. Daraus ist die Forderung abzuleiten, daß sich der Staat und das Staatsrecht in die gesellschaftlich-politischen Realitäten „einbetten" soll, ohne den Staat als Rechtsverfassung abdanken zu lassen (**ständiger Widerstreit von Sollen und Sein,** Recht und Politik, Norm und Wirklichkeit; vgl. Karpen JZ 1987, 431 ff.). Herzog führt dazu aus, „daß es notwendig ist, den Begriff Staatswissenschaft aus der Verengung herauszuführen und wieder als Oberbegriff für alle jene wissenschaftlichen Disziplinen zu verstehen, die sich mit dem Staat befassen, gleichgültig, ob es sich dabei um historische oder juristische, sozialwissenschaftliche oder spezifisch ökonomische Teilwissenschaften handelt" (Allg. Staatslehre, S. 16). 20

21 2. Nach einhelliger Meinung, die sich auch aus den vorstehenden Ausführungen ergibt, kann aber eine absolute, für alle Teilwissenschaften gültige Definition des Staates nicht gegeben werden. Schon Jellinek hat ja zwei Staatsbegriffe, den juristischen (Staatsrechtslehre) und den soziologischen (Soziallehre vom Staat) aufgestellt. Je nach den Anforderungen und Zielen, die an den Staatsbegriff geknüpft werden und deshalb der begrifflichen Festlegung primär zugrundegelegt werden, kann man verschiedene Staatsbegriffe unterscheiden. So muß etwa ein juristisch-völkerrechtlicher Staatsbegriff notwendigerweise mit anderen Elementen umschrieben werden als ein verfassungspolitischer, moralischer, ethischer, staatsphilosphischer, soziologischer oder ökonomischer Staatsbegriff. Darüber hinaus sind die verschiedenen Begriffsbestimmungen auch danach zu differenzieren, ob sie abstrakt-allgemein, konkret-allgemein oder konkret-speziell festgelegt werden. Es bleibt also festzuhalten, daß je nach dem Zweck und der Aufgabe, die der Staatsbegriff erfüllen soll, dieser im einzelnen zu bestimmen ist. So wird es etwa überwiegend für notwendig angesehen, den **juristisch-völkerrechtlichen Staatsbegriff** stark formal-abstrakt festzulegen. Dies deshalb, weil man eben möglichst viele Völker unterschiedlichster Prägung in den Geltungsbereich des Völkerrechts einbeziehen will. Der juristisch-völkerrechtliche Staatsbegriff wird seine Friedensfunktion (Friedenssicherung) dann am besten erfüllen können, wenn er jeden Staat als solchen anerkennt, jeden gleichbehandelt und keinen diskriminiert und damit auch weitgehend sicherstellt, daß die Staaten ihrerseits das Völkerrecht respektieren (vgl. Kriele §§ 16–18).

II. Der Begriff Staat

22 Die Staatslehre kennt keine allgemeingültige Definition des Staates. Vielmehr muß der Staatsbegriff historisch und sich ständig wandelnd, aus seinem zeitlichen und räumlichen Umfeld sowie aus dem ihm innewohnenden konkreten Spannungsverhältnis zwischen Statik und Dynamik interpretiert werden (kein universaler, sondern eher ein partikularer Staatsbegriff). Aus dem Wort Staat selbst, das aus dem lat. „status" (Zustand, Ordnung, Verfassung) stammt und zur Bezeichnung und Beschreibung einer politischen Ordnungs- und Organisationsform dient, kann für den Staatsbegriff nichts wesentliches abgeleitet werden. Anknüpfend an die vorstehenden Ausführungen kann es nun sicher nicht Aufgabe des Grundkurses sein, eine exakte Definition des Staates vorzustellen. Hier kann es vielmehr nur darum gehen, die wichtigsten Auffassungen und Lehren, die vorwiegend im rechtswissenschaftlichen Bereich vertreten werden, kurz zu beschreiben. Als besonders bedeutsame begriffliche Festlegung sind vor allem zu nennen:

23 1. Die **„Drei-Elementen-Lehre"** (juristisch-völkerrechtlicher Begriff): Jellinek hat in seiner rechtswissenschaftlichen Definition den Staat als „die mit ursprünglicher Herrschermacht ausgerüstete Körperschaft eines seßhaften Volkes (Gebietskörperschaft)" umschrieben. Der Staat ist danach eine Einrichtung, durch die eine Gesamtheit von Menschen auf einem bestimmten Teil der Erdoberfläche unter einer hoheitlichen Gewalt in einer Gemeinschaft zur Verwirklichung von Gemein-

schaftszwecken verbunden ist. Diese Lehre sieht die staatlichen Begriffsmerkmale in drei Elementen begründet: Staatsgebiet – Staatsvolk – Staatsgewalt (Reduzierung des Begriffs auf drei allgemeine Elemente). Der klassische juristisch-völkerrechtliche Staatsbegriff bedeutet Faktizität der Herrschaft, die Hoheitsgewalt über ein besiedeltes Gebiet. Wesentlich ist also weniger die Legitimität als vielmehr die Effektivität und Dauerhaftigkeit einer Herrschaftsordnung in ihrem personalen und territorialen Bezug.

a) Unter **Staatsgebiet** wird im allgemeinen ein abgegrenzter Teil der Erdoberfläche 24
verstanden, der zum dauernden Aufenthalt von Menschen geeignet ist, und damit einen räumlichen Herrschaftsbereich gegenüber anderen Staaten abgrenzt (Territorialprinzip). Die Grenzen eines Staatsgebiets werden weitgehend vom Grundsatz der tatsächlichen **Beherrschbarkeit** bestimmt. So endet etwa der Luftraum über bzw. das Erdinnere unter einem Staatsgebiet dort, wo die effektive Beherrschung aufhört. Zum offenen Meer hin bildet nicht die Wasserlinie die Grenze, vielmehr rechnet noch die Drei- bzw. heute Zwölfmeilenzone, die sich von der Küste ins Meer hinein erstreckt, zum Staatsgebiet. Die räumliche Ausdehnung dieser Hoheitsgewässer ist gegenwärtig allerdings heftig umstritten (vgl. z. B. Island und Norwegen). Für den Abbau von Bodenschätzen auf dem Meeresgrund gelten besondere Regelungen (Festlandsockel; Wirtschaftszone bis 200 bzw. 350 Seemeilen; vgl. Wengler 1973, 936ff.; zur Seerechtskonvention vgl. Jaenicke NJW 1983, 1936ff.; allgemein: Vitzthum HdBStaatsR, Bd. I, § 16).

b) Zum **Staatsvolk** gehören in einem umfassenden Sinne alle einem Staat zugehöri- 25
gen Menschen (persönlicher Geltungsbereich). Es stellt einen dauerhaften Personenverband, eine rechtliche und politische Schicksalsgemeinschaft dar. Die Bestimmung, wer zum Staatsvolk gehört, kann nach den verschiedensten Kriterien vorgenommen werden (Sprache, Religion, Rasse, Nationalität usw.). Das heute allgemeingültige Merkmal dafür ist die **Staatsangehörigkeit.** Das Staatsvolk ist also die Gesamtheit der Staatsangehörigen. Dabei ist allerdings zu beachten, daß Staatsvolk und die sich im Staatsgebiet zu einem bestimmten Zeitpunkt aufhaltenden Menschen nicht identisch sind. Während alle Menschen, auch Ausländer usw. der Staatsgewalt (Gebietshoheit) unterworfen sind, begründet die Staatsangehörigkeit darüberhinaus wechselseitige Rechte und Pflichten; zwischen Staat und Staatsangehörigen besteht ein besonderer Status (politische Mitwirkungsrechte, Wahlrecht, Grundrechte, Wehrpflicht). Nur die Staatsangehörigen, etwa die im Wahlgebiet ansässigen Deutschen (Art. 116 I), bilden das Volk und vermitteln eine demokratische, effektive Legitimation; Ausländern mangelt es daran (Rdn. 310a; BVerfGE 83, 60, 71ff.; vgl. Huber DÖV 1989, 531ff.; Predeick DVBl. 1991, 623ff.).

Die Staatsangehörigkeit darf, will sie ihre Funktion erfüllen, nicht von komplizierten Wertungen abhängig gemacht werden, sondern muß durch formelle Kriterien möglichst eindeutig bestimmbar sein. In der Regel wird sie kraft Gesetzes durch die Geburt erworben. Dabei sind zwei grundsätzlich verschiedene Prinzipien zu unterscheiden: das Territorial- und das Abstammungsprinzip. Nach dem **Territorialprinzip** (ius soli, Bodenrecht) erwirbt jemand die Staatsangehörigkeit des Staates, in dessen Staatsgebiet er geboren wird, und zwar ohne Rücksicht der Staatsangehörigkeit der Eltern (so z. B. England). Beim **Abstammungsprinzip** (ius sanguinis, Personalitätsprinzip) richtet sich die Staatsangehörigkeit nach derjenigen der Eltern bzw. eines Elternteils. Hierbei ist es unerheblich, in welchem Land die Geburt stattfindet. In vielen Ländern besteht das Staatsangehörigkeitsrecht aus einer Verbindung beider Prinzipien. In der Bundesrepublik geht das Staatsangehörigkeitsrecht vom Abstammungsprinzip aus (vgl. §§ 3ff. RuStG, Sartorius Nr. 15). Neben der Geburt kann die Staatsangehörigkeit auch noch durch Eheschließung, Legitimation und Einbürgerung erworben werden. Eine Entziehung der Staatsangehörigkeit ist nur in engen Grenzen möglich (vgl. Art. 16; §§ 17ff. RuStG; vgl. allgemein: Grawert HdBStaatsR, Bd. I, § 14; Bleckmann NJW 1990, 1397ff.). Zu den früheren besonderen deutschen Staatsangehörigkeitsproblemen vgl. BVerfGE 36, 1, 29ff.; 77, 137, 147ff.; BVerwGE 66, 277ff.; Hailbronner JuS 1981, 712ff.; Klein JuS 1987, 279ff.; Blumenwitz JuS 1988, 607ff.

26 c) Die **Staatsgewalt,** das dritte und wichtigste Kriterium der „Drei-Elementen-Lehre", ist – vereinfacht ausgedrückt – die Herrschaftsmacht des Staates über „Land und Leute"; erst die Herrschaft über das Staatsgebiet **(Gebietshoheit)** und das Staatsvolk **(Personalhoheit)** macht den Staat aus. Staatsgewalt oder Herrschaft wird dabei nach heute noch h. M. umschrieben als die originäre, selbstorganisationsfähige, ungeteilte und möglichst rechtlich gebundene Macht des Staates. Die Staatsgewalt beinhaltet somit folgende Merkmale: (1) Herrschaftsmacht ist gegeben, wenn ein Gemeinwesen in der Lage ist, Anordnungen und Befehle zu erteilen und gegebenenfalls zwangsweise durchzusetzen. (2) Die Staatsgewalt muß ursprünglich sein, was soviel wie Letztverantwortlichkeit und Unabhängigkeit der Staatsgewalt bedeutet. Sie ist grundsätzlich nur dann originär, wenn sie von niemand mehr kontrolliert wird. Insofern unterscheidet sich der Staat von anderen öffentlichen Verbänden, deren Anordnungs- und Zwangsgewalt vom Staat abgeleitet ist (derivativ; z. B. autonome Körperschaften, Anstalten, Stiftungen des öffentlichen Rechts wie etwa Gemeinden). (3) Die Selbstorganisationsfähigkeit, zum Teil auch „innere Souveränität" genannt, besagt, daß sich der Staat eigenständig, ohne Einwirkung von außen, selbst organisieren können muß. (4) Weiter wird die Unteilbarkeit der Staatsmacht vorausgesetzt. Es darf nur einen einheitlichen Träger der Staatsgewalt geben (das Volk, den Monarchen). Die Ausübung der einzelnen Funktionen der Herrschaftsmacht kann dagegen von verschiedenen Staatsorganen wahrgenommen werden. (5) Nach rechtsstaatlicher Auffassung gehört grundsätzlich auch die Bindung der Herrschaftsmacht an gewisse Rechtsgrundsätze zur Staatsgewalt (Gewalt als Rechtsgeltung; vgl. Randelzhofer HdBStaatsR, Bd. I, § 15).

Nicht zu den begriffsnotwendigen, aber regelmäßig vorhandenen Merkmalen der Staatsgewalt zählt die umfassende Souveränität (vgl. z. B. Bundesländer). Außerdem ist die Tatsache, ob der Inhaber der Staatsgewalt rechtmäßig an die Macht kam (Legalität) und von der Bevölkerung gebilligt wird (Legitimität) für den Staatsbegriff der „Drei-Elementen-Lehre" nicht entscheidend, aber wichtiges Indiz. Dies ist etwa von Bedeutung, wenn sich Personen durch Revolution oder Staatsstreich in den Besitz der Staatsgewalt bringen. In solchen Fällen gilt allerdings noch eine zusätzliche Besonderheit. Die rechtliche Anerkennung solcher staatlicher Umwälzungen richtet sich nach dem **„Effektivitäts-Prinzip".** Danach ist eine Staatsgewalt dann als rechtlich vorhanden anzusehen, wenn sie sich endgültig militärisch und politisch durchgesetzt hat, nach außen unabhängig ist und dem Staat eine gewisse Ordnung gegeben hat.

d) An der „Drei-Elementen-Lehre“ wird kritisiert und als unbefriedigend empfunden, daß sie das Wesen eines so komplexen, dynamischen, sich ständig wandelnden Gebildes, wie es der moderne Staat darstellt, auch nicht annähernd begrifflich zu umschreiben vermag. Die „Dreiheit“ könne das Wesen des Staates nicht erfassen und würde die Staatslehre von vorherein „in die Irrwege räumlich-statischen Denkens“ führen. Dazu ist allerdings zu betonen, daß dies auch nicht Aufgabe und Ziel dieser Lehre ist (vgl. Rdn. 21 und Kriele § 16). Richtig ist, daß die Lehre in der Tat eben nur wichtige Ausschnitte des Staates erfaßt und keine Antwort darauf gibt, „was aus einem Gebiet das Staatsgebiet, aus einem Volk das Staatsvolk, aus einer Gewalt die Staatsgewalt macht und die drei heterogenen Elemente zu einer Einheit werden läßt“ (Stein § 25 I 1). Die hier beschriebene statische und abstrakte Festlegung des Staatsbegriffs verhindert zwangsläufig die stärkere Berücksichtigung der in einem demokratischen Staat besonders wichtigen Elemente wie Staatswillensbildung, Staatsbewußtsein, politische Integration und geistige Einheit. Gleichwohl besitzt die Drei-Elementen-Lehre auch heute noch Bedeutung, was weniger auf ihre Richtigkeit als auf ihre internationale „Handlichkeit“ zurückzuführen ist (kleinster gemeinsamer, aber noch tauglicher „Nenner“). **27**

2. **Integrationslehre:** Die von Smend begründete Integrationslehre versucht, die wesentlichen Mängel der „Drei-Elementen-Lehre“ zu beseitigen. Sie versteht den Staat, im Gegensatz zu formalistischem und positivistischem Staatsrechtsdenken, als Lebensprozeß, als Integrationsvorgang i. S. einer staatlichen Einheitsbildung. Sie sucht den verfaßten Staat verstärkt vom aktiven Menschen her und von der Frage seiner Integration in den Staat zu verstehen. Smend führt den Staat zurück auf eine Bejahung durch den Staatsbürger: „Der Staat ist nur, weil und sofern er sich dauernd integriert, in und aus den einzelnen aufbaut“; die Integration ist gemäß ihrem Wesen als geistig-soziale Wirklichkeit ein dauernder Vorgang (Integration als permanentes Verfassungsgebot). Indem die Integrationslehre den Menschen voranstellt und in das durchaus immanent verstandene Staatsleben einordnet, ist sie ein Modell betont demokratischen Denkens. **28**

In der Integrationslehre werden zu Recht die sittlichen, kulturellen und ideellen Faktoren des auf friedliches und gerechtes Zusammenleben gerichteten sozialen und politischen Prozesses der Staatsbildung besonders betont. Der Staat und die ihn konstituierende Verfassung ist nach Smend kein statisches, ruhendes Ganzes, sondern er lebt durch eine Vielzahl von Äußerungen und Handlungen (Gesetzen, diplomatischen Akten, Urteilen, Verwaltungshandlungen usw.). Der Staat wird also als dynamisches Integrationsgefüge begriffen, das der Erfüllung typischer Staatsaufgaben, insbesondere der ständigen Selbsterneuerung, dem fortwährenden Neuerfassen und Fortbilden des Zusammenlebens seiner Bürger, zu dienen hat. Dieser Prozeß der beständigen Erneuerung, des dauernden Neuerlebtwerdens, vollzieht sich in einem permanenten, sich täglich wiederholenden Plebiszit. Smend differenziert diesen Prozeß in persönliche, funktionelle und sachliche Integrationsfaktoren (z. B. Staatsoberhaupt, Volksvertreter, Wahlen, parlamentarische Entscheidungen, Gruppen- und Parteienbildung, Staatssymbole, Fahnen, politische Zeremonien, nationale Feste). Durch eine sorgfältige, möglichst optimale Anwendung der einzelnen Integrationselemente ist die Lebenswirklichkeit des Staates, seine gesellschaftliche Einheit, aber auch seine politische Bestandssicherung zu gewährleisten.

Ergebnis der Integration ist die als Einheit verstandene soziale Realität, der „Staat als Ganzes". Nach Smend bewirkt der Integrationsprozeß des Volkes ein Zusammengehörigkeitsgefühl, eine fortlaufend kooperierende Gesellschaft, und läßt den Staat zu einer „geistig-sozialen Wirklichkeit" werden. Da der Staat nur überleben kann, weil und sofern er sich dauernd integriert, sich in und aus den einzelnen aufbaut, setzt diese Lehre eine ständige Bejahung des Staates durch die Staatsbürger voraus. Hier setzt dann auch die Kritik an der Integrationslehre an. Zwar wird der grundsätzlich fruchtbare Ansatz anerkannt, doch wird bemängelt, daß vor allem in Konflikts- und Krisenzeiten im Staat eine Einheitsbildung eben nicht durch bloß moralische, geistig-soziale Phänomene erreicht werden kann (vgl. dazu Smend, HdStW Bd. V, S. 299 f. – Integrationslehre – und EStL Sp. 1354 ff. – Integration –).

29 3. **Wirkungswissenschaftliche Lehre:** Die von Heller begründete, aber leider theoretisch nicht fertig entwickelte soziologische Theorie vom Staat, versucht auch diese Unzulänglichkeiten noch zu überwinden. Diese Staatslehre geht von einer umfassenden Analyse der gesellschaftlichen und politischen Wirklichkeit aus und versucht, das Moment des bewußten, planmäßigen, organisierten Zusammenwirkens besonders zur Geltung zu bringen (Staat als Aktionseinheit). Die Lehre vom Wirkungszusammenhang glaubt, die staatliche Einheit dadurch erreichen zu können, daß die Staatsbürger um gemeinsamer Ziele willen ihr Wirken faktisch koordinieren. Diese Koordination (tatsächliches Zusammenwirken) soll dabei letztlich durch verfassungsrechtlich konstituierte und mit bestimmten Kompetenzen ausgestattete Organe sowie durch ein System von verbindlichen rechtlichen Normen und Verfahren sichergestellt werden. Auf dem Hintergrund der jedem souveränen Staat immanenten Durchsetzungsmöglichkeit (Zwang) wird die Rechtsordnung als allgemeines und gemeinsames Orientierungsschema anerkannt. Koordination wird also durch Normbefolgung und Normbefolgung durch Sanktionsdruck erreicht. Es entsteht eine „rechtlich organisierte Entscheidungs- und Wirkungseinheit von ermächtigten Herrschern (Staatsgewalt) und ermächtigenden Beherrschten", die sich als ein „dauernd sich erneuerndes Herrschaftsgefüge" darstellt. Dadurch also, daß Staatsbürger und Staatsorgane „aufgrund einer Ordnung zu einem einheitlichen Effekt zusammenwirken, kommt die wirkliche Einheit der Organisation als Wirkungseinheit zustande" (Heller, Staatslehre, 6. Aufl., 1983, 220 ff.). Der in seinem Wesen so erfaßte Staat steht zu seinen Mitgliedern in einem ständigen bewußten, planmäßigen, organisierten, gegenseitig beeinflussenden Wechselwirkungsprozeß (Prozeß der steten Vereinheitlichung und Sicherung des Zusammenwirkens – funktionsorientierter Staatsbegriff –; vgl. auch Scheuner Der Staat 1974, 527, 534).

4. **Weitere Lehren:** Es gibt eine Vielzahl weiterer Versuche und Ansätze zur begrifflichen Umschreibung des Staates, die sich aber meist an eine der drei dargestellten

Theorien mehr oder weniger anlehnen. Zwei besondere Lehren sollen allerdings hier noch kurz angedeutet werden:

a) Nach der **marxistischen Doktrin** ist der Staat die politische Herrschaft der ökonomisch herrschenden Klasse. Da aber diese Herrschenden, alle Arbeiter und Bauern (das Proletariat), das Volk praktisch umfassend darstellen, gibt es in diesem System quasi keine Beherrschten. Der Staat als rechtliches Herrschaftsinstrument zur Erhaltung der bürgerlich-kapitalistischen Wirtschaft und ihrer Eigentumsideologie wird also weitgehend überflüssig. Nach Marx stirbt als Folge der Herrschaft des Proletariats der Staat ab und an seine Stelle tritt ein System gesellschaftsinterner Selbstregulierung (klassen- und staatenlose kommunistische Gesellschaft). Marx selbst hat deshalb auch keine eigene Staatsauffassung entwickelt. Heute ist allerdings die Vorstellung von einer Entbehrlichkeit des Staates als Herrschaftsinstrument und von einem sukzessiven Abbau der Staatlichkeit, nicht zuletzt angesichts der mannigfaltigen Lenkungs- und Verteilungsaufgaben aller öffentlichen Verwaltungen, überwiegend einer realistischen Praxis gewichen. Vgl. dazu eingehender Zippelius, Allg. Staatslehre, § 18 IV; Fetscher EStL, 3. Aufl., Sp. 2074 ff.; Rupp HdBStaatsR, Bd. I, § 28 Rdn. 10 ff. **30**

b) Die **systemtheoretischen** (technokratischen) **Ansätze** sehen den politischen Bereich („Staat“) als Teil des umfassenden Gesellschaftssystems (Gesamtsystem), der ganz spezifische Funktionen zu erfüllen hat. Aus dieser Grundannahme folgt, daß die politische Sphäre systemtheoretisch als ein ausdifferenziertes, besonders herausgestelltes Subsystem der Gesellschaft (neben Wirtschaft, Wissenschaft, Kirche usw.) anzusehen ist, die zwar relativ autonom (nicht autark), aber eben doch wegen ihrer Zugehörigkeit zum umfassenden Gesamtsystem unter der Notwendigkeit von angepaßten, abgestimmten und eventuell auch selbstbeschränkenden Bedingungen und Wechselwirkungen steht. Von dem Ausgangspunkt dieses weit gefaßten Gesellschaftsbegriffs (Gesamtheit zwischenmenschlicher Beziehungen), der für die Soziologie als Wissenschaft von sozialem Handeln seinen Sinn hat, ist es dann folgerichtig, vom Staat als einem Teil oder Subsystem der Gesellschaft zu sprechen, dessen besondere Funktion die Information der Gesellschaft, die Organisation staatlicher Macht, die Produktion politischer Entscheidungen und deren Durchsetzung ist und dessen Legitimation durch Institutionalisierung bestimmter Verfahren begründet wird (vgl. insbesondere Luhmann, Soziologische Aufklärung, S. 154 ff.; derselbe, Der Staat 1973, S. 5 ff.; Böhret/Jann/Junkers/Kronenwett, S. 281 ff.; Smid JuS 1986, 513 ff.). **31**

III. Wesen des Staates

Die verschiedenen Lehren über den Staatsbegriff ermöglichen es, bestimmte Erscheinungen des menschlichen Zusammenlebens als Staaten zu kennzeichnen. Damit ist aber noch nichts endgültiges über das Wesen des Staates ausgesagt. Die darüber bestehenden zahlreichen Theorien, die eng mit den Lehren vom Staatsbegriff, von den Staatszielen und Staatszwecken, von den Staatsaufgaben, von der Rechtfertigung des Staates, also mit den Staatsauffassungen ganz allgemein zusam- **32** menhängen, allerdings zum Teil nur mehr historische Bedeutung besitzen, können hier nur in Umrisse dargestellt werden. Dabei kann nach heutigem Verständnis allerdings keine der folgenden Theorien einen absoluten Geltungsanspruch für sich begründen:

33 1. **Theologische oder religiöse Theorie:** Nach dieser Lehre ist der Staat eine göttliche, von Gott gegebene Institution (Gottesgnadentum). Die Staatsgewalt wird von Gott verliehen; ihr Inhaber steht allein unter der Herrschaft Gottes und ist nur ihm verantwortlich. Problematisch ist dabei das Verhältnis von Kirche und Staat.

34 2. **Machttheorie:** Gemäß dieser Lehre besteht das Wesen des Staates in der Organisation und Wahrnehmung der Macht, die ohne Rücksicht auf Gut und Böse, Recht oder Unrecht zur Aufrechterhaltung des Gemeinwesens einzusetzen ist (Staat als Inhaber höchster Herrschaftsgewalt; Staat als Macht- und Herrschaftsapparat). Sie wurde von Machiavelli (1469–1527) begründet und erlangte im Zeitalter der absolutistischen Fürstenstaaten des 17. und 18. Jahrhunderts ihren Höhepunkt (Lehre von der „Staatsraison").

35 3. **Vertragstheorie:** Diese Lehre erklärt den Staat als ein Gemeinwesen, das nicht mehr durch eine göttliche Weltordnung legitimiert ist, sondern auf einem Vertrag zwischen dem Volk und dem Herrscher beruht, in dem vertraglich gegenseitige Rechte und Pflichten übernommen werden (Friedenwahrung, Rechtsfrieden). Der Staat stellt sich so als freiwilliger Zusammenschluß mit freiwilliger Unterodnung dar. Der „Vertrag" ist dabei allerdings mehr als Fiktion zur Begründung und Rechtfertigung des Staates zu verstehen. Die Vertragstheorie ist ein Resultat der Aufklärung (16.–18. Jahrhundert), die von der grundsätzlichen individuellen Freiheit ausging. Ihre wichtigsten Vertreter waren Hobbes, Locke, Rousseau, Kant.

36 4. **Organschaftliche Theorien:** Die heute h.M. ist der Auffassung, daß der Staat seinem Wesen nach ein „Rechtssubjekt höchsten Ranges" darstellt. Der von der Person des Herrschers „entpersönlichte", abstrakte Staat in Gestalt einer juristischen Person ist heute selbstverständlich. Diese Theorien, die in vielen sich teilweise deutlich voneinander unterscheidenden Ausprägungen vertreten werden, gehen letztlich meist zurück auf die Lehre von der „realen Verbandspersönlichkeit" des Staates (von Gierke, 1915). Zu nennen sind:

37 a) Nach Jellinek ist der Staat eine mit ursprünglicher Herrschermacht ausgestattete **Gebietskörperschaft** des öffentlichen Rechts, ein einheitlich organisierter, mit allerhöchster Willensmacht ausgestatteter Verband.

38 b) Eine andere Auffassung sieht den Staat als **Anstalt** des öffentlichen Rechts. Zwar betont auch diese Theorie wie die Lehre von der Gebietskörperschaft das Über- und Unterordnungsverhältnis von Staat und Bürger (Anstaltsgewalt), doch rückt sie daneben auch den Anstaltszweck, die Staatstätigkeiten (Daseinsvorsorge), stark in den Vordergrund.

39 c) Nach einer weiteren Meinung entspricht nur die Festlegung des Staates als **Genossenschaft** der menschlichen Würde. Nur dadurch soll es möglich sein, das Wesen des Staates mit dem Wesen der modernen pluralistischen Gesellschaft in Einklang zu bringen. Nach der genossenschaftlichen Auffassung ist der Staat die bisher höchstorganisierte Ordnungseinheit menschlichen Zusammenwirkens. Er ist als Organisation i. S. einer genossenschaftlichen Gemeinschaft, nicht als obrigkeitlicher Machtstaat, als Anstalt zur Beherrschung und Verwaltung der Untertanen aufzufassen (Küchenhoff, Allg. Staatslehre, S. 25 ff.).

IV. Zweck und Aufgaben des Staates

Die Rechtfertigung (Rechtsgrund) für den Staat, die Legitimation, Ermächtigung und Begrenzung staatlicher Herrschaft, die Fragen nach dem „Sein" und „Sollen" des Staates, sollen abschließend, gewissermaßen noch von einer anderen Blickrichtung her, nämlich vom Staatszweck, aber auch von den Staatszielen und den Staatsaufgaben beleuchtet werden (vgl. Link/Ress VVDStRL Bd. 48, 1 ff.; Bull NVwZ 1989, 801 ff.; zu den Staatszielen des GG vgl. Rdn. 131 ff.):

1. **Absolute Staatszwecklehren:** Diesen heute weitgehend der Geschichte angehö- 40
renden Theorien war gemeinsam, daß sie als Staatszweck von vornherein festgelegte, für alle Zeiten gültige, also absolute Staatsaufgaben und Staatsziele anerkannten, die überwiegend ideellen Charakter trugen. Die gesamten Staatstätigkeiten waren letztlich auf dieses festgelegte Endziel ausgerichtet. Kurz erwähnenswert sind dabei:

a) Nach der **ethischen Theorie** hat der Staat die Aufgabe, die vorgegebenen sittli- 41
chen und moralischen Ideen (Ziele) zu verwirklichen (vgl. etwa Plato, Aristoteles).

b) Gemäß der **religiösen Lehre** hat der Staat der Verwirklichung des Willens Gottes 42
auf Erden zu dienen (Durchsetzung der 10 Gebote; Mittelalter).

c) Die **Wohlfahrtstheorie** weist dem Staat die Aufgabe zu, das größtmögliche Glück 43
einer größtmöglichen Zahl von Staatsbürgern zu ermöglichen (sittliches, religiöses und materielles Wohl). Zur Förderung des Allgemeinwohls war eine möglichst umfassende Staatstätigkeit erforderlich. Dies erfolgte durch polizeiliche Anordnungen und Regeln bis weit in das Privatleben der Bürger hinein. Die Folge war der Polizeistaat des 17. und 18. Jahrhunderts.

d) Die **Theorie des liberalen Rechtsstaates** ist im 19. Jahrhundert gewissermaßen als 44
Reaktion auf den polizeistaatlichen Absolutismus entstanden. Sie beschränkte die Staatsaufgaben weitgehend auf die Wahrung der Rechtsordnung, insbesondere auf den Schutz von Freiheit und Eigentum der Bürger. Die öffentliche Sicherheit und Ordnung sollte unter möglichst eingeschränkter Staatstätigkeit und damit möglichst großer individueller Freiheit aufrechterhalten werden („laissez faire, laissez aller"). Im bürgerlichen Rechtsstaat ist folglich die individuelle Freiheit prinzipiell unbegrenzt, die staatliche Machtausübung dagegen prinzipiell begrenzt. Der Staat beschränkte sich damals im wesentlichen auf eine „Wächterrolle" (Nachtwächterstaat). Diese Theorie vermochte die mit der Entwicklung zum Industrie- und Massenstaat aufkommenden schwierigen sozialen Probleme nicht zu bewältigen.

2. **Relative Staatszwecklehren:** Diese heute fast ausschließlich vertretenen Theorien 45
lehnen einen absoluten, für alle Zeiten gültigen Staatszweck ab. Sie wollen ihn

vielmehr den sich ständig wandelnden Bedürfnissen laufend anpassen und die bestehenden weltanschaulichen und politischen Vorstellungen der Mehrheit, der jeweiligen Staatsgewalt, aber auch die konkreten historischen Entwicklungen berücksichtigen. Dieser Lehre kommt besondere Bedeutung vor allem auch bei der Anwendung und Auslegung der Verfassungsbestimmungen zu. Wenngleich die Staatszwecke im Prinzip nur relativ festgelegt werden, so gehen doch all diese Theorien von dem Grundzweck der Förderung des **Gemeinwohls** aus (Gemeinwohlformel als allgemeinstes Telos der Staatlichkeit und als Herrschaftslegitimation: Würtenberger JuS 1986, 344 ff.). Danach hat der Staat die prinzipielle Aufgabe, eine friedliche und sozial gerechte Ordnung auf Dauer zu sichern, die Gerechtigkeit im menschlichen Zusammenleben zu wahren und eine vorsorgende, sozialgestaltende Politik zu betreiben. Den Demokratien westlicher Prägung liegen im wesentlichen folgende Staatszwecke, typusprägenden Kernfunktionen zugrunde (mit unterschiedlicher Gewichtung): (1) Friedens- und Sicherheitsfunktion nach innen und nach außen; (2) Gewährleistung individueller und kooperativer Freiheit einschließlich Menschenrechten; (3) Sozialstaatsfunktion durch limitierte Wohlfahrt und Daseinsvorsorge; (4) Einheits-, Integrations- und Konsensbildungsfunktion. Im einzelnen:

46 a) Durch die innere und äußere Selbstbehauptung soll ein gewisses Maß an Sicherheit und Schutz vor Gefahren erreicht werden **(Herrschafts- und Friedensfunktion).** Dazu dienen insbesondere demokratische Strukturen und konsensbildende Maßnahmen, die Polizei und die Streitkräfte. Eine Aufgabe jedes politischen Systems liegt eben in der Selbstbehauptung, Selbsterhaltung, Systemstabilisierung, Freiheitssicherung usw. (Friede durch innere und äußere Sicherheit; persönliche Freiheit; politische Einheitsbildung).

47 b) Der Staat hat sich **rechtsstaatlichen Prinzipien** zu unterwerfen. Das Recht hat im Staat die **Ordnungsfunktion** zu erfüllen. Aufgabe des Rechtsstaatsgebots ist es vor allem, eine gerechte und freiheitssichernde Ordnung zu verwirklichen, aber auch Interessen zu kanalisieren und Konflikte zu lösen (durch Grundrechte, Gesetzmäßigkeit der Verwaltung, Rechtsweggarantie usw.; Akzeptanz und Vertrauen in staatliches Handeln; Rechtsfriede, Grundwerteverwirklichung und -konsens, freie individuelle Entfaltung, Solidarität, Staatsbewußtsein).

48 c) Ein weiterer wesentlicher Staatszweck liegt im Sozialstaatspostulat begründet **(Gestaltungsfunktion).** Dadurch wird der Staat auf die Gesellschaft bezogen. Er hat damit die zentrale Aufgabe zu erfüllen, den bestehenden geistig-kulturellen, ökonomischen und technischen Bedarf der Gesellschaft zu befriedigen und die Gemeinschaftsinteressen aktiv zu fördern. Der Staat hat unter Wahrung von Freiheit und Eigenverantwortlichkeit der Bürger mit geeigneten Mitteln eine effektive und vor allem sozial gerechte Wirtschafts-, Kultur- und Sozialpolitik zu betreiben („sozialer Friede"; Gemeinwohl und Gemeinsinn; Balance zwischen Allgemeininteressen und Individualschutz/-freiheit; Würtenberger JuS 1986, 344 ff.; zur Gemeinwohlproblematik allgemein: Häberle, Rechtstheorie 1983, 257 ff.; Link/Ress VVDStRL Bd. 48, 1 ff. = DÖV 1989, 1077 ff.).

V. Staat und Gesellschaft

Von einem Dualismus von Staat und Gesellschaft, wie man ihn besonders im 19. **49**
Jahrhundert aufgrund der liberalen Rechtsstaatstheorie herausgestellt hat, kann heute kaum mehr gesprochen werden. Im modernen Demokratiestaat, der sich immer stärker zum Sozialstaat hin entwickelt, hat die Trennung von Staat und Gesellschaft ihre Aktualität und mindestens teilweise auch ihre Rechtfertigung verloren. Als demokratisches Gemeinwesen ist der Staat auf eine enge Verflechtung seiner sozialen „Basis" (Gesellschaft) mit dem staatlichen „Überbau" angewiesen und angelegt. Selbst Forsthoff ist der Ansicht, daß es die Entstehungsgeschichte der Bundesrepublik nicht mehr gestattet, an der „Priorität des Staates" gegenüber der Gesellschaft festzuhalten. Der Staat ist nach dem GG gewissermaßen zu einer „Funktion der Gesellschaft" geworden. „Gesellschaftliches Leben ist ohne die organisierende, planende, verantwortliche Gestaltung durch den Staat nicht mehr möglich. Umgekehrt konstituiert sich der demokratische Staat erst in gesellschaftlichem Zusammenwirken" (Hesse § 1 II). Heute ist also der Staat im Prinzip als integrierender Bestandteil des Gemeinwesens anzusehen, er ist – stark vereinfacht ausgedrückt – gewissermaßen das politische Teilsystem im gesellschaftlichen Gesamtsystem. Der Staat ist als organisierte politische Entscheidungseinheit in seiner Tätigkeit funktional auf die Gesellschaft bezogen. Er nimmt für die Gesellschaft eine notwendige, einheitsstiftende, ihren Bestand bedingende Erhaltungs-, Sicherungs- und auch Veränderungsfunktion wahr. Staat und Gesellschaft sind also nicht voneinander isolierte Systeme; der Staat ist vielmehr die politische Entscheidungseinheit und verrechtlichte Herrschaftsorganisation für die Gesellschaft; er steht in notwendiger und mannigfacher Wechselbeziehung mit dieser (vgl. dazu das nachstehende Schaubild 3). Dabei ist aber gleichwohl eine gewisse „Distanz", ein begrenzter Dualismus zwischen Staat und Gesellschaft unerläßlich und insbesondere für die Gewährleistung der Grundrechte Vorbedingung. Nach Böckenförde ist ein für die Öffentlichkeit transparentes Verhältnis Staat – Gesellschaft – Freiheit herzustellen und zu erhalten, das von dem „richtigen Maß" von Trennung und Verbindung geprägt wird („Verschränkungslage", aber keine Identität). Auf dem Hintergrund weiter zunehmender Tendenzen in Richtung Parteien- und Verbändestaat ist die „Balance" dieses Verhältnisses zwischen Staat und Gesellschaft beeinträchtigt und mitunter gefährdet (Rupp HdBStaatsR, Bd. I, § 28 Rdn. 1 ff., 29 ff., 54).

Literatur: *Hesse* § 1; *Maunz/Zippelius* §§ 3–5; *Stern,* Staatsrecht, Bd. I, §§ 7, 8; *Stein* § 1; *Zippelius* §§ 1–12; *Herzog,* S. 38 ff., 84 ff.; *von Arnim,* Staatslehre, 1984; *Schunck/De Clerck,* Allg. Staatsrecht, S. 2 ff.; *Kriele* §§ 16–24; *Drath,* EStL, Sp. 3304 ff. – Staat –; *Drath,* Der Staat 1966, S. 273 ff.; *Isensee,* Staat und Verfassung, HdBStaatsR, Bd. I, § 13; *E.-W. Böckenförde,* Die verfassungstheoretische Unterscheidung von Staat und Gesellschaft als Bedingung der individuellen Freiheit, S. 7 ff.; *ders.* (Hrsg.), Staat und Gesellschaft, 1976; *Forsthoff,* Der Staat der Industriegesellschaft, S. 11 ff.; *Hesse,* Bemerkungen zur heutigen Problematik und Tragweite der Unterscheidung von Staat und Gesellschaft, DÖV 1975, S. 437 ff.; *Achterberg,* Die gegenwärtigen Probleme der Staatslehre, DÖV 1978, S. 668 ff.; *Bull,* Die Staatsaufgaben nach dem GG, 2. Aufl. 1977; *Staff,* Lehren vom Staat, 1981; *Karpen,* Die verfassungsrechtliche Grundordnung des Staates, JZ 1987, 431 ff.; *Link/Ress,* Staatszwecke im Verfassungsstaat, VVDStRL Bd. 48 (1990), S. 1 ff.; *Doehring,* Allg. Staatslehre, 1991, Rdnr. 27 ff. und 185 ff.

Staat als Funktionseinheit der Gesellschaft

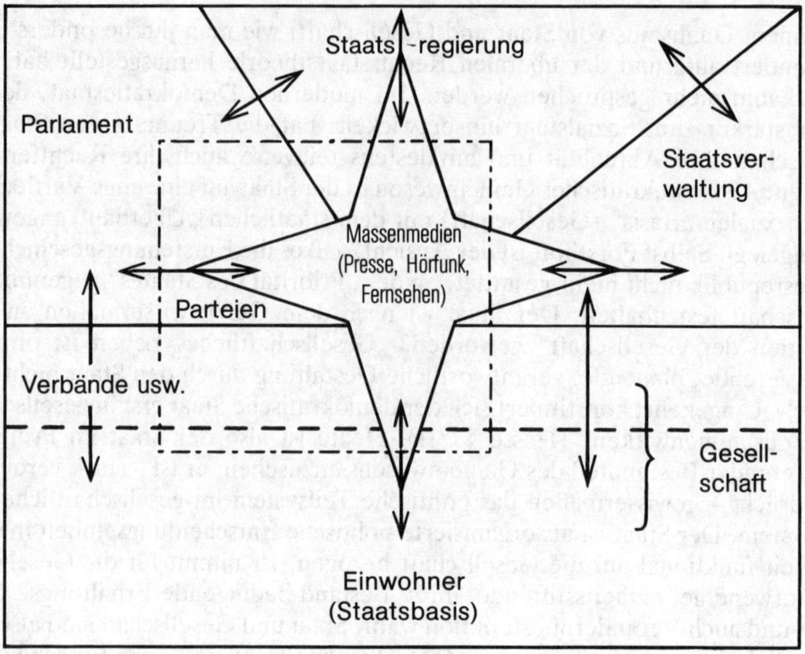

Schaubild 3

Wiederholungsfragen und Fälle:

(1) Welches sind die Merkmale der „Drei-Elementen-Lehre"? Welche Kritik wird gegen sie vorgebracht? Warum ist diese Lehre nach wie vor notwendig?
Dazu: § 3 I 2 und II 1 (Rdn. 21, 22–27).

(2) Welche Bedeutung hat die Staatsangehörigkeit und welches Grundprinzip liegt dem deutschen Staatsangehörigkeitsrecht zugrunde?
Dazu: § 3 II 1 b (Rdn. 25).

(3) Eine 10köpfige Schiffsbesatzung geht an einer unbewohnten Südseeinsel, die bisher keiner Staatshoheit untersteht, vor Anker. Die Besatzung beschließt, hier einen eigenen „Staat" zu gründen. Hätte dieser „Staat" Aussicht auf Aufnahme in die UNO? – Art. 4 I der UNO-Charta lautet: „Die Mitgliedschaft in den Vereinten Nationen steht allen anderen friedliebenden Staaten frei, welche die in der vorliegenden Charta enthaltenen Verpflichtungen annehmen und nach Ansicht der Organisation fähig und gewillt sind, diese Verpflichtungen auszufüllen."
Dazu: § 3 II 1 c (Rdn. 26).

§ 4 Staatsformen

I. Begriff der Staatsform

Die Staatsform ist die verfassungsrechtliche Grundordnung eines Staates. Die Lehre von den Staatsformen befaßt sich mit deren verschiedenen Erscheinungsbildern. Bei aller Mannigfaltigkeit der Staatsformen lassen sich gewisse Grundmodelle feststellen. Dabei kann es sich allerdings nur darum handeln, einen äußerst komplexen Tatbestand gewissermaßen von verschiedenen Seiten, unter dem Aspekt je eines anderen Strukturelements zu betrachten. 50

Es sind die verschiedensten Strukturmerkmale denkbar, nach denen die Staatsformen (Regierungssysteme) in einzelne Gruppen eingeteilt werden können. Die sachlich bedeutsamsten Unterscheidungen der Staatsformen ergeben sich dabei nach ganz h. M. – auf dem Hintergrund der „Drei-Elementen-Lehre" – aus der unterschiedlichen Gestaltung des Elements **Staatsgewalt.** Danach ist eine brauchbare Einteilung der Staatsformen also grundsätzlich nach dem Träger der Staatsgewalt und der Art ihrer Ausübung zu bestimmen.

II. Überblick über die Grundformen

Die folgende, sehr vereinfachende Darstellung der „klassischen" Staatsformen darf nicht darüber hinwegtäuschen, daß das Problem der Staatsform äußerst kompliziert und sehr differenziert zu beurteilen ist und eben nur Teilaspekte eines konkreten politischen Systems umfaßt. Zwar ist es notwendig, die fundamentalen Unterschiede der verschiedenen Grundtypen von Staatsformen auch theoretisch herauszuarbeiten; doch müssen dabei die Grenzen solcher theoretischen Modelle gesehen werden. Es gibt eben keinen generell gültigen, in „Reinkultur" vorkommenden Staatstyp. Vielmehr ist die einzelne Staatsform auf der Grundlage der verfassungsrechtlich festgelegten Grundstruktur vor allem nach dem tatsächlichen Verlauf des politischen Entscheidungsprozesses im Regierungssystem zu beurteilen, also insbesondere danach festzulegen, auf welche Art und Weise in einem bestimmten Staat die politische Macht (Staatsgewalt) faktisch erlangt, ausgeübt und kontrolliert wird. Trotz dieser Einschränkung ist die Kenntnis der klassischen Einteilungen der Staatsformen zum „Einstieg" und für das Grundverständnis der Regierungssysteme von erheblicher Bedeutung. 51

In der Staatsformenlehre werden im wesentlichen folgende **Haupttypen** vertreten:

1. Nach den Trägern der Staatsgewalt, d. h. nach dem Kriterium, wieviel Personen Inhaber der Staatsgewalt sind, werden unterschieden: 52

- **Monokratie:** Herrschaft eines einzelnen
- **Aristokratie:** Herrschaft mehrerer (der „Besten")
- **Demokratie:** Herrschaft aller (des Volkes).

Unter diesen Herrschaftsformen wurde nun aber keine als moralisch besser oder schlechter angesehen. Aristoteles, der Begründer dieser Einteilung, ging davon aus, daß je nach Bedarf, Notwendigkeit, Umständen, Mentalität usw. des einzelnen Volkes jeweils die geeignetste Staatsform zu wählen ist. Aus diesem Grund stellt er auch den vorstehenden Typen folgende Entartungsformen gegenüber:

- **Despotie:** Willkürherrschaft eines einzelnen
- **Oligarchie:** Willkürherrschaft mehrerer
- **Ochlokratie:** Herrschaft des „Pöbels".

53 2. Machiavelli teilte die Staatsformen allein nach dem Kriterium ein, wer Staatsoberhaupt ist und den Staat völkerrechtlich vertritt (oberster Repräsentant des Staates). Entscheidend ist dabei die Art und Weise, in der das Staatsoberhaupt in sein Amt gelangt:

- **Monarchie:** Staatsoberhaupt durch Erbfolge
- **Republik:** Staatsoberhaupt durch Wahl.

54 3. Eine weitere Unterscheidung, die besonders für die deutsche Verfassungsentwicklung Bedeutung erlangt hat, differenziert nach der inneren Gliederung (staatlichen Organisation) zwischen:

- **Einheitsstaat:** Staatsgewalt ist auf einer Ebene zentralisiert
- **Bundesstaat:** Staatsgewalt ist zwischen Gesamtstaat und Gliedstaaten aufgeteilt.

III. Unterscheidung nach den Trägern der Staatsgewalt

55 1. **Monokratie:** Die monokratische Staatsform, die Herrschaft eines einzelnen, gehört nicht nur der Geschichte an (vor allem als Monarchie), sondern ist auch heute noch eine nicht ganz seltene Herrschaftsform (als Diktatur). Wesensmerkmal dieses Staatstypes ist eben, daß die gesamte Staatsgewalt in der Hand einer Person liegt.

56 2. **Aristokratie:** Das positive an der Herrschaft einer Gruppe von Personen wurde ursprünglich darin gesehen, daß eine kleinere Zahl von besonders fähigen und integren Personen das „Gemeinwohl" am besten erkennen und verwirklichen könne. Die Verfassungsgeschichte zeigt aber, daß dieses Ideal der Praxis weitgehend nicht entspricht. Die Staatsformen der Aristokratie oder Oligarchie, in denen eine Minderheit der Staatsbürger Träger der Staatsgewalt ist, haben heute keine besondere Bedeutung mehr. Erscheinungsformen der Herrschaft einer kleinen Gruppe sind etwa der Ständestaat oder ein Teil der Militärdiktaturen.

57 3. **Demokratie:** Begriff und Wesen der Demokratie wird schlagwortartig meist mit „Volksherrschaft" oder „Volkssouveränität" umschrieben. Das Volk, also jeder Bürger, ist Inhaber und Träger der Staatsgewalt. „Alle Staatsgewalt geht vom Volke aus" (Art. 20 II GG, Art. 1 II WV). Der Grundgedanke der Demokratie liegt darin, daß das Volk als „Urquell" aller staatlichen Macht und alle Staatsbürger als gleichberechtigt angesehen werden. Demokratie ist demnach ihrem Wesen nach gleichberechtigte Teilnahme aller an der gemeinsamen Regelung der gemeinsamen Aufgaben; sie strebt tendenziell nach einer Identität von Regierten und Regierenden. Im demokratischen Staat bleibt die Gesellschaft, der Bürger, das eigentliche Subjekt

des politischen Lebens. Ein demokratisches Gemeinwesen hat sich darum zu bemühen, das Ideal des „government of the people, by the people, for the people" zu verwirklichen (vgl. zum ganzen eingehend unten § 9). Ein demokratischer Staat soll eine Verfassungsform verkörpern, die mehrheitlich, möglichst universell legitimiert ist und akzeptiert wird, die auf Gerechtigkeit und Gleichheit aufbaut und die Freiheit sichert. Unter den verschiedensten Spielarten der demokratischen Staatsform können hier nur die wichtigsten, nämlich die Einteilung in unmittelbare und mittelbare Demokratie, sowie die Untergliederung der mittelbaren Demokratie in das parlamentarische und präsidiale System, kurz beschrieben werden:

a) Unverzichtbares Element der Demokratie ist, daß das **Volk Inhaber der Staatsgewalt** ist; die **Trägerschaft der Staatsmacht** muß stets beim Volk liegen. Zu trennen davon ist die Frage der Ausübung der Staatsgewalt. Je nachdem, ob das Volk selbst die wichtigsten Entscheidungen durch Wahlen und Abstimmungen (Volksbegehren, Volksentscheide, Plebiszite usw.) trifft oder ob das Volk bei den Entscheidungen grundsätzlich durch Repräsentanten vertreten wird, spricht man von einer unmittelbaren bzw. mittelbaren Demokratie. Diese Unterscheidung orientiert sich demnach an dem Kriterium der Art und Weise der Ausübung der Staatsgewalt. **58**

In der Staatsform der **unmittelbaren Demokratie** werden die Entscheidungen von der Aktivbürgschaft, dem überwiegenden Teil der Gesamtbevölkerung grundsätzlich selbst, unmittelbar getroffen. Die Bürger nehmen direkt an der Staatstätigkeit teil und üben die Staatsgewalt weitgehend selbst aus (vgl. z. B. Art. 28 II 3, Bürgerversammlungen; sogenannte Landsgemeindekantone in der Schweiz). Da aber eine unmittelbare Demokratie nur dort vertretbar ist, wo überschaubare Verhältnisse bestehen, ist diese Staatsform fast ausgestorben. In den bevölkerungsreichen Flächenstaaten des 20. Jahrhunderts ist deshalb allein die mittelbare Demokratie praktikabel (zu plebiszitären Elementen vgl. ZPR 1992, 27). **59**

Demokratische Staatsformen sind also heute in aller Regel als **mittelbare Demokratien** ausgestaltet (repräsentative Demokratie). Bei ihnen bleibt das Volk theoretisch Inhaber der Staatsgewalt; die Ausübung der Staatsgewalt wird jedoch von Repräsentanten (Vertretern), die vom Volk durch Wahlen dazu legitimiert sind, wahrgenommen (vgl. Art. 20 II). Bei der mittelbaren, repräsentativen Demokratie gibt es für den Bürger keine Möglichkeit, jenseits der Wahl selbst einen unmittelbaren Einfluß auf die Wahrnehmung der Staatsgewalt auszuüben, es sei denn, daß eine Ausnahme ausdrücklich in der Verfassung selbst zugelassen ist (etwa Art. 29; zum „Regel-Ausnahme-Prinzip" vgl. unten Rdn. 142 ff.). Der Bürger ist also grundsätzlich auf die Wahl der Volksvertreter (Abgeordnete) und evtl. anderer unmittelbarer Staatsorgane (Staatspräsident) beschränkt. Bei der Ausübung der Staatsgewalt wird das Volk durch von ihm für einen bestimmten Zeitraum gewählte Repräsentanten allgemein vertreten (Art. 38 I). **60**

b) Die vorstehende Unterscheidung sagt lediglich aus, ob die Ausübung der Staatsgewalt unmittelbar beim Volk liegt oder durch Repräsentanten wahrgenommen wird. Eine andere Frage innerhalb der mittelbaren Demokratieformen ist es, wie die Ausübung der Staatsgewalt zwischen dem Parlament (Gesetzgebungsorgan) und der Regierung (Exekutivorgan) aufgeteilt bzw. wie das Verhältnis zwischen diesen **61** beiden Gewalten festgelegt ist. Bei den mittelbaren Demokratien wird deshalb weiter unterschieden zwischen parlamentarischer und präsidialer Demokratie (vgl. dazu Steffani ZParl 1983, 390 ff.):

62 Kennzeichnend für die **parlamentarische Demokratie** ist, daß die Volksvertretung (Parlament) entscheidenden Einfluß auf Bildung und Tätigkeit der Regierung hat (parlamentarisches Prinzip). Dies wird dadurch sichergestellt, daß die Regierung, evtl. auch nur der Regierungschef, vom Parlament gewählt, aber auch gestürzt werden kann (Mißtrauensvotum). Die Regierung unterliegt einer ständigen parlamentarischen Verantwortlichkeit und bedarf stets des Vertrauens der Volksvertretung (z. B. Bundesrepublik; vgl. Art. 63, 67, 68, 69 II).

63 Für die **Präsidialdemokratie** ist charakteristisch, daß der Staatspräsident als das wichtigste Exekutivorgan vom Volk gewählt wird und deshalb weitgehend dem Einfluß des Parlaments entzogen ist. Die Minister sind grundsätzlich dem Präsidenten verantwortlich. Die Möglichkeit eines Mißtrauensvotums ist normalerweise verfassungsrechtlich nicht vorgesehen. Insgesamt gesehen ist in der Präsidialdemokratie die Stellung des Staatsoberhauptes und damit der gesamten Exekutive durch die aufgrund der Direktwahl gegebenen größeren demokratischen Legitimation und Unabhängigkeit noch stärker, als sie selbst schon beim parlamentarischen Regierungssystem faktisch ist (z. B. USA, Frankreich).

IV. Unterscheidung nach dem Staatsoberhaupt

Nach dem obersten Repräsentanten des Staates, d. h. nach der Art und Weise wie ein Staatsoberhaupt in sein Amt gelangt, wird nach Machiavelli zwischen den Staatstypen Monarchie und Republik differenziert:

64 1. Die **Monarchie** ist eine Staatsform, in der das Staatsoberhaupt (derjenige, der den Staat völkerrechtlich vertritt) im Wege der Erbfolge in sein Amt gelangt. Der Staat wird von einem einer bestimmten Dynastie angehörenden Fürsten repräsentiert, dem dieses Amt durch familien- und erbrechtliche Umstände auf Lebenszeit übertragen ist (i. d. R. nach der „Thronfolgeordnung"). Die Verfassungsgeschichte kennt dabei die vielfältigsten Ausprägungen der Staatsform Monarchie. Nach der Bedeutung der Stellung, die der Monarch innehat, kann man folgende Typen unterscheiden: Bei der **absoluten Monarchie** ist die gesamte Staatsgewalt in einer Hand vereinigt. Allein der Monarch übt Herrschaftsmacht aus; jede Willensäußerung von ihm hat quasi Gesetzeskraft. Das Volk ist praktisch ohne eigene Rechte (rechtlose Untertanen). Ludwig XIV. hat diese Staatsform treffend umschrieben mit den Worten: „L'état, c'est moi". Von einer **konstitutionellen Monarchie** spricht man, wenn die umfassende Staatsgewalt des Monarchen durch die Verfassung (Konstitution) Beschränkungen unterliegt. Dies gilt allerdings nur, soweit es ausdrücklich in der Verfassung festgelegt ist. Die Macht des Monarchen kann etwa dadurch eingeschränkt sein, daß verfassungsrechtlich die Zuständigkeit oder Mitwirkung anderer Organe (etwa Ständevertretung, Parlament) vorgesehen oder die Staatsgewalt sonstwie aufgeteilt ist (z. B. die RV von 1871). In der **parlamentari-**

schen Monarchie ist das Volk in Wirklichkeit Inhaber der Staatsgewalt; deren Ausübung liegt in der Hand von Repräsentanten, insbesondere dem Parlament. Dem Monarchen stehen weitgehend nur noch formale Befugnisse eines Staatsoberhauptes (rein repräsentative, symbolische Funktionen), aber nicht solche echter Machtausübung zu. Die Monarchie beinhaltet somit lediglich noch die Erblichkeit der Stellung des Staatsoberhauptes. Es handelt sich bei dieser Staatsform demnach materiell um eine Demokratie und nur formell um eine Monarchie. Daraus ergibt sich, daß Gesetzgebung und vollziehende Gewalt beim Parlament und der von ihm abhängigen Regierung liegen und etwa die Regierungshandlungen des Monarchen stets der Gegenzeichnung der Regierung bedürfen.

2. Die Staatsform **Republik** ist historisch zu verstehen und bedeutet eine Abkehr **65**
und Abgrenzung vom monarchischen Prinzip und ursprünglich ein Bekanntnis zu einem freiheitlichen, volksstaatlichen Staatstyp („Freistaat"). Auch heute wird der Begriff Republik (öffentliche Angelegenheiten, Gemeinwesen) nur negativ bestimmt. Republiken sind all jene Staatsformen, die keine Monarchien sind (Nicht-Monarchie). Dies bedeutet, daß die obersten Staatsorgane (Staatsoberhaupt) nicht durch Erbfolge, sondern durch Wahlen in ihr Amt gelangen (vgl. eingehender unten Rdn. 135f.).

V. Unterscheidung nach der inneren Gliederung

Die Einteilung der Staatsformen nach der inneren Gliederung der Staatsgewalt **(staatliche Organisation)** war für die deutsche Verfassungsentwicklung von besonderer Bedeutung. Je nachdem, ob die Staatsgewalt auf einer Ebene konzentriert oder auf zwei Ebenen aufgeteilt ist, spricht man von Einheits- bzw. Bundesstaat. Daneben soll hier auch der Staatenbund mitbehandelt werden.

1. In einem **Einheitsstaat** gehen alle Staatstätigkeiten von einer „Zentrale" aus **66**
(Unitarismus; vgl. etwa Frankreich, England). Die gesamte Staatsgewalt wird von einer Ebene wahrgenommen (einheitliche Organisation und Rechtsordnung). Alle Staatsorgane sind demnach der „Staatszentrale" direkt untergeordnet und unterliegen deren Anordnungen und Weisungen. Soweit organisatorische Untergliederungen (z. B. Provinzen, Bezirke usw.) bestehen, sind diese rein formaler, verwaltungstechnischer Art. Solche Verwaltungseinheiten besitzen dabei keine eigene Staatsgewalt, sondern lediglich Außenstellen des Einheitsstaates. Die Vorzüge eines Einheitsstaates werden besonders in der relativ straffen, reaktionsschnellen Verwaltungsführung und zudem in einer weitgehend gegebenen Gleichbehandlung der Staatsbürger gesehen. Die Nachteile liegen in der starken Zentralisierungstendenz, also in dem Fehlen einer vertikalen Teilung der Staatsgewalt sowie in der mangelnden Berücksichtigung regionaler Interessen und Pluralität (vgl. Rdn. 256ff.).

Zur Kennzeichnung der verschiedenen Variationen (Unterarten) der Staatsform **67**
Einheitsstaat werden verschiedene Begriffe benützt, die oft synonym gebraucht werden und häufig nicht auseinandergehalten werden: konzentrierter – dekonzentrierter, zentralisierter – dezentralisierter Staat. Dies macht es notwendig, diese

Begriffe, die besondere Ausprägungen der staatlichen Verwaltungsgliederung und -organisation darstellen, näher zu umschreiben. Unter dem Grundsatz der **Konzentration** versteht man eine Verwaltungsorganisation, in der die Wahrnehmung der Staatsaufgaben weitgehend in die oberste Verwaltungsstufe (Ministerien) verlagert wird. Dagegen spricht man von **Dekonzentration,** wenn die Erledigung der Staatsaufgaben nach Möglichkeit von den Behörden der unteren und mittleren staatlichen Verwaltungsebene (mittelbare Staatsverwaltung) erfolgt, wobei der Zentrale allerdings eine umfassende Fach- und Rechtsaufsicht zusteht. Der Grundsatz der **Zentralisation** besagt, daß alle Staatsaufgaben bei der staatsunmittelbaren Verwaltung zusammengefaßt sind, d.h. von Staatsbehörden selbst wahrgenommen werden, während eine **Dezentralisation** vorliegt, wenn die Staatsaufgaben an selbständige Verwaltungsträger zur selbständigen Erledigung auf Körperschaften oder Anstalten des öffentlichen Rechts übertragen werden (z.B. die Kommunen). Gegenüber diesen Körperschaften und Anstalten steht dem Staat grundsätzlich nur die Rechtsaufsicht zu.

68 2. **Bundesstaat:** Das Charakteristikum dieser Staatsform ist, daß die staatlichen Aufgaben und Funktionen auf zwei Ebenen aufgeteilt werden und dabei sowohl der Gesamtstaat als auch die Gliedstaaten Staatsqualität besitzen. Weiter besagt der Bundesstaatsbegriff, daß die staatlichen Organisationen und Rechtsordnungen von Gesamtstaat und Gliedstaaten (Bund und Ländern) durch eine Verfassung dergestalt zusammengefaßt sind, daß durch sie eine gegenseitige Verflechtung und eine gewisse gesamtstaatliche Homogenität (einheitliche Grundstruktur; vgl. Art. 28 I) hergestellt wird. Die Staatsgewalt ist zwischen Gesamtstaat und Gliedstaaten aufgeteilt (näheres vgl. unten Rdn. 242ff.).

69 Bei Anwendung der „Drei-Elementen-Lehre" auf die Staatsform des Bundesstaates ergeben sich bei der vorstehenden begrifflichen Festlegung gewisse Schwierigkeiten. Während sowohl für den **Gesamtstaat (Bund,** als auch die **Gliedstaaten (Bundesländer)** die Elemente Staatsgebiet und Staatsvolk relativ unproblematisch sind (vgl. etwa Art. 73, Nr. 2), scheint dies hinsichtlich der Staatsgewalt fraglich zu sein (vgl. oben Rdn. 26). Zwar gehört die äußere Souveränität, die bei den Gliedstaaten nicht gegeben ist, nicht zu den notwendigen Begriffsmerkmalen der Staatsgewalt; schwierig ist es jedoch, die erforderliche Voraussetzung der Ungeteiltheit der Staatsgewalt bei Gesamtstaat und Gliedstaaten zu begründen (innere Souveränität). Man behilft sich hier theoretisch mit der Annahme, daß unabgeleitete und ungeteilte Staatsgewalt nur auf dem jedem Staat zustehenden Aufgabengebiet gemäß der verfassungsrechtlichen Aufgabenverteilung bestehen muß. Damit stehen Gesamtstaat und Gliedstaaten originäre Staatsgewalt zu (vgl. Stern, StaatsR, Bd. I, § 19 III).

70 Die bundesstaatliche Staatsform kennt vor allem zwei auch heute noch aktuelle Ausprägungen: das unitarische und das föderative Bundesstaatsprinzip. Dabei versteht man unter **unitarischem Bundesstaat** einen Staatstyp, bei dem die Aufgaben- und Kompetenzverteilung zwischen Gesamtstaat und Gliedstaaten dergestalt vorgenommen ist, daß das Schwergewicht beim Gesamtstaat liegt (vgl. etwa die WV; aufgrund der Änderung der Art. 73ff. spricht man heute auch in der Bundesrepublik von einer Tendenz zum Unitarismus). Liegt dagegen der Schwerpunkt der staatlichen Aufgaben und Kompetenzen bei den Gliedstaaten und wird auch die individuelle Eigenart der Gliedstaaten prinzipiell bejaht, so spricht man von einem **föderalistischen Bundesstaat** (vgl. etwa RV von 1871). Unitarisch sind also all jene Bestrebungen zu nennen, die möglichst viele Befugnisse und das politische Schwergewicht in den Gesamtstaat verlegen wollen, während föderalistisch die Kräfte zu bezeichnen sind, die die politische Stellung der Gliedstaaten zu stärken und deren Funktionen zu erweitern suchen. Dabei hört der Unitarismus begrifflich dann auf, wenn aus dem Bundesstaat ein Einheitsstaat geworden ist, und von Föderalismus kann dann nicht mehr die Rede sein, wenn der Bundesstaat in separatistische, partikulare, souveräne Einzelstaaten zerfällt (vgl. eingehend unten § 12).

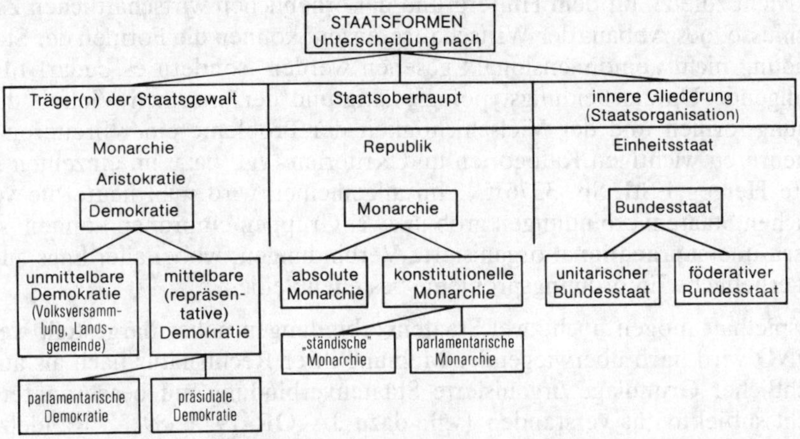

Schaubild 4

VI. Staatenverbindungen

1. Nach der herkömmlichen Typologie unterscheiden sich Staatenverbindungen vom Bundesstaat vor allem dadurch, daß sie keine originäre, eigenständige Staatsgewalt besitzen. Das auf *G. Jellinek* zurückgehende klassische System der Staatenverbindungen, das von dem Differenzierungskriterium Staatsgewalt ausgeht, unterscheidet ganz generell zwischen Staatenverbindungen i. w. S., worunter schlechthin alle dauernden Beziehungen von Staaten verstanden werden (Bündnisse, Allianzen, Verwaltungsunionen, internationale Organisationen, aber auch völkerrechtliche Verträge), und Staatenverbindungen i. e. S., die „dauernde, rechtliche Vereinigung von Staaten politischer Natur" sind. Hier interessieren nur die letzteren, unter denen Jellinek weiter zwischen völkerrechtlichen, d. h. auf Vertrag oder Vereinbarung beruhenden, und staatsrechtlichen, d. h. auf Herrschaftsverhältnissen selbst beruhenden Staatenverbindungen differenziert. Von den von Jellinek umschriebenen Arten der Staatenverbindungen sind heute die Formen Protektorate, Staaten- **71**

staat, Real- und Personalunion (z. B. Österreich-Ungarn bis 1918) faktisch nicht mehr wichtig. Eine gewisse Bedeutung hat allerdings noch der Begriff des **Staatenbundes,** worunter Jellinek die „dauernde, auf Vereinbarung beruhende Verbindung unabhängiger Staaten zum Zweck des Schutzes des Bundesgebiets nach außen und innerer Friedensbewahrung zwischen den verbündeten Staaten" mit einer „dauernden Organisation zur Realisierung der Bundeszwecke" ohne originäre Staatsgewalt versteht. Es wird also kein neuer Staat geschaffen (z. B. Deutscher Bund von 1815–1866). Die von Jellinek begründete Typologie ist heute umstritten und erheblicher Kritik ausgesetzt. Gegen sie wird zu Recht insbesondere vorgebracht, daß sie zu sehr vereinfachend allein an das Differenzierungskriterium des staatlichen Befehls und Zwangs (Staatsgewalt) anknüpft und im wesentlichen nur auf den staatenverbindenden Zweck der gemeinsamen äußeren Verteidigung abstellt. Nicht zuletzt auf dem Hintergrund der erheblichen wirtschaftlichen Zusammenschlüsse, des Abbaus der Wirtschaftsgrenzen, können die Formen der Staatenverbindung nicht „eindimensional" gesehen werden, sondern es bedarf für eine befriedigende Unterscheidungstypologie aufgrund der enormen Vielfalt der Erscheinungsformen und der Vielschichtigkeit der Probleme einer breiteren Basis von mehreren wichtigen Kategorien und Kriterien (vgl. dazu im einzelnen insbesondere Herzog EStL,Sp. 3376 ff.). Im allgemeinen wird man heute die völkerrechtlichen Staatenverbindungen grob in zwei Gruppen einordnen können: **staatsbündisch** und **supranational** organisierte Verbindungen, wobei allerdings auch insoweit erhebliche Einordnungsprobleme bestehenbleiben.

72 2. Beispielhaft mögen noch zwei Staatenverbindungen näher dargestellt werden: Die **UNO** wird nach überwiegender Meinung ihrer Rechtsnatur nach als auf völkerrechtlicher Grundlage organisierte Staatenverbindung mit beschränkter Völkerrechtssubjektivität verstanden (vgl. dazu JA ÖR 1975, 89 ff.; Randelzhofer EStL, Sp. 3726 ff.). Die **EG** ist im Grundsatz eine supranationale Staatenverbindung. Sie stellt noch nicht die Qualität eines neuen Staates (Bundesstaat), aber doch einen überstaatlichen Hoheitsverband dar („Zweckverband" souveräner Nationalstaaten). Von den üblichen supranationalen Verbindungen unterscheidet sie sich dadurch, daß sie funktional begrenzte Hoheitsbefugnisse besitzt, die grundsätzlich für die einzelnen Mitgliedsstaaten unmittelbar verpflichtende Wirkung besitzen. Für Deutschland ergibt sich dies aus **Art. 24** („offene Staatlichkeit" für zwischenstaatliche Einrichtungen). Danach können auf die EG durch einfaches Bundesgesetz Hoheitsrechte des Bundes und der Länder übertragen werden (vgl. dazu BVerfGE 37, 277 ff.; 68, 93 ff.; Hesse § 3 IV; Maunz/Zippelius § 17 IV; Steinberger/Klein/Thürer VVDStRL Bd. 50, 1 ff. = DVBl. 1990, 1213 ff.; Rdn. 129 n ff.).

Literatur: *Zippelius* §§ 20–24; *Küchenhoff,* Allgemeine Staatslehre, 8. Aufl., 1977, S. 209 ff.; *Schunck/De Clerck,* Kap. 9; *Besson* EStL, Sp. 2552 ff. – politische Systeme –; *Doehring,* Allg. Staatslehre, 1991, Rdn. 145 ff. und 208 ff.

Wiederholungsfragen und Fälle:

(1) Welches sind die Gründe dafür, daß heute praktisch alle demokratischen Staaten das repräsentative, mittelbare Demokratieprinzip verwirklicht haben?
Dazu: § 4 III 3 a (Rdn. 58–60).

(2) Der Staat X will als Staatsform die republikanische Monarchie einführen. Ist dies verfassungsrechtlich möglich?
Dazu: § 4 IV 1 und 2 (Rdn. 53, 64 f.).

(3) Nennen sie die begrifflichen Unterschiede von
a) dekonzentrierter Einheitsstaat – unitarischer Bundesstaat
b) föderalistischer Bundesstaat – Staatenbund, und schildern Sie die einzelnen Vor- und Nachteile!
Dazu: § 4 V und VI (Rdn. 66 f., 70 und 71).

§ 5 Die Verfassung

I. Fragestellung

1. Unter einer Verfassung versteht man ganz allgemein die Organisation eines Verbandes. Die Verfassung eines Staates enthält folglich die grundlegenden Rechtsnormen über die Entscheidungsstrukturen und die Organisation des Staatsverbandes sowie die Funktionsweise der Staatsgewalt. Diese Umschreibung der Verfassung als bloßem Organisationsstatus stellt dabei aber nur ein inhaltliches Minimum dar, das durch sie zu regeln ist. Auf ihr, dem Grundgesetz eines Staates, baut die gesamte rechtliche Ordnung und Organisation auf. Als **Norm der Normen** (Vorrang der Verfassung, erschwerte Abänderbarkeit, erhöhte Bestandskraft) enthält die Verfassung in aller Regel die grundlegenden Rechtssätze auf drei Bereichen: 73
- Organisations- und Verfahrensordnung sowie Aufgaben und Funktionen der Staatsgewalt (Organisationsnormen);
- Staatszielbestimmungen, Grundprinzipien und Staatsstrukturbestimmungen, welche schlagwortartig die Grundentscheidungen des politischen Lebens festlegen (staatsfundamentale Normen, vgl. etwa Art. 79 III, 1, 20, 28, 19);
- Rechtsordnung, welche das Verhältnis Staat/Bürger und die Rechtsstellung des einzelnen schlechthin festlegt sowie Art und Umfang der Staatsaufgaben näher umschreibt (Grundrechtsnormen; vgl. Art. 1–19).

2. Begrifflich kann somit – etwas verkürzt und vereinfacht – die Verfassung als die höchstrangige normative Aussage über die **Grundprinzipien der Herrschafts- und Wertordnung** im Staat bezeichnet werden. Die Verfassung ist der hervorragendste Ausdruck der Rechtskultur einer Gesellschaft, indem sie **politisch** deren Einheit und Selbstverständnis dokumentiert und positiv beeinflußt (integrierende, einheitsstiftende und konsensbildende Kraft der Verfassung) sowie **rechtlich** die Verwirklichung und gegebenenfalls Durchsetzung der in den Verfassungsnormen festgelegten politischen Ideen durch die Staatsorgane bewirkt und außerdem die Einheit der Rechtsordnung herstellt. Darüber hinaus ist die Verfassung das entscheidende Instrument der Machtausübung und -kontrolle, die rechtliche Grundordnung des politischen Lebens. Sie zwingt gewissermaßen die Ausübung von Staatsgewalt in eine rechtliche Ordnung (rechtliche Bannung und Bindung der Macht), aber auch in 74

eine materiale Wertordnung, welche die obersten Werte, Rechtsgüter und Leitziele vorgibt. Die Verfassung ist dabei nicht nur als Rechtsstatik, als das „Verfaßt-Sein" i. S. einer staatlichen Grundordnung, sondern auch als Rechtsdynamik i. S. eines ständigen „Prozesses" der politischen Machtinhaber zu verstehen (verfassungsrechtliche und staatspolitische Verfassungselemente). Dabei müssen ihr Inhalt, die Eigenart ihrer Normierungen und ihre Probleme in ihrer geschichtlichen Entwicklung verstanden und in ihrer politisch-sozialen Wirklichkeit gesehen werden (vgl. dazu eingehender Rdn. 95ff.).

Bevor auf den Begriff und das Wesen der Verfassung näher eingegangen wird, erscheint es an dieser Stelle sinnvoll zu sein, einige Teile und Aspekte der modernen deutschen Verfassungsgeschichte darzustellen.

II. Verfassungsgeschichtliche Aspekte

75 Aufgabe des Grundkurses kann es keinesfalls sein, einen umfassenden Abriß der Verfassungsgeschichte zu geben. Vielmehr kann es hier nur darum gehen, wichtige Teilaspekte der Wurzeln aufzuzeigen, die heute noch Auswirkungen auf das geltende Staatsrecht in der Bundesrepublik haben und deshalb wegen des tatsächlichen, unbewußten oder bewußten Zurückgreifens des Grundgesetzgebers auf historisch gewachsene Vorstellungen, Einrichtungen oder Begriffe von Bedeutung sind. Unter diesem Blickwinkel des Fortwirkens in die Gegenwart werden einige wichtig erscheinende Vorgänge und Ereignisse der Verfassungsgeschichte dargestellt.

76 1. **Wurzeln des Verfassungsgedankens:** Die für einen Staat lebensnotwendige Ordnung, nach der sich das Zusammenleben und Zusammenwirken innerhalb des auf Dauer angelegten Gemeinwesens vollzieht, braucht nicht unbedingt rechtlicher Natur zu sein (vgl. ethische und theologische Theorien) und muß auch nicht kodifiziert in der Verfassungsurkunde niedergelegt sein. Das Besondere der im modernen Sinn verstandenen Verfassung ist zum einen die Theorie eines Grund- und Fundamentalgesetzes. Man vertrat die Auffassung, daß es Gesetze besonderer Art gibt, die sich durch besondere Kraft von den gewöhnlichen Gesetzen unterscheiden, wobei selbst der Monarch an diese lex fundamentalis gebunden sein sollte. Die schriftlich fixierte Verfassungsurkunde, wie sie erstmals in **England** gefordert und in Nordamerika (1776) und später in Frankreich (1791) geschaffen wurde, ist zum anderen ein konsequentes Produkt aus dem Denken und der Vorstellungswelt des 17. und 18. Jahrhunderts, der Aufklärung und des rationalen Naturrechts. Es wurde versucht, die naturrechtliche Theorie vom staatsgründenden Vertrag in die Praxis umzusetzen. Ein feierlicher Vertrag, der als Fundamentalgesetz dauernd und unabänderlich sein sollte, sollte das Rechtsverhältnis zwischen Volk und Parlament und die Rechtsstellung der Bürger regeln, um so Machtmißbrauch und Willkür vor allem durch schriftlich festgelegte Gewaltenteilung und Freiheitsrechte sicherzustellen. Dieser „Idealbegriff" der Verfassung, der teilweise sogar als politischer Kampfbegriff gebraucht wurde, postulierte seinerzeit also einen bestimmten Inhalt der Verfassungsurkunde (ordnende und begrenzende Funktion der Verfassung; Prinzip der Kodifikation). Am bekanntesten und deutlichsten ist die Formulierung in Art. 16

der französischen Erklärung der Menschen- und Bürgerrechte vom August 1789: „Jede Gesellschaft, in der die Garantie der Rechte nicht zugesichert und die Teilung der Gewalten nicht festgelegt ist, hat keine Verfassung." Die erste in diesem Sinne verstandene moderne Verfassung entstand 1776 in Amerika, als sich die dreizehn neuenglischen Staaten vom Mutterland lossagten und zu selbständigen Staaten erklärten. Die Bundesverfassung der **Vereinigten Staaten von Amerika** aus dem Jahre 1787 war dann die erste große liberale Verfassung. Beide gewannen maßgeblichen Einfluß auf die europäische Verfassungsentwicklung und sind gewissermaßen zu deren Vorbild geworden (Scholz u. a., 200 Jahre Verfassung der USA, ZRP 1988, 94 ff.). In Europa gab sich **Frankreich** im Jahr 1791 als erstes Land eine solche Verfassung (vgl. etwa Starck JZ 1989, 601 ff.). Für Deutschland war die amerikanische und besonders auch die französische Verfassungsentwicklung von wesentlicher Bedeutung.

2. Der **Deutsche Bund** (1815–1866): Im 18. Jahrhundert war die deutsche Szene **77** geprägt von dem Kampf um die Vorherrschaft, dem Dualismus zwischen Österreich und Preußen. Die Bedeutung des **„Heiligen Römischen Reiches Deutscher Nation"**, das im Jahre 962 durch die Kaiserkrönung Ottos I. gegründet wurde, ging dagegen immer mehr zurück. Die Schwäche des Reiches, die sich vor allem darin zeigte, daß es seinen Mitgliedern gegenüber feindlichen Angriffen keinerlei Schutz mehr gewähren konnte und auch wollte, beschwor eine erste Krise herauf. So war es nicht verwunderlich, daß Frankreich unter Napoleon I. praktisch ohne größeren Widerstand die linksrheinischen Gebiete besetzen konnte (1801), auf Napoleons massiven Druck die dadurch territorial betroffenen Fürsten durch Säkularisierung der geistlichen Territorien weitgehend entschädigt wurden (Reichsdeputationshauptschluß von 1803) und sich gar im Jahre 1806 sechzehn Reichsfürsten unter französischem Protektorat zusammenschlossen und sich zur militärischen Unterstützung Napoleons verpflichteten (Gründung des Rheinbundes). Insbesondere die Unterordnung unter eine ausländische Macht verstieß eklatant gegen die Verfassung des Reiches. Als dann am 1. 8. 1806 noch einige deutsche Rheinbundmitglieder den Austritt aus dem Reich erklärten, legte Franz II. von Österreich am 6. 8. 1806 die Kaiserkrone nieder. Das „Heilige Römische Reich Deutscher Nation" war damit erloschen (vgl. dazu Thieme JuS 1981, 549 ff.).

Die zahlreichen Kriege Napoleons haben die Landkarte Europas stark verändert. **78** Nach der endgültigen Niederlage Napoleons in der Schlacht von Waterloo (1815) bedurfte deshalb Mitteleuropa dringend einer neuen Ordnung. Die Aufgabe der Neugestaltung der politischen Lage, das Erbe Napoleons zu regeln und die Machtstrukturen in Europa neu auszubalancieren, wurde dem **„Wiener Kongreß"** anvertraut (1815). Die mehrere Jahre dauernde Arbeit des Kongresses war allerdings insgesamt eher restaurativ. Auch die patriotischen Erwartungen auf eine nationale Einigung Deutschlands erwiesen sich bald als nicht durchführbar. Die kleinstaatliche Struktur wurde grundsätzlich beibehalten. Angekündigte freiheitlich, konstitutionelle Monarchien wurden weitgehend abgeblockt und praktisch nicht verwirklicht. Im Gegenteil wurde das uneingeschränkte, monarchische Prinzip noch verfestigt (vgl. etwa Art. LV II der Wiener Schlußakte). Die deutsche Einigung scheiterte vorwiegend an der Rivalität der beiden Großmächte Österreich und Preußen, aber auch an der Interesselosigkeit der übrigen Fürsten. Diese Situation machte es notwendig, eine Lösung zu finden, die einer hegemonialen Vormachtstellung beider Großmächte gerecht wurde. So ist es nicht verwunderlich, daß sich die deutschen Fürsten in der **Deutschen Bundesakte“** vom 8. 6. 1815 und der **„Wiener Schlußakte“** vom 15. 5. 1820 nur zu einem Staatenbund, einem „völkerrechtlichen Verein der deutschen souveränen Fürsten und freien Städte“ und nur zum Zwecke der „Bewahrung der Unabhängigkeit und Unverletzbarkeit ihrer im Bunde begriffenen Staaten und zur Erhaltung der inneren und äußeren Sicherheit Deutschlands“ zusammengeschlossen haben (Art. I der Schlußakte und Art. II Bundesakte; Art. 57 der Wiener Schlußakte enthielt eine institutionelle Garantie des Konstitutionalismus). Organisatorisch waren die Staaten des **Deutschen Bundes** in der Bundesversammlung zusammengefaßt. Dieses Bundesorgan stand unter dem Vorsitz von Österreich und hatte seinen Sitz in Frankfurt. Die in den Deutschen Bund gesetzten Erwartungen konnten nicht erfüllt werden. Anstatt politische Einheit und nationale Belange zu fördern sowie Menschenrechte zu gewährleiten, bekämpfte er diese Forderungen sogar überwiegend und versuchte nur die monarchische Legitimität zu verteidigen. Lediglich auf wirtschaftlichem und gesetzgeberischem Gebiet konnte der Deutsche Bund gewisse Erfolge erzielen (1833: Deutscher Zollverein; Wirtschaftsgesetze).

79 3. **Paulskirchenversammlung** (1848/49): Den hochgespannten Erwartungen nach dem endgültigen Sieg über Napoleon auf nationale Einheit, auf Menschenrechte, die verfassungsrechtlich garantiert werden (Konstitutionalismus), folgte immer größer werdende Ernüchterung und Unzufriedenheit. Die im Februar 1848 in Paris ausgebrochene Revolution war dann der letzte Anstoß für die Märzrevolution in Deutschland. Das Ziel dieser revolutionären Bewegung war die Herstellung eines einigen, freien Nationalstaates, die Verabschiedung einer deutschen Gesamtverfassung als Werk eines zu wählenden Parlaments und die verfassungsrechtliche Festlegung der Gewaltenteilung und umfassender Freiheitsrechte. Die drängendste Aufgabe wurde in der Erlangung nationaler Einheit und der Errichtung des deutschen Nationalstaates gesehen. Unter dem Druck der Aufstände in mehreren deutschen Staaten wurde dann zur Ausarbeitung einer Verfassung eine verfassunggebende Nationalversammlung gewählt, die am 18. 5. 1848 erstmals in der Paulskirche in Frankfurt zusammentrat. Nach intensiven Beratungen wurde das eindrucksvolle Verfassungswerk (197 Artikel) von der Nationalversammlung am 27. 3. 1849 als **„Deutsche Reichsverfassung“** beschlossen. Der Verfassung lag die Staatsform der konstitutionellen Monarchie zugrunde; der Monarch war aber verfassungsrechtlich vor allem durch den Reichstag, der sich aus dem Staatenhaus (Länderkammer) und dem Volkshaus (Parlament) zusammensetzte, in seiner Herrschaftsmacht erheblich eingeschränkt (vgl. §§ 68, 85 ff., 102 ff.). Interessant sind besonders die §§ 130–189, in denen die erste systematische Gesamtdarstellung der Grundrechte des deutschen Volkes gegeben wurde. Die Verfassungsberatungen waren überschattet von den Auseinandersetzungen über die österreichische Frage. Die Nationalversammlung war wegen dieses Problems in zwei Lager gespalten: in den deutschen Nationalverein, der die Einigung Deutschlands ohne Österreich unter der Führung Preußens verfocht **(„Kleindeutsche Lösung“),** und den großdeutschen Reformverein, der im Prinzip eine bloße Reform des Deutschen Bundes von 1815 anstrebte **(„Großdeut-**

sche Lösung"). Nachdem sich dann Österreich geweigert hatte, sich an der neuen Reichsgründung zu beteiligen, wurde der Preußische König Friedrich Wilhelm IV. von der Nationalversammlung zum Deutschen Kaiser gewählt. Weil dieser sich aber allein als Herrscher von Gottes Gnaden und nicht von Volkes Gnaden ansah und sicher auch wegen der sehr geringen Mehrheit, mit der er gewählt wurde, lehnte er die Wahl ab. Damit war praktisch das Scheitern der Revolution von 1848 besiegelt. Die Reichsverfassung von 1849 ist zwar selbst nie wirksam geworden. Durch die eingehenden Beratungen, Diskussionen und auch die Zustimmung zu den Problemen der deutschen Frage, einer deutschen Verfassung und der staatsbürgerlichen Menschenrechte sind diese Gedanken aber in breite Schichten der deutschen Bevölkerung eingegangen und haben insbesondere im politisch bewußten Bürgertum noch Jahrzehnte nachgewirkt. Überhaupt stellen die Regelungen der RV zur Harmonisierung des Spannungsverhältnisses zwischen Individuum und Staat sowie die sozialpolitischen Ansätze einen wichtigen Beitrag zur modernen Verfassungspolitik dar. Für die weitere Entwicklung in Deutschland war die Paulskirchenverfassung deshalb durchaus bedeutsam (vgl. Kühne, Die RV der Paulskirche, 1985).

4. **Deutsches Kaiserreich** (1871–1918): Die Entscheidung über die Frage, ob Groß- **80**
deutsche oder Kleindeutsche Lösung, wurde letztlich erst 1866 auf dem Schlachtfeld getroffen. Mit dem Sieg über Österreich setzte sich Preußen durch und erzwang in den Friedensverhandlungen den Austritt Österreichs aus dem Deutschen Bunde. Außerdem mußte Österreich der Gründung des Norddeutschen Bundes zustimmen. Nach dem Sieg Preußens über Frankreich im Jahre 1870, an dem die Staaten Süddeutschlands und des Norddeutschen Bundes nicht unmaßgeblich beteiligt waren, traten dann die süddeutschen Staaten dem Norddeutschen Bund bei. Am 18. 1. 1871 wurde in Versailles das Deutsche Reich proklamiert. Das Deutsche Reich entstand durch die Erweiterung des Norddeutschen Bundes um die süddeutschen Staaten.

Die **Reichsverfassung (RV)** vom 16. 4. 1871 versuchte in geschickter Weise die **81**
Vorrechte von Reich und Ländern auszubalancieren sowie föderalistische und unitarische Elemente, aber auch monarchische und demokratische Strukturprinzipien miteinander zu verbinden. Als Grundkonzeption waren in der RV eine mit aristokratischen Zügen versehene konstitutionelle Monarchie und ein mit staatsbündischen Elementen, also ein stark föderalistisch ausgestalteter Bundesstaat festgelegt worden. In der so bestimmten Staatsform hatte allerdings Preußen eine gewisse Vormachtstellung inne. Durch diese Hegemonie wurde im Kaiserreich mindestens faktisch eine erhebliche unitarisierende Wirkung erreicht, und der verfassungsrechtlich festgelegte Föderalismus relativiert. Die süddeutschen Staaten hatten sich gewisse Reservatrechte vorbehalten (vgl. etwa Art. 52 RV).

Gemäß der bundesstaatlichen Ordnung waren die gesamten **Staatsfunktionen** auf **82**
das Reich und die Länder aufgeteilt. Dabei wurde in der RV die Funktionsteilung grundsätzlich dergestalt vorgenommen, daß von einer Vermutung zugunsten der Zuständigkeit der Länder auszugehen war. Nur wenn die RV ausdrücklich eine Zuständigkeit dem Reich zuwies, war dieses zuständig. Im Bereich der Legislative ergab sich die Gesetzgebungskompetenz des Reiches aus Art. 4 RV (relativ umfang-

reiche, abschließende Aufzählung). Die Verwaltung lag weitgehend bei den Ländern. Das Reich besaß nur auf wenigen Gebieten Verwaltungszuständigkeiten. Die Justiz war landesrechtlich geregelt. Lediglich zur Aufrechterhaltung der gesamtdeutschen Rechtseinheit bestand das Reichsgericht in Leipzig.

83 Nach der RV bildeten im Deutschen Kaiserreich der Kaiser, der Bundesrat, der Reichstag und der Reichskanzler die **obersten Staatsorgane.** Dem **Deutschen Kaiser** übertrug die Verfassung Aufgaben, die insgesamt gesehen mehr formaler, repräsentativer Natur waren (vgl. Art. 11–19 RV). Er besaß das wichtige Recht, den Bundeskanzler zu ernennen und war Oberbefehlshaber von Heer und Marine (Art. 63 I, 53 I RV). Durch die Personalunion von Deutschem Kaiser und König von Preußen hatte er aber alles in allem doch eine starke Position inne. Der **Bundesrat,** der im Reich das föderativ-monarchische Element verkörperte, war neben der Exekutive das machtvollste und zentrale, für Gesetzgebung und Verwaltung zuständige Staatsorgan. Er setzte sich aus nach Instruktionen handelnden Gesandten der 25 Länder mit insgesamt 58 Stimmen zusammen („Fürstenversammlung"; vgl. Art. 6 RV), war also nicht vom Volk gewählt. Da der Bundesrat nach der RV als das höchste Reichsorgan anzusehen war, stand ihm in Zweifelsfällen die Zuständigkeit zu. Das Gewaltenteilungsprinzip war in der RV nicht streng durchgeführt, was besonders deutlich an den Aufgaben des Bundesrates abgelesen werden kann. Neben den legislativen Hauptfunktionen (Gesetzesinitiative, Beschlußfassung über die Reichsgesetze; Art. 5, 7 RV) wirkte der Bundesrat maßgeblich bei dem Erlaß der allgemeinen Verwaltungs- und teilweise auch Rechtsverordnungen mit, war an der Entscheidung über alle wichtigen Staatsakte beteiligt, übte weitgehend die Reichsaufsicht aus und war schließlich auch für bestimmte Verfassungsstreitigkeiten zuständig (vgl. etwa Art. 7, 11 II, 19, 39, 76 RV). Die Zuständigkeiten des **Reichstages** waren geringer bemessen als die des Bundesrates. Der Reichstag war die aus allgemeinen Wahlen hervorgegangene Vertretung des Volkes und verkörperte im Reich gewissermaßen das unitarisch-demokratische Element. Er bestand aus 397 Mitgliedern. Seine wesentliche Aufgabe lag in der Mitwirkung bei der Gesetzgebung (Art. 5, 23 RV). Für das Zustandekommen eines Reichsgesetzes waren übereinstimmende Mehrheitsbeschlüsse von Bundesrat und Reichstag erforderlich. Daneben standen dem Reichstag, meist zusammen mit dem Bundesrat, noch einige weitere Rechte zu (z. B. Art. 69, 72 – Budgetrecht, Rechnungslegung –), wobei dem Budgetrecht in der Praxis eine nicht unwesentliche Bedeutung zukam. Durch dieses Recht war es dem Reichstag möglich, auch auf einzelne Bereiche der Reichsexekutive einzuwirken (z. B. auch Wehr- und Marinewesen). Die RV kannte keine Regierung. Der **Reichskanzler** war der einzige Reichsminister und deshalb zugleich Leiter der gesamten Reichsverwaltung. Ihm unterstanden Staatssekretäre, die die einzelnen Reichsämter leiteten. Er wurde vom Kaiser ernannt und war Vorsitzender des Bundesrates (Art. 15 RV). Trotz der in Art. 17 S. 2 RV festgelegten Verantwortlichkeit unterstand der Kanzler faktisch keiner parlamentarischen Verantwortlichkeit. Erst durch die Verfassungsänderung vom 28. 10. 1918 wurde dies verwirklicht. Das besondere Gewicht, das dem Amt des Reichskanzlers innewohnte, beruhte nicht zuletzt auch darauf, daß der Reichskanzler stets gleichzeitig auch preußischer Ministerpräsident war.

Die Reichsverfassung ist eine sogenannte Ordnungsverfassung. Sie regelt lediglich die Bildung und das Funktionieren der Reichsorgane und grenzt die Zsutändigkeiten zwischen dem Reich und den Einzelstaaten ab **(„Organisationsstatut“).** Daß die RV keinerlei Grundrecht enthält, liegt nicht zuletzt daran, daß die einzelnen Länder kein Interesse daran hatten, ihre Landesgrundrechte durch die Einführung von Reichsgrundrechten zu entwerten und faktisch aufzugeben. **84**

Die weitere Entwicklung des Deutschen Kaiserreichs war stark geprägt von dem enormen wirtschaftlichen Aufschwung und der industriell-technischen Expansion (über 40 Jahre Frieden!). Das Reich hat vor allem auf dem Gebiet der **Gesetzgebung** Großes geleistet. Neben der Übernahme der bereits im Norddeutschen Bund verabschiedeten Gewerbeordnung, dem Strafgesetzbuch sowie dem Handels- und Wechselrecht sind besonders die Justizgesetze (Gerichtsverfassungsgesetz, Zivil- und Strafprozeßordnung), das Bürgerliche Gesetzbuch und das Handelsgesetzbuch, die beide zum 1. 1. 1900 in Kraft traten, aber auch die Sozialgesetze (Kranken-, Unfall-, Rentenversicherung usw., RVO) hervorzuheben. In der innenpolitischen Auseinandersetzung sind vor allem zwei Ereignisse zu nennen: der Kulturkampf und die Sozialistengesetze (vgl. Forsthoff EStL, Sp. 579, 585 – Deutsches Reich –). Durch das Sozialistengesetz von 1878 wurden Vereinigungen, Presseerzeugnisse, Versammlungen usw. verboten, die den Umsturz der Gesellschaftsordnung durch Verwirklichung sozialistischer und marxistischer Zielsetzungen anstrebten. Das Gesetz hat die Ausbreitung der davon betroffenen Parteien allerdings nicht verhindern können. **85**

Nach Ausbruch des Ersten Weltkrieges wurde die Forderung nach einer Reform der Reichsverfassung, die seit 1871 praktisch unverändert galt, immer lauter. Man verlangte, daß dem Volk mehr Recht eingeräumt und dem Parlament ein größerer Einfluß auf die Regierung zugestanden wird. Die im Oktober 1918 beschlossene bescheidene Verfassungsänderung der Art. 11, 15 und 17 RV kam allerdings zu spät und war auch nicht ausreichend, um die durch die militärischen Mißerfolge und den Zusammenbruch stark entfachten Reformbestrebungen zu befriedigen. Anfang November brach schließlich vor allem in den deutschen Großstädten die Revolution aus. Als dann am 9. 11. 1918 der Reichskanzler die Abdankung des Kaisers Wilhelm II. bekanntgab und Scheidemann am selben Tag in Berlin die Republik ausrief, war das Ende der Deutschen Reichsverfassung von 1871 und damit auch der Monarchie gekommen. **86**

5. **Weimarer Republik** (1919–1933): Während sich in vielen Städten des Reiches Arbeiter- und Soldatenräte bildeten, übernahm in Berlin der „Rat der Volksbeauftragten“, der sich aus je drei Mitgliedern der Sozialdemokraten und der Unabhängigen Sozialdemokraten zusammensetzte, unter dem Abgeordneten Ebert die zentralen Regierungsgeschäfte. Am 19. 1. 1919 wurde dann eine neue Nationalversammlung gewählt, die sich am 6. 2. 1919 nicht in Berlin, sondern wegen der dort zu unsicheren, explosiven Lage in Weimar konstituierte. Die Beratungen der **Weimarer Verfassung (WV),** die stark durch den Staatssekretär Preuß geprägt wurden, konnten im August 1919 abgeschlossen werden. Die WV trat am 14. 8. 1919 in Kraft. Da diese Verfassung für das geltende Staatsrecht (GG) weit mehr als nur historische **87**

Bedeutung besitzt, ja oft als Verständnis- und Interpretationsgrundlage dient (nur was sich in der WV bewährt hat, wurde ins GG übernommen), soll sie hier etwas eingehender dargestellt werden.

88 Die WV legte für das Deutsche Reich als **Staatsform** eine parlamentarische Republik auf bundesstaatlicher Grundlage fest. Daneben war ihr aber noch, gewissermaßen für den Fall des Nichtfunktionierens des Parlamentarismus, die Präsidialdemokratie als Instrument für den Notfall beigegeben. Die bundesstaatliche Ordnung war mit beachtlichen unitarischen Zügen ausgestaltet, die besonders deutlich in der umfassenden Gesetzgebungs- und teilweise auch Verwaltungskompetenz des Reiches, der relativ schwachen Position des Reichsrats (Länderkammer) und der finanziellen Abhängigkeit der Länder vom Reich zum Ausdruck kam. Bemerkenswert ist noch, daß, obwohl der WV das Prinzip des Parlamentarismus zugrundeliegt, die Verfassung auch beachtliche Elemente der unmittelbaren, plebiszitären Demokratie enthält (vgl. z.B. Art. 73ff. WV). Da sich diese aber letztlich nicht bewährt haben, sind heute im GG plebiszitäre Elemente weitgehend ausgeschlossen.

89 Die WV hat die **Staatsfunktionen** entsprechend ihrer bundesstaatlichen Ordnung auf das Reich und die Länder verteilt. Im Bereich der **Gesetzgebung** wurde zwar der Grundsatz beibehalten, daß eine Zuständigkeitsvermutung zugunsten der Länder bestand und das Reich nur zuständig war, wenn dies in der Verfassung ausdrücklich festgelegt war; in der WV wurde dieser Grundsatz jedoch praktisch von dem Prinzip überlagert, nach dem eine Reichskompetenz dann normiert war, wenn dies zur Wahrung der Einheit oder zur Sicherung der Lebensinteressen erforderlich erschien (vgl. Art 6ff. WV). Gegenüber der RV wurden die Gesetzgebungskompetenzen des Reiches erheblich ausgeweitet. Neben der ausschließlichen und konkurrierenden Gesetzgebung (Art. 6, 7 WV) stand dem Reich auch eine in der Praxis bedeutsame Bedarfs- und Grundsatzgesetzgebung zu (Art. 9, 10 WV!). Ergänzt wurden diese Zuständigkeiten noch durch ein weitgehendes Steuergesetzgebungsrecht des Reiches (Art. 8, 11 WV). Wie in der RV, so lagen auch nach der WV die **Exekutivfunktionen** grundsätzlich in der Hand der Länder (Vermutung für eine Ausführung der Reichsgesetze durch Landesbehörden, Art. 14 WV). Allerdings wurden im Vergleich zur RV in der WV die bestehenden Reichsbehörden nicht unwesentlich ausgeweitet und auf einigen Gebieten auch neue Reichsbehörden geschaffen (etwa Finanzverwaltung, Art. 83 I WV – enumerative Aufzählung –). Daneben standen dem Reich umfangreiche Aufsichtsmittel gegenüber den Ländern zur Verfügung (vgl. Art. 15 WV). Die Zuständigkeiten im Bereich der **Rechtsprechung** lagen auch nach der WV ganz überwiegend bei den Ländern. Lediglich die Kompetenzen des Reichsgerichts wurden erweitert (vgl. etwa Art. 13 WV) und daneben ein Staatsgerichtshof für das Deutsche Reich (Art. 108, 19 WV) und später noch weitere Reichsgerichte errichtet (vgl. Art. 107 WV, Reichsfinanzhof).

90 Als oberste **Staatsorgane** waren nach der WV anzusehen: Reichstag, Reichsrat, Reichspräsident, Reichsregierung und teilweise auch der Reichswirtschaftsrat und der Staatsgerichtshof. Der **Reichstag** war als Vertretung des Volkes das zentrale Reichsorgan der Weimarer repäsentativen Demokratie (Art. 20ff. WV). Er wurde gemäß Art. 22 WV vom Volk nach dem Verhältniswahlsystem und dort festgelegten

Wahlrechtsgrundsätzen gewählt. Anders als nach der RV war der Reichstag in der Weimarer Republik das maßgebliche Gesetzgebungsorgan (vgl. Art. 68 II, 74 WV). Zwischen Legislative und Exekutive waren eine Vielzahl von gegenseitigen Einwirkungs- und Kontrollrechten verfassungsrechtlich festgelegt. So standen dem Reichstag etwa die Befugnisse aus Art. 33, 34, 43 II, 54 und 59 WV zu. Andererseits war der Reichspräsident nach Art. 25 I WV ermächtigt, ohne weitere Voraussetzungen den Reichstag aufzulösen! Das Gewaltenteilungsprinzip war also auch in der WV nicht streng durchgeführt (z. T. eher Gewaltenverschränkung; Ausnahme ist Art. 41 WV). Im übrigen war die Stellung des Reichstages nicht wesentlich anders als die des heutigen Bundestages. Der **Reichsrat** sollte die Vertretung der Länder an der Reichswillensbildung, insbesondere bei der Gesetzgebung und Verwaltung, gewährleisten (Art. 60ff. WV). Im Vergleich zur RV waren die Befugnisse der „Länderkammer" ganz erheblich eingeschränkt. Den Vorsitz im Reichsrat und in seinen Ausschüssen führte ein Mitglied der Reichsregierung. Im Gesetzgebungsverfahren besaß der Reichsrat kein echtes Mitwirkungs-, sondern lediglich ein Einspruchsrecht (vgl. Art. 68 II, 74 WV). Daneben stand ihm das Gesetzesinitiativrecht zu. Im Bereich der Verwaltung waren ihm einige Mitwirkungsbefugnisse eingeräumt (vgl. Art. 67, 77, 85f. WV). Gemäß der sich eingebürgerten Praxis war der Reichsrat ein Gremium von Minsterialbeamten. Dies hatte zur Folge, daß zwar die Ländervertreter aufgrund ihrer großen Sachkunde und reichen Verwaltungserfahrung sehr nützliche Arbeit im Rahmen des Gesetzgebungsverfahrens leisten konnten, daß sie jedoch nicht in der Lage waren, dem Reichsrat politischen Einfluß zu verleihen. Der Reichsrat war eben nicht Teil des Parlaments und war aufgrund dieser Praxis und der ihm durch die Verfassung zugewiesenen Befugnisse nicht in der Lage, ein politisches Gegengewicht zum Reichstag zu bilden. Die WV teilte die Exekutivfunktionen auf zwei Organe auf (Art. 41ff. WV). Dem **Reichspräsidenten** räumte sie eine große Machtfülle ein („Ersatzkaiser"). Um ihn gegenüber dem Parlament mit eigener, festgegründeter Autorität auszustatten, wurde er unmittelbar durch das Volk auf jeweils sieben Jahre gewählt. Die WV übertrug ihm die wichtigsten Aufgaben der staatlichen Repräsentation und politischen Leitung des Reiches (vgl. etwa Art. 45ff. WV). Die bedeutendsten Staatsleitungsaufgaben des Reichspräsidenten lagen in der Ernennung und Entlassung der Regierung (Art. 53 WV), in dem Recht auf Auflösung des Reichstags (Art. 25 WV), das ein überaus effektives politisches Druckmittel und eine nicht selten benützte Befugnis darstellte, in der Möglichkeit der sogenannten Reichsexekution, von der einige Male Gebrauch gemacht wurde (Thüringen 1920, Sachsen 1923, Bayern 1923; vgl. Art. 48 I WV) und besonders in seinen Mitwirkungsrechten bei der Gesetzgebung. Gerade die zuletzt genannten Rechte waren in der Weimarer Republik von großer Wichtigkeit. Weniger die Befugnisse des Reichspräsidenten gemäß Art. 73 und 74 WV (Anordnung eines Volksentscheides über Gesetze) als vielmehr das **Notverordnungsrecht** des Art. 48 II WV erlangte eine fast ungeahnte Bedeutung. Die Ermächtigung des Art. 48 II WV wirkte sich, nicht zuletzt aufgrund der sehr extensiven Auslegung dieser Bestimmung, auf die Entwicklung der Weimarer Republik besonders schwerwiegend und nachhaltig aus. Insbesondere ab 1930 wurde praktisch nur noch mit dem Notverordnungsrecht regiert. Vor allem unter Brüning wurde mit Art. 48 II WV die Verfassung praktisch ausgehöhlt, indem die Ausnahmesituation zum

Normalfall gemacht wurde. Wegen Art. 53 WV konnte auch das Gegenzeichnungsrecht des Art. 50 daran nichts ändern. Da andererseits die Absetzungsmöglichkeit des Reichspräsidenten nach Art. 43 II WV viel zu langwierig und umständlich und deshalb als völlig unpraktikabel nicht anwendbar war, konnte insgesamt gesehen seine Stellung in der Tat als die eines „Ersatzkaisers“ umschrieben werden. Das zweite oberste Exekutivorgan, die **Reichsregierung,** bestand aus dem Reichskanzler und den Reichsministern. Die Regierung wurde vom Reichspräsidenten ernannt und bedurfte darüber hinaus der Bestätigung durch das Parlament (Art. 52–54 WV; „Doppelernennung“). Der Rücktritt eines Regierungsmitglieds konnte sowohl vom Reichstag beschlossen als auch vom Reichspräsidenten angeordnet werden. In der Praxis waren allerdings die entsprechenden Rechte des Präsidenten dominierend. Die Aufgaben und die Organisation der Regierung, wie sie die WV festgelegt hatte (Art. 55–58), wurden im Prinzip vom GG übernommen. Gegenüber der heutigen Regelung bestanden allerdings drei wesentliche Unterschiede: Die Regierung benötigte ein doppeltes Vertrauen, das vom Parlament und das vom Präsidenten; weiter hatte die Regierung gegenüber dem Reichstag keinerlei Rechte, und schließlich hatte innerhalb der Exekutive eben der Reichspräsident die herausragende Stellung. Aus diesen Gründen war letztlich auch das Gegenzeichnungsrecht des Art. 50 WV weitgehend eine stumpfe Waffe. Ein echtes Wirtschaftsparlament als oberstes Organ eines wirtschaftlich-sozialen Rätesystems kam nicht zustande (Art. 165 WV). Auch der vorläufige **Reichswirtschaftsrat,** der nur beratende Funktion und innerhalb des sozial- und wirtschaftspolitischen Bereiches ein Gesetzesinitiativrecht besaß, hat keine größere Bedeutung gewonnen. Die Funktionen des **Staatsgerichtshofes** sind in Art. 108, 19 WV umschrieben.

91 Die WV enthält in ihrem Zweiten Hauptteil **Grundrechte und Grundpflichten** für die Deutschen (Art. 109ff.). Die Grundrechte waren weitgehend lediglich Programmsätze und enthielten häufig nur allgemeine ethische und politische Prinzipien. Sie bedurften deshalb, um unmittelbare Wirksamkeit erlangen zu können, d. h. dem einzelnen ein subjektiv-öffentliches Recht zu geben, der Konkretisierung durch entsprechende Gesetze. In aller Regel wurden solche Gesetze allerdings nicht erlassen (vgl. dazu auch unten Rdn. 548, 554ff.).

92 Die Weimarer Republik hat nur etwa 14 Jahre überdauert. Die WV wurde zwar formell nie außer Kraft gesetzt, faktisch jedoch durch das „Ermächtigungsgesetz“ vom 24. 3. 1933 aufgehoben. Die **Gründe für das Scheitern der Weimarer Republik** sind sehr vielschichtig und komplex. Besonders bedeutsam dürften dabei mit gewesen sein: (1) Verfassungsrechtliche Gründe; gewisse Strukturelemente der WV begünstigten die negative Entwicklung (das Wahlrecht führte zu einer starken Parteizersplitterung); die faktische Machtfülle des Reichspräsidenten und ab 1930 das „Präsidialkabinett“ auf Notverordnungsbasis – Art. 48 II WV – waren alles andere als befriedigend. (2) Durch den Versailler Friedensvertrag wurden Deutschland ein die Bürger demütigendes Diktat, eine große moralische Last (Alleinschuld am Ersten Weltkrieg) und ungeheure wirtschaftliche und finanzielle Reparationsleistungen auferlegt, die praktisch nicht erfüllbar und insgesamt untragbar waren. (3) Hinzu kamen die allgemeinen, weltweiten wirtschaftlichen Schwierigkeiten (Weltwirtschaftskrise, Inflation, Massenarbeitslosigkeit, wirtschaftliche Notlage breiter

Massen). (4) Letztlich entscheidend dürfte aber gewesen sein, daß für das nationalbewußte Bürgertum und die Parteien die Einführung der Demokratie zu abrupt kam und weite Teile der Gesellschaft und Politik der neuen demokratischen Republik von vornherein ablehnend gegenüberstanden. Ein erheblicher Teil der staatstragenden Bevölkerungsschicht, der monarchisch erzogen wurde, war nicht bereit, sich mit der Weimarer Republik zu solidarisieren, sondern stand ihr äußerst reserviert gegenüber. Es mangelte weitgehend an Staatsgesinnung. Der Staatsführung gelang es nicht, in der Bevölkerung genügend Resonanz für die Republik zu wecken. Im Gegenteil sank das Vertrauen in den Weimarer Staat ab 1930 bis fast auf den Nullpunkt.

6. **Nationalsozialismus** („Drittes Reich", 1933–1945): Nachdem die Minderheitsre- **93**
gierungen von Papen und Schleicher gescheitert waren, beauftragte Reichspräsident Hindenburg Hitler Anfang 1933 mit der Bildung eines Kabinetts. Mit der Ernennung Hitlers zum Reichskanzler am 30. 1. 1933 war die Geburtsstunde des „Dritten Reiches" angebrochen. Eine der ersten Handlungen Hitlers bestand darin, den Reichstag aufzulösen und Neuwahlen durchzuführen. Die erste größere gesetzgeberische Maßnahme erfolgte schon am 28. 2. 1933, einen Tag nach dem Reichstagsbrand, in der Verordnung des Reichspräsidenten zum Schutze von Volk und Staat („Brandverordnung"). Darin wurden die wichtigsten Grundrechte außer Kraft gesetzt, die sozialistischen und kommunistischen Parteien und deren Presseerzeugnisse verboten. Praktisch wurde damit weitgehend der Rechtsstaat beseitigt und Polizeistaatsgrundsätze eingeführt. Bereits am 24. 3. 1933 wurde dann das **Ermächtigungsgesetz** zur Behebung der Not von Volk und Reich vom Reichstag beschlossen (nur die SPD stimmte dagegen; die KPD war von der Abstimmung ausgeschlossen; zum Ermächtigungsgesetz vgl. Martens/Guthardt-Schulz JuS 1971, 197ff. und Wadle JuS 1983, 170ff.). Das Gesetz ermächtigte die Regierung, ohne Mitwirkung des Parlaments Gesetze zu erlassen (Art. 1 und 2). Praktisch war damit die gesetzgebende Gewalt auf die Exekutive übergegangen und das Gewaltenteilungsprinzip insoweit aufgehoben. Der Reichstag hatte dadurch seine „Daseinsberechtigung" selbst aufgegeben. Von diesem Zeitpunkt an hatte er nur noch statistische, formale Bedeutung. Durch die **Gleichschaltungsgesetze** sollte schrittweise die Gleichschaltung der Staatsorganisation von Bund und Ländern, die Übernahme der Prinzipien des Ermächtigungsgesetzes auf die Länder und die Verwirklichung des **„Führerprinzips"** auf allen Ebenen erreicht werden. Schon am 31. 3. 1933 wurde das Ermächtigungsgesetz auf die Länder ausgedehnt, die Landesgesetzgebung den Landesregierungen übertragen und am 7. 4. 1933 für die Länder „Reichsstatthalter" eingeführt, die vom Reichspräsidenten auf Vorschlag des Kanzlers zu ernennen waren und denen zur Verwirklichung der Politik des Reichskanzlers in den Ländern einschneidende Rechte zustanden (Erstes und Zweites Gleichschaltungsgesetz). Schließlich wurden dann Anfang 1934 die Länder sowie ihre Parlamente aufgelöst und außerdem der Reichsrat aufgehoben. Anfang 1935 wurde selbst auf Kommunalebene das „Führerprinzip" eingeführt (DGO). Mit dem Verlust der Eigenstaatlichkeit wurden die Länder zu Verwaltungsbezirken degradiert. Das Deutsche Reich war damit zu einem Einheitsstaat im Sinne eines streng zentralistischen Unitarismus geworden. Die in der WV verankerte Staatsform war völlig beseitigt. Parallel zur Gleichschal-

tung von Bund und Ländern vollzog sich die Gleichschaltung von Staat und Partei und ganz generell sogar von Staat und Gesellschaft. Die SPD wurde durch Gesetz aufgelöst, andere Parteien lösten sich unter dem staatlichen Druck selbst auf. Durch das Gesetz gegen die Neubildung von Parteien vom 14. 7. 1933 wurde die NSDAP zur einzig zugelassenen Partei erklärt (Einparteienstaat) und Ende 1933 sogar zur alleinigen Trägerin des deutschen Staatsgedankens erkoren. Damit wurde die NSDAP als die politische Führung des Reiches, und der Staat als das „Ausführungsorgan" der Partei verstanden. In personalpolitischer Hinsicht lieferte das Gesetz zur Wiederherstellung des Berufsbeamtentums die Voraussetzung zur Entfernung von politisch mißliebigen Beamten aus dem öffentlichen Dienst. Damit war das Parteibeamtentum geschaffen. Die Gleichschaltungsmaßnahmen richteten sich darüber hinaus aber auch auf fast alle anderen Lebensbereiche. So wurden etwa bereits im Mai 1933 die Gewerkschaften vom Staat liquidiert (zum Thema „Recht und Nationalsozialismus" vgl. Rüthers u. a. NJW 1988, 2825 ff.).

94 Der Tod Hindenburgs am 2. 8. 1934 ermöglichte Hitler den Zugriff auf weitere Staatsämter. Das Gesetz über das Staatsoberhaupt beseitigte das Amt des Reichspräsidenten und vereinigte dessen Befugnisse mit denen des Reichskanzlers, wurde also faktisch auf den „Führer und Reichskanzler" Hitler übertragen. Dieser war damit Staatsoberhaupt, oberster Gesetzgeber, Regierungschef und Oberbefehlshaber über die Streitkräfte sowie Führer der einzigen Partei (NSDAP), also ein absoluter Diktator. Vom Reichstag ließ er sich schließlich 1942 noch zum obersten Gerichtsherren proklamieren. Die **Staatsform** des Deutschen Reiches unter dem Nationalsozialismus war insgesamt betrachtet die eines totalitären, autoritären Einparteien- und Führerstaates auf völkischer und rassischer Grundlage. Das Ende des „Dritten Reiches" kam mit dem Ende des Zweiten Weltkrieges, der bedingungslosen Kapitulation am 7./8. 5. 1945.

Literatur zur Verfassungsgeschichte: Vgl. insbesondere *Dürig/Rudolf,* Texte zur deutschen Verfassungsgeschichte, 2. Aufl. 1979; *Forsthoff,* Deutsche Verfassungsgeschichte der Neuzeit, 4. Aufl. 1972; *Peters,* Geschichtliche Entwicklung und Grundfragen der Verfassung, S. 60 ff.; *Forsthoff/Morsey/Dürig,* EStL Sp. 561 ff. (Deutsches Reich); *Maier,* Das GG in der deutschen Verfassungsgeschichte, PVS 1979, 156 ff.; *Huber,* Deutsche Verfassungsgeschichte seit 1789, 7 Bde., 1957–1984; *Heideking/Erbe,* 200 Jahre Verfassung in den USA und Frankreich, in: Das Parlament, Beilage, 1987, Heft 30/31; *Wahl/Huber/Schneider/Grawert,* Deutsche Verfassungsentwicklung bis 1945, in: HdBStaatsR, Bd. I, §§ 1–4.

III. Begriff und Eigenart der Verfassung

Nach diesen Ausführungen zu Aspekten der Verfassungsgeschichte ist wieder auf die Fragestellung in Abschnitt I (Rdn. 73 f.), auf den Begriff und die Eigenart der Verfassung, zurückzukommen.

95 1. **Verfassungsbegriff:** Eingedenk der Erkenntnis, daß eine eindeutige begriffliche Antwort nicht gegeben werden kann, wurde bereits oben die Verfassung als die rechtliche Grundordnung, das **Fundamentalgesetz des Gemeinwesens Staat** umschrieben. Mehr als jeder andere Verband bedarf die äußerst komplexe staatliche Gemeinschaft einer rechtlichen Grundstruktur ihrer Organisation, ihrer Verfahren, ihres Handels usw., nicht zuletzt der Festlegung der Machtverteilung und Machtausübung (Ordnung und Plan für Gegenwart und Zukunft; Regelung und Disziplinierung des politischen Prozesses). Die Verfassung ist aber auch Ausdruck des kulturellen Entwicklungszustandes, Spiegel des kulturellen Erbes und damit der politischen Kultur eines Volkes, aber auch Fundament für gesellschaftliche und kulturelle Entwicklungen und „Hoffnungen". Die Verfassung beinhaltet und bestimmt also die Grundsätze und Leitprinzipien der Staatsordnung, „nach denen politische Einheit sich bilden und staatliche Aufgaben wahrgenommen werden sollen. Sie regelt Verfahren der Bewältigung von Konflikten innerhalb des Gemeinwesens. Sie ordnet die Organisation und das Verfahren politischer Einheitsbildung und staatlichen Wirkens. Sie schafft Grundlagen und normiert Grundzüge rechtlicher Gesamtordnung. In allem ist sie der grundlegende, auf bestimmte Sinnprinzipien ausgerichtete Strukturplan für die Rechtsgestalt eines Gemeinwesens" (Hesse § 1 III 1). In ähnlichem Sinne umschreibt die Politikwissenschaft die Verfassung üblicherweise als „das fast ausnahmslos in einer Urkunde festgelegte, nur unter erschwerten Bedingungen abänderbare Grundgesetz eines Staates, in dem (unter Anerkennung des Prinzips der Teilung und Hemmung der gesetzgebenden, gesetzesvollziehenden und richterlichen Gewalt) Rechtsnormen festgelegt sind, die die Bestellung, Struktur, Zuständigkeiten und Funktionen der höchsten Staatsorgane regeln, und die außerdem die grundlegenden wichtigen individuellen Freiheitsrechte gegenüber der gesetzgebenden, gesetzesvollziehenden und richterlichen Gewalt gewährleisten" (Fraenkel).

Die Verfassung besitzt friedensstiftenden und friedensbewahrenden, aber auch **96**
staatliche Einheit symbolisierenden Charakter; sie stellt eine Art Grundkonsens über Grundwerte i. S. einer Grundorientierung und Akzeptanz der Staatsbürger dar (Verfassung als gesellschaftliche „Selbstsetzung" von Legitimation); sie zwingt die Ausübung der Staatsgewalt in eine Rechtsordnung, nimmt der Macht Willkür und Beliebigkeit und verleiht ihr Stabilität und Berechenbarkeit. Die Verfassung soll also nicht nur die Legalität, Effektivität und Planmäßigkeit staatlichen Handelns sichern, sondern auch die politische Herrschaft mit den sozialen Normen und den Sinnbedingungen des individuellen Daseins verbinden und damit der gesellschaftlich-sozialen Wirklichkeit gerecht werden („sozialer Friede"; ggf. verfassungsrechtliche Verankerung des Umweltschutzes als Staatszielbestimmung oder Grundrecht). Verfassung ist also die höchstrangige normative Aussage über die **Grundprinzipien der Herrschafts- und Wertordnung** im Staat, wobei das Gesetz der Gesetze eine gelebte Rechtsordnung i. S. der „Staatsräson" verkörpert. Diese Definitionsversuche vermitteln eine zutreffende Vorstellung von der Verfassung, die aber wegen der Komplexität und Dynamik der Phänomene nicht abschließend sein können.

Das BVerfG seinerseits legt seiner Rechtsprechung, was durchaus möglich wäre, **97**
keinesfalls ein rein formales Verfassungsverständnis zugrunde. Vielmehr geht das BVerfG von einem materiellen Verfassungsbegriff aus, der die Verfassung als eine Wertordnung versteht, in der die fundamentalen Werte des Staates Bundesrepublik Deutschland zu einer inneren Einheit verbunden sind. Dabei sieht das BVerfG als solche fundamentalen Werte insbesondere an: die Grundrechte, insbesondere die

Menschenwürde als den obersten Wert; die repräsentative, parlamentarische Demokratie; den liberalen Rechtsstaat und das Gewaltenteilungsprinzip; die Gesetzmäßigkeit der Verwaltung und die Unabhängigkeit der Richter; das Bundesstaats- und Sozialstaatsprinzip; die weltanschauliche Neutralität des Staates (vgl. BVerfGE 1, 14, 32; 19, 206, 220; 22, 387, 426).

98 Abschließend ist noch einmal auf die in Staaten mit einer kodifizierten Verfassung notwendige begriffliche Unterscheidung zwischen einer Verfassung im formellen und im materiellen Sinne zurückzukommen (vgl. oben Rdn. 19). Der Begriff der **Verfassung im formellen Sinne** beinhaltet all jene Rechtsnormen, die in einem förmlichen Verfahren der Verfassunggebung ordnungsgemäß zustandegekommen sind und den Inhalt der geschriebenen Verfassungsurkunde bilden; dies sind in der Bundesrepublik alle Bestimmungen des GG und der Landesverfassungen, und zwar unbeschadet ihres Inhalts. Der besondere Schutz und der Geltungsvorrang der Verfassung (Art. 79, 19 II, 20 III) kommt grundsätzlich nur diesen Rechtssätzen zu, d. h. eben lediglich der Verfassung im formellen Sinne. Der Begriff der **Verfassung im materiellen Sinne,** der von der h. M. mit dem Begriff Staatsrecht praktisch gleichgesetzt wird, umfaßt die Gesamtheit der geschriebenen und ungeschriebenen Rechtsnormen über Grundlagen, Organisation und Tätigkeit des Staates sowie über die Stellung der Bürger im Staat, also alle Bestimmungen, die ihrem „Wesen" nach zum Staatsrecht gehören. Beide Begriffe sind nicht identisch; die Verfassung im materiellen Sinne umfaßt Rechtssätze, die nicht zur Verfassung im formellen Sinne gehören (z. B. PartG, BWahlG, BVerfGG) und umgekehrt (z. B. Art. 26 II, 34, 48 III 2, 138; vgl. oben Rdn. 18f.).

99 2. **Entstehung und Legitimität der Verfassung:** Die Verfassunggebung ist rechtlich gesehen ein Neuanfang, gewissermaßen ein „revolutionärer Akt". Die vorher bestehende Verfassungsrechtslage wird aufgehoben. Jede Verfassung setzt deshalb als lex fundamentalis (Grundgesetz) einen besonderen Gesetzgeber, die **verfassunggebende Gewalt,** voraus (pouvoir constituant). Die von Siéyès begründete Lehre von der verfassunggebenden Gewalt unterscheidet dabei zwischen der pouvoir constituant, die dem Volk zusteht, und den pouvoirs constitués, der verfassungsändernden und gesetzgebenden Gewalt, die von den aufgrund und nach Maßgabe der Verfassung festgelegten Staatsorganen wahrgenommen wird. In diesem Zusammenhang interessiert allein die verfassunggebende Gewalt. Problematisch sind, darauf soll allerdings hingewiesen werden, die Grenzen zwischen beiden Gewalten (vgl. die Verfassungsentwicklung im Jahre 1933; heute Art. 79 III! Häberle AöR 1987, 54ff.).

Nach dem Prinzip der Volkssouveränität („Alle Staatsgewalt geht vom Volke aus"), das heute mindestens formell in praktisch allen Staaten gilt, liegt die verfassunggebende Gewalt grundsätzlich beim Volk. Diese **demokratische Legitimität** der Verfassung ist dabei nicht nur ein Problem der Legalität, sondern besitzt auch verfassungs- und gesellschaftspolitische Qualität. Moderne Verfassungen legitimieren sich nicht nur durch die Bereitstellung formaler Verfahren und Rechtsordnungen, sondern besonders über materiale Gehalte und Grundwerte, die in der Gesellschaft auf Dauer mehrheitliche Akzeptanz und einen Grundkonsens finden (Verfassung als „Selbstsetzung" von Legitimität; zur Konsens- und Akzeptanzproblematik: BVerf-

GE 64, 67ff.; 65, 1, 3ff. – Volkszählung –; Benda AöR 1976, 506ff.; Würtenberger JuS 1986, 344ff.).

Nun kann aber das Volk selbst nicht unmittelbar eine Verfassung in allen Einzelheiten ausarbeiten und beschließen (vgl. zur mittelbaren Demokratie oben § 4 III 3). Deshalb wurden von der Staatslehre im wesentlichen zwei Grundformen der Verfassunggebung entwickelt, die der demokratischen Legitimitätsidee gerecht werden: (1) Eine vom Volk durch Wahlen mit der Ausarbeitung einer Verfassung beauftragte **„verfassungsberatende Versammlung"** arbeitet einen Verfassungsentwurf aus, der dann dem Volk selbst zur endgültigen Entscheidung vorgelegt wird und durch ein Referendum insgesamt entweder gebilligt oder verworfen wird. (2) Durch Wahlen wird vom Volk eine **„verfassunggebende Versammlung"** ermächtigt (legitimiert), allein und ausschließlich eine Verfassung auszuarbeiten, zu beschließen und zu verabschieden (vgl. Art. 181 WV). Durch die spätere Teilnahme des Volkes am Verfassungsleben (Parlamentswahlen usw.) soll die Verfassung indirekt auch nachträglich noch bestätigt werden. Die Entstehung des GG folgte keinem dieser beiden Verfahren; es wurde eine davon etwas abweichende Prozedur gewählt: Ein von einem Sachverständigengremium (Herrenchiemseer Verfassungskonvent) ausgearbeiteter Entwurf wurde von einer durch die Länderparlamente gewählten verfassunggebenden Versammlung (Parlamentarischer Rat) beraten und verabschiedet und dann von den Länderparlamenten angenommen (vgl. Art. 144!). Zum Sonderproblem von Verfassung und verfassunggebender Gewalt im **vereinten Deutschland**, d. h. ob die Wiedervereinigung durch Beitritt unter dem GG nach Art. 23 S. 2, durch Verfassunggebung nach Art. 146 a. F. oder durch einen „dritten Weg" i. S. einer Kombination aus Beitritt und anschließend möglicher Neukonstituierung nach Art. 146 n. F. i. V. mit Art. 5 EVertr. der richtige Weg ist, vgl. Stern/Schmidt-Bleibtreu, Einigungsvertrag, S. 46ff.; Häberle JZ 1990, 358ff.; Degenhart DVBl. 1990, 973ff.; Bartlsperger DVBl. 1990, 1285ff.; zu Art. 146 n. F.: Rdn. 129k. **100**

Ob und inwieweit der Verfassunggeber bei der Ausarbeitung der Verfassung rechtlichen Bindungen und Schranken unterliegt, ist höchst problematisch und umstritten. Weitgehende Einigkeit besteht darüber, daß die Verfassunggebung nicht in einem rechtlich zwingenden Verfahren durchgeführt werden muß und der Verfassunggeber nicht durch die „alte" Verfassung rechtlich eingeschränkt ist **(„Verfassungsautonomie").** Umstritten ist allerdings, ob der Verfassunggeber an „ungeschriebenes, überstaatliches Recht", an die „jedem geschriebenen Recht immanent vorgegebenen Rechtsgrundsätze" gebunden ist (die naturrechtliche Lehre bejaht dies – vgl. etwa BVerfGE 1, 14, 17, Leitsatz 21; die positivistische Lehre verneint eine solche Bindung). Die verfassunggebende Gewalt ist bei der Ausarbeitung der Verfassung zwar grundsätzlich unabhängig und frei; dennoch ist sie nicht ganz selbstherrlich. Sie muß die jedem Recht immanenten überpositiven Rechtsgrundsätze und damit einen gewissen Mindeststandard freiheitlich-demokratischer Garantien wahren und auch die im Bewußtsein der Bürger verankerten Grundwerte, den gesellschaftlichen und politischen Grundkonsens, berücksichtigen. Jede moderne Verfassung bedarf auf Dauer einer möglichst breiten Akzeptanz. **101**

3. **Funktionen der Verfassung:** Die wesentlichen Aufgaben und Zwecke der Verfassung können zusammenfassend und etwas vereinfacht durch folgende Funktionen **102**

umschrieben werden: (1) Konstituierung einer staatlichen Einheit (Integrationsfunktion, einheitsstiftende Wirkung); (2) Stabilisierende Wirkung durch Aufstellung einer Ordnung und Bereitstellung von Verfahren zur Konfliktsbeilegung (überpersonale Kontinuität; Stabilitäts- und Ordnungsfunktion); (3) Rationalisierende Wirkung durch eine vorhersehbare, einsehbare und verstehbare Ausübung der Staatsgewalt und Festlegung der grundlegenden Staatszielbestimmungen (organisatorische Grundstruktur, Staatsformmerkmale); (4) machtbegrenzende Funktion (Verwirklichung des Gewaltenteilungsprinzips); (5) individuelle Freiheit sichernde Funktion (Gewährleistung von Grundrechten als subjektiv-öffentliche Rechte; Festlegung einer freiheitlichen, aber auch sozialen Rechtsstellung des Bürgers im und zum Staat; Selbstbestimmung, Privatautonomie); (6) schließlich geht von der Verfassung selbst, von ihren Grundwerten und Staatszielbestimmungen eine legitimierende Wirkung aus (Herbeiführung und Erhaltung eines „Grundkonsenses"). Dabei sollten Legitimitätsdefizite nicht durch zu hohe Erwartungen bzw. unrealistische politische Versprechungen geschaffen werden.

103 4. **Verfassung als Gesetz der Gesetze:** Die in der Verfassungsurkunde positiv festgelegte Verfassung stellt rechtstechnisch ein Gesetz dar (Verfassungsgesetz). Die Entstehung und Bedeutung heben die Verfassung aber aus der übrigen staatlichen Rechtsordnung heraus. Dies gilt insbesondere in zweierlei Hinsicht:

104 a) Die Verfassung besitzt **„erhöhte Gesetzeskraft,** d. h. sie ist den übrigen Rechtsnormen gegenüber qualitativ vorrangig. Die Verfassung hat Vorrang vor allen anderen innerstaatlichen Rechtssätzen (vgl. etwa Art. 20 III, 1 III; vgl. Rdn. 8). Dieser Vorrang ist Voraussetzung für die Erfüllung ihrer Funktion als rechtlicher Grundordnung des Gemeinwesens. Eine Rechtsnorm, die der Verfassung widerspricht, ist nichtig, von Anfang an unwirksam. Die Feststellung einer solchen Ungültigkeit bleibt allerdings in der Regel einem Verfassungsgericht vorbehalten (vgl. Art. 93, 100).

105 b) Ein dem Verfassungsgesetz innewohnendes weiteres Merkmal liegt darin begründet, daß es nur unter erschwerten Bedingungen geändert werden kann **(besonderes Verfahren für Verfassungsänderungen).** Die verfassungsändernde Gewalt ist dabei entweder der gesetzgebenden Gewalt bei Einhaltung besonderer Voraussetzungen (qualifizierte Mehrheiten usw.) oder einem Volksentscheid vorbehalten. Im GG sind Verfassungsänderungen in dreifacher Hinsicht beschränkt: Zum einen sind bestimmte formelle Erfordernisse zu beachten (GG-Änderung muß ausdrücklich erfolgen, vgl. Art. 79 I, 19 I). Weiter ist für eine Änderung gemäß Art. 79 II eine qualifizierte Mehrheit von ⅔ der Mitglieder des Bundestages und Bundesrates erforderlich (politisches Erschwernis). Schließlich sind der verfassungsändernden Gewalt auch bedeutsame materielle Grenzen gesetzt (Art. 79 III, sog. **„Ewigkeitsklausel"** als besondere Neuheit des GG). Art. 79 III entzieht das Fundament der demokratischen, rechtsstaatlichen, sozialstaatlichen und bundesstaatlichen Ordnung (Art. 1, 20, 28, 50) jeder Verfassungsänderung. Gebunden ist hierdurch allerdings allein der pouvoir constitué, nicht dagegen ein künftiger pouvoir constituant (vgl. Art. 146). Gleichwohl ist es interessant, daß allein bis Ende 1988 das GG

insgesamt 35mal geändert wurde. Verfassungsänderungen sind, solange sie die Identität der Verfassung nicht in Frage stellen, sich also im Rahmen ihrer Grundstrukturen halten (Art. 79 III), ein legitimer und mitunter notwendiger Weg, die Kontinuität der Verfassung in der Zeit zu wahren (vgl. auch Art. 4 und 5 EVertr).

c) Der Begriff Verfassungsänderung bezeichnet allein die ausdrückliche Änderung des Verfassungstextes. Davon zu unterscheiden sind die Begriffe Verfassungsdurchbrechung, Verfassungswandel und Verfassungswirklichkeit, die für Verfassungsrecht und Verfassungspolitik von nicht zu unterschätzender Bedeutung sind.

Von einer **Verfassungsdurchbrechung** spricht man dann, wenn ein Abrücken vom Verfassungswortlaut erfolgt, ohne den Verfassungstext selbst zu ändern. Dieser Begriff ist dabei nur auf dem Hintergrund von Art. 76 WV zu verstehen. Die h. M. und Praxis haben es von 1919–1945 zugelassen, daß die Verfassung auch ohne ausdrückliche Textänderung mit der in Art. 76 WV festgelegten Mehrheit abgeändert werden konnte. Dieses vereinfachte Verfahren der sogenannten Verfassungsdurchbrechung führte naturgemäß zu einer großen Unübersichtlichkeit und zu einer starken Labilität der Verfassung. Angesichts dieser negativen Erfahrungen wurde in Art. 79 I festgelegt, daß Verfassungsdurchbrechungen – auch kraft ungeschriebenen Rechts – schlechthin ausgeschlossen sind. 106

Bei dem Begriff des **Verfassungswandels** geht es um die Frage der Konkretisierung des Inhalts einzelner Verfassungsnormen i. S. einer Rechtsfortbildung ohne Änderung des Wortlauts der Verfassung. Ausgangspunkt des Verfassungswandels ist, daß die Festlegung von Verfassungsrecht nicht mit dem historischen Akt der Verfassunggebung beendet, sondern in die Zeit hinein „offen", einem gewissen Bedeutungswandel zugänglich ist („living constitution"; BVerfGE 62, 1, 45). Angesichts der notwendigen „Weite und Offenheit" vieler Bestimmungen gibt die Verfassung sinnvollerweise nicht selten nur einen rechtlichen Rahmen, innerhalb dessen dem politischen Prozeß ein weiter Spielraum (Variationsmöglicheiten) eingeräumt ist, um sich so den veränderten politischen und gesellschaftlichen Gegebenheiten und Verhältnissen in verfassungsrechtlich zulässiger Weise in begrenztem Umfange anpassen zu können (**Elastizität** der Verfassung). Dem Institut des Verfassungswandels kommt also die Aufgabe zu, eine begrenzte Veränderung des Norminhalts infolge veränderter technischer, wirtschaftlicher und sozialer Verhältnisse und Anschauungen ohne Änderung des Verfassungswortlauts zu ermöglichen (Interpretationswandel i. S. eines gesellschaftsgerechten Prozesses; zeitgerechte, die faktischen Entwicklungen berücksichtigende Rechtsfortbildung; vgl. BVerfGE 7, 342, 351 und unten Rdn. 109 ff.). Das GG hat mit der Verfassungsgerichtsbarkeit ein bedeutendes Instrument für einen begrenzten Verfassungswandel geschaffen (ständige Rspr. des BVerfG, insbesondere durch eine teleologische Auslegung und Anwendung des Verfassungsrechts; Karpen JuS 1987, 593 ff.). Die Möglichkeiten des Verfassungswandels enden aber stets dort, wo eine Verfassungsänderung notwendig wird bzw. Verfassungswidrigkeit eintritt. 107

Da die Verfassung nur eine festgelegte und damit geforderte Ordnung aufstellt, die häufig nicht voll gelebt und verwirklicht wird, besteht meist eine mehr oder weniger große Differenz zwischen dem „idealen" verfassungsmäßigen Sollzustand und der 108 tatsächlichen Ordnung, zwischen Verfassungsgesetz und **Verfassungswirklichkeit.** Dabei ist aber keinesfalls jede politische Praxis, die von der bisher herrschenden Verfassungsauslegung abweicht, verfassungswidrig. Vielmehr kann die Verfassungswirklichkeit die gesamte Breite des Spielraumes ausnützen, den die Verfassung im einzelnen einräumt. Dabei ist nicht selten ein gewisses Spannungsverhältnis zwischen dem verfassungsrechtlichen Soll- und Istzustand unvermeidlich, das dann im Wege des „rechten" Ausgleichs zwischen den Gemeinwohl- und Individualinteressen sowie zwischen den das politische Leben bewegenden Kräften und Institutionen und unverrückbaren Rechtsgrundsätzen sowie den Leitprinzipien der Wertordnung des GG zu lösen ist. Die Entwicklungen in der verfassungsrechtlichen und -politischen Praxis müssen aber ständig sehr aufmerksam verfolgt und ggf. von einem unabhängigen Verfassungsgericht überprüft werden. Sicher ist es eine der schwierigsten Aufgaben des BVerfG, dabei die „richtige Mitte" zu finden und damit sowohl als Bewahrer wie als Gestalter der Rechtsordnung im Gemeinwesen integrierend zu wirken.

IV. Verfassungsinterpretation

109 1. Die Ausführungen zum Verfassungswandel und zur Verfassungswirklichkeit führen zu der Frage, nach welcher juristischen Methode die Rechtsanwendung und im besonderen die Verfassungsauslegung zu erfolgen hat. Dabei muß vorweg klar gesehen werden, daß in einem Rechtsstaat Verfassungsauslegung nicht i. S. eines subjektiven „Gutdünkens" einzelner oder nach „gesundem Menschenverstand" erfolgen darf, sondern eine solche Auslegung nach möglichst strengen wissenschaftlichen und objektiven Kriterien, nach kritischen, transparenten und nachprüfbaren Maßstäben vorgenommen werden muß. Verfassungsinterpretation heißt also, den Sinngehalt einer Verfassungsbestimmung nach vorgegebenen Kriterien und Maßstäben zu erforschen, zu ermitteln und zu verstehen **(Lehre von der Hermeneutik).** Auslegung ist Methode und Weg, auf dem der Interpret, insbesondere der Richter, den Inhalt einer Verfassungsbestimmung unter Berücksichtigung ihrer Einordnung in die gesamte Staatsrechtsordnung erforscht und festlegt (vgl. etwa BVerfGE 35, 263, 279). Aufgabe der Verfassungsinterpretation ist es demnach, „das verfassungsmäßig ‚richtige' Ergebnis in einem rational und kontrollierbaren Verfahren zu finden, dieses Ergebnis rational und kontrollierbar zu begründen und auf diese Weise Rechtsgewißheit und Voraussehbarkeit zu schaffen" (Hesse § 2 I).

110 2. Grundsätzlich ist davon auszugehen, daß auch für die Auslegung der Verfassung als **Verfassungsgesetz** die Prinzipien und Methoden zugrunde zu legen sind, die allgemein für die Interpretation von Rechtsnormen gelten, wenngleich bereits hier ausdrücklich darauf hingewiesen werden muß, daß die besondere Bedeutung und Eigenart der Verfassung es erfordern, daß die allgemeinen Auslegungsgrundsätze teilweise wesentlich zu modifizieren sind (vgl. dazu Rdn. 118). Zur Erreichung des Auslegungsziels, der Erforschung des Sinngehalts eines Gesetzes, hat die Rechtswissenschaft eine außerordentliche Vielzahl von Auslegungstheorien, -methoden und -kriterien entwickelt, die hier im einzelnen nicht dargestellt werden können. Im folgenden sollen nur die wesentlichen Ergebnisse der h.M. kurz erläutert werden (vgl. BVerfGE 11, 126, 130).

Vorweg ist stets folgendes zu beachten: Wo nach dem Wortlaut einzelner Verfassungsbestimmungen keinerlei Zweifel bestehen, ist eine Auslegung nicht notwendig. Die Interpretation einer Verfassungsnorm wird nur dann erforderlich und zum Problem, wenn eine verfassungsrechtliche Frage beantwortet werden muß, die sich anhand des Wortlauts der Verfassung nicht eindeutig entscheiden läßt (i.d.R. bei Bedeutungsvielfalt bzw. Bedeutungsspielraum des Gesetzeswortlauts). Für die Vielzahl der Fälle der Auslegung unterscheidet die herkömmliche Interpretationslehre im wesentlichen zwischen vier (fünf) verschiedenen **Auslegungsmethoden,** die im Prinzip nach folgender Stufenfolge anzuwenden und daher zu prüfen sind: **111**

a) **Grammatische Auslegung:** Bei dieser Interpretationsmethode ist der bloße Wortlaut, der Wortsinn maßgebend (Verbalauslegung). **112**

b) **Systematische Auslegung:** Entscheidend für die Interpretation ist bei dieser Methode der logische, systematische Gesamtzusammenhang, in dem die auszulegende Vorschrift steht. Auszugehen ist demnach von der Stellung und dem Gesamtzusammenhang einer Gesetzesvorschrift im Kontext des Gesetzes insgesamt (Textsinn) bzw. der Gesamtrechtsordnung. Da gerade die Verfassung als einheitliches Ganzes begriffen werden muß, ist ein gegenseitig sich beeinflussender innerer Zusammenhang zwischen den einzelnen Verfassungsbestimmungen herzustellen (Auslegung i.S. der Verwirklichung einer optimalen Verfassungseinheit; praktische Konkordanz, Wechselwirkung; vgl. dazu Rdn. 119ff.). **113**

c) **Teleologische Auslegung:** Die Interpretation erfolgt bei dieser Methode aus dem Sinn und Zweck, dem „telos", der „ratio" der konkreten Verfassungsbestimmung; sie versucht, die einer Vorschrift maßgeblich zugrundeliegenden Wert- und Zweckprinzipien zu ergründen und danach den Sinngehalt der Norm festzulegen. Diese Auslegungsmethode geht davon aus, daß jede Rechtsnorm zwar auf dauernde Verwirklichung angelegt ist, dabei aber nicht als begrifflich auf „ewig" bestehend, sondern als sich inhaltlich wandelnd verstanden werden muß; deshalb kann eine Norm stets nur als Funktion der Gesellschaft im Zeitpunkt der Rechtsanwendung sinnvoll begriffen und definitiv festgelegt werden. Diese objektive Theorie sieht also den Willen eines „hypothetischen permanenten Verfassunggebers" als für die Ermittlung des Sinngehalts einer Norm, die Auslegung, entscheidend an (Badura EStL, Sp. 3748ff.; kritisch: Herzberg NJW 1990, 2525ff.). **114**

d) **Historische Auslegung:** Diese subjektive Interpretationsmethode stellt entscheidend auf den Willen des Verfassunggebers, also primär darauf ab, welchen Sinn der Verfassunggeber selbst einer Bestimmung verleihen wollte. Dieser historische, subjektive Wille des Gesetzgebers wird dabei aus der Geschichtlichkeit, der historischen Verwurzelung, insbesondere aber auch aus der Entstehungsgeschichte der konkreten Rechtsnorm entnommen (vor allem den Gesetzesmaterialien wie Vorarbeiten, Gesetzentwürfe, Gesetzesmotive und -begründungen, Gang der Gesetzesberatungen usw.). Hierher gehört auch das Auslegungsmittel des Rückgriffs auf historisch gewachsene, überkommene Verfassungsbegriffe (z.B. Art. 33 V, 28 II). **115**

116 e) **Vergleichende Auslegung:** Aus Gründen der Vollständigkeit soll hier noch kurz die komparative Interpretation genannt werden, die allerdings im Verfassungsrecht sehr zurückhaltend anzuwenden ist und deshalb dort praktisch keine Bedeutung erlangt hat. Diese Methode zieht Parallelvorschriften aus anderen Rechtsgebieten heran, arbeitet also rechtsvergleichend (vgl. etwa Coing NJW 1981, 2601ff.).

117 f) Von den genannten vier bzw. fünf Auslegungsmethoden darf nun aber keine als die allein richtige angesehen werden; vielmehr ist grundsätzlich eine Interpretation unter Anwendung einer **Kombination aus allen Auslegungsmethoden** zu wählen (kumulativer Methodenansatz). Das BVerfG räumt dabei allerdings im Verfassungsrecht den objektiven Methoden (oben Buchst. a bis c) im Prinzip den Vorrang vor der subjektiven Methode ein (oben Buchst. d; vgl. BVerfGE 1, 299, 312; 35, 263, 268ff.; 74, 102, 116; Gern VerwArch 1989, 415ff.).

118 3. Wie bereits dargelegt wurde, ist zwar im Prinzip bei der Auslegung der Verfassung von den allgemein geltenden rechtsdogmatischen Auslegungsmethoden, der juristischen Hermeneutik, auszugehen, doch gebieten Bedeutung, Rang und Eigenart, überhaupt die **besondere Funktion und der hervorstechende Charakter der Verfassung** eine teilweise erhebliche Modifizierung dieser Interpretationsgrundsätze. Dies liegt vor allem in folgenden Faktoren und Besonderheiten des Verfassungsrechts begründet: Die Verfassung ist strukturell darauf angelegt, für längere Zeit die Grundordnung eines Staates festzulegen. Dieses Ziel kann aber nur dann erreicht werden, wenn die in ihr enthaltenen Formulierungen so beschaffen sind, daß sie auch künftigen Entwicklungen gerecht werden können. Eine Staatsverfassung muß also noch stärker als alle anderen Rechtsnormen eine gewisse Unbestimmtheit und Offenheit der Begriffe aufweisen, aber auch politisches Recht setzen, soll sie ihrer Funktion als Langzeitregelung gerecht werden (sie muß mindestens teilweise einen Bedeutungswandel von Verfassungsbegriffen ermöglichen; vgl. etwa die Entwicklung des Eigentumsbegriffs in Art. 14 GG). Auch die besondere Komplexität und der ständige Wandlungsprozeß des staatlichen und gesellschaftlichen Lebens erfordern eine gewisse inhaltliche Weite einzelner Verfassungsbestimmungen. Gerade der besondere Grad der Offenheit der Verfassungsrechtssätze macht gewisse Korrekturen bei der Anwendung der allgemeinen Auslegungsmethoden notwendig. Verfassungen sind also strukturell so angelegt, daß (1) sie keine „Totalität" in der Regelung des staatlichen und gesellschaftlichen Lebens anstreben; sie erheben daher von vornherein keinen Anspruch auf Vollständigkeit, Lückenlosigkeit oder gar systematische Geschlossenheit; (2) ihre Inhalte bleiben notwendigerweise „in die Zeit hinein offen", um die Bewältigung der Vielfalt sich wandelnder Problemlagen zu ermöglichen, also notwendige „Spielräume" für einen Verfassungswandel einzuräumen (vgl. Hesse § 1 III 2); (3) ihre Bestimmungen weisen die Besonderheit auf, daß sie ausgesprochen viele, wenig präzise Begriffe aus zum Teil nichtjuristischen Bereichen beinhalten, die mit rein juristischen Auslegungsmethoden kaum erfaßt werden können und nicht selten auch nur programmatische Bekenntnisse darstellen (z. B. philosophische Begriffe wie Menschenwürde, Gewissen; politologische und soziologische Begriffe wie demokratisch, sozial usw.). Verfassungsrecht ist oft eher gesellschaftspolitisches als gesetzestechnisches Recht. Daraus resultiert auch die Tatsache, daß die Entscheidungen des für die Verfassungsauslegung zu-

ständigen Verfassungsgerichts vielfach nicht allein rechtliche Erkenntnisakte, sondern häufig auch bis zu einem gewissen Grad politische Urteile (Willensakte) sind. Insoweit ist die Tätigkeit eines Verfassungsgerichts nicht nur Feststellung zweifelhafter, umstrittener Rechtslagen, sondern praktisch in erheblichem Umfang auch Rechtsgestaltung, politische Entscheidung, also der gesetzgeberischen Tätigkeit angenähert (Badura EStL, Sp. 3737, 3748ff.; BVerfGE 74, 244, 252f.; Rdn. 526ff.). Diese Besonderheiten des Verfassungsrechts gebieten es, die Anwendung der allgemeinen Auslegungsmethoden für die Verfassungsinterpretation durch verfassungsspezifische, der Bedeutung und der Eigenart der Verfassung gerecht werdende Kriterien zu ergänzen und zu korrigieren.

4. Die hermeneutischen Grundlagen der Verfassungsinterpretation werden aller- **119**
dings im einzelnen teilweise unterschiedlich gesehen; sie bleiben oft unklar und umstritten, was wegen des politischen Charakters des Verfassungsrechts eigentlich nicht verwundern kann. Trotz aller Problematik kann gleichwohl gesagt werden, daß nach ganz h. L. bei der **Verfassungsauslegung** unter den verschiedenen Interpretationsmethoden grundsätzlich den objektiven Theorien (oben Ziff. 3 Buchst. a bis c) der Vorrang einzuräumen ist (vgl. dazu etwa Böckenförde NJW 1976, 2089ff. m.w.N.; 40 Jahre nach Inkrafttreten des GG treten die entstehungsgeschichtlichen Aspekte zurück; BVerfGE 62, 1, 38ff.). Unter Zugrundelegung vor allem der **Rspr des BVerfG** ergeben sich für die Verfassungsinterpretation folgende Grundsätze:

a) „Maßgebend für die Auslegung einer Gesetzesvorschrift ist der in dieser zum **120**
Ausdruck kommende **objektivierte Wille des Gesetzgebers,** so wie er sich aus dem Wortlaut der Gesetzesbestimmung und dem Sinnzusammenhang ergibt, in den diese hineingestellt ist (Einbeziehung des rechtlichen und historischen Umfeldes, insb. des systematischen und teleologischen Normzusammenhangs). Nicht entscheidend ist dagegen die subjektive Vorstellung der am Gesetzgebungsverfahren beteiligten Organe oder einzelner ihrer Mitglieder über die Bedeutung der Bestimmung. Der Entstehungsgeschichte einer Vorschrift kommt für deren Auslegung nur beschränkt und nur insofern Bedeutung zu, als sie die Richtigkeit einer nach den objektiven Grundsätzen ermittelten Auslegung bestätigt oder Zweifel behebt, die auf dem angegebenen Weg allein nicht ausgeräumt werden können." Der begrifflichen Inhaltsbestimmung, dem Auslegungsziel, dienen nach den Worten des BVerfG „die Auslegung aus dem Wortlaut der Norm (grammatische Auslegung), aus ihrem Zweck (teleologische Auslegung) und aus den Gesetzesmaterialien und der Entstehungsgeschichte (historische Auslegung)"; dabei werden in aller Regel die einzelnen Auslegungsmethoden einander stützen und ergänzen, indem etwa aus dem Normzusammenhang oder der Entstehungsgeschichte, dem Ziel oder Zweck einer Norm aufgrund einer Gesamtbetrachtung auf den Sinngehalt einer Verfassungsbestimmung geschlossen werden kann (vgl. oben Rdn. 117; BVerfGE 1, 299, 312; 11, 126, 130f.; 35, 263, 278; 62, 1, 38ff.; 74, 102, 116).

Ausgehend von diesen Grundsätzen der Verfassungsinterpretation hat das BVerfG im Hinblick auf die Besonderheit und Eigenart der Verfassung noch weitere Auslegungsmittel und Kriterien entwickelt, die heute im wesentlichen allgemein anerkannt werden **(Prinzipien der Verfassungsauslegung;** vgl. etwa Stern, Staatsrecht, Bd. I, § 4 III; Hesse § 2):

121 b) Als „vornehmstes Interpretationsprinzip" sieht das BVerfG die **Einheit der Verfassung** an. Weil das Wesen der Verfassung darin besteht, eine einheitliche Ordnung des politischen und gesellschaftlichen Lebens, der staatlichen Gemeinschaft, zu sein, kann sie nur als Einheit begriffen werden. Das GG stellt sich deshalb als ein auf möglichst große innere Widerspruchsfreiheit angelegtes Sinnganzes dar; jede Verfassungsbestimmung muß als Teil eines einheitlich normativen Zusammenhangs gesehen werden (GG als in sich geschlossene Gesamtkonzeption). Alle Verfassungsnormen sind so auszulegen, daß sie mit den elementaren Grundsätzen des GG und seiner Wertordnung vereinbar sind und verfassungsrechtliche Widersprüche vermieden, aber auch die übergreifende zentrale Bedeutung der in Art. 1 und 20 niedergelegten Grundwerte und Prinzipien berücksichtigt werden (Interpretation im Lichte des Einheitsstrebens; BVerfGE 30, 1, 19; 34, 269, 287).

122 c) Das Prinzip der Einheitlichkeit kann aber in einer Verfassung nicht lückenlos sein. Vielmehr ist es unvermeidbar, gewisse Spannungslagen, Gegensätzlichkeiten und in Einzelfällen auch „Widersprüche" verfassungsrechtlich zu normieren (vgl. etwa Art. 6/7, Rechtsstaatsprinzip/Sozialstaatsprinzip, Art. 21/38 I, Art. 21/33). Solche Verfassungsbestimmungen, die eben in einem gewissen Spannungsverhältnis zueinander stehen und damit widerstreitende Prinzipien in der Gesamtverfassungsordnung darstellen, sind zu „harmonisieren", müssen zueinander in Konkordanz gebracht werden. Auf dem Hintergrund der Einheitlichkeit des Verfassungsrechts, einer systematischen, logisch-teleologischen Gesamtbetrachtung, muß deshalb alles versucht werden, einen Ausgleich, eine „Harmonie" zwischen gegensätzlichen Verfassungsbestimmungen herbeizuführen. In solchen Fällen fällt der Verfassungsinterpretation die **Aufgabe der „Optimierung" und „Harmonisierung"** von Verfassungsnormen zu. Spannungs- und Konfliktlagen sind zueinander in das rechte Verhältnis, in das „richtige Maß" zu bringen, d. h. die einander widerstreitenden Grundsätze und Rechtsnormen des GG müssen in ihrer Bedeutung und in ihrem Gewicht in concreto analysiert, abgewogen, entsprechend den gegebenen Wechselwirkungen eingeengt und so letztlich festgelegt werden. Bei der harmonisierenden Rechtsgüterabwägung darf kein Rechtsgut einseitig auf Kosten eines anderen geschützten Wertes als „vorrangig" angesehen werden, es sei denn, die Verfassung schreibt eine solche Rangfolge selbst vor (**Grundsatz der größtmöglichen Effektivität aller GG-Normen;** Art. 79 III; grundsätzlich wenig hilfreich ist deshalb etwa die Maxime „in dubio pro libertate"). Stets müssen Verfassungsnormen dergestalt ausgelegt werden, daß sie den elementaren Grundsätzen des GG und seiner Wertordnung entsprechen (BVerfGE 28, 243, 261; 30, 1, 19). Eine „Optimierung" wird durch Verfassungsinterpretation demnach besonders im Bereich der Grundrechte dadurch erreicht, daß nicht einzelnen, sondern allen Grundrechtsbestimmungen zu einer möglichst optimalen Wirksamkeit verholfen wird (optimale Effektivität aller Grundrechte; vgl. Rdn. 557 ff.; BVerfGE 6, 55, 72). Bei offenkundigen, unüberbrückbaren Widersprüchen haben aber auch die „Harmonisierungsbemühungen" ihre Grenzen (vgl. Suhr NJW 1982, 1070; Rdn. 646 ff.).

d) Als weiteres Mittel der Verfassungsinterpretation ist hier noch kurz das Prinzip **123**
der einheitsstiftenden Wirkung, der **staatlichen Integration,** zu nennen. Dieser Grundsatz gebietet, verfassungsrechtliche Organisationsnormen, die Funktionen zuweisen oder Staatsorgane mit Kompetenzen ausstatten, so auszulegen, daß sie eine möglichst große integrierende Wirkung entfalten. Vor allem im Rahmen des rechtsstaatlichen Gewaltenteilungsprinzips und des Bund-/Länder-Verhältnisses bedarf es deshalb einer besonderen gegenseitigen Abstimmung, Koordination, Rücksichtnahme, Achtung und ggf. Nichteinmischung (gegenseitige Organ- und Bundestreue; vgl. etwa BVerfGE 21, 312, 326; 42, 103, 117f.; 62, 1, 38ff.).

5. Als weiteres besonderes Auslegungsmittel ist in diesem Zusammenhang noch die **124**
sog. **verfassungskonforme Interpretation** zu nennen. Nach dieser Methode sind Gesetze bei mehreren Interpretationsmöglichkeiten grundsätzlich verfassungskonform, d.h. im Einklang mit dem höherrangigeren Verfassungsrecht, auszulegen. Ein Gesetz darf folglich dann nicht für nichtig erklärt werden, wenn von mehreren Auslegungsmöglichkeiten auch nur eine verfassungsmäßig ist; denn es spricht nicht nur eine Vermutung dafür, daß ein Gesetz mit dem GG vereinbar ist, sondern das in dieser Vermutung zum Ausdruck kommende Prinzip verlangt auch im Zweifel eine verfassungskonforme Auslegung des Gesetzes (BVerfGE 2, 266, 282). Dies gebietet nicht zuletzt auch die Autorität des Parlaments, das Interesse an der Normerhaltung sowie die Rationalität und Öffentlichkeit des Gesetzgebungsverfahrens. Die verfassungskonforme Auslegung braucht mit dem subjektiven Willen des Gesetzgebers nicht unbedingt übereinstimmen; sie findet allerdings dort ihre Grenzen, wo sie mit dem Gesetzeswortlaut oder dem Gesetzeszweck, den der Gesetzgeber mit der Regelung verfolgt hat, in eindeutigen Widerspruch treten würde (vgl. BVerfGE 18, 97, 111; 35, 263, 280; 49, 148, 157).

Literatur: *Hesse* §§ 1, 2; *Maunz/Zippelius* §§ 5–7; *Stern,* Staatsrecht, Bd. I, §§ 3–5; *Badura* EStL, Sp. 3737ff. – Verfassung –; *Häberle,* Die offene Gesellschaft der Verfassungsinterpreten, JZ 1975, S. 257ff.; *ders.,* Kommentierte Verfassungsrechtsprechung, 1979, S. 1ff.; *Grawert,* Zur Verfassungsreform, Der Staat 1979, 229ff.; *Meyer* (Hrsg.), Grundwerte und Gesellschaftsreform, 1981; *Hesse,* in: *Benda/Maihofer/Vogel,* Handbuch des Verfassungsrechts, 1983, S. 3ff.; *Karpen,* Die verfassungsrechtliche Grundordnung des Staates, JZ 1987, 431ff.; *Isensee,* Staat und Verfassung, in: HdBStaatsR, Bd. I, § 13; *Kirchhof,* Die Identität der Verfassung, in: HdBStaatsR, Bd. I, § 19.

Fälle und Wiederholungsfragen:

(1) Welche Materien werden normalerweise in einer Verfassung geregelt und welche Aufgabe (Funktion) kommt der Verfassung zu?
Dazu: § 5 I 1, III 1 und 3 (Rdn. 73f., 95–97 und 102).

(2) Worin liegt der Unterschied zwischen der pouvoir constituant und der pouvoir constitué? Entsprach das Zustandekommen des GG den Anforderungen, die das demokratische Legitimitätsprinzip für die verfassunggebende Gewalt fordert?
Dazu: § 5 III 2 und § 6 I (Rdn. 99f. und 125).

(3) Welche besonderen Voraussetzungen schreibt das GG für Verfassungsänderungen vor? Was versteht man unter den Begriffen Verfassungsdurchbrechung und Verfassungswandel?
Dazu: § 5 III 4 (Rdn. 105–107).

(4) Welche Auslegungsmethoden unterscheidet man herkömmlicherweise und wie ist ihr Verhältnis zueinander? Welche speziellen Prinzipien der Verfassungsinterpretation kennen Sie?
Dazu: § 5 IV (Rdn. 110–124).

§ 6 Entstehung, Entwicklung und Überblick über das GG

Bevor das deutsche Staatsrecht im folgenden eingehender dargestellt wird, soll noch ein kurzer Abriß über die Entstehung des GG und die Bundesrepublik gegeben werden.

I. Entstehung des GG

125 1. Der Zweite Weltkrieg endete mit der **Kapitulation Deutschlands** am 7./8. 5. 1945. Ein Untergang des Deutschen Reiches war damit rechtlich allerdings nicht verbunden. Die Kapitulationsurkunde (völkerrechtlicher Vertrag) enthielt nur Regelungen über die vollständige militärische Niederwerfung Deutschlands, nicht jedoch solche über die Existenz des deutschen Staates (vgl. Rdn. 128). In der Berliner Erklärung und im Potsdamer Abkommen vom Juni/August 1945 wurde dann aber den Militärbefehlshabern der **vier Besatzungszonen** die oberste Gewalt jeweils für ihre Zone übertragen und die Entscheidungen über die Deutschland als Ganzes betreffenden Fragen dem Kontrollrat, der sich aus den vier Militärbefehlshabern zusammensetzte, vorbehalten. Der innerstaatliche Aufbau erfolgte in den Monaten nach der Kapitulation im Prinzip stufenweise von unten nach oben (Gemeinden, Länder). Als Folge der immer größer werdenden Interessengegensätze zwischen den drei Westmächten und der Sowjetunion stellte letztere im Frühjahr 1948 ihre Mitarbeit im Kontrollrat ein. Darin ist formal der Ausgangspunkt für die Entwicklung hin zur deutschen Teilung zu sehen. Die westdeutschen Zonen schlossen sich zum 1. 1. 1947 zur Bizone und im März 1948 zur Trizone wirtschaftlich zusammen (vgl. Stolleis, Besatzungsherrschaft und Wiederaufbau, in: HdBStaatsR, Bd. I, § 5). Am 1. 7. 1948 wurden dann die elf westdeutschen Ministerpräsidenten von den drei Westmächten in den sog. Frankfurter Dokumenten beauftragt, die Einberufung einer verfassunggebenden Versammlung zur Ausarbeitung einer Verfassung für die drei Westzonen vorzubereiten. Auf Wunsch der Ministerpräsidenten wurde dann allerdings von der Wahl einer verfassunggebenden Versammlung und damit von einer endgültigen Verfassunggebung abgesehen und stattdessen vereinbart, nur ein vorläufiges Gesetz für die aus den drei Westzonen zu schaffende, interimistisch verstandene Bundesrepublik durch einen **Parlamentarischen Rat** ausarbeiten zu lassen. Als Diskussionsgrundlage für die Beratungen des Parlamentarischen Rates diente der „Herrenchiemseer Entwurf". Dieser wurde von einer Sachverständigenkommission, dem sogenannten Herrenchiemseer Verfassungskonvent, im August 1948 ausgearbeitet. Der Parlamentarische Rat, dem 65 von den 11 Landesparlamen-

ten gewählte Abgeordnete angehörten, konstituierte sich am 1. 9. 1948 unter dem Vorsitz von Adenauer. Am 8. 5. 1949 wurde der Entwurf des GG mit 53 gegen 12 Stimmen vom Parlamentarischen Rat angenommen und am 12. 5. 1949 von den drei Militärbefehlshabern genehmigt. Nachdem gemäß Art 144 I alle Länder mit Ausnahme Bayerns dem GG ebenfalls zugestimmt hatten, konnte die Verfassung mit Ablauf des 23. 5. 1949 in Kraft treten (Art. 145; zur Entstehungsgeschichte des GG: JöR n. F. Bd. 1, 1951; Kunert JuS 1979, 322ff.; Kröger NJW 1989, 1318ff.; Mußgnug, in: HdBStaatsR, Bd. I, § 6). Der bundesrepublikanische Staat besaß aufgrund des Besatzungsstatuts zunächst nur eine beschränkte Souveränität. Erwähnenswert bleibt noch, daß die Bundesrepublik Deutschland im Mai 1955 als Mitglied der NATO beigetreten ist, im März 1957 die EWG mitgegründet hat und beide deutsche Staaten ab 1973 Mitglied in den Vereinten Nationen waren (zur Entwicklung des GG nach 1949 vgl. Hofmann, in: HdBStaatsR, Bd. I, § 7; Robbers NJW 1989, 1325ff.).

2. Die **Verfassungsberatungen** waren insgeamt von dem Willen beseelt, die „Konstruktionsfehler" der WV zu vermeiden und verfassungsrechtlich eine ähnliche Fehlentwicklung wie in den dreißiger Jahren möglichst auszuschließen. Der Verfassunggeber orientierte sich deshalb primär an bewährten früheren deutschen Regelungen und gemeineuropäischen Verfassungstraditionen, übernahm aber auch einige Neuerungen. Dabei war der Verfassunggeber in seiner Entscheidung nicht immer ganz frei; von Seiten der Militärgouverneure wurde nicht selten in die Beratungen eingegriffen. An **wesentlichen Neuerungen** sind insbesondere zu nennen: (1) Der Mensch und die Grundrechte als aktuelles Recht stehen im Mittelpunkt des GG (Art. 1 I–III, 2ff.). (2) Festlegung eines materialen Verfassungsrechts und von Garantien für die Durchsetzung des Rechts (Justizgarantien; Art. 20, 19 IV, 93, 101ff.). (3) Regelungen zum Schutz der Verfassung (Art. 18, 20 IV, 21 II, 79 III). (4) Kompetenzverlagerung im parlamentarischen Regierungssystem vor allem zur Stärkung der Parlamentsverantwortung und der Regierungsstabilität (vgl. dazu unten § 15). Heute ist unbestritten, daß das **GG als dauerhaftes „Provisorium"** vom Grundkonsens der Bevölkerung getragen wird und durch seinen Erfolg legitimiert ist (vgl. Grimm NJW 1989, 1305ff.; Herzog u. a. DÖV 1989, 465ff.). **126**

II. Rechtslage Deutschlands bis 1990

1. Der **Geltungsbereich des GG** war im Hinblick auf die angestrebte Wiedervereinigung offen geregelt (Präambel, Art. 23, 116 und 146). Nach Art. 23 S. 1 a. F. galt das GG räumlich für die 10 „alten" Bundesländer (das Saarland war 1956 beigetreten). Problematisch war allerdings die besondere **Rechtslage Berlins.** Entgegen dem Wortlaut des Art. 23 a. F. der auch „Groß-Berlin" enthielt, galt das GG in Ost-Berlin überhaupt nicht und in West-Berlin nur beschränkt. Diese Beschränkungen beruhten auf Vorbehalten der Besatzungsmächte (vgl. dazu BVerfGE 7, 1, 7ff.; 19, 377, 384ff.), die im wesentlichen in dem Viermächte-Abkommen vom 3. 9. 1971 und dem Grundlagenvertrag vom 21. 12. 1972 bestätigt wurden. Danach war West-Berlin kein Teil der Bundesrepublik und durfte von ihr nicht regiert werden. Um- **127**

gekehrt hatten auch Berliner Abgeordnete im Bundesrat und Bundestag grundsätzlich kein Stimmrecht (Art. 144 II; § 54 BWahlG a. F.). In West-Berlin galt deshalb im wesentlichen nur der Grundrechtsteil des GG (vgl. BVerfGE 1, 70, 72). Da der Bund keine unmittelbaren Hoheitsakte mit Wirkung für West-Berlin ausüben durfte, erstreckte sich auch der Geltungsbereich von Bundesgesetzen nicht auf Berlin. Grundsätzlich wurden jedoch alle Bundesgesetze vom Berliner Abgeordnetenhaus auch für Berlin beschlossen, es sei denn, daß die Kommandantur der Vier Mächte ihr Veto gegen eine solche Übernahme einlegte (Ausnahme: Wehrpflichtgesetz, BVerfGG; vgl. §§ 12ff. des Dritten Überleitungsgesetzes, BGBl. I, 1952, S. 1, sowie Art. 87 II der Berliner Verfassung). Durch diese Übernahme wurde die Zugehörigkeit West-Berlins zum Rechtskreis der Bundesrepublik gewährleistet. Durch das Viermächte-Abkommen über Berlin vom 3. 9. 1971 wurde der status quo bestätigt (vgl. Sendler JuS 1983, 903ff.; Schiedermair NJW 1982, 2841ff.; zur Gesamtproblematik: Scholz DÖV 1987, 358ff. und HdBStaatsR, Bd. I, § 9).

128 2. Nach 1945 versuchte man die Entwicklung des Staates der Deutschen mit Begriffen zu umschreiben wie **Rechtslage Deutschlands**, Fortbestand oder Untergang des Deutschen Reiches oder schlicht der sog. **Deutschen Frage**. Hier soll auf die inzwischen nur noch historisch interessanten verschiedensten Auffassungen und Theorien zur Rechtslage Deutschlands nicht näher eingegangen werden. Gleichwohl soll wenigstens die Meinung des BVerfG in den Grundzügen dargestellt werden. Danach geht das GG davon aus, „daß das Deutsche Reich den Zusammenbruch 1945 überdauert hat und weder mit der Kapitulation noch durch Ausübung fremder Staatsgewalt in Deutschland durch die alliierten Okkupationsmächte, noch später untergegangen ist; das ergibt sich aus der Präambel, aus Art. 16, Art. 23, Art. 116 und Art. 146 GG. ... Das Reich existiert fort, besitzt nach wie vor Rechtsfähigkeit, ist allerdings als Gesamtstaat mangels Organisation, insbesondere mangels institutionalisierter Organe, selbst nicht handlungsfähig. Im GG ist auch die Auffassung vom gesamtdeutschen Staatsvolk und von der gesamtdeutschen Staatsgewalt verankert. Verantwortlich für Deutschland als Ganzes tragen auch die vier Mächte. Mit der Errichtung der Bundesrepublik Deutschland wurde nicht ein neuer westdeutscher Staat gegründet, sondern ein Teil Deutschlands organisiert. Die Bundesrepublik ist also nicht Rechtsnachfolger des Deutschen Reiches, sondern als Staat identisch mit dem Staat ‚Deutsches Reich' – in Bezug auf seine räumliche Ausdehnung allerdings ‚teilidentisch', so daß insoweit die Identität keine Ausschließlichkeit beansprucht. ... Sie beschränkt staatsrechtlich ihre Hoheitsgewalt auf den Geltungsbereich des GG, fühlt sich aber auch verantwortlich für das ganze Deutschland (vgl. Präambel des GG). ... Die Deutsche Demokratische Republik gehört zu Deutschland und kann im Verhältnis zur Bundesrepublik Deutschland nicht als Ausland gesehen werden" (BVerfGE 36, 1, 16f.). Das BVerfG geht also im Prinzip von der in räumlicher Hinsicht modifizierten Lehre von der Identität der Bundesrepublik mit dem Reich aus (vgl. Geiger NJW 1983, 2302ff.; Bernhardt JuS 1986, 839ff.; Bernhardt/Ress/Dolzer, in: HdBStaatsR, Bd.I, §§ 8, 11 und 12).

129 3. Das in der Präambel a.F. im GG enthaltene **Wiedervereinigungsgebot** und Selbstbestimmungsrecht hatte nicht nur politische Bedeutung; ihm kam auch ein rechtlicher Gehalt zu. Die Wiedervereinigung war demnach ein zu beachtendes verfassungsrechtliches Gebot. Dabei mußte es jedoch den zu politischem Handeln berufenen Staatsorganen der Bundesrepublik überlassen bleiben, im Rahmen eines breiten Raumes politischen Ermessens zu entscheiden, welche Wege sie zur Herbeiführung der Wiedervereinigung als politisch richtig und zweckmäßig ansehen (vgl. BVerfGE 5, 85, 126ff.; 36, 1, 16ff.; 77, 137, 147ff.; Stern, Staatsrecht, Bd. 2, §25 III). Mit dem 3. 10. 1990 hat sich das Wiedervereinigungsgebot erfüllt.

III. Das vereinigte Deutschland

1. Am Abend des 9. 11. 1989 öffnete die ehemalige DDR die Grenzübergänge. **129a**
Durch dieses Ereignis verstärkte und beschleunigte sich eine noch wenige Monate vorher nicht vorhersehbare, dramatische und hoffnungsvolle Entwicklung. Was vom 9. 11. 1989 bis zum 3. 10. 1990, dem Tag der deutschen Einheit, in knapp 1 Jahr geschehen ist und erreicht werden konnte, ist enorm, nach wie vor kaum faßbar und ganz sicher von hoher historischer Dimension. Die wichtigsten **Schritte auf dem Weg zur Einheit Deutschlands** sollen kurz dargestellt werden (vgl. dtv-Textausgabe, Die Verträge zur deutschen Einheit; Rauschning JuS 1991, 977ff.):

a) Am 18. 3. 1990 wurden in der ehemaligen DDR die ersten demokratischen **129b**
Parlamentswahlen zur Volkskammer und am 12. 4. 1990 die erste freie Regierungsbildung durchgeführt (CDU/DSU 47%, SPD 22%, PDS 16%); damit waren durch demokratische Legitimation für das Gebiet der DDR handlungsfähige Staatsorgane geschaffen. In den neuen Bundesländern, die durch Verfassungsgesetz der DDR vom 22. 7. 1990 gegründet wurden, fanden die ersten Landtagswahlen am 14. 10. 1990 statt. Durch die **Kommunalwahl** am 6. 5. 1990 erfolgte Entsprechendes für die Gemeinde- und Kreisebene.

b) Vertrag über die Schaffung einer Währungs-, Wirtschafts- und Sozialunion vom **129c**
18. 5. 1990 – **Staatsvertrag** – (BGBl. II, S. 537) sowie Gesetz zum Staatsvertrag vom 25. 6. 1990 – Vertragsgesetz – (BGBl. II, S. 518; GBl. DDR I 1990, S. 331): Das Inkrafttreten des Staatsvertrages zum 1. 7. 1990 war der erste entscheidende Schritt auf dem Weg zur deutschen Rechtseinheit. Eine Währungs-, Wirtschafts- und Sozialunion war eben nur auf einheitlicher Rechtsbasis möglich. Mit dem Staatsvertrag hat die DDR wesentliche Grundsätze der Verfassungs-, Rechts- und Wirtschaftsordnung der BRD übernommen (Vertragsfreiheit, Gewerbe-, Niederlassungs- und Berufsfreiheit, Freizügigkeit, privater Eigentumserwerb und -garantie; Währungsumstellung; Rechtsanpassungs- und Übergangsregelungen; Finanzierungsregelungen und Errichtung des Fonds „Deutsche Einheit"; vgl. Stern/Schmidt-Bleibtreu, Staatsvertrag, 1990; Engelhard u. a. DtZ 1990, 129ff.).

c) Vertrag vom 3. 8. 1990 zur Vorbereitung und Durchführung der ersten gesamt- **129d**
deutschen Wahl des Deutschen Bundestages mit Änderung vom 20. 8. 1990 – **Wahlvertrag** – (BGBl. II, S. 822). Darin wurde ein einheitliches Wahlrecht und -gebiet und damit die Voraussetzungen für die erste gesamtdeutsche Wahl am 2. 12. 1990 geschaffen. Dazu wurde das Wahlrecht der BRD im wesentlichen auf das Gebiet der DDR übertragen (Wahlvertragsgesetz mit Änderung des WahlG vom 29. 8. 1990, BGBl. II, S. 813). Da das BVerfG die 5%-Sperrklausel und die Listen-

verbindung in § 53 II BWahlG bezüglich des Gebietes der DDR aus vereinigungsspezifischen Gründen für verfassungswidrig erklärt hat, mußte das WahlG am 8. 10. 1990 nochmals geändert werden (BGBl. I, S. 2141; BVerfGE 82, 322, 337ff.; Stern/Schmidt-Bleibtreu, Einigungsvertrag, S. 6ff. und 191ff.; Wahl NJW 1990, 2585ff.; Rdn. 314).

129e d) Vertrag über die Herstellung der Einheit Deutschlands vom 31. 8. 1990 – **Einigungsvertrag** – (BGBl. II, S. 889; GBl. DDR I, S. 1629) sowie Gesetz zum Einigungsvertrag vom 23. 9. 1990 – Einigungsvertragsgesetz – (BGBl. II, S. 885): Nachdem am 23. 8. 1990 die Volkskammer der DDR den Beitritt zum Geltungsbereich des GG gemäß Art. 23 mit Wirkung zum 3. 10. 1990 beschlossen und erklärt hatte (GBl. DDR I, S. 1324 = BGBl. I, S. 2057), war der Weg frei für den Einigungsvertrag, mit dem vor allem die staatlichen und rechtlichen Verhältnisse der ehemaligen DDR in die der BRD einzupassen und anzugleichen waren (vgl. insbes. die Anlagen I und II zum Einigungsvertrag! Ziel und Zweck: beitrittsbedingte GG-Änderungen, Rechtsangleichung, Schaffung gesicherter Rechtsgrundlagen für das Zusammenwachsen und für die Herstellung einheitlicher Lebensverhältnisse; vgl. Stern/Schmidt-Bleibtreu, Einigungsvertrag, 1990; Schnappauf DVBl. 1990, 1249ff.; Kinkel NJW 1991, 340ff.; Busse DÖV 1991, 345ff.; Weis AöR 1991, 1ff.; Klein DÖV 1991, 569ff.).

129f e) Vertrag über die abschließende Regelung in bezug auf Deutschland vom 12. 9. 1990 – **Zwei-plus-Vier-Vertrag** – (BGBl II, S. 1318; der Bundestag und der Bundesrat haben dem Vertragsgesetz vom 11. 10. 1990 gemäß Art. 59 I 2 zugestimmt; BGBl. II, S. 1317): Darin haben die vier Siegermächte und die beiden deutschen Staaten die völkerrechtlichen und äußeren Aspekte der Herstellung der deutschen Einheit einschließlich der Fragen der Sicherheit der Nachbarstaaten geregelt (Grenzen Deutschlands, Gewaltverzicht, Abrüstungs- und Bündnisfragen, Beendigung der Viermächterechte und die Herstellung der vollen Souveränität Deutschlands; vgl. Stern/Schmidt-Bleibtreu, Zwei-Plus-Vier-Vertrag, 1991; von Goetze NJW 1990, 2161ff.; Blumenwitz NJW 1990, 3041ff.; Fiedler JZ 1991, 685ff.).

129g f) Übereinkommen zur Regelung bestimmter Fragen in bezug auf **Berlin** und Gesetz zur Überleitung von Bundesrecht nach Berlin (West) je vom 25. 9. 1990 (BGBl. II S. 1273, I S. 2106; vgl. Rdn. 127, 129l).

129h g) Überleitung des Rechts der **Europäischen Gemeinschaften** auf das Gebiet der DDR vom 28. 9. 1990 (Art. 10 EVertr; EG-Recht-ÜberleitungsVO, BGBl. I S. 2117; vgl. Hailbronner JZ 1990, 449f.; Grabitz/Bogdandy NJW 1990, 1073ff., Rengeling DVBl. 1990, 1307ff.; Giegerich JuS 1991, 996ff.).

129i 2. Das Vertragswerk, insbesondere der Einigungsvertrag, ist Bestandteil der völkerrechtlichen und gesetzlichen Regelungen zur Wiederherstellung der staatlichen Einheit Deutschlands sowie zur endgültigen Ablösung und Beendigung der durch die Siegermächte des Zweiten Weltkrieges geschaffenen Nachkriegsordnung und Teilung Deutschlands und zur Wiedererlangung seiner uneingeschränkten Souveränität. Es handelt sich dabei um **Staatsverträge besonderer Art**, um bilaterale Verträge zwischen zwei Staaten, die die Geltungskraft wie jeder völkerrechtliche Vertrag besitzen, das Verhältnis der beiden Teile Deutschlands aber seitens der Bundesrepublik als ein innerstaatliches angesehen wird („Inter-Se-Beziehungen"; vgl. Rdn. 128; BVerfGE 36, 1. 16ff.; 77, 137, 149). Mit dem BVerfG ist davon auszugehen, daß beitrittsbezogene Regelungen zum Gegenstand des Staats- und Einigungsvertrages gemacht werden konnten, ohne dabei Kompetenzen der auswärtigen Gewalt wahrzunehmen. Dies ergibt sich aus Art. 23 S. 2 i. V. mit dem Wiedervereinigungsgebot und gilt auch für beitrittsbedingte GG-Änderungen in Form eines Zustimmungsgesetzes nach Art. 59 II unter Beachtung des Art. 79 II (vgl. BVerfGE 82, 316, 326f.; Stern DtZ 1990, 289ff.; Busse DÖV 1991, 345ff.).

3. Der staatsrechtliche **Weg zur Wiederherstellung der deutschen Einheit** wurde **129k**
nicht einhellig beantwortet. Im wesentlichen wurden dazu zwei bzw. drei Möglichkeiten gesehen: (1) Der Beitritt der DDR oder der neuen Bundesländer zur BRD nach **Art. 23**, also unter dem Dach des GG und der Rechtsordnung der Bundesrepublik (so die h. M. und der Beitritt des Saarlandes zum 1. 1. 1957, Schäfer DÖV 1957, 1ff.; BVerfGE 82, 316, 320f.; Degenhart DVBl. 1990, 973ff.). (2) Die Ausarbeitung einer neuen Verfassung nach **Art. 146** durch eine gesamtdeutsche verfassunggebende Versammlung und/oder durch Entscheid bzw. Billigung durch das Volk (vgl. Rdn. 99f.; Seifert/Hömig GG, Art. 146 Rdn. 2). (3) Teilweise wird eine **Kombination aus beiden Wegen** befürwortet: Nach vollzogenem Beitritt über Art. 23 soll das Verfahren einer gesamtdeutschen Verfassunggebung nach Art. 146 beschritten werden (Beteiligung des Volkes an der Verfassungsschöpfung; so insbesondere Häberle JZ 1990, 358ff.). Die politische und wirtschaftliche Entwicklung sowie die normative Kraft des Faktischen haben den Rechtsstreit zugunsten des Beitritts nach Art. 23 entschieden; im nachhinein hat sich dies wohl als der richtige Weg erwiesen (Mehrheitswille in der ehemaligen DDR: „Einheit jetzt", wirtschaftliche Probleme, Übersiedler, politische Entwicklung in der UdSSR, rechtliche Kontinuität, rasches Zusammenwachsen und Schaffung der Voraussetzung für die Herstellung einheitlicher Lebensverhältnisse usw.). Das BVerfG hat das gewählte Verfahren mit dem Staats- und Einigungsvertrag gebilligt (E 82, 316ff.). In Art. 4 Ziff. 6 und Art. 5 EVertr ist allerdings die Möglichkeit des „dritten Weges" offengehalten. Die Umsetzung dieses Weges über Art. 146 n. F. ist Aufgabe der Staatsorgane. Dabei sollte verfassungsrechtlich nicht zu eng argumentiert werden; zur Wahrnehmung der historischen Chance der Herstellung und Befriedung der Einheit Deutschlands müssen den Organen des Bundes die politisch geboten erscheinenden Gestaltungsspielräume eröffnet sein (BVerfGE 82, 316, 321; vgl. zum Ganzen: Frowein/Isensee/Tomuschat/Randelzhofer VVDStRL Bd. 49, S. 1ff. = DÖV 1990, 607ff.; Stern/Schmidt-Bleibtreu, Einigungsvertrag, 1990; Degenhart DVBl. 1990, 973ff.; Bartlsberger DVBl. 1990, 1285ff.; Kriele ZRP 1991, 1ff.; Weis AöR 1991, 1ff.; Rauschning JuS 1991, 977ff.).

Die **Frage der künftigen deutschen Verfassung** ist nicht geklärt. Art. 5 EVertr, der GG-Änderungen empfiehlt, enthält ebenso wie **Art. 146 n. F.** GG Unstimmigkeiten (nach h. M. ist Art. 146 ohne Änderung des Art. 79 nicht anwendbar; vgl. Kempen NJW 1991, 964ff.; Klein DÖV 1991, 569ff.; Hesse § 3 II 3). Eine vom Bundestag und Bundesrat eingesetzte **„Gemeinsame Verfassungskommission"** (64 Mitglieder) soll bis 31. 3. 1993 einen Bericht für GG-Änderungs-Initiativen vorlegen (BT-Drucks. 12/787). Zu den gegenwärtig diskutierten Änderungsvorschlägen, die von einer Totalrevision bis zu äußerster Zurückhaltung reichen, vgl. Busse DÖV 1991, 345 ff.; Kröning ZRP 1991, 161 ff.; Menz VBlBW 1991, 401 ff.; Schneider NJW 1991, 2448 ff.; Ossenbühl DVBl. 1992, 468 ff.; Rdn. 133.

1291 4. Die **Rechtsfolgen** und und der Vollzug des Beitritts nach Art. 23 beinhalten im Detail eine Vielzahl komplizierter Probleme. Die wichtigsten Grundsätze sollen hier kurz dargestellt werden: Mit dem Wirksamwerden des Beitritts am 3. 10. 1990 wurde die beitretende DDR Teil des Staates Bundesrepublik Deutschland unter der Geltung des GG. Der Beitritt läßt die Identität der Bundesrepublik nach innen wie nach außen unberührt. Sie bleibt dasselbe **Völkerrechtssubjekt**; ihre Rechte und Pflichten bestehen unverändert fort. Die DDR ging als Völkerrechtssubjekt unter. **Staatsrechtlich** besteht die DDR in den fünf neuen Bundesländern als Gliedstaaten der Bundesrepublik weiter. Eine Besonderheit ergibt sich für **Berlin**. Mit dem Beitritt und dem Wegfall der Vier-Mächte-Verantwortlichkeiten wächst dem Land Berlin (West) der östliche Teil Berlins zu, so daß es nur noch einen Stadtstaat Berlin als Bundesland gibt (Art. 1 II EVertr). Die Weitergeltung völkerrechtlicher Verträge und Vereinbarungen ist in Art. 11 und 12 EVertr entsprechend völkerrechtlichen

Schaubild 5: Deutschland und seine 16 Länder (insg. 79 Mio. Einwohner auf 357.042 qkm)

Grundsätzen geregelt (vgl. Hailbronner JZ 1990, 449 ff.; Frowein DÖV 1990, 607 f.; Drobnig DtZ 1991, 76 ff.).

Neben der Herstellung der staatlichen Einheit war es vor allem die Aufgabe des Einigungsvertrages, eine **einheitliche Gesamtrechtsordnung** in Kraft zu setzen und dafür entsprechende Regelungen festzulegen. Die zentrale Bestimmung hierfür ist die Generalklausel des Art. 8 EVertr: Danach ist seit dem 3. 10. 1990 grundsätzlich das gesamte Bundesrecht in den fünf neuen Bundesländern und in Berlin (Ost) in Kraft getreten, soweit nicht in Anlage I zum EVertr ausdrücklich Ausnahmen vorgesehen sind. Angesichts der erheblichen gesellschaftlichen und wirtschaftlichen Unterschiede in den beiden Rechtssystemen war die Festlegung von Ausnahmen, Anpassungs- und **Überleitungsregelungen**, Sonder- und Übergangsbestimmungen unabdingbar. Zur Vermeidung von Härten usw. ist eine elastische, zeitlich abgestufte Einführung der Rechtseinheit mit „schonenden Übergängen" geboten (vgl. Art. 8 und 9 EVertr mit Anlagen I und II). Nach Art. 10 EVertr. wurde auch das **Recht der EG** in den neuen Bundesländern in Kraft gesetzt (vgl. Schnappauf DVBl. 1990, 1249 ff.; Rengeling DVBl. 1990, 1307 ff.; Wasmuth DtZ 1990, 294 ff.; Kinkel NJW 1991, 340 ff.; Roellecke NJW 1991, 657 ff.; Heilbronner DtZ 1991, 321 ff.; Kloepfer DVBl. 1991, 1031 ff.; zu der Frage Rechtseinheit und Schwangerschaftsabbruch: Art. 31 IV EVertr., Sachs DtZ 1990, 193 ff. und Reis NJW 1991, 662 ff.; zu den verfassungsrechtlichen Eigentumsproblemen: BVerfG NJW 1991, 1597 ff.; Badura DVBl. 1990, 1256 ff.; Papier NJW 1991, 193 ff.; Leisner NJW 1991, 1569 ff.; Jung/Vec JuS 1991, 714 ff.; Maurer JZ 1992, 183 ff.). **129 m**

IV. Deutschland und die Europäischen Gemeinschaften

1. Zusammen mit der Präambel regeln die Art. 24 bis 26 die Einordnung der Bundesrepublik als friedliches Glied in die Völkerrechtsordnung der Staatengemeinschaft. Art. 24 eröffnet zu diesem Zweck die Möglichkeit des Beitritts zu internationalen Einrichtungen („offene Staatlichkeit", internationale Integrationsbereitschaft, Völkerrechtsfreundlichkeit). Große praktische Bedeutung hat dies vor allem im Hinblick auf die **Europäischen Gemeinschaften**, insbes. ab 1992 (gemäß der „Einheitlichen Akte" von 1987 haben die Mitgliedstaaten bis zum 31. 12. 1992 einen gemeinsamen europäischen Binnenmarkt zu bilden, Art. 8a EWGV). Die Gemeinschaft ist eine internationale Organisation ohne eigene Souveränität auf völkerrechtlicher Grundlage („Zweckverband" offener souveräner Nationalstaaten). Die Wahrnehmung der Gemeinschaftsaufgaben erfolgt durch vier Organe: Versammlung („Europäisches Parlament"), Rat, Kommission und Gerichtshof (vgl. Art. 4, 137 ff., 145 ff., 155, 164 ff. EWGV; Hailbronner JuS 1990, 263 ff., 439 ff.; Streinz DVBl. 1990, 949 ff.; Steinberger/Klein VVDStRL Bd. 50, S. 1 ff. = DVBl. 1990, 1213 ff.). **129 n**

2. Der Prozeß der europäischen Integration bewirkt, will die Gemeinschaft funktionsfähig sein, zwangsläufig eine zunehmende Verlagerung staatlicher Kompetenzen vor allem im Bereich der Gesetzgebung auf die EG. Das GG ermächtigt in **Art. 24 I** den Bund, zugunsten der EG eigene Hoheitsrechte und Kompetenzen **129 o**

abzutreten. Durch förmliches Gesetz kann die Ausübung öffentlicher Gewalt aus den Bereichen der Gesetzgebungs-, Vollziehungs- und Rechtsprechungskompetenzen übertragen werden und zwar gleichgültig, ob es sich um Bundes- oder Landeskompetenzen, um ausschließliche oder konkurrierende Zuständigkeiten handelt. Das Primärrecht (EWG-Vertrag und andere völkerrechtliche Verträge; Art. 59 II) und das Sekundärrecht der EG (von den EG-Organen nach Art. 189 EWGV erlassenen Vorschriften) gelten als ein gegenüber dem nationalen Recht selbständiger und im Kollisionsfalle höherrangiger Rechtskomplex. An der Rechtsetzung der EG wirkt die Bundesregierung über den Rat der EG mit. Die Ermächtigung nach Art. 24 I unterliegt verfassungsrechtlichen Grenzen, deren Umfang allerdings umstritten ist. Keinesfalls darf ein Einbruch in die konstituierenden Strukturen des GG eintreten (Grundrechtsteil, Art. 19 IV, 103, 79 III; BVerfGE 37, 271, 279; 73, 339, 376; 80, 74, 79ff.; Hesse § 3 IV; Groß JuS 1990, 522ff.; Kewenig JZ 1990, 458ff.; Jarass NJW 1990, 2420ff. und NJW 1991, 2665ff.; Herdegen JuS 1992, 227ff.). Zu den Konsequenzen aus dem verstärkten europäischen Integrationsprozeß auf die bundesstaatliche Ordnung des GG vgl. Rdn. 265 und etwa Ossenbühl DÖV 1990, 1230ff. Zur europäischen Regionalisierung: Schink DÖV 1992, 385ff.

V. Grobgliederung des GG

130 Bevor mit der Erarbeitung der Inhalte der einzelnen Verfassungsbestimmungen begonnen wird, sollte jeder Student sich zuerst einen Überblick über die Gliederung und die wesentlichen Bestimmungen des GG machen.

Das GG beginnt mit einer **Präambel** i. d. F. von Art. 4 Ziff. 1 EVertr, die einen Appell an alle Bürger und rechtserhebliche Festlegungen enthält. Sie ist das „Eingangstor", die „Grundlegung" des GG. In der Präambel werden verfassungsrechtliche und politische Grundsätze aufgestellt. Die Verfassung wird dabei in die geschichtliche, gesellschaftliche und nationale Tradition eingebunden und mit Zielsetzungen für die Zukunft versehen (BVerfGE 5, 85, 127; 36, 1, 17; Häberle, in: Festschrift für Broermann, 1982, S. 211ff.; Wilhelm ZRP 1986, 267ff.).

Blättern Sie bitte unbedingt das GG einmal langsam von vorne nach hinten durch, wobei Sie sich am besten am Inhaltsverzeichnis bzw. folgender **Gliederungsübersicht** orientieren wollen (vgl. Stein 1 § II):

INHALTSÜBERSICHT:

I.	Die Grundrechte		Staat und Gesellschaft (Bindung der Staatsgewalt)
II.	Der Bund und die Länder	Verschiedenes	die Organisation des Staates
III.	Der Bundestag	institutionelle Regelung	
IV.	Der Bundesrat		
IVa.	Gemeinsamer Ausschuß		
V.	Der Bundespräsident		
VI.	Die Bundesregierung		
VII.	Die Gesetzgebung des Bundes	funktionelle Regelung	
VIII.	Die Ausführung der Bundesgesetze und die Bundesverwaltung		
VIIIa.	Gemeinschaftsaufgaben		
IX.	Die Rechtsprechung		
X.	Das Finanzwesen		
Xa.	Verteidigungsfall	Notstandsverfassung	
XI.	Übergangs- und Schlußbestimmungen	Verschiedenes	

Dritter Teil: Staatsform der Bundesrepublik Deutschland

§ 7 Staatszielbestimmungen

131 I. Das GG legt als rechtliche Grundordnung des Gemeinwesens in den **verfassungsgestaltenden Grundentscheidungen,** den staatstragenden Strukturprinzipien oder Staatszielbestimmungen, Leitgrundsätze und Richtlinien fest, nach denen die Erfüllung der Staatsaufgaben wahrzunehmen und die Verwirklichung des „Gemeinwohls" zu bestimmen sind, durch die überhaupt das Selbstverständnis des Staates, seine Identität und seine Grundstrukturen umschrieben und geregelt werden (vgl. Rdn. 95ff.; Grundlagen der verfassungsmäßigen Ordnung, staatskonstituierende Fundamentalnormen, Bauprinzipien der Verfassung, the constitutional framework of government; Hesse § 4). Das GG hat diese Prinzipien vor allem in den Art. 1, 20 und 28, aber auch in der Präambel festgelegt. Art. 20 I, wonach die Bundesrepublik „ein demokratischer und sozialer Bundesstaat" ist, und Art. 28 I, demzufolge die Verfassung der Bundesländer „den Grundsätzen des republikanischen, demokratischen und sozialen Rechtsstaates i. S. des GG" entsprechen müssen, enthalten grundsätzliche und verbindliche Aussagen über den Charakter des durch das GG konstituierten Staatswesens und normieren die fundamentalen Staatsformmerkmale der Bundesrepublik Deutschland. Demokratie, Rechtsstaatsprinzip, Sozialstaatlichkeit, Bundesstaatsprinzip und auch die republikanische Staatsform sind als die **fünf wesentlichen Leitgrundsätze** der Bundesrepublik und zugleich als unmittelbar geltende Normen für ihre inhaltliche und organisatorische Gestaltung festgelegt. Art. 20 und 28 beinhalten demnach gewissermaßen eine **„Verfassung in Kurzform"**, in der das staatliche Handeln durch Leitlinien festgelegt wird. In prägnanter Form sind hier alle tragenden und leitenden Grundsätze des GG zusammengefaßt, auf einen verfassungsrechtlichen Kerninhalt reduziert.

132 II. **Staatszielbestimmungen** sind rechtlich verbindliche Verfassungsnormen, die der Staatstätigkeit ein bestimmtes „Programm" vorgeben und die bei allem staatlichen Handeln, insbesondere bei der Erfüllung öffentlicher Aufgaben, zu beachten und zu verwirklichen sind. Sie enthalten materiale Grundinhalte und sind dadurch Richtschnur und Direktive für alles staatliche Handeln, Orientierung und Wegweiser der staatlichen Tätigkeit (nicht bloße Programmdeklaration). Unbestimmtheit und Offenheit der Staatszielbestimmungen sind dabei für einen notwendigen ständigen Verfassungswandel geboten, mindern allerdings die Möglichkeiten richterlicher

Kontrolle und Sanktion. Während die Kompetenz-, Kreations- und Verfahrensnormen zum Kernbereich des GG-Organisationsteils zu zählen sind (Organisationsstatut) und die Grundrechts- und Gewährleistungsnormen zur materiellen Grundordnung gehören, beinhalten die Staatszielbestimmungen beides: als Strukturprinzipien haben sie sowohl einen institutionell-organisatorischen als auch einen materiellen Gehalt. Vor allem das BVerfG hat aus den Staatszielbestimmungen eine Vielzahl materieller Forderungen abgeleitet und normativ verbindlich gemacht.

Die Staatsziele verpflichten die staatlichen Organe, ihr Handeln auf diese Ziele hin auszurichten und die in Art. 20, 28 und 1ff. festgelegte Wertordnung zu verwirklichen (Gesetzgebungsaufträge, Auslegungsmaxime für alle Rechtsnormen). Sie legen die staatliche Grobstruktur fest und zeichnen in Umrissen die Gestaltung des Staatslebens vor (das Regierungssystem und die freiheitlich demokratische und soziale Grundordnung). Von der Funktionsfähigkeit und Effektivität dieser Staatszielbestimmungen im einzelnen wie im ganzen, von ihrer gegenseitigen Verflechtung und Harmonie im gesellschaftlichen und staatlichen Alltag hängt die Bewährung des GG und die politische Entwicklung der Bundesrepublik entscheidend ab (Notwendigkeit einer **Akzeptanz und eines Grundkonsenses über diese Staatsziele;** Karpen JuS 1987, 593ff.). Mit Krüger kann gegenwärtig tendenziell festgestellt werden, daß das Bedürfnis nach Rechtsstaat reichlich, das Bedürfnis nach Sozialstaat ausreichend, das Bedürfnis nach politischer Staatlichkeit unzureichend gedeckt ist (vgl. dazu: Bericht der Sachverständigenkommission, Staatszielbestimmungen – Gesetzgebungsaufträge, 1983, S. 17ff., 47ff.; zur Aufnahme weiterer Staatszielbestimmungen in das GG, insbesondere den Umweltschutz: Wienholtz AöR 1984, 532ff.; Murswiek ZRP 1988, 14ff.; Kloepfer DVBl. 1988, 305ff.; Klein DVBl. 1991, 729ff.). In Art. 5 EVertr wird empfohlen, Überlegungen zur Aufnahme weiterer staatsfinaler sozial- und wirtschaftsordnungspolitischer, ökologieorientierter und kulturfördernder Staatszielbestimmungen anzustellen (Häberle JZ 1990, 358ff.; Graf Vitzthum VBlBW 1991, 404ff.; Ossenbühl DVBl. 1992, 468, 475). **133**

III. Die besondere Bedeutung der in Art. 20 und 28 enthaltenen Staatszielbestimmungen wird im GG noch dadurch zusätzlich herausgestellt, daß gemäß **Art. 79 III** die in Art. 20 niedergelegten Grundsätze einer Verfassungsänderung entzogen sind. Der verfassungsändernden Gewalt ist es untersagt, den „Kerngehalt" dieser Prinzipien anzutasten. Die Gründe für die in Art. 79 III enthaltene **„Ewigkeitsentscheidung"** sind vor allem in den geschichtlichen Erfahrungen von 1933–1945, in der Anerkennung überpositiver Grundsätze, in der Kontinuität und möglichst großen Identität des Verfassungsrechts, aber auch in dem Minderheitenschutz und einer gewissen Einschränkung des Grundsatzes der repräsentativen Demokratie zu suchen. Anders als die verfassunggebende Gewalt (vgl. Art. 146) soll danach die verfassungsändernde Gewalt (Art. 79; vgl. auch Rdn. 99ff.) an bestimmte Grundsätze und Grundwerte „ewig" gebunden sein („verfassungsänderungsfestes Minimum"). Die im GG festgelegte Verfassungsordnung sieht zwar Verfassungsänderungen vor; sie bindet solche Änderungen jedoch nach Verfahren und Inhalt (formelle und materielle Schranken in Art. 79). Art. 79 III sichert in den verfassungsrechtlichen Grundstrukturen eine Qualitätsbewahrung des 1949 verabschiedeten GG; er enthält eine für die Staats- und Verfassungsordnung unentbehrliche Grund- **134** substanz im Sinne einer Identitäts- und Kontinuitätsgarantie (insoweit enthält das GG eine Abkehrung von der „Wertneutralität“ der WV). Dadurch soll verhindert werden, daß die geltende Verfassungsordnung in ihrer Substanz auf formal-legalistischem Wege eines verfassungsändernden Gesetzes beseitigt wird. Diese Bindung des verfassungsändernden Gesetzgebers gemäß Art. 79 III ist im Hinblick auf den sozialen Wandel und die gesellschaftliche Dynamik im technischen Zeitalter allerdings nicht unproblematisch. Nicht zuletzt deshalb werden nach der Rspr des BVerfG die Staatszielbestimmungen in Art. 20 dann als Grundsätze i. S. von Art. 79 III nicht berührt, wenn ihnen im allgemeinen Rechnung getragen wird und sie nur für eine Sonderlage entsprechend deren Eigenart aus sachgerechten Gründen modifiziert werden (vgl. „Abhör-Urteil“: BVerfGE 30, 1, 24ff.; „SBZ-Enteignungen“: BVerfG NJW 1991, 1597ff.; unten Rdn. 211; zur Bedeutung des Art. 79 III: Stern JuS 1985, 329ff.; Kirchhof, in: HdBStaatsR, Bd. I, § 19).

§ 8 Republik

135 I. Die Bedeutung des **Begriffs Republik** (res publica: öffentliche Angelegenheiten, Gemeinwesen, Staatswohl) ist nur unter Einbeziehung seiner geschichtlichen Entwicklung zu bestimmen. Unzufriedenheit über den monarchischen Staat ließ die Forderung nach einem anderen System, der Republik, immer stärker hervortreten. Der Ruf nach der Republik war eine Absage an den Absolutismus, den Obrigkeitsstaat, an jede Form der Alleinherrschaft und eine Hinwendung zu einer „freiheitlichen“, „volksstaatlichen“, rationalen und antitotalitären Staatsform (Republik als Kampfparole gegen Absolutismus und für „Nicht-Monarchie“ i. S. eines „Freistaates“). Demnach wird darunter eine Staatsform verstanden, die eben keine Monarchie ist (negative Begriffsbestimmung). Dies bedeutet, daß eine republikanische Ordnung begrifflich nur voraussetzt, daß die monarchischen Staatsformmerkmale nicht vorliegen, d. h. daß das Staatsoberhaupt nicht aufgrund von familien- oder erbrechtlichen Umständen auf Lebenszeit in sein Amt gelangt (Erbfolge; vgl. bereits Rdn. 64f.).

136 II. Die Entscheidung für die republikanische Staatsform in Art. 20 I **(Bundesrepublik)** beinhaltet die Abkehr vom monarchischen Prinzip (Einzelherrschaft) und die Entscheidung für ein gewähltes und auch grundsätzlich wieder abwählbares Staatsoberhaupt. Kennzeichnend für das Staatsformmerkmal Republik i. S. des GG ist demnach die Wahl des Staatsoberhauptes auf begrenzte Zeit, also seine Legitimation durch einen regelmäßigen unmittelbaren oder mittelbaren Berufungsakt durch das Volk. Eine Diktatur durch einen Staatsstreich ist unzulässig. Da die Grundsätze des Art. 20 gemäß Art. 79 III jeder Verfassungsänderung entzogen sind, ist die Einführung der Monarchie selbst im Wege der Verfassungsänderung ausgeschlossen. Der Unterscheidung in Monarchie und Republik kommt heute nur noch eine geringe praktisch-politische Bedeutung zu. Dies rührt vor allem daher, daß einerseits Staaten als Monarchien bezeichnet werden, die ihrer Substanz nach alles andere als Alleinherrschaften sind (z.B. England, Schweden), und es andererseits Republiken gibt, die stark monokratisch strukturiert sind. Zu Recht wird deshalb die Auffassung vertreten, daß über das bloße Verbot eines monarchischen Staatsoberhauptes hinaus („antimonarchisch" und „antidiktatorisch") der republikanischen Staatsform keine Bedeutung zukommt, sondern weitere Staatszielelemente („freiheitlich", „volksstaatlich" usw.) primär aus dem Demokratieprinzip und der Rechtsstaatlichkeit abzuleiten sind.

Literatur: *Hesse* § 4; *Maunz/Zippelius* § 10 II; *Stern,* Staatsrecht, Bd. I, § 17; *Löw* DÖV 1979, 819ff.; *Isensee,* Republik – Sinnpotential eines Begriffs, JZ 1981, 1ff.; *Henke,* Zum Verfassungsprinzip der Republik, JZ 1981, 249ff.; *Henke,* Die Republik, in: HdBStaatsR Bd. I, § 21.

Wiederholungsfragen und Fälle:

(1) Könnte durch verfassungsänderndes Gesetz (Art. 79 I, II) die Bestimmung des Art. 54 II dahingehend geändert werden, daß
a) Wiederwahl unbeschränkt möglich ist?
b) der Bundespräsident auf Lebenszeit von der Bundesversammlung gewählt wird?
Dazu: § 4 IV und § 8 II (Rdn. 64f. und 136).

(2) Wäre es möglich, daß in Art. 28 I das Wort „republikanisch" gestrichen wird und in einem Bundesland die parlamentarische Monarchie eingeführt würde?
Dazu: § 8 II (Rdn. 136; Art. 79 III genau lesen! Vgl. Stern, Bd. I, § 17 II 3).

§ 9 Demokratie

I. Bedeutung und Wesen der Demokratie

1. Das Demokratieprinzip wird seit jeher in seinem Wesen und seiner Bedeutung **137** und damit auch in seiner begrifflichen Festlegung äußerst unterschiedlich beurteilt und verstanden. Die wichtigsten Erscheinungsformen der Demokratie (unmittelbare, mittelbare, parlamentarische, präsidiale, Volks-), von denen es jeweils noch zahlreiche Variationen gibt, wurden in Rdn. 57ff. näher dargestellt. Es ist deshalb nicht verwunderlich, daß heute über kaum einen anderen Begriff so viele **unterschiedliche Deutungen,** Mißverständnisse und Unklarheiten bestehen wie über die „Allerweltsbegriffe" „Demokratie" und „Demokratisierung". Dies wird noch dadurch verschärft, daß „demokratisch" – in welcher Form auch immer – zu einer politischen Parole, zu einem Modewort geworden ist, und der Begriff nicht selten als „Waffe" in der ideologisch-politischen Auseinandersetzung benützt wird, wobei jede Seite für sich in Anspruch nimmt, die „wahre" Definition zu besitzen und verwirklicht zu haben. Dabei besteht nicht selten die Neigung, in die Begriffe des Art. 20, insbesondere das Demokratieprinzip, persönlich juristische und weltanschauliche Ideale hineinzulegen. Gleichwohl besteht im politischen Bewußtsein der Gegenwart weithin Übereinstimmung, daß Demokratie die allein legitime, moderne, die schlechthin **„gute" Staatsform** verkörpert und am ehesten eine dauerhafte

Identifikation, Akzeptanz, Partizipation und Pluralität, aber auch Transparenz, Vertrauen und Individualität gewährleistet (trotz mancher Schwächen die **„beste“** der gelebten Staatsformen). Nach C. F. v. Weizsäcker ist die Demokratie eine der intelligentesten Erfindungen, die die Menschheit auf dem Felde der Politik gemacht hat, und ein historischer Fortschritt ohnegleichen, wobei allerdings ganz nüchtern gesehen werden muß – was in der Vergangenheit nicht immer beachtet wurde –, daß auch eine Demokratie nur das von Menschen „Machbare“ zu leisten vermag. Zu idealistische und perfekte Vorstellungen können ebenso wie überzogene Erwartungen und Versprechungen in den „allmächtigen“ Staat zu Enttäuschungen und zur Abkehr von demokratischen Systemen führen. Dies gilt es zu vermeiden und vorhandene „Demokratiedefizite“ und „Demokratieverdrossenheit“ abzubauen. Dazu sind alle, vor allem die Staatsorgane und Parteien, aber auch die Wissenschaft aufgerufen.

138 Aufgabe kann es hier nicht sein, in eine grundsätzliche Demokratiediskussion einzutreten. Vielmehr gilt es, den normativen Befund des Demokratiegebots, wie er sich vor allem in der Rechtsprechung und Literatur zum GG konkretisiert hat, darzustellen. Dafür ist eine zweifache **Eingrenzung des Demokratiebegriffs** erforderlich: Zum einen interessiert hier allein die verfassungsrechtlich maßgebliche Bedeutung des Begriffs (i. S. einer Staatsbezogenheit) und zum anderen auch dieser verfassungsrechtliche Begriff nur in der Ausgestaltung, die er durch die einzelnen Bestimmungen des GG, also durch die konkrete Verfassung erfahren hat. Das Wesen und der Begriff der Demokratie ist dabei aus einer Gesamtinterpretation des GG, die sich aus den in den Einzelbestimmungen normierten Elementen und Ausprägungen ergibt, und auch aus seiner Einordnung in die moderne Verfassungsgeschichte zu entwickeln (BVerfGE 5, 85, 112).

139 2. In Art. 1 II der WV und Art. 20 II 1 des GG wird das Demokratieprinzip mit den Worten „Alle Staatsgewalt geht vom Volke aus“ umschrieben. Darunter wird verstanden, daß das Volk Träger der Staatsgewalt ist, Staatsgewalt nur vom Volk ausgehen darf, die Willensbildung im Staat sich im Prinzip von unten nach oben vollzieht (sog. **Volkssouveränität**). In einem demokratischen Gemeinwesen ist Staatsgewalt so zu organisieren, daß sie sich stets vom Willen des Volkes herleitet oder auf ihn zurückgeführt werden kann (Legitimationsbedürftigkeit jeder staatlichen Herrschaft). Das Ideal des „government of the people, by the people, for the people“ (A. Lincoln) soll weitgehend verwirklicht werden; die einzelnen Bürger, aber auch die gesamte Gesellschaft sind nicht als Objekte, sondern als die Subjekte des staatspolitischen Lebens zu behandeln. Demokratie in diesem Sinne ist also ein Herrschaftskonzept (Staatsform), das vom Mehrheitsprinzip, der „Herrschaft der Volksmehrheit“, ausgeht, und möglichst umfassend der Selbstbestimmung und Selbstverwirklichung des Menschen dienen will (vgl. Art. 1; Demokratie als Staatsform des mündigen Bürgers; Herrschaft von Menschen, über Menschen, aber stets für die Menschen). Die hierin zum Ausdruck kommenden demokratischen Grundelemente der Mehrheitsentscheidung, Freiheit und Gleichheit stehen dabei zueinander in einem gewissen Spannungsverhältnis. Die besondere Problematik und zugleich **Aufgabe des Demokratieprinzips** ist es deshalb, eine plurale Herrschaftsordnung zu errichten und zu stabilisieren, die auf der Basis eines politischen Grundkonsenses sowohl (1) die optimale Lösung und Erfüllung aller „Gemeinwohlaufgaben" innerhalb einer staatlichen Organisation, als auch (2) die minimale Beschränkung der individuellen Freiheit, die Minimierung von Herrschaftszwang, und die Betonung der Selbstbestimmung, als auch (3) die maximale und gleiche Beteiligung des einzelnen an der Ausübung der Staatsgewalt ermöglicht.

3. Die demokratische Staatsform und die Grundrechte postulieren die elementaren Voraussetzungen für eine effektive politische Willensbildung des Volkes und eine gewaltfreie Lösung von Konflikten; an ihr wirken der einzelne, die öffentliche Meinung, die verbandsmäßig formierten Interessen und die Parteien i. S. eines **„freien und offenen Prozesses der Meinungs- und Willensbildung des Volkes"** mit. Denn es ist einer der Grundwerte der freiheitlichen Demokratie, daß nur die ständige geistige Auseinandersetzung zwischen den einander begegnenden sozialen Kräften und Interessen, den politischen Ideen und damit auch den sie vertretenden Parteien der richtige Weg zur Bildung des Staatswillens ist; dies aber nicht in dem Sinne, daß er immer objektiv richtige Ergebnisse liefert, denn dieser Weg ist „a process of trial and error", aber doch so, daß er durch Offenheit und Transparenz, durch die ständige gegenseitige Kontrolle und Kritik die beste Gewähr für eine (relativ) richtige politische Linie als Resultante und Ausgleich zwischen den im Staat wirksamen politischen Kräften gibt. Dabei setzt demokratisches Handeln Mehrheitsherrschaft voraus. Nicht subjektive oder „absolute" Wahrheiten, sondern nur demokratisch zustande gekommene Mehrheiten legitimieren staatliche Machtausübung **(Mehrheitsprinzip).** Demokratie beruht also auf einem demokratischen Grundkonsens, auf der Bereitschaft, daß die Minderheit Mehrheitsentscheidungen akzeptiert und die Mehrheit Minderheitenschutz gewährt, wobei demokratische Prozesse und die Akzeptanz deren Entscheidungen in erheblichem Umfang von sachgerechten Kompromissen leben (demokratischer Pluralismus als Theorie von der Notwendigkeit und Legitimität divergierender Interessen, die der Staat als „Katalysator" zum Ausgleich bringen soll – Fraenkel –; relative Stabilität bei Kompromiß- und Konsensbereitschaft der pluralen politischen Kräfte; BVerfGE 5, 85, 135; Böckenförde, in: HdBStaatsR Bd. I, § 22 Rdn. 35 ff. und 58 ff.). **140**

4. Da aber eine unmittelbare Beteiligung und Präsenz des Gesamtvolkes zur gemeinsamen Entscheidungsfindung und Herrschaftsausübung in einem modernen Massenstaat nicht möglich ist, bedarf die Demokratie zur Kanalisierung und Transformation des politischen Willens des Volkes bestimmter Einrichtungen, **besonderer Leitungs- und Willensbildungsorgane.** Die verfassungsrechtlich dazu eingerichteten notwendigen staatlichen Organe (Parlament, Regierung) müssen durch ihre Rückkopplung an den mehrheitlichen Volkswillen regelmäßig demokratisch legitimiert werden. Nach dem GG wirkt das Volk an der Ausübung der Staatsgewalt unmittelbar nur durch Wahlen und Abstimmungen mit (Art. 20 II 2). Zwischen den Wahlen ist der Bürger praktisch auf die Mitarbeit in den Parteien (Art. 21) und Verbänden sowie auf die Beteiligung an der politischen Willensbildung bzw. an der öffentlichen Meinungsbildung beschränkt (vgl. dazu unten § 13). Die grundgesetzliche Regelung hat für den „Normalbürger" in der Praxis dazu geführt, daß seine unmittelbare staatspolitische Beteiligung auf den Wahlakt reduziert ist. Auf diesem Hintergrund, der primär historisch zu erklären ist, wird die Kritik verständlich, die **141**

teilweise gegen das im GG festgelegte Prinzip der strikten mittelbaren, **repräsentativen Demokratie** erhoben wird (Defizit an plebiszitären Elementen usw.; Legitimationsdefizite durch partizipatorische Defizite). Repräsentation ist aber nicht bloß organisatorischer Ersatz, **keine defizitäre Demokratieform;** ihr kommt ein eigenständiger, gleichrangiger realer Wert zu. Unbestritten ist, daß das Volk nicht über alle Angelegenheiten des staatlichen Lebens selbst befinden kann und – um den Staat funktions-, leistungs- und entscheidungsfähig zu erhalten – in modernen Massenorganisationen der mittelbaren Demokratie bedarf. Dabei ist aber dieses Prinzip nicht nur als bloße Form der Rationalisierung und als formale Ordnung des politischen Prozesses zur Ausübung der Staatsgewalt zu verstehen, sondern ebenso als „substantielle Rationalität" zu begreifen, d.h. als Repräsentation durch Einsehbarkeit, Überschaubarkeit, Verstehbarkeit, überhaupt durch möglichst viel Öffentlichkeit und Transparenz der Entscheidungsprozesse, aber auch durch eine Partizipation der Bürger vor allem über die Parteien („Basisorientierung"), wobei allerdings das in einem mittelbaren System grundsätzlich den gewählten Organen zustehende Entscheidungsmonopol selbst nicht angetastet werden darf. Gerade diese „substantielle Rationalität" ermöglicht den Bürgern erst die aktive Mitwirkung an dem politischen Meinungsbildungsprozeß und bildet zugleich auch die Grundlage staatlicher Legitimität (vgl. Hesse § 5 I). Die Zukunft der Demokratie dürfte wesentlich davon abhängen, ob und wie das Verhältnis der Bürger und der Interessengruppen zur Demokratie auf eine rationalere Grundlage gestellt werden kann. Dabei wird entscheidend sein, ob es gelingen wird, das Engagement und die Identifikation der Bürger für ihren Staat erheblich zu stärken, die Bürger jenseits der Wahlen an dem ständigen Prozeß der politischen Willensbildung mehr zu interessieren und zu beteiligen (Ablösung der „Zuschauer-" durch eine verstärkte Mitwirkungsdemokratie; etwa i.S. einer stärkeren „Basisorientierung" im Stadium der Entscheidungsvorbereitung in den Parteien; Reduktion von Informations-, Transparenz- und Interessenberücksichtigungsdefiziten; vgl. etwa §§ 23, 25 GGO II), aber auch das letztlich überlegene und unabdingbare Prinzip der mittelbaren Demokratie offensiv argumentativ zu rechtfertigen und durch nachhaltige Fähigkeitsnachweise der Repräsentanten glaubhafter, vertrauensbildender und rationaler zu gestalten; dies jedoch nicht im Sinne einer nur tagesbezogenen, Einzelinteressen berücksichtigenden Politik, sondern im Sinne einer klaren, längerfristigeren, ganzheitlichen und gerechten Herrschaftsausübung (vgl. dazu auch Rdn. 271ff. und 292ff.; Oberreuter u.a., in: Das Parlament 1985, Nr. 24/25; zur Vertrauens- und Legitimationskrise unserer Parteiendemokratie: Anonymus ZRP 1988, 62ff.; Holzer ZRP 1990, 60ff.; Vierhaus ZPR 1991, 468ff.).

II. Prinzip der Repräsentation

142 1. Der Staat der modernen Massengesellschaft bedarf einer demokratischen Staatsform, in der das Volk grundsätzlich nicht unmittelbar, sondern nur mittelbar an der Ausübung der Staatsgewalt beteiligt ist. Volkssouveränität wird eben durch das Repräsentations- oder Stellvertreterprinzip erst handlungs- und leistungsfähig, effektiv und praktikabel gemacht. Die repräsentative Demokratie ist eine Ordnung der Delegation vom Volk her, eine Übertragung von Macht zur verantwortlichen

Ausübung und Vermittlung des Volkswillens. Die „Delegierten", die die Staatsorgane verkörpern, stehen dabei aber nicht neben dem Volk, sondern das Volk wird durch sie tätig (Rspr: **„Im Namen des Volkes"**). Das Volk wählt Repräsentanten (Volksvertreter, staatliche Organe), die anstelle und im Auftrag des Volkes entscheiden, allerdings häufig unter Einbeziehung parteipolitischer, z.T. auch verbandspolitischer Interessen. **Repräsentation** bedeutet also „die rechtlich autorisierte Ausübung von Herrschaftsfunktionen durch verfassungsmäßig bestellte, im Namen des Volkes, jedoch ohne dessen bindenden Auftrag handelnde Organe eines Staates oder sonstigen Trägers öffentlicher Gewalt, die ihre Autorität mittelbar oder unmittelbar vom Volk ableiten und mit dem Anspruch legitimieren, dem Gesamtinteresse des Volkes zu dienen (Gemeinwohl) und dergestalt dessen wahren Willen zu vollziehen" (Fraenkel). In der Ausprägung des Art. 38 I 2 ist Repräsentation eine allgemeine, auf einer gegenseitigen Vertrauensbasis beruhende würdige, zeitlich beschränkt anvertraute Vertretung des Volkes; sie stellt gewissermaßen eine vom Volk ausgestellte Generalvollmacht ohne Weisungsmöglichkeiten auf Zeit dar (verantwortliches Handeln für andere, anstelle anderer); Wesensmerkmale der demokratischen Repräsentation sind also: (1) Die Volksvertretung ist das „Spiegelbild" des Volkes, (2) sie bedarf der regelmäßigen Legitimation und ihr Entscheidungsprozeß wird vom (3) Diskussionsprinzip, vom (4) Öffentlichkeitsprinzip und vom (5) Grundsatz der Rechenschaftspflicht geprägt (vgl. dazu etwa Leibholz, EStL Sp. 2986ff.; Böckenförde HdBStaatsR Bd. II, § 30; zur Konfliktslage zwischen Art. 38 und 21 vgl. unten Rdn. 354ff.).

Im streng verwirklichten repräsentativen System gibt es für die Bürger keine Möglichkeit, jenseits der Wahl selbst einen unmittelbaren Einfluß auf die Inhaber der Staatsgewalt auszuüben; der Bürger ist auf die Wahl dieser Repräsentanten beschränkt. Die Verfassungsordnung in der Bundesrepublik überträgt deshalb dem Volk im wesentlichen auch nur die personalen Entscheidungen, nämlich die Auswahl seiner parlamentarischen Vertreter und gegebenenfalls auch von Amtsträgern (z.B. Bürgermeister; vgl. auch Art. 41 WV). Der Bürger ist von konkreten Sachentscheidungen ausgeschlossen (vgl. allerdings Art. 21). Gerade deshalb sollte aber etwa angestrebt werden, über eine Konkretisierung, öffentliche Diskussion und Verbreitung der Sachprogramme der Parteien usw., dem Volk Einflußmöglichkeiten zu bieten (Verwirklichung einzelner Basisdemokratieelemente durch Öffentlichkeit, „Rückkoppelung" usw.). Die repräsentative Demokratie schließt nun aber keinesfalls die Möglichkeit des Einbaues von **plebiszitären Elementen** in die Verfassung aus. Solche Plebiszite müssen allerdings ausdrücklich in der Verfassung vorgesehen sein. So ist es auch in einer mittelbaren Demokratie möglich, daß die Verfassung in bestimmten Fällen Volksabstimmungen, Volksbegehren, Volksentscheide und sonstige Anhörungsverfahren zuläßt (vgl. Art. 29 GG; Art. 43, 59, 60, 64 LV BW; § 21 GemO BW; Art. 73 WV; Weber DÖV 1985, 178ff.; zu den rechtlichen Grenzen vgl. insb. Frankfurter „Startbahn West": BVerfGE 60, 175, 199ff.; HessStGH NJW 1982, 1141ff.; StGH BW DÖV 1986, 794f; BayVerfGH NVwZ 1988, 242ff. – Wackersdorf –; Geitmann ZRP 1988, 126ff.; ZRP 1992, 27ff.). **143**

2. Das GG bestimmt in **Art. 20 II 2,** daß die Staatsgewalt einerseits „vom Volk in Wahlen und Abstimmungen" und andererseits „durch besondere Organe der Ge- **144**

setzgebung, der vollziehenden Gewalt und der Rechtsprechung ausgeübt“ wird. Es werden in dieser Bestimmung also zwei Unterarten der demokratischen Staatsform, die unmittelbare und mittelbare Demokratie, nebeneinander gestellt. Dies macht die Klärung der Frage notwendig, wie diese beiden unterschiedlichen Systeme einander zuzuordnen sind bzw. wie ihr Verhältnis zueinander zu bestimmen ist. Aus dem Willen des Verfassunggebers und der im GG festgelegten Ausgestaltung des Demokratieprinzips (Art. 38ff., 51, 54, 63) ergibt sich, daß sich das GG für eine betont repräsentative, mittelbare Demokratieform im Sinne der „klassischen“ oder „bürgerlich-westlichen“ Spielart entschieden hat. Dies bedeutet, daß das Verhältnis der beiden Grundprinzipien (Satzteile) in Art. 20 II 2 im Sinne eines **Regel-Ausnahme-Prinzips** normiert ist: Grundsätzlich wird die Staatsgewalt durch besondere staatliche Organe ausgeübt (Vorrang des 2. Satzteiles, als Regelfall: „Vermutung“ für eine Ausübung der Staatsgewalt durch die Repräsentanten). Das Volk selbst wirkt unmittelbar durch Abstimmungen – läßt man einmal die Wahlen außer Betracht – an staatlichen Entscheidungen nur dann mit, wenn solche ausdrücklich im GG vorgesehen sind (Ausnahmefall). Dies führt zu dem eigentlich etwas erstaunlichen Ergebnis, daß im Bund Volksabstimmungen, Volksentscheide usw. nur zulässig sind, soweit es um die Neugliederung des Bundesgebietes geht (Art. 29; zu dessen beschränktem Bedeutungsinhalt: BVerfGE 49, 15, 19ff.), im GG also plebiszitäre Elemente äußerst spärlich enthalten sind (nur ein Fall), was vor allem auf die negativen Erfahrungen unter der Geltung der WV zurückzuführen ist. Durch entsprechende Verfassungsänderungen (Art. 79) könnte dies allerdings verbessert werden (vgl. etwa Krause, in: HdBStaatsR Bd. II, § 39).

145 Problematisch und in der Lehre umstritten ist in diesem Zusammenhang die Zulässigkeit amtlich durchgeführter konsultativer **Volksbefragungen.** Das BVerfG hat diese Frage bisher noch nicht entschieden, hat aber in dem Atombewaffnungsfall (BVerfGE 8, 104, 110ff.) Volksbefragungsgesetze eines Landes bereits wegen Verstoß gegen die bundesstaatliche Kompetenzordnung scheitern lassen (vgl. Rdn. 246f. und BVerfGE 60, 175, 199ff. – Startbahn West –). Die h. M. hält solche unverbindlichen, offiziell abgehaltenen Volksbefragungen über bestimmte Angelegenheiten für nicht mit dem Prinzip der repräsentativen Demokratie vereinbar, also für verfassungswidrig. Diese Auffassung wird damit begründet, daß auch eine unverbindliche Volksbefragung faktisch einen derart starken politischen Druck ausüben könne, durch den das Entscheidungsorgan genötigt werde, dem Votum zu folgen. Aber auch wenn anders entschieden würde, wäre die Legitimität des Repräsentativsystems auf eine harte Probe gestellt. Denn das Volk könnte dann nicht verstehen, warum es überhaupt befragt worden ist (vgl. BVerfGE 8, 104, 112ff.; a. A. Ebsen AöR 1985, 2ff.). Dagegen sind nichtamtlich durchgeführte demoskopische Umfragen und die Meinungsforschung grundsätzlich zulässig.

146 3. Demokratie bedeutet Volksherrschaft, Volkssouveränität („alle Staatsgewalt geht vom Volke aus“). Im Hinblick auf die mittelbare, repräsentative Demokratie ist deshalb hier noch die Frage zu stellen, ob dieses System selbst den demokratischen Anforderungen entspricht. Die Staatslehre und das GG (in Art. 20 II) behelfen sich dabei durch eine **„Aufspaltung“ der Staatsgewalt in** ihre Inhaberschaft und ihre Ausübung. Art. 20 II 1 spricht dem Volk die **Trägerschaft** und Art. 20 II 2 den besonderen staatlichen Organen grundsätzlich die **Ausübung** der Staatsgewalt zu. Das Demokratiegebot ist demgemäß beim repräsentativen System dann beachtet, wenn dem Volk die Trägerschaft zukommt und verfassungsrechtlich sichergestellt ist, daß die Repräsentanten regelmäßig vom Volk bestätigt und damit zur Verantwortung gezogen werden können, wenn also das Volk über die Repräsentanten faktisch Staatsgewalt auszuüben vermag, und die Repräsentanten verpflichtet sind, im Interesse des gesamten Volkes zu handeln (Gemeinwohl; vgl. Art. 38, 39). Das Volk selbst übt nur „indirekte" Herrschaft aus; als „primäres" Staatsorgan ist es aber für die Repräsentanten Kreationsorgan, nur das Staatsvolk kann Legitimationssubjekt sein (vgl. BVerfGE 47, 253, 275; 83, 60, 71 ff.; Stern, Bd. II, § 26 I; Huber DÖV 1989, 531 ff.).

III. Merkmale der Demokratie (i. S. des GG)

1. Eine allgemeingültige und einigermaßen aussagekräftige Definition des Begriffs Demokratie ist bis heute nicht gefunden worden (vgl. Rdn. 137). Die Kennzeichnung der repräsentativ-parlamentarischen Demokratie als Staatsform der Identität von Regierten und Regierenden (Spiegelbild der Gesellschaft), der Gleichheit, der Mehrheitsherrschaft, der Toleranz, des Pluralismus, der Konkurrenz der Machteliten, der Interessenbalance, der Komplexität, des Kompromisses oder der Partnerschaft enthält zwar Aspekte, die ganz oder teilweise richtig sind; sie gibt aber keine klare Auskunft darüber, was das GG eigentlich genau unter Demokratie versteht (vgl. Kriele VVDStRL 29, S. 48). Deshalb ist auch heute weitgehend anerkannt, daß eine eindeutige, überzeitliche begriffliche Festlegung des sich ständig wandelnden Demokratieprinzips nicht möglich ist, sondern eben nur in seinen **wesentlichen Merkmalen (Elementen)** umschrieben werden kann. Entsprechend der unterschiedlichen Zuordnungsintensität der einzelnen Demokratieelemente wird man sinnvollerweise zwischen einem **„Typuskern"** und **„Randzonen"** differenzieren müssen (Schnapp, in: von Münch, GG-Kom., Rdn. 11 f. zu Art. 20). Dies ist nicht nur wegen einer dadurch möglichen präziseren Umschreibung, sondern vor allem im Hinblick auf Art. 79 III geboten. Denn Art. 79 III entzieht die wesentlichen zuordnungsintensiveren Merkmale der Demokratie einer Verfassungsänderung durch den Gesetzgeber. Dies erfordert, daß die durch Art. 79 III garantierten, unabdingbaren Elemente (Typuskern) von den übrigen Merkmalen (Randzonen) des Prinzips der Demokratie möglichst deutlich abgegrenzt werden. **147**

2. Der **„Typuskern"** kann im wesentlichen durch folgende Bestandteile umschrieben werden (Kern-Elemente der GG-Demokratie): **148**

a) Das Prinzip der **Volkssouveränität** verlangt in dem im GG festgelegten repräsentativen System, daß die Trägerschaft der Staatsgewalt unmittelbar beim Volk liegt und ihre Ausübung besonderen, dazu berufenen Organen übertragen ist (Art. 20 II). Die Ausübung der Staatsgewalt kann dabei neben dem Volk nur von den vom Volk mittelbar oder unmittelbar legitimierten Organen wahrgenommen werden. Hoheitliche Entscheidungen können von anderen politischen Instanzen nicht ge- **149** troffen werden. Entscheidend für die Rechtfertigung der Ausübung politischer Herrschaft ist also das Bestehen einer demokratischen Legitimation durch das Legitimationssubjekt Volk; die Repräsentanten müssen durch **regelmäßige Wahlen** in einer Verantwortlichkeits- und Kontrollbeziehung zum Volk stehen; bei allen mit Staatsgewalt betrauten Organen muß ein Zurechnungszusammenhang, eine **ununterbrochene Legitimationskette zum Volke** vorhanden sein (BVerfGE 47, 253, 275; NRW VerfGH NVwZ 1987, 211 f.). Unter „Volk" ist dabei das Staatsvolk, also nur die deutschen Staatsangehörigen und die ihnen nach Art. 116 I Gleichgestellten zu verstehen; Ausländer können keine demokratische Legitimation vermitteln (BVerfGE 83, 60, 70 ff.; zum Wahlrecht für Ausländer vgl. Rdn. 310 a). In der parlamentarischen Demokratie müssen mindestens die Abgeordneten direkt vom Volk in einem vorher festgelegten, fairen und offenen Verfahren gewählt werden. Repräsentative Demokratie bedeutet deshalb nicht „Herrschaft des Volkes", sondern Herrschaft von Repräsentanten („politische Elite") für das Volk mit der Möglichkeit des Volkes, in regelmäßigen Zeitabständen die bisherigen Organe zu bestätigen oder einen Austausch der politischen Elite herbeizuführen. Die Legitimation der besonderen Organe und damit überhaupt der politische Wille des Gesamtvolkes muß sich in **periodischen, in nicht zu großen Zeitabständen wiederkehrenden Wahlen** dokumentieren (Prinzip der Herrschaft auf Zeit!). Es muß verfassungsrechtlich gesichert sein, daß das Volk nach ganz bestimmten **Wahlrechtsgrundsätzen** (Art. 38 I: allgemein, unmittelbar, frei, gleich und geheim) mindestens dem Parlament unmittelbar und damit auch den übrigen obersten Staatsorganen mittelbar einen zeitlich befristeten Auftrag zur Ausübung der Staatsgewalt erteilt, und im Rahmen dieser Wahlen die Repräsentanten gleichzeitig für die von ihnen geleistete Arbeit zur Verantwortung und Rechenschaft gezogen werden können (durch Bestätigung oder Ablösung der Mandatsträger i. S. einer Kontrolle der Machtausübenden durch das Volk; vgl. Art. 20, 21, 28 I, 38, 39 sowie Rdn. 299 ff.).

150 b) Um überhaupt von Wahlen sprechen zu können, muß eine echte Auswahl, Wahlmöglichkeit unter mindestens zwei Alternativen gegeben sein **(Prinzip der politischen Pluralität;** Personal- und Programmkonkurrenz und -alternative). Dies setzt nach der grundgesetzlichen Ordnung voraus, daß das **Mehrparteiensystem** gewährleistet ist. Um dies sicherzustellen, muß die Freiheit und Chancengleichheit aller politischen Parteien bei ihrer Gründung und Betätigung (Parteienprivileg, Art. 21; vgl. Rdn. 280) und damit auch das Recht auf verfassungsmäßige Bildung und Ausübung einer **Opposition** (Dualismus Koalition/Opposition; vgl. BVerfGE 2, 1, 12 f.) garantiert sein. Hier wird die im GG normierte Ausprägung der „Parteidemokratie" deutlich. Die – faktische – Übertragung staatlicher Machtausübung an politisch besonders mächtige Gruppierungen, insbesondere die Parteien, setzt dabei in einer Demokratie aber voraus, daß solche Gruppen nach den gleichen Grundsätzen organisiert sein müssen wie der Staat selbst (innerparteiliche Demokratie, vgl. Art. 21 I 2; Homogenitätsprinzip).

151 c) Die politische Auseinandersetzung und der Entscheidungsprozeß ist in einer demokratischen Ordnung vom Einigungs- und **Mehrheitsprinzip** geprägt. Dies bedeutet, daß grundsätzlich die Minderheit das zu respektieren und zu beachten hat, was die Mehrheit entscheidet, wobei dies allerdings nicht i. S. einer willkürlichen, sondern i. S. einer rechtsstaatliche Grundsätze beachtenden Ausübung dieses Prinzips zu verstehen ist. Das Mehrheitsprinzip ist in einer Demokratie das strukturell angemessene, adäquate Entscheidungsverfahren. Dabei steht die Mehrheitsentscheidung am Ende eines offenen und öffentlichen, mit Verfahrensgarantien ausgestatteten politischen Willensbildungsprozesses, der häufig durch Kompromiß- und Konsensbereitschaft geprägt ist. Aus der demokratischen Gleichberechtigung aller Staatsbürger und dem Prinzip freier Selbstbestimmung ergibt sich seine Legitimität. Durch das Abstellen auf klar zu bestimmende formale Mehrheiten und nicht auf endlos umstrittene, subjektive oder „absolute" Wahrheiten, besitzt das Mehrheitsprinzip rationale und staatsintegrierende Wirkung. Das Mehrheitsprinzip hat allerdings dort seine Grenzen, wo es der **Minderheitenschutz** erfordert. So ist vor allem sicherzustellen, daß politischen Minderheiten die real gleichen Chancen eingeräumt werden, um einmal selbst Mehrheit werden zu können (BVerfGE 70, 324, 362ff.). Deshalb setzt auch das Mehrheitsprinzip und eine längerfristige Akzeptanz der Entscheidungen insbesondere für Minderheiten ein Minimum an Grundkonsens über fundamentale Werte und Spielregeln voraus (Böckenförde, in: HdBStaatsR Bd. I, § 22, Rdn. 52ff.; Dreier ZParl 1986, 94ff.).

d) Demokratie erfordert weiter die Gewährleistung der Grundrechte, die für ihre **152**
Realisierung unablässig sind, insbesondere die **Kommunikations- und Gleichheitsgrundrechte.** Die politische Willensbildung des Volkes setzt voraus, daß eben jene Grundrechte gelten, die die Möglichkeit des Zusammenschlusses gesellschaftlicher und politischer Gruppen eröffnen, sowie das Zustandekommen von Meinungsbildern, eine Offenheit des politischen Prozesses und damit die politische Meinungsbildung des Volkes überhaupt erst ermöglichen. Gerade die geistige Auseinandersetzung, der Wettstreit der Meinungen, von Presse und Medien, ist das Lebenselixier, die Grundvoraussetzung jeder freiheitlichen Demokratie schlechthin. Dazu sind vor allem zu rechnen: Meinungs- und Pressefreiheit in Art. 5 (BVerfGE, 5, 85, 137f.), Versammlungs- und Vereinigungsfreiheit in Art. 8 und 9. Aber auch die **politische Freiheit,** das Prinzip der Selbstbestimmung, ist ebenso wie besonders die **politischen Gleichheitsrechte** in Art. 3, 33 und 38 für die Demokratie konstituierend (Chancengleichheit für alle Parteien und politischen Akteure, Gleichheit der politischen Mitwirkungsrechte, gleiche Rechte für alle Bürger im politischen Willensbildungsprozeß). Diese Rechte eröffnen der Minderheit erst die Möglichkeit, einmal Mehrheit zu werden. Um dies zu erreichen, sind verfassungsrechtliche Vorkehrungen zu treffen, die gewährleisten, daß die grundrechtlich gesicherte Freiheit der politischen Meinungsbildung nicht durch Terror, Rechtsbeugung oder Willkür unwirksam gemacht werden (**Schutz eines politischen und gesellschaftlichen Pluralismus** und eines pluralen, freiheitlichen Meinungsbildungsprozesses).

3. Der Bereich der **„Randzonen"** ist teilweise fließend und deshalb besonders **153**
schwierig zu bestimmen. Im wesentlichen sind zu diesem Bereich die Merkmale zu zählen, die Bestandteile der „freiheitlich demokratischen Grundordnung" und auch des Grundsatzes der Rechtsstaatlichkeit sind und nicht dem „Typuskern" des Demokratieprinzips zugerechnet werden. Zu den „Randzonen" der repräsentativen parlamentarischen Demokratie des GG gehören demnach insbesondere folgende Elemente: Gewaltenteilungsprinzip, parlamentarische Verantwortlichkeit der Re-

gierung, Gesetzmäßigkeit der Verwaltung, möglichst große Transparenz und Öffentlichkeit der staatlichen Entscheidungsprozesse, Unabhängigkeit der Gerichte, weitere wichtige Grundrechte und die weiteren Grundsätze des Art. 28.

154 4. Aus der vorstehenden Darstellung der Merkmale der Demokratie wird deutlich, daß das GG das Demokratieprinzip nicht vollständig, in allen Einzelheiten, sondern nur in seinen Grundstrukturen festgelegt hat und es damit innerhalb dieses Rahmens dem freien Spiel der politischen Kräfte überläßt, diesen „Freiraum" zu konkretisieren und auszugestalten. Dies ist auch deshalb erforderlich, weil der Demokratie eine besondere, ihr eigene Dynamik innewohnt. Demokratie ist eben zu einem erheblichen Teil als ein von der Entwicklung und vom Wandel seiner **politischen Kultur** beeinflußter Begriff und damit letztlich als **politischer Prozeß** zu verstehen.

IV. „Streitbare Demokratie"

155 1. Nach ganz h. M. wollte das GG bewußt einen neuen Typ der Demokratie schaffen, der die Mängel der WV nach Möglichkeit nicht mehr enthielt. Auf diesem Hintergrund wird dem Demokratieprinzip des GG im Gegensatz zur WV, die es als bloß formales politisches System inhaltlich neutral begriffen hat, ein wertgebundener Inhalt gegeben, dessen Substanz die **„freiheitlich demokratische Grundordnung"** bildet. Das GG hat sich nach ganz h. M. also hinsichtlich seiner demokratischen Ausgestaltung, anders als etwa bei der weltanschaulich und religiös neutralen Haltung des Staates, vom Wertneutralismus abgekehrt und die Toleranz des Staates in bestimmten Grenzen gegenüber bestimmten politischen Gruppen aufgegeben. Aufgrund der bitteren Erfahrungen der Weimarer Republik verwehrt das GG den Feinden der Demokratie die Freiheit, mit Hilfe vor allem der Grundrechte gegen die freiheitlich demokratische Grundordnung zu kämpfen. Aus staatlichem Selbsterhaltungstrieb steht hier in engen Grenzen bewußt Intoleranz gegen Intoleranz (Erhaltung der Identität eines unabänderlichen Grundwertesystems als Grenze; „Solidarität der Demokraten"; **„Keine Freiheit für die Feinde der Freiheit"**). Die freiheitlich demokratische Grundordnung ist die Umschreibung derjenigen Elemente und Mechanismen, die den Prozeß freier Demokratie im Gemeinwesen wirksam organisieren und sichern sollen. Nach Auffassung des BVerfG (E 5, 85, 139) nimmt das GG „aus dem Pluralismus von Zielen und Werten ... gewisse Grundprinzipien der Staatsgestaltung heraus, die, wenn sie einmal auf demokratische Weise gebilligt sind, als absolute Werte und unverzichtbare Schutzgüter anerkannt und deshalb entschlossen gegen alle Angriffe verteidigt werden sollen; soweit zum Zwecke dieser Verteidigung Einschränkungen der politischen Betätigungsfreiheit der Gegner erforderlich sind, werden sie in Kauf genommen. Das GG hat also bewußt den Versuch einer Synthese zwischen dem Prinzip der Toleranz gegenüber allen politischen Auffassungen und dem Bekenntnis zu gewissen unantastbaren Grundwerten der Staatsordnung unternommen" (Art. 79 III, 9 II, 18, 20 IV, 21 II, 98 II; „Verabsolutierung" bestimmter Grundprinzipien und -werte).

156 Die **„wertgebundene" Demokratie** ist deshalb gewissermaßen die logische Voraussetzung der „abwehrbereiten, streitbaren" Demokratie, letztere ist gleichsam die

Kehrseite der ersteren. Die unantastbaren Grundwerte (unabdingbare Elemente des Demokratie- oder Rechtsstaatsprinzips) werden vom BVerfG unter dem Begriff „freiheitliche demokratische Grundordnung“ zusammengefaßt und als Ordnung bestimmt, „die unter Ausschluß jeglicher Gewalt- und Willkürherrschaft eine rechtsstaatliche Herrschaftsordnung auf der Grundlage der Selbstbestimmung des Volkes nach dem Willen der jeweiligen Mehrheit und der Gleichheit darstellt. Zu den grundlegenden Prinzipien dieser Ordnung sind mindestens zu rechnen: die Achtung vor den im GG konkretisierten Menschenrechten, vor allem vor dem Recht der Persönlichkeit auf Leben und freie Entfaltung, die Volkssouveränität, die Gewaltenteilung, die Verantwortlichkeit der Regierung, die Gesetzmäßigkeit der Verwaltung, die Unabhängigkeit der Gerichte, das Mehrparteienprinzip und die Chancengleichheit für alle politischen Parteien mit dem Recht auf verfassungsmäßige Bildung und Ausübung einer Opposition“ (BVerfGE 2, 1, 12f.). Die Lehre von der „streitbaren“ oder **„wehrhaften“ Demokratie,** wie sie von der hier dargestellten h.M. vertreten wird (vgl. zuletzt BVerfGE 30, 1, 19f., 45), ist in neuerer Zeit teilweise in Frage gestellt worden. Sicher kann die Gefahr nicht ganz ausgeschlossen werden, daß diese Lehre überstrapaziert und mit ihr der Versuch unternommen werden könnte, einer bestimmten politischen Überzeugung rechtliche Wirksamkeit zu verleihen („Ideologieanfälligkeit“; Rechtfertigung zum „zivilen Ungehorsam“) oder etwa den Staat zum „Überwachungsstaat“ auszubauen (vgl. etwa Gesetz zu Art. 10 vom 13. 8. 1968; „Extremisten-Beschlüsse“ vom 28. 1. 1972; Datenschutz; Terrorismus; Hausbesetzungen; Blockaden; ausführlich: Denninger/Klein VVDStRL Bd. 37, S. 7ff.; Gusy AöR 1980, 279ff.; Karpen/Wassermann JZ 1984, 249ff.).

2. Der Begriff der „freiheitlich demokratischen Grundordnung“ hat aktuelle Bedeu- **157**
tung vor allem im Rahmen des Parteienverbots sowie bei der Prüfung der Verfassungstreue von Angehörigen des öffentlichen Dienstes (**„Radikalenfrage“;** vgl. Art. 21 II, 33 V). Nach Auffassung des BVerfG ergibt sich aus dem zu beachtenden hergebrachten Grundsatz des Berufsbeamtentums, daß den Beamten eine besondere politische Treuepflicht gegenüber dem Staat und seiner Verfassung obliegt. Demzufolge darf ein Bewerber in das Beamtenverhältnis nicht übernommen werden, wenn die Einstellungsbehörde begründete Zweifel an seiner Verfassungstreue hat, was insbesondere bei solchen Bewerbern gegeben ist, die darauf ausgehen, die freiheitliche demokratische Grundordnung zu beeinträchtigen oder zu beseitigen. Bei Angestellten und Arbeitern im öffentlichen Dienst ergeben sich die entsprechenden Anforderungen aus der konkreten Stellung, dem Aufgabenkreis, der Funktion des jeweiligen Amtes, das sie ausüben (BVerwG NJW 1989, 1374ff.: „funktionsbezogene Treuepflicht“; vgl. dazu BVerfGE 39, 334ff. und NJW 1981, 2683; BAG NJW 1990, 1196ff.; BVerwG NJW 1989, 2554ff. – Treuepflicht eines Postbeamten –; BVerwG NJW 1988, 2907ff. – NPD-Mitgliedschaft –; zur Kritik an der Überprüfungspraxis vgl. etwa Kiele NJW 1979, 1ff.; Simon/Mommsen/Becker ZRP 1989, 175ff.; Riegel ZRP 1989, 321ff.; zur Verfassungstreue im Bereich der früheren DDR: Nicksch DtZ 1990, 340, 343f.).

V. Geltungsbereich des Demokratiegebots

158 Problematisch und heftig umstritten ist, ob das Demokratiegebot des Art. 20 sich allein auf den Staat und die ihm eingegliederten Körperschaften und Einrichtungen des öffentlichen Rechts bezieht oder auch für die Bereiche der Gesellschaft, Wirtschaft, Kirche, Familie usw. gilt. Nach ganz h. M. legt Art. 20 I eine demokratische Ordnung nur dem Staat und seinen Einrichtungen selbst auf (vgl. auch Art. 28 I; NRWVerfGH NVwZ 1987, 211f.). Dies wird abgesehen vom Wortlaut und der Entstehungsgeschichte des Art. 20 I damit begründet, daß das Demokratieprinzip des GG gesellschafts- und wirtschaftspolitisch neutral ist. Danach können aus dem Demokratiegebot grundsätzlich keine gesellschaftspolitischen Folgerungen gezogen werden. Vielmehr bleibt die Frage der Demokratisierung dieser Bereiche der parlamentarischen Entscheidung, einer gesetzlichen Regelung überlassen (vgl. Stern, Staatsrecht, Bd. I, § 18 III). Dabei sind allerdings gewisse Einschränkungen und verfassungsrechtliche Schranken zu beachten: Einmal hat die gesellschafts- und wirtschaftspolitische Neutralität dort ihre Grenzen, wo sie die demokratische Staatsform selbst gefährdet. Aus diesem Grund kann es erforderlichenfalls geboten sein, in diese Bereiche demokratische Elemente zu übernehmen (vgl. Kriele VVDStRL 29, S. 74f.). Zum anderen haben Gesetze, die in Gesellschaft und Wirtschaft mehr Demokratie verwirklichen wollen, dort ihre Grenze, wo sie gegen andere Verfassungsnormen, vor allem die Grundrechte und das Rechtsstaatsprinzip verstoßen, weil eben Herrschaft des Volkes Herrschaft des Rechts bleiben muß. Eine Mindermeinung verlangt allerdings in unterschiedlicher Intensität eine Gleichschaltung von Staat und Gesellschaft und beklagt das demokratische Defizit im gesellschaftlichen Raum. Diese Auffassung will im Prinzip das Demokratiegebot über den Staat hinaus auf alle Lebensbereiche ausdehnen (Demokratie als allgemeine „Lebensform“). Der Umfang des Geltungsbereichs hängt letztlich eng mit der jeweils vertretenen Demokratietheorie zusammen (vgl. dazu Narr/Naschold, Theorie der Demokratie, S. 11ff., Stuttgart 1971; Scharpf, Demokratietheorie zwischen Utopie und Anpassung, Konstanz 1970). Dabei ist zu sehen, daß Demokratie i. S. des GG auf Dauer nur gewährleistet sein dürfte, wenn auch im außerstaatlichen Bereich wenigstens demokratische Ansätze zugestanden und praktiziert werden („das Öffentliche wirkt aus dem Privaten heraus“; Mindestmaß an demokratischer Homogenität auch im gesellschaftlichen Bereich, etwa im Betrieb, in Verbänden; dies gilt besonders für Verbände, denen gesetzliche Beteiligungsrechte eingeräumt sind oder erheblicher faktischer Einfluß auf die öffentliche Hand zukommt, vgl. etwa § 94 BBG, Bundeswirtschaftsrat und Bundessozialrat; zur betrieblichen Mitbestimmung vgl. BVerfGE 50, 290ff.; vgl. Art. 21 I S. 3 und Rdn. 281ff. und 292ff.).

Literatur: *Hesse* § 5; *Maunz/Zippelius* §§ 10, 11; *Stein* §§ 8–12; *Zippelius* §§ 23f.; *Stern,* Staatsrecht, Bd. I, § 18; *Badura,* Staatsrecht, D 1ff.; *Denninger,* Staatsrecht 1, S. 55ff.; *Kriele,* Das demokratische Prinzip im GG, VVDStRL 29, S. 46ff.; *von Simson,* Das demokratische Prinzip im GG, VVDStRL 29, S. 3ff.; *Schachtschneider,* Die Entscheidung des GG für die Demokratie, JA 1979, 512ff., 568ff., *Steffani,* Pluralistische Demokratie, 1980; *Steffani/Oberreuter,* Zur Basisdemokratie und parlamentarischen Demokratie, in: Das Parlament 1983, Beilage, Heft 2; *Maihofer,* Prinzipien freiheitlicher Demokratie, in: Benda/Maihofer/Vogel (Hrsg.), Handbuch des Verfassungsrechts, S. 173ff.; *Böckenförde,* Demokratie als Verfassungsprinzip, in: HdBStaatsR Bd. I, § 22.

Wiederholungsfragen und Fälle:

(1) Was versteht man unter den Begriffen unmittelbare, repräsentative, parlamentarische, plebiszitäre und mittelbare Demokratie und in welchem Verhältnis stehen sie zueinander?
Dazu: § 4 III 3 und § 9 I 4, II 1 (Rdn. 57ff. und 141ff.).

(2) Welche Unterschiede bestehen zwischen einem Volksvertreter i. S. von Art. 38 I 2 und einem Vertreter i. S. von §§ 164ff. BGB?
Dazu: § 9 II 1 (Rdn. 142; vgl. auch Leibholz, EStL Sp. 2986ff.).

(3) Der Bundestag kann sich zu keiner bestimmten gesetzlichen Regelung zu den Fragen der Kernernergie durchringen. Er beschließt deshalb stimmenmehrheitlich, ein privates Meinungsforschungsinstitut zu beauftragen, eine umfassende demoskopische Umfrage zu den Grundsatzfragen der Kernenergie durchzuführen. Die Opposition erhebt dagegen verfassungsrechtliche Bedenken. Zu Recht?
Dazu: § 9 II 2 (Rdn. 145; vgl. BVerfGE 8, 104ff.; 60, 175, 199ff.; HessStGH NJW 1982, 1141ff.).

(4) Die im Bundestag vertretenen Parteien sind es leid, alle 4 Jahre einen so kostpieligen und für die Abgeordneten so aufreibenden Wahlkampf zu führen. Sie bringen deshalb im Bundestag einen Gesetzentwurf ein, in dem u. a. bestimmt ist, die Dauer der Legislaturperiode auf 15 Jahre zu verlängern (vgl. Art. 39, 79). Der Bundesrat äußert dagegen Bedenken und ist seinerseits der Auffassung, daß eine Legislaturperiode des Bundestags 6 Jahre nicht übersteigen darf. Wer hat Recht?
Dazu: § 9 III 2a (Rdn. 149; vgl. BVerfGE 1, 14, 33 und etwa Maurer JuS 1983, 45ff.).

§ 10 Rechtsstaat

I. Geschichtliche Entwicklung und Bedeutung

1. Der Begriff des Rechtsstaates der Neuzeit ist um die Wende vom 18. zum 19. **159**
Jahrhundert aufgekommen. Er ist als „Kampfruf des freiheitlichen Bürgertums gegen den obrigkeitlichen Fürstenstaat" (Krüger) entstanden und wurde zunächst vor allem als Gegenbegriff zum absolutistischen Polizeistaat begriffen. Die Grundidee dieses Rechtsstaatsbegriffs liegt darin, daß ein solcher Staat seine Aufgabe in der Sicherung von Freiheit und Eigentum der Bürger findet, daß sein Ziel die Förderung des Wohls des Individuums ist und eben dies seinen Charakter als „gemeines Wesen" (res publica) ausmacht. Dabei soll diese **gerechte Staatsordnung** durch eine Verfassung, insbesondere die Anerkennung von Menschenrechten und der Gewaltenteilung, aber auch durch allgemeingeltende, in einem förmlichen Verfahren zustandegekommene Gesetze erreicht und garantiert werden. Man forderte „gouvernment of laws and not of men". Von Mohl bezeichnete den Rechtsstaat seinerzeit als den „Typ des neuen Staates, der seine Wirksamkeit im Interesse der Freiheit der Individuen beschränkt, genaue Gesetze erläßt und Gerichte zum Schutz der Untertanen bereitstellt". Diese Umschreibung enthält wesentliche Elemente der Forderungen des bürgerlich-liberalen Rechtsstaates. Der Liberalismus betonte besonders die Abwehr von staatlicher Willkür und Einmischung in private

Angelegenheiten, die Begrenzung der Staatsaufgaben, die Kontrolle durch gerichtlichen Rechtsschutz und die Sicherheit des Bürgertums durch Gewährleistung der Trias: Rechtsgleichheit, persönlicher und gewerblicher Freiheit sowie Garantie des erworbenen Eigentums **(„Vernunftrechtsstaat").** Ende des 19. Jahrhunderts wurde die liberale Auffassung nicht zuletzt aufgrund des Scheiterns der Verfassungsbewegung von 1848/49 von der Lehre vom „formellen Rechtsstaat" verdrängt (Rechtspositivismus). Der Rechtsstaat bedeutet nicht mehr Ziel und Inhalt des Staates, sondern wurde auf ein bloß formales Prinzip reduziert, das sich vor allem auf die Postulate der Gesetzmäßigkeit der Verwaltung (Vorrang und Vorbehalt des Gesetzes; Primat des formellen Gesetzes) und den Verwaltungsrechtsschutz durch unabhängige Gerichte beschränkte. Der Rechtsstaat wurde also verengt und formalisiert, er wurde zu einem gesetzespositivistischen, formellen Begriff („Gesetzesstaat"). Durch die „Herrschaft des Gesetzes", allgemeinen und bestimmten Rechtssätzen, sollte erreicht werden, daß das staatliche Handeln maximal vorhersehbar, berechenbar und durch unabhängige Gerichte kontrollierbar ist. Das Gesetz galt als die rechtlich stärkste Art von Staatswillen, eben weil das Vertrauen in die inhaltliche Gerechtigkeit des Gesetzgebers fast unerschütterlich war (**„Gesetzespositivismus";** nach Kelsen ist Staatsfunktion vor allem Rechtsfunktion). Der Rechtsstaatsgedanke wurde im wesentlichen in dieser Form von der Weimarer Republik übernommen und fortgeführt.

160 2. Vor allem durch die Erfahrungen im NS-Regime wurde nach 1945 der Rechtsstaatsbegriff in zwei Richtungen fortgebildet und neu bestimmt: einmal in Richtung auf einen sozialen, anstelle eines nur bürgerlich-liberalen Rechtsstaats; zum anderen in Richtung auf einen materiellen, anstelle eines bloß formellen Rechtsstaatsbegriffs. Diese **neue Entwicklung im GG** ist dadurch gekennzeichnet, daß der Staat vorab an bestimmte oberste Rechtsgrundsätze und Rechtswerte gebunden ist (**Art. 79 III;** vgl. auch Art. 19) und der Schwerpunkt staatlicher Tätigkeit nicht primär in der Gewährleistung formaler Freiheitsverbürgungen, sondern in der Herstellung eines materiell gerechten, sozialen Rechtszustandes erblickt wird (Sozialstaatsprinzip, **Grundrechte;** Sicherung von Recht, sozialer Freiheit und Gleichheit; Schutz des Bürgers nicht nur **vor** dem Staat, sondern auch **durch** den Staat). Das Gesetz wird nicht mehr primär als Ausdruck einer allgemeinen Vernunft, als „Inbegriff einer vom Souverän festgelegten und damit unerschütterlichen Gerechtigkeit", sondern überwiegend als Produkt des parteipolitisch-parlamentarischen Mehrheitswillens und damit inhaltlich oft nur als ein Interessenkompromiß verstanden. Die logische Folge dieser Entwicklung ist unter rechtsstaatlichen Aspekten die Institutionalisierung einer starken **Verfassungsgerichtsbarkeit,** durch die die Gesetze an der im GG verankerten Wertordnung gemessen werden (vgl. Art. 93; §§ 13 und 31 BVerfGG; Wahl NVwZ 1984, 401 ff.).

161 3. Die **Bedeutung des Rechtsstaatsprinzips** kann am plastischsten – dafür allerdings nur vereinfacht – durch eine Gegenüberstellung mit seinem begrifflichen Gegenteil, dem Macht- oder Willkürstaat (Despotie), dargestellt werden. Während das Ziel eines Rechtsstaates die Gesetzmäßigkeit der Verwaltung, der Vorrang von Gesetz und Recht, die Gewährleistung von Menschenrechten, die Begrenzung der staatlichen Macht zur Sicherung einer freiheitlichen Gesamtordnung und ein umfassender gerichtlicher Schutz ist, will der „Machtstaat" im Prinzip das Gegenteil. Der Willkürstaat bedeutet alleiniger Vorrang der realen, rechtlich weitgehend ungebundenen Staatsmacht, zentralistische Zusammenballung aller staatlichen Gewalt möglichst in einer Person, Ausschluß der Gewährleistung echter, gerichtlich durchsetzbarer Grundrechte und eines umfassenden Rechtsschutzes.

II. Rechtsstaatliche Ordnung des GG

1. Erstaunlicherweise führt Art. 20 das Rechtsstaatsprinzip nicht ausdrücklich auf, **162** sondern enthält nur ganz bestimmte Elemente dieses Prinzips, nämlich die Gewaltenteilung in Abs. 2 und den Grundsatz der Bindung der Gesetzgebung an die verfassungsmäßige Ordnung, der vollziehenden Gewalt und der Rechtsprechung an Gesetz und Recht in Abs. 3. Aus diesem Inhalt des Art. 20, aus einer Zusammenschau der Verfassungsbestimmungen der Art. 1 III, 19 IV und 28 I sowie aus der Gesamtkonzeption des GG (vgl. insbesondere Art. 28 I: „... sozialer Rechtsstaat i. S. dieses GG...") ergibt sich aber, daß das Rechtsstaatsprinzip in Art. 20 enthalten ist und zu den Grundentscheidungen des GG zu zählen ist (**Rechtsstaatlichkeit als elementarer Verfassungsgrundsatz,** als fundamentales Organisationsprinzip und eine der fünf Staatszielbestimmungen; vgl. BVerfGE 2, 380, 403; 30, 1, 24f.).

2. Nach der Rechtsprechung des BVerfG gehört das Rechtsstaatsprinzip zu den **163** allgemeinen, elementaren Grundsätzen und Leitideen der Verfassung, das vor allem die Gebote der Voraussehbarkeit, der Rechtssicherheit, aber auch der materiellen Gerechtigkeit beinhaltet. Die Rechtsstaatlichkeit enthält keine in allen Einzelheiten eindeutig bestimmten Gebote oder Verbote von Verfassungsrang, sondern bedarf der Konkretisierung je nach den sachlichen Gegebenheiten, wobei aber stets die fundamentalen Elemente des Rechtsstaates und die Rechtsstaatlichkeit im ganzen gewahrt bleiben müssen (BVerfGE 25, 269, 290; 49, 148, 163f.). Der **Begriff Rechtsstaat** beinhaltet nach dem GG nicht nur eine staatsgewährleistende Ordnung, in der durch Recht Sicherheit, Frieden, staatliche Machtbegrenzung, Kompetenzen und Verfahren geregelt und garantiert sind, sondern ebenso eine rechtsgewährende Ordnung, in der durch Recht alles staatliche Handeln der materiellen Richtigkeit und Gerechtigkeit unterworfen wird (Doppelfunktion des Rechts: Begrenzung und Gewährleistung). Die im GG normierte Rechtsstaatlichkeit enthält demnach sowohl Elemente des materiellen (vgl. etwa Art. 1–19 – Grundrechtsgarantien –; Grundsatz der Verhältnismäßigkeit, Übermaßverbot; Art. 103 II und III; **Gerechtigkeitsstaat**) als auch des formellen Rechtsstaatsverständnisses (Art. 19 IV – Rechtsweggarantie –; Art. 20 III, 103 I, 104 usw.; **Gesetzesstaat**) i. S. einer gegenseitigen Verstärkung und wechselseitigen Ergänzung, einer Synthese von Form und Inhalt. Problematisch ist z. T. allerdings, wie beide Komponenten einander zuzuordnen und Konflikte beizulegen sind.

a) Das sogenannte **materielle Rechtsstaatsverständnis** bezeichnet den Rechtsstaat **164** als einen auf die Idee der Gerechtigkeit bezogenen Staat. Dieser Rechtsstaat will nicht nur irgendeine, sondern die gerechte Rechtsordnung verwirklichen (Gerechtigkeitsstaat, Verwirklichung der Gerechtigkeit im Einzelfall gemäß dem Wertmaßstab aller billig und gerecht Denkenden). Der materielle Rechtsstaatsbegriff zeichnet sich vor allem dadurch aus, daß die staatliche Gewalt vorab an bestimmte, unabänderbare Verfassungsgrundsätze und materielle Grundwerte gebunden ist; der Schwerpunkt staatlicher Tätigkeit wird primär nicht in der Aufstellung formaler Freiheitsverbürgungen, sondern in der Erlangung, Erhaltung und Gewährleistung materieller Gerechtigkeit im staatlichen und staatlich beeinflußbaren Bereich gesehen: Gleichheit nicht nur vor dem Gesetz, sondern auch durch das Gesetz; Freiheit nicht nur vom Staat, sondern auch im und durch den Staat (Auftrag zur rechtlichen Positivierung und Aktualisierung der Grundwerte des GG; unmittelbare Grundrechtsgeltung; tendenzielle Fortentwicklung des bürgerlichen zum sozialen Recht; gerechte, faire Prozeß- und Verfahrensgestaltung; vgl. BVerfGE 52, 131, 143ff.). Die materiellen Grundelemente sind in Art. 1, 19 II, 20, 79 III und der Formel sozialer Rechtsstaat enthalten.

165 b) Unter **„formellem Rechtsstaat“** versteht man einen Staat, in dem durch organisatorische oder verfahrensmäßige Vorkehrungen die Staatsgewalt „diszipliniert“, in dem jedes staatliche Handeln auf eine staatlich gesetzte Norm, letztlich also auf ein Gesetz oder die Verfassung selbst zurückführbar sein muß. Das Gesetz ist folglich der zentrale Bezugspunkt und die Äußerungsform der staatlichen Machtausübung (Primat des Gesetzes). Das Recht muß dabei durch den Erlaß von Gesetzen formalisiert werden, die inhaltlich allgemein und bestimmt sein müssen und damit die staatlichen Machtäußerungen für den Bürger vorhersehbar und berechenbar machen. Dadurch soll eine weitgehende Rechtssicherheit und Rechtsfrieden erreicht, dem einzelnen aber andererseits ein umfassender Rechtsschutz gewährleistet werden (Rechtsdurchsetzungs- oder Rechtsmittelstaat, Art. 19 IV, 103 I).

166 c) Dem GG liegt nicht eine der beiden, sondern ihm liegen alle beiden Komponenten des Rechtsstaatsprinzips zugrunde. „Erst in der Verbindung von Form und konkretem Inhalt wird die Eigenart der rechtsstaatlichen Ordnung des GG erkennbar“ (Hesse § 6 II). Die Rechtsstaatlichkeit des GG beinhaltet demnach keinesfalls nur ein bloßes „System rechtstechnischer Kunstgriffe zur Gewährleistung gesetzlicher Freiheit“ (Forsthoff), denn selbst die formalen Rechtsstaatselemente sind heute nicht mehr isolierte Verbürgungen individueller Freiheit, sondern Ausfluß des materiellen Rechtsstaats, in dem die Staatsgewalt an bestimmte verfassungsrechtliche Inhalte gebunden ist (Art. 1ff., 20, 28 I, 79 III lesen! Wandel zum sozialen Rechtsstaat). Die vielfältigen formalen Ausprägungen des Rechtsstaatsprinzips dürfen deshalb nicht als ein bloß „apparativer Wert in sich“ verstanden werden, sondern als „Vehikel zur Sicherung bzw. Hervorbringung materieller Zielsetzungen“ wie die sachgerechte Gliederung der Staatsgewalt, die Verbürgung inhaltlicher Gerechtigkeit für die Bürger (insbesondere Art. 1–19 und das Sozialstaatsprinzip) sowie die Grundrechtsverwirklichung durch effektiven Rechtsschutz (BVerfGE 49, 252, 256ff.; 52, 203, 206ff.; 70, 297, 308; Lorenz AöR 1980, 623ff.).

167 d) Zur Rechtsstaatlichkeit gehört also nicht nur die materielle Gerechtigkeit, sondern auch die formelle Komponente, insbesondere die **Rechtssicherheit.** Da beide Elemente des Rechtsstaatsprinzips nicht immer in die gleiche Richtung zielen, liegen sie nicht selten miteinander im Widerstreit (z. B. im Prozeßrecht). Dabei ist es nach dem BVerfG „in erster Linie Sache des Gesetzgebers, einen solchen **Konflikt** bald nach der Seite der Rechtssicherheit, bald nach der Seite der materiellen Gerechtigkeit hin zu entscheiden. Geschieht dies ohne Willkür, so kann die gesetzgeberische Entscheidung aus Verfassungsgründen nicht beanstandet werden" (BVerfGE 35, 41, 47). De facto wird allerdings dem Grundsatz der Rechtssicherheit, der allein schon einen einleuchtenden Grund für die Bevorzugung der formellen Rechtsstaatskomponente darstellt, nicht selten der Vorrang eingeräumt.

3. Der Rechts- und Gesetzesstaat war ursprünglich ein Kampfbegriff gegen den **168** absoluten Macht- und Polizeistaat. Durch Recht und Gesetz sollte die Staatsgewalt begrenzt und die Freiheit des einzelnen gesichert werden. Angesichts des Gesetzmäßigkeitsprinzips (Vorbehalt des Gesetzes), der Rechtsweg- und Rechtsschutzgarantie, wachsender öffentlicher Aufgaben, fortschreitender Komplizierung der Verhältnisse usw. zeigt das **Konzept des Rechts- und Gesetzesstaates** heute gewisse Mängel. Die zunehmende Praxis, alle Lebensbereiche umfassend zu normieren und vielfältige Gewährleistungen stark differenziert festzulegen, birgt die Gefahr der Selbstgefährdung des Rechts in sich. Der Normgeber muß deshalb mehr denn je berücksichtigen, daß eine starke Zunahme der Quantität die Qualität und Wirksamkeit des Rechts beeinträchtigen, daß eine übersteigerte Verrechtlichung die Freiheit des Menschen, dessen Selbstverantwortung und Gemeinsinn gefährden und daß – überspitzt formuliert – eine zu große Gesetzes- und Vorschriftenflut den Rechtsstaat „ertränken" kann. Bei all den dazu gegenwärtig geführten Diskussionen (**„Übermaß" an Rechtsstaat**, Überforderung der Rechtspflege usw.) ist eine differenzierte Bewertung angezeigt. Letztlich kann es nicht darum gehen, Rechtsstaatlichkeit abzubauen, sondern den sozialen Rechtsstaat i. S. des GG optimal zu verwirklichen. Rechtsstaatlichkeit ist nie endgültig gesichert; sie ist nicht vorgegeben, sondern als Daueraufgabe uns allen aufgegeben (vgl. zur Gesamtproblematik: Ellwein/Hesse VI 6.2.2.; Vogel DVBl. 1979, 897 ff.; Ossenbühl, in: HdBStaatsR Bd. III, § 61 Rdn. 54 ff.; Sendler NJW 1989, 1763 ff.; Blankenburg ZRP 1992, 96 ff.).

III. Merkmale des Rechtsstaates (i. S. des GG)

Das Rechtsstaatsprinzip gehört als traditionelles und typisch deutsches Phänomen **169** zu den elementaren Leitideen und fundamentalen Strukturprinzipien, die die staatlichen Organe unmittelbar binden und dem Gesamtleben innerhalb des Staates Inhalt, Maß und Form geben (vgl. Rdn. 162 f.). Dabei enthält dieses Prinzip allerdings keinen für jeden Sachverhalt in allen Einzelheiten eindeutig bestimmten verfassungsmäßigen Inhalt; der Grundsatz der Rechtsstaatlichkeit bedarf vielmehr der Konkretisierung je nach den sachlichen Gegebenheiten, wobei fundamentale Elemente des Rechtsstaatsprinzips im ganzen gewahrt bleiben müssen. In diesem von der Verfassung gezogenen Rahmen bleibt die Ausgestaltung im einzelnen dem Gesetzgeber überlassen (vgl. BVerfGE 35, 41, 47; 65, 283, 290).

Daraus ergibt sich, daß es – wie beim Demokratiebegriff – nicht möglich ist, eine allgemeingültige, eindeutig feststehende, überzeitliche **Definition des Rechtsstaatsprinzips** zu entwickeln und daran festzuhalten. Das GG regelt eben grundsätzlich nur den Typus, die wesentlichen Elemente der Rechtsstaatlichkeit, häufig aber nicht ihre konkrete Ausgestaltung (vgl. BVerfGE 25, 269, 290). Wegen der umfassenden, einem ständigen Wandlungsprozeß unterworfenen Bedeutung des Begriffs muß es als ein von vornherein zum Scheitern verurteilter Versuch angesehen werden, alle seine Merkmale eindeutig und abschließend festzulegen. Das Rechtsstaatsprinzip kann demzufolge ebenfalls nur in seinen wesentlichen Elementen umschrieben werden (rechtsstaatliche Standards):

170 1. Das **Gewaltenteilungsprinzip** (Funktionengliederung) als tragendes Funktions-, Struktur- und Organisationsprinzip (vgl. Art. 20 II, III, und 1 III; im einzelnen vgl. dazu Rdn. 177 ff.).

171 2. Der **Grundsatz der Gesetzmäßigkeit** allen staatlichen Handelns, insbesondere der Verwaltung (Vorrang der Verfassung und des Gesetzes, Vorbehalt des Gesetzes; Art. 20 III; vgl. dazu im einzelnen Rdn. 189 ff.).

172 3. Die elementarste materielle Komponente des Rechtsstaatsprinzips ist die **Gewährleistung persönlicher Grundrechte,** die das staatliche Handeln begrenzen, dem Bürger einen gesicherten Freiheitsraum einräumen und die Gleichbehandlung garantieren (Freiheits- und Gleichheitsgrundrechte; Art. 1 III, 19 I, II, 79 III; die Sicherung der „kommunikativen Grundrechte" erfolgt primär durch das Demokratiegebot; vgl. im einzelnen unten §§ 24 ff. – Rdn. 545 ff. –).

173 4. Die **Gebote der Bestimmtheit, der Rechtssicherheit und des Vertrauensschutzes** einschließlich des Rückwirkungsverbotes (vgl. dazu im einzelnen Rdn. 198 ff.).

174 5. Der **Grundsatz der Verhältnismäßigkeit** zur Verwirklichung der materiellen Gerechtigkeit im Einzelfall (vgl. dazu im einzelnen Rdn. 205 ff.).

175 6. Die Gewährleistung von **Rechtsschutz durch unabhängige Gerichte** einschließlich der Garantie von sog. **Justizgrundrechten** (vgl. Art. 19 IV, 20 II, 92 ff. und 101 ff., im einzelnen siehe dazu Rdn. 209 f.).

176 7. **Strukturelemente des Sozialstaatsprinzips** als Bestandteil des sozialen Rechtsstaats (vgl. Art. 28 I). Der Grundsatz des sozialen Rechtsstaates fordert grundsätzlich, daß zur Verwirklichung der rechtsstaatlichen Freiheit die dafür erforderlichen sozialen Voraussetzungen für alle geschaffen werden (Auftrag an den Gesetzgeber zur Herstellung sozialer Gerechtigkeit und zum Abbau sozialer Ungleichheit; vgl. zu diesem nicht unumstrittenen Merkmal unten Rdn. 218 ff.).

IV. Gewaltenteilungsprinzip (Funktionengliederung)

177 1. Die Gewaltenteilung bezeichnet ein **tragendes Organisations- und Strukturprinzip** des Verfassungs- und Rechtsstaates der Neuzeit. Sie ist als „ewiges Thema" der Grundidee, dem Ziel und Zweck nach „eine der großen Konstanten in der freiheitlich-rechtlichen Ordnung der Neuzeit" (Kägi); in den jeweils konkreten Ausformungen ist sie jedoch von den sich wandelnden politischen und gesellschaftlichen Machtstrukturen eines Gemeinwesens abhängig. Dieses Prinzip hat die Aufgabe, die persönliche Freiheit des einzelnen zu erhalten und zu sichern, unerwünschte Machtkonzentration, Willkürherrschaft, Machtmißbrauch und Rechtlosigkeit zu verhindern, die staatlichen Funktionen und Kompetenzen sachgerecht zuzuordnen sowie durch einen Pluralismus an Entscheidungsträgern die Teilhabe möglichst vieler an der Ausübung der Staatsgewalt zu verwirklichen. Dies wird dadurch zu erreichen versucht, daß die gesamten Staatsaufgaben in verschiedene materielle Staatstätigkeiten, die Funktionen der Rechtssetzung, der Vollziehung und der Rechtsprechung, aufgeteilt und die so unterschiedenen Funktionen an besondere voneinander weisungsunabhängige Gewalten, die durch die Verfassung geschaffenen Staatsorgane (Funktionsträger), zugewiesen werden, wobei jede Gewalt grundsätzlich nur die ihr übertragene Funktion wahrnehmen darf. Das Gewaltenteilungsprinzip stellt ein organisatorisches Herrschaftssystem dar, das durch Verteilung, Begrenzung, gegenseitige Kontrolle und geregeltes Zusammenwirken der Macht **(Gewaltenbalance)** gekennzeichnet ist. Als organisatorisches Grundprinzip dient es der Konstituierung, Rationalisierung und Stabilisierung staatlicher Gewalt sowie der Herstellung und Erhaltung einer gerechten Staatsordnung; es ist wesentliches Kriterium des Rechtsstaates (**machtbegrenzendes und freiheitssicherndes Ordnungsprinzip;** adäquates und effizientes Funktions- und Organ-Kompetenzverteilungsschema). Die Gewaltenteilung ist folglich kein Prinzip um ihrer selbst willen, sondern ist in den Dienst einer höheren Idee, letztlich des Menschen, gestellt (Gewaltenteilung als Gewaltenverantwortung; vgl. BVerfGE 9, 268, 279f.; Stern, Bd. II, § 36; Fastenrath JuS 1986, 194ff.).

2. Die Frage der Einschränkung und Verteilung der Macht im Staate ist so alt wie der **178**
Staat selbst. Die Lehre von der Gewaltenteilung hat allerdings trotz zahlreicher Ansätze in der Antike und auch im Mittelalter ihre eigentlichen Wurzeln im 17. und 18. Jahrhundert. Rechtsstaat und Gewaltenteilung war in jener Zeit gewissermaßen die Antithese zu Absolutismus und Polizeistaat. Man suchte nach einer Staatsform, durch die die Staatsmacht gemäßigt und damit Willkürherrschaft ausgeschlossen, sowie die Freiheit des einzelnen geschützt wird. Die richtungsweisenden theoretischen Grundlagen der **Gewaltenteilungslehre** wurden von **John Locke** („Two treatises on government", 1690) und **Charles de Montesquieu** („De l'esprit des lois", 1748) gelegt. Nicht zuletzt aufgrund dieser Werke erlangte das Gewaltenteilungsprinzip eine ungeahnte weltpolitische Bedeutung. Nach Montesquieu kann Freiheit nur dort gedeihen, wo die Macht nicht mißbraucht wird, sondern gemäß einer rechtsstaatlichen Verfassungsordnung in einem ausgewogenen Verhältnis aufgeteilt wird (Gewaltenbalance). Um Machtmißbrauch zu verhindern, muß die verfassunggebende Gewalt der Machtausübung Schranken setzen. Dies geschieht eben durch eine Ordnung der Gewaltenteilung und Gewaltenverschränkung. Montesquieu ging es dabei nicht um eine auf ewig feststehende Organisationsstruktur, sondern um ein Gefüge staatlicher Funktionen und ihrer Träger, in dem die Macht mit Hilfe der jeweils vorhandenen potentiellen Gegenkräfte kontrolliert und gebremst werden kann. Nach Montesquieu wird die Macht auf drei Staatsgewalten, die gesetzgebende, die vollziehende und die richterliche Gewalt, aufgeteilt und ihnen je eine der Staatsfunktionen (Gesetzgebung, Vollziehung, Rechtsprechung) zugewiesen. Die Verteilung der Staatsgewalt und -funktionen auf drei Träger reicht aber für

sich allein noch nicht aus, um das montesquieu'sche Ideal der Freiheit des Individuums zu gewährleisten und die Despotie zu verhindern. Hierzu bedarf es eines zusätzlichen ausgefeilten Systems gegenseitiger Kontroll-, Begrenzungs-, Hemmungs-, Verflechtungs- und Balancierungsmechanismen **(„checks and balances“).** Im modernen Massenstaat ist gerade das Problem der sinnvollen Zuordnung und Synthese der dem Gewaltenteilungsprinzip notwendig innewohnenden Elemente Teilung, Verflechtung, Begrenzung und Kontrolle besonders hervorgetreten. Die Effektivität des Gewaltenteilungsprinzips ist nach Montesquieu noch dadurch zu verstärken, daß auch innerhalb der einzelnen Gewalten noch eine weitere Aufteilung der Staatsgewalt sowie eine gegenseitige Hemmung und Kontrolle erfolgt (Legislative: Zweikammersystem – Parlament und Senat –; Exekutive: Regierungs- und Verwaltungsbereich, Präsident, Kanzler, Kabinett, Minister; Jurisdiktion: Instanzenzug, verschiedene Rechtswege). Dieses System der horizontalen funktionellen Gewaltenteilung wird vertikal durch die bundesstaatliche Ordnung (föderatives Prinzip), aber auch durch die personelle Gewaltenteilung (vgl. unten Rdn. 188) noch besonders verstärkt (Schenke JuS 1989, 698ff.).

179 3. Das GG bekennt sich in Art. 20 II, 1 III und 70ff. grundsätzlich zur Lehre von der Dreiteilung der Gewalten. Das BVerfG rechnet den Gewaltenteilungsgrundsatz zur unverletzlich „freiheitlich demokratischen Grundordnung“ und bezeichnet ihn als das **„tragende Organisations- und Funktionsprinzip“** (BVerfGE 3, 225, 247f.). Die Gewaltenteilung ist heute vor allem ein organisatorisches Mittel zur Sicherung des materiellen Gehaltes des Rechtsstaates (Menschenwürde, persönliche Freiheit; Prinzip der Mäßigung der Macht). Dabei kommt keiner Gewalt ein prinzipieller Vorrang zu. Ein Gewaltenmonismus in Form eines allumfassenden Parlamentsvorbehalts kann folglich aus dem GG nicht hergeleitet werden (so BVerfGE 49, 89, 124ff.). Eine Beurteilung der Effizienz der praktizierten Gewaltenteilung kann aber nicht nur rechtlich erfolgen; sie muß auch alle realpolitischen Machtfaktoren und Entscheidungsstrukturen einbeziehen (Verschiebung des Dualismus Erste/Zweite Gewalt hin zu Regierung und Parlamentsmehrheit/Opposition; Politikverflechtung im kooperativen Föderalismus; Einfluß der Gesellschaftsgruppen und Verbandsinteressen).

180 Das GG geht zwar im Grundsatz von der klassischen Gewaltenteilung, einer möglichst strikten Trennung der einzelnen Gewalten aus, doch ist diese Trennung in Legislative, Exekutive und Jurisdiktion keinesfalls streng durchgeführt (vgl. allerdings Art. 92, 97f. und 101). Dies zeigt sich darin, daß das GG vor allem als Folge des repräsentativ-parlamentarischen Regierungssystems in zahlreichen Verfassungsbestimmungen „Durchbrechungen“ der Gewaltenteilung enthält. Das Gewaltenteilungsprinzip ist demnach im GG dergestalt verwirklicht, daß die klassische Gewaltenteilungslehre (strenge Trennung) subsidiär nur dann zur Anwendung kommt, wenn im GG selbst ausdrücklich nichts anderes geregelt ist (gemäß dem Zweck des Prinzips im Zweifel Vorrang des Trennungsaspekts). Mit den „Durchbrechungen“ verfolgt das GG ein **System der Gewaltenverschränkung und -balancierung,** ein System der politischen Machtverteilung, das durch ein kontrollierendes, mäßigendes und hemmendes, aber auch verbindendes Ineinandergreifen der drei Gewalten und der daraus resultierenden Mäßigung der Staatsherrschaft gekennzeichnet ist. Gerade dadurch wird ein sachgerechter Ausgleich der Staatsgewalt im ganzen, eine Ausgewogenheit zwischen den drei Gewalten angestrebt. An verfassungsrechtlich festgelegten Einwirkungs- und Kontrollrechten **(„Durchbrechungen")** sind hier insbesondere folgende zu nennen:

a) Der **Legislative** steht das Recht zu, die Exekutivspitzen, den Bundespräsidenten **181**
und den Bundeskanzler zu wählen bzw. abzusetzen (vgl. Art. 54, 61, 63, 67, 68). Bundestag und Bundesrat haben gegenüber der Regierung bestimmte Kontrollrechte (Art. 43, 44, 53). Weiter kommt dem Parlament als besonders bedeutsame Befugnis die Aufstellung des Haushaltsplanes, das Budgetrecht, und damit zusammenhängende Aufgaben zu (Art. 110, 114, 115). Auf die rechtsprechende Gewalt wirkt die Legislative im Rahmen der in Art. 94 II und 95 II vorgesehenen Richterwahl ein.

b) Die **Exekutive** hat im Bereich der Gesetzgebung ganz entscheidende Befugnisse **182**
durch das Gesetzesinitiativrecht (Art. 76) und das Recht auf Erlaß von Rechtsverordnungen (Art. 80; vgl. auch Art. 80a, 81, 115a ff.). Darüber hinaus hat die Regierung auch einige Informations- und Mitwirkungsrechte (vgl. Art. 43, 53, 113). In bezug auf die Rechtsprechung obliegen der Exekutive fast alle organisatorischen und personellen Aufgaben und Rechte (vgl. Art 95 II; zu beachten sind dabei Art. 97, 98, 101).

c) Legislative und Exekutive werden vom **BVerfG** auf die Verfassungsmäßigkeit **183**
ihrer Tätigkeit kontrolliert (Art. 93, 100). Dabei kann das BVerfG in bestimmten Fällen auch Gesetze für nichtig erklären (Art. 94 II, § 31 BVerfGG). Schließlich können alle Akte der Exekutive einer gerichtlichen Kontrolle unterzogen werden (Art. 19 IV).

4. Dem Verfassungsaufbau der Bundesrepublik entspricht nicht eine absolute Tren- **184**
nung der Gewalten, sondern ihre **gegenseitige Kontrolle und Mäßigung** (BVerfGE 7, 183, 188). Daraus ergibt sich, daß denjenigen Bestimmungen, die diese gegenseitige Gewaltenhemmung und -kontrolle anordnen (vgl. Rdn. 179 ff.), Vorrang gegenüber dem in Art. 20 II enthaltenen eher „klassischen Idealtyp" der Gewaltenteilung einzuräumen ist. Erst wenn im GG keine spezielle Regelung enthalten ist, kommt Art. 20 II mit seinem dieser Bestimmung zugrundliegenden, historisch zu interpretierenden Verständnis der Gewaltenteilung (weitgehende Gewaltentrennung) zur Anwendung. Das in Art. 20 II, III und 1 III enthaltene Gewaltenteilungsmodell hat demnach die Funktion eines Auffangtatbestandes.

Die Abgrenzung der **Funktionsbereiche** der drei Gewalten, d.h. die Bestimmung **185**
dessen, was unter Gesetzgebung, Vollziehung und Rechtsprechung zu verstehen ist, hat grundsätzlich materiell zu erfolgen: **Gesetzgebung** ist der Erlaß allgemeinverbindlicher Rechtsnormen (generelle Regelung; ggf. aber auch Maßnahmegesetze und das Haushaltsgesetz); **Vollziehung** ist demgegenüber die Erfüllung konkreter Staatsaufgaben, insbesondere der Vollzug von Rechtsnormen im Einzelfall; **Rechtsprechung** bedeutet verbindliche Festlegung einer bestehenden Rechtslage, meist verbunden mit einer „Verurteilung" eines Beteiligten oder einer konkreten Rechtsgestaltung (vgl. dazu Zippelius § 31 III). Die staatstheoretische und vor allem die tatsächliche geschichtliche Entwicklung in Deutschland ist bei der Bestimmung der

Abgrenzung mit heranzuziehen. Im einzelnen ergibt sich das System der Gewaltenteilung aus dem nachstehenden Schaubild 6:

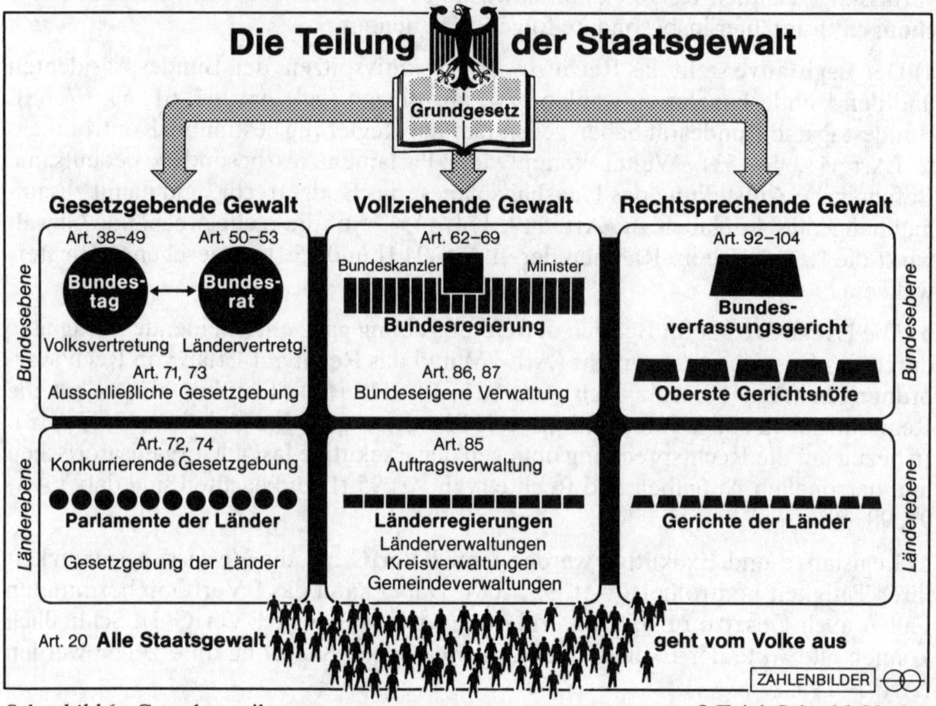

Schaubild 6: Gewaltenteilung © Erich Schmidt Verlag

186 Zu klären bleibt noch die Frage, wie Aufgabenzuteilungsregelungen rechtlich zu beurteilen sind, die der Funktionenaufteilung im Rahmen des Gewaltenteilungsprinzips (Art. 20 II) widersprechen und nicht ausdrücklich im GG selbst für zulässig erklärt sind (z. B. ein Gemeindebeamter nimmt Rechtsprechungsaufgaben wahr). Es ist hier zu prüfen, ob ein einfaches Gesetz gegen Art. 20 I verstößt, wenn es eine Staatsaufgabe einem Organ zuweist, das nach dem Verteilungsprinzip der Gewaltenteilung nicht dafür zuständig ist (**„Verteilungsfehler"**; z. B. wenn die Exekutive judikative Tätigkeiten oder ein Richter Verwaltungsaufgaben wahrnehmen soll). Nach ganz h. M. ist dieses Problem wie folgt zu lösen: Ausgangspunkt des keinesfalls streng verwirklichten Gewaltenteilungsgrundsatzes ist, daß keine Gewalt ein von der Verfassung nicht vorgesehenes Übergewicht über eine andere Gewalt erhalten darf, und keine Gewalt der für die Erfüllung ihrer verfassungsmäßigen Aufgaben erforderlichen Zuständigkeiten beraubt werden oder sich ihrer verfassungsmäßig zugewiesenen Aufgaben begeben kann (BVerfGE 9, 268, 279 f.; 76, 100, 105 f.; OVG Münster DÖV 1977, 854 ff.). Daraus ergibt sich, daß, nicht zuletzt wegen der im GG nicht sehr konsequent vorgenommenen Abgrenzung, aber auch wegen der teilweise nur schwer eindeutig einzuklassifizierenden Bereiche, eine Verletzung des Gewaltenteilungsprinzips und damit ein Verstoß gegen Art. 20 II 2 erst dann vorliegt, wenn durch eine gesetzliche Regelung oder sonstige Einflußnahme ein **Eingriff in den Kernbereich** einer der drei Gewalten erfolgt (BVerfGE 30, 1, 28). Keinesfalls darf das System der „Machtbalance" der Gewalten wesentlich verschoben oder im Wesensgehalt angetastet werden (kein „Einbruch" in zentrale Gestaltungsbereiche). Gesetzliche Regelungen müssen eben die im GG verankerte Gewichtung zwischen den Gewalten grundsätzlich respektieren. Bei der Bestimmung des Kernbereichs ist auch hier auf die historische Entwicklung zurückzugreifen. Ob ein den Kernbereich oder die Gewaltenbalance gefährdender Eingriff gegeben ist, muß im konkreten Fall besonders anhand der Kriterien Intention, Intensität und Quantität geprüft werden (vgl. auch BVerfGE 34, 59ff.; 68, 1, 85ff.).

5. Bei der Ausgestaltung des Gewaltenteilungsprinzips ist insgesamt gesehen auffal- **187** lend, daß das GG sowohl hinsichtlich der Funktion als auch des Personals eine relativ klare Trennung zwischen der rechtsprechenden Gewalt und den beiden anderen Gewalten vornimmt, daß aber eine ähnlich eindeutige Abgrenzung zwischen Legislative und Exekutive weitgehend fehlt. Während die Art. 92ff. GG den Gerichten weitgehend Schutz und Unabhängigkeit zukommen lassen, ist zwischen Parlament und Exekutive, vor allem im Bereich Regierungskoalition/Regierung, eine teilweise recht beachtliche personelle und sachliche Verflechtung eingetreten. Zu Recht wird deshalb überwiegend die Auffassung vertreten, daß sich im bundesdeutschen Mehrparteienstaat weitgehend nicht mehr Regierung und Parlament, sondern Regierung/Koalition und Opposition gegenüberstehen. Bei dieser Entwicklung ist zu sehen, daß die der Opposition zur Verfügung stehenden Einrichtungen (parlamentarische Beratungsdienste usw.) häufig nur begrenzt ausreichen, um ihre Gesetzgebungs- und Kontrollfunktionen sachgerecht und effektiv erfüllen zu können. Außerdem wird nicht selten darauf hingewiesen, daß der Regierung (Exekutive) gegenüber dem Parlament in der **heutigen Verfassungswirklichkeit** eine besonders hervorgehobene Stellung zukommt, die mit dem Vorhandensein der sehr umfangreichen Ministerialbürokratie (Personal, Sachverstand) begründet wird. Ähnliches gilt hinsichtlich der vertikalen Gewaltenteilung (Problem der Politikverflechtung im kooperativen Förderalismus). Auf diese Probleme wird in Rdn. 261ff., 396ff. und 417ff. noch näher einzugehen sein.

6. Abschließend ist hier noch auf ein bisher ausgespartes Problem einzugehen, die **188** sogenannte **personelle Gewaltenteilung.** Die organisatorische und funktionale Gewaltenteilung (Aufteilung in drei Staatsgewalten und -funktionen) muß, will sie wirksam sein, auch durch eine weitgehende personelle Trennung ergänzt werden. Daraus folgt, daß die Beteiligung eines Mitglieds eines Organs an den Funktionen eines anderen Organs grundsätzlich auszuschließen ist und verschiedene Staatsorgane durch verschiedene Personen zu besetzen sind. Das GG hat die personelle Gewaltenteilung allerdings nur im Bereich der Rechtsprechung streng durchgeführt (vgl. Art. 94 I 3). Kriminalstrafen dürfen deshalb allein durch Richter verhängt werden (Rechtsprechungsmonopol gemäß Art. 92; BVerfGE 22, 49, 73ff.; 14, 56, 68f.). Das Problem der personellen Verflechtung zwischen Legislative und Exekutive wird durch den Grundsatz der sog. **„Inkompatibilität",** der Unvereinbarkeit von Amt und Mandat, umschrieben und ist in Art. 137 I näher geregelt. Durch dieses Prinzip soll die Gefahr von Entscheidungskonflikten und daraus möglicherweise resultierenden „Verfilzungen" vorgebeugt werden. Da durch Art. 137 die Wählbar-

keit von Beamten usw. nur gesetzlich beschränkt werden „kann", geht das GG nach h.M. von der grundsätzlichen Wählbarkeit der Beamten aus und überläßt die endgültige Entscheidung dem einfachen Gesetzgeber, d.h. soweit der Gesetzgeber von der Ermächtigung des Art. 137 keinen Gebrauch gemacht hat, sind Exekutivamt und Abgeordnetenmandat vereinbar (Grundsatz einer zulässigen Durchbrechung der Gewaltenteilung). Art. 137 stellt es der politischen Verantwortung des Gesetzgebers anheim, die organisatorische Gewaltenteilung durch Einführung von Inkompatibilitätsregelungen zu sichern (vgl. etwa § 57 BBG, §§ 33, 34 BRRG, § 25 Soldatengesetz, aber etwa auch Art. 108 der LV von Bremen – Unvereinbarkeit von Regierungsmitgliedschaft und Abgeordnetenmandat –, StGH Bremen DVBl 1978, 444ff.; zum kommunalen Bereich: BVerfGE 48, 64, 81ff.; 57, 43, 55ff.; 58, 177, 190ff.; Schoch NVwZ 1984, 626f.). Nach der h.M. verbietet Art. 137 angesichts seines eindeutigen Wortlauts, aber auch die historische Entwicklung des Grundsatzes der Inkompatibilität aus dem Gewaltenteilungsgrundsatz des Art. 20 II, ein verfassungsunmittelbares Verbot der Personalunion oder auch nur eine Rechtspflicht des Gesetzgebers zur Einführung der Unvereinbarkeit abzuleiten (vgl. zum ganzen BVerfGE 18, 172, 182f.; StGH BW DÖV 1970, 239ff. m.w.N.; vgl. auch BVerfGE 38, 326, 336ff.; 57, 43, 57; Dittmann ZRP 1978, 52ff.).

V. Grundsatz der Gesetzmäßigkeit (Rechtsgebundenheit)

189 1. Im Rechtsstaat stellt das Recht allgemein einen fundamentalen Ordnungsfaktor dar, der für das Funktionieren und Überleben eines hochentwickelten Staates unerläßliche Voraussetzung ist. Der Staat bedient sich dabei als Mittel zur Herstellung und Aufrechterhaltung dieser Ordnung des **formellen Gesetzes,** d.h. des von den Gesetzgebungsorganen ordnungsgemäß erlassenen allgemeinen Rechtssatzes. Die verfassungsrechtliche Zentralstellung des formellen Gesetzes beruht darauf, daß es sich dabei um eine generell gültige, bestimmte, voraussehbare und berechenbare Regelung handelt, die in einem verfassungsrechtlich festgelegten, aufgrund von Diskussion und Öffentlichkeit gekennzeichneten politischen Willensbildungsprozeß durch das vom Volk gewählte Parlament beschlossen wird. Das formelle Gesetz wird deshalb dem Gebot der Legalität und Legitimität weitgehend gerecht und trägt dadurch auch die Vermutung der Verfassungsgemäßheit in sich. Ein solch offenes Verfahren der Rechtssetzung gewährleistet am ehesten ein Maximum an Gerechtigkeit und Akzeptanz, fördert die inhaltliche Qualität des Rechtssatzes und stärkt seine Geltungskraft. Es entspricht demnach rechtsstaatlichen Erfordernissen, das staatliche und gesellschaftliche Leben wenigstens in den Grundzügen durch Gesetze zu gestalten; die wesentlichen legislativen Grundentscheidungen insbesondere im Bereich der Freiheits- und Gleichheitsrechte hat also der Gesetzgeber selbst klar und hinreichend bestimmt zu treffen (BVerfGE 41, 251, 259f.; 49, 89, 126ff.; BVerwGE 47, 194ff.). Der im Rechtsstaatsprinzip enthaltene **Primat des Gesetzes** und allgemein der Primat des Rechts ist besonders deutlich in Art. 20 III normiert: „Die Gesetzgebung ist an die verfassungsmäßige Ordnung, die vollziehende Gewalt und die Rechtsprechung sind an Gesetz und Recht gebunden." Dem Primat des Rechtes, der **Gesetzmäßigkeit allen staatlichen Handelns,** sind dabei folgende wesentliche Elemente zuzuordnen: Vorrang der Verfassung und des Gesetzes sowie Vorbehalt des Gesetzes, aber auch die sog. Wesentlichkeitslehre.

2. Das Prinzip des **Vorrangs der Verfassung** besagt, daß sich alle staatlichen Organe nicht mit dem GG in Widerspruch setzen dürfen, sich also stets verfassungskonform zu verhalten haben, an die GG-Bestimmungen gebunden sind (Verfassungsmäßigkeit des staatlichen Handelns; vgl. Art. 20 III). Mit der Verfassungsgerichtsbarkeit hat sich in der Normenhierarchie der Verfassungsvorrang durchgesetzt (Art. 93 und 100). Verfassungsdruchbrechungen sind unzulässig (Art. 79 I); einige Bereiche, insbesondere die Grundsätze der Art. 1 und 20, sind selbst einer Verfassungsänderung entzogen (Art. 79 III). Außerdem darf kein staatlicher Akt, auch nicht ein Gesetz, den Wesensgehalt der Grundrechte antasten (Art. 19 II). **190**

3. Unter dem Prinzip des **Vorrangs des Gesetzes** versteht man, daß „der in Form des Gesetzes geäußerte Staatswille rechtlich jeder anderen staatlichen Willensäußerung vorgeht" (O. Mayer; Primat des formellen Gesetzes; Exekutive und Rechtsprechung als „gesetzesdirigierte" Gewalten). Dieser Grundsatz besagt demnach, daß staatliche Maßnahmen nicht gegen höherrangige Rechtssätze verstoßen dürfen. Er bringt besonders die dem formellen Gesetz innewohnende Überlegenheit gegenüber abgeleiteten Rechtsquellen und Einzelanordnungen zum Ausdruck (**Normenhierarchie:** Verfassung – formelles Gesetz – Verordnung – Satzung; vgl. oben Rdn. 8). Das Prinzip des Vorrangs des Gesetzes, dem ein zwingendes Anwendungsgebot und Abweichungsverbot innewohnt, gilt dabei ausnahmslos für alle staatlichen Bereiche (Eingriffs-, Leistungs- und fiskalische Verwaltung). Nur diese Auffassung entspricht Art. 20 III. **191**

4. Der Grundsatz vom **Vorbehalt des Gesetzes** besagt, daß die öffentliche Hand nur aufgrund gültiger Rechtsnormen tätig werden darf. Grundsätzlich ist staatliches Handeln einer autonomen Verwaltungsregelung entzogen, es muß stets auf ein Gesetz oder eine gesetzliche Ermächtigung zurückgeführt werden können. Dieses Prinzip, das in Art. 20 III zwar nicht ausdrücklich genannt, aber doch vorausgesetzt ist, fordert einerseits vom Parlament die Erfüllung seiner Gesetzgebungsfunktion (demokratischer Parlamentsvorbehalt) und zum anderen den ganz oder teilweisen Ausschluß eines selbständigen Exekutivvorgehens (rechtsstaatlicher Gesetzesvorbehalt). Es dient dem Ziel, grundsätzlich all jene Bereiche unter die durch formelles Gesetz legitimierte Herrschaft zu stellen, die in der demokratischen Rechtsordnung der öffentlichen Erörterung und der rechtsstaatlichen Absicherung des Bürgers bedürfen. Der „Vorbehalt des Gesetzes" ist mehr als eine bloße Rechtsfigur; er ist demokratische Legitimation und rechtsstaatliche Vorhersehbarkeit, letztlich das Ergebnis langer Auseinandersetzungen um das Ausmaß und die Verteilung staatlicher Macht (Kloepfer JZ 1984, 685ff.). Deshalb ist nicht verwunderlich, daß Inhalt und vor allem Umfang des Grundsatzes vom Vorbehalt des Gesetzes heftig umstritten sind. Nach traditioneller Auffassung bedürfen auf jeden Fall Eingriffe in den Rechtskreis des einzelnen einer gesetzlichen Grundlage (**klassischer Eingriffsvorbehalt** hinsichtlich Freiheit, Eigentum usw. als „Minimalvorbehalt"; vgl. etwa BVerfGE 9, 137, 147). Im Sinne eines „Maximalvorbehalts" verlangt ein Teil der Literatur ausgehend vom Wortlaut des Art. 20 III einen **Totalvorbehalt** für alle Bereiche und **192**

Tätigkeiten der öffentlichen Hand. Nach dieser Lehre bedarf also jedes staatliche Handeln einer gesetzlichen Grundlage, egal ob der Staat belastend oder begünstigend, grundrechtsbeeinträchtigend oder leistend, organisierend, verteilend, subventionsvergebend oder sozialgestaltend tätig wird. Weitgehend unbestritten ist, daß unter der Geltung des GG der klassische Eingriffsvorbehalt zu erweitern ist, nach h. M. aber nicht zu einem umfassenden Totalvorbehalt ausgedehnt werden kann (Argumente: Inpraktikabilität; kein Gewaltenmonismus in Form eines allumfassenden Parlamentsvorbehalts, sondern „Kernbereich exekutiver Eigenverantwortung"; BVerfGE 49, 89, 124 ff.; 68, 1, 87, 109). Die überwiegende Meinung vertritt deshalb eine **„mittlere" Lösung,** die differenziert und bereichsspezifisch ansetzt (im einzelnen bleibt manches umstritten; vgl. dazu Stern, StaatsR Bd. I, § 20 IV 4 b; Ossenbühl, in: HdBStaatsR Bd. III, § 62).

193 Ausgehend vom klassischen Eingriffsvorbehalt, nach dem alle den Bürger belastenden Maßnahmen einer gesetzlichen Grundlage bedürfen (Regelung der Aufgabenzuständigkeit, Eingriffsbefugnis usw.; BVerwG NJW 1981, 242), wird heute von der h. M. die Vorbehaltsfrage i. S. eines erweiterten Gesetzesvorbehalts beantwortet. Losgelöst vom Merkmal des Eingriffs wird der Gesetzesvorbehalt in bereichsspezifisch unterschiedlicher Reichweite und Regelungsintensität über die überkommenen Grenzen hinaus ausgedehnt. Der demokratisch-parlamentarischen Staatsverfassung des GG wird nur eine Auffassung gerecht, nach der die Entscheidung aller wichtigen und grundsätzlichen Fragen, die den Bürger unmittelbar betreffen, durch Gesetz erfolgen muß, und zwar losgelöst von dem in der Praxis fließenden Abgrenzungsmerkmal des Eingriffs. Die Erweiterungen des Gesetzesvorbehalts (spezielle und allgemeine) ergeben sich aus der Klassifikation in folgende **Vorbehaltsbereiche:** Neben (1) den klassischen Eingriffen, d. h. alle den einzelnen belastenden Maßnahmen **(Eingriffsvorbehalt),** bedürfen (2) die grundrechtsausformenden und -tangierenden, also die grundrechtsrelevanten Regelungen **(grundrechtlicher Gesetzesvorbehalt),** (3) die organisations- oder verfahrensrechtlichen Bestimmungen, soweit dies durch GG- oder LV-Vorschriften ausdrücklich festgelegt ist oder soweit solche den Bürger unmittelbar stärker berühren **(organisatorischer Gesetzesvorbehalt),** sowie (4) allgemein die den einzelnen tangierenden wesentlichen Regelungen und Entscheidungen **(„Wesentlichkeits-Vorbehalt")** einer gesetzlichen Grundlage, und zwar im allgemeinen wie im besonderen Gewaltverhältnis. Hierzu sind insbesondere all jene Akte zu zählen, die den Freiheits- und Gleichheitsbereich des Bürgers wesentlich betreffen (vgl. BVerfGE 40, 237, 348 f. und Rdn. 195 f.). Da dem Totalvorbehalt nicht gefolgt wird, bedarf es im übrigen, insbesondere bei **begünstigenden Maßnahmen** (subventions- und leistungsgewährende Verwaltung), nicht zwingend einer gesetzlichen Grundlage. Vielmehr können insoweit – abgesehen von förmlichen Gesetzen – auch andere parlamentarische Willensäußerungen als hinreichend Legitimation für verwaltungsmäßiges Handeln in Betracht kommen. Eine solche Legitimation liegt vor allem dann vor, wenn im Haushaltsplan, der Teil des förmlichen Haushaltsgesetzes ist, entsprechende Mittel mit einem entsprechenden, grob umrissenen Verwendungszweck veranschlagt sind und die Bewilligungsbehörde für die Mittelvergabe zuständig ist (BVerwGE 6, 282, 287; 58, 45, 48; OVG Münster NVwZ 1991, 798 ff.; vgl. auch BVerfGE 49, 89, 125 ff.; 68, 1, 109). Dabei ist allerdings zu beachten, daß für staatliche Begünstigungen bzw. Leistungen jedenfalls dann stets eine gesetzliche Grundlage verlangt werden muß, wenn staatliche Belastung und staatliche Begünstigung in so enger gegenseitiger Gemenglage stehen, daß beide nur als verschiedene Seiten ein und derselben Medaille erscheinen, wenn also Begünstigung und Belastung in einem untrennbaren Wechselverhältnis zueinander stehen (z. B.: Subventionen bewirken u. U. für andere wesentliche Wettbewerbsnachteile; vgl. VG Berlin DÖV 1974, 100ff.; OVG Berlin NJW 1975, 1983; Jarass NVwZ 1984, 473ff.). Tangieren solche Regelungen auch Grundrechte, berühren besonders **„grundrechtssensible" Bereiche,** so gilt dies in noch stärkerem Maße; hoheitliche Akte, die den Freiheits- und Gleichheitsbereich des Bürgers wesentlich betreffen, bedürfen stets einer gesetzlichen Grundlage (vgl. BVerfGE 33, 125, 158; 49, 89, 126f.; 76, 171, 184f.; 83, 130, 152; Kloepfer JZ 1984, 685ff.; Rottmann EuGRZ 1985, 277ff.; Stober AöR 1988, 497ff.).

Die vorstehend dargelegten Grundsätze des Vorbehalts des Gesetzes gelten nach **194**
heute ganz h. M. nicht nur im allgemeinen Staat-/Bürger-Verhältnis, sondern auch im **Sonderstatusverhältnis** (besondere, verstärkte Abhängigkeit des Betroffenen vom Staat). Der Zweck eines „besonderen Gewaltverhältnisses" allein (Sonderstatusverhältnisse wie Schule, Strafgefangene, Beamte usw.) rechtfertigt nicht, vom Grundsatz des Vorbehalts des Gesetzes abzuweichen (vgl. BVerfGE 33, 1, 11; 40, 276, 283ff.; 57, 170, 177f.; Kiepe DÖV 1979, 399ff. und Rdn. 654).

5. Die verfassungsrechtlichen Grundsätze der Gewaltenteilung, der repräsentativen **195**
Demokratie und vor allem der Gesetzmäßigkeit der Verwaltung gebieten über die Einhaltung des Gesetzesvorbehalts hinaus, daß überhaupt der Gesetzgeber vor allem die den Freiheits- und Gleichheitsbereich der Bürger betreffenden wesentlichen Regelungen selbst zu treffen hat. Der Gesetzgeber ist verpflichtet, die „wesentlichen Entscheidungen", die „statusbildenden Normen" in den Grundzügen durch ein förmliches Gesetz festzulegen (sog. **Wesentlichkeitslehre;** Entscheidungsprärogative und Regelungspflicht des Parlaments; vgl. BVerfGE 33, 1, 11f.; 34, 165, 192; 41, 251, 259f.). Im Verhältnis Legislative/Exekutive folgt daraus, daß die wesentlichen Sachfragen – Leitentscheidungen – vom demokratisch legitimierten parlamentarischen Gesetzgeber in einem verfassungsrechtlich festgelegten offenen Verfahren zu treffen sind **(„Parlamentsvorbehalt").** Welche Entscheidungen in diesem Zusammenhang als **„wesentlich"** angesehen werden müssen und damit der gesetzgeberischen Gestaltungspflicht unterliegen, bedarf einer sorgfältigen Konkretisierung, die sich an den jeweils betroffenen Lebensbereichen und Rechtspositionen des Bürgers und der Eigenart der Regelungsgegenstände insgesamt zu orientieren hat (Anhaltspunkte: Bedeutung für die Allgemeinheit, Grad der individuellen Betroffenheit, gewichtigere Güterabwägungsfragen, überhaupt die Verwirklichung der Grundrechte, Intensität der Regelung bzw. des staatlichen Handelns, Stärke des politischen Konflikts; vgl. besonders Art. 80 I 2; zur Wesentlichkeitsgrenze im Schulwesen: BVerfGE 58, 257, 268ff. und Clemens NVwZ 1984, 65ff.; Essentialia im Prüfungsrecht: Becker NJW 1990, 273ff.). Die vor allem aus Art. 20 II und III abzuleitende „Wesentlichkeitstheorie" gilt ganz besonders im **grundrechtsrelevanten Bereich** (grundrechtsbezogene Regelungen). Wo die Verfassung eine gesetzliche Grundlage verlangt – insbesondere hinsichtlich der Art. 1–19 –, ist es Rege-

lungsaufgabe und gesetzgeberische Gestaltungspflicht der Legislativorgane selbst, die entsprechenden Regelungen und ggf. sogar Detailentscheidungen zu treffen („Parlamentsvorbehalt"; BVerfGE 83, 130, 152; Sendler DVBl. 1982, 381ff. und NVwZ 1990, 231ff.; Baader JZ 1992, 394ff.).

196 **Einzelfälle** zur Wesentlichkeitstheorie: BVerfGE 33, 1 ff. – Gefangenenpost –; BVerfGE 34, 165ff. und 58, 257, 264ff. – Schule –; BVerwGE 47, 194ff.; 64, 308ff.; VGH BW NJW 1987, 3274ff. – Schule –; BVerfGE 45, 393, 397ff. – Studium –; OVG Münster DÖV 1977, 854ff. und BVerfGE 49, 89, 126ff. – „Schneller Brüter" Kalkar –; BVerfGE 57, 295, 319ff. – privater Rundfunk –; BVerfGE 65, 38, 58ff. – grundrechtsschützende Verfahrensregelungen bei Volkszählungen –; VGH Kassel NJW 1990, 336ff. – Genehmigung gentechnischer Anlagen – mit ablehnender Anm. von Hirsch NJW 1990, 1445ff.).

197 Die vorstehend dargestellte, in den letzten Jahren erfolgte Entwicklung, die eine Ausdehnung des allgemeinen Gesetzvorbehalts über die überkommenen **Grenzen** hinaus zur Folge hatte, darf allerdings nicht so weit gehen, daß dadurch in den Kernbereich der vollziehenden Gewalt eingegriffen wird (vgl. dazu Rdn. 414). Außerdem muß gesehen werden, daß schon Probleme wie die Überlastung des Bundestags oder das wenig flexible Gesetzgebungsverfahren dem „Totalvorbehalt" und teilweise auch der „Wesentlichkeitslehre" Grenzen setzen (vgl. dazu BVerfGE 47, 46, 79; 49, 89, 124ff.; Ossenbühl DÖV 1977, 801, 803f.; Eberle DÖV 1984, 485ff.; v. Arnim DVBl. 1987, 1241ff.; Sendler NVwZ 1990, 231ff.).

VI. Rechtssicherheit und Vertrauensschutz (insbes. das Rückwirkungsverbot)

198 1. Zu den wesentlichen Elementen des Rechtsstaatsprinzips gehören die **Rechtssicherheit** und die Rechtsklarheit, der Vertrauensschutz sowie die Beständigkeit und Verläßlichkeit der Rechtsordnung. Rechtssicherheit beinhaltet dabei objektive Elemente (Orientierungs- und Realisierungssicherheit, Gewähr von **Rechtskontinuität**) und subjektiv ausgerichtete Komponenten **(Vertrauensschutz),** die teilweise zueinander in Konflikt treten. Die Festlegung der Rechtsentwicklung zwischen Bewahrung und Veränderung, Stabilität und Flexibilität, Tradition und Fortschritt ist dabei ebenso wie die Abwägung von formaler Rechtssicherheit und Einzelfallgerechtigkeit, von Vertrauensschutz und gebotener Rechtsveränderung Aufgabe des Gesetzgebers (BVerfGE 35, 41, 47; 60, 253, 268ff.). Rechtsstaat beinhaltet Rationalität, Transparenz und Meßbarkeit staatlicher Machtäußerungen, die zusammen mit Zuständigkeits- und Kompetenz-, Organisations- und Verfahrensregelungen eine Voraussehbarkeit und Vorausberechenbarkeit der staatlichen Handlungen bewirken (BVerfGE 22, 330, 345ff.; 57, 250, 262). Zur Wahrung eines dauerhaften Rechtsfriedens ist insbesondere der Gesetzgeber auch gehalten, allgemeine, klare und bestimmte Rechtsnormen in einem förmlichen Verfahren zu erlassen, dem Bürger öffentlich bekanntzugeben und damit zugänglich zu machen (**Kalkulierbarkeit** des staatlichen Handelns; vgl. Art. 80 I). Rechtssicherheit erfolgt dabei auch durch Verfahren, Fristen, Rechts- und Bestandskraft usw. Insoweit ist Rechtssicherheit selbst eine Forderung materieller Gerechtigkeit, denn sie führt zur Sicherung

von Rechtsstreitigkeiten und zur Klärung ungewissen Rechts (BVerfGE 60, 253, 266ff.).

2. Ein wesentlicher Faktor zur Realisierung der Rechtssicherheit ist das **Gebot der Bestimmtheit** staatlicher Machtäußerungen, insbesondere von Rechtsnormen; dieser Grundsatz dient zugleich der Realisierung der „Wesentlichkeitstheorie" und dem Parlamentsvorbehalt (keine Entscheidungsverlagerung auf die Exekutive). Das rechtsstaatliche Bestimmtheitserfordernis darf allerdings nicht übersteigert werden; insbesondere Gesetze würden sonst zu starr und kasuistisch und könnten der Vielgestaltigkeit des Lebens, dem Wandel der Verhältnisse oder der Besonderheit des Einzelfalls nicht mehr gerecht werden. Andererseits kann der Gesetzgeber all diese Tatbestände auch überhaupt nicht bis ins letzte festlegen. Deshalb verbietet das Bestimmtheitsgebot nicht die Verwendung von Generalklauseln, unbestimmten Rechtsbegriffen oder Ermessensvorschriften. Gegen die Verwendung derartiger Klauseln und Rechtsbegriffe bestehen jedenfalls dann keine Bedenken, wenn sich mit Hilfe der üblichen Auslegungsmethoden (vgl. dazu Rdn. 109ff.) oder aufgrund einer gefestigten Rechtsprechung eine zuverlässige Grundlage für die Auslegung und Anwendung der Rechtsnorm gewinnen läßt, so daß der einzelne die Möglichkeit hat, den durch die Rechtsvorschrift geschützten Wert bzw. die normativen Gebote oder Verbote zu erkennen und die staatliche Aktion oder Reaktion vorauszusehen (als zulässig werden angesehen: Strafbarkeit eines „besonders schweren Falles", BVerfGE 45, 363, 370ff.; 75, 329, 340ff.; § 7 AtomG, insbesondere ein Anknüpfen an „Stand von Wissenschaft und Technik", BVerfGE 49, 89, 133ff. m.w.N.; „besondere Gründe" im Versorgungsrecht, BVerfGE 56, 1, 12f.). Das bedeutet, daß Rechtsnormen in ihren Voraussetzungen und in ihrem Inhalt so gefaßt sein müssen, daß noch eine richterliche Überprüfung staatlichen Handels aufgrund der konkreten Norm möglich ist (Justitiabilität als rechtssichernde Funktion) und auch die von ihr betroffenen Bürger sowie die Behörden die Rechtslage erkennen und ihr Verhalten danach einrichten können (**Normklarheit** oder mindestens Kalkulierbarkeit und damit Ausschluß staatlicher Willkür; keine „Blankonormen", sondern ausreichend präzise Tatbestände; hinreichende Bestimmtheit; BVerfGE 21, 73, 79; 52, 1, 41; 71, 108, 114f.; 78, 374, 381ff.). Der Bestimmtheitsgrad hängt von der Eigenart des zu regelnden Sachverhalts ab, insbesondere von der Möglichkeit einer exakten begrifflichen Festlegung und der Intensität der Auswirkung für den Betroffenen. Unzulässig sind Regelungen, die eine unerträgliche Unsicherheit in sich tragen (z.B. vage Generalklauseln). Zur Zulässigkeit von Generalklauseln, unbestimmten Rechtsbegriffen und Ermessensvorschriften vgl. BVerfGE 8, 274, 325ff.; 13, 153, 160ff.; 78, 214, 226f.; BVerwG NJW 1989, 1749ff.; Bullinger JZ 1984, 1001ff.; zum **Beurteilungsspielraum:** BVerwG DÖV 1980, 380; Cattepoel VerwArch 1980, 141ff.; Redeker NVwZ 1992, 305ff.; zum prüfungsrechtlichen Bewertungsspielraum: BVerfG NJW 1991, 2005ff.; Niehues NJW 1991, 3001ff.; zur Gesetzesgestaltung bei der Formulierung von Verbotstatbeständen und von Erlaubnisvorbehalten vgl. BVerfGE 17, 306, 313ff.; 20, 150, 157f. **199**

3. Für den Bürger bedeutet Rechtssicherheit in erster Linie **Vertrauensschutz.** Zwar verlangt dieser Verfassungsgrundsatz keine Unabänderbarkeit der bestehenden Rechtsnormen. Der Bürger soll nicht vor jeder „Enttäuschung" oder „Kursände- **200**

rung“ bewahrt werden; doch soll er staatliche Maßnahmen, insbesondere belastende Eingriffe, voraussehen und sich rechtzeitig darauf einrichten können (Vertrauen auf eine konstante Rechtsordnung als Grundbedingung des freiheitlichen demokratischen Rechtsstaates). Der Grundsatz des Vertrauensschutzes gebietet, daß der dem Recht verpflichtete Bürger nicht durch die Beseitigung erworbener Rechte über die Verläßlichkeit und Beständigkeit der Rechtsordnung getäuscht wird, vor allem, wenn dies rückwirkend geschieht. Der Bürger soll sich grundsätzlich bei seiner persönlichen Lebensgestaltung und seinen wirtschaftlichen Dispositionen auf die geltende Rechtsordnung verlassen, auf sie vertrauen können („Kontinuitätsgewähr“; vgl. BVerfGE 13, 261, 271; 30, 393ff.; 76, 256, 345ff.). Auch die Tatsache, daß die Dynamik eines hochentwickelten Industriestaates mit seinen zwingend gebotenen, permanenten Interventions-, Leistungs-, Planungs- und Steuerungsaktivitäten den Schutz berechtigten Vertrauens in die bestehende Rechtsordnung (geltende Gesetze, aber auch erlassene Verwaltungsakte und Gerichtsentscheidungen) nicht einfach ignorieren darf, sondern möglichst umfassend zu beachten hat, gehört zu den essentiellen Merkmalen des Rechsstaatsprinzips. Dabei ist die Berücksichtigung berechtigten Vertrauens als Grundsatz, nicht als strenge Norm zu verstehen (vgl. §§ 48 und 49 VwVfG). Das Spannungsverhältnis von einerseits der Notwendigkeit, das Recht fortzuentwickeln, zu ändern und damit in Rechtspositionen des einzelnen einzugreifen, und andererseits dem Schutz des Bürgers in sein Vertrauen darauf, daß seine erworbenen Rechte Bestand haben, hat das BVerfG vor allem mit einer differenzierten Rückwirkungsdogmatik zu lösen versucht (vgl. Pieroth JZ 1984, 971ff. und JZ 1990, 279ff.).

201 4. Aus dem Rechtsstaatselement des Vertrauensschutzes ergibt sich, daß derjenige, der sich auf eine staatliche Regelung, den Rechtszustand, verlassen durfte, in der Regel dann geschützt werden muß, wenn der Staat diese Regelung rückwirkend oder u. U. auch lediglich für die Zukunft ändert oder aufhebt (vgl. Rdn. 203f.). Daraus folgt, daß der Gesetzgeber gehalten ist, aus Gründen der Rechtsstatlichkeit keine rückwirkenden Rechtsnormen zu erlassen. Die **Rückwirkung von Gesetzen** ist aber nicht grundsätzlich ausgeschlossen. Lediglich für Strafgesetze besteht ein absolutes Rückwirkungsverbot (Art. 103 II; zum Strafverfahrensrecht vgl. BVerfGE 25, 290ff.).

202 In den Fällen der Rückwirkung von Gesetzen ist deren Verfassungsgemäßheit anhand der konkreten Sach- und Rechtslage zu prüfen. Entscheidend ist dabei, ob der Rückwirkung das Vertrauen des betroffenen Bürgers in den Bestand der bisher geltenden gesetzlichen Regelung entgegensteht (Schutz des berechtigten Vertrauens, Rechtssicherheit). Maßgebendes **Prüfungskriterium** dafür ist, ob sich das Vertrauen des Bürgers bei Abwägung seiner Interessen (Erheblichkeit und Intensität der Verletzung des Vertrauensschutzes) gegenüber dem Anliegen des Gesetzgebers (Gemeinwohlinteressen) als vorrangig erweist. Daraus ergibt sich, daß die Rückwirkung eines Gesetzes grundsätzlich nur dann unzulässig ist, wenn der Bürger auf den Fortbestand seiner Rechtsposition vertrauen durfte, d.h. mit der Änderung des Rechtszustandes nicht rechnen konnte, und zwingende Gründe des Gemeinwohls dem Vertrauensschutz nicht vorgehen (**Abwägung** zwischen dem Individualinteresse am unveränderten Rechtsfortbestand und dem Änderungsinteresse des Gesetzgebers – Gemeinwohl –; vgl. BVerfGE 18, 429, 439; 43, 242, 286f.; 45, 142, 167ff.; 63, 343, 353ff.; 71, 1, 10ff.). Diese Ausführungen zeigen, daß die Rückwirkungsproblematik bei für den Bürger begünstigenden Regelungen nicht auftritt; ein Vertrauenstatbestand kann insoweit nicht verletzt werden (z. B. rückwirkende Rentenerhöhung oder Steuervergünstigungen). Das Rückwirkungsverbot gilt also grundsätzlich nur für belastende Rechtsnormen. Dabei ist für die Frage der Zulässigkeit einer gesetzlichen Regelung die Unterscheidung zwischen „echter" und „unechter" Rückwirkung von zentraler Bedeutung (zur Kritik an dieser Differenzierung: Pieroth Jura 1983, 250ff.; Bauer JuS 1984, 241ff.; zur Neuorientierung der Rückwirkungslehre durch den Zweiten Senat des BVerfG vgl. E 72, 200, 241ff. und unten Rdn. 204a). Ausgehend von dieser Unterscheidung ergibt sich auf der Basis der noch h. M. in der Rspr folgendes (ständige Rspr seit BVerfGE 11, 139, 145f.; Erster Senat zuletzt E 72, 175, 196; 74, 129, 155):

a) Belastende Gesetzesbestimmungen, die Tatbestände **„echter" Rückwirkung** ent- **203**
halten, sind grundsätzlich mit dem Schutz berechtigten Vertrauens und damit mit dem Rechtsstaatsprinzip **unvereinbar.** Eine solche „echte" Rückwirkung liegt dann vor, wenn die betreffende Rechtsnorm in abgewickelte, der Vergangenheit angehörende Tatbestände nachträglich ändernd eingreift, wenn also der Gesetzgeber an vor Inkrafttreten der Neuregelung abgeschlossene Tatbestände nunmehr ungünstigere Folgen knüpft, als im Zeitpunkt der Vollendung dieser Tatbestände voraussehbar war (Verschlechterung der Rechtsposition bei abgeschlossenen Tatbeständen: BVerfGE 30, 272, 285f.). Da der Grundsatz des Rückwirkungsverbots auf dem Gebot der Rechtssicherheit und des Vertrauensschutzes beruht, sind Ausnahmen bei der „echten" Rückwirkung von Gesetzen nur dann zulässig, wenn das Vertrauen auf eine bestimmte Rechtslage nicht schutzwürdig ist oder sich ein Vertrauenstatbestand überhaupt nicht gebildet hat. Solche **Ausnahmetatbestände** liegen insbesondere in folgenden Fallgruppen vor: (1) Wenn zu dem Zeitpunkt, auf den der Eintritt der Rechtsfolge vom Gesetz zurückbezogen wird, mit einer solchen Regelung zu rechnen war, also die betroffene Rechtsstellung einen Vertrauensschutz nicht genießt (z. B. vorläufige wird durch endgültige Regelung ersetzt; vgl. auch BVerfGE 37, 363, 397f.; 45, 142, 173f.; zum Zeitraum zwischen Gesetzesinitiative und -verkündung: BVerfGE 72, 200, 260f.). (2) Wenn die bisherige Rechtslage besonders unklar und verworren oder verfassungswidrig lückenhaft war. Ein Vertrauenstatbestand kann nach der Rechtsprechung des BVerfG auch selbst dann nicht entstehen, wenn eine Gesetzesbestimmung so systemwidrig und unbillig war, daß ernsthafte Zweifel an deren Verfassungsmäßigkeit bestanden (BVerfGE 19, 187, 197). Das Rechtsstaatsprinzip erfordert nach der Rspr hier gerade eine rückwirkende klärende Regelung. (3) Wenn dadurch kein oder nur ganz unerheblicher Schaden verursacht wird („Bagatellvorbehalt"). (4) Wenn zwingende Gründe des Gemeinwohls, die dem Vertrauensschutz vorgehen und damit der Rechtssicherheit übergeordnet sind, die Rückwirkung ausnahmsweise rechtfertigen (vgl. dazu BVerfGE 13, 261ff.; 30, 367, 387ff.; 72, 200, 257ff.).

b) Eine **„unechte" Rückwirkung** läßt sich häufig gar nicht vermeiden; solche gesetz- **204**
lichen Regelungen unterliegen grundsätzlich keinen rechtlichen Bedenken. Eine solche „unechte" Rückwirkung liegt dabei dann vor, wenn eine belastende Rechts-

norm zwar nicht auf vergangene, aber auch nicht nur auf zukünftige, sondern auf gegenwärtige, noch nicht abgeschlossene Sachverhalte oder Rechtsbeziehungen für die Zukunft einwirkt und damit zugleich die betroffene Rechtsposition nachträglich im ganzen entwertet (BVerfGE 30, 367, 386; 30, 392, 402; 63, 312, 328ff.). Obwohl derartige Gesetze grundsätzlich **zulässig** sind, setzt das Prinzip des Vertrauensschutzes solchen Regelungen je nach Lage der Verhältnisse im Einzelfall ggf. Schranken. Eine unechte Rückwirkung ist dabei dann mit dem Rechtsstaatsprinzip unvereinbar, wenn bei der Abwägung zwischen dem Vertrauensinteresse des einzelnen auf den Fortbestand einer gesetzlichen Regelung einerseits (Schutzwürdigkeit des erlangten Besitzstandes bzw. der Rechtsposition) und der Bedeutung des gesetzgeberischen Anliegens für das Wohl der Allgemeinheit andererseits das Vertrauen auf die bestehende Rechtslage den Vorrang verdient (Abwägung zwischen Allgemein- und Individualinteressen; vgl. dazu BVerfGE 30, 392, 402ff.; 74, 129, 155ff.; 76, 256, 345ff.). Unter Beachtung dieser verfassungsrechtlichen Grenzen muß es aber zulässig sein, bestehende Sachverhalte und Rechtsbeziehungen einer neuen Rechtslage zu unterwerfen, z.B. aus konjunkturpolitischen Gründen steuerliche Vergünstigungen abzubauen (vgl. BVerfGE 48, 403, 312ff. – Wohnungsbauprämien –; E 63, 312, 328ff. – Ersatzerbschaftssteuer –; E 76, 256, 345ff. – Zweites HaushaltsstrukturG –; E 72, 176, 196ff. und 78, 249, 283ff. – Subventionsabbau –). Die rechtsstaatlichen Grundsätze des Vertrauensschutzes und der Verhältnismäßigkeit gebieten dabei allerdings häufig eine angemessene Übergangsregelung (BVerfGE 67, 1, 15f.; 78, 249, 285; Maurer, in: HdBStaatsR Bd. III, § 60; zu Planänderungen – Plangewährleistung – vgl. Hoppe HdBStaatsR Bd. III, § 71, Rdn. 126ff.).

204a Die vielfach wegen der häufig schwer vorzunehmenden und damit unklaren Abgrenzung von schon abgeschlossenen und noch nicht abgeschlossenen Tatbeständen kritisierte herkömmliche Unterscheidung in „echte" und „unechte" Rückwirkung wurde inzwischen vom Zweiten Senat modifiziert. Danach wird die „echte" Rückwirkung nicht mehr mit dem Kriterium „abgeschlossene" Tatbestände, sondern mit dem auf die Rechtsfolgen bezogenen Rückwirkungsbegriff definiert (**Rückbewirkung von Rechtsfolgen,** die vor der Normenverkündung eingetreten sind). Alle anderen in einer Norm enthaltenen Merkmale, die sich auf Zeiträume vor ihrer Verkündung beziehen (Gesetze mit tatbestandlichem Vergangenheitsbezug: Anknüpfen auch an Rechtsbeziehungen und Lebenssachverhalte, die in der Vergangenheit begründet, „ins Werk gesetzt" worden sind), betreffen den sachlichen Anwendungsbereich einer Norm, gehören also zu ihren Tatbestandsmerkmalen (**tatbestandliche Rückanknüpfung** als „unechte" Rückwirkung). Dabei ist die Rückwirkung von Rechtsfolgen primär am Rechtsstaatsprinzip (Rechtssicherheit, Vertrauensschutz) und die tatbestandliche Rückanknüpfung vorrangig an den Grundrechten zu messen. Die Neuorientierung des Zweiten Senats ermöglicht dogmatisch und begrifflich bessere Lösungen, bringt aber in aller Regel sachlich keine anderen Ergebnisse. Die weitere Entwicklung der Rechtsprechung bleibt abzuwarten (vgl. zum ganzen: BVerfGE 63, 343, 353ff.; 72, 200, 241ff.; 76, 256, 345ff.; Bauer NVwZ 1984, 220ff.; Fiedler NJW 1988, 1624ff.; Pieroth JZ 1990, 279ff.).

VII. Grundsatz der Verhältnismäßigkeit

1. Aus dem Rechtsstaatsprinzip ist als übergreifende Leitregel allen staatlichen Handelns auch der essentielle **Grundsatz der Verhältnismäßigkeit** oder des Übermaßverbotes abzuleiten (BVerfGE 20, 45, 49f.). Dieser Grundsatz besagt im Prinzip, daß ein die Bürger belastendes Handeln nicht nur einer gesetzlichen Grundlage bedarf, sondern außerdem auch so ausgeübt werden muß, daß dabei individuelle Rechte soweit wie möglich geschützt bleiben bzw. Eingriffe in die Rechtssphäre des einzelnen nur zulässig sind, soweit es zum Schutz öffentlicher Interessen unerläßlich ist (Ziel und Funktion: Begrenzung der Staatsgewalt und Optimierung der Grundrechtsgewährleistungen; „mit Kanonen auf Spatzen zu schießen", soll nicht Handlungsmaxime sein). Danach sind also Maßnahmen des Staates wegen Verstoß gegen die Verhältnismäßigkeit dann in der Regel verfassungswidrig, wenn sie dem einzelnen einen Nachteil zufügen, der erkennbar außer Verhältnis zu dem erstrebten Gemeinwohlzweck steht. Das Verhältnismäßigkeitsprinzip, das teilweise auch als **Übermaßverbot** bezeichnet wird, ist dabei folglich nicht als bloß formaler Grundsatz, sondern primär als Konkretisierung der materiellen Komponente, als Prinzip des „Maßvollen", „Maßstabgerechten", als Ausdruck der Gerechtigkeitsidee zu verstehen und dient der Verwirklichung und Durchsetzung der Gerechtigkeit im Einzelfall (Bestandteil des materiellen Rechtsstaatsbegriffs). Die Bedeutung des Grundsatzes der Verhältnismäßigkeit ist heute vor allem im Bereich der Grundrechte ausgesprochen groß. Allerdings ist die Terminologie und die begriffliche Festlegung des Prinzips oft sehr uneinheitlich. In Anlehnung an das BVerfG beinhaltet der Grundsatz der Verhältnismäßigkeit i. w. S. als Oberbegriff die Grundsätze der (1) Geeignetheit, (2) Erforderlichkeit und (3) Verhältnismäßigkeit i. e. S. (vgl. BVerfGE 30, 292, 316; 77, 84, 107ff.; Jakobs DVBl. 1985, 97ff.). Im einzelnen: **205**

2. Die **Geeignetheit eines Mittels** liegt dann vor, wenn mit seiner Hilfe der gewünschte Erfolg, das angestrebte Ziel der Maßnahme, gefördert werden kann (BVerfGE 33, 171, 187; 63, 88, 115). Es muß also ein brauchbares, ein für die Erreichung des beabsichtigten Zweckes taugliches und legitimes Mittel sein (Zwecktauglichkeit). Bei der verfassungsrechtlichen Überprüfung von Rechtsnormen beschränkt sich die h. M. dabei allerdings in zweierlei Hinsicht: Zum einen ist eine Rechtsnorm nicht schon dann ungeeignet, wenn das erstrebte Ziel nicht voll erreicht wird, da es für ausreichend angesehen wird, wenn der Gesetzgeber von mehreren möglichen und tauglichen Mitteln irgendeines ausgewählt hat; stets muß es aber einen Beitrag zur Zielerreichung leisten (Ermessensspielraum; BVerfGE 13, 237, 241; 67, 157, 173ff.). Zum anderen verlangt die h. M. nicht, daß das Mittel den Zweck im Zeitpunkt der gerichtlichen Entscheidung auch tatsächlich fördert. Die Frage der Zwecktauglichkeit ist vielmehr danach zu beurteilen, ob der Gesetzgeber aus seiner Sicht, also bei Erlaß des Gesetzes, davon ausgehen durfte, daß die Maßnahme zur Erreichung des gesetzten Zieles geeignet oder förderlich war, d. h. seine Prognose ex ante sachgerecht und vertretbar war (BVerfGE 39, 210, 230f.). **206**

3. Die **Erforderlichkeit eines Mittels** ist dann gegeben, wenn zur Erreichung des angestrebten Zweckes nicht ein anderes, gleich wirksames, dabei aber die Rechte des einzelnen, insbesondere die Grundrechte, nicht oder doch weniger fühlbar **207**

einschränkendes, beeinträchtigendes Mittel hätte gewählt werden können (BVerfGE 30, 292, 316). Dieses Prinzip wird auch als Prinzip des geringstmöglichen Eingriffs bezeichnet (**schonendster Eingriff durch mildestes Mittel;** allgemeiner Grundsatz im Polizeirecht; vgl. § 51 BW PolG). Das BVerfG räumt dem Gesetzgeber eine gewisse Handlungsfreiheit bei der Auswahl der eingesetzten Mittel ein und verneint die Erforderlichkeit grundsätzlich nur, wenn entweder nach einer Beurteilung ex ante feststeht, daß ein gleich wirksames, aber weniger stark eingreifendes Mittel hätte eingesetzt werden können oder sich nach einer Beurteilung ex post herausstellt, daß das gewählte Mittel im Vergleich zu anderen eine zu starke Einschränkung darstellt (BVerfGE 17, 269, 279; 21, 261, 270f.; Bsp. eines Verstoßes: Widerruf statt Auflagen, BVerwG NJW 1976, 986, 988; Beseitigungsverfügung statt bloßem Nutzungsverbot, OVG Münster NJW 1980, 2210).

208 4. Der **Grundsatz der Verhältnismäßigkeit i.e.S.** (besser: Proportionalität) wird vom BVerfG häufig damit umschrieben, daß eine Maßnahme den Betroffenen „nicht übermäßig belasten“ und für ihn „nicht unzumutbar“ sein darf. Es geht hier um die Problematik des **Zweck-Mittel-Verhältnisses.** Zweck und Mittel dürfen nicht in einer unangemessenen Relation, nicht außer Verhältnis zueinander stehen. Unzulässig ist es deshalb etwa, „mit Kanonen auf Spatzen zu schießen“ (Vermeidung unverhältnismäßiger Belastungen). Vielmehr muß das gewählte Mittel eben in vernünftiger Relation zum angestrebten Erfolg, zum Gesetzeszweck, stehen. Verfassungswidrig ist dabei eine Maßnahme in der Regel erst dann, wenn sie dem einzelnen, vor allem als Grundrechtsträger, einen Nachteil zufügt, der erkennbar außer Verhältnis zum beabsichtigten Gemeinwohlzweck steht (BVerfGE 44, 353, 373f.). Bedeutung und Wertgehalt von Zweck und Mittel sind demnach im konkreten Einzelfall sorgfältig zu vergleichen und ihrer Bedeutung entsprechend gegeneinander abzuwägen. Das BVerfG prüft allerdings in der Regel nur negativ, ob eine Maßnahme den einzelnen übermäßig belastet, unangemessen ist bzw. die Grenze des Zumutbaren überschritten hat (Erträglichkeitsmarke ist bei Disproportionalität, Unangemessenheit, Unvertretbarkeit und Unzumutbarkeit erreicht). Für die Anwendung des Grundsatzes der Verhältnismäßigkeit, die in einer **Gesamtabwägung** aller konkret betroffenen Rechtsgüter vorzunehmen ist, hat das BVerfG insbesondere folgende maßgeblichen Beurteilungskriterien entwickelt: Intensität des Eingriffs, Gewicht und Dringlichkeit der Gemeinwohlinteressen, in den Grundrechten verankerte Individualinteressen. „Je mehr der Eingriff elementare Äußerungsformen der menschlichen Handlungsfreiheit berührt, um so sorgfältiger müssen die zu seiner Rechtfertigung vorgebrachten Gründe gegen den grundsätzlichen Freiheitsanspruch des Bürgers abgewogen werden“ (vgl. § 9 VwVG und § 5 II PolG BW; BVerfGE 17, 306, 313f.; 49, 24, 58ff. – Kontaktsperregesetz –; 77, 84, 111f. – Arbeitnehmerüberlassungsverbot –; VGH BW NJW 1981, 1004 – Fahrtenbuchauflage –; vgl. zum ganzen vor allem Grabitz AöR 1973, 568ff.).

VIII. Rechtsschutz und Justizgrundrechte

1. Ein bedeutsames Element des Rechtsstaatsprinzips, vor allem als formelle Komponente, ist der justizförmige Rechtsschutz, der allgemeine **Justizgewähranspruch.** Darunter versteht man, daß in Fällen verletzten oder bestrittenen Rechts ein sachgerecht ausgestalteter, fairer und wirkungsvoller Schutz durch die Gerichte gewährleistet wird. Für den Bereich der Verwaltungsgerichtsbarkeit ergibt sich dies unmittelbar aus Art. 19 IV, für den Straf- und Zivilprozeß aus dem Rechtsstaatsprinzip im Zusammenspiel mit den verfahrensrechtlichen Komponenten der betroffenen materiellen Grundrechten (BVerfGE 53, 30, 72ff.; Lorenz AöR 1980, 623ff.; Rdn. 518ff. und 583f.). Durch Gerichte, die mit sachlich und persönlich unabhängigen Richtern besetzt sind, ist ein lückenloser Rechtsschutz, insbesondere bei Rechtsverletzungen durch die öffentliche Gewalt, zu gewährleisten (Art. 20 II, 92ff.), was durch das Justizgewährungs- und Verfahrensgrundrecht der **Rechtsweggarantie** des Art. 19 IV sichergestellt wird. Der Justizgewähranspruch beinhaltet nicht nur das formelle Recht und die theoretische Möglichkeit, die Gerichte anzurufen (Zugang zu den Gerichten), sondern besonders auch die Effektivität des Rechtsschutzes und ein faires, rechtsstaatliches Verfahren (Anspruch auf lückenlosen, wirksamen Rechtsschutz, sachgerechte Ausgestaltung und Anwendung des Prozeß- und Verfahrensrechts, Verbot der Aufstellung unzumutbarer Erschwernisse, Gebot der Waffengleichheit und der Rücksichtnahme, Schutz vor vollendeten Tatsachen; status activus processualis; vgl. BVerfGE 49, 252, 256f,; 63, 380, 390f.; 74, 228, 234; zum Anspruch auf einen Pflichtverteidiger: BVerfGE 46, 202, 210f.; Anspruch auf einen Dolmetscher: E 64, 135, 143ff.; zur Prozeßkostenhilfe: BVerfGE 81, 347, 356ff.). Die Bedeutung des Rechtsschutzes, der Verfahrens- und Rechtsweggarantie, dem **„formellen Hauptgrundrecht“,** liegt vornehmlich darin, daß die „Selbstherrlichkeit“ der vollziehenden Gewalt im Verhältnis zum Bürger beseitigt wird. Alle Exekutivakte, die in die Rechte des Bürgers eingreifen, müssen einer richterlichen Nachprüfung unterzogen werden können (BVerfGE 10, 264, 267; nunmehr auch Gnadenentscheidungen, vgl. dazu BVerfGE 44, 158, 170f.; zu Inhalt und Bedeutung des Art. 19 IV: Schenke JZ 1988, 317ff.). Der Rechtsschutz wird durch die Verfassungsgerichtsbarkeit als die „Krönung“ des Rechtsstaates vervollständigt (Art. 93f. und BVerfGG; BVerfG als „Hüter“ der Verfassung). Nicht zu Unrecht wird deshalb auch der Rechtsstaat des GG als Rechtsprechungs-, Rechtswege- oder Rechtsmittelstaat bezeichnet (zur Rechtsmittelbeschränkung: Gilles JZ 1985, 253ff.; Bethge NJW 1991, 2391ff.). Der Rechtsschutz führt darüber hinaus zu einer Haftung des Schadens für Rechtsverletzungen durch die öffentliche Hand (Art. 34, 14 III). **209**

2. Schließlich werden als Ausfluß des Rechtsstaatsprinzips auch einige Grundsätze der Justizrechte angesehen, die Grundrechten ähnlich und deshalb ihnen weitgehend gleichgestellt sind (vgl. Art. 93 I Nr. 4a sowie die sogenannten **Justizgrundrechte**). Dazu zählen etwa der Anspruch auf rechtliches Gehör (Art. 103 I), das Verbot von Ausnahmegerichten und das Gebot des gesetzlichen Richters (Art. 101) sowie die Grundsätze nullum crimen sine lege, nulla poena sine lege und ne bis in idem (Art. 103 II, III; außerdem Art. 104; vgl. dazu eingehender Rdn. 518ff.). **210**

IX. Sicherung des Rechtsstaatsprinzips

211 Die Ausführungen in III–VIII haben gezeigt, daß der Typus Rechtsstaat aus einer ganzen Anzahl von Elementen, die teilweise selbst wieder untergliedert sind, besteht. Daraus ergeben sich bei der Trennung der abänderbaren Elemente von den unabänderlichen Grundsätzen i. S. von **Art. 79 III** besondere Schwierigkeiten. Unproblematisch ist die Zuordnung der Prinzipien, die in Art. 20 II und III ausdrücklich aufgeführt sind (Garantie der Prinzipien Gewaltenteilung und Gesetzmäßigkeit staatlichen Handelns). Zweifelhaft ist, ob die übrigen Bestandteile des Rechtsstaatsgrundsatzes, die allesamt den Gesetzgeber unmittelbar binden, auch von der „Ewigkeitsklausel" mit gewährleistet werden. Vor allem die Auffassung des BVerfG, daß Art. 79 III zwar eine prinzipielle Preisgabe der dort genannten Grundsätze verhindere, jedoch nicht verbiete, durch verfassungsänderndes Gesetz auch elementare Verfassungsgrundsätze systemimmanent zu modifizieren, hat eine gewisse Unsicherheit hinsichtlich der Sicherung des Rechtsstaatsprinzips mit sich gebracht. Art. 79 III verhindert als Schranke für den verfassungsändernden Gesetzgeber aber auf jeden Fall mindestens, daß die geltende Verfassungsordnung und damit auch das Rechtsstaatsprinzip in der Substanz, in den Grundlagen, auf dem formal-legalistischen Wege beseitigt oder ausgehöhlt wird (vgl. oben Rdn. 134; BVerfGE 30, 1, 24ff. – Abhörurteil –; BVerfG NJW 1991, 1597ff.; JA ÖR 1976, 47f.; Stern JuS 1985, 229ff.). Die Sicherung des Rechtsstaatsprinzips ist aber auch eine enorm wichtige politische Aufgabe; aktuellen Gefährdungen wie „Normenflut" (Übermaß bewirkt Orientierungslosigkeit und Überdruß), „Rechtsakzeptanz-" und „Vertrauensdefizite", „überzogene Erwartungshaltung" oder „ziviler Ungehorsam" ist frühzeitig zu begegnen (vgl. Rdn. 440 und etwa Püttner DÖV 1989, 137ff., Sendler DÖV 1989, 482ff.; Maier NJW 1989, 3202ff.).

Literatur: *Hesse* §§ 6, 13; *Maunz/Zippelius* § 12; *Stern,* Bd. I, § 20; *Badura,* Staatsrecht, D 46ff.; *Denninger,* Bd. 1, S. 91ff.; *Herzog,* S. 141ff., 228ff.; *Kriele* §§ 25–29; *Zippelius* §§ 30, 31; *Forsthoff* (Hrsg.), Rechtsstaatlichkeit und Sozialstaatlichkeit, Darmstadt 1968; *Bäumlin* EStL., Sp. 2806ff. – Rechtsstaat –;*Schmidt-Aßmann,* Der Rechtsstaat, in: HdBStaatsR Bd. I, § 24; *Rengeling,* Vorbehalt und Bestimmtheit des AtomG, NJW 1978, 2217ff.; *Pietzcker,* Vorrang und Vorbehalt des Gesetzes, JuS 1979, 710ff.; *Ossenbühl,* Aktuelle Probleme der Gewaltenteilung, DÖV 1980, 545ff.; *Eichenberger/Novak/Kloepfer,* Gesetzgebung und Rechtsstaat, VVDStRL 40, S. 3ff. und 50ff.; *Wahl,* Der Vorrang der Verfassung und die Selbständigkeit des Gesetzesrechts, NVwZ 1984, 401ff.; *Lipphardt,* Grundrechte und Rechtsstaat, EuGRZ 1986, 149ff.; *Stober,* Wirtschaftsverwaltung und Rechtsstaatsprinzip, AöR 1988, 497ff.; *Sendler,* Der Rechtsstaat im Bewußtsein seiner Bürger, NJW 1989, 1761ff.

Wiederholungsfragen und Fälle:

(1) Was bedeuten „Vorbehalt des Gesetzes" und „Vorrang des Gesetzes"? Wie sind beide Prinzipien dem Grundsatz der Rechtsstaatlichkeit zuzuordnen?
Dazu: § 10 V 3 und 4 (Rdn. 191ff.).

(2) Liegt dem GG das formelle oder materielle Rechtsstaatsverständnis zugrunde? Wie ist gegebenenfalls das Verhältnis beider Prinzipien zueinander geregelt?
Dazu: § 10 II 2 (Rdn. 163ff.).

(3) Die X-Partei bringt einen Gesetzentwurf ein, durch den im Bundesland Y das Verzeichnis über die Verwaltungsgebühren aufgehoben und eine Bestimmung aufgenommen werden

soll, die die Festlegung der Höhe der Gebührensätze für Amtshandlungen in das billige Ermessen der betreffenden Behörde stellt. Entspricht eine solche Regelung dem Rechtsstaatsprinzip des GG?
Dazu: § 10 VI 2 (Rdn. 199; BVerfGE 13, 153, 160f.).

(4) Ist es mit dem Rechtsstaatsprinzip vereinbar, wenn ein Gemeindebeamter im Straßenverkehr Ordnungswidrigkeiten ausspricht oder ein Richter echte Verwaltungsaufgaben (z. B. Registersachen) wahrnimmt?
Dazu: § 10 IV 4 (Rdn. 177ff., 186; BVerfGE 10, 200, 216ff.; 22, 49, 78ff.).

(5) Art. 1 des sog. Ermächtigungsgesetzes vom 24. 3. 1933 lautet: Reichsgesetze können außer in dem in der Reichsverfassung vorgesehenen Verfahren auch durch die Reichsregierung beschlossen werden. Würde ein solches Gesetz noch unter dem GG ergehen können?
Dazu: § 10 IV und IX (Rdn. 179ff. und 211; vgl. Martens/Guthard-Schulz, JuS 1971, S. 197ff.).

(6) a) Gegen welches Merkmal des Rechtsstaatsbegriffs könnte es verstoßen, daß ein Landtagsabgeordneter gleichzeitig hauptberuflich Landrat in diesem Bundesland ist?
b) Angenommen, bei einer künftigen Wahl zum bad.-württ. Landtag erhält die A-Partei 61 der 120 Abgeordnetensitze. Daraufhin wird die Regierung aus dem Ministerpräsidenten und 15 Ministern gebildet und es werden außerdem 16 politische Staatssekretäre ernannt, die alle 32 gleichzeitig der Regierungsfraktion des Landtags angehören, also Abgeordnete sind. Wäre es zulässig, wenn mehr als die Hälfte der Abgeordneten der Regierungspartei in Personalunion ein Regierungsamt innehätte?
Dazu: § 10 IV 4 und 6 (Rdn. 179ff. und 188).

(7) Nach dem Berlinhilfegesetz wurden Berliner Unternehmen zeitlich befristet bis 31. 12. 1964 erhebliche Umsatzsteuervergünstigungen gewährt. Im Jahr 1962 wurden mit Wirkung ab 1. 1. 1963 die Steuervergünstigungen um ⅓ gekürzt. War diese Änderung des Berlinhilfegesetzes verfassungsgemäß?
Dazu: § 10 VI 4 (Rdn. 201ff., 204; vgl. BVerfGE 30, 392, 401ff.; 48, 403, 413ff.; 76, 256, 345ff. – Abbau von Steuervergünstigungen und Subventionen –).

(8) Ist es verfassungsrechtlich zulässig, daß gemäß § 7 AtomG allein die Exekutive über Standort, Bau, Betrieb usw. von neuartigen Kernreaktoranlagen entscheiden kann?
Dazu: § 10 V 5 (Rdn. 195; OVG Münster DÖV 1977, 854ff.; BVerfGE 49, 89, 124ff. = JuS 1979, 362ff.; Wanger/Nobbe NJW 1978, 1028ff.).

(9) Welche der folgenden Bereiche bedürfen einer ausdrücklichen gesetzlichen Regelung: Schulentlassung, Nichtversetzungsvoraussetzungen, Lehrplan, schulische Stundenpläne, Einführung der 5-Tage-Woche, Kleiderordnung und Rauchverbot in Schule oder Strafanstalt.
Dazu: § 10 V 4 und 5 (Rdn. 193ff.; Richter NVwZ 1982, 357f.; Clemens NVwZ 1984, 65ff.).

§ 11 Sozialstaat

I. Entwicklung und Bedeutung

212 1. Das **Sozialstaatspostulat** des GG stellt ein Novum in der deutschen Verfassungsgeschichte dar. Schon vor 100 Jahren wurde allerdings erkennbar, daß zur Lösung der aufkommenden und politisch brennenden „sozialen Fragen“ eine Hinwendung zum sozialen Rechtsstaat und gewisse soziale Interventionen des Staates geboten waren. Eine breit akzeptierte, dauerhafte Demokratie setzt eben Sozialstaatlichkeit voraus (soziale Gerechtigkeit, Sicherheit und Verteilung). Der **soziale Rechtsstaat** ist folglich die weitsichtige Antwort auf die Probleme einer pluralistischen, technisch-industriell organisierten und arbeitsteilig gegliederten Massengesellschaft (Mitte zwischen den Prinzipien des „Laissez-faire, laissez-allez“ und dem Konzept einer totalitären staatlichen Planwirtschaft).

213 Der Gedanke und die Forderung nach einem sozialen Staat wurden Mitte des 19. Jahrhunderts immer lauter erhoben. Sie stellten gewissermaßen die zwangsläufige Reaktion auf die **„Soziale Frage“** dar, die damals als Folge der Industrialisierung, dem enormen Bevölkerungswachstum, der Verstädterung und auch dem sozialpolitischen Versagen des Wirtschaftsliberalismus entstanden war. Die ersten umfassenderen sozialstaatlichen Ansätze und Maßnahmen wurden allerdings nicht mittels der Verfassung, sondern durch die **Sozialgesetzgebung** und -verwaltung aufgrund der dringenden Bedürfnisse der jeweiligen Situationen geschaffen (Daseinsvorsorge). Zu nennen ist dabei vor allem die „Erste denkwürdige kaiserliche Botschaft“ aus dem Jahr 1881, die eine für die damalige Zeit vorbildliche Gesetzgebung der sozialen Sicherheit einleitete (1883 Kranken-, 1884 Unfall-, 1889 Invaliden- und Altersversicherung, 1911 Angestelltenversicherung und Zusammenfassung dieser Gesetze in der Reichsversicherungsordnung). Mit der Bismarck'schen Sozialgesetzgebung unternahm der Staat überhaupt den ersten großen und beispielhaften Eingriff in das gesellschaftliche Leben, um erkennbare Fehlentwicklungen des industriell-technischen Zeitalters zu korrigieren und damit den „sozialen Frieden“ zu sichern (friedensstiftende und staatsintegrierende Wirkung). Die Reichsverfassung von 1871 und auch die Weimarer Verfassung von 1919 enthielten selbst kein ausdrückliches Bekenntnis zum Sozialstaat. Allerdings legte die **WV** im fünften Abschnitt wichtige Grundsätze über die Wirtschafts- und Sozialordnung fest, die aber als bloße Programmsätze kaum eine praktische Bedeutung erlangt haben (Art. 151ff.; Art. 157, 163 II – Recht auf Arbeit – und Art. 161 – Sozialversicherung – besonders lesenswert!). Durch die Folgen der beiden verlorenen Weltkriege wurde der Druck nach einer verfassungsrechtlichen Verankerung sozialstaatlicher Elemente als unmittelbar geltendem Recht weiter verstärkt.

214 Das **GG** hat die Sozialstaatlichkeit ausdrücklich in die Verfassung aufgenommen und zu einem eigenständigen leitenden Verfassungsprinzip, zu einer der fünf fundamentalen Staatszielbestimmungen der Bundesrepublik erhoben (Art. 20 I: **sozialer Bundesstaat;** Art. 28 I: **sozialer Rechtsstaat**); es enthält das Gebot, die Schwachen zu schützen und ihnen zu helfen, die Teilhabe an den Einrichtungen und Gütern

sowie die Gewährleistung eines menschenwürdigen Daseins für jedermann zu bewirken, für einen Ausgleich der sozialen Gegensätze und den Abbau von Abhängigkeiten zu sorgen, das Gemeinwohl gegen Individual- und Verbandsegoismus zu sichern und überhaupt soziale Gerechtigkeit und Sicherheit anzustreben. Mit diesen zentralen Zielen des Sozialstaatsprinzips war ein Wandel vom bloß hoheitlichen Staat der Eingriffsverwaltung zu einem mehr vorsorgenden, leistenden Staat verbunden („Daseinsvorsorge").

2. Das Sozialstaatsprinzip ist dabei weder eine substanzlose, leere „Blankettformel" **215** noch eine bloß sozialkaritative Bestimmung, sondern eine unmittelbar geltende fundamentale normative Verfassungsaussage, die die staatlichen Hoheitsträger ermächtigt und verpflichtet, durch aktive Sozialgestaltung für einen Ausgleich der sozialen Gegensätze und damit für eine gerechte Sozialordnung zu sorgen (rechtlich verbindliche Staatszielbestimmung mit gleichzeitig verfassungspolitisch eminenter Ausstrahlungskraft; **Mandat zur aktiven Sozial-, Wirtschafts-, Gesellschafts- und Kulturpolitik;** BVerfGE 5, 85, 198; 69, 272, 314). Dem Staat kommt also die verantwortliche Aufgabe zu, die gesellschaftliche und ökonomische Wirklichkeit im Sinne einer **sozialen Gerechtigkeit** so zu gestalten bzw. zu korrigieren, daß unangemessene Wohlstandsdifferenzen ausgeglichen und verhindert, Abhängigkeitsverhältnisse abgebaut oder gemildert werden, Lebensrisiken minimiert, Unterprivilegierung und Subnormalität abgebaut werden sowie eine gerechte Teilhabe aller an den Gütern der Gemeinschaft und ein menschenwürdiges Dasein für alle, im besonderen für die schwächeren Schichten, gesichert ist (BVerfGE 5, 85, 206). Die Sozialstaatsklausel dient also auch besonders der Schaffung materieller Grundrechtsvoraussetzungen. Grundrechte wären ohne die tatsächliche Möglichkeit, sie in Anspruch nehmen zu können, wertlos. Sollen sie mehr sein als bloße Bürger-Staat-gerichtete Rechte zur Abwehr hoheitlicher Eingriffe und damit für den sozial Schwachen häufig nur eine „leere Hülse", so setzen sie eben auch ein System planender, fördernder und erhaltender Maßnahmen der Wirtschafts- und Sozialpolitik, der Kultur- und Bildungspolitik, der Gesundheits- und Familienpolitik usw. voraus. Daraus ergibt sich die staatliche – primär gesetzgeberische – Pflicht, soziale Korrekturen i. S. eines gewissen Ausgleichs der sozialen Gegensätze vorzunehmen, um es jedem einzelnen zu ermöglichen, tatsächlich von seinen Grundrechten inhaltlich Gebrauch zu machen. Der Sozialstaatsauftrag ist ständige und dynamische Aktionsvollmacht, Anstoß zu sozialer Integration und Wachsamkeit, zu staatlicher Mitverantwortung und Mitgestaltung vor allem bei sozialen Krisen, Problemlagen und Konflikten (**soziale Einheit** im vereinten Deutschland! BVerfGE 22, 180, 204; 69, 272, 314; 75, 348, 359; Stern EStL, Sp. 3265 ff.).

Nach ganz h. M. bestimmt allerdings das Sozialstaatsprinzip des Art. 20 I GG nur das **215a** „Was", das Ziel, die Pflicht für eine gerechte Sozialordnung zu sorgen. Die Frage des „Wie", d. h. auf welche Weise dieses Ziel (soziale Gerechtigkeit) erreicht werden kann und wie es aussehen soll, bleibt offen, ist weder im GG noch in einem Urteil des BVerfG verbindlich festgelegt, sondern als verpflichtende Aufgabe zu sozialstaatlichen Aktivitäten vor allem dem Gesetzgeber auferlegt (BVerfGE 65, 182, 193; 70, 278, 288; 75, 348, 359 f.), aber auch als Auslegungsregel (verfassungskonform) der Verwaltung und Rechtsprechung aufgetragen (BVerfGE 1, 97, 105).

Die verfassungsrechtliche Relevanz des Sozialstaatsprinzips bezieht sich also primär auf eine Gewährleistung dem Grunde nach und weniger der Art und Weise nach. Dies hat zur Folge, daß die Sozialstaatsklausel isoliert grundsätzlich noch keine Leistungsnorm darstellt, aus ihr also unmittelbar allein kein Rechtsanspruch abgeleitet werden kann (BVerfGE 27, 253, 283). Erst wenn der Gesetzgeber die von ihm wahrzunehmenden sozialstaatlichen Pflichten willkürlich, d.h. ohne sachlichen Grund versäumt, könnte möglicherweise dem einzelnen hieraus ein mit der Verfassungsbeschwerde verfolgbarer Anspruch, ein subjektiv-öffentliches Recht, erwachsen (sozialstaatlich garantierter Mindeststandard; vgl. BVerfGE 1, 97, 105). Dem Gesetzgeber kommt bei der Verwirklichung des Sozialstaatsprinzips deshalb im wesentlichen der Primat der Verfassungskonkretisierung zu, wobei es sich mehr um eine politische als um eine rechtliche Frage handelt. Gesetzliche Regelungen und hoheitliche Maßnahmen müssen aber stets das Leitziel im Auge behalten: sie dürfen nicht gänzlich ungeeignet sein, dem Sozialstaatsgebot näher zu kommen (vgl. Benda NJW 1979, 1001f.).

216 **Aufgabe und Legitimation** des Sozialstaates liegen vor allem in der Herstellung eines hohen Maßes an sozialer Gerechtigkeit, im Ausgleich der beteiligten Interessen, in der Wahrnehmung der Interessen der sozial Schwachen. In der Erkenntnis, daß im modernen Industriestaat die sozialen Zustände der Gesellschaft nicht mehr allein dem freien Spiel der Kräfte überlassen werden können, sondern der gestalterischen Mitverantwortung und Mitzuständigkeit des Staates bedürfen, verfolgt das Sozialstaatspostulat letztlich die Zielsetzung, durch eine Sozialordnung, die von den Menschen als für ihre Zeit gerecht empfunden werden kann, **„sozialen Frieden“** (Konsens und Akzeptanz) und **soziale Integration** (Einbindung des Bürgers in seinen Staat) anzustreben und zu fördern (Grenzen: politische und finanzielle Möglichkeiten). Die gesamtwirtschaftliche Bedeutung der Sozialleistungen ist außerordentlich groß und wächst weiter. Das Sozialbudget ist weit höher als das Volumen des Bundeshaushalts; es betrug 1990 rd. 700 Mrd. DM oder rd. 30% des gesamten Bruttosozialprodukts (vgl. Krause JuS 1986, 349ff.; Kirchhof, in: HdBStaatsR Bd. IV, § 93).

217 3. Das bisher geschaffene Sozialrecht, das in ca. 800 Gesetzen und Verordnungen niedergelegt wurde, ist bzw. wird nunmehr in einem **Sozialgesetzbuch** (SGB) zusammengefaßt. In dem Allgemeinen Teil des SGB, der am 1. 1. 1976 in Kraft trat, ist in § 1 bestimmt, daß das SGB soziale Gerechtigkeit und soziale Sicherheit verwirklichen helfen soll. Es stellt neben den sozialpolitischen Bestimmungen des Arbeits-, Zivil-, Steuer- und Wirtschaftsrechts einen Teilbereich des gesamten Sozialrechts dar. Das SGB soll dazu beitragen, ein menschenwürdiges Dasein zu sichern, gleiche Voraussetzungen für die freie Entfaltung der Persönlichkeit zu schaffen, die Familie zu schützen und zu fördern, den Erwerb des Lebensunterhalts durch eine frei gewählte Tätigkeit zu ermöglichen und besondere Belastungen des Lebens abzuwenden oder auszugleichen. Das Sozialstaatsprinzip erfährt durch das SGB eine wichtige gesetzgeberische Ausgestaltung und Konkretisierung. Der Besondere Teil des SGB ist allerdings bis heute nur teilweise erlassen worden (SGB X: Verwaltungsverfahren, Krause NJW 1981, 81ff.; SGB V: Gesundheitsreformgesetz; SGB VI: Rentenreformgesetz

1992, Ruland NJW 1992, 1ff.; SGB VIII: Jugendhilferecht, Rüfner NJW 1991, 1ff.; Eichenhofer JuS 1992, 279ff.; vgl. auch das Schaubild unten S. 112).

II. Begriff und Inhalt

Das Prinzip der Sozialstaatlichkeit ist in Theorie und Praxis juristisch ausgesprochen **218** schwer faßbar (BSGE 19, 88, 92). Es ist begrifflich „offen“; darunter wird Vieles und zum Teil sehr Unterschiedliches verstanden. Eine erschöpfende, schulmäßige **Definition** der verfassungsrechtlichen Generalklausel gibt es nicht und wird es auch kaum einmal geben (so sind etwa die Umschreibungen „Herstellung sozialer Gerechtigkeit“ oder „auf das Gemeinwohl orientierter Staat“ viel zu unpräzis). Auch die Definition des BGH, wonach der Sozialstaat ein Staat ist, der die wirtschaftliche Not und die Benachteiligung einer Schicht von Staatsbürgern bekämpft und zu beseitigen versucht, also zur Abhilfe sozialer Not und zur Herstellung sozialer Gerechtigkeit verpflichtet ist, hilft nicht wesentlich weiter (NJW 1954, 891). Diese relativ große inhaltliche Unbestimmtheit rührt vor allem daher, daß dieses Verfassungsprinzip keine Vorbilder hat und wegen der kurzen Zeit sozialstaatlicher Praxis bislang nur in Ansätzen und Schwerpunkten erfaßt werden konnte und außerdem einem ständigen Wandel, einer beachtlichen Dynamik, unterworfen ist. Die Sozialstaatlichkeit stellt also keinen statischen, ausdiskutierten, sondern primär einen verfassungspolitischen Begriff dar, der einer ständigen Fortentwicklung unterworfen ist. Besonders dem Begriff Sozialstaat kann deshalb keinesfalls eine überzeitliche, ein für allemal feststehende Bedeutung zukommen. Daraus folgt, daß die Sozialstaatlichkeit nicht eindeutig definiert, sondern als Typus nur umschrieben, durch ihre wesentlichsten Elemente festgelegt werden kann und in die Zukunft hinein offen sein muß. Insgesamt gesehen ist die verfassungsrechtliche, nicht jedoch die faktisch politische Bedeutung des Sozialstaatsprinzips eher bescheiden geblieben (sozialstaatliche „Ernüchterung“; vgl. etwa Benda NJW 1979, 1002).

Neben dem wichtigen Beitrag, den die Rechtsprechung dabei leistet, ergeben sich **219** aus dem GG selbst einige konkretere Anhaltspunkte über Ziel und Inhalt der Sozialstaatsklausel. Solche sind etwa in Art. 1 (Menschenwürde), Art. 2 (freie Entfaltung der Persönlichkeit, Recht auf Leben und körperliche Unversehrtheit), Art. 3 (Gleichheit, Diskriminierungsverbot), Art. 6 I (Ehe- und Familienschutz), Art. 6 IV (Mutterschutz), Art. 6 V (Gleichstellung unehelicher Kinder), Art. 9 III (Koalitionsfreiheit), Art. 13 (Recht auf Wohnung), Art. 12 (Recht auf Ausbildung usw.), Art. 14 II (Sozialpflichtigkeit des Eigentums), Art. 15 (Sozialisierung), Art. 34 (Amtshaftung), Art. 120, 120a und namentlich auch in den Gesetzgebungskompetenzvorschriften (Art. 74) ausdrücklich normiert.

Das Sozialstaatsprinzip ist in besonderer Weise auf die Ziele einer sozial gerechten **220** Freiheit und Chancengleichheit (soziale Sicherheit und sozialer Ausgleich) verpflichtet und kann generell durch einen zweifachen Inhalt umrissen werden: (1) den primär an den Gesetzgeber gerichteten Auftrag, eine gerechte Sozialordnung anzustreben, also den Gesamtzustand der Gesellschaft zu verbessern, und damit ein „friedliches“ Zusammenleben herzustellen (Gemeinwohlfunktion) sowie (2) die auf den einzelnen abzielende Aufgabe, einem jeden ein der menschlichen Persönlichkeit entsprechendes Dasein zu ermöglichen (Existenz und Lebensqualität; Individualfunktion). Im einzelnen kann es durch folgende **Bestandteile** (Elemente, Fallgruppen) näher gekennzeichnet werden:

221 1. **Pflicht zur Herstellung erträglicher Lebensbedingungen:** Der Staat hat sich darum zu bemühen, die Lebensverhältnisse seiner Bürger so zu gestalten, daß sie sozial gerecht und sozial abgesichert, aber unter Berücksichtigung der gegebenen Möglichkeiten noch finanzierbar sind. Er ist verpflichtet, die Lebensfähigkeit seiner Bürger zu stärken und ihr „Dasein" auf einem angemessenen Niveau (Standard) zu halten. Dies gilt insbesondere für deren lebenselementare Bedürfnisse (Wohnung, soziale Infrastruktur, finanzielle Mittel). Der einzelne hat hierbei ausnahmsweise einen unmittelbaren Anspruch auf Gewährleistung eines Mindestmaßes an materieller Sicherheit, der verfassungsrechtlich durch das Sozialstaatsprinzip in Verbindung mit Art. 1 und 2 abgesichert ist (**Existenzminimum,** vgl. §§ 1–10 und 38, insbesondere § 9 SGB-AT sowie §§ 1, 2, 4 und 11 BSHG; BVerwGE 1, 159, 161 f.; BVerfGE 78, 104, 118 f.; 82, 60, 78 ff. – Steuerfreiheit des Existenzminimums). Daraus ergibt sich generell ein Anspruch auf Beseitigung menschenwürdeverletzender Zustände und auf Herstellung eines menschenwürdigen Daseins (z. B. Anspruch auf Obdachlosenunterkunft mit Strom- und Wasseranschluß; OVG Lüneburg FamRZ 1971, 669 f.; VGH Kassel NJW 1984, 2305 f.). Die Fürsorge für Hilfsbedürftige gehört zu den selbstverständlichen Verpflichtungen des Sozialstaates (BVerfGE 43, 13, 19). In lebenswichtigen, elementaren Bereichen verdichtet sich also die sozialstaatliche Schutzpflicht zu einem unmittelbaren Anspruch. Die staatliche Gemeinschaft hat allgemein dafür Sorge zu tragen, daß das Wohl seiner Bürger gleichmäßig gefördert und ihre „Teilhabe" an den öffentlichen Leistungen und Einrichtungen sichergestellt ist **(Daseinsvorsorge).** Diesem Ziel hat der Staat seine Währungs-, Wirtschafts- und Kulturpolitik unterzuordnen und entsprechende Fehlentwicklungen zu verhindern. Er ist deshalb etwa grundsätzlich verpflichtet, die Arbeitslosigkeit zu bekämpfen, die Währungsstabilität zu erhalten und die erforderlichen Sozial- und Bildungseinrichtungen zu schaffen (vgl. BVerfGE 33, 303, 331 f.), aber auch öffentliche Einrichtungen für Gesundheit, Freizeit usw. bereitzustellen und die Umwelt zu schützen.

222 2. **Soziale Sicherheit:** Eng mit der ersten Fallgruppe hängen die Zielsetzungen zur sozialen Sicherung zusammen. Wegen ihrer besonderen Bedeutung ist es gerechtfertigt, sie als eigenes Element des Sozialstaatsprinzips darzustellen. Die soziale Sicherheit verlangt die Schaffung oder Erhaltung von Einrichtungen, die vorbeugend oder abhelfend zum Schutz des einzelnen in Krisen und Notsituationen, wie etwa Arbeitslosigkeit, Krankheit, Alter, Erwerbs- und Arbeitsunfähigkeit usw., die notwendige Daseinshilfe gewähren; sie fordert staatliche Vor- und Fürsorge für einzelne oder für Gruppen der Gesellschaft, die aufgrund persönlicher Lebensumstände oder gesellschaftlicher Benachteiligung in ihrer persönlichen und sozialen Entfaltung behindert sind. Es geht also dabei letztlich um eine sozial gerechte Verteilung der Lebensrisiken, um eine Gefahren- und Risikogemeinschaft auf breiter Basis unter Beteiligung des Staates (Solidargemeinschaft; vgl. BVerfGE 27, 253, 283 f.; 45, 376, 385 ff.). Die soziale Sicherheit ist deshalb durch ein umfassendes

System sozialer Leistungen zu gewährleisten (Grundstandard an sozialer Infrastruktur; vgl. §§ 1ff. SGB). Dazu dient ganz besonders die gesamte **Gesetzgebung zur Sozialversicherung und Versorgung:** Kranken-, Unfall- und Rentenversicherung (Reichsversicherungsordnung), Arbeitslosenversicherung, aber auch Lastenausgleich und Kriegsopferversorgung (vgl. Art. 120, 120a sowie §§ 4ff. SGB – Allg. Teil –). Dieses gesamte bestehende Sozialgesetzgebungswerk dient, was nochmals besonders zu betonen ist, der sozialen Sicherung und dem sozialen Ausgleich, namentlich dem Schutz der sozialen Existenz gegen die Wechselfälle des täglichen Lebens. Es ist in seiner heutigen Ausgestaltung, die sich längst nicht mehr auf die Abwehr ausgesprochener Notlagen und die Vorsorge für die sozial schwächsten Bevölkerungskreise beschränkt, ein besonders prägnanter Ausdruck des Sozialstaatsprinzips (Solidarität als Dimension der Sozialstaatlichkeit; BVerfGE 28, 324, 348; 75, 348, 359f.).

3. **Soziale Gleichheit:** Nach Auffassung des BVerfG (E 5, 85, 206) soll das Sozial- **223**
staatsprinzip die Gleichheit fortschreitend bis zu dem vernünftigerweise zu fordernden Maß verwirklichen. Der sozialstaatliche Auftrag will also Ausgleich und Schonung der Interessen, strebt annähernd gleichmäßige Förderung des Wohles aller Bürger und annähernd gleichmäßige Verteilung der Lasten an. Dies hat allerdings im Sinne einer größtmöglichen **Chancengleichheit** und eines sozialen Ausgleichs, d.h. eines besonderen **Schutzes der sozial Schwachen,** zu erfolgen (Überwindung des sozialen Ungleichgewichts; Ausgleich der sozialen Defizite). Gerade diese Komponente des Sozialstaatsprinzips erzeugt häufig ein Spannungsverhältnis zwischen der Sozialstaatlichkeit und dem Grundrecht des Art. 3 (Gleichheitsgrundsatz). Da beide Prinzipien wesentliche Elemente der verfassungsmäßigen Grundordnung sind, besteht bei ihrer Auslegung eine Wechselwirkung und die Pflicht zur gegenseitigen Berücksichtigung. Im Einzelfall darf also der Gleichheitsgrundsatz nicht unter Verstoß gegen das Sozialstaatsprinzip, sondern nur im Lichte und unter Beachtung der Sozialstaatlichkeit interpretiert werden (Abbau sozialer Ungleichheit). Die Gleichheit des Art. 3 ist deshalb keine schematische, absolute; vielmehr stellt sie, wenn im Einzelfall das Sozialstaatsprinzip betroffen ist, gewissermaßen eine soziale Gleichheit dar (vgl. BVerfGE 8, 155, 167). Dies bedeutet, daß sozialstaatliche Gründe eine Ungleichbehandlung sachlich rechtfertigen können. Aus der Zielsetzung sozialer Gleichheit folgt demnach ein Gestaltungsauftrag zum Abbau sozialer Ungleichheit (BVerfGE 5, 85, 198), zur sozialen Umverteilung und zum Schutz der sozial und wirtschaftlich Schwächeren durch Subventionen, Steuerlasten, Leistungen, Beschränkungen und ähnliche Maßnahmen. Möglichst alle Bevölkerungsschichten sind am Fortschritt und an den wachsenden Möglichkeiten des Konsums usw. zu beteiligen. So kann etwa eine einigermaßen gerechte Chancengleichheit auf dem Bildungssektor u. a. nur erreicht werden, wenn sich Fähigkeiten und Begabungen unabhängig von „schichtenspezifischen Faktoren" entwickeln können, und der Staat entsprechend der wirtschaftlichen Bedürftigkeit angemessene Ausbildungsbeihilfen gewährt (z.B. BAFöG, GrAFöG usw.). Weiter ist beispielsweise eine nicht völlig ungleiche Versorgung der Bevölkerung mit Wohnraum und überhaupt die Herstellung möglichst gleichwertiger Lebensverhältnisse nur durch Maßnahmen für sozial Schwache, wie Gewährung von Wohngeld, Bau von

Sozialwohnungen usw. zu erreichen. Hierher sind auch zu zählen, die besonderen Leistungen für kinderreiche Familien (Kindergeld), staatliche Subventionierung von Grundnahrungsmitteln, eine sozial gerechte Lasten- und Steuerverteilung (wirtschaftlich Starke sind stärker zu belasten, Steuerprogression), eine breitere Streuung des Eigentums (etwa durch Wohnungsbauförderung; vgl. besonders BVerfGE 12, 354ff., 367ff. zum VW-Privatisierungsgesetz vom 21. 7. 1960), der Anspruch auf einen Pflichtverteidiger in besonderen Fällen (BVerfGE 46, 202, 210f.; zur Beratungs- und Prozeßkostenhilfe als Sozialhilfe: BVerfGE 78, 104, 118f.; Kollhosser/Baumgärtel ZRP 1979, 297f.; Grunsky NJW 1980, 204ff.) und ähnliches mehr. Der Staat muß der sozialen Ungleichheit, die sich angesichts der **Dialektik von Gleichheit und Freiheit** immer wieder neu stellt, entgegenwirken, sie durch sozialen Ausgleich und soziale Leistungen korrigieren, um dadurch die individuelle und gesellschaftliche Freiheit und die rechtliche Gleichheit für alle möglichst real zu erhalten (sozialstaatliches Doppelziel: Hebung des allgemeinen Wohlstandes und Teilhabe möglichst aller daran i. S. eines relativen Mehr an Gleichheit; vgl. Zacher, in: HdBStaatsR Bd. I, § 25, Rdn. 32ff.). Bei der Entscheidung zwischen den Geboten des Sozialstaats- und des Gleichheitsgrundsatzes steht dem Gesetzgeber ein nicht geringer Spielraum zu.

224 4. **Soziale Freiheit:** Dem Sozialstaatspostulat kommt weiter die Aufgabe zu, schädliche Auswirkungen schrankenloser Freiheit zu verhindern (BVerfGE 5, 85, 206). Den Freiheitsgrundrechten sind durch die Sozialstaatlichkeit gewisse Grenzen gezogen, um den Mißbrauch wirtschaftlicher Macht und persönlicher Abhängigkeitsverhältnisse, „Auswüchse" der Freiheitsrechte, zu verhindern **(„Durchdringung" aller Grundrechte mit sozialstaatlichen Elementen).** Auch insoweit besteht also zwischen dem Schutz des einzelnen und den Anforderungen der sozialstaatlichen Ordnung eine grundsätzliche Spannungslage, die durch eine entsprechende Wechselwirkung aufzulösen ist, wobei dem Gesetzgeber ein relativ weiter Handlungsspielraum eingeräumt wird (BVerfGE 44, 70, 89). Dies bedeutet, daß die Freiheitsrechte im Lichte der Sozialstaatsklausel gesehen und interpretiert werden müssen und umgekehrt. Eine Entscheidung zugunsten des Sozialstaatsprinzips ist dabei dann nicht zu beanstanden, wenn eine Lösung zugunsten der Freiheit nicht unbedingt geboten war (vgl. BVerfGE 10, 354, 370f.; 18, 257, 267; Wipfelder ZRP 1986, 140ff.). Die hier angesprochene Komponente der Sozialstaatlichkeit sieht es etwa als ihre Aufgabe an, wirkliche Ausbeutung, nämlich Ausnutzung der Arbeitskraft zu unwürdigen Bedingungen und unzureichendem Lohn zu unterbinden oder den Mieter vor unzumutbaren Schikanen oder Maßnahmen des Vermieters zu schützen (Schutz „abhängiger" Rechtspositionen wie des Arbeitnehmers, des Mieters und Pächters, des Verbrauchers usw.). Das Sozialstaatsprinzip gewährleistet zwar kein Recht auf Arbeit, aber im Grundsatz die Rechtsbereiche Tarifvertragsrecht, Arbeitsschutz- und Arbeitszeitrecht, Urlaub und Lohnfortzahlung, den gesamten Kündigungsschutz, aber auch das Betriebsverfassungs- und Mitbestimmungsrecht (BVerfGE 28, 314, 323; zum Mieter- und Pächterschutz: BVerfGE 37, 132, 143). Es geht also bei dieser Zielsetzung vor allem um eine sozial gerechtfertigte, begrenzte Einschränkung der Privatautonomie, der Vertragsfreiheit, durch den Staat (vgl. BVerfGE 8, 274, 329; 21, 87, 91).

5. **Öffentlich-rechtliches Entschädigungssystem:** Als letztes Element der Sozialstaatlichkeit ist die Gewährleistung öffentlich-rechtlicher Entschädigung bei Eingriffen des Staates in die Rechte des einzelnen zu nennen. Sowohl das Rechtsstaats- als auch das Sozialstaatsprinzip fordern, daß der durch einen staatlichen Eingriff – eine dem Staat zuzurechnende Unrechtshandlung oder -unterlassung – Geschädigte einen Schadenersatzanspruch an den Staat hat, also ein umfassendes öffentlich-rechtliches Entschädigungssystem und überhaupt ein soziales Entschädigungsrecht besteht (vgl. Art. 34, § 839 BGB; Art. 14 III; Aufopferung; enteignungsgleicher Eingriff; vgl. etwa BGHZ 9, 83, 86ff., 90f. – Impfschadensfall – und BGHZ 25, 238, 241 – Querschnittslähmungsfall –; BGH NJW 1977, 1875ff. – Fluglotsenstreik –; zur Reform des Staatshaftungsrechts, zu dem am 2. 7. 1981 verkündeten neuen Staatshaftungsgesetz, BGBl. I S. 553, und zu dessen Verfassungswidrigkeit: Vogel DVBl. 1978, 657ff.; Schwerdtfeger JuS 1982, 1ff.; BVerfGE 61, 149, 173ff.; zum OpferschutzG: Weigend NJW 1987, 1170ff.). **225**

6. Die Vielgestaltigkeit der Sozialstaatsbereiche der Gegenwart soll das auf S. 112 dargestellte **Schaubild 7** verdeutlichen. **226**

III. Besondere Probleme

1. Neben den Schwierigkeiten, die Sozialstaatlichkeit begrifflich zu fassen, wurde bereits die Problematik angedeutet, daß zwischen dem Sozialstaatsprinzip und der Staatszielbestimmung der Rechtsstaatlichkeit, in deren Zentrum die Grundrechte stehen, ein unaufhebbares und grundsätzliches **Spannungsverhältnis** besteht (BVerfGE 10, 354, 371). Dies beruht vor allem darauf, daß dem Rechtsstaat überwiegend statische Elemente (Bewahrung und Sicherung des Bestehenden) innewohnen, während der demokratische Sozialstaat weit mehr von Dynamik, von sozialem Fortschritt und gestaltenden Elementen geprägt ist und zeigt sich auch in der Entwicklung der Grundrechte von reinen Abwehrrechten gegen den Staat (status negativus) zu „Teilhaberechten“ (status positivus, vgl. BVerfGE 33, 303, 330f.). Gerade der Staat der modernen Industrie- und Massengesellschaft fordert aber eine ständige Gestaltung der gesellschaftlichen Ordnung durch Steuerung, Lenkung, Eingriff, Intervention, vorausschauende Planung und weiteres mehr, nicht zuletzt aus gesellschaftlicher Solidarität zugunsten der Unterprivilegierten (vgl. etwa die gegenwärtige staatliche Gesellschafts-, Wirtschafts- und Finanzpolitik). Diese Tatsache zwingt zu einem Ausgleich beider Prinzipien und zu einer Verbindung der im sozialen Rechtsstaat enthaltenen Rechts- und Pflichtenpositionen. Der Mensch bedarf zu seinem Schutz in der heutigen Gesellschaft sowohl des Rechtsstaats- (persönliche Freiheit) als auch des Sozialstaatsprinzips (soziale Sicherheit usw.). Erst bei einer sinnvollen **Synthese beider Staatszielbestimmungen** ist der Schutz der Menschenwürde verwirklicht. Nur die permanente Suche nach einer optimalen Synthese und das Auffinden des „rechten Maßes“ des Nebeneinanders vermag die rechtliche Verknüpfung und wechselseitige Begrenzung von sozialstaatlicher Aktivität und rechtsstaatlicher Unantastbarkeit zu gewährleisten. Ständige Aufgabe des Staates ist es demnach i. S. einer permanenten Fortentwicklung bzw. **227**

Sozialstaatsbereiche der Gegenwart			
I KLASSISCHES SOZIALSYSTEM	II NEUERE SOZIALBEREICHE (soziale Infrastruktur)	III BERUF UND ARBEIT	IV GLOBALE SOZIALSTAATSBEREICHE
(mit den drei Säulen: *Versicherung* der Arbeitnehmer; *Versorgung* der Beamten; *Fürsorge der übrigen Notleidenden)* Krankenversicherung Unfallversicherung Rentenversicherung Arbeitslosenversicherung Beamten*versorgung* *Fürsorge:* Kannleistung ohne Rechtsanspruch; jetzt ersetzt durch feste Jugend- und Sozialhilfe, siehe Spalte II *Beratungshilfe* *Prozeßkostenhilfe* (außergerichtl. und gerichtl. Kostenbefreiung; früher *Armenrecht*)	Sozialhilfe Jugendhilfe Kindergeld Wohngeld, Heizölbeihilfe sozialer Wohnungsbau sozialer Mieterschutz soziale Steuerfreibeträge Sparprämien Subventionen (z. B. grüner Plan) Kriegsopferversorgung Behindertenhilfe Flüchtlingshilfe Grenzlandhilfe Lastenausgleich Gastarbeiterschutz Gefangenenschutz Aufopferungsansprüche (z. B. für Impfgeschädigte) Berlinhilfe Bildung und Kultur	Ausbildungsförderung Arbeitsförderung Arbeitsvermittlung Arbeitsschutz Berufsbildungsrecht Jugendarbeitsschutz Kündigungsschutz Urlaubsschutz Schwerbeschädigtenschutz Betriebsverfassungsrecht betriebliche Sozialleistungen Mutterschutz Ladenschluß Arbeitszeit und Freizeit Gewerbeaufsicht Arbeitskampfrecht incl. Tarifautonomie der Sozialpartner	wirtschafts- und finanzpolitische Globalsteuerung Steuerreformen Bodenrechtsreformen Bildungsreformen Vermögensbildung Mitbestimmung Infrastruktur und Raumplanung (z. B. Wasser, Strom, Entsorgung; öffentl. Einrichtungen für Sport, Gesundheit, Bildung usw.) Umweltschutz Gesundheitsreform Rentenreform
Sozial- bzw. Verwaltungsgerichtsschutz	*Sozial-/Verwaltungsgerichtsschutz*	*Arbeits- bzw. Verwaltungsgerichtsschutz*	*Verfassungsgerichtsschutz*

Schaubild 7

Reform der Sozialordnung, eine Harmonisierung beider Grundsätze anzustreben (vgl. dazu auch Rdn. 239). Dabei ist allerdings zu beachten, daß die Verwirklichung der Sozialstaatlichkeit in den Formen des rechtsstaatlichen Handelns zu erfolgen hat, und daß die Ausgestaltung jedes der beiden Prinzipien dort seine Grenze hat, wo es in den unantastbaren Kernbereich des anderen eingreifen (Art. 79 III) oder gegen andere Verfassungsbestimmungen verstoßen würde.

2. Der soziale Rechtsstaat beinhaltet nicht nur die staatliche Pflicht, die Bürger **227a** sozial und gerecht zu betreuen, sondern auch die Erwartung, daß der einzelne Bürger sich ihm gegenüber sozial und gerecht verhält. Daraus und im Hinblick auf die Beschränktheit der Finanzmittel ergibt sich der generell im gesamten Sozialrecht geltende Grundsatz, daß derjenige, der in der Lage ist, sich aus eigener Kraft zu helfen, zurückzutreten hat (Eigenverantwortlichkeit des einzelnen; Selbsthilfe; **Subsidiarität** des Sozialrechts; § 9 SGB, §§ 2, 11 BSHG; BVerfGE 17, 38, 47, 56f.). Der Mensch ist weder bloßes Objekt staatlicher Versorgung noch besteht ein staatliches Sozialmonopol (Art. 1, 2 I und 20). Die individuelle Selbstbestimmung gilt grundsätzlich auch für Hilfsbedürftige. Die Prinzipien der gesellschaftlichen Selbstregelung, der Selbsthilfe und der Solidargemeinschaft zu aktivieren und zu fördern ist ebenso Aufgabe des Staates wie die Menschen vor drohender Sozialgefährdung zu bewahren (vgl. zur Problematik der Altenpflege: Pitschas ZRP 1987, 283ff.).

3. Ein sinnvoller Ausgleich der sozialen und rechtsstaatlichen Elemente ist aber **228** auch deshalb ständig vorzunehmen, um „Klassenkonflikte" friedlich austragen und eine sozial- bzw. gesellschaftspolitische Einheit schaffen zu können **(konsens- und integrationsstiftende Wirkung).** Hier zeigt sich deutlich die wechselseitige Verschränkung von Staat und Gesellschaft. Vor allem der Gesetzgeber hat die konkrete soziale, rechtsstaatliche Gerechtigkeit in einem ständigen Auseinandersetzungsprozeß mit allen an der Gestaltung des gesellschaftlichen Lebens Beteiligten zu ermitteln und in rechtmäßigen Verfahren festzustellen und zu gestalten (vgl. etwa die Diskussion zum Abbau von Sozialleistungen, zum Arbeitskampfrecht, zum Umweltschutz usw.). Hier wird ein sehr aktuelles Problem des Staates der modernen Industriegesellschaft sichtbar. Wichtig ist vor allem die Erkenntnis, daß der **„soziale Frieden"** und damit ein Mindestmaß an sozialer Gerechtigkeit Voraussetzung für den innerstaatlichen Frieden in Freiheit ist (solidarische „soziale Einheit").

4. Schließlich ist in diesem Zusammenhang noch auf ein anderes Problem hinzuwei- **229** sen, das mit den Stichworten **„Sozialstaat – Wohlfahrtsstaat – Versorgungsstaat"** umschrieben werden kann. Dieses Problem hat eine rechtliche und eine finanzielle Komponente. Der soziale Rechtsstaat des GG strebt keinen totalen Versorgungsstaat an, sondern grundsätzlich einen Staat, der neben der Sicherung und Wohlfahrt des einzelnen ebenso die selbstverantwortliche Freiheit und damit die Erweiterung der Freiheitssphäre aller Staatsbürger, insbesondere der sozial Benachteiligten (Chancengleichheit), als Ziele verfolgt. Der Herstellung eines umfassenden Wohlfahrts- und Versorgungsstaates sind dadurch gewisse verfassungsrechtliche Grenzen gesetzt, obwohl der Sozialstaat die nicht ungefährliche Tendenz in sich trägt, sich zum Wohlfahrtsstaat, zum „Wohltaten-, Interventions- und Gefälligkeitsstaat" hin zu entwickeln (starke Zunahme der Staatstätigkeiten aufgrund überhöhtem An-

spruchsdenken; „soziale Hängematte“; Problem der „Verstaatlichung der Gesellschaft“). Daneben ist aber auch besonders zu bedenken, daß sich der Umfang der sozialen Sicherheit und der staatlichen Versorgung ganz entscheidend auf den Preis auswirkt, den der einzelne und der Staat dafür zu bezahlen haben. Mehr denn je wird deshalb heute die Frage gestellt, wo die Grenze der Sozialpolitik liegt, die noch volkswirtschaftlich vertretbar ist. Da sich auch die beste Sozialpolitik nicht unbegrenzt durch immer höhere Staatszuschüsse (aus Steuern) und Beiträge der einzelnen finanzieren läßt, wird man künftig mehr als bisher an die Eigenverantwortung und Selbsthilfe des einzelnen appellieren sowie Prioritäten setzen müssen, die ganz besonders von den finanziellen Möglichkeiten her bestimmt sind („Schlüsselstellung“ der Haushalts- und Finanzpolitik bei der Verwirklichung sozialer Gerechtigkeit; vgl. die gegenwärtigen Leistungslähmungen des „überforderten“ Staates; Konzentration des Mitteleinsatzes auf echt Bedürftige; BVerfGE 33, 303, 329ff.; 82, 60, 80ff.; Benda RdA 1981, 137ff.; Müller-Volbehr ZRP 1984, 262ff.).

230 5. Mehr als die anderen Staatszielbestimmungen des Art. 20 ist das Sozialstaatsprinzip eine **verfassungspolitische Grundsatznorm.** Dies legt allen staatstragenden Kräften eine besondere politische Verantwortung zur Verwirklichung des sozialen Rechtsstaates auf. Dabei kann das System des sozialen Rechtsstaates aber nur bei einer überwiegenden Annahme durch die Staatsbürger und außerdem nur bei freiwilliger **Übernahme sozialer Verantwortung** funktionieren. Denn wer den Sozialstaat nur passiv, als den Erfüller von Forderungen sieht, führt ihn ad absurdum und gefährdet letztlich neben dem Sozialstaat auch den Rechtsstaat. Was die soziale Rechtsordnung bieten will, läßt sich auf Dauer eben nur im Rahmen einer lebendigen, integrierten und solidarischen, aber auch über die Wahl der Repräsentativorgane hinausgehenden „Teilhabenden Gemeinschaft“ verwirklichen. Folglich kann „das Balancesystem des sozialen Rechtsstaates nur funktionieren, wenn die Verpflichtung zu sozialer Verantwortung von den zu ihrer Tragung Berufenen – d.h. von einer in genügend breite Schichten des Volkes hineinreichenden Elite und in besonderem Maße von den Inhabern wirtschaftlicher Machtpositionen – erkannt, und wenn diese Verantwortung von ihnen freiwillig übernommen und getragen wird“ (O. Bachof).

IV. Verfassungsrechtliche Bedeutung

231 Die Sozialstaatlichkeit, die Herstellung und Erhaltung sozialer Gerechtigkeit, ist wie gesagt ein nur schwer faßbares und deshalb ein der konkreten Ausgestaltung in hohem Maße fähiges und bedürftiges Prinzip. Die Verfassung gibt nur darüber Gewißheit, was die Sozialstaatlichkeit prinzipiell meint, was aber konkret darin angeordnet ist, bleibt in großer Ungewißheit. Folglich wendet es sich in erster Linie an den Gesetzgeber, besitzt aber auch für Verwaltung und Rechtsprechung Bedeutung. Dem Sozialstaatsprinzip kommt nach der Rechtsprechung vor allem des BVerfG dabei folgende verfassungsrechtliche Bedeutung zu:

232 1. Das Wesentliche zur Verwirklichung des Sozialstaatspostulats hat, weil eben das Sozialstaatsprinzip nur das „Was“ und nicht das „Wie“ verfassungsrechtlich festlegt, die Legislative zu leisten. Der **Gesetzgeber** hat deshalb ein **sozialstaatliches Mandat** inne, er ist zu sozialer Aktivität, zur Festlegung des „Wie“ verpflichtet (BVerfGE 1, 97, 100, 105; ewige gesetzgeberische Verpflichtung). Er ist also primär Adressat des Sozialstaatspostulats und zu dessen inhaltlicher Präzisierung aufgerufen. Dabei verbleibt ihm ein weiter Raum für freie Gestaltung (BVerfGE 18, 257, 267, 273; 65, 182, 193). Der Gesetzgeber hat folglich nach ganz h.M. festzulegen, was als sozialstaatlich zu gelten hat (Gesetzesrecht als Medium des Sozialen; BVerfGE 82, 60, 79ff.). Das BVerfG selbst hat bislang noch keine von der Gesetzgebung abweichende eigene Auffassung oder gar Konzeption zum Sozialstaatsprinzip aufgestellt und auch nicht erkennen lassen, welche Mindestforderungen („Kernbereich“) erfüllt sein müssen, um noch der Sozialstaatsklausel der Art. 20 I, 28 I gerecht zu werden. Hier zeigt sich im Vergleich zu anderen Bereichen eine hie und da vielleicht etwas zu starke richterliche Selbstbeschränkung. Lediglich in BVerfGE 1, 97, 105 hat es einmal ausgeführt, daß nur dann, wenn der Gesetzgeber die sozialstaatliche Pflicht willkürlich, d.h. ohne sachlichen Grund versäumt, möglicherweise dem einzelnen hieraus ein mit der Verfassungsbeschwerde verfolgbarer Anspruch erwachsen könne (Garantie eines sozialstaatlichen Mindeststandards).

2. Daneben richtet sich das Sozialstaatsprinzip – mit kaum geringerer Bedeutung – **233**
auch an die Verwaltung und Rechtsprechung, für die es eine **verbindliche Auslegungsregel** bei der Rechtsanwendung darstellt (verfassungskonforme Auslegung und Rechtsanwendung sowie Ermessensrichtlinie für die Verwaltung). Das Gebot der Sozialstaatlichkeit, das Bekenntnis zu sozialem Ausgleich, zu sozialer Sicherheit und Gerechtigkeit, kann dabei sowohl bei der Auslegung des Grundgesetzes selbst als auch bei der Auslegung anderer Gesetze entscheidend sein (BVerfGE 1, 97, 105).

a) Als Grundsatznorm des GG ist das Sozialstaatsprinzip auch bei der **Auslegung der** **234**
Verfassung selbst zu beachten (Art. 20 I, 28 I, 79 III). Dies gilt ganz besonders bei dem Versuch, das Spannungsverhältnis zwischen dem Rechtsstaatsprinzip, insbesondere den Freiheits- und Gleichheitsgrundrechten, und dem Sozialstaatsgrundsatz zu lösen (gegenseitige Wechselwirkung zu einer möglichst harmonischen Synthese, vgl. Rdn. 227; zu den „sozialen“ Grundrechten vgl. Rdn. 547f., 562 und 565f.).

b) Für Behörden und Gerichte ist das Sozialstaatsprinzip als wertentscheidende **235**
Grundsatznorm weiter **verpflichtende Auslegungsmaxime für alle übrigen Rechtsnormen** (Verfassungskonformität). Vor allem bei der Auslegung und Anwendung von unbestimmten Rechtsbegriffen, Ermessensbestimmungen usw. ist es als verbindliche Richtlinie zu berücksichtigen (Auslegung in sozialstaatlichem Geist; Vermutung für eine Ermessensausübung im Lichte der Sozialstaatlichkeit; insbesondere im Bürger-Staat-Verhältnis und bei der Auslegung subjektiv-öffentlicher Rechte). Darüber hinaus dürfen überhaupt alle staatlichen Maßnahmen dem Sozialstaatsgrundsatz nicht widersprechen. Das soziale Prinzip ist Maßstab allen staatlichen Handelns.

3. Die besonders starke Ausrichtung des Sozialstaatsauftrags auf den Gesetzgeber, **236**
der erst dessen Inhalt zu präzisieren und justiziabel zu machen hat, hat zur Folge,

daß aus dem Sozialstaatsprinzip allein für den einzelnen keine Detailprogramme, **keine unmittelbaren, judizierbaren Rechte und Pflichten** abgeleitet werden können. Nach der Rechtsprechung enthält dieses Prinzip grundsätzlich keinen rational verläßlichen Maßstab, an dem eine rechtliche Entscheidung orientiert werden kann. Das „Wie" ist eben vom Gesetzgeber auszugestalten und festzulegen. Insoweit ist es richterlicher Inhaltsbestimmung oder Rechtsfortbildung nur wenig zugänglich (BVerfGE 65, 182, 193). Eine gewisse Ausnahme bildet der **Anspruch auf ein Existenzminimum** (Anspruch auf Sozialhilfe, Obdachlosenunterkunft mit Strom- und Wasseranschluß und dergl.; vgl. Rdn. 221). Aber auch bei der Gewährleistung dieser subjektiv-öffentlichen Rechte auf ein menschenwürdiges Dasein (Mindestmaß an sozialer Sicherheit) hat sich die Rechtsprechung nicht allein auf das Sozialstaatsprinzip berufen, sondern zudem besonders auf Art. 1 und 2 zurückgegriffen (BVerwGE 1, 159, 161f.; vgl. auch BVerfGE 43, 13, 19; weitere Ansprüche i. V. m. Art. 3 I, 7 IV und 12 – Hochschulzugang, Privatschulförderung usw. –). Im übrigen ist anerkannt, daß die Sozialstaatsklausel geeignet sein kann, staatliche Gewährungen zu Rechtsansprüchen zu verfestigen (insbesondere bei Ermessensvorschriften; BVerwGE 1, 159, 160f.; 18, 352, 355).

237 4. Wie die anderen Staatszielbestimmungen des Art. 20 wird auch die Entscheidung zur Sozialstaatlichkeit, die Pflicht des Staates zur Gestaltung einer gerechten Sozialordnung, gemäß **Art. 79 III** für den verfassungsändernden Gesetzgeber im Grundsatz für unabänderbar erklärt („verewigt"). Analog den Schwierigkeiten bei der Bestimmung des Sozialstaatsbegriffs ist es auch hier äußerst problematisch, was als unabänderbar zu gelten hat. Sicher dürfte dabei sein, daß selbst der Verfassungsgesetzgeber den Staat nicht von der Verantwortung freizeichnen kann, für ein menschenwürdiges Existenzminimum seiner Bürger zu sorgen und außerdem das Gesetzgebungswerk der Sozialversicherung (gegen Krankheit, Unfall, Alter und Arbeitslosigkeit) in seinen Grundzügen erhalten bleiben muß. Mit Maunz/Dürig ist im Hinblick auf Art. 20 I, 28 I, 79 III festzustellen, „daß ein bequemes Sichzurückziehen des Staates in eine bloße Rechtsbewahrungsrolle (Nachtwächterrolle) und ein Sichselbstüberlassen der vom Staat getrennten Gesellschaft ‚unantastbar' der Vergangenheit angehören" (Maunz/Dürig, a.a.O., Art. 79, Rdn. 49).

238 5. Der vorstehend beschriebene normative Gehalt des Sozialstaatsprinzips, so wie er insbesondere von der Rechtsprechung entwickelt wurde, wird nicht von allen als befriedigend angesehen. Es ist deshalb nicht verwunderlich, daß Versuche unternommen wurden, die **Legitimationskraft des Sozialstaatspostulats stärker zu aktivieren,** von einem eher „Minimum" zu einem mehr „Maximum" sozialstaatlicher subjektiv-öffentlicher Rechte zu gelangen. Allerdings muß stets deutlich gesehen werden, daß das Sozialstaatsgebot ressourcenabhängig ist und durch die Finanzierbarkeit begrenzt wird (vgl. dazu Stern EStL, Sp. 3269, 3277ff.).

V. Zuordnung der einzelnen Staatszielbestimmungen

239 Die in der Verfassungsentscheidung des Art. 20 enthaltenen Grundprinzipien stehen teilweise zueinander in Konflikt, sind aber auch in mannigfaltiger Weise ineinander verflochten. Eine einzelne Staatszielbestimmung per se gibt es nicht. Deshalb ist die vereinzelt vertretene These vom unüberbrückbaren Widerspruch zwischen Freiheit und Gleichheit nicht richtig. Die Prinzipien Demokratie, Rechtsstaat und Sozialstaat sind vielmehr zwingend aufeinander angewiesen; sie bedürfen dabei einer „richtigen Balance". Dies macht es notwendig, sie einander so zuzuordnen, daß die **Einheit der Verfassung** nicht gefährdet wird (Homogenität der Verfassung durch eine Synthese der in Art. 20 enthaltenen gleichrangigen Prinzipien). Sie sind entsprechend den sich wandelnden Bedürfnissen unter Einbeziehung der bundesstaatlichen Erfordernisse in einem ständigen Prozeß zu harmonisieren (vgl. Rdn. 227). Hier bedarf es des Prinzips der „praktischen Konkordanz" (vgl. Rdn. 648f.), wonach Zielsetzungen in der Weise einander zuzuordnen sind, daß möglichst allen zu optimaler Wirksamkeit verholfen wird. Dabei sind evtl. auftretende Konfliktslagen im Einzelfall nach Abwägung aller Umstände zu entscheiden. Die Prinzipien Rechtsstaat und Sozialstaat sind im übrigen durchaus bewußt in ein Verhältnis rechtlicher Verknüpfung und wechselseitiger Begrenzung gestellt worden, eben den **sozialen Rechtsstaat.** Letzlich wird aber nur dann längerfristig die grundgesetzliche Ordnung ungestört, lebendig und entwicklungsfähig bewahrt werden können, wenn der Auftrag des GG im Rahmen des Finanzierbaren konsequent weitergeführt wird, aus dem demokratischen Rechtsstaat den demokratischen und sozialen Rechtsstaat weiter zu entwickeln (vgl. Hesse § 8).

Literatur: *Hesse* § 6 II 3; *Maunz/Zippelius* § 13; *Stein* § 6; *Stern,* Bd, I, § 21; *Zacher,* Das soziale Staatsziel, in: HdBStaatsR Bd. I, § 25; *Bachof,* VVDStRL, Bd. 12 (1954), S. 37–84; *Forsthoff* (Hrsg.), Rechtsstaatlichkeit und Sozialstaatlichkeit, Darmstadt 1968; *Menzel,* Die Sozialstaatlichkeit als Verfassungsprinzip der Bundesrepublik, DÖV 1972, S. 537–546; *Starck,* Gesetzgeber und Richter im Sozialstaat, DVBl. 1978, 937ff.; *Benda,* Bundessozialgericht und Sozialstaatsklausel, NJW 1979, 1001ff.; *Benda,* Der soziale Rechtsstaat, in: Benda/Maihofer/Vogel (Hrsg.), Handbuch des Verfassungsrechts, S. 477, 509ff.); *Baltzer,* Einführung in das Sozialrecht, JuS 1982, 247ff. bis 1985, 508ff. (in Fortsetzungen); *Müller-Volbehr,* Sozialverfassung, Sozialpolitik und Sozialreform, ZRP 1984, 262ff.; *Wipfelder,* Die verfassungsrechtliche Kodifizierung sozialer Grundrechte, ZRP 1986, 140ff.; *Krause,* Sozialstaat und Sozialrecht, JuS 1986, 349ff.; *Badura,* 40 Jahre Sozialstaat, DÖV 1989, 491ff.; *Bäcker,* Sozialpolitik im vereinigten Deutschland, in: Das Parlament, Beilage 3/4, 1991, S. 3ff.

Wiederholungsfragen und Fälle:

(1) Hat nach den verfassungsrechtlichen Bestimmungen das Rechtsstaatsprinzip Vorrang vor dem Sozialstaatsprinzip oder umgekehrt?
Dazu: § 11 III 1 und V (Rdn. 227).

(2) A, arbeitslos und Vater von 7 Kindern, kann die Miete nicht mehr bezahlen. Der Vermieter hat ihm gekündigt und will seine Familie auf die Straße setzen. Er fragt einen Jurastudenten, ob er nicht einen Anspruch an die zuständige Stadtverwaltung auf Zuweisung einer dem heutigen zivilisatorischen Niveau entsprechende Wohnung mit Bad aus den Art. 20, 28, aber auch aus Art. 1, 2 und 13 habe. Welche Auskunft wird ihm der Jurastudent geben müssen?
Dazu: § 11 II 1 und IV 3 (Rdn. 221, 236; vgl. OVG Lüneburg, FamRZ 1971, S. 669f.).

(3) Im Hinblick auf die Wirtschafts- und Haushaltslage und die enorm gestiegenen Aufwendungen im Gesundheitssektor bringt die X-Fraktion im Bundestag einen Gesetzentwurf ein, nach dem mit Ablauf des nächsten Jahres die gesetzliche Krankenversi-

cherung abgeschafft werden soll. Die Bundesregierung erhebt dagegen rechtliche Bedenken. Zu Recht? Warum?
Dazu: § 11 II 2 und IV 4 (Rdn. 222, 237; vgl. etwa BVerfGE 36, 73, 84; 39, 302, 314f.).

(4) Wäre es verfassungsrechtlich zulässig, das Prozeßkostenhilfe- und das Beratungshilfegesetz (BGBl. I 1980, S. 677 und 689) ersatzlos aufzuheben?
Dazu: § 11 II 3 (Rdn. 223; vgl. BVerfGE 35, 348, 354ff.; Kollhosser/Baumgärtel ZRP 1979, 297ff.).

§ 12 Bundesstaat

I. Erscheinungsformen

240 1. Als weiteres Grundprinzip enthält Art. 20 I GG das fundamentale Staatsformmerkmal der Bundesstaatlichkeit. Dieses Prinzip beinhaltet wesentliche Ordnungselemente, legt vor allem die staatliche Organisationsgrundstruktur fest und versucht die Art des Zusammenschlusses von Gliedstaaten in einem Gesamtstaat zu bestimmen. Mit diesem dem **Bundesstaatsprinzip** zuförderst innewohnenden staatsorganisatorischen Zweck werden aber auch freiheitsschützende Funktionen verfolgt. Der Bundesstaat ist, wenn man ihn negativ umschreibt, eine Staatsform, die im Hinblick auf ihre innere Gliederung mehr ist als nur eine auf völkerrechtlichem Vertrag beruhende Verbindung souveräner Staaten (Staatenbund, Staatengemeinschaft; z.B. Deutscher Bund von 1815–1866) und weniger als ein Staatswesen, in dem es nur eine einzige, auf einer Ebene liegende Staatlichkeit (Staatsgewalt), den Einheitsstaat, gibt (z.B. Frankreich). Der Bundesstaat ist demnach ein Gemeinwesen, in dem mehrere Staaten zu einem neuen Staat in der Weise zusammengeschlossen sind, daß sowohl der Gesamtstaat (Bund) als auch die Gliedstaaten (Länder) Staatscharakter haben (vgl. Rdn. 66ff.). Dabei sind die Länder als Glieder des Bundes Staaten mit eigener – wenn auch gegenständlich beschränkter – nicht vom Bund abgeleiteter, sondern von ihm anerkannter staatlicher Hoheitsmacht ausgestattet (BVerfGE 1, 14, 34; 4, 178, 189). Dies bedeutet, daß im Bundesstaat sowohl der Bund als auch die Länder ungeteilte Staatsgewalt besitzen, allerdings nicht in einem umfassenden Sinne, sondern eben nur auf den ihnen gemäß der Bundesverfassung jeweils zustehenden Aufgabengebieten. Hier wird bereits erkennbar, daß das Charakteristikum und Kernproblem des Bundesstaates in der Aufteilung der Staatsgewalt nach Sachgebieten, Funktionen und Kompetenzen und damit letztlich in der Abgrenzung der Zuständigkeiten von Bund und Ländern liegt (BVerfGE 60, 175, 207ff.; zum theoretischen Streit über den „drei- bzw. **zweigliedrigen Bundesstaatsbegriff**“ – letzerer ist h. M. –: Hesse § 7, Fußn. 1; Stein § 26 III; JA ÖR 1974, 249; BVerfGE 13, 54, 77f.).

241 2. Bei alledem muß aber darauf hingewiesen werden, daß der bundesstaatlichen Ordnung keine feststehende, unabänderliche Bedeutung innewohnt, sondern das politische Prinzip des Föderalismus eine außerordentliche Vielfalt besitzt. Jeder

Bundesstaat wird von seinen jeweiligen geschichtlichen, geistig-kulturellen, sozialen, gesellschaftlichen und politischen Gegebenheiten sowie seinen verfassungsrechtlichen Zielsetzungen (Staatszweck, -aufgaben) geprägt. Jeder Bundesstaat stellt demnach eine „konkret-geschichtliche Individualität" dar, die zudem selbst noch einem gewissen Wandel unterworfen ist (unterschiedliche **Bundesstaatstypen;** vgl. z.B. Schweiz, UdSSR, USA). So lag etwa im **Deutschen Reich von 1871** das Schwergewicht der Staatlichkeit (Aufgaben und Kompetenzen) eindeutig bei den Ländern, und der aus Ländervertretern zusammengesetzte Bundesrat (Art. 6ff. RV) spielte eine entscheidende Rolle im Gesetzgebungsverfahren des Reiches (betont föderalistische Ausprägung). Dagegen war die bundesstaatliche Ordnung in der **Weimarer Republik** so ausgestaltet, daß insgesamt gesehen das politische Schwergewicht beim Gesamtstaat lag; diese Tendenz wurde noch durch die verfassungsrechtlich relativ schwache Stellung der Länderkammer verstärkt (vgl. Art. 6–11, 65f. und 74 WV; unitarische Ausprägung). Durch die Gleichschaltungsgesetze von 1933 und 1934 wurde dann der Föderalismus völlig beseitigt und das Deutsche Reich als Einheitsstaat organisiert. Das **GG von 1949** versuchte, u.a. auf Druck der Alliierten, im Prinzip einen Mittelweg zwischen der föderalistischen Bundesstaatlichkeit von 1871 und der stark unitarischen bundesstaatlichen Ordnung von 1919 zu gehen (vgl. dazu Art. 5 RV, Art. 68 und 74 WV, Art. 77f. GG). Es legt eine föderale Ordnung mit unitaristischen Zügen und der Verpflichtung zur Herstellung einheitlicher Lebensverhältnisse fest (vgl. unten Rdn. 261ff.).

II. Begriff und Wesen

Das Bundesstaatsprinzip (Föderalismus) wird zwar im GG nicht definiert, aber doch 242
im Abschnitt II, insbesondere in den Art. 20, 23, 28, 29, 37 sowie in den Art. 30, 70ff., 83ff., 92, 104aff. und zudem in Art. 79 III bruchstückhaft umschrieben. Im Rahmen einer systematischen Verfassungsinterpretation (Gesamtschau aller das Bund-Länderverhältnis betreffenden Normen) wird man die **Wesensmerkmale der bundesstaatlichen Ordnung** (Föderalismus) – selbst unter Berücksichtigung des ständigen Wandels ihrer konkreten Erscheinungsformen – folgendermaßen festlegen können: Verbindung mehrerer Staaten (Gliedstaaten; Länder) zu einem Gesamtstaat (Bund) durch eine Bundesverfassung, und zwar in der Weise, daß die Staatlichkeit des Bundes und der Länder gewährleistet und deren Beziehungen zueinander so ausgestaltet sind, daß eine gewisse Homogenität aller staatlichen Ordnungen gewährleistet ist, daß eine wechselseitige Verflechtung und Beeinflussung einschließlich gegenseitiger Einwirkungsrechte besteht, und daß die staatlichen Aufgaben und Kompetenzen zwischen Bund und Ländern eindeutig aufgeteilt sind. Zur Verhinderung eines das Bundesstaatsprinzip gefährdenden möglichen Dualismus zwischen Bund und Ländern ist die föderalistische Einrichtung „Bundesrat" als wirkungsvolle Klammer und unentbehrliches Mittlerorgan zwischen Gesamtstaat und Gliedstaaten geschaffen worden (vgl. Rdn. 245 und 364ff.). Die bundesstaatliche Struktur des GG wird vor allem durch folgende Bestimmungen konkretisiert: die Homogenitätsklausel (Art. 28 I), die Kompetenzklausel (Art. 30), die Kollisionsklausel (Art. 31) und die Mitwirkungsklausel (Art. 50). Die **wesent-**

lichen Elemente der bundesstaatlichen Ordnung des GG sind im folgenden näher darzustellen:

243 1. **Staatlichkeit von Bund und Ländern:** Das Charakteristikum des Bundesstaates ist, daß sowohl der Gesamtstaat als auch die Gliedstaaten Staatsqualität besitzen (vgl. oben). Dies bedeutet aber, daß die Verfassungsbereiche – abgesehen von Art. 28 I GG – grundsätzlich selbständig nebeneinander stehen, und die Gestaltung der verfassungsmäßigen Ordnung sowie der staatlichen Organisationsstruktur jedem Land als eigenes, originäres Recht zukommt (**Verfassungsautonomie;** vgl. BVerfGE 6, 376, 382; 36, 342, 360f.). Die Staatsgewalt ist dabei zwischen Bund und Ländern nach Aufgaben- und Funktionsbereichen aufgeteilt (je eigene – wenn auch gegenständlich beschränkte – staatliche Hoheitsmacht; BVerfGE 60, 175, 207). Hinsichtlich der ihm zustehenden Aufgabengebiete besitzt der Bund bzw. jedes Bundesland höchste unabgeleitete Staatsgewalt. Dabei muß die Aufgabenverteilung zwischen Gesamtstaat und Gliedstaaten im GG lückenlos festgelegt sein. Daraus folgt, daß den Gliedstaaten zwar kein für immer statisch festgelegter Aufgaben- und Kompetenzbereich zusteht, ihnen aber, damit ihre staatliche Eigenständigkeit nicht zu einer „leeren Hülse" wird, ein echter Kernbereich eigener unabgeleiteter Befugnisse auch auf dem Gebiet der Gesetzgebung als unentziehbar gewährleistet sein muß (Mindestkompetenzen, Grundsubstanz, „Hausgut"). So wird etwa die Kulturhoheit als ein solches Kernstück der **Eigenstaatlichkeit der Länder** angesehen (BVerfGE 6, 309, 346f.) und die verfassungsmäßig garantierte Zuweisung eines angemessenen Anteils am Gesamtsteueraufkommen, eine finanzielle Grundausstattung, im Bundesstaat für unabdingbar erklärt (Finanzautonomie; BVerfGE 34, 9, 19f.; 72, 330, 383, 388). Dem Bundesstaatsprinzip liegt deshalb in dem Merkmal der Eigenstaatlichkeit von Bund und Ländern das verfassungsrechtliche Gebot zugrunde, ein Verhältnis der Ausgewogenheit, der Gleichgewichtigkeit und Gleichberechtigung zwischen Gesamt- und Gliedstaaten zu verwirklichen (**„bündische Freiheit und Gleichheit"** i.S. einer begrenzten Souveränität, organisatorischen, materiellen und funktionellen Unabhängigkeit vom Gesamtstaat). Wesentliche Veränderungen im föderalen Systemgefüge etwa ganz eindeutig zu Lasten der Länder oder zu umfassende EG-Integration sind folglich nicht möglich. Stets sind die Essentialia der Staatlichkeit und ein angemessener politischer Gestaltungsspielraum für Bund und Länder zu sichern (vgl. Ossenbühl DVBl. 1989, 1230ff.; Schneider NJW 1991, 2448ff.).

244 2. **Homogenitätsprinzip:** Eine bundesstaatliche Ordnung darf aber, soll sie einen funktionsfähigen Bundesstaat sichern, nicht allein auf das Element der Eigenstaatlichkeit abstellen. Vielmehr müssen im Interesse der Bildung und Erhaltung politischer Einheit dem Eigenleben der Gliedstaaten gewisse Grenzen gezogen werden. Es muß verhindert werden, daß im Bundesstaat die einzelnen politischen Systeme einschließlich der in ihnen verwirklichten Chancen und Lebensbedingungen zu stark differieren, und dadurch eine Tendenz zur Auflösung der bundesstaatlichen Ordnung von innen her entsteht. Für einen Bundesstaat unerläßliche Voraussetzung ist deshalb eine gewisse Homogenität der gesamt- und gliedstaatlichen Ordnungen, durch die ein gemeinsames Mindestprogramm von normativen Grundentscheidungen sichergestellt ist **(Art. 28 I GG).** Die staatliche Grundstruktur muß in den

Ländern der des Bundes entsprechen. Dabei läßt das GG den Gliedstaaten jedoch einen großen Handlungsspielraum, will also nicht Konformität oder Uniformität, sondern nur eine gewisse Homogenität durch Bindung an die leitenden Prinzipien – republikanischer, demokratischer und sozialer Rechtsstaat im Sinne des GG – herbeiführen („mittlerer Standard“ an Homogenität der politischen Grundstrukturen; Einheit in Vielfalt; BVerfGE 24, 367, 390; 27, 44, 56). Der Bund hat nach Art. 28 III GG zu gewährleisten, daß die Landesverfassungen diesen Grundsätzen entsprechen (**„bündische Einheit“**; vgl. dazu BVerfGE 36, 342, 360ff.). Dem Homogenitätsprinzip kann auch Art. 31 GG zugerechnet werden (teilweise wird Art. 31 auch als Annex der Kompetenzverteilung angesehen). In einem Bundesstaat, in dem zwei eigenständige und grundsätzlich gleichwertige Rechtskreise nebeneinander stehen, muß bei kollidierenden Rechtsnormen eine eindeutige Stufenfolge (Normenhierarchie) festgelegt sein. Für einen solchen Fall, nämlich daß Bundes- und Landesgesetzgeber denselben Gegenstand rechtlich geregelt haben, besteht Vorrang des Bundesrechts mit der Folge der Nichtigkeit der entsprechenden Landesnormen (BVerfGE 26, 116, 135).

3. **Gegenseitige Einwirkungsrechte:** Um eine bundesstaatliche politische Einheit **245**
und nicht abgekapselte Staaten im Staate entstehen zu lassen, ist es über das Homogenitätsprinzip und die Kompetenzverteilung hinaus notwendig, verfassungsrechtlich wechselseitige Verflechtungen und Zuordnungsregelungen im Verhältnis von Bund und Ländern festzulegen. Es muß ein Zwang zur Zusammenarbeit, möglichst aktiver Koordination und Integration, institutionalisiert werden. Dem Gesamtstaat muß Einfluß auf die Gliedstaaten, den Gliedstaaten Mitwirkung bei der Willensbildung des Gesamtstaates eingeräumt werden. Nach dem GG sind die Länder am Bundesgeschehen vor allem über den **Bundesrat** beteiligt (Art. 50, 76 und 77, 79 II, 80 II, 81, 84, 85 GG). Der Bundesrat, der sich aus Mitgliedern der Landesregierungen zusammensetzt, wirkt bei der Gesetzgebung und Verwaltung des Bundes mit (vgl. dazu Rdn. 364ff.). Die Einflußmöglichkeiten des Bundes auf die Länder sind allgemein die Bundesgesetzgebung und speziell die Institute der Bundesaufsicht (Art. 84, 85), des Bundeszwangs (Art. 37), der Bundesintervention (Art. 91 II), der Gewährleistung bundesstaatlicher Homogenität (Art. 28 III) sowie die Länderneugliederung (Art. 29), die Gemeinschaftseinrichtungen (Art. 91 a, b) usw. Vor allem aber kann der Bund auch durch seine weitreichenden Gesetzgebungszuständigkeiten (vgl. etwa Art. 73ff., 104a, 105 und 109) sowie die Gewährung von Finanzhilfen etwa gemäß Art. 104a IV auf die Länder erheblichen Einfluß nehmen. Darüber hinaus bestehen wichtige zum Teil informelle Verflechtungen (z.B. Bund-/Länderkommissionen, Ministerpräsidentenkonferenzen, Fachministerkonferenzen; vgl. Rdn. 261ff.). All dies macht deutlich, daß in der Bundesrepublik Gesamt- und Gliedstaaten eng miteinander verzahnt sind.

4. **Bundestreue** (besser als „Bundesstaatstreue“ bezeichnet): Eine bundesstaatliche **246**
Ordnung, die auf Zusammenwirken und gegenseitige Ergänzung angelegt ist, bedarf einer Rechtspflicht zur wechselseitigen Rücksichtnahme, Unterstützung, Achtung und Anerkennung. Die Länder müssen sich bundesfreundlich, der Bund muß sich landesfreundlich verhalten, soll der politische Prozeß im Bundesstaat rational und effektiv verlaufen und eine bundesstaatliche Gesinnung („Treue“ gegenüber

der politischen Einheit im Bundesstaat) nicht Schaden nehmen. Alle an diesem verfassungsrechtlichen Bündnis Beteiligten sind also gehalten, dem Wesen dieses Bündnisses entsprechend zusammenzuwirken (Zwang zur Verständigung) und zu einer Festigung und Wahrung der bundesstaatlichen Belange beizutragen (BVerfGE 1, 299, 315; 34, 9, 20). Die Bundestreue soll auch die Egoismen des Bundes und der Länder in Grenzen halten. Dieser ungeschriebene verfassungsimmanente Grundsatz wechselseitiger Pflichten beherrscht das gesamte verfassungsrechtliche Verhältnis zwischen dem Gesamtstaat und seinen Gliedern, aber auch das Verhältnis der Gliedstaaten untereinander (vgl. etwa Art. 35; Rechts- und Amtshilfepflichten). Das föderale Prinzip der **bündischen Solidargemeinschaft** bedeutet: gegenseitige Information, Rücksichtnahme, Förderung, Hilfeleistung und Einstehen füreinander. Aus ihm folgen zusätzliche Pflichten der Länder gegenüber dem Bund und umgekehrt, die über die im GG ausdrücklich normierten Pflichten hinausgehen, sowie Beschränkungen in der Ausübung der dem Bund und den Ländern im GG eingeräumten Kompetenzen (BVerfGE 12, 205, 255; 72, 330, 386f.).

247 Nach der Rechtsprechung des BVerfG ergeben sich aus dem Gebot der Bundesstaatstreue u. a. folgende konkrete **bundesstaatsfreundliche Rechtspflichten: (1)** Beschränkung der Hoheitsgewalt und der Kompetenzausübung und die wechselseitige Pflicht zur Rücksichtnahme auf die Interessen des Bundes und der Länder. Bleiben etwa die Auswirkungen einer gesetzlichen Regelung nicht auf den Raum des Landes begrenzt, so muß der Landesgesetzgeber Rücksicht auf die Interessen des Bundes und der übrigen Länder nehmen; der Bund muß bei Ausübung seiner Weisungskompetenzen das betroffene Land hören (Schranke beim Gebrauchmachen von Kompetenzen; BVerfGE 4, 115, 140; 81, 310, 337f.). **(2)** Verpflichtung zu gegenseitigen Hilfeleistungen, insbesondere zu einem angemessenen Finanzausgleich zwischen Bund und Ländern, aber auch zwischen finanzstärkeren und leistungsschwächeren Ländern (BVerfGE 1, 117, 131; 72, 330, 383ff.). **(3)** Pflicht der Länder zur Beachtung von völkerrechtlichen Verträgen des Bundes (BVerfGE 6, 309, 361f.). **(4)** Pflicht der Länder, gegebenenfalls gegen Gemeinden im Wege der Rechtsaufsicht einzuschreiten, die durch ihre Maßnahmen sich bundesstaatsfeindlich verhalten (z. B. bei Eingriff in eine ausschließliche Bundeskompetenz, BVerfGE 8, 122, 138ff.). **(5)** Pflicht des Bundes zu gleichen Verfahrensweisen (Verhandlungsführung, Information usw.) gegenüber allen Ländern, also Anspruch jedes Landes auf rechtliche und politische Gleichbehandlung durch den Bund (BVerfGE 12, 205, 255f.). **(6)** Unter Berücksichtigung der Eigenstaatlichkeit von Bund und Ländern besteht eine allgemeine Pflicht zur gegenseitigen Kooperation, Koordination, Partnerschaft und ggf. auch Einigung (vgl. BVerfGE 34, 9, 44; 40, 96, 125).

248 Der Grundsatz der Bundestreue wird als Instrument zur Wahrung der gesamtstaatlichen Ordnung vom BVerfG zu Recht restriktiv und verhältnismäßig selten angewandt, da er nicht zur Lösung politischer Spannungen und Probleme, sondern primär nur zur Konkretisierung bestehender verfassungsrechtlicher Verhältnisse dienen kann (vgl. die zurückhaltenden Formulierungen in BVerfGE 21, 326 und 34, 44). Nach dem BVerfG greifen konkrete Rechtspflichten aus dem Prinzip der Bundestreue grundsätzlich nur dort ein, wo eine spezielle GG-Norm nicht vorliegt und die Interessen des Bundes und der Länder bzw. der Länder untereinander so auseinanderlaufen, daß der eine Teil Schaden nimmt, wenn der andere sein Handeln ausschließlich seinen Interessen entsprechend vornehmen würde (BVerfGE 31, 314, 355). Zur Problematik einheitlicher Lebensverhältnisse nach der deutschen Einheit: Hohmann DÖV 1991, 191ff.; Klatt VerwArch 1991, 430ff.

III. Kompetenzaufteilung zwischen Bund und Ländern

1. Es wurde bereits erwähnt, daß im Bundesstaat der Zuständigkeitsverteilung eine zentrale Bedeutung zukommt. Gerade bei dieser Staatsform ist ein System zu finden, das eine **lückenlose Aufteilung** sämtlicher staatlicher Aufgaben, Kompetenzen und Verantwortlichkeiten auf Bund und Länder sicherstellt, und zwar dergestalt, daß unter gesamtstaatlichen, aber ebenso unter gliedstaatlichen Gesichtspunkten die Kompetenzverteilung effektiv, sinnvoll und insgesamt gesehen auch ausgewogen ist. Dabei hat die Kompetenzzuordnung die wichtige Funktion einer systemerhaltenden Balance zu erfüllen. Ausgehend von der herkömmlichen Gewaltenteilungslehre bestehen für die Aufteilung der Zuständigkeiten auf Gesamtstaat und Gliedstaaten grundsätzlich **drei Möglichkeiten: (1)** Jeder der drei Funktionsbereiche (Gewalten) wird insgesamt entweder dem Bund oder den Ländern übertragen (z. B. Gesetzgebung dem Bund; Verwaltung und Rechtsprechung den Ländern). **(2)** Die gesamten Staatsaufgaben werden nach Sachgebieten (Materien) aufgeteilt, wobei dann dem mit einer Materie betrauten Staat (Bund oder Land) auf dem betreffenden Gebiet sowohl gesetzgebende, vollziehende als auch rechtsprechende Funktionen zukommen (z. B. sind hierbei, wie im Prinzip etwa in den USA, die Länder dann für Strafrecht, Strafverfolgung, Strafvollzug und Strafgerichtsbarkeit zuständig). **(3)** Für jeden der Funktionsbereiche (Gewalten) werden die Gesamtaufgaben nach Sachgebieten gesondert und jeweils unterschiedlich zugewiesen (Aufteilung nach Sachgebieten und Funktionsbereichen). Dies bedeutet, daß, wenn etwa der Bund für eine Materie die Gesetzgebungskompetenz besitzt, daraus nicht auch die entsprechende Verwaltungskompetenz abgeleitet werden kann. Vielmehr muß für jeden Funktionsbereich eines jeden Sachgebietes die Zuständigkeitsfrage gesondert geprüft und festgestellt werden. **249**

Das GG folgt der dritten Methode; die Zuständigkeiten werden also nach Funktionen und Sachgebieten unterschiedlich verteilt (Kombinationssystem auf der Basis der **Zuständigkeitsregel des Art. 30**). Dabei liegt das Schwergewicht der Gesetzgebung beim Bund, während Verwaltung und Rechtsprechung überwiegend Sache der Länder sind. Nun kann die Zuständigkeitsverteilung in einem modernen Sozialstaat sicher nicht so erfolgen, daß sämtliche Staatsaufgaben einzeln im GG aufgezählt und dem Bund oder den Ländern ausdrücklich zugewiesen werden. Ein solches Vorgehen wäre nicht praktikabel. Das GG geht folgenden Weg: Nach der „Achse" der Zuständigkeitsbestimmungen im GG (Art. 30, 70, 83, 92 und 104a ff.) erfolgt die Verteilung dergestalt, daß die Wahrnehmung staatlicher Befugnisse und Aufgaben Sache der Länder ist, soweit die Verfassung selbst keine andere Regelung trifft oder zuläßt. Dies bedeutet, daß die Zuständigkeitsverteilung durch eine **Zuständigkeitsvermutung zugunsten der Gliedstaaten** vorgenommen wird, und die Befugnisse oder **250**

Aufgaben des Gesamtstaates abschließend katalogisiert, enumerativ im GG festgelegt sind. Die Zuständigkeitsvermutung zugunsten der Länderkompetenz ist allerdings nicht i. S. eines Regel-Ausnahme-Prinzips, sondern als organisatorische, rechtstechnische Kompetenzaufteilungsregelung zu verstehen (BVerfGE 37, 363, 390). In Zuständigkeitsfragen ist folglich stets zu prüfen, ob im GG eine Bestimmung enthalten ist, welche die betreffenden Kompetenzen dem Bund ausdrücklich zuweist. Ist das nicht der Fall, so sind allein die Länder zuständig (BVerfGE 12, 205, 246ff.; 22, 180, 216f.). Von diesem Grundsatz gibt es einige eng begrenzte Ausnahmen. So können vor allem Bundeszuständigkeiten „kraft Sachzusammenhang" (Annexkompetenz) und „kraft Natur der Sache" zusätzlich begründet sein (vgl. dazu näher etwa Hesse § 7 II 1; Bullinger AöR 1971, 237ff. und unten Rdn. 430).

251 2. Die mit Abstand umfangreichste Zuständigkeitsverteilungsregelung enthält das GG auf dem Gebiet der Gesetzgebung (Art. 70ff.). Bereits daraus ist zu ersehen, daß im Rahmen der **Gesetzgebungskompetenz** dem Bund eine dominierende Stellung zukommt. Das GG weist dem Bund die Zuständigkeiten im Bereich der ausschließlichen (Art. 71, 73), der konkurrierenden (Art. 72, 74, 74a), der Rahmen- (Art. 75) sowie der Grundsatzgesetzgebung (Art. 109 III, 91 a II) zu. Vergegenwärtigt man sich die der Bundesgesetzgebung zugewiesenen Sachgebiete im einzelnen und betrachtet noch die zahlreichen Verfassungsänderungen und -ergänzungen der Art. 70ff. seit 1949, so wird das deutliche Übergewicht der Bundesgesetzgebungskompetenzen und damit eine zunehmende „Unitarisierung" auf dem Gebiet der Legislative offensichtlich. Der Landesgesetzgebung verbleiben trotz der Vermutung für die Landeskompetenzen nur noch relativ wenig Materien. Selbst in die letzten „Landesgesetzgebungsreservate", die kulturellen Angelegenheiten, das Polizei- und Kommunalrecht, greift der Bund teilweise schon erheblich ein (vgl. Art. 74 Nr. 13, 75 Nr. 1a, 91a und 91b). Nicht zu Unrecht wird deshalb, auch unter Berücksichtigung des Bedürfnisses nach bundeseinheitlichen Regelungen (Streben nach Einheitlichkeit der Lebensverhältnisse) und der europäischen Integration, immer häufiger die Auffassung vertreten, daß die legislative Zuständigkeitsverteilung sich bedenklich der in Art. 79 III („Ewigkeitsklausel") errichteten Sperre, dem Kernbereich der Länderstaatlichkeit, nähert und die notwendige Ausgewogenheit zwischen Gesamt- und Gliedstaaten immer mehr in Frage gestellt wird (vgl. Eiselstein NVwZ 1989, 323ff.). Dabei muß allerdings gesehen werden, daß im Zuge der Verwirklichung eines modernen Sozialstaates, einer mobilen Industriegesellschaft und eines planenden Wirtschaftsstaates diese Entwicklung tendenziell zwangsläufig ist. Gerade in dem System eines sozialen Bundesstaates ist eine gewisse Stärkung der zentralstaatlichen Gesetzgebungskompetenz unabweisbar (Art. 72 II Nr. 3, 106 III Nr. 2! Vgl. zum ganzen unten § 20, Rdn. 420ff.).

252 3. Auch hinsichtlich der **Verwaltungskompetenzen** besteht eine Zuständigkeitsvermutung zugunsten der Länder. Neben dem landeseigenen Vollzug von Landesgesetzen besitzen die Gliedstaaten auch die Verwaltungskompetenzen für den landeseigenen Vollzug von Bundesgesetzen (Art. 83, 84 als Regelfall) und die Bundesauftragsverwaltung (Art. 85). Eine bundeseigene Verwaltung besteht nur, soweit dies ausdrücklich im GG, vor allem in den Art. 86ff., bestimmt ist. Wenngleich die Verwaltungskompetenzen des Bundes seit 1949 nicht unwesentlich angewachsen sind, die Bundesverwaltung insgesamt erheblich ausgeweitet wurde, liegt das Schwergewicht der Exekutivfunktionen nach wie vor bei den Ländern (eine gewisse Ausnahme bildet Art. 91 a, b; vgl. dazu eingehend unten § 21, Rdn. 448 ff.).

4. Die Aufgaben der rechtsprechenden Gewalt werden durch die Art. 92 ff. so verteilt, daß dem Gesamtstaat lediglich diejenigen **Rechtsprechungskompetenzen** zustehen, die zur Wahrung der Einheitlichkeit der Rechtsprechung im gesamten Bundesstaat erforderlich sind. Deshalb ist der Bund außer für das BVerfG und die fünf obersten Gerichtshöfe (BGH, BVerwG, BFH, BAG, BSG; vgl. Art. 93, 95) nur für einige wenige spezielle Bundesgerichte (Art. 96) zuständig. Alle anderen Rechtsprechungsfunktionen werden durch die Länder ausgeübt (Art. 92; vgl. zum ganzen unten § 23, Rdn. 508 ff.). **253**

5. Von besonderer Bedeutung ist im Bundesstaat die Aufteilung der Zuständigkeiten auf dem Gebiet des **Finanzwesens,** insbesondere die Steuerverteilung (Art. 104 a ff.). Dies vor allem deshalb, weil für die Eigenstaatlichkeit sowohl des Gesamtstaates als auch der Gliedstaaten die finanzielle Unabhängigkeit das entscheidende Kriterium darstellt (so war etwa, anders als heute, nach der RV das Reich weitgehend „Kostgänger der Länder"). In den Jahren 1967 und 1969 (15. und 21. Änderungsgesetz zum GG – Finanzreformgesetz –) erhielt der Bund weitreichende zusätzliche Zuständigkeiten, insbesondere zur gemeinsamen Planung und zur Mitfinanzierung von Länderaufgaben (vgl. Art. 104 a IV, 91 a und b). Über diese einschneidenden Einflußrechte („Fondswirtschaft"; „Dotationsauflagen", vgl. BVerfGE 39, 96 ff.) hinaus wurden dem Bund durch die Neufassung des Art. 109 (Grundlage einer „modernen Finanz- und Wirtschaftspolitik"), durch das Stabilitätsgesetz vom 8. 6. 1967 (BGBl. I S. 582) sowie durch die Änderung und Einfügung des Art. 105 II, II a weitere Einwirkungsmöglichkeiten gegeben, die ihm eine dominierende Stellung gegenüber den Ländern sichern. Demnach steht heute die Steuergesetzgebungs- und in beachtlichem Umfange auch die Ertragshoheit faktisch dem Bund zu. Zwar hält Art. 109 I an der selbständigen und unabhängigen Haushaltswirtschaft von Bund und Ländern fest, doch ist dieser Grundsatz durch die zunehmende finanzielle und damit auch sachliche Abhängigkeit der Länder vom Bund erheblich relativiert worden (Art. 79 III!). Hier zeigt sich besonders deutlich, daß der Preis für einen modernen Sozialstaat (Einheitlichkeit der Lebensverhältnisse; gleiche Teilhabe an Sozial-, Wirtschafts- und Bildungsleistungen und -einrichtungen) für eine zeitgemäße Finanz- und Wirtschaftspolitik usw. oft in einem beschränkten, aber doch beachtlichen Verzicht auf Eigenstaatlichkeit der Länder besteht (vgl. dazu BVerfGE 72, 330, 383 f. und unten §§ 21 und 22, Rdn. 484 ff.; vgl. auch Art. 7 Einigungsvertrag). **254**

6. Besondere Erwähnung bedarf im Bundesstaat schließlich noch die Zuständigkeitsverteilung auf dem Gebiet der **auswärtigen Angelegenheiten** (vgl. Art. 32, 59, 73 Nr. 1, 87 I). Art. 32 enthält die grundlegende Entscheidung über die Abgrenzung der Zuständigkeiten auf dem Gebiet der Auswärtigen Angelegenheiten, der Gestaltung der Außenbeziehungen eines Staates zu anderen Völkerrechtssubjekten (z. B. Staatsverträge, Proteste, Anerkennung, Staatsbesuche usw.). Die materiell-rechtliche Grundnorm der auswärtigen Gewalt in Art. 32 hat den Sinn, daß die Bundesre- **255**

publik im völkerrechtlichen Verkehr nach außen grundsätzlich als Einheit auftritt; die Vorschrift erklärt die Pflege der Beziehungen zu auswärtigen Staaten zur Sache des Bundes und gibt den Ländern lediglich ein Anhörungsrecht. Nur mit Zustimmung des Bundes können die Länder selbst mit auswärtigen Staaten Verträge abschließen (vgl. Art. 32 III, 59 II 2; Konkordate fallen nicht unter Art. 32, BVerfGE 6, 309, 362). Dies bedeutet, daß in diesem Bereich der Schwerpunkt der Kompetenzen faktisch nicht bei den Ländern, sondern grundsätzlich beim Bund liegt. Art. 32 schließt den im Bund/Länder-Verhältnis in Art. 30 normierten Grundsatz der Länderzuständigkeit (Vermutung) aus und verkehrt ihn praktisch ins Gegenteil. Über die den Ländern durch das GG ausdrücklich verliehenen Befugnisse hinaus dürfen sie folglich keine selbständige Außenpolitik betreiben (zum Kulturbereich vgl. Lindauer Abkommen vom 14. 11. 1957; Maunz/Dürig, a.a.O, Art. 32, Rdn. 45). Eigene politische Beziehungen der Länder zu auswärtigen Staaten, die im Gegensatz zur Politik des Bundes stehen, widersprechen dem Wesen des Bundesstaates (BVerfGE 2, 347, 378f.; zur „auswärtigen Gewalt" und zum Problem der „Transformation", vgl. Badura, Staatsrecht, D 108ff. und Maunz/Zippelius § 16 II).

IV. Sachlicher Zweck und Funktionen

256 Die Frage nach dem sachlichen Zweck und der **funktionalen Legitimation** der bundesstaatlichen Ordnung ist immer wieder neu zu stellen. Dem Bundesstaatsprinzip kam bis 1934 in erster Linie die Aufgabe zu, eine nationale politische Einheit herzustellen und zu erhalten sowie landsmannschaftliche Besonderheiten zu schützen (historisch-politische Zwecke; Föderalismus als Synthese von Einheit und Vielfalt). Diese Aufgaben stehen heute nicht mehr so stark im Vordergrund (vgl. auch die weitgehend zufällige Einteilung der Bundesländer nach 1945; zur Neugliederung der früheren DDR: Blaschke, in: Das Parlament 1990, Beilage Nr. 27, S. 39ff.; vgl. auch das Schaubild Nr. 5, S. 60). Vielmehr wird die Funktion dieses Organisationsprinzips heute besonders in der Ergänzung und Verstärkung der rechtsstaatlichen und demokratischen Ordnung des GG gesehen. Nicht selten wird der Föderalismus auch als retardierendes Moment bezeichnet; dabei wird allerdings oft übersehen, daß die bundesstaatliche Ordnung eine nicht zu unterschätzende Konstante darstellt und nicht selten eine heilsame Mäßigung hinsichtlich reformerischen Maßnahmen besitzt. Seine Rechtfertigung wird im wesentlichen mit folgenden funktionalen Gesichtspunkten umschrieben:

257 1. Die Aufteilung staatlicher Befugnisse und Aufgaben auf Bund und Länder bewirkt eine effektvolle **vertikale Gewaltenteilung,** die neben die horizontale Gewaltenteilung zwischen Legislative, Exekutive und Judikative tritt (Pluralität der Machtzentren; Gewaltenteilung als Element des Rechtsstaatsprinzips). Gerade die bundesstaatliche Form der Konstituierung und Zuordnung der Gewalten ist geeignet, durch die dezentralisierte Organisation einen gewissen Zwang zur Verständigung, Kooperation und freier Einigung, aber auch zu Konkurrenz (Chance zum Experiment), Leistungssteigerung, Erfahrungsaustausch und Vielfalt der Initiativen zwischen den differenzierten Leitungszentren zu institutionalisieren; durch diesen

Aufteilungs- sowie gegenseitigen Mitwirkungs- und Kontrollmechanismus wird einem Machtmißbrauch vorgebeugt und politische und auch individuelle Freiheit besser gesichert (**freiheitsfördernde Funktion;** freiheitsverbürgendes Ordnungsprinzip; verstärkte Verständigung und Kooperation, statt Befehl und Zwang). Der Föderalismus ist gewissermaßen eine „eingebaute Bremse“ gegen die Schwächen eines stark zentralistischen Staatsaufbaus und einer übermäßigen Unitarisierung (die Probleme von Kompromißentscheidungen und der „Verflechtung“ dürfen dabei nicht übersehen werden; vgl. Rdn. 265). Er sorgt neben der Verfassungsgerichtsbarkeit für eine Begrenzung der Mehrheitsherrschaft und besitzt eine beachtliche politische Ausgleichsfunktion (Schenke JuS 1989, 698ff.).

2. Die Mehrzahl politischer Handlungsebenen und die Vielfalt der Entscheidungs- **258**
zentren dokumentieren die demokratischen Funktionen des Bundesstaatsprinzips, das Mehr an Demokratie im Vergleich zum Einheitsstaat. Die föderative Struktur stellt eine wesentlich breitere Basis für die Teilhabe des Bürgers am Staat (Mitverantwortung durch politische Betätigung) zur Verfügung, ist insgesamt gesehen überschaubarer, kontrollierbarer, bürgernäher und auch minderheitenfreundlicher, dürfte also mindestens vom Ansatz her besonders demokratieadäquat sein (**demokratieverstärkende Funktion;** zum „undemokratischen“ Bundesrat vgl. Rdn. 379). Außerdem bietet sie den Parteien Gelegenheit, sich in den Bundesländern als regierungsfähig zu erweisen, auch wenn sie im Bund in der Opposition stehen und umgekehrt (Einbau einer Opposition; Realisierung des Prinzips alternativer politischer Führung; Beweis der Regierungsfähigkeit; mäßigender Effekt bezüglich einer parlamentarismusunverträglichen „Freund-Feind-Tendenz“; Möglichkeit des Experimentierens; Entwicklung von Personal- und Sachalternativen).

3. Die bundesstaatliche Ordnung ermöglicht eine größere **regionale Pluralität und** **259**
Vielgestaltigkeit, eine Vielfalt in Einheit. Sie gewährleistet neben den politischen eine Vielzahl wirtschaftlicher und kultureller Zentren und begünstigt eine ausgewogene regionale Struktur. Sie entwickelt Ehrgeiz und Initiative und belebt damit das „Konkurrenzgeschäft“ (Kulturpluralismus; Politikenkonkurrenz). Der bundesstaatliche Aufbau bewirkt weiter eine gewisse Auflockerung der inneren Ordnung, der Parteien und auch günstigere Voraussetzungen für eine Kanalisierung des Verbandswesens und bietet dadurch breitere Möglichkeiten eines Engagements für das Gemeinwohl. Die hier angesprochene Funktion, die Sicherung der regionalen Vielfalt, ist auch heute noch gerechtfertigt, wenn man sie nicht auf die Bewahrung landsmannschaftlicher Besonderheiten reduziert oder als Argument für die bestehende Ländergliederung mißversteht (vgl. Art. 23, 29; vgl. etwa auch die europaweite Bewegung des „Regionalismus“, Knemeyer ZRP 1990, 173ff., Czybulka ZRP 1990, 269ff.). Es ist vielmehr eine Synthese aus einer Bewahrung regionaler Vielfalt und einer Erhaltung bundesstaatspolitischer Einheit anzustreben.

4. Nicht verschwiegen werden darf, daß das Bundesstaatsprinzip aber auch **Nachtei-** **260**
le aufweist. So steht es etwa in einem gewissen Spannungsverhältnis zu den Erfordernissen des Sozial- und Rechtsstaates, die noch umfassendere bundeseinheitliche Regelungen und größere Einheitlichkeit der Lebensverhältnisse fordern (vgl. Art. 107 und auch 29). Es ist auch nicht zu verkennen, daß dadurch oft langwierige

Verständigungsverfahren notwendig sind, und eine Einigung durch Kompromisse nicht selten nur auf der Basis des kleinsten gemeinsamen Nenners möglich ist (reduzierte Konfliktverarbeitungskapazität). Weiter ist der differenzierte Staatsaufbau häufig für eine rasche und effektive Wahrnehmung wichtiger Aufgaben hinderlich und macht zudem die Frage der Zuständigkeit für den Bürger bisweilen undurchsichtig („Verschiebebahnhof" der Verantwortlichkeiten). Die dargestellte, insgesamt recht positive Funktion des Bundesstaatsprinzips als Staatsorganisationsform, die im Prinzip auch von den politischen Akteuren geteilt wird, hat demnach auch einige nicht unerhebliche Schwachstellen (vgl. Rdn. 261ff.). Die gelegentlich anklingende Meinung, Bundesstaat bedeute Schwäche und Einheitsstaat Stärke, ist allerdings ein Trugschluß.

V. Kooperativer Föderalismus

261 Unter der Geltung des GG hat das föderative System in der Praxis mehrere **Entwicklungsstadien** durchlaufen: In den ersten 20 Jahren war es von einer starken Tendenz zur **Unitarisierung** und Zentralisierung geprägt, in den siebziger Jahren stand das Instrument der **„Gemeinschaftsaufgaben"** und damit die „Politikverflechtung" im Vordergrund; heute dominieren trotz regelmäßiger Bemühungen zur Dezentralisierung und Entflechtung **(„Reföderalisierung")** angesichts immer komplexer werdender Probleme, vor allem aber vor dem Hintergrund stark zunehmender Internationalisierung besonders im Rahmen der **EG** zentripetale, unitarische Tendenzen. Der Kompetenzföderalismus wird zunehmend vom Beteiligungsföderalismus, der Konkordanz- vom parteienstaatlichen Konkurrenzföderalismus überlagert. Die Auswirkungen der deutschen Einigung und der EG vor allem ab 1992 auf das Bundesstaatsprinzip sind aufzuarbeiten (vgl. etwa Haas DÖV 1988, 613ff.; DVBl. 1989, 1238ff.; Maier u.a. AöR 1990, 212ff.; Schneider NJW 1991, 2448ff.).

261a Seit Ende der sechziger Jahre wurden in der Erkenntnis, daß die dem modernen Bundesstaat gestellten Aufgaben nur durch ein stetiges, intensives Zusammenwirken von Gesamtstaat und Gliedstaaten erfolgreich wahrgenommen werden können, neben den im GG selbst institutionalisierten kooperativen Einrichtungen (Art. 91a, 91b: Bund-Länder-Kommission für Bildungsplanung; Art. 109: Finanzplanungsrat – § 51 I HGrG –, Konjunkturrat – § 18 StWG –) zahlreiche weitere **Kooperationsformen im Bund-Länder-Verhältnis** und zwischen den Ländern geschaffen. Durch die so verstandene besondere Ausprägung der bundesstaatlichen Ordnung als aktivem, politischem Strukturprinzip, dem sog. kooperativen Föderalismus, sollte unter Herstellung bzw. Bewahrung möglichst einheitlicher Lebensverhältnisse versucht werden, einen sinnvollen Ausgleich zwischen einer notwendigen klaren bundesstaatlichen Zuständigkeitsaufteilung einerseits und der zur Gewährleistung eines höchstmöglichen Wirkungsgrades beim öffentlichen Mitteleinsatz und bei der Aufgabenbewältigung notwendigen Kräftekonzentration andererseits zu verwirklichen. Zum Abbau dieses Spannungsverhältnisses (klare Kompetenztrennung, Notwendigkeit zur sachlichen Zusammenarbeit) sind eine Vielzahl von Einrichtungen geschaffen worden (vgl. Rudolf, in: HdBStaatsR Bd. IV, § 105):

1. Im **Bund-Länder-Verhältnis** bestehen die verschiedensten Kooperationsformen. Abgesehen vom Bundesrat und den Vertretungen der Länder beim Bund sind hier besonders zahlreiche informelle Beziehungen, die regelmäßig stattfindenden Konferenzen des Bundeskanzlers mit den Ministerpräsidenten (vgl. § 31 GeschOBReg), die unzähligen Bund-Länder-Ausschüsse, Kommissionen usw. sowie die unterschiedlichsten vertraglichen Vereinbarungen zu nennen. **262**

2. Die **Kooperation zwischen den Ländern** erfolgt neben der vielfältigen oft informellen Zusammenarbeit vor allem durch die ständige Konferenz der Ministerpräsidenten und die Fachministerkonferenzen (vgl. z. B. die umfassend durchorganisierte „Ständige Konferenz der Kultusminister" – KMK –) sowie die Selbstkoordination der Länder aufgrund von Staatsverträgen und Verwaltungsabkommen, aber auch durch Empfehlungen und gemeinsam erarbeitete Musterentwürfe. Zu erwähnen sind in diesem Zusammenhang etwa neben der ständigen Konferenz der Kultusminister, das Zweite Deutsche Fernsehen und die Zentralstelle für die Vergabe von Studienplätzen. Die Zuständigkeit dieser Kooperationsformen ist allerdings rechtlich nicht unbestritten. Von einem Teil des Schrifttums wird dagegen insbesondere vorgebracht, daß durch sie eine **„Dritte Ebene"** zwischen Bund und Länder in verfassungswidriger Weise eingeführt werde und diese Ebene darüber hinaus faktisch keiner parlamentarischen Kontrolle unterliege. **263**

3. Einer eingehenderen Darstellung bedarf deshalb das umstrittene Problem, welche verfassungsrechtlichen Grenzen für eine Kooperation der Länder bestehen. Es geht dabei um die Frage der rechtlichen Zulässigkeit sog. „Gemeinschaftseinrichtungen", aber auch der **„Gemeinschaftsaufgaben"** i. w. S. (vgl. dazu Rdn. 504). All diese Kooperationsformen finden zunächst dort ihre Schranken, wo sie gegen Bestimmungen des GG, insbesondere die Gesetzgebungs- und Verwaltungszuständigkeiten, verstoßen oder ein Land wesentliche Teile seiner Staatsgewalt preisgibt. Dies bedeutet etwa, daß eine Länderkoordination nur im Rahmen der Länderkompetenzen möglich ist. Im übrigen sind verschiedene Stufen der Zusammenarbeit zu unterscheiden. Nach ganz h. M. sind gemeinsame Einrichtungen, die nur beratende Funktion haben oder bloße einfache oder zusammengelegte Beteiligungsverwaltung ausüben (gemeinsame Forschungsanstalten; Ständige Konferenz der Kultusminister; gemeinsame Behörden und Gerichte; Hochschule für Verwaltungswissenschaften Speyer) verfassungsrechtlich grundsätzlich unbedenklich (sog. **unechte Gemeinschaftseinrichtungen**). In allen Fällen aber, in denen die gewählte Kooperationsform einen neuen Hoheitsträger mit eigener Hoheitsgewalt voraussetzt, der öffentliche Aufgaben unmittelbar gegenüber dem Bürger für mehrere Bundesländer bindend erfüllt (sog. **echte Gemeinschaftseinrichtungen**), wird die verfassungsmäßige Zulässigkeit recht unterschiedlich beurteilt. Von einem Teil der Literatur wird die Zulässigkeit deshalb verneint, weil durch die Einführung einer dritten, mit staatsbündischen Elementen versehenen Ebene der im GG festgelegte zweigliedrige Staatsaufbau in Bund und Länder durchbrochen werde, weil ferner die Frage, welcher Rechtsordnung diese „Dritte Ebene" unterliege, insbesondere bei unterschiedlichem Landesrecht, unklar und äußerst problematisch sei, und weil es mindestens faktisch sehr häufig an unmittelbaren demokratischen Eingriffs- und Kontrollmöglichkeiten durch die Landesparlamente fehle. Vor allem die Rechtsprechung **264**

bejaht dagegen die Zulässigkeit echter Gemeinschaftseinrichtungen, soweit sie keine wesentlichen Teile der Hoheitsgewalt übertragen erhalten (keine „Selbstpreisgabe von Länderstaatlichkeit"), nicht in den Aufgaben- und Zuständigkeitsbereich des Bundes eingreifen und auch gegen keine sonstigen Verfassungsprinzipien, insbesondere gegen den Grundsatz der Bundestreue, verstoßen (vgl. zum Zweiten Deutschen Fernsehen: BVerfGE 12, 205, 251 f.; BVerwGE 22, 299, 305 ff.; zur Filmbewertungsstelle Wiesbaden: BVerwGE 23, 194, 197 f.). Zur Begründung dieser Meinung wird zusätzlich auf Art. 32 III und die praktische Notwendigkeit solcher Einrichtungen hingewiesen. Letztlich verlangt ja auch gerade der Grundsatz des kooperativen Föderalismus, daß die Länder sinnvoll und effektiv zusammenarbeiten (vgl. dazu auch Rdn. 474 f.).

265 4. Unbestritten ist, daß in einem modernen Sozialstaat, sofern er als Bundesstaat organisiert ist, eine gewisse Zusammenarbeit zwischen dem Bund und den Ländern und den Ländern untereinander unerläßlich ist. Dabei müssen aber die bestehenden Mängel und Herausforderungen gesehen und nach Möglichkeit beseitigt werden (**Vereinigung Deutschlands,** EG). Zum Abbau der Gefährdung der Aushöhlung der Parlamentsfunktion in Bund und Ländern durch die Übermacht der gemeinsam planenden Exekutiven ist besonders auf eine **größere Transparenz** sowie auf **demokratische Mitwirkung und Kontrolle** innerhalb dieser „Dritten Ebene" hinzuwirken. Kooperativ-unitarischer Föderalismus ist so gesehen sicher kein Allheilmittel, aber gegenwärtig doch im Prinzip der beste Weg einer Weiterentwicklung der bundesstaatlichen Ordnung. Allerdings ist es eine ständige Aufgabe, überzogene **Politikverflechtungen** abzubauen, überflüssige Kooperationsformen zu beseitigen, überhaupt die „Vergemeinschaftung" auf das Erforderliche zu reduzieren, um eine klare Abgrenzung der Verantwortungsbereiche und eine parlamentarische Kontrolle für diese Bereiche zu erreichen, aber auch die politische Substanz, die demokratische Funktionsfähigkeit der Länder, insbesondere der Landtage, zu sichern. Zur Herstellung gleichwertiger Lebensverhältnisse dürfen die Länderneugliederung und die Neuordnung der Finanzverfassung nicht tabu sein (vgl. Rdn. 379; Eiselstein NVwZ 1989, 323 ff.; Ossenbühl DVBl. 1989, 1230 ff.; Schneider NJW 1991, 2448 ff.). Durch die **EG-Integration** ergeben sich weitere Föderalismusprobleme. Das Schicksal der Bundesstaatlichkeit ist deshalb auch eng mit der EG-Ebene, mit der Aufgabenerosion und dem Kompetenzverlust der Länder nach Art. 24 und evtl. Kompensationszuständigkeiten verknüpft (Beteiligungsrechte nach Art. 2 des Gesetzes zur Einheitlichen Europäischen Akte und andere Kooperationsformen). Die Grenze der Aufgabenauszehrung der Länder ist stets das verfassungsfeste Kompetenzminimum als Essentiale der Länderstaatlichkeit nach Art. 79 III (vgl. Isensee, in: HdBStaatsR Bd. IV, § 98, Rdn. 284 ff.; Hailbronner JZ 1990, 149 ff.).

VI. Sicherung der Bundesstaatlichkeit

266 Das GG reiht auch das Bundesstaatsprinzip in den Kreis der unantastbaren Grundstrukturmerkmale der Bundesrepublik ein (Art. 79 III, 20). Die bundesstaatliche Ordnung soll einer Aushöhlung entzogen sein. In **Art. 79 III** werden zwar nicht der gegenwärtige Bestand und Zuschnitt der Länder, jedoch der zweigliedrige Staatsaufbau, die Bund-Länder-Struktur, gewährleistet (institutionelle Garantie; Art. 29) und die Mitwirkung der Länder bei der Gesetzgebung sichergestellt. Dies beinhaltet, daß stets Länder (mindestens zwei) mit echter Eigenstaatlichkeit vorhanden sein müssen und ihnen neben der Beteiligung an der Bundesgesetzgebung noch ein nennenswerter Bestand (Hausgut) auch an eigenen Gesetzgebungskompetenzen garantiert sein muß.

Bei Streitigkeiten über die bundesstaatliche Ordnung können der Bund oder jedes Land gemäß Art. 93 I Nr. 3 und 4 das BVerfG anrufen. Darüber hinaus kann der Bund als äußerstes Mittel gegen ein Land den Bundeszwang einsetzen (Art. 37). **267**

Literatur: *Hesse* § 7; *Maunz/Zippelius* §§ 14, 15; *Stern,* Bd. I, § 19; *Denninger,* Bd. 2, S. 95ff.; *Laufer,* Das föderative System der BRD, 6. Aufl. 1991; *Kisker,* Kooperation zwischen Bund und Ländern, DÖV 1977, S. 689–696; *Vogel,* Die bundesstaatliche Ordnung des GG, in: Benda/Maihofer/Vogel (Hrsg.), Handbuch des Verfassungsrechts, S. 809ff.; *Kimminich,* Der Bundesstaat, in: HdBStaatsR Bd. I, § 26; *Klatt,* Deutsche Einheit und bundesstaatliche Ordnung, VerwArch 1991, 430ff.; *Vitzthum,* Die Bedeutung gliedstaatlichen Verfassungsrechts, VVDStRL Bd. 46 (1988), S. 1ff.; *Thieme,* 40 Jahre Bundesstaat DÖV 1989, 499ff.; *Ossenbühl,* Föderalismus nach 40 Jahren GG, DVBl. 1989, 1230ff.; *Maier/Mayntz/Isensee/Vitzum,* Der Föderalismus vor den Anforderungen der Gegenwart, AöR 1990, 212ff.; *Isensee,* Idee und Gestalt des Föderalismus im GG, in: HdBStaatsR Bd. IV, § 98; *Benz,* Perspektiven des Föderalismus in Deutschland, DÖV 1991, 586ff.; vgl. im übrigen die Literaturangaben unten nach § 17 – Bundesrat –.

Wiederholungsfragen und Fälle:

(1) Kann das Bundesland Baden-Württemberg einen Antrag auf Aufnahme in die UNO stellen?
Dazu: § 12 I 1 und III 6 (Rdn. 240 und 255).

(2) Wäre es verfassungsrechtlich zulässig, wenn
a) der Stadtstaat Bremen die unmittelbare Demokratie (Bürgerversammlung) einführen würde?
b) Bayern neben dem Ministerpräsidenten ein monarchisches Staatsoberhaupt einführen würde?
Dazu: § 12 II 2 (Rdn. 244).

(3) Die Verfassung von Schleswig-Holstein kannte bis zum 1. 8. 1990 keine dem Art. 69 II GG entsprechende Bestimmung. Die CDU war deshalb der Auffassung, daß zu Beginn der neuen Legislaturperiode eine Wiederwahl des Ministerpräsidenten nicht notwendig ist. Zu Recht?
Dazu: § 12 II 2 (Rdn. 244; BVerfGE 27, 44ff.; Rohn NJW 1990, 2782ff.; zur Situation im Saarland vgl. Knies JuS 1975, 420ff.).

(4) Im Rahmen der Diskussion zur Inneren Sicherheit beschließen die Ministerpräsidenten der Länder u. a. folgende Maßnahme: Es wird durch einen Staatsvertrag der Länder die gesamte Kriminalpolizei der Länder zur „Deutschen Kripo" mit der Zentrale in Wiesbaden zusammengefaßt, um der Kriminalität wirksamer begegnen zu können. Wäre ein solches Abkommen verfassungsgemäß?
Dazu: § 12 V 3 (Rdn. 264; vgl. auch Niggemeyer DÖV 1960, 97ff.).

(5) Der Gemeinderat einer größeren Stadt beschließt, zur Belebung der Diskussion über die Wiedereinführung der Todesstrafe eine amtliche Volksabstimmung (Bürgerbefragung) durchzuführen. Ist das zuständige Innenministerium auf entsprechendes Drängen der

Bundesregierung verpflichtet, der Stadt die Abhaltung der Abstimmung zu untersagen und gegebenenfalls warum?
Dazu: § 12 II 4 (Rdn. 246f.; vgl. BVerfGE 8, 122ff.).

§ 13 Parteien und Verbände

I. Entstehung und Entwicklung der politischen Parteien

268 1. Die politischen Parteien begannen sich in Europa in der Zeit des Übergangs von absolutistischen Monarchien zu konstitutionellen parlamentarischen Staatsformen zu entwickeln. Durch die verfassungsmäßige Institutionalisierung parlamentarischer Organe, deren Mitglieder als Repräsentanten des Volkes gewählt wurden, war dies die notwendige Folge zu einer praktikablen Verwirklichung des repräsentativen Systems. Das Volk bedurfte der Parteien, um politisch aktiv werden zu können. Die **ersten Anfänge moderner Parteien** entstanden bereits ab Mitte des 17. Jahrhunderts in England („Whigs" und „Tories"). Auf dem europäischen Kontinent entwickelten sich die politischen Parteien später und nur zögernd (im wesentlichen erst Anfang/Mitte des 19. Jahrhunderts). In Deutschland bildeten sich, abgesehen von früheren Anfängen in verschiedenen süddeutschen Staaten, feste parteipolitische Gruppierungen im wesentlichen erst im Rahmen der Paulskirchenversammlung (1848/49) oder kurz danach (insbesondere die Liberalen und Konservativen). Im Zusammenhang mit der Gründung des Norddeutschen Bundes und des Deutschen Reiches wurde die Nationalliberale Partei (1867), die Freikonservative Partei (1866/67), die Sozialistische Arbeiterpartei (1869) und das Zentrum (1870) ins Leben gerufen. Diesen Parteien war eine starke Tendenz zur ideologischen Orientierung an bestimmte Weltanschauungen gemeinsam. Außerdem ist im Vergleich zu heute auffallend, daß ihre Tätigkeit fast ausschließlich auf den Bereich der Gesetzgebung beschränkt war, und sie weitgehend keine „Zwischenglieder" zwischen der Gesellschaft, dem einzelnen und dem Staat darzustellen versuchten. In der Weimarer Republik wurde zwar der Einfluß der Parteien, besonders auf die Exekutive (Regierung), wesentlich größer; insgesamt gesehen konnten die Parteien aber nicht den an sie in einer repräsentativen Demokratie gestellten Anforderungen genügen und nicht angemessen in die politische und verfassungsmäßige Ordnung eingefügt werden. Dies hatte seinen Grund nicht zuletzt in der bis 1919 bestehenden starken Beschränkung der Parteitätigkeit und ihrem faktischen Ausschluß aus der politischen Verantwortung. Anfang der dreißiger Jahre ist dies besonders deutlich geworden. Anders als in England und den USA, wo sich das Zweiparteiensystem seit langem eingebürgert hat, konnte sich auf dem europäischen Kontinent auch nach 1945 das Vielparteiensystem behaupten (vgl. etwa Frankreich, Italien).

269 2. Das Spektrum und das Bild der Parteien (CDU, CSU/DSU, FDP, SPD, GRÜNE/Bündnis 90, PDS, KPD, NPD, REP usw.) haben sich in der **Bundesrepublik** gegenüber früher teilweise wesentlich gewandelt. So ist besonders die ideologische

Orientierung der Gesamtparteien (Ausnahmen bilden die Jugendorganisationen und zum Teil einzelne innerparteiliche Gruppen) geringer geworden, wodurch sich die politischen Unterschiede der größeren Parteien reduziert und ihre politische Kompromißfähigkeit erhöht haben (struktureller Trend vom Typ der **„Weltanschauungspartei“** zum Typ der entideologisierten und interessenumfassenden **„modernen Volkspartei“**). Weiter scheinen sich vor allem die großen Parteien in Richtung auf hierarchisch geführte „Quasi-Staatsinstitutionen“ zu entwickeln.

3. Das GG hat, anders als alle früheren Verfassungen, die Parteien verfassungs- **270**
rechtlich nicht ausgeschlossen, sondern ausdrücklich in **Art. 21** aufgenommen. Das schon lange faktisch geduldete und für moderne parlamentarische Demokratien notwendig gewordene Parteiwesen ist damit in den Rang einer verfassungsmäßig legitimierten Institution erhoben worden. Diese Verfassungsbestimmung wurde durch das **Parteiengesetz** vom 24. 7. 1967 (BGBl. I S. 773; Sartorius Nr. 58) und auch durch die Rechtsprechung des BVerfG konkretisiert. Danach sind die Parteien keine Staatsorgane und auch kein Teil der staatlichen Organisation, sondern frei gebildete, im gesellschaftlich-politischen Bereich wurzelnde Gruppen (Vereinigungen des bürgerlichen Rechts), die primär dazu berufen sind, bei der politischen Willensbildung des Volkes mitzuwirken und über Wahlen in den Bereich der institutionalisierten Staatlichkeit hineinzuwirken (Medium zur politischen Willensbildung und praktischen Umsetzung der Verfassungsordnung; BVerfGE 20, 56, 100f.).

II. Bedeutung und Aufgaben der Parteien

1. Nach der Rspr des BVerfG enthält der Einbau der Parteien in das GG die **271**
Anerkennung, daß sie nicht nur politisch und soziologisch, sondern auch rechtlich relevante Organisationen sind, die als Faktoren des Verfassungslebens anerkannt werden müssen. Die politischen Parteien, denen Art. 21 verfassungsrechtlichen Status zuerkennt, sind **notwendige Instrumente für die politische Willensbildung** des Volkes; die moderne Massendemokratie bedarf ihrer, um die Wähler zu politisch aktionsfähigen Gruppen zusammenzuschließen; die Parteien organisieren die politischen Prozesse, sind notwendige Transformations- und Vermittlungsinstanzen und machen das Volk handlungsfähig (BVerfGE 1, 208, 225; 52, 63, 82f.; vgl. § 1 PartG). Als **integrierende Bestandteile der demokratischen Ordnung** wirken die Parteien „an der politischen Willensbildung des Volkes vornehmlich durch ihre Beteiligung an den Wahlen mit, die ohne die Parteien nicht durchgeführt werden könnten. Sie sind darüber hinaus Bindeglieder zwischen den einzelnen und dem Staat, Instrumente, durch die der Bürgerwille auch zwischen den Wahlen verwirklicht werden kann, ‚Sprachrohr‘ des Volkes. Sie stellen, sofern sie die Regierung stützen, die Verbindung zwischen Volk und politischer Führung her und erhalten sie aufrecht. Als Parteien der Minderheit bilden sie die politische Opposition und machen sie wirksam. Sie sind als Mittler beteiligt am Prozeß der Bildung der öffentlichen Meinung. Sie sammeln die auf die politische Macht und ihre Ausübung gerichteten Meinungen, Interessen und Bestrebungen, gleichen sie in sich aus, formen sie und versuchen, ihnen auch im Bereich der staatlichen Willensbildung Geltung zu ver-

schaffen. In der modernen Massendemokratie üben die politischen Parteien entscheidenden Einfluß auf die Besetzung der obersten Staatsämter aus. Sie beeinflussen die Bildung des Staatswillens, indem sie in das System der staatlichen Institutionen und Ämter hineinwirken und zwar insbesondere durch Einflußnahme auf die Beschlüsse und Maßnahmen von Parlament und Regierung" (BVerfGE 20, 56, 101). Die Parteien haben eine besondere, vermittelnde Zwischenstellung zwischen Staat und Gesellschaft inne; sie wirken aktiv aus der Gesellschaft heraus in den Staat hinein und umgekehrt (vgl. BVerfGE 44, 125, 145f.; 73, 40, 71, 79ff.). Darüber hinaus soll ihnen die Funktion zukommen, die politische Integration mindestens der „Aktivbürger" voranzutreiben. Deshalb sind sie in der modernen Massendemokratie unentbehrliche Voraussetzungen für die Funktionsfähigkeit und Legitimation des repräsentativ-parlamentarischen Systems. Nach Hesse (EStL, Sp. 2441) ist es „erste Aufgabe der Parteien, politische Programme aufzustellen, die politischen Führer auszulesen, heranzubilden, sie dem Volk zu präsentieren und um eine Mehrheit für sie zu werben" (Schulungs- und Aufklärungsveranstaltungen, Reklame). Zum anderen sollen politische Parteien aber auch maßgebliche demokratische Integrationsfaktoren des bestehenden parlamentarischen Systems sein, in denen den Bürgern mindestens die faktische Möglichkeit gegeben wird, sich durch unmittelbare politische Beteiligung als Mitgestalter des öffentlichen Lebens zu betätigen (Volksnähe; politische Teilhabe; Offenheit und demokratische Binnenstruktur der Parteien, vgl. Art. 21 II).

272 2. Ob und wie die Parteien diese ihnen zugewiesenen Aufgaben, den ihnen vorgegebenen „Ideal-Soll-Zustand", tatsächlich erfüllen, wird unterschiedlich beurteilt **(Parteienkritik).** Es wird zum Teil angezweifelt, ob die Parteien gegenwärtig überhaupt in der Lage sind, ein echtes „Bindeglied", „Mittler" zwischen Staat und Bürger oder ein „Sprachrohr" des Volkes zu sein. So kritisiert etwa Denninger (Bd. 1, S. 57) die h. M., die den Eindruck erwecke, als werde durch die Parteien zwischen den Wahlen der Bürgerwille verwirklicht, als existiere ein solcher Bürgerwille mehr oder weniger permanent, als habe das Volk etwas zu sagen und bediene sich der Parteien nur als seiner Formulierungsgehilfen und Lautverstärker. Der Ausgangspunkt der h. M. ist insoweit sicher soziologisch überwiegend fiktiv und teilweise nicht haltbar. Dies zeigt sich am deutlichsten, wenn man den prozentualen Anteil der Parteimitglieder an den für diese Partei bei Wahlen abgegebenen Gesamtstimmen betrachtet. Nach den Ergebnissen der Bundestagswahl 1990 ergeben sich folgende Prozentzahlen: CDU 4,5, CSU 5,5, SPD 6,2, FDP 1,5 und GRÜNE rd. 2,1%. Insgesamt sind – bezogen auf die alten Bundesländer – 3,8% der Wahlberechtigten Mitglied in einer Partei. Berücksichtigt man dabei noch, daß von den im Jahr 1989 knapp 1,9 Mio. nominellen Mitgliedern (davon CDU/CSU rd. 850000, SPD ca. 920000, FDP rd. 65000) höchstens 20% in der Partei politisch aktiv sind, so zeigt sich, daß nur eine ganz kleine Minderheit (knapp 1% der Bevölkerung) die vom BVerfG teilweise zu ideell und theoretisch festgelegten Funktionen der Parteien wahrnimmt und von einer durch die Parteien „vermittelten" Identität von Regierenden und Regierten kaum die Rede sein kann, sondern viel eher eine institutionelle Oligarchie, eine parteipolitische Elitenherrschaft (Parteibürokratie, Funktionärsapparate), besteht. Dies hat seine Ursache sicher in der im deutschen Volk nach wie vor bestehenden tendenziellen Abneigung für das Parteipolitische, aber auch in dem Selbstverständnis der Parteien und ihrem Verhalten zur Umwelt (vgl. etwa die immer häufiger entstehenden Bürgerinitiativen usw.). Systemtheoretisch betrachtet liegt dafür eine Ursache darin, daß sich die Parteien immer mehr in das politisch-administrative System integriert und zugleich ihre Rückbindung an das soziokulturelle System, an die Gesellschaft, geschwächt haben. Die häufig erhobenen Vorwürfe, daß Parteipolitik heute immer mehr als „Staatsgeschäft“, denn als „Geschäft für alle Bürger“ praktiziert wird („Parteien contra Bürger?“), daß sich die Parteien weitgehend nicht gesellschafts- und bürgeroffen, sondern ganz primär staatsoffen verstehen und sich wie ein „Fettfleck“ nur auf den öffentlichen Bereich ausbreiten (Ämterpatronage, Parteibuchwirtschaft usw.), sind sicher nicht ganz unbegründet (vgl. etwa Meesen NJW 1985, 2289ff.; Holzer ZRP 1990, 60ff.; Wiesendahl/Stöss/von Arnim, in: Das Parlament 1990, Beilage Nr. 21; Vierhaus ZRP 1991, 468ff.).

3. Im Hinblick auf die Parteien wird hier offensichtlich, daß zwischen der Verfassung **273** (Art. 21, im vom BVerfG verstandenen Sinne) und der **Verfassungswirklichkeit** eine Diskrepanz besteht, die auf Dauer bedenklich ist. Wenn man von den innerparteilichen Problemen im Entscheidungsprozeß einmal absieht, so bestehen im Bürger/Parteien/Staat-Verhältnis vor allem folgende **Schwachstellen:** Einmal bei der Willensübermittlung vom einzelnen Bürger zu den Parteien und umgekehrt (Verhältnis von Art. 20 II zu 21 I; kaum Identifikation mangels Repräsentation) und zum anderen beim Übergang von der Partei zu deren Abgeordneten und Fraktionen in den Parlamenten (Verhältnis von Art. 21 I zu Art. 38 I – freies Mandat –). Eine wichtige Bedeutung kommt dabei der Frage einer Reform der Kandidatenaufstellung bei Parlamentswahlen zu (vgl. dazu etwa Geisler, ZParl 1973, 470ff.; Enquête-Kommission Verfassungsreform, Zur Sache 3/76, S. 55ff.). Nach R. von Weizsäcker ist letztlich entscheidend, daß es den Parteien, die mehr denn je die zentralen Machtpositionen im Staat einnehmen, nicht gelingt, ihr negatives Image abzubauen, ihrem Ansehensverlust zu begegnen. Parteipolitik muß sich vorrangig an den Sachproblemen, an verantwortungsvoller Zukunftsvorsorge, nicht primär am Kampf um die Macht orientieren. Solange Politiker ihre Aufgabe überwiegend so verstehen, die Wünsche der Wähler zu ermitteln, zusätzliche Wünsche zu suggerieren und ihre Erfüllung zu versprechen, so lange wird die Parteiendemokratie sich schwer tun. Die wichtigste **Chance zur Überwindung der Krise** liegt darin, den durch die Wahl erteilten Führungsauftrag tatsächlich wahrzunehmen: Nicht den Strömungen hinterherlaufen, sondern auf ihre Richtung Einfluß nehmen und Zukunftspolitik betreiben (v. Weizsäcker, in: Das Parlament, Beilage, B 42/1982, S. 3ff.).

4. Für die Funktionsfähigkeit repräsentativer Systeme, insbesondere repräsentati- **274** ver Massendemokratien, sind und bleiben die **Parteien** aber ein **unverzichtbarer Faktor.** Sie stellen nicht nur die notwendige organisatorische Voraussetzung für die Auswahl und Nominierung der Kandidaten sowie die Vorbereitung der Wahlen (Wahlkampf usw.) dar, in denen die Parteivertreter in periodischen Zeitabständen vom Volk legitimiert werden müssen (regelmäßiger Anpassungsprozeß des „hypothetischen an den empirischen Volkswillen“). Vielmehr bestimmen sie auch, besonders durch ihre gewählten Vertreter, wie stabil, ja wie funktionsfähig überhaupt der Staat ist. Die Zahl, der Zustand, die Zielsetzungen, die Kooperationsfähigkeit der

Parteien wirken als wesentliche Faktoren in den staatlichen Bereich hinein und beeinflussen so das Regierungsystem. Als Organisationen mit „verfassungsrechtlichem Status" wird von den Parteien ohne Träger öffentlicher Gewalt zu sein praktisch alle Macht vermittelt. Durch ihre flächendeckende Tätigkeit und ihr prinzipielles Nichteingebundensein in den Bereich organisierter Staatlichkeit sind die Parteien zur Erfüllung der wichtigen Funktion der politischen Integration in Pluralität (Mehrparteiensystem) besonders geeignet, aber auch gefährdet. Als dominierende Institution am Schnittpunkt zwischen Staat und Gesellschaft müssen die Parteien eine permanente, legitimierende Interaktion mit dem Wählervolk pflegen und für eine lebendige Verbindung zwischen Volk und Staat sorgen (§ 1 II PartG; BVerfGE 52, 63, 82; 73, 40, 71 ff.; Röhrich NJW 1981, 2674 ff.; Haungs u. a., Das Parlament 1986, Nr. 37/38; Holzer ZRP 1990, 60 ff.; Vierhaus ZPR 1991, 468 ff.).

III. Parteibegriff

275 1. Unter dem Begriff Partei werden sehr unterschiedliche Organisationsformen verstanden (vgl. etwa Einheits- und Staatsparteien). In den westlichen Demokratien ist die Wortbedeutung Ausgangspunkt für die definitorische Festlegung. Die Parteien sind danach pars, Teil des politisch aktiven Volkes, des Wirkungszusammenhanges der politischen Ordnung. Sie verkörpern offene, auf freie Mitglieder- und Stimmenwerbung angewiesene Gruppen, die politische Zielsetzungen durch Teilnahme an Wahlen und parlamentarische Aktivitäten durchzusetzen versuchen. Parteien sind also Vereinigungen, denen eine verfassungsrechtlich bevorzugte Stellung eingeräumt ist und die das maßgebliche Medium der politischen Willensbildung des Volkes und zugleich der staatlichen Willensbildung darstellen. Unter der Geltung des Art. 21 hat sich in der Rechtsprechung und Lehre allmählich der Parteibegriff zu einer **Legaldefinition** verfestigt, die dann 1967 im wesentlichen auch **in § 2 I PartG** (lesen!) Eingang gefunden hat. Danach sind für den Parteibegriff vor allem vier Voraussetzungen bedeutsam: **(1)** Vereinigung von Bürgern, die an der politischen Willensbildung des Volkes auf Bundes- oder Landesebene mitwirken und aus eigener Kraft, nicht als verlängerter Arm eines anderen, auf sie Einfluß nehmen will; **(2)** Vereinigung, die diese Zielsetzung auf Dauer, für längere Zeit also, nicht nur vorübergehend verfolgt; **(3)** regelmäßige Teilnahme an Bundes- oder Landtagswahlen (dadurch soll insbesondere die Zielrichtung – Nr. 1 – nach außen dokumentiert werden). Gemäß § 2 II PartG verliert eine Organisation ihren Parteistatus, wenn sie 6 Jahre lang nicht an Bundes- oder Landtagswahlen teilgenommen hat; **(4)** die Vereinigung muß nach ihrem Gesamtbild, vor allem durch eine gewisse personelle und organisatorische Verfestigung und Mindestausstattung sowie nach ihrem Hervortreten in der Öffentlichkeit eine ausreichende Gewähr für die Ernsthaftigkeit der in den Nr. 1 bis 3 enthaltenen Ziele bieten, also dazu in der Lage, fähig und willens sein (vgl. zum ganzen etwa BVerfGE 24, 260 ff.; 73, 1, 33 f.; 79, 379, 384; NJW 1990, 3005 f.; BVerwG NJW 1986, 2654 f.). Die Parteien sind weder fremdbestimmt noch Staatsorgane, sondern Gruppierungen, die sich im offenen Mehrparteiensystem frei bilden, aus eigener Kraft entwickeln und, gebunden an die Verpflichtungen des Art. 21 I S. 3 und 4, im Rahmen der freiheitlichen Grundordnung an der politischen Willensbildung des Volkes mitwirken (Pluralität und Konkurrenz der Parteien; BVerfGE 52, 63, 82f.; Maurer JuS 1991, 881ff.).

2. Nicht unter den in § 2 PartG festgelegten Begriff der politischen Parteien fallen **276** somit etwa die meisten **Bürger- und Wählerinitiativen,** also Vereinigungen, die nur vorübergehend bis zur Erreichung eines konkreten Zieles parteipolitisch aktiv sind, weil diesen das Moment der Dauer fehlt. Weiter werden von dem Parteibegriff jene politischen Gruppen nicht umfaßt, die sich in ihrer Tätigkeit auf die kommunale Ebene beschränken (sog. **Rathausparteien;** BVerfGE 6, 367, 372f.). Die Auffassung, daß von einer politischen Partei nur gesprochen werden kann, wenn sie sich über den begrenzten, auf die örtliche Gemeinschaft beschränkten Wirkungskreis (Kommune) hinaus, also mindestens auf Landesebene aktiv betätigt, ist allerdings nicht ganz unproblematisch (vgl. Hesse § 5 II 6a; zur „abgestuften" Chancengleichheit bei Spenden: BVerfGE 78, 350, 357ff.).

3. Die politischen Parteien sind schließlich noch von den **Vereinen** zu unterscheiden **277** bzw. abzugrenzen. Während die Parteien und ihre Rechtsverhältnisse auch in Art. 21 und im PartG behandelt werden, ist das Vereinwesen nur in Art. 9 und im Vereinsrecht geregelt. Zwar sind die Parteien ihrer Rechtsform nach Vereine des bürgerlichen Rechts, die grundsätzlich Vereinsautonomie besitzen und deren Rechtsbeziehungen sich insbesondere gegenüber ihren Mitgliedern nach den zivilrechtlichen Normen des Vereinsrechts bestimmen (vgl. §§ 21ff. BGB), doch werden diese vereinsrechtlichen Regelungen von Art. 21 und dem PartG überlagert und ggf. verdrängt. Soweit also der verfassungsrechtliche Status der Parteien reicht oder Sonderregelungen im PartG bestehen, ist Vereinsrecht nicht anwendbar. Art. 21 und das PartG sind gegenüber Art. 9 und dem Vereinsrecht lex specialis (vgl. § 2 PartG und § 2 I, II Nr. 1 VereinsG – Sartorius Nr. 425 –). Diese Abgrenzung gilt im wesentlichen für die Beantwortung der Frage nach dem richtigen Rechtsweg entsprechend (vgl. § 50 ZPO, § 3 PartG; Faustregel: Streitigkeiten im Innenverhältnis Zivilrechtsweg, im Verhältnis Staat/Partei Verwaltungs- oder Verfassungsgerichtsbarkeit; BGH NJW 1981, 914f.; Maurer JuS 1992, 296ff.; Rdn. 284).

IV. Verfassungsrechtlicher Status

Um die den Parteien aufgetragenen Funktionen effektiv erfüllen zu können (vgl. **278** Rdn. 271), bedürfen sie einer bestimmten juristischen Ausgestaltung, einer **verfassungsrechtlichen Stellung,** die eine sachgemäße Mitwirkung bei der politischen Willensbildung des Volkes ermöglicht und gewährleistet. Dieser Status ist rechtlich in Art. 21 und dem PartG festgelegt; er kann durch die äußere und innere Freiheit und die Gleichheit der Parteien sowie durch ihren öffentlichen, jedoch nicht voll staatlichen Charakter umschrieben werden (Rang einer verfassungsrechtlichen Quasiinstitution).

1. Die **äußere Parteifreiheit** soll sicherstellen, daß die erforderliche Unabhängigkeit **279** und Handlungsfreiheit der Parteien gegeben ist (einschließlich der Freiheit vom Staat, staatliche Neutralität). Den Parteien ist Gründungs-, Programm-, Betäti-

gungs- und Mitwirkungsfreiheit an der politischen Willensbildung sowie den Bürgern außerdem die Freiheit des Beitritts und Austritts zu garantieren. Der Staat hat auf eine weitgehende Realisierung dieser Voraussetzungen hinzuwirken und im übrigen keine Eingriffe und Einflüsse in den Bereich der Parteien hinein vorzunehmen. Die Parteien sollen vom Staat, aber auch von gesellschaftlichen Gruppen möglichst unabhängig sein. Für den Status der politischen Parteien besonders wichtig sind die Finanzierungs- und Auflösungsregelungen.

280 Im Unterschied zu den Vereinen i. S. von Art. 9 genießen die Parteien einen erhöhten Schutz gegen Auflösung (**„Parteienprivileg"** i. S. einer erhöhten Schutz- und Bestandsgarantie). Ihre verfassungsrechtliche Stellung räumt ihnen insoweit eine Sonderstellung gegenüber anderen Vereinigungen ein. Art. 21 II gewährt, anders als Art. 9 II, einen Bestandsschutz, der bis zu dem Zeitpunkt gilt, an dem das BVerfG eine bestimmte Partei für verfassungswidrig erklärt (vgl. auch §§ 43–47 BVerfGG). Aufgrund des Parteienprivilegs darf bis zur Entscheidung des BVerfG, das ein „Monopol" hinsichtlich Parteienverboten besitzt, eine Partei nicht in ihrer politischen Tätigkeit behindert werden (erhöhte Schutz- und Bestandsgarantie). Dieses Privileg erstreckt sich auch auf die Funktionäre und Mitglieder einer politischen Partei, soweit sie mit allgemein erlaubten Mitteln für sie tätig sind. Denn könnten solche Tätigkeiten von Parteimitgliedern als rechtswidrige Handlungen strafrechtlich verfolgt werden, so würde der den Parteien durch Art. 21 II gewährte Schutz ausgehöhlt werden. Art. 21 II S. 2 (Entscheidungsmonopol des BVerfG) schließt also ein administratives Einschreiten gegen den Bestand einer Partei schlechthin aus, mag sie sich gegenüber der freiheitlichen demokratischen Grundordnung noch so feindlich verhalten. Die Partei kann zwar politisch bekämpft werden, sie soll aber in ihrer politischen Aktivität von jeder Behinderung frei sein. Das GG nimmt die Gefahr, die in der Tätigkeit der Partei bis zur Feststellung einer Verfassungswidrigkeit besteht (Opportunitätsprinzip, vgl. § 43 BVerfGG), um der politischen Freiheit willen in Kauf. Die Partei handelt, wenn sie ihre verfassungsfeindlichen Ziele propagiert, im Rahmen einer verfassungsmäßig verbürgten Toleranz (BVerfGE 17, 155, 166f.; 47, 198, 225ff.; vgl. auch BVerfGE 57, 1, 4ff. – Anfrage über die NPD –; – Schmidt DÖV 1978, 468ff.). Diese zuletzt genannte Komponente des Parteienprivilegs wird allerdings von der h. M. im Bereich des Öffentlichen Dienstes mittelbar eingeschränkt (zum **„Radikalenerlaß"** und zum Problem des Spannungsverhältnisses von Art. 21 II zu Art. 33 II, IV, V vgl. oben Rdn. 157; BVerfGE 39, 334, 346ff.; BVerwGE 47, 330ff.; 365ff.; BVerwG NJW 1989, 2554ff. – DKP-Mitglied als Postbeamter abgelehnt –; BVerwG NJW 1988, 2907ff. – NPD-Mitgliedschaft –). Zu den Grenzen einer Zurückweisung von Wahlsendungen wegen verfassungsfeindlichen Äußerungen vgl. BVerfGE 47, 198, 225ff.

281 2. Die Beteiligung am demokratischen Staat setzt voraus, daß der Mitwirkende selbst demokratisch strukturiert ist **(innere Parteifreiheit).** Die Forderung des Art. 21 I 3 nach einer innerparteilichen demokratischen Ordnung will dabei vor allem die Freiheit des politischen Prozesses an der Parteibasis, die Entscheidungsbildung von unten nach oben sichern (Teilhabe aller Mitglieder am Entscheidungsprozeß; vgl. etwa BVerfGE 24, 300, 349). Das Demokratiegebot beinhaltet etwa das Vorhandensein schriftlicher Satzungen und Programme (§ 6 PartG), die Sicherung der

Mitbestimmung der Parteimitglieder ganz allgemein (vgl. §§ 7 I 2, 15), insbesondere bei der Aufstellung der Wahlbewerber (§ 17) und bei der Besetzung der Parteiämter (§§ 9, 11; im Rahmen der §§ 9, 11 und 17 werden „Frauenquoten" überwiegend als zulässig angesehen, vgl. Lange NJW 1988, 1174ff.; zum Quotenbeschluß der SPD: Heyen DÖV 1989, 649ff.), die Gewährleistung einer regelmäßig, normalerweise alle zwei Jahre stattfindenden Neu- oder Wiederwahl der Parteiorgane (§§ 9 V, 11 I, 12 III) und eine gewisse Sicherung der Rechtstellung der Mitglieder (§§ 10, 14; zu nennen sind hier besonders Ordnungsmaßnahmen und Parteiausschluß; zu der Grenze zwischen parteiinterner Meinungsfreiheit und parteischädigendem Verhalten, das einen Parteiausschluß rechtfertigt, vgl. Strunk JZ 1978, 87ff.; FDP-Landesschiedsgericht Berlin NVwZ 1983, 439f.; zu den Parteiausschlüssen Mechtersheimer und Hansen: Hasenritter ZRP 1982, 93ff.; zu den Mitgliederrechten in Parteiversammlungen: CDU-BPG NVwZ 1982, 159f.). Eine Pflicht zur Aufnahme in eine Partei besteht nicht (BGH NJW 1987, 2503ff.). Zu erwähnen bleibt, daß die Teilnahme am internen parteipolitischen Entscheidungsprozeß in der Praxis aber meist relativ gering ist (vgl. die Zahlen oben Rdn. 272), und die Parteien überwiegend eher hierarchisch strukturierte Wahlkampforganisationen darstellen. Dies liegt teilweise darin begründet, daß jede Massen- und damit auch politische Organisation die Tendenz zur Oligarchie in sich trägt (Kerssenbrock ZRP 1989, 337ff.).

3. Eng verbunden mit der Sicherung der Parteifreiheit ist die Gewährleistung ihrer **282** Gleichheit. Der Staat hat alles zu unterlassen, was die Chancen der Parteien untereinander beeinträchtigt. Der Grundsatz der **Chancengleichheit** ist dabei nicht auf den Bereich der Wahlen (Art. 38; Wahlvorschlag, Wahlvorbereitung und Werbung, Wahlvorgang) beschränkt, sondern umfaßt den gesamten Wirkungskreis der Parteien (§ 5 PartG). Die Wettbewerbsgleichheit verlangt deshalb grundsätzlich eine gleiche Behandlung aller Parteien etwa bei der Zuteilung von Sendezeiten im Rundfunk und Fernsehen (BVerfGE 34, 160, 163f.; 47, 198, 225ff.; 69, 257, 268ff.; auch bei Privatsendern: LG Mainz NJW 1990, 2557f.) oder bei der Überlassung von Räumen der öffentlichen Hand für Parteiveranstaltungen innerhalb oder außerhalb eines Wahlkampfes (VGH BW NJW 1990, 136ff.; BVerwG NJW 1990, 134f.). Der Grundsatz der Chancengleichheit hängt aufs engste mit dem Grundsatz der Allgemeinheit und Gleichheit der Wahl (Art. 38 I) zusammen, der seinerseits ein Anwendungsfall des allgemeinen Gleichheitssatzes des Art. 3 I ist. Er läßt wegen seines formal-egalitären Charakters Differenzierungen in aller Regel nicht zu. Auch dem Staat und seinen Organen ist jede unterschiedliche Behandlung der Parteien untersagt, durch die deren Chancengleichheit insbesondere bei Wahlen verändert werden kann (Gebot der staatlichen Neutralität; BVerfGE 73, 40, 71ff.).

Unter Rückgriff auf die Grundsätze zum allgemeinen Gleichheitssatz sind Unter- **283** schiede ausnahmsweise dann zulässig, wenn es nach Zweck und Natur des konkreten Falles dringend geboten ist. Ein solcher Fall ist dann gegeben, wenn ein **zwingender Grund** es rechtfertigt, von der formalen Chancengleichheit der Parteien eine **Ausnahme** zuzulassen (vgl. BVerfGE 24, 300, 340f.; 354f.; 44, 125, 145f.; BVerwGE 35, 344, 347). So wird es vom BVerfG als verfassungsmäßig angesehen, daß bei der Zulassung von Wahlvorschlägen Unterschriftsquoren (§§ 21, 28 I BWahlG) verlangt werden, daß eine angemessene Sperrklausel (5%) in ein Wahlgesetz aufgenommen wird (BVerfGE 6, 84, 92ff.), daß bei der Wahlkampfkostenerstattung vom Wahlergebnis ausgegangen wird (§ 18 PartG; BVerfGE 24, 300, 339ff.), und daß auch bei der Bemessung von Sendezeiten die Bedeutung der Parteien bis zu einem gewissen Grad berücksichtigt werden kann (§ 5 PartG; BVerfGE 34, 160, 163f.). Dabei ist etwa der Zweck, ein arbeitsfähiges, nicht zu sehr aufgesplittertes Parlament zu gewährleisten, das auch in der Lage ist, eine funktionsfähige Regierung zu bilden, als ein zwingender Grund anzusehen, der eine gewisse Ungleichbehandlung rechtfertigt, wenngleich nicht zu verkennen ist, daß die Auswirkung auf die Freiheit der Parteigründung nicht unbeachtlich ist, und deshalb die Sperrgrenze besser etwa bei 3 als bei 5% festgelegt werden sollte (Linck DÖV 1984, 884ff.; zu den besonderen Wahlrechtsanforderungen für die **erste gesamtdeutsche Bundestagswahl** am 2. 12. 1990: § 53 BWahlG; BVerfG NJW 1990, 3001ff. und 3005ff.). Problematisch und deshalb in der Literatur nicht unbestritten ist im Hinblick auf die Chancengleichheit **§ 5 I PartG,** der eine **„abgestufte" Chancengleichheit** nach der Bedeutung der Parteien, insbesondere nach dem letzten Wahlergebnis, aufstellt; die h. M. hält dies, soweit das für die Zweckerreichung erforderliche Mindestmaß erfüllt ist, für zulässig (§ 5 I bitte lesen; vgl. BVerfG NJW 1987, 270ff. und 272ff. – § 5 I und bundesweite CSU-Wahlsendungen –; OVG Hamburg NJW 1987, 3023f. und NJW 1988, 928f.; VGH München NVwZ 1991, 581f.; Scheuner DÖV 1968, 91; Neumann/Wesener DVBl. 1984, 914ff.). Als unzulässig hat das BVerfG allerdings Wahlwerbung in der Form der Öffentlichkeitsarbeit der Regierung vor allem im Vorfeld von Wahlen angesehen (BVerfGE 44, 125, 138ff.; VerfGH NRW DÖV 1992, 215ff.). Abschließend ist festzustellen, daß durch die Normierung der Chancengleichheit die tatsächlich bestehende ungleiche Unterstützung der Parteien durch Geldgeber, Verbände, Massenmedien usw. kaum verändert werden konnte (vgl. unten Rdn. 285ff.; allgemein: Frotscher DVBl. 1985, 917ff.).

284 4. Ein Charakteristikum der Parteien besteht darin, daß sie zwischen Staat und Gesellschaft stehen („Bindeglied", „Übergangsbereich von Nicht-Staatlichem und Staatlichem", vgl. Rdn. 271ff.). Ihre Herkunft ist die Gesellschaft (privatrechtlich); ihr Ziel ist der Staat (öffentlich-rechtlich). Darin liegt die Ursache, daß sie einerseits privatrechtliche Vereinigungen sind und zum anderen als **Quasi-Verfassungsorgane** in den staatlichen Bereich unmittelbar hineinwirken, ohne allerdings Teil der Staatsorganisation selbst zu sein. Grundsätzlich sind die Parteien zwar auch unter der Geltung des GG Vereine geblieben, auf die das BGB und das VereinsG Anwendung findet, soweit es nicht durch Art. 21 und das PartG überlagert wird; insbesondere das Verhältnis des einzelnen als Mitglied oder Nichtmitglied zu den Parteien und etwa der parteiliche Namensschutz wird durchweg dem bürgerlichen Recht und damit auch dem ordentlichen Rechtsweg zugeordnet (vgl. VGH BW NJW 1977, 72; BGH NJW 1979, 1402f.; BGH NJW 1981, 914f.). Im Hinblick auf die verfassungsrechtliche Stellung und die Aufgaben der Parteien müssen sie jedoch primär als Organisationen mit öffentlich-rechtlichem Status verstanden werden **(„Status der Öffentlichkeit").** Die Parteien werden deshalb vom BVerfG, soweit ihre verfassungsrechtliche Stellung oder Funktion berührt wird, als den Verfassungsorganen gleichgestellt angesehen, die ihre Rechte im Wege des Organstreits vor dem BVerfG verfolgen müssen (Art. 93 I Nr. 1; BVerfGE 79, 379, 383f.). Lediglich in den anderen Bereichen können sie Grundrechtsträger sein und als solche gegebenenfalls Verfassungsbeschwerde erheben (Art. 93 I Nr. 4a, § 90 BVerfGG; BVerfGE 27, 152, 157f.; 57, 1, 4f.; Maurer JuS 1992, 296ff.).

V. Besondere Probleme

1. Die **Finanzierung der Parteien** stellt ein schwieriges Problem dar. Infolge der prozentual sehr niedrigen Mitgliederzahlen reichen die Mitgliedsbeiträge zur Finanzierung der immer umfangreicher werdenden Arbeit und Propaganda seit langem nicht mehr aus. Durch staatliche Zuschüsse und Spenden möchte man dieser Misere von Seiten der Parteien beikommen (zum gegenwärtigen Stand der Problematik vgl. Friauf/von Arnim/Naßmacher, in: Das Parlament 1984, Beilage, Heft 8; von Arnim/Günther ZRP 1989, 257ff., 265ff.; BVerfG-Urteil vom 9. 4. 92 – 2 BvE 2/89 –). **285**

a) Stark umstrittene Fragen, die eng mit der Chancengleichheit und der äußeren Freiheit der Parteien (auch Unabhängigkeit und Freiheit vom Staat) verknüpft sind, beinhaltet die **staatliche Parteienfinanzierung** (vgl. jetzt §§ 18ff. PartG). Nachdem das BVerfG Staatszuwendungen ursprünglich prinzipiell für zulässig ansah, hat es 1966 die staatliche Finanzierung der allgemeinen Parteitätigkeit grundsätzlich für verfassungswidrig erklärt (BVerfGE 20, 56, 96ff.). Es hat damals betont, daß Art. 21 I die Struktur der Parteien als sich im offenen Mehrparteiensystem frei bildende und frei konkurrierende, aus eigener Kraft wirkende und vom Staat unabhängige Gruppen verfassungskräftig festlege, die es verbiete, die dauernde finanzielle Fürsorge für die gesamte Parteitätigkeit zu einer Staatsaufgabe zu machen. Das GG nehme den Parteien das Finanzierungsrisiko nicht ab, sondern überantworte es in die Urteilskraft und Aktivität der Bürger (BVerfGE 52, 63, 82ff.). Nach Auffassung des BVerfG lasse es sich dagegen rechtfertigen, wenn unter Beachtung der Prinzipien der Parteifreiheit und Chancengleichheit den politischen Parteien die notwendigen **Kosten eines angemessenen Wahlkampfes** ersetzt werden (BVerfGE 20, 56, 113ff.; 73, 40, 95ff.). Dies wurde wegen der besonderen Stellung (Quasiverfassungsorgane) und Bedeutung der Parteien für die Wahlen (Art. 21, 28, 38f.) als zulässig erachtet. Da die Abhaltung von Wahlen, eine wichtige öffentliche Aufgabe des Staates sei, und den Parteien, die an der politischen Willensbildung des Volkes vor allem durch Beteiligung an den Parlamentswahlen mitwirken, bei der Durchführung dieser öffentlichen Aufgabe von Verfassungs wegen eine entscheidende Rolle zukomme, sei es danach zulässig, ihnen die notwendigen Kosten eines angemessenen Wahlkampfes, die aber zu keiner Staatsabhängigkeit führen dürfen, aus Staatshaushaltsmitteln zu ersetzen (nach der Neufassung des PartG vom 3. 3. 1989, BGBl. I S. 328: Nach § 18 PartG Pauschale von 5,– DM pro Wähler zuzüglich Sockelbeträgen, wobei die staatliche Finanzierung unter den übrigen Parteieinnahmen bleiben muß; Chancenausgleichszahlungen nach § 22a PartG; zur Zulässigkeit von Mindeststimmanteilen von 0,5% vgl. BVerfGE 24, 300, 342; BayVerfGH NJW 1977, 1444f.). Weniger wegen der grundsätzlichen Ergebnisse als vielmehr wegen der scharfen Trennung von Staats- und Volkswillensbildung, von allgemeiner und Wahlkampftätigkeit der Parteien sowie außerdem wegen des ausschließlichen Anknüp- **286** fens der Wahlkampfkostenerstattung an den jeweils gegebenen Ist-Zustand (§ 18 III PartG; „Besitzstandsberücksichtigung") war die Rechtsprechung des BVerfG von Anfang an umstritten (vgl. auch BVerfGE 24, 300, 335ff.). Die Problematik verdeutlicht auch die Wahlkampfkostenerstattung für Europawahlen (staatliche Zahlungen 1979: 149,6 Mio. DM; den Parteien entstandene Kosten: 92,7 Mio. DM; vgl. Krimphove ZRP 1980, 93f.; vgl. auch BVerfG NVwZ 1982, 613f.). Zur Wahlkampfkostenerstattung für parteilose Bewerber vgl. BVerfGE 41, 399, 413ff.

286a Nicht ganz überaschend hat das **BVerfG** mit **Urteil vom 9. 4. 1992** (2 BvE 2/89) die Begrenzung auf Wahlkampfkostenerstattung wieder aufgegeben und eine begrenzte staatliche Parteienfinanzierung akzeptiert (bis maximal 50%). Der Sockelbetrag (§ 18 PartG), der Chancenausgleich (§ 22a PartG), die Steuerbegünstigung und die Publizitätsgrenze für Parteispenden wurden für verfassungswidrig erklärt.

287 b) Neben Mitgliederbeiträgen (Regelfall; rd. 40%) und staatlicher Wahlkampfkostenerstattung (rd. 30%) erfolgt die Parteifinanzierung zulässigerweise auch durch **Spenden** (knapp 20%; Durchschnittswerte, die Prozentsätze schwanken von Jahr zu Jahr und von Partei zu Partei). Mit dem umstrittenen Gesetz zur Änderung des PartG vom 22. 12. 1983 (BGBl. I S. 1577) sind die Spendenregelungen modifiziert und ausgeweitet worden. Durch verschiedene Rechenschafts- und Veröffentlichungsregelungen sowie einen Chancenausgleich sollten finanzielle „Abhängigkeiten" verhindert oder wenigstens offengelegt werden („wess' Brot ich eß, dess' Lied ich sing"). Die umstrittenen Regelungen in §§ 18ff. PartG hat das BVerfG 1986 im wesentlichen für verfassungsgemäß erklärt; Parteispenden waren allerdings nur bis zu 100000 DM jährlich, ab 1989 nur bis zu 60000 DM steuerlich abzugsfähig. Ungleichheiten im Spendenaufkommen sollten durch einen „Chancenausgleich" abgebaut werden (§ 22a PartG, § 10b EStG; vgl. ausführlich BVerfGE 73, 40, 70ff.; kritisch dazu: von Arnim DÖV 1983, 486ff.). Die Spendendiskussion ist nicht verstummt (vgl. das Sondervotum von Böckenförde, E 73, 40, 116ff.; zur „Parteispenden-Affäre" vgl. etwa Hassemer NJW 1985, 1921ff.; Birk NJW 1985, 1939ff.; BFH NJW 1986, 1897f.; BFH NJW 1987, 1273ff.). Durch BVerfG-Urteil vom 9. 4. 1992 ist die Spendenregelung für verfassungswidrig erklärt worden. Zu den Problemen der Parteispenden allgemein vgl. insbesondere BVerfGE 52, 63, 82ff.; 73, 40, 70ff., 103ff.; von Arnim JA 1985, 121ff., 207ff.).

287a Die besonders bedeutsame Pflicht der politischen Parteien zur öffentlichen **Rechenschaftslegung** ist im einzelnen in den §§ 23ff. PartG festgelegt (Art. 21 I 4; Spenden sind ab 40000 DM bzw. künftig ab 20000 DM zu veröffentlichen, § 25 PartG; zur Problematik der Rechenschaftspflicht vgl. v. Münch, Kom. zum GG, Rdn. 48ff. und Anlagen 1–10 zu Art. 21).

288 2. Nach Art. 21 II sind Parteien, die darauf ausgehen, die freiheitliche demokratische Grundordnung oder den Bestand der Bundesrepublik zu beeinträchtigen, verfassungswidrig. Das **Parteiverbot** kann allein vom BVerfG auf Antrag des Bundestags, des Bundesrats oder der Bundesregierung ausgesprochen werden (Opportunitätsprinzip, vgl. § 43 BVerfGG; zum Parteienprivileg vgl. Rdn. 280). Bevor das BVerfG also eine Verfassungswidrigkeit nicht festgestellt hat, verbietet Art. 21 II 2, eine Partei, ihren Apparat und ihre Funktionäre in ihrer politischen Tätigkeit zu behindern oder sie in der öffentlichen Diskussion als verfassungswidrig zu bezeichnen. Bis zu ihrem Verbot muß also die Partei ungestört und ungehindert agieren dürfen (BVerfGE 47, 198, 230f.). Aufgrund des besonderen Bestandsschutzes durch das Entscheidungsmonopol des BVerfG ist im Unterschied zu den Vereinen (Art. 9 II) ein administratives Einschreiten gegen den Bestand der Parteien vorher ausgeschlossen.

Art. 21 II ist eine verfassungsrechtliche Neuerung, die nur auf dem Hintergrund der **289** Erfahrungen in der Weimarer Republik und im „Dritten Reich" verständlich ist. Bezeichnenderweise kennt deshalb auch das Verfassungsrecht keines vergleichbaren Staates eine ähnliche Bestimmung. Der Verfassunggeber ging davon aus, daß an der Inkorporation in das Verfassungsgefüge nur solche Parteien teilhaben können, die auf dem Boden der freiheitlich-demokratischen Grundordnung stehen. Dabei besteht aber zwischen der Offenheit des politischen Prozesses in einer Demokratie (Art. 20 und 5) und dem Parteiverbot des Art. 21 II ein letztlich nicht überbrückbares **Spannungsverhältnis,** das allerdings sinnvoll reduziert werden kann, wenn die Antragsberechtigten nur sehr restriktiv von ihrem Recht des § 43 BVerfGG, bei dem ihnen ein politischer Ermessensspielraum eingeräumt ist, Gebrauch machen (BVerfGE 5, 85, 129). Alle Beteiligten haben zu versuchen, **zwischen der politischen Toleranz und der Unantastbarkeit bestimmter Grundwerte** eine Synthese herzustellen („streitbare Demokratie", BVerfGE 5, 85, 139). Bis heute wurden lediglich zwei Parteien, die rechts stehende SRP und die KPD verboten (bereits 1952 bzw. 1956; vgl. BVerfGE 2, 1ff.; 5, 85ff.). Die weitere Entwicklung, etwa bei der PDS, bleibt abzuwarten.

Obgleich Art. 21 II teilweise recht unklar formuliert ist (vor allem „freiheitlich- **290** demokratische Grundordnung"), hält das BVerfG diese Vorschrift für ausreichend bestimmt und voll justiziabel. Die Voraussetzungen des Art. 21 II sind dabei nicht schon dann gegeben, wenn eine Partei die obersten Prinzipien einer freiheitlich-demokratischen Grundordnung nicht anerkennt; es muß vielmehr eine **aktiv-kämpferische, aggressive Haltung** gegenüber der bestehenden Ordnung hinzukommen (vgl. dazu im einzelnen BVerfGE 2, 10ff. und 5, 133ff.; 47, 130, 139f.). Die mit der Feststellung der Verfassungswidrigkeit verbundene Auflösung einer Partei erstreckt sich auf alle ihre satzungsmäßigen Organisationen sowie auch auf deren Ersatzorganisationen (§ 46 BVerfGG, § 33 PartG).

3. Zu der Frage des **Verhältnisses von Art. 21 zu Art. 38,** also der Spannungslage **291** zwischen der verfassungsrechtlichen Stellung der Parteien und dem Abgeordnetenstatus eines Parteimitglieds, vgl. unten § 16 V (Rdn. 353ff.).

VI. Verbände

1. Neben den Parteien beteiligen sich in erheblichem Umfang auch **Verbände, 292** **Interessengruppen und ähnliche Organisationen,** aber auch die Massenmedien am politischen Willensbildungsprozeß und versuchen, aus dem gesellschaftlichen in den staatlichen Bereich, insbesondere auf Legislative und Exekutive, aber auch auf die

Parteien und die Meinungsbildung des Volkes selbst, maßgeblich einzuwirken. Das GG bestätigt und schützt über Art. 9 und Art. 5 (Vereinigungs- und Meinungsfreiheit) die Tätigkeit der Verbände und legitimiert sie damit verfassungsrechtlich zur grundsätzlichen Mitwirkung am demokratischen Willensbildungsprozeß (vgl. auch Art. 19 III und 3 I). Nach überwiegender Auffassung haben sie in einer stark differenzierten Gesellschaft die Aufgabe der Interessenartikulation und sind legale Mitformer des politischen Willens. Sie verkörpern notwendige Bestandteile der Struktur politischer Gemeinwesen, sind unverzichtbare Träger interessenausgleichender und damit konsensbildender Verfahrensweisen und im politischen System der Bundesrepublik weitgehend institutionalisiert (vgl. etwa BVerfGE 41, 399, 416; 52, 63, 83). Die Sicherung der Pluralität im demokratischen Staat und die angemessene Nutzbarmachung des dort vorhandenen Sachverstandes rechtfertigen zusätzlich ihre Mitwirkung. Diese politische Beteiligung der Verbände kommt etwa sehr deutlich in § 73 GeschOBT, § 40 III GeschOBR, §§ 62, 77 GGO I und §§ 23, 25 GGO II, aber etwa auch in § 94 BBG zum Ausdruck (geschäftsordnungsmäßige Institutionalisierung). Beispielhaft für die hier angesprochenen Interessenverbände sind die Unternehmer- und Arbeitgeberverbände, die Gewerkschaften als Arbeitnehmervereinigungen, die Wohlfahrts-, Berufs- und Landwirtschaftsverbände zu nennen. Eine Sonderstellung nehmen die Kirchen und die kommunalen Spitzenverbände ein (vgl. etwa Art. 71 IV BW LV).

293 Die Entwicklung in der **Verbandsrealität** der letzten Jahre weist folgende wesentliche Züge auf: (1) Konzentration und Zentralisation im Verbändewesen; (2) Verstärkung der verbandsinternen Bürokratisierung und Herausbildung von Verbandsoligarchien und professionellen Verbandsexperten; (3) Institutionalisierung des Verbändeeinflusses in Hearings, Beiräten, pluralistischen Gremien bis hin zu konzertierten Aktionen (Integration von gesellschaftlichen Interessen in staatliche Entscheidungen; vgl. Teubner JZ 1978, 545 ff.).

294 2. Organisierte Interessengruppen sind ohne Zweifel unverzichtbare, konstitutive Elemente einer freiheitlich-demokratischen Grundordnung. Eine ständige Auseinandersetzung zwischen den unterschiedlichsten aufeinandertreffenden sozialen und gesellschaftlichen Kräften, Interessen und Ideen ist notwendig und dafür Grundvoraussetzung **(Theorie des Interessenpluralismus).** Dabei üben im politischen Kräftespiel die Verbände, insbesondere die Massenverbände, nicht zu unterschätzende Funktionen der sozialen Befriedung, der Integration und auch der Stabilität für den Staatsbürger und den Staat selbst aus. Dies wird besonders deutlich, wenn man sich vor Augen führt, daß alle politischen Parteien zusammen nur etwa 1,9 Millionen Mitglieder haben, aber praktisch jeder Bundesbürger in mehreren ideellen, wirtschaftlichen oder anderen Verbänden, Vereinigungen und ähnlichen Organisationen Mitglied ist. Diese Situation macht es aber auch erforderlich, eben weil der einzelne allein auf sich selbst gestellt oft ohnmächtig ist, sich durch Zusammenschluß von Interessen zu organisieren und dadurch zu sozialen und auch politischen Machtfaktoren im gesellschaftlichen und staatlichen Kräftespiel zu werden. Der dadurch verstärkt eingetretene Prozeß einer „Vermachtung und Verorganisierung" der Gesellschaft ist nicht unproblematisch. Im Grundsatz sollte mindestens angestrebt, soweit möglich sichergestellt werden, daß in dem Auseinandersetzungsprozeß eine möglichst umfassende Berücksichtigung aller Interessen erfolgt, die innere Ordnung vor allem der größeren, politischen Einfluß besitzenden Verbände in den Grundzügen demokratischen Prinzipien entspricht (i. S. eines Mindeststandards) und die Verbandstätigkeit für die Öffentlichkeit transparent erfolgt (vgl. Schmidt JZ 1978, 293ff. und Leisner ZRP 1979, 275ff.).

3. Die verfassungsrechtlich zulässige Interessenbeteiligung birgt, was deutlich gese- **295**
hen werden muß, auch erhebliche **Gefahren** in sich. Verwiesen sei etwa auf das Faktum, daß die Verbände zunehmend unter weitgehendem Ausschluß der Öffentlichkeit versuchen, bereits im Anfangsstadium des Entscheidungsprozesses auf Planungen, Gesetzgebungsverfahren usw. Einfluß zu nehmen. In Beiräten, Ausschüssen, Expertengruppen, wirtschaftlichen Gremien und vielfältigen informellen Beziehungen zur Ministerialverwaltung werden die Verbandsinteressen vorgetragen und zur Geltung gebracht. Hinzu kommt, daß sie versuchen, immer stärker auch in den Parteien und auch über Abgeordnete in den Volksvertretungen Fuß zu fassen (vgl. etwa die Landwirtschafts- oder Gewerkschaftsfront in den Parlamenten; im Landwirtschaftsauschuß des 7. Deutschen Bundestages waren 78% der Mitglieder auch Verbandsvertreter!). Gegenwärtig kann insgesamt gesehen wohl nicht von der **„Herrschaft der Verbände“** (Verbandslobby, pressure groups) und damit auch nicht von einer Beeinträchtigung der Prärogative des Parlaments, einer Verminderung der Aktionsfähigkeit der Parteien, einer Abhängigkeit der Exekutive und einer Ausschaltung der Öffentlichkeit die Rede sein. Gleichwohl ist aufmerksam darüber zu wachen, daß stets alle Interessen (auch solche, die sich nur schwer organisieren lassen – z. B. Verbraucherschutz, Interessen der sozial Schwachen –) berücksichtigt werden, daß ein ausgewogenes, konkurrierendes Verhältnis unter den verschiedenen Verbandsinteressen besteht, und daß die Interessenvertretung transparent abläuft und nicht unter Ausschluß der Öffentlichkeit erfolgt (vgl. etwa das sogenannte Vernehmlassungsverfahren in der Schweiz).

4. In den letzten Jahren wird immer stärker die Frage in den Vordergrund gerückt **296**
und diskutiert, ob den Verbänden für ihre Betätigung auch künftig ein weitgehend rechtsfreier Raum überlassen bleiben darf oder aber, ob das moderne Verbandswesen nicht besser durch gesetzliche Regelungen erfaßt werden muß, und welche Probleme gegebenenfalls durch ein **Verbandsgesetz** gelöst werden könnten (organisatorische Binnenstruktur, Außenfunktionen, Befugnis zur Verbandsklage usw.). In diesem Zusammenhang wird etwa zum Teil verlangt, daß Massenverbände, soweit sie massiv auf die politische Machtausübung einwirken oder einwirken können, in ihrer Binnenstruktur bestimmten demokratischen Mindestanforderungen zu genügen haben (Mindestmaß an Homogenität, Art. 21 I; vgl. dazu etwa Roellecke/Krüger DÖV 1976, 618ff.). Andererseits wird, nicht zuletzt unter dem Eindruck starker Bürgerinitiativen, die Einführung der **Verbandsklage** und eine stärkere Mitwirkung der Interessenverbände vor der Entscheidung über wichtige Angelegenheiten gefordert (vgl. etwa Wimmer DVBl. 1977, 401ff.; zur Problematik eines Verbandsgesetzes, insbesondere zum FDP-Entwurf, und zur Verbandsklage vgl. zudem Bender DVBl. 1977, 169ff. und 708ff. sowie die Beratungen auf dem 52. DJT 1978, NJW 1978, 2192; zur hess. Verbandsklage: HessVGH NVwZ 1982, 689; zu § 42 II VwGO und der Berliner Verbandsklage: BVerfG NVwZ 1988, 527ff. und

Battis JuS 1990, 527 ff.; zu **§ 29 I Nr. 4 BNatSchG:** BVerwG NVwZ 1991, 162 ff.; Wahl NVwZ 1990, 923 ff.; Dolde NVwZ 1991, 960 ff.). Zu diesen im Kern sicher berechtigten Anliegen ist allerdings auf folgendes hinzuweisen: Es muß gesehen werden, daß bei der Vielzahl der Verbände, insgesamt werden sie auf über 5000 geschätzt und allein bei der Bundestagsverwaltung sind über 900 Verbände registriert, eine außerordentliche Vielfalt und Unterschiedlichkeit in den Verbandsstrukturen, -zielen und -funktionen vorherrscht, die es nicht ermöglicht, eine pauschale, undifferenzierte Regelung zu treffen (vgl. etwa die durch Art. 9 III institutionalisierten Tarifvertragsparteien, Sportverbände und sonstige ideelle Vereinigungen, Automobilverbände, Wirtschaftsverbände, Deutscher Bauernverband, Bund der Steuerzahler, Berufsverbände, Bürgerinitiativen verschiedenster Art usw.).

297 5. Abschließend ist noch besonders zu betonen, daß Verbände eine sinnvolle und notwendige Korrektiv- und **Ergänzungsfunktion** auch im parlamentarischen Regierungssystem haben, aber eben keinesfalls die Prärogative des Parlaments, die Grundlage der repräsentativen Demokratie (vgl. Art. 20, 38 I), beeinträchtigen dürfen; Verbände, Bürgerinitiativen usw. dürfen nie – auch nicht indirekt – die Position von „Ersatzparlamenten“ oder „politischen Reservegewalten“ einnehmen.

VII. Politische Willensbildung des Volkes

298 Zur Veranschaulichung des Prozesses der politischen Willensbildung des Volkes wird nachstehend auf S. 147 das **Schaubild 8** abgedruckt (vgl. auch das Schaubild 3, oben S. 21).

Literatur: *Hesse* § 5 II 6; *Maunz/Zippelius* § 11; *Stein* §§ 9, 11; *Stern,* Bd. I, § 13; *Denninger,* Bd. 1, S. 55 ff.; *Ellwein,* Kapitel 3.3. (dort sind im Quellenteil bei 3.3.2. Auszüge aus Parteisatzungen abgedruckt); *Kunig,* Parteien, in: HdBStaatsR Bd. II, § 33; *Klein,* Das Problem der Parteienfinanzierung, NJW 1982, 735 ff.; *Blank,* Die innerparteiliche Willensbildung, DVBl. 1976, 564 ff.; *Schmidt,* Das Parteienprivileg zwischen Legalität und Opportunität, DÖV 1978, 468 ff.; *Willms,* Zur Problematik des Parteiverbots, JZ 1973, S. 455 ff.; *Tsatsos/Morlok,* Parteienrecht, 1982; *Grimm,* Die politischen Parteien und Verbände, in: Benda/Maihofer/Vogel (Hrsg.), Handbuch des Verfassungsrechts, S. 317 ff. und 373 ff.; *Stolleis/Schäffer/Rhinow,* Parteienstaatlichkeit – Krisensymptome des demokratischen Verfassungsstaats? VVDStRL Bd. 44 (1986), S. 1 ff.; *von Arnim,* Politische Parteien, DÖV 1985, 539 ff.; *Frotscher,* Die parteienstaatliche Demokratie, DVBl. 1985, 917 ff.; *Haungs u. a.,* Demokratie braucht Parteien, in: Das Parlament 1986, Nr. 37/38; *Maurer,* Die Rechtsstellung der politischen Parteien, JuS 1991, 881 ff.; *Steinberg,* Die Interessenverbände in der Verfassungsordnung, PVS 1973, S. 27 ff.; *Lessmann,* Die Verbände in der Demokratie, NJW 1978, 1545 ff.; *von Armin,* Die Partei, der Abgeordnete und das Geld, 1991.

Wiederholungsfragen und Fälle:

(1) Was versteht man unter „Parteienprivileg“ und welchen Sinn hat es?
Dazu: § 13 IV 1 und V 2 (Rdn. 280, 288).

(2) Ist es zulässig, die gesamte Parteitätigkeit mit staatlichen Mitteln zu finanzieren? Gegen welche Verfassungsbestimmungen würde dies gegebenenfalls verstoßen?
Dazu § 13 V 1 a (Rdn. 286; vgl. BVerfGE 20, 56, 113 ff.; Krimphove ZRP 1980, 93 f.).

(3) Die DKP, die an der bevorstehenden Landtagswahl teilnimmt, beantragt bei der Rundfunk- und Fernsehanstalt, ihr – wie den bereits bisher im Landtag vertretenen Parteien –

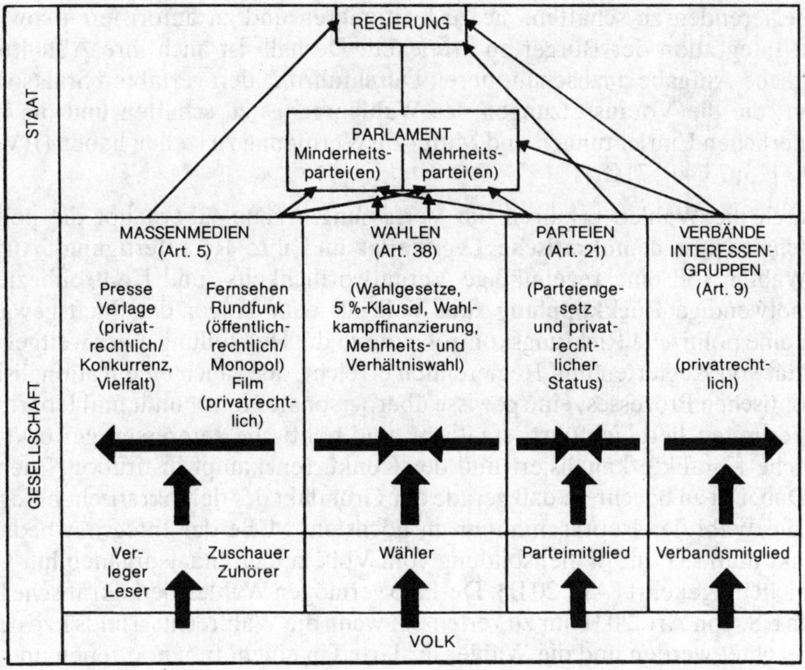

Schaubild 8

Sendezeiten zuzuteilen. Die Rundfunkanstalt lehnt dies mit dem Hinweis ab, daß sie einer verfassungsfeindlichen Partei keine Sendezeiten zur Verfügung stelle. Zu Recht?
Dazu: § 13 IV 1 und 2, V 2 (Rdn. 280, 282 f., 288; vgl. OVG Hamburg DÖV 1974, 489 ff. und BVerfGE 47, 198, 225 ff.).

§ 14 Wahlen

I. Bedeutung der Wahlen

1. **Wahl** ist die Bestellung eines Repräsentanten oder eines Organs, in der Regel verbunden mit der Übertragung von Befugnissen. Es gehört zu den grundlegenden Prinzipien der repräsentativen Demokratie, daß die Volksvertretungen in regelmäßigen, im voraus bestimmten Zeitabständen durch Wahlen abgelöst und neu legitimiert werden (vgl. Rdn. 149). Die Wahlen sind also gewissermaßen die organisatorische **Konsequenz des Repräsentationsprinzips** und der entscheidende Akt der unmittelbaren demokratischen Willensbildung des Volkes (Art. 20 II 1; legitimationsbegründende Funktion i. S. eines pluralistischen Wettbewerbs; Wahl als Konkurrenzkampf um politische Macht). Durch die Wahlen wird angestrebt, Rückhalt für 299

die Regierenden zu schaffen, sie zu legitimieren und zu autorisieren sowie eine loyale Integration der Bürger zu erreichen. Deshalb ist auch ihre Abhaltung als öffentliche Aufgabe anzusehen, deren Durchführung den verfaßten Staatsorganen obliegt, die die Voraussetzungen des Wahlvorgangs zu schaffen und die für ihn erforderlichen Einrichtungen und Mittel zur Verfügung zu stellen haben (BVerfGE 20, 56, 113; 73, 40, 71 ff.).

300 2. Durch die Wahlen erfahren die Verfassungsorgane, überhaupt die politische Herrschaft, ihre **demokratische Legitimität** und ihre Rechtfertigung. Aufgrund von Wahlen soll eine regelmäßige Verantwortlichkeits- und Kontrollbeziehung, eine notwendige **Rückkopplung zum Volk** als dem Träger der Staatsgewalt und damit eine politische Richtungskontrolle durch die Herstellung einer weitgehenden Identität von Regierten und Regierenden erreicht, aber auch eine Rationalisierung des politischen Prozesses, eine gewisse überpersonale Kontinuität und Übertragung von Vertrauen herbeigeführt, staatliche und politische Interessen geweckt sowie politische Konflikte kanalisiert und der Konkurrenzkampf institutionalisiert werden. Dabei ist zu beachten, daß gerade der Grundakt der demokratischen Legitimation, die Wahl der Repräsentanten, in höchstem Maße der Integrität bedarf. Im Wahlakt muß sich die Willensbildung vom Volk zu den Staatsorganen hin vollziehen, nicht umgekehrt (Art. 20 II). Deshalb vermögen Wahlen demokratische Legitimation i. S. von Art. 20 II nur zu verleihen, wenn die Wahlrechtsgrundsätze des Art. 38 I beachtet werden und die Wähler ihr Urteil in einem freien, offenen und fairen Prozeß der Meinungsbildung gewinnen und fällen können (vgl. BVerfGE 20, 56, 97; 44, 125, 138 ff.; 82, 322, 337 ff.).

II. Wahlsysteme

301 Die staatlichen Organe müssen nach einem bestimmten System bestellt werden. Folglich muß ein geregeltes Verfahren festgelegt werden, durch das ein „sachlich-geordneter und friedlich-gerechter“ Weg eröffnet wird, in dem durch das Volk die Repräsentanten bestimmt werden, die die Staatsgewalt ausüben sollen, und in dem auch ein gewaltloser Regierungswechsel möglich ist. Die Wahl stellt demnach ein im voraus geregeltes, weitgehend rationales und kontrollierbares demokratisches **Verfahren zur Organbestellung** dar. Dabei ist die Festlegung des Wahlsystems für die Wettbewerbschancen der Parteien und die Art und Weise der Umsetzung von Wählerstimmen in Mandate von zentraler Bedeutung (entscheidene Machtfrage). Im heutigen Wahlrecht unterscheidet man zwei Grundsysteme: Mehrheitswahlsystem und Verhältniswahlsystem (mit zahlreichen Variations- und Kombinationsmöglichkeiten). Diese Unterscheidung stellt auf den Gesichtspunkt der unterschiedlichen Berücksichtigung des Wählerwillens ab. Während bei der Mehrheitswahl nur diejenige Person oder Liste gewählt ist, die die absolute oder relative Mehrheit erhält, strebt das Verhältniswahlrecht eine solche Aufteilung der Parlamentssitze an, die dem Verhältnis der erreichten Stimmen entspricht bzw. angenähert ist (Spiegelbild des Wählervotums).

302 1. Die **Mehrheitswahl** ist die ältere Form der beiden Wahlsysteme. Bei der Wahl nur einer Person (z. B. Reichspräsident, Art. 41 WV) ist sie das allein mögliche Verfahren (vgl. auch Art. 54, 63). Wird ein Parlament nach dem Mehrheitswahlsystem gewählt, so müssen Wahlkreise gebildet werden, in denen je ein Abgeordneter zu wählen ist. Beim reinen Mehrheitswahlrecht sind die zu vergebenden Sitze mit der Zahl der Wahlkreise identisch. Von den mehreren Bewerbern, die in einem Wahlkreis kandidieren (Wahl = Auswahl unter mindestens zwei), ist derjenige gewählt, auf den die Mehrheit der Wählerstimmen entfallen (z. B. England, Frankreich). In aller Regel ist dabei das Wahlrecht so gestaltet, daß im ersten Wahlgang die absolute Mehrheit verlangt wird (nur der ist gewählt, der die Mehrheit der Wahlberechtigten oder der abgegebenen Stimmen erhalten hat) und falls diese nicht erreicht wird, für den zweiten Wahlgang dann die einfache, relative Mehrheit ausreicht (die meisten Stimmen auf sich vereinigt; so im Prinzip etwa Art. 54 VI). Die Mehrheitswahl ist zumeist als Persönlichkeitswahl normiert.

2. Die **Verhältniswahl** ist nur bei der Wahl von Vertretungskörperschaften (Parla- **303**
menten) anwendbar. Nach diesem System werden die Abgeordnetensitze auf die einzelnen Parteien entsprechend dem Verhältnis der im Wahlgebiet auf ihre Listen (Listenwahl) abgegebenen Stimmen verteilt. Der prozentuale Stimmenanteil der Parteiliste an der Gesamtzahl der Wählerstimmen entscheidet also in etwa über die einer Partei tatsächlich zufallenden Mandate. Als mathematisches Verfahren für die Sitzverteilung wird heute überwiegend das von dem Belgier **d'Hondt** entwickelte Höchstzahlverfahren verwandt (vgl. BVerfGE 16,130, 144; 34, 81, 101f.; BayVerfGH BayVBl. 1985, 115). Danach werden die auf die einzelnen Listen entfallenden Stimmen jeweils durch 1, 2, 3, 4 usw. geteilt und von den bei dieser Division entstehenden Höchstzahlen so viele berücksichtigt, wie Mandate zu vergeben sind. Für den Bundestag wurde 1985 das Verfahren nach d'Hondt durch das etwas exaktere und proporzgerechtere Verfahren nach **Hare-Niemeyer** ersetzt (Berechnungssystem der mathematischen Proportion; § 6 BWahlG; vgl. BVerwG NVwZ 1982, 34f.; Schreiber NJW 1985, 1433, 1436f. m. w. N.). Es liegt im Ermessen des Gesetzgebers, welches der beiden Verfahren er wählt (BVerwG DVBl. 1992, 431ff.). Die Berechnungsverfahren verdeutlichen die Beispiele im auf S. 150 abgedruckten **Schaubild 9** (vgl. auch BVerfGE 79, 161, 166f.; 82, 322, 337ff.).

3. Jedes Wahlsystem hat **Vor- und Nachteile.** Die Entscheidung für das eine oder **304**
andere und auch für ein Mischsystem wird im wesentlichen von den traditionellen oder gegenwärtig bevorzugten Vorstellungen und den erwarteten Ergebnissen bestimmt. Letzteres deshalb, weil eben von der Ausgestaltung des Wahlrechts Rückwirkungen auf das Parteien- und damit auch auf das Regierungssystem ausgehen. So wurde etwa während der großen Koalition (1966–1969) ernsthaft erwogen, in der Bundesrepublik die Mehrheitswahl einzuführen, was praktisch die Einführung des Zweiparteiensystems und die politische Ausschaltung vor allem der FDP bedeutet hätte.

In der Diskussion über die beiden Wahlsysteme werden im wesentlichen folgende **305**
Argumente genannt: Positiv wird die **Mehrheitswahl** insoweit beurteilt, als sie meist durch eine betonte Persönlichkeitswahl erfolgt, was oft eine enge Bindung von Wählern und Gewählten bedeutet, und daß durch sie eindeutige parlamentarische Mehrheitsverhältnisse und damit auch ein relativ stabiles Regierungssystem geschaffen werden, eben weil es bei diesem Wahlsystem nur wenigen Parteien gelingt,

Schaubild 9 © Erich Schmidt Verlag

Mandate zu erringen (Tendenz zum Zweiparteiensystem). Die Entwicklung in England und Frankreich einerseits und in der Bundesrepublik andererseits hat allerdings den Aussagewert des zweiten Arguments stark sinken lassen. Zwar wird durch die Mehrheitswahl die Parteiaufsplitterung stark eingeschränkt, doch kann dies weitgehend auch bei der Verhältniswahl durch die Festlegung von Sperrklauseln (5%-Klausel) erreicht werden.

306 Die Nachteile der Mehrheitswahl sind im wesentlichen die Vorteile des Verhältniswahlsystems. Die **Verhältniswahl** gewährleistet eine fast optimale Repräsentation aller wichtigen politischen Kräfte, eine wirklichkeitsnahe Abbildung der Wähler. Ihre Erfolgsgerechtigkeit sichert eine dem parteipolitischen Wählerwillen in etwa spiegelbildlich entsprechende parlamentarische Repräsentation. Es fallen grundsätzlich keine Wählerstimmen unter den Tisch (im wesentlichen gleicher Erfolgswert aller Stimmen). Dieses System garantiert auch weitgehend eine angemessene Vertretung aller Interessen sowie einen Minderheitenschutz und ermöglicht neue parteipolitische Impulse und Entwicklungen. Negativ wird beim Verhältniswahlsystem angesehen, daß eine übergroße Zahl auch kleinerer Parteien ins Parlament gelangen kann, was die Bildung und Erhaltung regierungsfähiger Mehrheiten erschwert, oft äußerst komplizierte und mitunter auch unschöne Koalitionsverhandlungen notwendig macht, und unter Umständen kleine Parteien als „Zünglein an der Waage" einen unangemessen großen Einfluß gewinnen können.

4. In diesem Zusammenhang soll nicht unerwähnt bleiben, daß auf die Zusammensetzung der Parlamente neben der Festlegung des Wahlsystems auch die Ausgestaltung und Durchführung des Verfahrens bei der Aufstellung der einzelnen Parteikandidaten einen entscheidenden Einfluß besitzt (dies gilt besonders in für die Partei sicheren Wahlkreisen). Deshalb sollte ein offeneres und transparenteres **Nominierungsverfahren** angestrebt werden. § 17 PartG allein konnte dies bisher nicht erreichen. **307**

III. Wahlrechtsgrundsätze

In einem demokratischen Rechtsstaat müssen die Wahlen nach Wahlrechtsgrundsätzen abgehalten werden, die den Anforderungen des Demokratieprinzips entsprechen (Art. 20 II, 28 I, 38; vgl. dazu oben Rdn. 149). Demokratische Legitimation kann nur in einem solchen **Wahlverfahren** verliehen werden, in dem sich unter Beachtung allgemein anerkannter Wahlrechtsgrundsätze die politische Willensbildung vom Volk zu den Staatsorganen hin vollzieht und nicht umgekehrt. Unvereinbar mit Art. 20 II und den Wahlrechtsgrundsätzen in Art. 38 ist deshalb eine auf Wahlbeeinflussung gerichtete, parteiergreifende Einwirkung auch von Staatsorganen als solchen zu Gunsten oder zu Lasten einzelner oder aller am Wahlkampf beteiligten politischen Parteien oder Bewerber. Sie verstößt gegen das Gebot der Neutralität des Staates im Wahlkampf und verletzt die Integrität der Willensbildung des Volkes durch Wahlen und Abstimmungen (BVerfGE 44, 125, 144). **308**

Im Unterschied zum Wahlsystem, das im GG selbst nicht festgelegt ist, sind die wichtigsten **Wahlrechtsgrundsätze in Art. 38 I 1** ausdrücklich genannt: allgemein, gleich, unmittelbar, geheim, frei. Gemäß Art. 38 III ist es Aufgabe des Gesetzgebers, diese Grundsätze zu konkretisieren und auch das Wahlverfahren im einzelnen zu regeln, was im wesentlichen im Bundeswahlgesetz und der Bundeswahlordnung erfolgt ist (Sartorius Nr. 30 und 31). Die Wahlrechtsgrundsätze der Art. 28 I und 38 I gelten als allgemeine Rechtsprinzipien für Wahlen zu allen staatlichen und kommunalen Volksvertretungen (BVerfGE 47, 253, 271 ff.). **309**

1. Der Wahlgrundsatz **allgemein** besagt, daß das Volk in seiner Allgemeinheit, in seiner „breiten Masse" wahlberechtigt ist. Grundsätzlich hat jeder ein subjektiv-öffentliches Recht auf aktive und passive Teilnahme an der Wahl (politisches Grundrecht im Rahmen des status activus). Dies bedeutet, daß es verboten ist, bestimmte Bevölkerungsgruppen aus politischen, wirtschaftlichen oder sozialen Gründen (Rasse, Geschlecht, Besitz, Bildung usw.; vgl. Art. 3 III) von der Ausübung des aktiven Wahlrechts, des Wahlvorschlagsrechts oder des passiven Wahlrechts auszuschließen (BVerfGE 12, 139, 142; 36, 139, 141). Der Grundsatz der Allgemeinheit der Wahl, der einen Anwendungsfall des allgemeinen Gleichheitssatzes (Art. 3 I) darstellt, verbietet demnach den unberechtigten Ausschluß von Staatsbürgern von der Wahl überhaupt; der Kreis der Wahlberechtigten ist mög- **310**

lichst umfassend, also sehr weit zu ziehen. Von dem Grundsatz sind allerdings **Ausnahmen** dann rechtlich zulässig, wenn für entsprechende Differenzierungen und Begrenzungen des Wahlrechts besondere rechtfertigende, zwingende Gründe vorliegen (vgl. BVerfGE 36, 139, 141 f.). Daraus ergibt sich folgendes: Einmal sind formale Zulassungsvoraussetzungen zur Wahl dann nicht verboten, wenn sie allgemein sind und von jedem Staatsbürger ohne weiteres erfüllt werden können (z. B. § 15 I BWahlG); zum anderen sind unter engen Voraussetzungen materielle Einschränkungen zulässig, sofern sie sich aus dem Wesen des Wahlrechts ergeben (z. B. ist für die Wahlrechtsausübung eine hinreichende geistige Reife erforderlich). Deshalb widerspricht es nicht der Allgemeinheit der Wahl, wenn Voraussetzungen wie Mindestalter, Erfüllung eines Unterschriftenquorums (BVerfGE 60, 162, 168 f.; 82, 353, 363 ff.), deutsche Staatsangehörigkeit, keine Entmündigung, Eintrag im Wählerverzeichnis, gegeben sein müssen (vgl. §§ 12 ff. BWahlG). Auch der dauernde Aufenthalt, die Seßhaftigkeit im Wahlgebiet, gehört nach h. M. zu solchen zulässigen Differenzierungen (vgl. § 12 I Nr. 2 und II BWahlG, BVerfGE 58, 202 ff.; zur Problematik der außerhalb der Bundesrepublik lebenden Deutschen: Schreiber NJW 1985, 1433 ff.; Schild NJW 1985, 3056 ff.).

310a Auch nach den Urteilen des BVerfG (E 83, 60 ff. und 37 ff.) wird das **Wahlrecht für Ausländer zum Teil kontrovers diskutiert.** Nach ganz h. M. läßt das GG ein Ausländerwahlrecht nicht zu, da sowohl Art. 20 II 1 als auch Art. 28 I 2 Staatsgewalt nur dem Volk zuweist und das Volk nur aus dessen Staatsangehörigen oder den ihnen verfassungsrechtlich Gleichgestellten besteht („Volk" als dauerhafte politische Staatsbürger- und Schicksalsgemeinschaft der Deutschen, Art. 116). Eine bloße „Lebens- oder Einwohnergemeinschaft" verfügt nicht über die Fähigkeit, Staatsgewalt zu legitimieren und damit an Parlamentswahlen teilzunehmen (vgl. Böckenförde, in: HdBStaatsR Bd. I, S. 904 f.; Huber DÖV 1989, 519 ff.). Entsprechendes gilt für das Kommunalwahlrecht für Ausländer (vgl. Breer ZAR 1985, 136 ff.; Karpen NJW 1989, 1012 ff.). Ein Sonderproblem stellen die EG-Ausländer dar (zum Ausländerwahlrecht in Hamburg und Schl.-Holst.: Karpen NJW 1989, 1015 f. und Bryde JZ 1989, 257 ff.; zum Vorschlag der EG-Kommission: NVwZ 1989, 341 ff.; Lobkowicz DÖV 1989, 519 ff.; Rupp ZRP 1989, 363 ff.). Die Einführung eines Ausländerkommunalwahlrechts ist durch Verfassungsänderung möglich (Art. 79 III steht insoweit nicht entgegen). Durch die Erleichterungen beim Erwerb der deutschen Staatsangehörigkeit können Ausländer verstärkt in das Staatsvolk integriert werden (vgl. BVerfGE 83, 60, 70 ff.).

311 2. Die Wahl ist **unmittelbar,** wenn die Wähler die Kandidaten direkt, d. h. ohne Dazwischenschaltung einer weiteren Entscheidung wählen. Dieser Grundsatz verbietet demnach jedes Wahlsystem, bei dem sich zwischen Wähler und Wahlbewerber eine Zwischeninstanz schiebt, die nach ihrem Ermessen die Abgeordneten auswählt und damit dem Wähler die Möglichkeit nimmt, die Volksvertreter selbst zu bestimmen (vgl. BVerfGE 7, 63, 68; z. B. Wahlmänner bei der Wahl des Präsidenten in den USA). Jede abgegebene Stimme muß demnach bestimmten oder bestimmbaren Wahlbewerbern zuzurechnen sein, ohne daß nach der Stimmabgabe noch eine Zwischeninstanz nach ihrem Ermessen den Gewählten bestimmt. Da bei dem früher in Hessen geltenden „ruhenden Mandat" die Zwischenschaltung eines vom Wähler verschiedenen, gegebenenfalls anderslautenden Willens nicht ausgeschlossen werden konnte, wurde diese Regelung für verfassungswidrig erklärt (HessStGH NJW 1977, 2065ff.; vgl. auch BVerfGE 47, 253, 279f.). Der Unmittelbarkeitsgrundsatz hat heute nur noch wenig praktische Bedeutung.

3. Eine **freie** Wahl beinhaltet vor allem, daß jeder Wähler sein Wahlrecht frei, d. h. **312**
ohne Zwang oder sonstige unzulässige Beeinflussung von außen ausüben kann. Dies gilt sowohl für das aktive als auch für das passive Wahlrecht einschließlich des Wahlvorschlagsrechts (keine Monopolisierung des Wahlvorschlagsrechts auf Parteien; freies Wahlvorschlagsrecht für alle sowie freie und demokratische Kandidatenaufstellung; BVerfGE 47, 253, 282). Durch die Wahlfreiheit soll also eine freie, umfassende Wahlbetätigung vor, bei und nach der Wahl geschützt werden (BVerfGE 7, 63, 69). Dieser Grundsatz fordert aber nicht nur, daß der Akt der Stimmabgabe frei von Zwang und unzulässigem Druck bleibt, sondern ebensosehr, daß die Wähler ihr Urteil in einem freien, offenen Meinungsbildungsprozeß gewinnen und fällen können (Verbot bezüglich unzulässiger Beeinflussung; vgl. dazu BVerfGE 66, 369, 380ff.). Dieses Gebot der Neutralität gilt ganz besonders für den Staat; der politische Willensbildungsprozeß hat grundsätzlich staatsfrei zu verlaufen (zur Begrenzung der Öffentlichkeitsarbeit der Regierung in Wahlkampfzeiten vgl. BVerfGE 44, 125, 138ff.; 63, 230, 241ff.; zum Problem kirchlicher Hirtenbriefe vgl. etwa BVerwGE 18, 16f.).

4. Der Grundsatz der **gleichen** Wahl ist ein Anwendungsfall des allgemeinen Gleich- **313**
heitssatzes und unterscheidet sich von ihm durch seinen formalen Charakter; er besagt, daß jedermann sein Wahlrecht in formal möglichst gleicher Weise soll ausüben können („one man, one vote"; BVerfGE 41, 399, 413). Im GG ist die Gleichbewertung aller Staatsbürger bei der Ausübung des Wahlrechts eine der wesentlichen Grundlagen der Verfassungsordnung. Die Wahlrechtsgleichheit hat sich zu einem bedeutsamen Grundsatz entwickelt. Sie bezieht sich dabei sowohl auf das aktive wie auch auf das passive Wahlrecht und garantiert jedem Bürger, den Parteien, aber auch unabhängigen, parteilosen Wahlbewerbern ein Recht auf **Chancengleichheit** im Wahlverfahren. Darüber hinaus gilt der Grundsatz der Wahlrechtsgleichheit auch für das Wahlvorschlagsrecht und für die Ausübung eines Abgeordnetenmandats (BVerfGE 40, 296, 317; 41, 399, 416f.). Die Wahlgleichheit fordert also auch, daß die Rechtsordnung jeder Partei und jedem sonstigen Wahlbewerber (im Prinzip kennt das GG kein Parteimonopol bei Wahlen!) grundsätzlich die gleiche Möglichkeit im Wahlkampf und Wahlverfahren und damit die gleiche Chance im Wettbewerb um die Wählerstimmen gewährleistet (Chancengleichheit für die Wahlvorbereitung, die Wahlwerbung, den Wahlvorgang, aber auch die Wahlkampfkostenerstattung und dergleichen; vgl. BVerfGE 41, 399, 413ff.; 67, 149, 151ff.; 73, 40, 84ff.). Ausnahmen von diesem Gesetz, also Differenzierungen und Abweichungen von der Wahlgleichheit sind nur aus besonders rechtfertigenden, zwingenden Gründen zulässig (BVerfGE 34, 81, 99; 78, 350, 357ff.; 82, 322, 337ff.; Wahl NJW 1990, 2585ff.; vgl. auch oben Rdn. 282ff.).

Das Prinzip der Wahlgleichheit verlangt, daß die Stimmen aller Wähler den gleichen **314**
Wert, das gleiche Stimmgewicht haben. In jedem Fall muß der **„Zählwert"** jeder

gültigen Stimme gleich sein (ein „Dreiklassenwahlrecht" ist unzulässig); auch der gleiche **„Erfolgswert"** muß grundsätzlich sichergestellt sein. Aus der Formalisierung der Wahlrechtsgleichheit folgt, daß Differenzierungen nur hinsichtlich des Erfolgswerts und nur dann ausnahmsweise zulässig sind, wenn Zweck und Natur des Wahlverfahrens es zwingend erfordern (funktionell zwingende Gründe; BVerfGE 34, 81, 98f.). So liegt es etwa in der Natur des Mehrheitswahlsystems, daß eben nur die Stimmen Erfolg haben, die auf den mit Mehrheit gewählten Kandidaten entfallen, und alle für andere Bewerber abgegebenen Stimmen keinen Erfolgswert erlangen (u. U. bis zu 49,9%; wenn eine einfache Mehrheit genügt, sogar eventuell noch eine größere Prozentzahl). Ausnahmen sind insbesondere dann gerechtfertigt, wenn sie zur Sicherung der Handlungs- und Entscheidungsfähigkeit geboten sind (parlamentarische Funktionsfähigkeit durch die Möglichkeit stabiler Mehrheitsverhältnisse), also dem Ziel dienen, Parteizersplitterung zu verhindern und überhaupt den Charakter einer Wahl als entscheidenden Integrationsvorgang zu sichern; stets müssen sie sich im Rahmen des zu diesem Ziel unbedingt Erforderlichen halten. Aus diesen Erwägungen wurde die Zulässigkeit der 5%-Sperrklausel in § 6 VI BWahlG in Normalzeiten anerkannt (BVerfGE 1, 208, 249ff.; 34, 81, 99; 41, 399, 421; zu den besonderen Wahlrechtsanforderungen bei der ersten gesamtdeutschen Bundestagswahl vgl. BVerfGE 82, 322, 337ff.; 5%-Klausel bei der Wahl zum Europäischen Parlament: BVerfGE 51, 222, 233ff.). Zu der Zulässigkeit und den Grenzen der aus wahltechnischen Gründen unvermeidbaren Ungleichheiten in der Wahlkreiseinteilung (bis zu ± ⅓ vom Durchschnittswahlkreis: § 3 BWahlG; zur „Wahlkreisgeometrie" vgl. BVerfGE 16, 130, 136ff.; StGH BW VBlBW 1990, 214ff.; zum Problem der „Überhangmandate" vgl. BVerfGE 16, 130, 139f.; zur „Quotenregelung" im Wahlrecht: Rdn. 281, 707 und Heyen DÖV 1989, 649f.).

315 5. Der Grundsatz der **geheimen** Wahl verlangt, daß durch geeignete Maßnahmen (Sicherungen wie Wahlzellen, verdeckte Stimmabgabe, versiegelte Wahlurne usw.) sichergestellt ist, daß nicht festgestellt werden kann, wie der einzelne gewählt hat, die Stimme also unbeeinflußt und unbeobachtet abgegeben werden kann (vgl. § 34 BWahlG, § 107c StGB; Jung/Jaxt ZRP 1985, 50ff.). Für den einzelnen muß es ohne weiteres möglich sein, seine Wahlentscheidung geheim, also für sich zu behalten (daraus folgt etwa ein Ausforschungsverbot). Da die Geheimheit der Wahl auch eine institutionelle Wahlrechtsgarantie beinhaltet, kann der Wähler beim Wahlvorgang selbst auf die Geheimhaltung der Stimmabgabe nicht freiwillig verzichten. Zur Sicherung der freien Wahl besteht eine nicht zur Disposition stehende Rechtspflicht zur geheimen Stimmabgabe. Aus vorstehenden Gründen ist die Verfassungsmäßigkeit der Briefwahl nicht unbestritten (das BVerfG hat sie grundsätzlich für zulässig erklärt, jedoch den Gesetzgeber verpflichtet, für eine bestmögliche Gewährleistung der geheimen Wahl zu sorgen; vgl. BVerfGE 59, 119, 123ff.).

IV. Bundestagswahlrecht

1. Das **Wahlrecht** ist das wichtigste politische Grundrecht des Staatsbürgers (vgl. auch Art. 28 I 2). Es umfaßt sowohl das **aktive** (das Recht, jemand wählen zu dürfen) als auch das **passive** (das Recht, gewählt zu werden) Wahlrecht. Die Voraussetzungen, die an das Wahlrecht und die Wählbarkeit geknüpft sind, werden in Art. 38 II und §§ 12–16 BWahlG im einzelnen festgelegt (lesen! Vgl. auch den Wahlvertrag vom 3. 8. 1990 und das Wahlvertragsgesetz vom 29. 8. 1990, BGBl. II S. 813 ff.). **316**

2. Das **Wahlsystem** für die Bundestagswahl ist nicht im GG, sondern gemäß Art. 38 **317**
III im wesentlichen in den §§ 1 II, 4–7 BWahlG geregelt. Es stellt eine Kombination aus Mehrheits- und Verhältniswahl dar, das aber tatsächlich nur ein modifiziertes, mit Elementen der Mehrheitswahl verbundenes Verhältniswahlsystem beinhaltet (**„personalisierte" Verhältniswahl;** vgl. § 6 II BWahlG). **656 Abgeordnete** werden je zur Hälfte (328) in Wahlkreisen nach dem relativen Mehrheitswahlsystem und aufgrund der Landeslisten der Parteien nach dem Verhältniswahlsystem gewählt (§ 1 BWahlG). Jeder Wähler hat zwei Stimmen (Persönlichkeits- und Listenwahlstimme; § 4 BWahlG). Entscheidend für die einer Partei zustehende Gesamtzahl an Abgeordnetensitzen ist ihr Stimmenanteil an den Zweitstimmen, wobei sich jede Partei die in den Wahlkreisen direkt gewählten Kandidaten anrechnen lassen muß (§ 6 I BWahlG). Dieses System kann zu sog. Überhangmandaten führen, wenn die Zahl der in den Wahlkreisen durch eine Partei errungenen Direktmandate höher ist als die ihr nach dem Verfahren der mathematischen Proportion nach Niemeyer aufgrund der Zweitstimmen zustehende Zahl an Abgeordnetensitzen (§ 6 I–IV BWahlG). Aus diesem Grund hat der 12. Bundestag insgesamt 662 Abgeordnete. Bei der Sitzverteilung werden die Parteien nicht berücksichtigt, die nicht mindestens 5% der Zweitstimmen oder nicht wenigstens 3 Direktmandate errungen haben (§ 6 VI BWahlG). Zu den Wahlrechtsanforderungen in der Sondersituation für die **erste gesamtdeutsche Bundestagswahl** am 2. 12. 1990: § 53 BWahlG i. d. F. vom 8. 10. 1990; BVerfGE 82, 322 ff. und 353 ff.; Wahl NJW 1990, 2585 ff.; Ipsen/Epping JuS 1991, 1022 ff. Im einzelnen wird auf das **Schaubild 10** verwiesen (S. 156).

3. Insgesamt erweist sich das geltende Wahlrecht als ein Wahlsystem, das einerseits **318**
Vorzüge der Verhältniswahl verknüpft und anreichert mit Vorzügen der Mehrheitswahl und das andererseits dem der Verhältniswahl zugeschriebenen Nachteil gegenüber der Mehrheitswahl mittels der 5%-Klausel auf insgesamt noch schonende Weise entgegenwirkt (vgl. BVerfGE 79, 379, 383 ff.; 82, 322, 337 ff.).

Literatur: *Hesse* § 5 II 2; *Maunz/Zippelius* § 39 II; *Stein* § 8; *Stern,* Bd. I, § 10; *Meyer,* Wahlsystem, Wahlgrundsätze und Wahlverfahren, in: HdBStaatsR Bd. II, §§ 37 und 38; *Linck/Seifert,* Das Blockwahlsystem auf dem Prüfstand, DÖV 1972, S. 331 ff.; *Frowein,* Die Rspr des BVerfG zum Wahlrecht, AöR 1974, 72 ff.; *Erichsen,* Wahlrechtsgrundsätze, Jura 1983, 635 ff.; *ders.,* Wahlsystem, Jura 1984, 22 ff.; *Quaritsch,* Staatsangehörigkeit und Wahlrecht, DÖV 1983, 1 ff.; *Schreiber,* Novellierung des Bundestagswahlrechts, NJW 1985, 1433 ff.; *Gramlich,* Allg. Wahlrecht – in Grenzen, JA 1986, 129 ff.; *Karpen,* Wahlrecht für Ausländer, NJW 1989, 1012 ff.

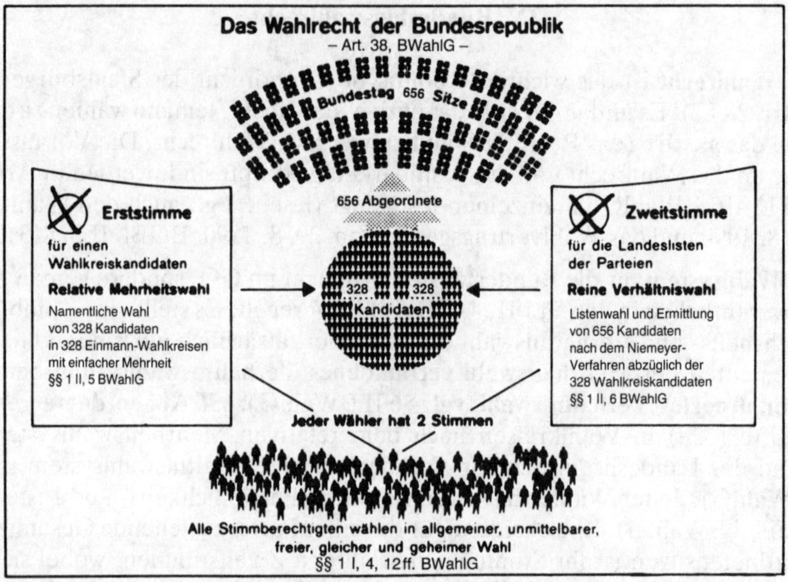

Schaubild 10 © Erich Schmidt Verlag

Wiederholungsfragen und Fälle:

(1) Worin bestehen die wesentlichen Vor- und Nachteile des Mehrheits- und des Verhältniswahlsystems?
Dazu: § 14 II 3 (Rdn. 304ff.).

(2) Die X-Partei, die im Bundestag die absolute Mehrheit besitzt, will gegen die Mehrheit der Bevölkerung das Verhältniswahlsystem zwar nicht unmittelbar durch das Mehrheitswahlsystem ersetzen. Um dieses Ziel aber gleichwohl in etwa mittelbar zu erreichen, bringt sie einen Gesetzentwurf ein, nach dem die Sperrklausel in § 6 VI BWahlG von 5 auf 10 % angehoben werden soll. Wäre eine solche Gesetzesänderung verfassungsgemäß?
Dazu: § 14 III 4 (Rdn. 313f.; vgl. BVerfGE 34, 81, 98ff).

(3) Nach § 1 I BWahlG wird der Bundestag nach den Grundsätzen einer mit der Personenwahl verbundenen Verhältniswahl gewählt. Könnte durch bloße Änderung des BWahlG das Mehrheitswahlrecht eingeführt werden oder wäre dazu eine Verfassungsänderung notwendig?
Dazu: § 14 IV (Rdn. 317; vgl. Art. 22 WV mit Art. 38 III GG).

(4) Wäre es zulässig, wenn im BWahlG bestimmt würde, daß nur politische Parteien zur Beteiligung an der Wahl berechtigt sind?
Dazu: § 14 III 3 und 4 (Rdn. 312f.; vgl. WPG Berlin NJW 1976, 560ff. und auch BVerfGE 41, 399, 413ff.).

Vierter Teil: Oberste Bundesorgane und ihre Aufgaben

§ 15 Parlamentarisches Regierungssystem

I. Parlamentarisches System allgemein

1. Als parlamentarisches Regierungssystem wird eine **Staatsform** bezeichnet, bei der das Verhältnis Parlament/Regierung nach bestimmten Prinzipien ausgeformt ist. Es geht vor allem um die konkrete verfassungsmäßige Festlegung der Verteilung der Staatsgewalt, um die Zuordnung der Staatsleitungsfunktionen und -kompetenzen auf Parlament und Regierung (personale und funktionale Wechselwirkung, System eines bestimmten Zusammenspiels und Dualismus, Mischung aus einem Mit- und Gegeneinander, aus Konkurrenz und Konkordanz). Als unabdingbare, **essentielle Strukturelemente** müssen vorliegen: (1) Zentrale Grundbedingungen des demokratischen Rechtsstaates, insbesondere das Repräsentativsystem, freier parlamentarischer Status der Abgeordneten, funktionsfähiges, pluralistisches Parteiensystem, Oppositionsrechte. (2) Die Regierung muß in ihrem Bestand und damit auch in ihrem Handeln vom Vertrauen des Parlaments abhängig sein (Wahl mindestens des Regierungschefs; Abwahlmöglichkeit); (3) Regierung und Parlament müssen wechselseitige Kontrollrechte und -instrumente besitzen, und die Regierung muß der parlamentarischen Verantwortlichkeit unterliegen. (4) Grundsätzlich wirkt bei der Festlegung der politischen Grundentscheidungen durch die Regierung die Parlamentsmehrheit mit (These von der Staatsleitung zur „gesamten Hand“; kooperativer Staatsleitungsprozeß; Vorhandensein eines Dualismus zwischen Regierung/Regierungskoalition und Opposition). 319

2. Aus diesen Wesensmerkmalen folgt, daß das parlamentarische Regierungssystem zwangsläufig mindestens nicht allein vom klassischen Gewaltenteilungsgrundsatz geprägt wird, die Legislativ- und Exekutivfunktionen nicht strikt auf Parlament und Regierung aufgeteilt sind, sondern von einem Netz gegenseitiger Kooperation, Verbindung, Verschränkung, aber auch Hemmung, Konkurrenz und Kontrolle überlagert wird. Dieses System der gegenseitigen Einfluß- und Mitwirkungsrechte im jeweils anderen Funktionsbereich als **Staatsleitung zur „gesamten Hand“** zu bezeichnen, verkürzt allerdings die Problematik und verkennt auch etwas die politische Realität. Eine funktionsgerechte und organadäquate Aufgabenzuordnung im Verhältnis von Parlament und Regierung erfordert im modernen Staat eine differen- 320

zierte Beurteilung und Ausgestaltung; vor allem darf der **Organdualismus** zwischen Parlament und Regierung nicht vernachlässigt, sondern muß ebenso berücksichtigt werden wie der **Parteiendualismus** zwischen Regierung/Parlamentsmehrheit und Parlamentsminderheit (Opposition; vgl. zum Ganzen etwa Stern, StaatsR, Bd. I, § 22 I 4; Schneider, in: Benda/Maihofer/Vogel, Hrsg., HdBVerfR, S. 239ff.).

II. Parlamentarisches System des GG

321 1. Die **Verfassungsberatungen** waren unter den Vätern des GG, dem Parlamentarischen Rat, von den Erfahrungen unter der WV sowie der Ereignisse von 1933–1945 und der Furcht vor der Wiederholung „Weimarer Zustände" geprägt. Auf diesem Hintergrund war es nicht verwunderlich, daß vor allem über drei Fragen in bezug auf die Ausgestaltung des parlamentarischen Systems heftig gestritten wurde: die Zusammensetzung und Stellung des Bundesrates (Zweite Kammer), die Bedeutung und Rolle des Bundespräsidentenamtes sowie die Sicherstellung der Regierungsstabilität.

322 2. Die strukturellen und organisatorischen Grundprinzipien des **bundesrepublikanischen Regierungssystems** sind bereits in den Staatszielbestimmungen des Art. 20 festgelegt: Demokratieprinzip, Rechtsstaatsprinzip und Bundesstaatlichkeit (vgl. § 7). So ist das Demokratieprinzip als mittelbare Demokratie, als strikt repräsentatives, parlamentarisches System ausgestaltet (vgl. Rdn. 141ff.). Weiter liegt dem GG als unabdingbarer Bestandteil des Rechtsstaatsprinzips das Organisationsmuster der Gewaltenteilung zugrunde (System der Gewaltenverschränkung und -balancierung; vgl. Rdn. 177ff.). Schließlich legt das GG als innerstaatliche Ordnung den bundesstaatlichen Aufbau fest (vgl. Rdn. 242ff.).

323 3. Die konkrete grundgesetzliche Ausformung des parlamentarischen Systems kann in den wichtigsten charakteristischen Ausprägungen, die auf dem Hintergrund der politisch-historischen Situation von 1948/49 zu sehen sind, durch folgende Regelungen umschrieben werden (strukturbildende Elemente; **Charakteristika des Bonner Parlamentarismus**):

- die begrenzte Beteiligung des Volkes (praktisch nur Wahlrecht zum Bundestag; nur spärliche plebiszitäre Elemente; strikt repräsentatives, parlamentarisches System; Art. 20 II, 38, 29, 54, 63),
- das Parlament wird als einziges Staatsorgan direkt vom Volk gewählt (unmittelbare Legitimation),
- die Regierungsbildungsprozedur (nur der Kanzler wird vom Bundestag gewählt; Art. 63 und 64),
- die starke Stellung des Bundeskanzlers („Kanzlerdemokratie"; Art. 64, 65 und 69),
- ein Regierungssturz nur durch das „konstruktive Mißtrauensvotum" (Art. 67, genau lesen!),
- die stark eingeschränkten Möglichkeiten der Parlamentsauflösung (Art. 63 IV und 68 I),
- eine Vielzahl von gegenseitigen Einwirkungs- und Kontrollrechten (parlamentarische Verantwortlichkeit; Art. 39 III, 44, 65, 76, 80–82, 83ff.),

- die wenig stark ausgeprägte Stellung des Bundespräsidenten (repräsentierendes Staatsoberhaupt; Art. 58),
- die verfassungsrechtliche Anerkennung der Parteidemokratie und die verfassungspolitische Funktion der Parteien (Art. 21, vgl. aber auch Art. 9).

4. Die im GG festgelegte Struktur der repräsentativen Demokratie kann grob als **324** parlamentarisches Regierungssystem mit der Tendenz zur **Kanzlerhegemonie** oder als **antiplebiszitäres, rechtsstaatliches, föderatives, regierungsstabiles parlamentarisches Regierungssystem parteistaatlicher Prägung** umschrieben werden. Das so festgelegte Regierungssystem ist kein Selbstzweck, sondern dient der Gewährleistung eines freiheitlichen politischen Meinungsprozesses und einer freiheitlichen Lebensgestaltung des Volkes; es stellt kein bloß formales Organisationsstatut dar, sondern besitzt zugleich materialen Wert (vgl. etwa Stern, Bd. I, § 22; Denninger, Bd. 2, S. 13ff.).

III. Verfassungswirklichkeit

1. Der Verfassunggeber ging zwar bei der Normierung des Regierungssystems von **325** bestimmten Vorstellungen und Erwartungen aus, hat aber gleichwohl bewußt den obersten Staatsorganen für den politischen Alltag einen beachtlichen **Gestaltungsspielraum** eingeräumt. Dies ist in festgelegten Grenzen erforderlich, um der Staatspraxis die notwendige Flexibilität und Anpassungsmöglichkeit an die sich ständig wandelnden gesellschaftlichen und politischen Verhältnisse zu ermöglichen, aber auch um die sich verändernden Problemlagen lösbar zu machen. Einer gewissen Anpassungsfähigkeit bedarf es aber auch deshalb, weil die Persönlichkeiten, die die politische Führung verkörpern, sehr unterschiedliche Fähigkeiten mitbringen und z.T. recht unterschiedliche Führungsstile praktizieren (vgl. oben Rdn. 107f. und 118). Diese **„Offenheit" des GG** darf aber keinesfalls zu einer Aufhebung (Verfassungsdurchbrechung) der in ihr festgelegten ausgewogenen Grundstrukturen oder der Funktionsfähigkeit der Verfassungsorgane führen.

2. Das im GG festgelegte parlamentarische Regierungssystem hat sich in der **Verfas-** **326** **sungswirklichkeit** als stabil, funktionstüchtig und sachgerecht erwiesen, hat sich also insgesamt gut bewährt. Die Regierung nimmt mit dem Bundestag und den Regierungsparteien (-spitzen) die politische Führung i.S. eines kooperativen Staatsleitungsprozesses wahr, bildet in ihr aber eindeutig das aktive und initiative Organ. Dabei muß gesehen werden, daß der gelebte politische Alltag sich zwar im Rahmen der vom Verfassunggeber festgelegten organisatorischen Grundstrukturen hält, aber sicher von Anfang an nicht ganz dem vom GG beabsichtigten „Soll-Zustand" entsprach bzw. entspricht. Das gesamte politisch-administrative System ist in groben Zügen in **Schaubild 11** dargestellt (vgl. S. 159).

3. In der Literatur wird nicht selten von einer seit Jahren bestehenden **Krise des** **327** **parlamentarischen Regierungssystems**, von einer Staats- und Parteienverdrossenheit, z.T. auch von einer „Unregierbarkeit" gesprochen. Solchen Auffassungen liegt zweifellos eine nicht ganz von der Hand zu weisende Sorge zugrunde; gleichwohl muß allgemein, will man sich nicht dem Vorwurf aussetzen, weit überhöhte,

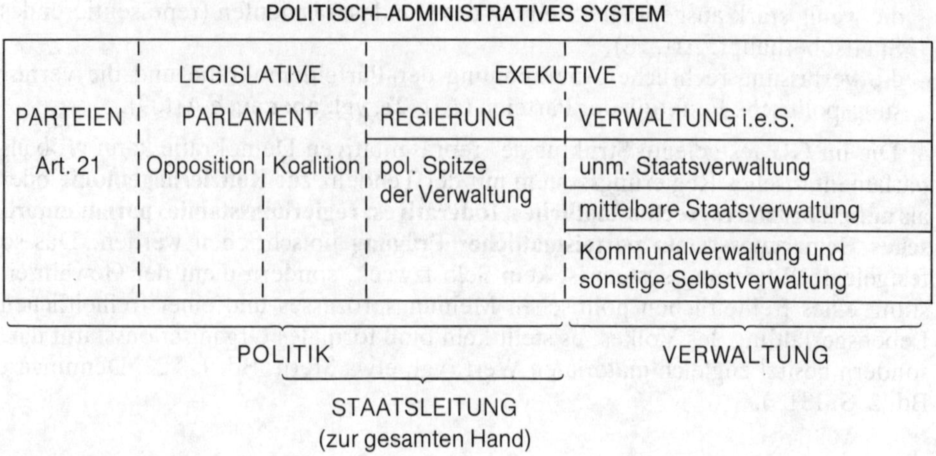

Schaubild 11

unrealistische Idealvorstellungen als Maßstab für die Beurteilung des demokratischen Regierungssystems anzulegen, das praktizierte Regierungssystem trotz manchen Unvollkommenheiten, Mängeln und Defiziten, die in vielen Einzelpunkten sicher noch verbesserungsfähig bzw. behebbar sind, als funktionsfähig, stabil und effizient angesehen werden. Das parlamentarische Regierungssystem lebt in einem demokratischen Staat nicht zuletzt von der Bereitschaft, Kompromisse einzugehen und Mehrheitsentscheidungen zu akzeptieren (dies sind unabdingbare demokratische Elemente, die „absolute Wahrheiten“ nur sehr eingeschränkt berücksichtigen können und die konsensfähige Politik der „kleinen Schritte“ begünstigen; Tendenz zur Konkordanz- und z.T. Verhandlungsdemokratie); im übrigen ist das demokratisch-parlamentarische Regierungssystem ja gerade besonders geeignet, Interessen zu kanalisieren, Protest zu absorbieren sowie Konfliktpotential über das Verfahren der Mehrheitsbildung, des Minderheitenschutzes und auch des politischen Machtwechsels zu integrieren (vgl. Rdn. 137ff.; Schneider, in: Benda/Maihofer/Vogel, Handbuch des Verfassungsrechts, S. 269ff.; Ellwein, ebenda, S. 1123ff.; Ellwein DÖV 1984, 748ff.; Stolleis/Schäffer/Rhinow VVDStRL Bd. 44, 1986, S. 1ff.; Vierhaus ZRP 1991, 468ff.; ZRP 1992, 27; zur besonderen Problematik der „Auszehrung“ des Länderparlamentarismus siehe etwa Sailer BayVBl. 1978, 713ff.; Thieme DÖV 1989, 499ff.; Rudolf, in: HdBStaatsR Bd. IV, § 105, Rdn. 79ff.).

IV. Planung und kooperative Staatsleitung

328 1. Politik ist heute weniger durch das Setzen und Stabilisieren von Ordnungen sichtbar; sie reagiert vielmehr vor allem durch Leistungen, korrektive Maßnahmen und Leitungsbemühungen, also dadurch, daß sie insbesondere durch **Programme und Planungen** versucht, die Zukunft positiv zu beeinflussen. Eine solche planende Vorausschau ist in einem modernen Staat der Daseinsvorsorge unabdingbar. Pla-

nung dieser Art ist Staatsleitung und damit **materielle Regierungstätigkeit,** die im Grundsatz dem Funktionsbereich der Regierung zuzuordnen ist. Damit ist zwar noch nicht entschieden, ob und in welchem Umfang die Planungsbefugnisse auf Parlament und Regierung verteilt sind und ob evtl. die Bürger beteiligt werden sollen; gleichwohl liegt die Planungshoheit, d.h. der Planungsprozeß („erster Zugriff", Initiative, Ausarbeitung, Entscheidung und Durchführung) prinzipiell bei der Exekutive (die Planungskompetenz folgt im Zweifel der Aufgabenerledigungskompetenz; so die ganz h.M., vgl. etwa Stern, StaatsR, Bd. II, § 40; Hoppe, in: HdBStaatsR Bd. III, § 71).

2. Ob und vor allem in welchem Umfang das Parlament bei wichtigen Planungsent- **329**
scheidungen beteiligt werden soll, ist nach wie vor umstritten. Im Hinblick auf das einer modernen staatlichen Planung innewohnende Wesensmerkmal, wonach größere Planungen meist nicht nur eine Vorbereitung politischer Entscheidungen darstellen, sondern in aller Regel bereits Vorverfügungen über solche Entscheidungen beinhalten und insbesondere häufig nicht unwesentlich die Gesetzgebungskompetenz und das Budgetrecht des Parlaments präjudizieren, wird überwiegend eine begrenzte **Mitwirkung des Parlaments** an wichtigen Regierungsplanungen auch im Interesse einer Gewaltenbalance für notwendig erachtet (weitere Argumente: aufgrund der faktisch-politischen Eigendynamik staatlicher Pläne verlagern sich die Entscheidungsstationen stufenweise in den Planungsprozeß hinein; mit der Zunahme der Planung nimmt der politische Spielraum des Parlaments ab; Kompetenzausgleich durch Teilhabe an der Planungshoheit, „Plangewaltenteilung", Planung als kooperativer Staatsleitungsprozeß).

Im Hinblick auf das im GG festgelegte parlamentarische Regierungssystem (vgl. **330**
Art. 20, 30, 42f., 59 II, 65, 70ff., 110 und den Parlamentsvorbehalt) und aufgrund der genannten Gründe ist der Bundestag in angemessener Weise an den **staatsleitenden Planungen** rechtzeitig zu beteiligen (vor allem solche von erheblicher politischer oder finanzieller Bedeutung). Insoweit steht also das „Ob" im Grundsatz nach dem GG außer Frage; die Planung kann folglich nicht als ausschließlicher Vorbehaltsbereich der Exekutive angesehen werden. Das GG legt aber die Einflußkompetenzen auf das Planungsgeschehen nicht im einzelnen fest. Innerhalb des vorgegebenen Verfassungsrechtsrahmens kommt es entscheidend auf die geltende Rechtslage an, d.h. auf die in den **Spezialgesetzen** verankerten parlamentarischen Beteiligungskompetenzen. Dabei darf allerdings der Kernbereich der gouvernementalen Planungshoheit ebensowenig beeinträchtigt werden wie etwa das Rechtsstaatsprinzip oder die Grundrechtsbestimmungen. Der Bundestag kann also maßgeblich selbst den Umfang seiner Beteiligung festlegen.

3. Die Rolle des Bundestages bei der Mitwirkung an staatlichen Planungen ist **331**
gegenwärtig vor allem durch folgende Regelungen gekennzeichnet: Das **Budgetrecht** des Bundestages nach Art. 109ff. sowie die **Mittelfristige Finanzplanung** nach Art. 109 III i.V.m. § 9 II StWG, §§ 50–52 HGrG und § 31 BHO geben dem Bundestag bedeutsame Mitwirkungs- und Informationsrechte. Außerdem sind ihm Beteiligungsrechte durch Art. 59 II (Staatsverträge), Art. 91a und 91b (Planung von Gemeinschaftsaufgaben), Art. 104a IV (Finanzhilfen) eingeräumt (vgl. auch § 10

BHO; weitere nicht gesetzlich verankerte, aber praktizierte Beteiligungs- und Informationsverfahren). Im übrigen ist ganz allgemein auf die parlamentarischen Einwirkungsmöglichkeiten hinzuweisen: Information, Beratung, Zitierung, Interpellation, schlichter Parlamentsbeschluß, Gesetz. Eine gesetzliche Festschreibung der Planung ist grundsätzlich nicht ausgeschlossen.

V. Regelungen im GG

332 In seinen Abschnitten III bis VI bestimmt das GG folgende Staatsorgane, denen durch die Verfassung selbst bestimmte Rechte und Funktionen, ein nicht nur unwesentlicher Ausschnitt eigenständiger Staatsgewalt, übertragen ist **(oberste Bundesorgane):** Bundesvolk (Art. 38), Bundestag (Art. 38ff.), Bundesrat (Art. 50ff.), Bundesversammlung (Art. 54), Bundespräsident (Art. 54ff.), Bundesregierung (Kanzler, Kabinett, Minister; Art. 62ff.), Gemeinsamer Ausschuß (Art. 53a), Bundesverfassungsgericht (Art. 93f.). Von den obersten Organen und **Funktionen** des Bundes wurden im GG dem Bundestag, dem Bundesrat, dem Bundespräsidenten, der Bundesregierung sowie der Gesetzgebung, der Verwaltung und der Rechtsprechung eigene Abschnitte eingeräumt, die in den nachfolgenden Kapiteln wegen ihrer besonderen Bedeutung näher dargestellt werden.

§ 16 Bundestag

I. Stellung und Bedeutung

333 1. Die Beurteilung der Stellung und Bedeutung des Bundestages und des **Parlamentarismus** ganz allgemein ist aus dem Wesen der repräsentativen, parlamentarischen Demokratie, aber auch aus der „Parteienstaatlichkeit" abzuleiten. Danach ist der Typ des parlamentarischen Regierungssystems gekennzeichnet (1) durch den Variantenreichtum und die Vielgestaltigkeit in seiner demokratischen Ausgestaltung, also in seiner großen Unterschiedlichkeit der Ausprägung je nach Geschichte, Nationalcharakter und politischer Kultur, (2) durch die dem Parlament innewohnende freiheitlich-demokratische öffentliche Diskussion, politische Auseinandersetzung und institutionalisierte Kritik, (3) durch eine besondere Ausgestaltung des Verhältnisses von Parlament und Regierung, die sich im GG als eine enge Verbindung und teilweise Verflechtung von Parlament und Regierung darstellt, was vor allem in der Wahl mindestens des Regierungschefs durch das Parlament und auch in der Gegenüberstellung von Regierung und Opposition zum Ausdruck kommt, (4) durch wechselseitige Kontrollmöglichkeiten, wobei die Regierung dem Parlament verantwortlich ist und durch Mißtrauensvotum gestürzt werden kann, (5) durch die unmittelbare Wahl des Parlaments („Repräsentanten") durch das Volk, sowie (6) durch die starke Parteibezogenheit von Amt und Mandat (Parteienstaat).

2. Gemäß Art. 20 II, 38f. repräsentiert der von den Bürgern durch Wahlen direkt legitimierte Bundestag ganz besonders das Staatsvolk, das Träger der Staatsgewalt ist. Dies bedeutet nun aber nicht, daß unter den obersten Staatsorganen allein der Bundestag demokratisch legitimiert ist und ihm deshalb gewissermaßen ein totaler Entscheidungsvorbehalt zusteht (**kein Gewaltenmonismus des Parlaments;** die Regierung ist auch kein „Parlamentsausschuß"). Vielmehr sind nach h. M. die beiden anderen Gewalten gemäß Art. 20 II, III als verfassungsunmittelbare Institutionen und Funktionen neben den Gesetzgebungsorganen konstituiert, und zwar dergestalt, daß sie an Gesetz und Recht gebunden sind, nicht aber durch das Parlament erst begründet werden müssen. Der dem Bundestag durch das GG verliehene „Überhang" an demokratischer Legitimation (Art. 38f., 54, 63, 94) ändert an der Aufteilung der Staatsfunktion des Art. 20 II, III grundsätzlich nichts und verleiht ihm keine Vermutung für umfassende Kompetenzen und keine prinzipielle Vorrangstellung. So ist etwa im parlamentarischen System die Stellung der Exekutive neben der Legislative „als eine positive, eigenständige Funktion und nicht als Ausführungsinstrument einer allzuständigen Rechtsetzungsgewalt" zu bezeichnen (kein allumfassender Parlamentsvorbehalt; **Grundsatz der prinzipiellen Gleichordnung der Verfassungsorgane;** Stern, Bd. I, § 22 II 5d; BVerfGE 49, 89, 124ff.; 67, 100, 130; 68, 1, 85ff.). Dem Gewaltenteilungsprinzip kommt also auch in der parlamentarischen Demokratie, soweit in der Verfassung selbst nichts Gegenteiliges bestimmt ist, eine grundlegende Bedeutung zu. Gleichwohl hat aber das GG den Bundestag als eine Stätte rationaler Auseinandersetzung der frei gewählten Vertreter des Volkes, als „institutionellen Mittelpunkt des politischen Lebens der Bundesrepublik", als eben das „unmittelbar legitimierte besondere Organ, dem die Entscheidung über die grundlegenden Fragen des Gemeinwesens anvertraut ist und in dem Kritik und Alternativen zur Geltung zu bringen sind", festgelegt (Forum der Nation). Auch ist der Bestand der Regierung vom Vertrauen des Parlaments abhängig (vgl. Hesse § 15 I m. w. N.). Außerdem verlangt der Grundsatz der Gesetzmäßigkeit der Verwaltung, insbesondere der Gesetzesvorbehalt, daß wichtige politische Leitziele und die wesentlichen Sachentscheidungen vom Gesetzgeber selbst zu treffen sind (vgl. dazu und zur Wesentlichkeitstheorie oben Rdn. 195 und etwa BVerfGE 40, 276, 283ff.; 65, 38, 58ff.). **334**

3. Dem so vom Verfassunggeber verstandenen besonders starken Repräsentativorgan Bundestag, d. h. der Parlamentsmehrheit (Koalition), stehen deshalb neben den im GG ausdrücklich normierten Zuständigkeiten auch Aufgaben in der demokratischen Gesamtleitung, Willensbildung und Kontrolle zu (These von der **Staatsleitung zur „gesamten Hand"** oder „parlamentarischen Mitregierung", kooperativer Staatsleitungsprozeß; Regierung und Parlament zusammen bilden das politische Leit- und Führungssystem des Staates). Dabei gewinnt die **Koalition** bei der Erfüllung der von ihr wahrzunehmenden regierungsbildenden und -tragenden Funktion gouvernementale Züge; gleichwohl streift sie deshalb ihren parlamentarischen Charakter nicht ab. Das besondere Verhältnis Parlamentsmehrheit/Regierung fordert aber eine möglichst starke **Opposition** und wirksame parlamentarische Kontrollmöglichkeiten (insbesondere Oppositionsrechte). Opposition heißt dabei nicht nur nein sagen, sondern andere, nach ihrer Auffassung bessere Lösungen anbieten. Opposi- **335**

tion heißt, ebenso Verantwortung für die Bundesrepublik zu tragen und zur Übernahme der Verantwortung bereit zu sein.

336 4. Die verfassungsrechtliche Stellung des Bundestages ist in den Art. 38ff. geregelt. Er ist als ein eigenständiges **oberstes Staatsorgan** zu bezeichnen, der gegenüber den anderen Staatsorganen autonom ist, d.h. seine Angelegenheiten selbst regelt sowie keinerlei Weisungen und Aufsicht unterliegt (vgl. Art. 38). Die Tätigkeit des Bundestages ist – wie in jedem parlamentarischen Regierungssystem – wesentlich geprägt vom öffentlichen Verhandeln von Argumenten und Gegenargumenten, von öffentlicher Debatte und Diskussion, eben vom „Parlamentieren", aber immer stärker auch von bürokratischen Elementen, vom Spezialistentum, von einer „Gouvernementalisierung" bestimmt. Deshalb wird die Arbeitsweise des Bundestages durchaus zu Recht als Mittelweg zwischen britischem Unterhaus und amerikanischem Kongreß bezeichnet **(Mischform aus Rede-, Diskussions- und Arbeitsparlament** mit der Tendenz zum Arbeitsparlament).

II. Rechte und Aufgaben

337 1. Bagehot hat in seiner klassischen Beschreibung des englischen Parlamentarismus (1867) fünf **parlamentarische Funktionen** unterschieden, auf die auch heute noch zur Bestimmung der Rechte und Aufgaben eines Parlaments zurückgegriffen wird: (1) Das Parlament ist für die Wahl der Regierung, mindestens des Regierungschefs zuständig (elective function). (2) Es hat die Aufgaben, den Willen des Volkes angesichts der zu meisternden Probleme zu formulieren (expressive function). (3) Ihm kommt die Funktion zu, das Volk zu belehren (teaching function). (4) Das Parlament hat die Öffentlichkeit durch die parlamentarischen Debatten zu informieren (informing function) und (5) schließlich hat es die Gesetzgebungsfunktion auszuüben (legislative function). Sicher wird diese Umschreibung den heutigen parlamentarischen Erfordernissen nicht mehr voll gerecht; sie würde auch zu einer erheblichen Arbeits- und Funktionsüberlastung des Parlaments führen. Gleichwohl kann sie nach wie vor als Ausgangspunkt dienen. Heute ist das Parlament besonders unter dem Aspekt zu sehen, daß es eben die **Volksvertretung** darstellt. Dabei ist das Volk nur dann angemessen repräsentiert, wenn das Parlament als Ganzes, als Plenum, an der Willensbildung und Entscheidung beteiligt ist. Zwar muß gesehen werden, daß ein wesentlicher Teil der Parlamentsarbeit traditionell außerhalb des Plenums in den Ausschüssen und Fraktionen geleistet wird, was auf der zunehmenden Kompliziertheit der Lebensverhältnisse und dem damit verbundenen Zwang zur Arbeitsteilung beruht, aber auch auf die Tatsache zurückzuführen ist, daß die Schwerfälligkeit des Plenums Detailarbeit nur in sehr beschränktem Umfange erlaubt. Das GG berücksichtigt diese Realität, setzt dabei jedoch stets voraus, daß die endgültige Beschlußfassung dem Plenum vorbehalten ist, und der parlamentarische Entscheidungsprozeß institutionell in den Bereich des Parlaments eingefügt bleibt (BVerfGE 44, 308, 315ff.; 80, 188, 217f.).

338 2. Die **Aufgaben und Rechte** des Bundestages können verfassungsrechtlich **allgemein** umschrieben werden als die „Vollversammlung aller Abgeordneten, das Plenum, die zentrale Entscheidungsinstanz der parlamentarischen Demokratie. Der Bundestag insgesamt ist der Gesetzgeber. Er wählt den Bundeskanzler. Er kontrolliert die Regierung und die Ministerialbürokratie. Der Bundestag vertritt das deutsche Volk; seine Aussprachen sollen den Bürgern die wirkliche politische Lage deutlich machen, an das Gewissen des Volkes appellieren, ohne sich vom politischen Wollen des Volkes zu lösen" (Apel, Der deutsche Parlamentarismus, 1968, S. 151). Das GG weist dem Bundestag **im einzelnen** folgende Rechte und Aufgaben zu:

a) **Autonome Rechte:** Dem obersten Staatsorgan Bundestag steht das Recht zu, **339**
seine eigenen Angelegenheiten, seine Organisation, seine Verwaltung, seinen Geschäftsablauf und -gang, aber auch die Bereiche Disziplin, Beschlußfähigkeit und ähnliche Dinge selbst zu bestimmen und weitgehend durch eine **Geschäftsordnung** zu regeln (GeschOBT i. d. F. v. 2. 7. 1980, BGBl. I S. 1257; vgl. dazu Roll NJW 1981, 23f.; Art. 40 I, **Geschäftsordnungsautonomie;** vgl. bereits Art. 27 RV und Art. 26, 32 II WV; BVerfGE 44, 308, 314f.; 80, 188, 218ff.). Die GeschO des BT ist nach h. M. ihrem Wesen nach eine autonome Satzung. Ihre Bestimmungen binden grundsätzlich nur die Mitglieder des Bundestages selbst. Sie gelten nur für die Dauer der Wahlperiode des Bundestages, der die GeschO beschlossen hat, obwohl es möglich und sogar in der Praxis die Regel ist, daß das nächste Parlament die in Kraft befindliche GeschO des früheren Parlaments durch ausdrücklichen Beschluß oder stillschweigend übernimmt. Ungeachtet ihrer großen Bedeutung für das materielle Verfassungsrecht und das Verfassungsleben folgt aus der Rechtsnatur der GeschO, daß sie der Verfassung und den Gesetzen im Rang nachsteht (BVerfGE 1, 144, 148). Die GeschOBT hat das geordnete Funktionieren des Parlaments im Staats- und Verfassungsleben zu sichern. Sie regelt das Verfahren für die Abwicklung der Parlamentsgeschäfte. Im einzelnen sind in der GeschO u. a. folgende Dinge geregelt (bitte unbedingt nachlesen; abgedruckt im Sartorius Nr. 35): Wahl des Bundestagspräsidenten, der Stellvertreter und Schriftführer (§§ 1–3); Aufgaben des Präsidenten, des Präsidiums und des Ältestenrates (§§ 5–9; der Präsident vertritt den Bundestag, regelt seine Geschäfte und wird vom Ältestenrat bei seiner Geschäftsführung unterstützt); Bildung und Aufgaben der Fraktionen (§§ 10–12); Rechte und Pflichten der Abgeordneten (§§ 13–18); Leitung und Ablauf der Sitzungen, Tagesordnung usw. (§§ 19–53; das BVerfG hat die Regelung des § 45 – Beschlußfähigkeit – für verfassungsgemäß erklärt, BVerfGE 44, 308, 314ff.); Ausschüsse des Bundestages (§§ 54–74); Vorlagen, Große, Kleine und Mündliche Anfragen, Petitionen, Ausschußberichte usw. (§§ 75–115). Zu den autonomen Rechten des Bundestages sind außerdem noch das Selbstversammlungsrecht (vgl. Art. 39 III) und die Befugnisse bei der Wahlprüfung und des Mandatsverlustes (Art. 41) zu rechnen.

b) **Gesetzgebungsfunktion:** Die besonders bedeutsame, spezifisch parlamentarische **340**
Aufgabe des Bundestages ist die Gesetzgebung, mittels der durch allgemeine und rechtsverbindliche Normen eine dauerhafte Ordnung gestaltet und politische Ziele durchgesetzt werden. Gerade die Gesetzgebungsaufgaben unterscheiden das Parlament von den übrigen Staatsorganen. Dabei verlangen die Prinzipien der Demokratie und des Rechtsstaates nicht, daß die Rechtssetzung ausschließlich beim Parlament liegt. Ein Rechtssetzungsmonopol besitzt das Parlament nur für Gesetze im formellen Sinne. Die übrigen positiven Rechtsnormen bedürfen lediglich einer vom

Parlament beschlossenen Ermächtigung, in der Inhalt, Zweck und Ausmaß gesetzlich bestimmt sein müssen (vgl. Art. 80). Stets müssen aber alle wesentlichen, grundlegenden Entscheidungen vom Gesetzgeber selbst getroffen werden (vgl. zur **Wesentlichkeitstheorie** und zum **Parlamentsvorbehalt** oben Rdn. 195). Im Gesetzgebungsverfahren ist der Bundestag zwar nicht das alleinige, aber doch das entscheidende Organ. Kein Gesetz kann ohne die Beschlußfassung des Bundestages zustandekommen. Daneben wirkt aber auch der Bundesrat bei der Bundesgesetzgebung mit (vgl. Art. 50, 76, 77, 78; zum Gesetzgebungsverfahren vgl. ausführlich unten § 20 III, Rdn. 431 ff.).

341 c) **Wahlfunktion:** Abgesehen von der Wahl der eigenen Organe (Präsident, Ältestensrat, Ausschüsse usw.) steht dem Bundestag als dem einzigen unmittelbar vom Volk gewählten Bundesorgan das Recht zu, in den vom GG bestimmten Fällen Staatsorgane zu bestellen und teilweise auch abzuberufen **(Kreationskompetenz).** So wählt nach Art. 54 die Bundesversammlung, der alle Bundestagsabgeordneten angehören, den Bundespräsidenten. Gemäß Art. 63 bestimmt der Bundestag zwar nicht die gesamte Regierung, aber den Regierungschef (Bundeskanzler). Abberufungsrechte stehen dem Parlament aufgrund der Bestimmungen des Art. 61 (Präsidentenanklage) und der Art. 67, 68 (Mißtrauensvotum) zu. Weiter ist des Bundestag auch an der Bestellung der Bundesrichter beteiligt (vgl. Art. 94 I, 95 II; §§ 4 ff. BVerfGG; Richterwahlgesetz – Sartorius Nr. 610 –). Schließlich kann hier noch die Wahl des Wehrbeauftragten (Art. 45 b) genannt werden. Der Wahlkompetenz des Bundestages liegen unterschiedliche Motive zugrunde, insbesondere die Vermittlung personeller demokratischer Legitimation.

342 d) **Kontrollrechte:** Eine wichtige, oft unterschätzte Aufgabe im parlamentarischen Regierungssystem liegt in der Überwachung der Gesetzesausführung und ganz generell in der Kontrolle und Kritik der Regierung und Verwaltung durch das Parlament begründet (nicht nur reaktive, nachträgliche, sondern besonders konstruktive, vorauswirkende, dirigierende, mitwirkende und begleitende Kontrolle; effektive, wirksame Kontroll- und **Informationsrechte;** BVerfGE 67, 100, 130; 70, 324, 355). Zur laufenden **Überwachung, Aufklärung und Einflußnahme** auf die Exekutive stehen dem Bundestag neben der Möglichkeit der Gesetzgebung vor allem das „Zitierrecht" (Art. 43 I), die Interpellationsrechte, die Großen, Kleinen und Mündlichen Anfragen und dergleichen zur Verfügung (Fragestunden; vgl. §§ 100 ff. GeschOBT; in der 11. Legislaturperiode sind 1561 Große und Kleine sowie 19711 übrige Anfragen gestellt worden; zu Art. 43 und zur Pflicht auf Antwort: Vogelsang ZRP 1988, 5 ff.). Weiter sind zu nennen das Petitionswesen (Art. 45 c; §§ 108 ff.) und das Recht zur Einsetzung von Enquête-Kommissionen (§ 56 GeschOBT). Gemäß Art. 44 kann der Bundestag zur Aufklärung streitiger Sachverhalte Untersuchungsausschüsse einsetzen. Ein besonders wichtiges Kontrollinstrument ist das parlamentarische Recht zur Feststellung des Haushaltsplans (**„Budgetrecht";** vgl. Art. 110; §§ 22, 36 BHO; unten Rdn. 505). Gerade durch dieses traditionelle Recht, die Mitbestimmung über die Verteilung der Finanzen, wird es dem Bundestag ermöglicht, maßgeblichen Einfluß auf den Inhalt, die Richtung und die Prioritäten der Regierungspolitik zu gewinnen. Als Mittel der Kontrolle sind ferner noch die Pflicht zur jährlichen Rechnungslegung (Art. 114 I) und das parlamentarische

„Hilfsorgan“ Bundesrechnungshof (Art. 114 II) zu nennen. Diese Kontrollrechte, deren Wahrnehmung ganz besonders Aufgabe der Opposition ist, können allerdings nicht durchgesetzt werden. Als verfassungsrechtliche Sanktion steht dem Parlament somit letztlich nur das Mißtrauensvotum (Art. 67, 68) zur Verfügung.

e) Als **weitere Rechte** des Bundestages sind besonders noch die Feststellung des **343**
Verteidigungsfalles (Art. 115 a ff.) und die Kompetenzen gemäß Art. 59 II anzuführen. Teilweise werden auch die „Repräsentations-, **Integrations- und Rückkopplungsfunktionen“** der Abgeordneten an die Gemeinwohlinteressen der Bevölkerung, allerdings unter Beachtung des Art. 38 I 2, als zusätzliche Aufgaben des Parlaments angesehen (vgl. insbesondere Stein § 12 IV). Repräsentative Demokratie muß kommunikative, diskutierende und integrierende Demokratie sein **(Öffentlichkeitsfunktion).** Durch diese Funktionen sollen die parlamentarischen Repräsentanten des Volkes über den Wahltag hinaus eine Verbindung zu den Staatsbürgern herstellen. Durch eine ständige, lebendige Wechselwirkung zwischen der Bevölkerung und den Bundestagsabgeordneten soll das Repräsentanzverhältnis aktiviert und die Demokratie verwirklicht werden („rückgekoppelte“ Information, zweidimensionale Transformation, Dialog und Diskussion).

3. Im GG sind zwar viele, aber eben doch nicht alle Zuständigkeiten des Bundesta- **344**
ges geregelt. Ist nun die Wahrnehmung einer Aufgabe, die Frage der Zuständigkeit unklar und zweifelhaft, so dürfte es, weil das GG für die obersten Bundesorgane keine ausdrücklichen grundsätzlichen Zuständigkeitsregelungen kennt, am zweckmäßigsten sein, die Zuständigkeit nach folgendem, auf den Fundamentalprinzipien der Rechtsstaatlichkeit (Gewaltenteilung) und der Bundesstaatlichkeit beruhenden Prüfungsschema festzustellen: Zunächst ist zu untersuchen, ob die sog. **Verbandskompetenz** gegeben ist. Darunter versteht man in einer bundesstaatlichen Ordnung, in der die gesamten Staatsaufgaben zwischen Gesamtstaat und Gliedstaaten aufgeteilt sind, daß die Zuständigkeit des Staatsverbandes, dem das handelnde Organ angehört, vorliegen muß. Als erstes ist also zu prüfen, ob gemäß Art. 30, 70 ff., 83 ff. die betreffende Aufgabe dem Bund oder den Ländern zur Wahrnehmung übertragen ist. Da der Bundestag ein Bundesorgan ist, muß demnach zunächst die Zuständigkeit des Bundes festgestellt werden, da die Organzuständigkeit (Bundestag) keinesfalls weiter gehen kann als die Zuständigkeit des Staatsverbandes, dem er angehört (Bund). Ergibt sich bei dieser Prüfung eine Bundeszuständigkeit, so kann weiter fraglich sein, welches Organ innerhalb des Bundes dafür zuständig ist (sog. **Organkompetenz**). Diese Frage ist dann, wenn das GG keine ausdrückliche „Durchbrechung“ (Ausnahme) vorsieht, nach den Grundsätzen der Gewaltenteilungslehre zu entscheiden (vgl. oben Rdn. 179 ff.). Die Zuständigkeiten der Staatsorgane sind also durch die Gewaltenteilung begrenzt, d. h. ein Organ einer Staatsgewalt ist grundsätzlich auf die Wahrnehmung der Aufgaben beschränkt, die materiell den Funktionsbereich dieser Gewalt ausmachen (Oldiges DÖV 1989, 873 ff.).

4. Dies bedeutet nun aber nicht, daß sich das Parlament als oberstes, einziges **345**
unmittelbar demokratisch legitimiertes Staatsorgan bei Angelegenheiten der Zweiten und Dritten Gewalt jeglicher Stellungnahme und Beschlußfassung enthalten muß. Vielmehr rechtfertigt es die besondere Stellung und das Wesen des Bundesta-

ges, daß er alle politischen Fragen umfassend erörtern und gegebenenfalls auch Beschlüsse fassen kann. Rechtlich verbindliche Einwirkungen des Parlaments in die Kompetenzsphären der anderen Gewalten, insbesondere der Exekutive, sind hierbei aber allein durch formelle Gesetzesbeschlüsse und nicht durch „schlichte" Beschlüsse zulässig (Art. 20 III; Grenze: unantastbarer Kernbereich). Einfache Parlamentsbeschlüsse sind zwar politisch bedeutsam, aber eben rechtlich nicht verbindlich (ähnliches gilt für Informations- und Berichtsersuchen; zur Problematik der sog. **schlichten Parlamentsbeschlüsse** vgl. BVerfGE 49, 89, 125 ff.; BayVerfG JZ 1960, 57 f.; Schröder JuS 1967, 321 ff.).

III. Gliederung und Arbeitsweise

346 Die parlamentarischen Arbeitsweisen und Entscheidungsprozesse sind äußerst vielschichtig. Sie sind geprägt von einem sehr komplexen formellen und informellen Ineinandergreifen von Plenum, Fraktionen, Ausschüssen, Arbeitskreisen, Parteien und überaus differenzierter „Öffentlichkeit". Zur geschäftsordnungsmäßigen Bewältigung der Parlamentsarbeit ist eine vielfältige Gliederung des Bundestages (in Unterorgane), aber auch die Festlegung von Grundsätzen für den Gang der parlamentarischen Verhandlungen erforderlich. All diese Dinge sind im wesentlichen in der **GeschO des Bundestages (BT)** geregelt (vgl. dazu Zeh, in: HdBStaatsR Bd. II, §§ 42, 43). Einige wichtige Punkte sollen kurz dargestellt werden:

347 1. Das **Plenum** des Bundestages, die Zusammenfassung aller Abgeordneten, ist das zentrale Organ, das grundsätzlich alle Entscheidungen selbst trifft (vgl. etwa Art. 77 I; BVerfGE 44, 308 ff.). Der Bundestag wählt aus seiner Mitte einen **Präsidenten** (Präsidium), der den Bundestag nach außen zu vertreten und zusammen mit dem **Ältestenrat** die Führung der Parlamentsgeschäfte auszuüben hat (Art. 40, §§ 5 ff. GeschOBT). In parteipolitischer Hinsicht ist der Bundestag in **Fraktionen** untergliedert. Man versteht darunter den Zusammenschluß der Abgeordneten einer Partei in einem Parlament (Mindeststärke 33). Fraktionen sind für die parlamentarische Willensbildung und zur organisatorischen Bewältigung der Parlamentsarbeit, also zur Funktionstüchtigkeit, zur Handlungs- und Verständigungsfähigkeit dringend notwendig (vgl. BVerfGE 70, 324, 350 f; 80, 188, 219 f., 230 f.; Hohn NJW 1985, 408 ff.; Ziekow JuS 1991, 28 ff.). Die GeschO-Befugnisse verleihen ihnen eine dominierende Stellung. Von besonderer Bedeutung ist etwa, daß die Mitgliedschaft in einer Fraktion für die Wahl in einen Ausschuß Voraussetzung ist (vgl. §§ 10–12 GeschOBT; zur parlamentarischen Gleichbehandlung und Chancengleichheit der Fraktionen: BayVerfGH NJW 1989, 1918 ff., Birk NJW 1988, 2521 ff. und Dreier JZ 1990, 310, 316 ff.). Neben den Fraktionen gibt es nach § 10 IV GeschOBT noch den Status der **Gruppen** (BVerfG NJW 1991, 2474 ff.). Sachlich ist der Bundestag gegenwärtig in 23 ständige **Fachausschüsse** eingeteilt (i. d. R. pro Fachressort ein Ausschuß). Ausschüsse sind parlamentarische Hilfsorgane, die die Entscheidungen des Bundestages fachlich vorzuklären und vorzubereiten haben. Obwohl sie grundsätzlich nur beratende Funktionen erfüllen, ist die tatsächliche Bedeutung der Ausschußarbeit oft sehr groß und meist vorentscheidend (parlamentarische „Schalt-

stellen"; vgl. § 62 GeschOBT; zur Ausschußarbeit sehr anschaulich: Lenz u. a. ZRP 1980, 249ff.). Das GG verlangt nur die Einsetzung des Petitionsausschusses (Art. 45c; Rdn. 837ff.) sowie der Ausschüsse für Auswärtiges und für Verteidigung, alle anderen Ausschüsse sind dagegen fakultativ (vgl. §§ 54 II, 96 GeschOBT; vgl. auch Art. 41 und 53a). Zur begrenzten Mitwirkung fraktionsloser Abgeordneter an der Ausschußarbeit: § 57 II GeschOBT; BVerfGE 80, 188, 221ff.; Schultze-Fielitz DÖV 1989, 829ff.; Weber/Eschmann JuS 1990, 659, 662f.; Ziekow JuS 1991, 28ff. Zur Rechtsstellung der Gruppen: BVerfG NJW 1991, 2474ff.; Böhm/Edinger ZRP 1991, 138ff.

Eine gewisse Sonderstellung nehmen die **Untersuchungsausschüsse** ein (vgl. Art. **348**
44; BVerfGE 67, 100, 127ff.; 77, 1, 37ff.; BVerwG NJW 1988, 1924ff.). Das Enquêterecht, d. h. das Recht, Untersuchungsausschüsse zur Aufklärung, Feststellung und Nachprüfung bestimmter Sachverhalte, Vorgänge oder Mißstände einzusetzen, ist ein essentielles Instrument des Parlaments zur Wahrnehmung seiner Kontrollfunktion, insbesondere gegenüber Regierung und Verwaltung („Mißstandsenquête"). Die parlamentarische Untersuchungskompetenz erstreckt sich im Rahmen des Aufgabenbereichs des Bundestages nicht nur auf öffentliche, sondern auch auf private, gesellschaftliche Vorgänge, soweit dafür ein rechtfertigendes öffentliches Untersuchungsinteresse von hinreichendem Gewicht besteht (BVerfGE 71, 1, 39ff.). Untersuchungsausschüsse müssen, wenn ein Viertel der Bundestagsmitglieder es verlangt, eingesetzt werden („Minderheitenenquête"; Minoritätsrecht als „Oppositionswaffe"). Sie werden durch einen besonderen Einsetzungsbeschluß des Bundestages ins Leben gerufen, in dem das Untersuchungsthema (bestimmter Sachverhalt, Geschehen) hinreichend bestimmt festgelegt sein muß. Änderungen bedürfen eines Beschlusses des Plenums. Die Minoritätsrechte, insbesondere bei der Festlegung des Untersuchungsauftrages, sind zu beachten. Untersuchungsausschüsse sind keine Gerichte, sie üben nicht Rechtsprechung aus; sie erfüllen als Hilfsorgane des Bundestages nur unabhängige Sachverhaltsaufklärung. Um dabei die erforderliche Effektivität und Wirksamkeit entfalten zu können, müssen die verfahrensrechtlichen Vorschriften und prozessualen Instrumente unter Beachtung der Grundrechte aufklärungsfreundlich ausgelegt werden (sinngemäße Anwendung der StPO; Beweiserhebung, Zeugenvernehmung, Beschlagnahme, Amtshilfe usw.). Untersuchungsausschüsse sind keine ständigen Ausschüsse; sie können als einzelfallbezogene Kontrolleinrichtungen jederzeit ad hoc eingesetzt werden und enden mit dem Abschluß der Ermittlungen und der Berichterstattung an den Bundestag (vgl. Art. 44; BVerfGE 49, 70, 79ff.; 67, 100, 123ff. – „Flick-Ausschuß" –; 77, 1, 38ff. – „Neue Heimat" –; allgemein, insbesondere zu den Grundlagen und Grenzen vgl. Löwer DVBl. 1984, 757ff.; Arloth NJW 1987, 808ff.; Hilf NVwZ 1987, 537ff.; Kästner NJW 1990, 2649ff.; zur gesetzlichen Normierung des Rechts der Untersuchungsausschüsse: Schenke JZ 1988, 805ff. und DJT NJW 1988, 3004f.; zum Recht und Verfahren von **Enquête-Kommissionen** und Hearings: § 56 GeschOBT; Kretschmer DVBl. 1986, 923ff.; Hampel DÖV 1991, 670ff.).

2. Die **Arbeitsweise** des Bundestages (Verhandlungsablauf) ist geprägt von den **349**
Grundsätzen der Öffentlichkeit, der Unmittelbarkeit, der Mündlichkeit (Institut der Rede und Debatte) und dem Mehrheitsprinzip. Die in Art. 42 I enthaltene

Öffentlichkeit erlangt vor allem über die Massenmedien eine außerordentliche Bedeutung (Sitzungs- und Berichterstattungsöffentlichkeit zur Gewährleistung der Durchsichtigkeit parlamentarischen Handelns; BVerfGE 70, 324, 355ff.). Bemängelt wird allerdings, daß im Gegensatz zum Plenum die Fachausschüsse nicht öffentlich sind. Das **Unmittelbarkeitsprinzip** besagt, daß der Bundestag selbst die Parlamentsentscheidungen trifft, und die Ausschüsse eben nur vorbereitende und beratende Aufgaben zu erfüllen haben (Grundsatz der Unvertretbarkeit). Alle Abgeordneten sollen die Möglichkeit haben, aktiv im parlamentarischen Geschehen mitzuwirken. Schließlich erfolgen die Abstimmungen nach dem **Mehrheitsprinzip,** der im GG zur Herbeiführung verbindlicher Entscheidungen festgelegten Verfahrensregel (Art. 42 II; §§ 46ff. GeschOBT; vgl. dazu BVerfGE 44, 308, 314ff. – Vermutung der Beschlußfähigkeit des Bundestages –). Die Einzelheiten über die Leitung und den Ablauf der Sitzungen, die Aufstellung der Tagesordnung usw. sind in den §§ 19ff. GeschOBT geregelt (zu den Verhandlungsgrundsätzen: Achterberg DVBl. 1980, 512ff.).

350 3. Die Organisation des Bundestages ist auf nachstehendem **Schaubild 12** im einzelnen näher dargestellt (S. 170).

IV. Legislaturperiode und Auflösung

351 1. Das parlamentarisch-demokratische Regierungssystem des GG verlangt, daß der Bundestag in periodisch wiederkehrenden, nicht zu langen Zeitabständen der Legitimation durch die Staatsbürger bedarf (vgl. Rdn. 149). Art. 39 I legt die **Legislaturperiode** auf **vier Jahre** fest; die Bundestagsabgeordneten werden also auf Zeit, auf eben vier Jahre gewählt. Die Beendigungsgründe der Wahlperiode des Bundestages können ordentlicher (Ablauf der Legislaturperiode, Art. 39 I) und außerordentlicher Natur sein (Auflösungsgründe, Art. 63 IV, 68; grundsätzlich gibt es **kein Selbstauflösungsrecht;** zur Problematik generell sowie zur Bundestagsauflösung März 1983: BVerfGE 62, 1, 31ff.; Achterberg DVBl. 1983, 477ff.; Delbrück/Wolfrum JuS 1983, 758ff.).

352 2. Die Rechtsfolgen der Beendigung oder Auflösung des Bundestages ergeben sich in personeller und gegenständlicher Hinsicht aus den Grundsätzen der persönlichen und sachlichen Diskontinuität. Das Prinzip der **personellen Diskontinuität** bedeutet, daß mit einer Legislaturperiode grundsätzlich auch die Tätigkeit all seiner Organe und Organwalter endet. Im neuen Bundestag bedürfen alle Organe eines neuen Mandats. Der Grundsatz der **sachlichen Diskontinuität** besagt, daß mit der Beendigung des Bundestages alle eingebrachten Vorlagen, Anträge und Anfragen mit Ausnahme der Petitionen als erledigt gelten, also bedeutungslos geworden sind (§ 125 GeschOBT). Der politisch anders zusammengesetzte neue Bundestag muß folglich, will er eine frühere Vorlage usw. beschließen, das gesamte Verfahren einschließlich der bereits bisher durchgeführten Teile wiederholen und damit alle Vorlagen usw. erneut einbringen und beraten (vgl. etwa Hömig/Stoltenberg DÖV 1973, 689ff. m.w.N.).

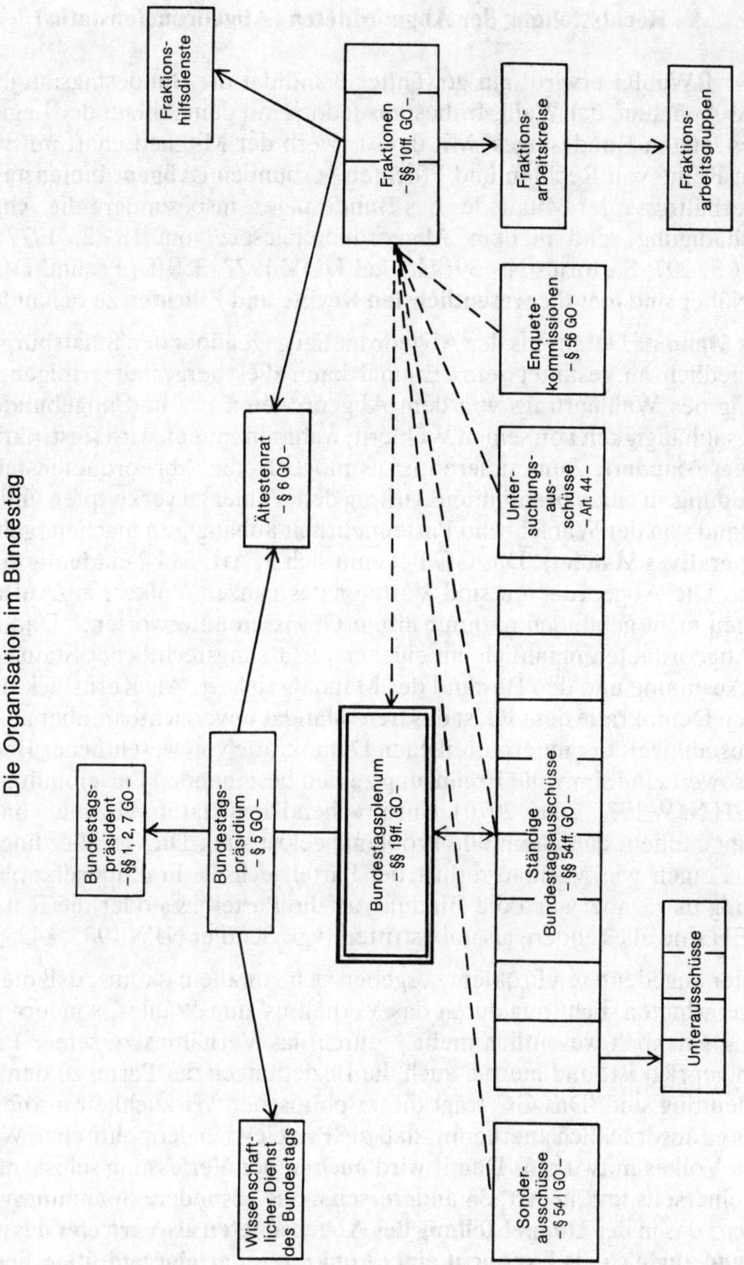

Schaubild 12

V. Rechtsstellung der Abgeordneten (Abgeordnetenstatus)

353 Nach § 45 BWahlG erwirbt ein gewählter Kandidat die Bundestagsmitgliedschaft durch die Annahme der Wahl, frühestens jedoch mit dem Ablauf der Legislaturperiode des letzten Bundestages. Mit dem Erwerb der Mitgliedschaft im Bundestag sind eine Reihe von Rechten und Pflichten verbunden **(Abgeordnetenstatus).** Die Rechtsverhältnisse der Mitglieder des Bundestages, insbesondere die Abgeordnetenentschädigung, sind in dem Abgeordnetengesetz vom 18. 2. 1977 geregelt (BGBl. I S. 297; Sartorius Nr. 39; Henkel DÖV 1977, 350ff.; Freund DÖV 1987, 435ff.) Näher sind hier die **wesentlichsten Rechte und Pflichten** zu behandeln:

354 1. **Freies Mandat:** Der Status der Abgeordneten gegenüber den Staatsbürgern kann unterschiedlich ausgestaltet sein. Einmal kann dies dergestalt erfolgen, daß die Ausübung des Wahlauftrags von dem Abgeordneten frei und ungebunden, ohne Weisungsabhängigkeit von seinen Wählern, wahrgenommen wird **(instruktionsloses oder freies Mandat).** Zum anderen ist es möglich, die Abgeordnetenstellung mit einer Bindung an einen bestimmten Auftrag der Wähler zu verknüpfen und in ihrem Fortbestand von der Wähler- und Parteimehrheit abhängig zu machen **(gebundenes oder imperatives Mandat).** Das GG bekennt sich in Art. 38 I 2 eindeutig zum freien Mandat: „Die Abgeordneten sind Vertreter des ganzen Volkes, an Aufträge und Weisungen nicht gebunden und nur ihrem Gewissen unterworfen." Dadurch wird jedem Abgeordneten inhaltlich ein eigener verfassungsrechtlicher Status gewährt, der die Ausübung und den Bestand des Mandats sichert. Als Kernstück der repräsentativen Demokratie des GG ist das freie Mandat unverzichtbar, aber auch für die Funktionsfähigkeit der innerparteilichen Demokratie von wesentlicher Bedeutung. Es ist insoweit eine sinnvolle Ergänzung zu den bestehenden Parteibindungen (vgl. HessStGH NJW 1977, 2065, 2070). Entsprechend dem klaren Wortlaut von Art. 38 I sollte man meinen, daß damit alle Probleme gelöst sind. Dies ist allerdings keinesfalls so. Fragen wie Mandatsverlust bei Parteiwechsel, Fraktionsdisziplin, Fraktionszwang usw., aber auch die Bindung an die Parteibasis oder die Rotation der GRÜNEN sind alles andere als unbestritten (vgl. Sendler NJW 1985, 1425ff.).

355 a) Die hier angedeuteten Probleme ergeben sich vor allem daraus, daß die Stellung des Abgeordneten nicht nur durch das Verhältnis zum Wähler, sondern ebenso – faktisch sogar noch wesentlich mehr – durch das Verhältnis zu seiner Partei und Fraktion geprägt ist, und hierbei auch die Beziehungen der Partei zu den Wählern von Bedeutung sind. Das GG trägt dieser politischen Wirklichkeit insofern Rechnung, als es ausdrücklich anerkennt, daß die Parteien bei der politischen Willensbildung des Volkes mitwirken. Damit wird auch in der Verfassung selbst, nämlich in Art. 21 einerseits und in Art. 38 andererseits, das besondere Spannungsverhältnis erkennbar, das in der **Doppelstellung des Abgeordneten als Vertreter des gesamten Volkes und zugleich als Exponent einer konkreten Parteiorganisation** liegt. Diese beiden Vorschriften lassen sich theoretisch nur schwer in Einklang bringen: Auf der einen Seite erscheinen die Parteien als hauptsächliche Träger der politischen Willensbildung des Volkes, auf der anderen Seite soll aber der Abgeordnete, der doch im Regelfall sein Mandat über eine Partei erhält, als Repräsentant des Gesamtvolkes und nicht als Vertreter seiner Partei gesehen werden. Bei der Bewertung und

Abwägung der **Spannungslage zwischen Art. 21 und 38** ist zu sehen, daß der Abgeordnetenstatus zwar nicht völlig „frei“ sein kann, sondern stets **parteibezogen,** dabei aber letztlich unabhängig und eigenständig ist; er darf **keinesfalls parteigebunden** sein und damit den Wesensgehalt des Art. 38 I antasten. Durch Art. 38 I hat das GG einen idealtypischen Parteienstaat verfassungskräftig abgewehrt. Das Spannungsverhältnis kann letztlich nur dadurch gelöst werden, daß ermittelt wird, welchem Prinzip bei der Entscheidung einer konkreten verfassungsrechtlichen Frage jeweils das höhere Gewicht einzuräumen ist (vgl. BVerfGE 2, 1, 72ff; 5, 85, 233f; 32, 157, 164; 41, 399, 415f.).

b) Nach h. M. folgt daraus zum einen eine gewisse **Parteibezogenheit** des freien Mandats, aus der sich ergibt, daß der rechtliche Gehalt des Verhältnisses des Abgeordneten gegenüber Fraktion und Partei anders ausgestaltet ist als gegenüber anderen außerparlamentarischen Einflüssen. Sie besagt aber nicht, daß damit das freie Mandat gegenüber der Partei und Fraktion funktionslos ist. Vielmehr kommt zum anderen dem freien Mandat des Art. 38 I gerade hinsichtlich der Parteigebundenheit des Abgeordneten eine besondere Bedeutung zu. Nach Hesse (§ 15 IV 1) begrenzt es die parteipolitischen Bindungen und ist „Element eines freien politischen Prozesses innerhalb der Parteien und Fraktionen, der seinerseits wesentliche Voraussetzung der demokratischen Grundordnung des GG ist“. Die h. M. geht also strikt davon aus, daß zwar Partei und Fraktion durchaus auf ihre Abgeordneten einwirken können (z. B. Parteiausschlußverfahren gemäß § 10 PartG, Fraktionsausschuß, bei der nächsten Wahl wird der Abgeordnete nicht mehr aufgestellt), daß diese Einflüsse aber ihre klaren Grenzen dort haben, wo der Status und die Ausübung des Abgeordnetenmandats angetastet werden (eine gewisse Ausnahme bilden die an die Fraktionsmitgliedschaft geknüpften Rechte, §§ 10ff. GeschOBT). Das Abgeordnetenmandat selbst ist jedem Zugriff entzogen. Jegliche Bindung oder Verpflichtung (Zwang) eines Abgeordneten zu einer eventuellen Niederlegung bzw. Abberufung, aber auch zu einer bestimmten Ausübung des Mandats ist nach ganz h. M. verboten, nicht bindend, also im Hinblick auf das Abgeordnetenmandat rechtlich ohne Sanktion (zur Verfassungswidrigkeit des sog. ruhenden Mandats vgl. HessStGH NJW 1977, 2065ff.). Das in Art. 38 I enthaltene **Verbot des imperativen Mandats** bleibt folglich nach wie vor entscheidend für die rechtliche Beurteilung von Tatbeständen wie Ausschluß und Übertritt eines Abgeordneten zu einer anderen Partei, Blankoverzichtserklärung, Rücktrittsverpflichtungen und Abmachungen über die Ausübung des Mandats (BVerfGE 2, 1, 74). Als **Faustregel** wird man grundsätzlich sagen können: Im Innenverhältnis kann die Partei/Fraktion ihre Beziehungen zu einem Mitglied einschränkend gestalten oder lösen; im Gegensatz zum Partei- oder Fraktionsverhältnis darf aber in das Abgeordnetenverhältnis selbst, die „dingliche“ Rechtsstellung als Parlamentsmitglied, nicht eingegriffen werden. **356**

c) Ausgehend von den vorstehenden Grundsätzen der h. M. sind nun die vielen **Einzelfragen** zu lösen. Dies kann im Rahmen des Grundkurses nicht voll geleistet werden. Gleichwohl sollen wenigstens einige Probleme angesprochen werden: (1) Die dem freien Mandat innewohnende rechtliche Möglichkeit des Wechsels von einer Fraktion bzw. Partei zu einer anderen verbietet es, ohne Verfassungsänderung daran einen Mandatsverlust zu knüpfen (kein Mandatsverlust bei **Parteiaustritt oder** **357**

-wechsel). Außerdem ist es rechtlich unwirksam, an einen Fraktions- oder Parteiaustritt oder -übertritt Verpflichtungen oder Abmachungen zu knüpfen (z.B. Schuldscheine, Vertragsstrafen usw.; Peter JZ 1968, 783ff.). Umstritten ist allerdings, ob dies auch für den Fall gilt, daß ein Abgeordneter, der nicht direkt, sondern über die Parteiliste in den Bundestag gewählt wurde, in eine andere Partei und Fraktion übertritt. Die h.M. bejaht dies; also auch in diesem Fall wird Art. 38 I gegenüber Art. 21 der Vorrang eingeräumt (vgl. Schröder DVBl. 1971, 132ff.; a.A. mit beachtlichen Gründen Kriele ZRP 1969, 241ff., 1971, 99ff. m.w.N.). (2) Eine Einwirkung auf Abgeordnete ist aber im Sinne einer **Fraktionsdisziplin** zulässig. Bei wichtigen Entscheidungen, bei denen aus politischen Gründen eine Geschlossenheit der Fraktion notwendig ist, muß der Mehrheit der Fraktion das Recht eingeräumt werden, eine loyale Entscheidung ihrer übrigen Mitglieder erwarten zu dürfen. Bei einem gravierenden Verstoß gegen die Fraktionsdisziplin wird es als zulässig angesehen, daß Abgeordnete von ihrer Partei nicht erneut als Kandidaten bei der nächsten Wahl aufgestellt werden, ihnen Vergünstigungen gesperrt werden und sie äußerstenfalls auch aus Partei und Fraktion ausgeschlossen werden können (§ 10 IV PartG; Ziekow JuS 1991, 28ff.). Parteiausschluß und -wechsel haben grundsätzlich keinen Einfluß auf den Abgeordnetenstatus als solchen. (3) Ein für die Abgeordneten verbindlicher **Fraktionszwang** ist dagegen verfassungswidrig, also unwirksam (vgl. StGH Bremen DVBl. 1971, 655f.; Weber/Eschmann JuS 1990, 659ff.). Zur Verfassungsmäßigkeit der Abgeordnetenbindungen und der **Rotation** bei den GRÜNEN: Stober ZRP 1983, 209ff.; Kasten NJW 1984, 2793ff.; NdsStGH NJW 1985, 2319ff.; Stoll JuS 1987, 25ff.

358 2. **Gleiches Mandat:** Der Grundsatz der Wahlrechtsgleichheit entfaltet auch Rechtswirkungen für die Ausübung des Abgeordnetenmandats (BVerfGE 40, 296, 317). Der formale Charakter dieses Grundsatzes bedeutet für den Status des Abgeordneten, daß alle Parlamentsmitglieder einander formal gleichgestellt sind (Gleichheit im Abgeordnetenstatus). Unterschiedliche Rechtspositionen darf es insoweit grundsätzlich nicht geben. Ausnahmen von der formalisierten Statusgleichheit aller Abgeordneten bedürfen besonderer rechtfertigender Gründe (vgl. BVerfGE 34, 81, 99; HessStGH NJW 1977, 2065, 2068f.; Birk NJW 1988, 2521ff.; Hölscheidt DVBl. 1989, 291ff.).

359 3. **Indemnität und Immunität:** Zur Sicherung der Unabhängigkeit der Abgeordneten (freies Mandat, Art. 38 I 2) stehen den Parlamentariern gemäß Art. 46 die Rechte der Indemnität und Immunität zu. Aufgrund der **Indemnität** darf der Abgeordnete zu keiner Zeit, also auch dann nicht, wenn er sein Mandat nicht mehr ausübt, wegen einer Stimmabgabe oder Äußerung im Bundestag, in einer Ausschuß- oder Fraktionssitzung (nicht dagegen in einer Partei-oder Wahlveranstaltung) mit Ausnahme von verleumderischen Beleidigungen zur Verantwortung gezogen werden (vgl. Art. 46 I). Die Indemnität, die der ungestörten, meinungsoffenen Parlamentsarbeit dient, gilt insbesondere für alle gerichtlichen Verfahren einschließlich zivilrechtlicher Klagen. Im Strafprozeß stellt sie einen persönlichen Strafausschließungsgrund dar (vgl. §§ 36, 37 StGB; BGH NJW 1980, 780f.; Friesenhahn DÖV 1981, 512ff.).

Die **Immunität** des Abgeordneten bedeutet, daß er wegen einer strafbaren Handlung (Ordnungswidrigkeiten und Disziplinarverfahren fallen nicht darunter; h. M.: BVerwG NJW 1986, 2520ff.) für die Zeit seines Mandats nur mit Genehmigung des Bundestages verfolgt werden kann (vgl. Art. 46 II–IV). Ohne diese Genehmigung besteht für die Strafverfolgung ein Verfahrenshindernis. Sinn des Art. 46 II–IV ist es, die Funktonsfähigkeit des Parlaments zu sichern (keine Beeinträchtigung durch den Ausfall von Abgeordneten), aber auch das Ansehen des Parlaments zu schützen (Ranft ZRP 1981, 271, 274f.; Schulz DÖV 1991, 448ff.). Es handelt sich folglich bei der Immunität um ein Parlamentsrecht und nicht um ein Abgeordnetenrecht. **360**

4. **Weitere Rechte:** Hier sind vor allem noch die Rechte der Abgeordneten aus Art. 47, 48 zu nennen (Zeugnisverweigerungsrecht, Entschädigung – Diäten –, Wahlurlaub, Entlassungs- und Kündigungsschutz, Benutzung öffentlicher Verkehrsmittel). Art. 48 III 1 ist im Lichte der Art. 21 und 38 I zu verstehen, was bedeutet, daß die Entschädigung (Diäten) heute zu einem Gehalt, zu einer echten Besoldung mit der Möglichkeit einer begrenzten Altersversorgung geworden ist (Berufsparlamentarier mit Vollalimentation; vgl. BVerfGE 32, 157, 163ff.; 40, 296, 310ff. – Abgeordnetendiäten – und Schlaich/Schreiner NJW 1979, 673ff.; zum Problem lobbyistisch motivierter Beraterverträge vgl. BVerfGE 40, 318f.; Einzelheiten sind den §§ 11ff. Abgeordnetengesetz – Sartorius Nr. 39 – zu entnehmen; vgl. auch Geiger ZParl 1978, 522ff.). **361**

VI. Parlamentsreform

Die große Zahl der Grundgesetzänderungen seit 1949 (bis Ende 1988 waren es insgesamt 35) signalisiert, daß die Verfassung mit den tatsächlichen, rechtlichen und organisatorischen Bedürfnissen nicht mehr voll deckungsgleich ist. Obwohl es als historische Tatsache gilt, daß bisher kein deutsches Parlament eine auch nur annähernd so starke Stellung innegehabt und so maßgeblichen Einfluß auf die praktische Politik ausgeübt hat wie der Bundestag, wurde und wird – nicht selten unter Zugrundelegung eines in der politischen Wirklichkeit nicht realisierbaren „Idealbildes" vom demokratischen Parlamentarismus – insbesondere die mangelnde Effektivität und Autorität, der zunehmende Funktions- und Machtverlust, die sich stetig verstärkende Fremdbestimmung des Parlaments durch die Exekutive, aber auch durch die Verbände und supranationalen Institutionen, die Abkehr von traditionellen Repräsentationsmustern und Gewaltenteilungsprinzipien, die Ineffizienz der parlamentarischen Kontrollfunktion, die Nivellierung und Assimilierung der Opposition, die zunehmende „Verbeamtung" der Parlamente (rd. 40–50%; „Verbandsparlament"), Vertrauenskrise in die Mandatsträger und ähnliches mehr bemängelt. Konsequenterweise hat deshalb auch der Bundestag 1970 und 1985 zweimal gemäß § 56 GeschOBT eine **Enquête-Kommission** mit dem Auftrag eingesetzt, zu prüfen, ob und inwieweit es erforderlich ist, das GG den gegenwärtigen und voraussehbaren zukünftigen Erfordernissen – unter Wahrung seiner Grundprinzipien – anzupassen. Die Arbeit der Kommission 70 hat bei ihren Beratungen in erster Linie an der Gestaltung der staatlichen Organe, ihren Beziehungen untereinander und der Orga- **362** nisation ihrer Aufgabenwahrnehmung angesetzt. Im Rahmen der verfassungsrechtlichen Fragen einer Parlamentsreform hat sie sich mit den Untersuchungs- und Kontrollrechten des Parlaments vor allem gegenüber der Regierung, den Institutionen des Petitionsrechts, der Entlastung des Parlaments (nur noch Grundsatzgesetzgebung, beschließende Ausschüsse), dem freien und imperativen Mandat, der Verteilung der Gesetzgebungskompetenz zwischen Bund und Ländern, den Einwirkungen des zwischenstaatlichen Rechts auf die Gesetzgebung des Bundestages, der staatlichen Planung im Verhältnis von Parlament und Regierung, der offeneren und lebendigeren Gestaltung der Debatten und der Verbesserung der Mitwirkungsmöglichkeiten der einzelnen Abgeordneten beschäftigt (vgl. dazu eingehend: Zwischenbericht der Enquête-Kommission des Deutschen Bundestages, in: Zur Sache 1/73 = BT-Drucks. VI/3829; Schlußbericht der Enquête-Kommission Verfassungsreform, in: Zur Sache 3/76 und 2/77 = BT-Drucks. VII/5924; Ipsen DÖV 1977, 537ff.; Schneider AöR 1980, 4ff.; Scholz ZParl 1981, 273ff.; Steffani ZParl 1981, 591ff.). Konsequenzen sind aus dem Kommissionsbericht, abgesehen von verschiedenen GeschO-Änderungen, bisher nicht gezogen worden. Ähnliches gilt für das Ergebnis der Ad-hoc-Kommission „Parlamentsreform" 1985 (vgl. BT-Drucks. X/3600; Jenninger u. a., in: Das Parlament 1986 Nr. 8) und der interfraktionellen Initiativen „Parlamentsreform" (vgl. BT-Drucks. XI/5999; Süssmuth u. a., in: Das Parlament 1990 Nr. 1; zu Einzelpunkten vgl. auch Rdn. 399, 417ff. und 440f.).

363 Abschließend soll noch ein besonderes Problem des deutschen Parlamentarismus angesprochen werden, wobei nicht verkannt wird, daß positive Veränderungen nur begrenzt möglich sind. Nach Sontheimer versagt der deutsche Bundestag vor allem in zwei Punkten: „Er vernachlässigt die Kommunikation zwischen Staat und Volk und tut wenig, um das Volk stellvertretend an der Lösung der politischen und gesellschaftlichen Probleme teilhaben zu lassen (vgl. etwa die Nichtöffentlichkeit der Fachausschüsse, in denen die sachliche Arbeit geleistet wird). Der Bundestag ist eine Volksvertretung, in der das Volk sich nicht recht wiedererkennt, und die nicht die nötigen Anstrengungen macht, von sich aus den Weg zum Volk zu finden. Erst wenn der Bundestag sich besser vor dem Volk zu legitimieren versteht, wird man sagen dürfen, daß er seine zentrale Funktion im Regierungssystem der Bundesrepublik mit Erfolg wahrnimmt" (vgl. auch Rdn. 272f.; zur parlamentarischen Vertrauenskrise: ZRP 1988, 62ff.; Holzer ZRP 1990, 60ff.; Vierhaus ZRP 1991, 468ff.).

Literatur: *Hesse* § 15; *Maunz/Zippelius* §§ 38, 39; *Stein* §§ 2, 3; *Stern,* Bd. II, § 26; *Klein,* Aufgaben des Bundestages und Status des Abgeordneten, in: HdBStaatsR Bd. II, §§ 40, 41; *Zeh,* Gliederung und Verfahren, in: HdBStaatsR Bd. II §§ 42, 43; *Denninger,* Bd. 2, S. 13ff.; *Sontheimer,* Grundzüge des pol. Systems der BRD, VII; *Achterberg,* Parlamentsrecht, 1984; *Kluxen* (Hrsg.), Parlamentarismus, 1971; *Ellwein,* Das Regierungssystem der BRD, Nr. 4.2, und 4.3; *Oppermann/Meyer,* Das Parlamentarische Regierungssystem der BRD, VVDStRL Bd. 33, S. 7ff., 69ff.; *Stern,* Schlußbericht der Enquête-Kommission Verfassungsreform des Deutschen Bundestags, ZRP 1977, 12–17; *Steffani* (Hrsg.), Parlamentarismus ohne Transparenz, 2. Aufl. 1973; *Schneider,* Entscheidungsdefizite der Parlamente, AöR 1980, 4ff.; *Vonderbeck,* Rechte der Bundestagsabgeordneten, ZParl 1983, 311ff.; *Schneider,* Das parlamentarische System, in: Benda/Maihofer/Vogel (Hrsg.), Handbuch des Verfassungsrechts, S. 239ff.; *Hamm-Brücher,* Die Krise des Parlamentarismus und Chancen zu ihrer Überwindung, in: Das Parlament 1985, Beilage, Heft 6; *Scherer,* Fraktionsgleichheit und GeschO-Kompetenz des Bundestages, AöR 1987, 189ff.; *Dreier,* Regelungsform und Regelungsinhalt des autonomen Parlamentsrechts, JZ 1990, 310ff.

Wiederholungsfragen und Fälle:

(1) Zählen Sie die wichtigsten Aufgaben und Rechte des Bundestages auf. Hat der Bundestag auch das Recht, an der Staatsleitung mitzuwirken?
Dazu: § 16 I und II (Rdn. 335, 337 ff.; vgl. Erichsen, Staatsrecht und Verfassungsgerichtsbarkeit II, S. 105 ff. – Fall 17 –).

(2) Wäre eine Regelung verfassungsgemäß, nach der staatliche Planung im Bereich der Exekutive nur noch dann zulässig ist, wenn für die Bundesplanung Zielvorgaben vom Bundestag beschlossen sind?
Dazu: § 15 IV und § 16 II 3 (Rdn. 328 ff., 344; vgl. Kewenig DÖV 1973, S. 23 ff.; Kleffmann BayVBl. 1979, 421 ff.).

(3) Was versteht man unter persönlicher und sachlicher Diskontinuität? Könnte ein Untersuchungsausschuß, der in der 10. Wahlperiode vom Bundestag eingesetzt wurde, ohne weiteres seine Arbeit in der 11. Wahlperiode fortführen?
Dazu: § 16 IV 2 (Rdn. 352).

(4) Was besagen die Begriffe freies und imperatives Mandat? Welches Prinzip ist im GG festgelegt? Gilt dieses Prinzip sowohl für direkt gewählte Abgeordnete als auch für die, die aufgrund der Parteiliste in den Bundestag gewählt wurden?
Dazu § 16 V 1 (Rdn. 354).

(5) Kennt das GG einen rechtlich durchsetzbaren Fraktionszwang? Welche Einflußmöglichkeiten haben Partei und Fraktion auf ihre Abgeordneten?
Dazu: § 16 V 1 (Rdn. 357; Schwerdtfeger, Öffentliches Recht in der Fallbearbeitung, § 37 II 3).

(6) Ist § 48 I S. 2 BWahlG mit Art. 38 I S. 2 vereinbar?
Dazu: § 16 V 1 (Rdn. 354; vgl. Schreiber DÖV 1976, 734 ff.).

(7) Welchen Sinn und Zweck haben Interpellationsrechte? Welche kennen Sie?
Dazu: § 16 II 2 d (Rdn. 342; vgl. §§ 100 ff. GeschOBT).

§ 17 Bundesrat

I. Eigenart und Stellung

Die Mitwirkung einer **„Zweiten Kammer“** bei der Gesetzgebung hat in vielen Ländern eine bedeutende **Verfassungstradition** (USA: Repräsentantenhaus und Senat; England: Unterhaus und Oberhaus; Frankreich: Nationalversammlung und Senat). Auch in Deutschland besteht seit 1871 neben dem Reichs- bzw. Bundestag in dem Bundes- bzw. Reichsrat ein zweites Gesetzgebungsorgan (vgl. Art. 6 RV, Art. 60 WV, Art. 50 GG). Eine solche „Zweite Kammer“ soll vor allem bewirken, daß eine Parlamentsallmacht verhindert und durch die Aktivierung von beachtlichem Sachverstand die Qualität der verabschiedeten Gesetze verbessert wird. **364**

1. **Zweikammersystem:** In der verfassungsgeschichtlichen Entwicklung haben sich zwei unterschiedliche Grundformen des Zweikammersystems herausgebildet: die **365**

sog. **Senatslösung,** bei der die Mitglieder der Zweiten Kammer unmittelbar vom Volk oder wenigstens den Parlamenten der Gliedstaaten gewählt werden, und die sog. **Bundesratslösung,** bei der sich dieses Organ aus ernannten und instruierten Regierungsvertretern der Länder zusammensetzt. Das Zweikammersystem ist heute vor allem in Ländern mit einer bundesstaatlichen Ordnung von besonderer Bedeutung. Im Bundesstaatsgefüge erfolgt durch die „Länderkammer" – insbesondere bei der Bundesratslösung – eine institutionalisierte Verflechtung von Gesamtstaat und Gliedstaaten; die Länder wirken an der Willensbildung des Gesamtstaates mit. Der Bundesrat verkörpert im Bund in besonderem Maße das föderative und auch kooperative Element.

366 In diesem Zusammenhang ist eine weitere Unterscheidung von besonderer Wichtigkeit. Nach dem Kriterium der Bedeutung, der diesem Organ zustehenden Befugnisse, wird zwischen einer „echten Zweiten Kammer", der ein unbeschränktes Recht der Mitbeschlußfassung am Gesetzgebungsverfahren zukommt und damit der „Ersten Kammer" (Parlament) gleichwertig ist (vgl. Art. 5 I RV), und einem bloßen Mitwirkungsorgan, das Gesetzesbeschlüssen des Parlaments eben nur „in abgestufter Form hindernd entgegentreten kann" (Veto- und Einspruchsrechte; vgl. Art. 74 WV), differenziert.

367 2. Das GG geht grundsätzlich von dem **Bundesratssystem** aus; es enthält einen Kompromiß zwischen den Bundesratslösungen von 1871 und 1919 (Länderkammer; vgl. insbesondere Art. 50ff., 76ff.). Als **Instrument des Einflusses der Länder** auf den Bund ist der Bundesrat als oberstes Bundesorgan eine besonders wichtige Institution für das Funktionieren der bundesstaatlichen Ordnung (vgl. oben § 12, wiederholen!). Ganz bewußt hat man unterschiedliche, in einem Spannungsverhältnis stehende Strukturprinzipien miteinander verbunden: ein unitarisch-demokratisches und ein föderatives Organ sollen gemeinsam den staatlichen Willen erzeugen. Nach der Regelung des GG ist der Bundesrat allerdings **keine echte „Zweite Kammer"** eines einheitlichen Gesetzgebungsorgans des Bundes, die gleichwertig mit der „Ersten Kammer" entscheidend am Gesetzgebungsverfahren beteiligt ist. Nach Auffassung des BVerfG ergibt sich dies daraus, daß nach Art. 77 I die Bundesgesetze vom Bundestag beschlossen werden, und der Bundesrat gemäß Art. 50 lediglich bei der Gesetzgebung mitwirkt. Diese Mitwirkung konkretisiert sich durch die Ausübung des Initiativrechts (Art. 76 I), durch Stellungnahme zu den Vorlagen der Bundesregierung im ersten Durchgang (Art. 76 II), durch Anrufung des Vermittlungsausschusses (Art. 77 II), durch Einlegung des Einspruchs gegen ein vom Bundestag beschlossenes Gesetz sowie durch Erteilung oder Verweigerung der Zustimmung (Art. 77 III). Wesentlich ist dabei, daß das Zustimmungserfordernis zu einem Gesetz die Ausnahme darstellt, das GG also im **Regelfall** dem Bundesrat lediglich das Recht des **Einspruchs** zugesteht. Die Zustimmung ist dagegen nur in bestimmten, im GG einzeln ausdrücklich aufgeführten Fällen erforderlich, in denen in der Regel der Interessenbereich der Länder besonders stark berührt wird (Regel-Ausnahme-Verhältnis von Einspruch und Zustimmung; **abgeschwächte Bundesratslösung;** BVerfGE 1, 76, 79; 37, 363, 380f.; Friesenhahn, in: Der Bundesrat als Verfassungsorgan und politische Kraft, S. 253ff.).

Gemäß Art. 50 wirken die Länder durch den Bundesrat bei der Gesetzgebung und Verwaltung des Bundes mit. Der Bundesrat soll zum einen als Bundesorgan die Länderinteressen im Bereich des Bundes vertreten und zum anderen im Rahmen der **„innerlegislativen“ Gewaltenteilung** gewissermaßen ein kontrollierendes, sachverständiges Gegengewicht zum Bundestag bilden, aber auch „Sprachrohr“ der Länderinteressen sein („Zentrum“ gliedstaatlicher Einflüsse; ähnliches gilt gegenüber der Bundesregierung). Er verkörpert in der bundesstaatlichen Ordnung des GG bei der Ausübung der Bundesgesetzgebung und der Bundesverwaltung das föderative Element, stellt also eine wirkungsvolle Klammer, ein unentbehrliches Mittlerorgan zwischen Bund und Ländern dar und dient der Verhinderung des für die Bundesrepublik gefährlichen Dualismus zwischen Bund und Ländern (zum „parteipolitischen Widerstreit der beiden Kammern“ vgl. etwa Fromme ZRP 1976, 201ff. und Frowein DÖV 1976, 688ff.). Durch das „Länderforum“ werden die Gliedstaaten in bundesstaatliche Verantwortung genommen und ihre Initiativen, ihre Interessen und Erfahrung sowie ihr Sachverstand eingebunden. Der Bundesrat ist also ein Organ, in dem sich die Mitverantwortung und Mitgestaltung der Länder am Gesamtwohl der Bundesrepublik bündelt und staatsfördernd entfaltet. **368**

II. Aufgaben und Rechte

Gemäß der Verbandskompetenz ist der Bundesrat, eben weil er ein **oberstes Bundesorgan** ist, nur für jene Aufgaben zuständig, die dem Bund selbst zustehen. Er darf deshalb auch als „Länderkammer“ keine Angelegenheiten behandeln, die nach der bundesstaatlichen Zuständigkeitsverteilung den Ländern zustehen. Die Organkompetenz des Bundesrates ist nur dann gegeben, wenn das GG ihm ausdrücklich bestimmte Aufgaben und Rechte überträgt. Dies ergibt sich daraus, daß Art. 50 keine Zuständigkeitsregel beinhaltet, und das GG eine entsprechende Generalklausel nicht enthält. Insgesamt betrachtet ist festzustellen, daß die Aufgaben des Bundesrates, insbesondere im Unterschied zu Regierung und Parlament (Koalition), weniger in selbständiger Bestimmung und Leitung als in kontrollierender und korrigierender Mitwirkung und Einflußnahme im Interesse der Länder besteht (eine Art konstruktive „Oppositions- und Qualitätssicherungsfunktion“; vgl. Hesse § 16 I). Im einzelnen sind folgende Aufgaben und Rechte des Bundesrates zu nennen: **369**

1. **Autonome Rechte:** Wie der Bundestag, so hat auch der Bundesrat als oberstes Bundesorgan das Recht und gemäß Art. 52 III 2 sogar die Pflicht, seine Angelegenheiten, Organisation, Geschäftsführung usw. selbst in einer Geschäftsordnung zu regeln (GeschOBR, Sartorius Nr. 37). Der Bundesrat wählt seine Organe (Präsident auf nur ein Jahr, Art. 52 I; Ausschüsse, Art. 52 IV). Der Präsident beruft den Bundesrat nach Bedarf oder auf Antrag der Regierung oder von zwei Bundesländern ein (Selbstversammlungsrecht, Art. 52 II). **370**

2. **Gesetzgebungsfunktion:** Die bedeutendste Aufgabe des Bundesrates, die seit 1949 ständig zugenommen hat, ist seine Mitwirkung im ordentlichen Gesetzgebungsverfahren (Art. 76, 77, 78, insbesondere Initiativrecht, Einspruchs- und Zu- **371**

stimmungsrecht) und beim Gesetzgebungsnotstand (Art. 81). Darauf wird im einzelnen noch unten in § 20 III – Rdn. 435 – einzugehen sein.

372 3. **Mitwirkung bei den Exekutivaufgaben:** Da der Vollzug der Bundesgesetze weitgehend den Landesverwaltungen übertragen ist (Art. 83 ff.), ist bei der Festlegung von generellen, verbindlichen Regelungen, sei es durch Gesetz (Art. 84 I, 85 I), durch Rechtsverordnung (Art. 80 II) oder durch Verwaltungsvorschriften (Art. 84 II, 85 II, 108 VII) die Zustimmung des Bundesrates erforderlich, eben weil es hierbei um für die Länder meist einschneidende Maßnahmen und Regelungen geht. Vor allem Art. 84 I ist immer mehr zum „großen Einfallstor", zum „Hauptfall" für Zustimmungsgesetze geworden, da eine große Anzahl der Bundesgesetze notwendigerweise Vorschriften über die Einrichtung der Behörden und das Verwaltungsverfahren enthält (heute über die Hälfte). Art. 84 I ist somit zu einer der wichtigsten Vorschriften für die Stellung und Funktion des Bundesrates geworden. In der Mitwirkung des Bundesrates im Exekutivbereich sind neben Art. 87 III vor allem noch die Aufsichtsrechte (Art. 84 III, IV) und die Zustimmung zur Anwendung des Bundeszwangs (Art. 37) zu zählen.

373 4. **Kontrollrechte:** Der Bundesrat hat, was bereits angedeutet wurde, auf Bundesebene eine doppelte Kontrollfunktion zu erfüllen. Einmal soll er die legislative Staatsgewalt des Bundestages begrenzen, kontrollieren und korrigieren (Element der Kontinuität). Zum anderen soll er aber auch gegenüber der Bundesregierung kontrollierende Aufgaben wahrnehmen (vgl. Art. 53, 114 II). Die Praxis der letzten 40 Jahre hat darüber hinaus gezeigt, daß nicht selten die Institution des Bundesrates und die Landesvertretungen dadurch unterstützt werden konnten, daß die Länder, die von den auf Bundesebene in der Opposition befindlichen Parteien regiert wurden, mit ihrem großen Behördenapparat aktiv in der Bundespolitik mitwirkten (bis 1982 etwa Bad.-Württ., Bayern, Rheinl.-Pfalz, Schleswig-Holstein; heute etwa Nordrhein-Westfalen, das Saarland und Schleswig-Holstein).

374 5. **Weitere Rechte:** Hier sind schließlich besonders noch die Rechte des Bundesrates zur Bestellung der Hälfte der Bundesverfassungsrichter (Art. 94 I; Kreationsfunktion) und seine Mitwirkung bei der Feststellung des Verteidigungsfalles zu nennen (Art. 115 a I; vgl. auch Art. 54 III und 57).

III. Zusammensetzung und Rechtsstellung

375 1. Der Bundesrat setzt sich gemäß Art. 51 II (mit den Änderungen aus Art. 4 Ziff. 3 EVertr; Präambel, Art. 23) jetzt aus 16 Ländern mit insgesamt 68 stimmberechtigten Mitgliedern zusammen (vgl. dazu **Schaubild 13** auf S. 180). Alle Mitglieder des Bundesrates müssen **Mitglieder der Regierung ihres Landes** sein (gouvernementale Struktur und damit denkbar engste Verflechtung der obersten Staatsorgane der Gliedstaaten und des Gesamtstaates; Art. 51 I). Staatssekretäre können deshalb mit Ausnahme von Bad.-Württ. und Bayern ihr Land im Bundesrat nicht vertreten. Der Bundesrat ist ein **„ewiges" Organ,** das sich keinesfalls etwa nach Bundestagswahlen, sondern nur nach einem Regierungswechsel in einem Land in seiner Zusammen-

setzung ändert. Die Stimmen eines Landes (je nach Größe drei bis sechs) müssen einheitlich und durch anwesende Mitglieder abgegeben werden (Art. 51 III). Um dies zu gewährleisten sind die Bundesratsmitglieder grundsätzlich an die Weisungen ihrer Landesregierungen gebunden (praktisch haben sie ein imperatives Mandat inne; vgl. etwa Art. 49 II LV BW). Da gemäß Art. 51 I 2 jedes Regierungsmitglied eines Landes „geborenes" Bundesratsmitglied ist, können diese niemals gleichzeitig Bundestagsabgeordnete sein (vgl. § 2 GeschOBR; Inkompatibilität). Im Plenum des Bundesrates, dessen Geschäftsgang im wesentlichen dem des Bundestages entspricht, wird öffentlich verhandelt und alle Entscheidungen mit mindestens der Mehrheit seiner Stimmen gefaßt, also mit mindestens 35 Stimmen (Art. 52 III). Zur Vorbereitung und zum Ablauf der Bundesratssitzungen und zu den dabei bestehenden Zeit- und Fristenproblemen vgl. JA ÖR 1974, S. 21ff. und Herzog, in: HdBStaatsR Bd. II, § 46, Rdn. 20ff.

2. Wie im Bundestag, so wird auch im Bundesrat ein Großteil der sachlichen Arbeit in den **Ausschüssen** getätigt. Dabei besteht nach Art. 52 IV die Besonderheit, daß die Mitgliedschaft in einem Ausschuß nicht an die Mitgliedschaft im Plenum des Bundesrates gekoppelt ist. Dies hat in der Praxis zur Folge, daß den Ministerialbeamten der Länder über die Ausschüsse im Bundesrat ein ganz erheblicher Einfluß zukommt. **376**

Schaubild 13: Der Bundesrat © Erich Schmidt Verlag

3. Bei den Abstimmungen im Bundesrat haben sich dessen Mitglieder nicht an bestimmten Entscheidungskriterien zu orientieren. Zwar ist es sicher zuförderst **377**

Aufgabe des Bundesrates, die gesamtstaatlichen und regionalen **Interessen der Länder** bei der Abstimmung besonders zu berücksichtigen; doch kann es einem obersten Bundesorgan, das entsprechend seinen Funktionen bei der Aufgabenerfüllung des Bundes mitwirkt, gleichwohl eben nicht verwehrt sein, **auch parteipolitische Interessen** in den Vordergrund zu stellen. Diese umstrittene Frage hat in einer Zeit, in der die Opposition im Bundestag die Stimmenmehrheit im Bundesrat besitzt, eine besondere Bedeutung (vgl. dazu Fromme ZRP 1976, 201 ff.; Abromeit ZParl 1982, 462 ff.; Wyduckel DÖV 1989, 190 f.). Das GG hat den Bundesrat bewußt i. S. einer Stärkung der Position der Länder ausgestaltet und damit in Kauf genommen, daß sich der Bundesrat als parteipolitisches Machtinstrument erweisen kann („Gegenregierung", „Blockadeinstrument"), allerdings nur im Rahmen seiner Kompetenzen als „unechter" Zweiter Kammer i. S. des GG (vgl. BVerfGE 37, 363, 380 f.).

378 4. Das GG schweigt zur Frage der **Rechtsstellung der Bundesratsmitglieder.** Für sie gilt weder die Indemnität noch die Immunität. Da sie jedoch alle Mitglieder einer Landesregierung sind, besteht für sie insoweit praktisch keine Lücke.

IV. Besondere Probleme

379 Im Hinblick auf das Demokratieprinzip und den Gewaltenteilungsgrundsatz ist es eigentlich erstaunlich, daß ein oberstes Gesetzgebungsorgan wie der Bundesrat ausschließlich von Mitgliedern der Exekutive besetzt ist, die dazu noch von den Landesregierungen selbst bestellt werden, also nur sehr mittelbar vom Volk legitimiert sind. Beim Bundesrat handelt es sich somit eigentlich um ein recht **„undemokratisches" Organ.** Zwar sind die Landesregierungen auf die sie tragenden Parteien und Fraktionen angewiesen; dies aber eben doch nur grundsätzlich und nicht bezüglich der Einzelabstimmungen im Bundesrat. Berücksichtigt man den Kompetenzschwund der Landtage durch die enorme legislative Kompetenzverlagerung von den Ländern auf den Bund und die EG einerseits und den durch die bundesstaatliche Ordnung bedingten Machtzuwachs der Landesregierungen (insbesondere durch die gestiegene Bedeutung des Bundesrates – vgl. etwa Art 84 I – und durch die immer mehr Aufgaben wahrnehmende Bund/Länder-Ebene) andererseits, so wird verständlich, daß immer stärker von den Landtagen ein parlamentarisches Mitspracherecht mindestens in wichtigen Bundesangelegenheiten gefordert wird, um einer **„Kompetenzauszehrung" der Landesparlamente** zu begegnen (vgl. Rdn. 261 ff.; Schmidt DÖV 1973, 469 ff.; Linck DVBl. 1974, 861 ff.; Sailer BayVBl. 1978, 713 ff.; Forderungen der Landtagspräsidenten, in ZParl 1983, 100 ff.; Klatt, in: Das Parlament 1986, Beilage, Heft 28; Eiselstein NVwZ 1989, 323 ff.). Hier wird erkennbar, daß die gegenwärtigen Probleme des deutschen Föderalismus weniger im Bundesrat zu suchen sind, der sich im Gegenteil anerkanntermaßen als funktionsfähiges Integrationsorgan erwiesen hat, sondern weit mehr in einer nicht zu unterschätzenden „Landesparlamentskrise" liegen. Insgesamt gesehen ist demnach der Kompetenzgewinn der Länder auf dem Gebiet der Gesetzgebung über den Bundesrat nicht ohne weiteres mit dem Bedeutungsverlust der Landtage auf diesem Gebiet zu kompensieren. Abschließend ist allerdings noch festzuhalten, daß die Enquête-Kommission Verfassungsreform des Deutschen Bundestages selbst in voller Kenntnis der Probleme, die sich aus der Schwächung der Länderparlamente und der zweifelhaften Stärkung der Länderregierungen ergeben und insoweit nicht mehr durch die funktionale Struktur der „föderativen Kammer" als vorrangiges Interessenorgan der Länder in Bundesangelegenheiten gerechtfertigt werden können, Änderungen oder Korrekturen weder in der Zusammensetzung noch in der Struktur des Bundesrats für notwendig hält (vgl. Zur Sache 3/76, S. 202ff.). Durch die EG-Integration verschärft sich dieses Föderalismusproblem noch mehr (vgl. Rdn. 265; Ossenbühl DVBl. 1989, 1230ff.; Renzsch, in: Das Parlament 1990, Beilage Nr. 28, S. 28ff.).

Literatur: *Hesse* § 16; *Maunz/Zippelius* § 40; *Stern,* Bd. II, § 27; *Herzog,* S. 250ff.; *Ellwein,* Das Regierungssystem der BRD, Nr. 4.4; *Sontheimer,* Grundzüge des pol. Systems der BRD, IX 2; Der Bundesrat als Verfassungsorgan und politische Kraft, Beiträge zum 25jährigen Bestehen, 1974 (Hrsg. Bundesrat); 30 Jahre Bundesrat, 1949–1979 (Hrsg. Bundesrat); *Posser,* Der Bundesrat und seine Bedeutung, in: Benda/Maihofer/Vogel (Hrsg.), Handbuch des Verfassungsrechts, S. 899ff.; *Klein,* Der Bundesrat – die „Zweite Kammer", AöR 1983, 329ff.; *Wyduckel,* Der Bundesrat als Zweite Kammer, DÖV 1989, 181ff.; vgl. auch die Literaturangaben oben nach § 12 – Bundesstaat –.

Wiederholungsaufgaben und Fälle

(1) Welche Grundmodelle einer „Zweiten Kammer" kennt die Staatslehre und worin unterscheiden sie sich?
Dazu: § 17 I (Rdn. 364ff.).

(2) Gibt es Wahlen zum Bundesrat oder wie und wann werden dessen Mitglieder sonst bestimmt?
Dazu: § 17 III 1 (Rdn. 375f.).

(3) Gegen welche Verfassungsprinzipien könnte die Zusammensetzung des Bundesrates und dessen Ausschüsse gegebenenfalls verstoßen?
Dazu: § 17 III und IV (Rdn. 375f., 379).

(4) Der Bundesrat setzt sich aus 68 stimmberechtigten Mitgliedern zusammen. Angenommener Sachverhalt: Davon sind 34 Stimmen der im Bund bestehenden Koalition und 31 Stimmen der Bonner Opposition zuzurechnen. In dem Land mit den restlichen 3 Stimmen wird eine „Allparteienregierung" gebildet, die hinsichtlich Bundesangelegenheiten eine Koalitionsvereinbarung des Inhalts geschlossen hat, daß sich dieses Land bei in ihrer Regierung strittigen Fragen im Bundesrat der Stimme enthält. Ist diese Vereinbarung verfassungsrechtlich sinnvoll?
Dazu: § 17 III 1 (Rdn. 375; vgl. Art. 52 III u. JA ÖR 1975, S. 114).

§ 18 Bundespräsident

I. Stellung und Funktion eines Staatsoberhauptes

1. Unter dem Staatsoberhaupt versteht man allgemein das oberste Staatsorgan, eben die Person, die mindestens formell an der Spitze des Staates steht. Die Stellung 380

und Bedeutung dieses **obersten Staatsamtes** wird entscheidend von der verfassungsrechtlichen Ausgestaltung des Regierungssystems als parlamentarische oder präsidiale Demokratie bestimmt (vgl. Rdn. 61ff. und 319). Während das Staatsoberhaupt in einer Präsidialdemokratie nicht zuletzt aufgrund seiner Volkswahl eine relativ starke, unabhängige Stellung innehat (vgl. USA, Frankreich), ist seine Position in einem parlamentarischen System meist formeller, repräsentativer Natur und politisch eher unselbständig. Für die Stellung des Staatsoberhauptes in der parlamentarischen Demokratie ist darüber hinaus entscheidend, wie im Kräftefeld von Volk, Parlament, Länderkammer und Regierung und vor allem innerhalb der Exekutive zwischen Präsident und Regierung die Gewichte durch die Verfassung verteilt sind.

381 2. Die **WV** ging von einem System aus, das neben einer parlamentarisch verantwortlichen Regierung ein selbständiges, unmittelbar vom Volk gewähltes, mit weitreichenden Rechten ausgestattetes Staatsoberhaupt kannte, das erheblichen Einfluß auf die materielle Staatsleitung ausübte (Art. 47, 48 I, II, 53 und 73 I WV). Unter dem Eindruck der Erinnerung an die mit diesem so ausgestalteten Amt gemachten unheilvollen Erfahrungen gegen Ende der Weimarer Republik und der allgemeinen Tendenz hin zu einer stärkeren Betonung des parlamentarischen Prinzips (offene politische Auseinandersetzung im Parlament, Mehrheitsprinzip) wurde im **GG** die Stellung des Bundespräsidenten in dem parlamentarischen System als „unselbständiges Staatsoberhaupt“ und nicht als „Ersatzkaiser“ wie in der WV festgelegt, ihm also verfassungsrechtlich eine eher schwache Position eingeräumt („unselbständige“ Präsidentschaft). Dies kommt besonders deutlich etwa darin zum Ausdruck, daß er nicht unmittelbar vom Volk gewählt wird, seine politischen Funktionen weitgehend formaler Natur sind, und er dabei an die Gegenzeichnung des Bundeskanzlers oder des zuständigen Ministers gebunden ist (Art. 58). Bei der Staatsleitung ist eben das parlamentarische Regierungssystem konsequent verwirklicht (vgl. Rdn. 319ff. und 394). Das Staatsoberhaupt des GG soll trotz geringer politischer Macht als **„pouvoir neutre“** (neutrale Kraft) über den politischen Kräften stehen und als Vermittler und Schlichter wirken. In seinen Funktionen tritt demgemäß das Element der aktiven Gestaltung und der Staatsleitung zugunsten des Elements der Erhaltung staatlicher Einheit und der Konsensbildung zurück (**„Integrationsfunktion“,** vgl. Hesse § 14 II 1). Der Bundespräsident hat in all seinem Tun der Wahrung und der Repräsentation der staatlichen Einheit zu dienen und i.S. eines Moderators „Basiskonsens“ zu vermitteln, also durchaus wichtige staatsoberhauptliche Funktionen wahrzunehmen. Aufgaben der politischen Staatsleitung stehen ihm grundsätzlich nicht zu.

II. Wahl und Amt des Bundespräsidenten

382 1. Die Wahl des Bundespräsidenten erfolgt durch die **Bundesversammlung,** einem besonderen Wahlorgan (parlamentsähnliches Gremium), das allein für diese Aufgabe geschaffen wurde. Die Bundesversammlung, die normalerweise nur alle fünf Jahre zusammentritt, besteht aus allen Mitgliedern des Bundestages und einer gleichen Anzahl von Mitgliedern, die von den Landesparlamenten nach den Grundsätzen der Verhältniswahl zu wählen sind (Art. 54 I, III; Gesetz über die Wahl des Bundespräsidenten, Sartorius Nr. 33; vgl. auch nachstehendes Schaubild 14). In ihr sind also Bundes- und Landeselemente paritätisch vertreten. Zwar wird der Präsident nicht vom Volk selbst gewählt, die Bundesversammlung verleiht ihm aber die stärkste und breiteste mittelbare Legitimation. Durch die dem Bund und den Ländern gleichermaßen eingeräumten Einflußrechte bei der Wahl soll neben der spiegelbildlichen Betonung der bundesstaatlichen Ordnung dokumentiert werden, daß er seine Funktion nicht nur für den Gesamtstaat, sondern auch zwischen Bund und Ländern, aber auch den Gliedstaaten untereinander zu erfüllen hat (vgl. Schaubild 14). Der Bundespräsident wird für eine **fünfjährige Amtszeit** gewählt (vgl. zu den Wählbarkeitsvoraussetzungen und zum Wahlverfahren Art. 54 I, IV–VI; Gesetz über die Wahl des Bundespräsidenten, Sartorius Nr. 33). Eine Wiederwahl ist nur einmal zulässig (Art. 54 II). Bei seinem Amtsantritt leistet er vor dem Bundestag und Bundesrat den Amtseid (nicht Bundesversammlung, vgl. Art. 56). Für ihn besteht strikte Inkompatibilität und ein anderweitiges Berufsverbot (Art. 55).

Schaubild 14 (Zahlen für die Zeit des 12. Bundestages)

2. Der Bundespräsident hat sein Amt zwar nicht im Sinne einer strikten parteipolitischen Neutralität, aber doch mindestens im Sinne einer besonderen **parteipolitischen Zurückhaltung** auszuüben. Alle bisherigen Amtsinhaber haben ihre Parteimitgliedschaft während ihrer Amtszeit ruhen lassen. Nur so ist es ihm möglich, seine Integrationsfunktionen wahrzunehmen („Schiedsrichterrolle" in Spannungs- und Konfliktsfällen; das Streitentscheidungsmonopol liegt allerdings beim BVerfG, vgl. Art. 93 I Nr. 1–4). Er genießt wie die Bundestagsabgeordneten Immunität (Art. 60 IV). Er selbst ist parlamentarisch nicht verantwortlich; durch die in Art. 58 vorgeschriebene grundsätzliche Gegenzeichnungspflicht der Regierung für alle Anordnungen und Verfügungen des Bundespräsidenten sowie durch die Präsidentenanklage (Art. 61; §§ 49ff. BVerfGG) werden allerdings seine Handlungen in das 383

„Gewaltenkontroll- und Gewaltenhemmungssystem“ des GG voll miteinbezogen. In seiner Amtsführung wird er von dem Bundespräsidialamt unterstützt. Im Verhinderungsfalle wird er vom Präsidenten des Bundesrates vertreten (Art. 57).

III. Aufgaben und Rechte

384 1. Das GG enthält für den Bundespräsidenten, das ranghöchste Staatsorgan, keine generalklauselartige, zusammenfassende Zuständigkeitsbestimmung. Neben den ausdrücklich in der Verfassung genannten Aufgaben und Rechten stehen ihm die sich aus dem Wesen des Staatsoberhauptes ergebenden **staatsnotariellen Aufgaben** und **Repräsentationsfunktionen** (z. B. Ordensverleihung, Begnadigung, Empfänge, „Schirmherrschaften“ usw.) zu. Darunter fallen also all jene Aufgaben, die notwendigerweise oder aus historischen Gründen zur Repräsentation des Staates nach innen und außen gehören. Bereits genannt wurden die Aufgaben des Bundespräsidenten zur Wahrung und Erhaltung der staatlichen Einheit **(Integrationsfunktion)** sowie zur Herstellung und Sicherung des Ausgleichs unter den verschiedenen politischen Kräften („neutrale Kraft“; Schiedsrichter- oder **Ausgleichsfunktion**). Schließlich kommt ihm dann noch eine besondere Rolle und damit auch eine Stärkung seiner Stellung zu, wenn ein anderes oberstes Verfassungsorgan „funktionsunfähig“ geworden ist (nach Stein § 13 III: **„Reservefunktion“**). Im einzelnen sind besonders zu nennen (Butzer VerwArch 1991, 497, 502 ff.):

385 a) Im **Bereich der Legislative** stehen dem Bundespräsidenten die Befugnisse bei der Einberufung des Bundestages (Art. 39 III), der Auflösung des Bundestages (Art. 63 IV 3, 68 – Reservefunktion –; zu den Rechten aus Art. 68: BVerfGE 62, 1, 35, 52, 62 f.), der Ausfertigung und Verkündung der Gesetze (amtliche Bekanntmachung; Art. 82 I; § 29 GeschOBReg; §§ 56 f., 80 f. GGO II) sowie der Erklärung des Gesetzgebungsnotstandes (Art. 81 I) zu.

386 b) Als **Exekutivorgan** ist der Bundespräsident innerhalb dieser Gewalt zuständig für die **völkerrechtliche Vertretung** der Bundesrepublik (Art. 59 I; Vertragsschlüsse, diplomatischer Verkehr, Staatsbesuche usw.), für die **Ernennung** und **Entlassung** der Bundesbeamten, der Offiziere und Unteroffiziere (Art. 60 I), für die Titel- und Ordensverleihung und alle übrigen nicht ausdrücklich im GG enthaltenen **staatsoberhauptlichen Repräsentationsaufgaben** (vgl. auch Art. 115 a III–V und 115 l II). Darüber hinaus steht ihm das Recht zu, dem Bundestag vor der Kanzlerwahl einen Kandidaten vorzuschlagen (Art. 63 I) und die Regierungsmitglieder auf Vorschlag des Bundeskanzlers zu ernennen (Art. 63, 64). Gegenüber der Regierung hat er ein umfassendes Informationsrecht (vgl. §§ 5 und 23 I GeschOBReg).

387 c) Im **Bereich der Rechtsprechung** stehen dem Bundespräsidenten die Befugnisse der Ernennung der Bundesrichter (Art. 60 I) und das **Begnadigungsrecht** für den Bund zu (Art. 60 II, wenn ein Bundesgericht erste Instanz ist – BGH –; vgl. Sartorius Nr. 615 – Gnadenordnung –). Zur Justiziabilität von Gnadenentscheidungen: BVerfGE 25, 352 ff., 358 ff.; 45, 100, 150 ff.; BVerwG NJW 1983, 187 f.; Schätzler NJW 1975, 1249 ff.; Bachof JZ 1983, 469 ff.; Schloßareck JuS 1991, 579 ff.

2. Von wenigen Ausnahmen abgesehen (z. B. Art. 63, 67, 68, 69 III) bedürfen alle Akte des Bundespräsidenten zu ihrer Gültigkeit der **Gegenzeichnung** durch den Bundeskanzler oder durch den zuständigen Bundesminister (Art. 58). Durch die Gegenzeichnung sollen alle präsidialen Verfügungen und Anordnugnen durch ein Regierungsmitglied gebilligt und damit der parlamentarischen Kontrolle und Verantwortung unterstellt werden (Einbindung aller wichtigen Präsidialakte in das parlamentarische Regierungssystem). Außerdem soll dadurch die Einheitlichkeit der Staatsführung dergestalt sichergestellt werden, daß der Bundespräsident keine Maßnahmen gegen die Regierung ergreifen darf, sondern sich der Regierungspolitik anzupassen hat. Nach h. M. fallen unter die Gegenzeichnungspflicht des Art. 58 grundsätzlich alle amtlichen und politisch bedeutsamen Handlungen und Erklärungen des Bundespräsidenten (etwa auch formlose Präsidialakte wie Reden und Interviews). Die Gegenzeichnung erfolgt hier seitens der Regierung durch entsprechende Billigung. Bei regierungskonformen Handlungen ist dies unproblematisch; bei Akten, die sich auf politischem Neuland bewegen oder regierungsabweichend sind, ist die Billigung vorher einzuholen. Fehlt bei einem gegenzeichnungsbedürftigen Akt die Mitwirkung des betreffenden Regierungsmitglieds, so ist er rechtlich und politisch unwirksam und unverbindlich (Gegenzeichnung als Gültigkeitsvoraussetzung; Art. 58 S. 1) Aus alldem, insbesondere aus der Gegenzeichnungsbedürftigkeit, ergibt sich, daß der Bundespräsident keinen selbständigen Einfluß und praktisch keine Teilhabe an der politischen Staatsleitung innehat (zu den Rechten und Befugnissen des Präsidenten vgl. besonders JA ÖR 1974, 107 ff.). **388**

IV. Prüfungsrecht des Bundespräsidenten

Ein besonderes Problem, das ein beliebtes Klausurthema darstellt, ist das sog. **Prüfungsrecht des Präsidenten.** Hierbei geht es um die Frage, ob aufgrund der Tatsache, daß bei fast allen Akten des Präsidenten das gegenzeichnende Regierungsmitglied und bei der Gesetzesausfertigung das Parlament ja bereits inhaltlich die Verantwortung übernimmt (vgl. Art. 58, 78, 82), dem Bundespräsidenten überhaupt noch ein Entscheidungsspielraum zusteht, ihm also entweder ein eigenes echtes Prüfungsrecht zukommt oder seine Unterschrift rein formale Bedeutung besitzt, er also zur Unterschriftsleistung ohne eigenes Prüfungsrecht verpflichtet ist. Grundsätzlich wird ihm zwar ein solches Recht zugestanden; doch ist die Reichweite dieser Befugnis recht problematisch. Für zwei wichtige Befugnisse ist der Umfang des dem Bundespräsidenten im einzelnen zustehenden Prüfungsrechts besonders umstritten: bei der Ausfertigung von Gesetzen (Art. 82) sowie bei der Ernennung und Entlassung von Ministern oder Beamten des Bundes (Art. 64 I, 60 I). **389**

1. Nach h. M. steht dem Bundespräsidenten dabei eine **rechtliche Prüfungsbefugnis** zu. Danach darf und muß er sogar bei der Ausfertigung eines Gesetzes prüfen, ob das Gesetz zum einen formell ordnungsgemäß zustande gekommen ist (**formelles Prüfungsrecht;** unbestritten) und zum anderen mit der Verfassung vereinbar ist (**materielles Prüfungsrecht;** von der h. M. in begrenztem Umfang bejaht; vgl. den Wortlaut des Art. 82 I 1!). Aufgrund der materiell-rechtlichen Prüfung darf der **390**

Bundespräsident seine Unterschrift aber nur bei relativ eindeutiger Verfassungswidrigkeit verweigern (i. S. einer „Evidenzkontrolle"). Für ihn muß ein zweifelsfreier und offenkundiger Verfassungsverstoß vorliegen (das Monopol des BVerfG zur Feststellung der Verfassungswidrigkeit bleibt davon unberührt). Die rechtliche Prüfungsbefugnis wird im wesentlichen damit begründet, daß von dem ranghöchsten Verfassungsorgan, das einen Eid auf die Verfassungs- und Gesetzestreue abgelegt hat und neben dem BVerfG auch in beschränktem Umfang, i. S. einer „Vorkontrolle", „Hüter der Verfassung" sein soll, keine grundgesetzwidrigen Handlungen mitgetragen werden dürfen, soll das Amt des Bundespräsidenten nicht Schaden nehmen (amts- und rechtswahrende Prüfungskompetenz; Art. 56, 61; Riedel/Schmidt DÖV 1991, 371 ff.; Lehnguth DÖV 1992, 439 ff.).

391 2. Über die rechtliche Prüfung hinausgehende Befugnisse stehen ihm dagegen nicht zu. Ein **sachliches Prüfungsrecht,** bei dem inhaltliche und politische Zweckmäßigkeitsüberlegungen angestellt werden, kann er nicht ausüben. Während dies bei seinen Befugnissen gemäß Art. 63, 82, 94 einhellige Auffassung ist, wird dies allerdings von einer Mindermeinung besonders bei der Ernennung der Minister und Beamten bestritten. Inhaltlich ist aber eben nicht der Bundespräsident, sondern das gegenzeichnende Regierungsmitglied politisch und parlamentarisch verantwortlich (vgl. dazu etwa Maurer DÖV 1966, 665 ff.; Heyde DÖV 1971, 797 ff.; Huba/Burmeister JuS 1989, 832 ff.).

392 3. Bisher wurden vom Bundespräsidenten Präsidialakte nur in ganz wenigen Fällen wegen rechtlicher Bedenken nicht vorgenommen (vgl. etwa das Architektengesetz von 1969, die Novellierung des WehrpflichtG im Jahr 1976 – BT-Drucks. 6/1143 und 7/5856 – und die Änderung des LuftVG von 1990; Nichternennung eines Bundesrichters durch Lübke; vgl. Epping JZ 1991, 1102 ff. und JuS 1992, 305 ff.). Weigert sich der Bundespräsident, eine Gesetzesausfertigung, Beamtenernennung usw. auszusprechen, so kann im Wege des Organstreits eine Entscheidung des BVerfG herbeigeführt werden (vgl. Art. 93 I Nr. 1, §§ 63 ff. BVerfGG). Nur so kann ein konkret bestehender Verfassungsstreit aus der Welt geschafft werden (vgl. auch Art. 61). Bisher wurde allerdings noch in keinem Fall das BVerfG angerufen.

V. Verfassungswirklichkeit

393 Die dem Bundespräsidenten zugewiesenen Funktionen sind einschließlich derer politischer Art insgesamt gesehen doch weitgehend formaler, protokollarischer oder repräsentativer Natur (**vermittelnde, würdige Stellung** mit nur begrenztem politischem Kompetenzbereich; Ausnahme wohl nur bei besonderen politischen Not- oder Konfliktsituationen). Zwar hatten bisher fast alle Inhaber dieses Amtes bei ihrem Amtsantritt eine „hohe" Meinung von dessen politischer Bedeutung und Gewicht, die sich dann aber während der Ausübung des Präsidentenamtes wieder relativ rasch auf den „Normalstand" reduzierte. Diese Tatsache und die Verfassungswirklichkeit lassen den Schluß zu, daß das Amt des Bundespräsidenten, noch mehr als alle anderen Staatsämter, ganz entscheidend von der Autorität, der Persönlichkeit und dem Repräsentationsstil des jeweiligen Inhabers geprägt wird. Die bisherigen Bundespräsidenten Heuss, Lübke, Heinemann, Scheel, Carstens und von Weizsäcker legen dafür ein beredtes Zeugnis ab (ohne nennenswerte Macht, aber nicht machtlos; vgl. dazu Sontheimer VIII 5 und JA ÖR 1974, 107ff.; Jäger, in: Das Parlament, Beilage 1989, Nr. 16/17; Butzer VerwArch 1991, 497ff.).

Literatur: *Hesse* § 18; *Maunz/Zippelius* § 41; *Stein* § 4; *Stern,* Bd. II, § 30; *Schlaich,* Der Bundespräsident, in: HdBStaatsR Bd. II, §§ 47–49; *Kimminich/Pernthaler,* Das Staatsoberhaupt in der parlamentarischen Demokratie, VVDStRL Bd. 25, S. 2ff., 95ff.; *Knöpfle,* Das Amt des Bundespräsidenten in der BRD, DVBl. 1966, 713ff.; *Butzer,* Der Bundespräsident und sein Präsidialamt, VerwArch 1991, 497ff.; *Epping,* Das Ausfertigungsverweigerungsrecht, JZ 1991, 1102ff.; *Lehnguth,* Die Verweigerung der Ausfertigung von Gesetzen durch den Bundespräsidenten und das weitere Verfahren, DÖV 1992, 439ff.

Wiederholungsaufgaben und Fälle

(1) Der Bundespräsident will in einer Rede vor einem internationalen Kongreß neue Gedanken und Leitlinien für eine effektivere Europapolitik vorschlagen. Darf er dies ohne weiteres?
Dazu: § 18 III 2 (Rdn. 388).

(2) Der Bundespräsident weigert sich (a) ein Gesetz über eine verbesserte Fristenlösung (Schwangerschaftsabbruch) wegen Verstoß gegen die Grundrechte der Art. 1, 2 II auszufertigen und (b) einen mit „linksextremen" Gruppen sympathisierenden hohen Ministerialbeamten zu ernennen. Zu Recht?
Dazu: § 18 IV (Rdn. 389ff.; vgl. auch Schwerdtfeger, Öffentliches Recht in der Fallbearbeitung, § 36 IV).

(3) Kann die Rechtmäßigkeit des Handelns des Bundespräsidenten (etwa im Fall 2) gerichtlich überprüft werden? Welche weiteren Verfahren können ggf. gegen den Präsidenten durchgeführt werden?
Dazu: § 18 IV 3 (Rdn. 392; vgl. Art. 61, 93 I Nr. 1; §§ 49ff. und 63ff. BVerfGG).

(4) Worin sind die Gründe zu suchen, daß es in keinem Bundesland einen Staatspräsidenten gibt?

§ 19 Regierung

I. Regierungssystem des GG

1. Unter dem Begriff Regierungssystem versteht man die gesamte institutionalisierte Entscheidungsstruktur der Staatsleitung, d.h. das umfassende System, die Art und Weise, wie ein Staat regiert wird. Innerhalb der Vielzahl der Regierungssysteme wird traditionell die Unterscheidung in parlamentarische und präsidiale Regierungssysteme bevorzugt. Das entscheidende Merkmal dieser Differenzierung liegt in dem Verhältnis und den gegenseitigen Beziehungen von Parlament und Regierung, von Legislative und Exekutive begründet. Während beim Präsidialsystem die Exekutivspitze vom Volk gewählt wird und von der Legislative relativ unabhängig ist, besitzt im **parlamentarischen System** das Parlament (1) einen unmittelbaren Einfluß auf die personelle Zusammensetzung der Regierung (Wahl mindestens des Regierungs- **394**

chefs) und (2) die Fähigkeit zu einem Regierungssturz (Mißtrauensvotum). (3) Außerdem unterliegt die Regierung bei allen politischen Handlungen der parlamentarischen Verantwortung. Darüber hinaus werden noch meist als Wesensmerkmale des parlamentarischen Regierunssystems folgende (4) weitere Elemente angesehen: (a) Eine gewisse Mitwirkung des Parlaments an der Staatsleitung, und zwar über die klassischen Gesetzgebungs- und Kontrollfunktionen des Parlaments hinaus; (b) die Abhängigkeit der Regierung von der Legislaturperiode des Parlaments, d. h. daß die Regierung das Parlament grundsätzlich nicht überdauern darf (vgl. allerdings BVerfGE 27, 44, 52ff.); (c) schließlich wird noch häufig darauf hingewiesen, daß ganz überwiegend die Regierungsmitglieder gleichzeitig ein Abgeordnetenmandat innehaben (personelle Verflechtung, „Parlamentarierkabinett"), und nicht zuletzt deshalb im parlamentarischen System die Trennungslinie des überlieferten Dualismus von Regierung und Parlament heute faktisch ins Parlament hinein verschoben wurde und mindestens teilweise zwischen Regierung/Koalition und Opposition verläuft (vgl. dazu eingehend Rdn. 320ff. und etwa Stern, Bd. I, §§ 22, 23).

395 2. In der **Bundesrepublik** ist das Verhältnis zwischen Bundesregierung und Bundestag als repräsentatives, parlamentarisches System festgelegt (vgl. oben §§ 15 und 16; wiederholen!). Die knappe verfassungsrechtliche Normierung, die die erforderliche Dynamik und Elastizität eines sich aufgrund personeller, sozialer, politischer und wirtschaftlicher Umstände ständig wandelnden Regierungssystems ermöglicht, wurde stark von den Erfahrungen in der Weimarer Republik geprägt. Das GG hat sich deshalb insbesondere im Vergleich zur WV für ein Regierungssystem entschieden, das als eine abgeschwächte Form des parlamentarischen Systems bezeichnet werden kann und das sich intensiv um die Erhaltung möglichst stabiler Regierungsverhältnisse bemüht. Das parlamentarische Regierungssystem in der Bundesrepublik kann man zusammenfassend dahingehend umschreiben, daß Parlamentsmehrheit (Koalition) und Regierung gemeinsam, kooperativ, aufeinander bezogen, das staatliche Leitungs- und Führungszentrum im politischen System bilden, wobei sich die Regierung innerhalb dieses Zentrums normalerweise als der aktivere, gestaltendere Partner erweist, der allerdings vom Parlament vielfältig angestoßen, unterstützt, korrigiert, kontrolliert, aber mitunter auch behindert wird (**„Gesamthandsthese"**; Staatsleitung als kooperativer Prozeß und wechselseitiger Dialog; vgl. Ellwein DÖV 1984, 748ff.).

II. Regierung als Teil der Exekutive

396 1. Nicht zuletzt aufgrund der geschichtlichen Entwicklung, an die das GG anknüpft, ist heute ganz h. M., daß ein besonderer, verfassungsunmittelbarer und eigenständiger Bereich der Regierung anzuerkennen ist, der im Rahmen der drei Staatsgewalten dogmatisch in die vollziehende Gewalt **(Gubernative als Teil der Exekutive)** einzuordnen ist. Dabei ist der Begriff „vollziehende Gewalt" hier nicht eng als bloße Gesetzesausführung, sondern in einem umfassenden Sinne als die Summe der Regierungs- und Verwaltungstätigkeiten zu verstehen. Der Regierungsbereich, der Teil der Exekutive, in dem eine relativ weite Gestaltungsfreiheit besteht, bleibt gleichwohl in das vom GG festgelegte Spannungs-, Wechselwirkungs-, Verflechtungs- und Kontrollsystem der Staatsgewalten (Gewaltenbalancierung, -hemmung) eingebettet.

Im heutigen verfassungsrechtlichen Sprachgebrauch beinhaltet der **Begriff Regierung** im wesentlichen ein Zweifaches: einmal bezeichnet er das die Spitze der Exekutive bildende Staatsorgan Regierung (Kabinett, Kanzler, Minister; BVerfGE 26, 338, 395f.; **formeller, institutioneller Begriff**) und zum anderen den Teil der Staatsgewalt und Staatsfunktionen der vollziehenden Gewalt, der sich – vereinfacht ausgedrückt – auf grundlegende und politische Fragen des Staatslebens bezieht (**materieller, funktioneller Begriff;** vgl. Badura EStL Sp. 2951ff.). **397**

2. **Abgrenzung Regierung/Verwaltung:** Seit Mitte des 19. Jahrhunderts hat sich in Deutschland die Auffassung durchgesetzt, daß die „vollziehende Gewalt" in zwei wesensmäßig verschiedene Bereiche zerfällt, nämlich die Regierung (Gubernative) und die Verwaltung. Ausgehend von der negativen Definition des Begriffs Exekutive, nach der die vollziehende Gewalt als Restbestand der Staatsgewalt und der Staatsfunktionen nach Abzug der Gesetzgebung und Rechtsprechung anzusehen ist, wird die Regierung dabei als gestaltende, koordinierende, politische Staatsleitung und die Verwaltung als von Rechtsnormen und politischen Entscheidungen abhängige Tätigkeit angesehen. Es wird also danach unterschieden, ob typischerweise ein leitendes, führendes, richtunggebendes, auf Programmierung und Integration gerichtetes und dem Staatsganzen verpflichtetes politisches Regieren oder lediglich ein angeleitetes, geführtes, durch Gesetz oder Regierungsentscheidung vorbestimmtes oder vorprogrammiertes und rechtsgebundenes Verwalten vorliegt (überwiegend Rechtsfunktionen, die primär der Kontrolle der Gerichte unterliegen). Diese verfassungsrechtliche Untergliederung darf aber keinesfalls dazu führen, daß organisatorisch getrennte Bereiche entstehen. Vielmehr sind beide Bereiche als sich gegenseitig voraussetzende, ineinander verflochtene Bestandteile der Exekutive zu sehen, wenn auch mit unterschiedlichen typischen Funktionsfeldern und erheblich differierender Selbständigkeit. **398**

3. **Abgrenzung Regierung/Parlament:** Die besonderen Beziehungen zwischen Exekutive und Legislative wurden zum Teil bereits in anderem Zusammenhang erörtert. Gleichwohl ist dieses Verhältnis wegen seiner Bedeutung hier noch zusammenfassend kurz darzustellen. Aus dem Wesen des parlamentarischen Systems (vgl. dazu eingehend Rdn. 319ff.) ergibt sich, daß das dem GG zugrundeliegende Organisationsprinzip zwischen der Ersten und Zweiten Gewalt infolge einer Hemmung, Verschränkung, Kontrolle und teilweise sogar Verschmelzung der beiden Gewalten in den letzten 40 Jahren mehr und mehr seine gefestigten Konturen verlor und damit eine Akzentverschiebung hin zu einem kooperativen Zusammenwirken, zu einer **„Gewaltenverbindung"** eingetreten ist. Die traditionellen Regierungsaufgaben der obersten politischen Staatszielbestimmung und Staatsleitung scheinen heute Parlament und Regierung gewissermaßen zur „Gesamten Hand" auszuüben **Staatsleitung als kooperativer Prozeß** und wechselseitiger Dialog zwischen Regierung, Koalitionsfraktionen und -parteien). Nach wie vor besteht gleichwohl bis zu einem gewissen Grad zwischen Parlament und Regierung, wenn auch häufig für die Öffent- **399**

lichkeit kaum mehr sichtbar, die klassische Spannungslage bei der Wahrnehmung der Staatsleitungsfunktionen. Dieser Dualismus wird allerdings in der Verfassungswirklichkeit offensichtlich immer mehr durch das politische Spannungsfeld Regierung/Regierungskoalition einerseits und Opposition andererseits verdrängt. Diese Entwicklung tendiert dahin, die „Trennung" in das Parlament zu verlagern, wobei der Koalition mehr die Aufgaben der Mitwirkung an der Formulierung und Bestimmung der Staatsziele (zum Teil aufgrund der Koalitionsvereinbarungen und Parteiprogramme; **„Primat" der Politik**) sowie die sich besonders daraus ergebende Gesetzgebungsarbeit zukommen, und der Opposition vor allem die Überwachungs- und Kontrollfunktionen obliegen. Verfassungsrechtlich hält die h. M. gleichwohl an der klassischen Gewaltenteilungslehre fest, wonach die Regierung auch im Parteienstaat kein Vollzugsorgan der Koalition (Regierungsparteien) oder umgekehrt darstellt, sondern als eigenständiges Verfassungsorgan Treuwalter für die Gesamtheit des Volkes, für alle Staatsbürger zu sein hat (vgl. BVerfG DÖV 1977, 282ff.; Stern, Bd. I, § 22 II 4d, § 23; Lehmann-Grube DÖV 1985, 1ff.; zur Gesamtproblematik vgl. Rdn. 319ff. und 333ff.; zur Planungskompetenz ausführlich Rdn. 328ff.).

III. Verfassungsrechtliche Stellung und Organisation

400 1. Die Bundesregierung ist ein **selbständiges oberstes Staatsorgan** und von der faktischen Stellung her sogar das politisch maßgebliche Regierungsorgan der Bundesrepublik. Zwar muß der Regierungschef vom Bundestag gewählt werden und bedarf eines ständigen parlamentarischen Vertrauens; dies aber eben nur in personeller und nicht in institutioneller, organschaftlicher Hinsicht. Die Regierung ist eine verfassungsunmittelbare, eigenständige Staatsgewalt (vgl. Rdn. 334; BVerfGE 49, 89, 124ff.). Die parlamentarische Verantwortlichkeit hat also keinesfalls eine Art „Unterstellungsverhältnis" zur Folge. Das GG kennt weder einen allumfassenden Parlamentsvorbehalt noch eine Kompetenzregel, nach der alle Entscheidungen vom Gesetzgeber zu treffen sind; die gewaltenteilende Demokratie setzt vielmehr einen **Kernbereich eigenverantwortlicher Exekutivaufgaben** voraus (BVerfGE 67, 100, 139; 68, 1, 83ff., 109). Die Regierung besteht aus dem Bundeskanzler und aus einer bestimmten, im GG nicht festgelegten Zahl von Bundesministern (Art. 62; gegenwärtig **20 Mitglieder**: Kanzler, 18 Ressortminister, 1 Minister ohne Geschäftsbereich). Ihre große politische Bedeutung liegt vor allem in dem ihr nachgeordneten und zur Verfügung stehenden enormen Potential an Sachverstand usw. der Ministerialverwaltung begründet, die ihr meist einen entscheidenden Informationsvorsprung im politischen Entscheidungsprozeß sichert.

401 2. Abgesehen von einigen wenigen grundsätzlichen Bestimmungen (vgl. Art. 62, 65, 69 I) enthält das GG keine nähere Ausgestaltung der Regierungsorganisation. Vielmehr überläßt es die nähere Festlegung der Selbstorganisation der Regierung **(Organisationsgewalt).** Nach heute noch h. M. gehört die Organisationsgewalt grundsätzlich, d. h. im Rahmen des allgemeinen rechtsstaatlichen Gesetzesvorbehalts (vgl. Art. 86), zum Eigenbereich der vollziehenden Gewalt und steht insoweit der Exekutivspitze zu. Unter Organisationsgewalt wird hier etwas einengend die

Gesamtheit der Befugnisse der Regierung (Kabinett, Kanzler, Minister) als einem Teil der Staatsgewalt verstanden, öffentlich-rechtliche Maßnahmen zur Begründung (Bildung und Errichtung), zur inneren Ordnung (Gliederung, Aufgabenzuweisung und -verteilung), Einrichtung, Änderung oder Aufhebung seiner Organisation zu treffen (vgl. dazu Wolff/Bachof, VerwR II, § 78). Wer dabei für konkrete Maßnahmen der Organisationsgewalt im Einzelfall zuständig ist (das Regierungskollegium, der Bundeskanzler oder ein Bundesminister), muß, soweit sich dies nicht ausdrücklich aus dem GG ergibt, nach der Organisationsgrundstruktur des Art. 65 bestimmt werden (vgl. Rdn. 508 ff.; Böckenförde, Organisationsgewalt im Bereich der Regierung, § 14; Lehnguth DVBl. 1985, 1359 f.). Die **wichtigsten Befugnisse** der Regierung im Rahmen der ihr zustehenden Organisationsgewalt sind folgende: (1) Erlaß einer **Geschäftsordnung** durch das Kabinett (vgl. Art. 65; GeschO der Bundesregierung vom 11. 5. 1951 – Sartorius Nr. 38 –; Gemeinsame GeschO – GGO – der Bundesministerien I und II vom 8. 1. 1958 je mit zahlreichen Änderungen). (2) Die **Geschäftsbereiche** und damit auch die Zahl der Ministerien (gegenwärtig sind es neben dem Kanzleramt 18) werden gemäß Art. 65 und § 9 GeschOBReg in den Grundzügen vom Bundeskanzler festgelegt. (3) Die nähere organisatorische Ausgestaltung der Ministerien ist im Rahmen des Art. 65 und der GeschOBReg sowie der GGO I und II Sache des zuständigen Ministers.

3. Der **Status der Regierungsmitglieder** ist im wesentlichen im Bundesministergesetz geregelt (Sartorius Nr. 45). Nach § 1 BMinG stehen sie in einem öffentlich-rechtlichen Amtsverhältnis. Sie sind keine Beamten, können nicht disziplinarisch belangt werden, sondern unterliegen der parlamentarischen Verantwortlichkeit. Für Regierungsmitglieder besteht ein Berufsverbot; weiter dürfen sie nicht einer Landesregierung angehören (vgl. Art. 66; §§ 4, 5, ferner §§ 6 f., 11 ff. BMinG). Indemnität und Immunität besitzen die Regierungsmitglieder im Rahmen des Art. 46 nur, soweit sie gleichzeitig ein Abgeordnetenmandat innehaben (Graul NJW 1991, 1717 ff.). **402**

IV. Regierungsbildung

Bei dem Zustandekommen der Bundesregierung, der Regierungsbildung, ist streng zwischen zwei Phasen zu unterscheiden, nämlich der Wahl des Bundeskanzlers (Art. 63) und der Ernennung der Minister (Art. 64). Die Verantwortung für die Regierungsbildung ist, anders als in der WV, ganz entscheidend dem Bundestag und dem Bundeskanzler übertragen. **403**

1. Die **Wahl des Bundeskanzlers** ist in Art. 63 geregelt (lesen!). Das Wahlverfahren kann sich in bis zu drei Wahlgängen erstrecken. In der ersten Wahlphase wird nur über den Vorschlag des Bundespräsidenten und in der zweiten über einen Vorschlag aus der Mitte des Bundestages abgestimmt. Gewählt ist, wer die absolute Mehrheit der Bundestagsmitglieder auf sich vereinigt. Im dritten Wahlgang genügt u. U. auch die einfache Mehrheit. Der Bundespräsident ist unstreitig verpflichtet, jeden Kandidaten zu ernennen, der die absolute Mehrheit im Bundestag erhalten hat. Ein Prüfungsrecht steht ihm auch nach dem dritten Wahlgang nicht **404**

zu. Hier hat er, falls kein Kandidat die absolute Mehrheit erreicht hat, nur die Möglichkeit, zwischen den in Art. 63 IV enthaltenen Möglichkeiten zu wählen.

405 2. Die **Ernennung der Bundesminister** erfolgt auf Vorschlag des Bundeskanzlers durch den Bundespräsidenten (Art. 64). Von entscheidender Bedeutung ist dabei das Vorschlagsrecht des Kanzlers. Ohne seinen Vorschlag kann keine wirksame Ernennung zustandekommen. Da das GG die politische Staatsleitung und Verantwortung eindeutig bei Parlament und Regierung und innerhalb des Regierungsbereichs wieder besonders beim Bundeskanzler konzentriert hat, muß dem Kanzler neben der Bestimmung der Zahl der Minister und der Abgrenzung der Geschäftsbereiche das politische Entscheidungsrecht über die personelle Zusammensetzung der Regierung zustehen. Er ist auch primär für die Regierungsarbeit dem Parlament gegenüber verantwortlich (vgl. Art. 63, 65, 67, 68, 58). Er bestimmt auch gemäß Art. 69 I seinen Stellvertreter. Formell hat allerdings der Bundespräsident die Minister zu ernennen. Dabei ist er berechtigt, die rechtlichen Voraussetzungen dafür zu prüfen. Liegt aber kein Rechtsverstoß vor, so ist er nach umstrittener, aber h. M. verpflichtet, die Ernennung vorzunehmen. Ihm steht kein sachliches, politisches Prüfungsrecht zu (vgl. Rdn. 391). Für die Entlassung von Ministern gilt dies entsprechend. Der Bundestag hat unmittelbar keine rechtlichen Möglichkeiten, auf die Ernennung oder Entlassung von Ministern Einfluß zu nehmen; er kann einzelne Minister nicht „herausschießen" (Art. 67 – konstruktives Mißtrauensvotum –). Die Bundesminister brauchen nicht gleichzeitig Bundestagsabgeordnete zu sein. In der Praxis ist es aber die Ausnahme, wenn ein Nicht-Parlamentarier in ein Regierungsamt berufen wird. Vertreter der Minister sind in der Leitung des Ressorts grundsätzlich die beamteten Staatssekretäre und im übrigen in der Regel die sog. parlamentarischen Staatssekretäre (vgl. §§ 14, 14a, 23 und 24 GeschOBReg und parl. StaatssekretärG vom 24. 7. 1974, Sartorius Nr. 47; Kröger DÖV 1974, 585ff.; VGH BW DÖV 1973, 673ff.).

406 3. Die **Amtszeit** der Regierung ist zwar direkt in den Art. 62ff. nicht festgelegt, ergibt sich aber mittelbar aus den Art. 69 II, 39 I, II. Danach beträgt die Amtsdauer normalerweise vier Jahre (Legislaturperiode; ordentlicher Auflösungsgrund). Wird allerdings der Bundestag aufgelöst (nur im Falle des Art 68 – Auflösung nach Mißtrauensbeschluß –; Selbstauflösungsrecht steht dem Parlament nicht zu; zur Problematik des Art. 63 und zur Bundestagsauflösung März 1983: BVerfGE 61, 1, 35ff.; Schlichting JZ 1984, 120ff.; Schreiber/Schnapauff AöR 1984, 369ff.; Rdn. 351) oder endet das Amt des Bundeskanzlers vorzeitig (Rücktritt, Tod, Art. 67, 68 – lesen!), so ist damit stets auch die Auflösung der Regierung verbunden (Art. 69 II; außerordentliche Gründe für die Beendigung der Amtszeit). Die Regierungsämter sind eben unabdingbar mit dem Parlament verknüpft, das den Kanzler gewählt hat, sowie untrennbar mit der Person des Bundeskanzlers verbunden, die den Minister in sein Kabinett vorgeschlagen hat (Art. 64, 65; der Kanzler ist an das Parlament, die Minister sind an den Kanzler „angeseilt"). Der Bundeskanzler kann nur gemäß Art. 67, dem **konstruktiven Mißtrauensvotum,** zum Rücktritt gezwungen werden. Diese Möglichkeit, die oft als eine der Ursachen für Regierungsstabilität angesehen wird, setzt voraus, daß dem Bundeskanzler nicht nur negativ das Mißtrauen ausgesprochen wird (destruktiv), sondern der Bundestag mit der Mehrheit seiner Mitglieder einen Nachfolger wählt.

4. Eine besondere Rolle bei der Regierungsbildung spielen in aller Regel die aus den meist notwendigen Koalitionsgesprächen hervorgehenden **Koalitionsvereinbarungen.** Dabei handelt es sich um Abreden mehrerer im Bundestag vertretenen Parteien über eine gemeinsame Regierungsbildung, die Festlegung eines Sachprogramms und die personelle Zusammensetzung der Regierung, die Verfolgung einer gemeinschaftlichen Regierungspolitik sowie eine längerfristige Unterstützung der Koalitionsregierung (i. d. R. für 4 Jahre). Zwar besteht im wesentlichen Einigkeit darüber, daß solche Vereinbarungen grundsätzlich zulässig sind, soweit sie nicht gegen Verfassungsbestimmungen verstoßen (arg.: Art. 21, 63), doch ist im übrigen vieles umstritten. Nach h. M. handelt es sich bei den Koalitionsvereinbarungen um einen verfassungsrechtlichen Vertrag, der politisch verbindlich, aber gerichtlich nicht durchsetzbar ist („politische Geschäftsgrundlage"; vgl. BGHZ 29, 187; Erichsen, Staatsrecht und Verfassungsgerichtsbarkeit II, S. 83ff. m. w. N.; Auszüge aus Koalitionsvereinbarungen, in: Das Parlament 1991, Nr. 6, S. 7f., und Nr. 7/8, S. 14). **407**

V. Strukturprinzipien der Regierung

Die Grundsätze der Organisationsstruktur sind in Art. 65 (lesen!) niedergelegt. **408** Diese Bestimmung besagt: (1) Der Bundeskanzler bestimmt die Richtlinien der Politik und trägt dafür die Verantwortung. Er führt den Vorsitz in der Regierung und leitet ihre Geschäfte (§§ 15ff. GeschOBReg). (2) Jeder Minister leitet seinen Geschäftsbereich innerhalb der Richtlinien der Politik selbständig und unter eigener Verantwortung. (3) Die Bundesregierung entscheidet insbesondere über Meinungsverschiedenheiten zwischen den Bundesministern, über alle Gesetzentwürfe, Verordnungen usw. (vgl. § 15 GeschOBReg). Die so normierte **Grundstruktur** der Bundesregierung wird allgemein als eine Verbindung oder **Kombination aus Kanzler-, Ressort- und Kollegial-(Kabinetts-)prinzip** bezeichnet. Diese Organisationsstruktur beruht eben letztlich in der Verbindung (1) von verwaltungsmäßiger Selbständigkeit oberster Behördenleiter, die als solche gleichberechtigt sind, (2) mit einer diese Selbständigkeit einschränkenden monokratischen Gesamtleitung des Kanzlers über den gesamten Regierungsbereich und außerdem (3) mit einer Konfliktbeilegungs- und Koordinationsfunktion des Kabinetts zwischen den Ressorts. Für die besondere Ausprägung der Regierungsstruktur des GG hat sich schon früh der Begriff **„Kanzlerdemokratie"** eingebürgert. Er bringt zutreffend zum Ausdruck, daß verfassungsrechtlich gesehen das politische Zentrum der Regierung beim Regierungschef, dem Bundeskanzler, liegt und dieser dazu eine besonders hervorgehobene und umfassende Befugnisse in seiner Person vereinigende Position besitzt (Art. 64, 65, 67, Organisationsrechte). Daneben haben allerdings nach wie vor sowohl das Kollegial- als auch das Ressortprinzip, vor allem in faktischer und politischer Hinsicht, durchaus keine untergeordnete, sondern eine wichtige, eigenständige Bedeutung.

1. **Kanzlerprinzip:** Dieses Prinzip, das eine hervorragende Stellung des Regierungs- **409** chefs anstrebt, wird im GG wesentlich durch die **Richtlinienkompetenz** verwirklicht (Art. 65 S. 1). Diese Befugnis verleiht dem Bundeskanzler ein auf ihn konzentriertes

und ihm allein zustehendes Führungsmittel, das es ihm erlaubt, die allgemeine Richtung, Grundsätze und Ziele der Regierungsarbeit für normalerweise eine Legislaturperiode zu bestimmen (Planungs- und Rahmencharakter; Regierungsprogramme, -erklärungen, politische Leitungs-, Koordinierungs- und Gesamtplanungsentscheidungen usw.). Die Richtlinienkompetenz beinhaltet nach h.M. folgendes (Richtlinie verstanden als wesensmäßig nicht auf Details, sondern auf das Prinzipielle, Grundsätzliche und Allgemeine bezogen): primär berechtigt sie in allen wichtigen Fragen verbindlich generelle Anweisungen zu geben (staatsrichtungsbestimmende Grundsatzentscheidungen); darüber hinaus kann der Regierungschef mit ihr aber auch ausnahmsweise in den Fällen Einzelanordnungen treffen, in denen das „prinzipiell Richtungsweisende" oder besonders „Politische" seinen Sitz in einer konkreten Sachfrage selbst hat, sich in einer Einzelentscheidung artikuliert (z.B. Grundsätze der betrieblichen Mitbestimmung, Kernenergie, Ostpolitik; VGH BW VBlBW 1991, 370f.; §§12, 13 GeschOBReg). Diese Befugnis soll die Führungsrolle, die Steuermanns- und Koordinierungsfunktion des Bundeskanzlers gewährleisten; sie geht deshalb Ressort- und Kollegialentscheidungen stets vor. In der politischen Praxis dürften allerdings die Rechte des Kanzlers aus Art. 64 (**Regierungsbildung,** Bestimmung der Personen und der Zahl der Minister, Festlegung der Geschäftsbereiche) und Art. 65 S. 4 **(Vorsitz und Geschäftsführung im Kabinett)** von mindestens ebenso großer Bedeutung sein (vgl. die wichtigen Geschäftsordnungsbefugnisse in §§1–9, 24 und 25 GeschOBReg). Schließlich hat der Bundeskanzler noch ein Antragsrecht auf Einberufung des Bundestages (Art. 39 III; vgl. auch Art. 115b sowie Art. 67, 68, 69 II).

410 2. **Ressortprinzip:** Gemäß Art. 65 S. 2 leitet jeder Minister seinen Geschäftsbereich innerhalb der Richtlinien der Politik selbständig und unter eigener Verantwortung (zur Beachtung der Richtlinienkompetenz vgl. §§1, 4 und 12 GeschOBReg). Daraus ergibt sich, daß grundsätzlich jedem Minister ein nach Sachgebieten abgegrenzter **Geschäftsbereich** von Regierungs- und Verwaltungsaufgaben zugewiesen werden muß (Ressort; vgl. §9 GeschOBReg), den dieser eigenständig mit Hilfe der ihm zur Verfügung stehenden Ministerialbürokratie zu erledigen hat. Den Ministern kommt dabei die schwierige Aufgabe zu, gleichzeitig mehrere Funktionen erfüllen zu müssen. Sie sind Leiter der Verwaltungsorganisation ihrer Ressorts, politisch Verantwortliche ihrer Geschäftsbereiche, aber auch Kabinettsmitglieder und zudem meist noch Parlamentarier und Parteifunktionäre. Sie haben vor allem besonders typische „Umschaltfunktionen" von Verwaltung in Politik und von Politik in Verwaltung wahrzunehmen (z. Z. bestehen 18 Ministerien).

411 Daneben ist es nicht ausgeschlossen, **Minister ohne Geschäftsbereich** oder Minister für Sonderaufgaben zu ernennen. Von beiden Möglichkeiten wurde bisher nicht gerade häufig Gebrauch gemacht. Den Ministern können zu ihrer Unterstützung **Parlamentarische Staatssekretäre** beigegeben werden; sie sind keine Regierungsmitglieder, müssen aber selbst Bundestagsmitglieder sein (z.Z. 33 parl. StS; vgl. Staatssekretärgesetz vom 24. 7. 1974 – Sartorius Nr. 47 –; §§ 14, 14a und 23 II GeschOBReg). Einzelnen Ministern sind durch das GG oder die GeschO der BReg besondere Befugnisse eingeräumt. Dies trifft zu für den Finanzminister (Art. 112, 114; § 26 I GeschOBReg), den Verteidigungsminister (Art. 65a) sowie den Innen- und Justizminister (Art. 96 II S. 4; § 26 II GeschOBReg).

3. **Kollegialprinzip:** Dieses Prinzip will die Einheitlichkeit und Geschlossenheit des Regierungshandelns und die kollegiale Gesamtverantwortung gewährleisten. Gemäß **§ 15 GeschOBReg,** der zwar im Hinblick auf Art. 65 S. 1 umstritten ist, aber doch weitgehend der Praxis entspricht, sind dem Kabinett zur gemeinsamen Beratung und Beschlußfassung zu unterbreiten: alle Angelegenheiten von allgemeiner innen- oder außenpolitischer, wirtschaftlicher, sozialer, finanzieller oder kultureller Bedeutung, insbesondere alle Gesetzesinitiativen und evtl. Stellungnahmen dazu (Art. 76 I–III), Verordnungsentwürfe (Art. 80 I), Meinungsverschiedenheiten zwischen verschiedenen Ministern (Art. 65 S. 3), bestimmte Personalangelegenheiten sowie alle Angelegenheiten, für welche das GG oder ein Gesetz dies vorschreibt. Bei den letzteren geht es vor allem um folgende Aufgaben und Rechte: Gesetzgebungsnotstand, Verteidigungs- und Notstandsmaßnahmen (Art. 35, 81, 87a, 91, 115a ff.), Zusammenwirken mit dem Bundestag und Bundesrat (Art. 42 I, 43 II, 52 II, 53, 77 II 4, 111, 113), Bund-Länderverhältnis (Art. 32 III, 37), Ausführung der Bundesgesetze und Bundesverwaltung (Art. 84 ff.; vgl. insbesondere Art. 84 II–V, 85 II–IV, 86, 108 VII). Die Bundesregierung faßt ihre Beschlüsse mit einfacher Mehrheit. Bei Stimmengleichheit entscheidet die Stimme des Vorsitzenden (des Kanzlers; § 24 GeschOBReg). **412**

4. Die drei Gestaltungsprinzipien des Art. 65, das Kanzler-, Ressort- und Kollegialprinzip, sind von der Verfassung her einander so zugeordnet, daß grundsätzlich das **Kanzlerprinzip dominiert.** Dies bedeutet nun aber nicht, daß allein diese Regierungsstruktur verfassungsmäßig ist, oder gar die Praxis dem voll entspricht. Vielmehr hat der Verfassunggeber nur eine Grundstruktur für den Regierungsbereich schaffen wollen, die der Verfassungswirklichkeit einen beachtlichen Gestaltungsspielraum, eine je nach der personellen, politischen und sachlichen Konstellation erforderliche Flexibilität einräumt (vgl. Adenauer, Erhardt, Kiesinger, Brandt, Schmidt, Kohl; Große Koalition, Kleine Koalition usw.). In der Praxis spielen sowohl das Kollegial- als auch das Ressortprinzip, aber auch das „Eingebundensein“ der Regierung in das Koalitions- und Parteiengefüge eine sehr wichtige Rolle. Regieren ist politisch weder alleiniges „Privileg“ noch „Vorrecht“ des Kanzlers oder der Regierung: es ist ein äußerst vielschichtiger Akt, der sich in Verhandlungen, Sondierungen, Absprachen und Rücksichtnahmen auf Parteiströmungen, Koalitionspartner, mächtige Interessenverbände und andere Faktoren abspielt (rechtliches Dürfen ist häufig nicht identisch mit politischem Können oder persönlichem Vermögen; vgl. § 15 GeschOBReg; die Relativität des Kanzlerprinzips zeigen etwa folgende Personalzahlen: 1982 hatte das Bundeskanzleramt 470, das Innenministerium 1377, das Finanzministerium 1675 und das Verteidigungsministerium 3621 Planstellen! Vgl. dazu Ellwein/Hesse, Nr. 4.5.5.; Kisker JuS 1985, 468 ff.; zum Kanzleramt: Müller-Rommel/Pieper, Das Parlament 1991, Beilage Nr. 21/22, S. 3 ff.). **413**

VI. Aufgaben der Regierung

414 Das GG enthält keine allgemeine Bestimmung (Generalklausel), die die Funktionen sowie die **Zuständigkeiten** der Regierung enthält. Aus diesem Grund müssen sie, soweit im GG keine spezielle Vorschrift normiert ist, aus der Stellung der Regierung als oberstem, politisch maßgeblichem Bundesorgan der Exekutive, das insbesondere die Innen- und Außenpolitik des Bundes umfassend bestimmt, letzlich also aus dem Gewaltenteilungsprinzip, abgeleitet werden („Auffangtatbestand", vgl. Rdn. 184ff.). Die Regierung ist dabei nicht ein bloßer Exponent der Parlamentsmehrheit, sondern eine selbständige politische Entscheidungsgewalt, der in jedem Falle die Befugnisse erhalten bleiben müssen, die erforderlich sind, damit sie funktionsfähig ist und in eigener, erkennbarer Verantwortung gegenüber Volk und Parlament ihre Regierungsfunktion erfüllen kann (vgl. Rdn. 334; BVerfGE 49, 89, 124ff.; VerfGH NRW DÖV 1963, 382f.). Für die Regierungstätigkeiten können nicht zuletzt entsprechend ihrer historischen Entwicklung als charakteristisch angesehen werden: oberste Staatsleitung, integrierende, politische Staatsführung, schöpferische Gestaltung, Planung und Koordination (Anstoß- und Initiativfunktion, Planungs-, Vorausschau- und Integrationsfunktion; vgl. Rdn. 398). Als wesentlicher Teil der Regierungsgewalt werden etwa die Personalhoheit über die Beamten, die Entscheidung über deren Personalsachen (BVerfGE 9, 268, 282f.) sowie die Gestaltung der auswärtigen Angelegenheiten betrachtet (BVerfGE 68, 1, 83ff.). Im parlamentarischen Regierungssystem ist es zwar durchaus zulässig, abgesehen von den ausdrücklichen Bestimmungen des GG, daß das Parlament gewisse Eingriffe und Gewichtsverlagerungen auf Kosten der Exekutive vornimmt. Ein Einbruch in den Kernbereich der vollziehenden Gewalt darf jedoch nicht erfolgen, da in einem solchen Falle das Gewaltenteilungsprinzip verletzt wäre (vgl. BVerfGE 9, 268, 280; 30, 1, 28; 68, 1, 87).

VII. Parlamentarische Verantwortung

415 1. In der parlamentarischen Demokratie ist die **politische Verantwortung der Regierung** gegenüber dem Parlament eine essentielle, unabdingbare Bedingung; ihre Geltung ist heute eigentlich eine Selbstverständlichkeit. Im GG ist dieses Prinzip insbesondere in Art. 65, aber auch in Art. 63, 67, 68 und 69 II niedergelegt; die Bildung und Amtsdauer der Regierung ist von der Parlamentsmehrheit abhängig. Es gilt der Grundsatz, daß jede politische Tätigkeit der parlamentarischen Verantwortung bzw. Kontrolle unterliegen muß. Es darf keinen verantwortungsfreien Raum geben. Hoheitliche Handlungen müssen grundsätzlich parlamentarisch oder disziplinarisch belangt, d.h. zur Verantwortung gezogen werden können (vgl. Art. 58, 33 IV; vgl. etwa BVerfGE 9, 268, 282ff.). Nach der Regelung des GG ist für die Regierungsarbeit gegenüber dem Bundestag primär der Bundeskanzler politisch verantwortlich (Art. 63, 64, 65). Deshalb kennt das GG eine mit **verfassungsrechtlichen** Sanktionen versehene parlamentarische Verantwortlichkeit nur für den Kanzler; für die Minister besteht eine solche Verantwortung nur gegenüber dem Kanzler. Daneben unterliegen aber alle Regierungsmitglieder einer **politischen** Verantwor-

tung gegenüber dem Parlament. Als Maßnahmen zur Verwirklichung der parlamentarischen Verantwortung stehen dem Bundestag die Rechte aus Art. 43, 44 sowie §§ 100ff. GeschOBT und als verfassungsrechtlich äußerstes Mittel das konstruktive Mißtrauensvotum gemäß Art. 67 zu (vgl. Stern, Bd. I, § 22 III 3; Badura ZParl 1980, 573ff.).

2. Ob diese parlamentarischen Befugnisse und der dem Bundestag zur Verfügung **416**
stehende Sachverstand (einschließlich den parlamentarischen Hilfseinrichtungen) freilich ausreichend und folglich in der Lage sind, die Bundesregierung mit ihrem immensen Ministerialapparat politisch umfassend zur Verantwortung zu ziehen bzw. zu kontrollieren, scheint doch höchst fraglich zu sein **(Kontrolldefizit).** Aufgabe der Zukunft sollte es sein, die Transparenz der Entscheidungsprozesse im Regierungsbereich (bereits im Entwurfs- und Planungsstadium) zu verbessern, die Informationsrechte, insbesondere der parlamentarischen Opposition, zu verstärken und effektiver zu machen sowie zu versuchen, die Öffentlichkeit neben der Opposition zu einer permanenten, möglichst alle Interessen berücksichtigenden, kritischen Kontrolle zu mobilisieren (Massenmedien, Verbände usw.). Der Regierungsbereich (Ministerialbürokratie) darf keinesfalls gegenüber dem Parlament ein zu deutliches Übergewicht erhalten, will das parlamentarische Regierungssystem nicht insgesamt Schaden nehmen.

VIII. Reformüberlegungen

1. Die durch das GG verstärkt eingetretene expansive Tendenz der Staatsaufgaben **417**
ist fast unübersehbar geworden. Dies ist nicht zuletzt die Folge der **Umorientierung vom „Ordnungs-" zum „modernen Leistungs- und Sozialstaat",** aber auch **zum „Grundrechtsstaat"** (weitgehende Aktualisierung der Grundrechte). Dieser Wandel wurde und wird zudem noch besonders durch die Dynamik der enormen gesellschaftlichen und technischen Entwicklung und der in diesem Prozeß auftretenden sozialen und ökonomischen Probleme moderner Industriegesellschaften sowie dem damit eng verbundenen erheblich gestiegenen Erwartungshorizont des Bürgers an den Staat verstärkt. Eine solche Entwicklung hat zur Folge, daß die Gesellschaft immer weniger imstande ist, diesen dynamischen Prozeß allein aktiv zu tragen; der Staat muß damit zwangsläufig immer stärker regelnd, koordinierend, korrigierend, gestaltend und lenkend eingreifen (vgl. z. B. Wirtschaftsförderung, Konjunkturbelebung, Arbeitsplatzbeschaffung, Verkehr, Umweltschutz, Bildung, Jugend- und Altenhilfe, Gesundheit usw.). Die darin begründeten außerordentlich hohen, kritischen Anforderungen an das parlamentarische System, insbesondere an die Regierung, verlangen besondere Fähigkeiten zur vorausschauenden, aktiven Regelung und Steuerung jener gesellschaftlichen und wirtschaftlichen Prozesse, die mangels eigener Regulierungsmechanismen für das Gesamtsystem bedrohliche Probleme und Krisen hervorbringen oder hervorbringen können (z. B. Wirtschafts- und Energiekrisen, Arbeitslosigkeit, numerus clausus, Umweltfragen, Kostenexplosion im Gesundheitswesen usw.).

2. Zur Bewältigung dieser Aufgaben und zur **Sicherstellung der Regierbarkeit** **418**
unseres Staates wird vor allem im Bereich der Regierung eine einheitliche, möglichst

umfassende **Koordinierung und Planung** sowie Festlegung aller wichtigen Staatszielsetzungen und Staatsaufgaben unter Berücksichtigung der relevanten gesellschaftlichen und staatlichen Gesamtinteressen für unabdingbar gehalten. Daraus resultiert die Forderung an die Regierung, eine mindestens mittelfristige „integrierte Gesamtplanung" einschließlich von Prioritätenfestlegungen aufzustellen. Nach umstrittener, aber überwiegender Meinung steht einer solchen anzustrebenden „Ganzheitlichkeit" der Regierungsentscheidungen die gegenwärtige Regierungsstruktur, insbesondere das Ressortprinzip (Ressortegoismus; verengte Problemsicht), Teile der Regierungs- und Verwaltungsorganisation sowie die praktische Politik und die politischen Entscheidungsprozesse prinzipiell entgegen. Außerdem wird sicher zu Recht darauf hingewiesen, daß die gegenwärtig praktizierten Methoden und Hilfsmittel entsprechend den sich gewandelten Anforderungen für eine effiziente Erfüllung der Regierungsaufgaben modifiziert oder geändert werden müssen (neue Planungsinstrumentarien und Organisationsformen, Personalplanung usw.).

419 3. Auf diesem Hintergrund ist die Ende der sechziger Jahre allgemein geforderte Reform der Struktur und Organisation des Regierungsbereichs verständlich (vgl. etwa die Berichte der **Projektgruppe Regierungs- und Verwaltungsreform** beim Bundesminister des Inneren vom Aug. 1969, Febr. 1972 und Nov. 1972; Mayntz/Scharpf, Planungsorganisation, 1973). Im Rahmen dieser Reformdiskussion wurde allerdings nicht die grundsätzliche Aufhebung der Verbindung des Kanzler-, Ressort- und Kabinettsprinzips gefordert, sondern teilweise nur eine beschränkte Modifizierung der verfassungsrechtlichen Kompetenzverteilung (meist in Form einer Stärkung des Kollegialprinzips), häufig sogar auch nur die Durchführung von Reorganisationsmaßnahmen unter Beibehaltung der bestehenden Strukturen vorgeschlagen. Im Laufe der letzten Jahre wurden dazu eine außerordentliche Vielzahl von Versuchen und Vorschlägen zur Verbesserung der Leistungsfähigkeit des Regierungsbereichs gemacht, die auf verschiedenen Ebenen mit den unterschiedlichsten Mitteln vor allem auf eine Sicherstellung der erforderlichen „Ganzheitlichkeit" der Regierungsentscheidungen abzielen (einheitliche Zielsetzung und -ausrichtung, integrierte Gesamtplanung, insbesondere Aufgaben- und Ressourcenplanung, aktive Koordination, Rückkopplung). So sind etwa im Bundeskanzleramt unter Beteiligung der Ressorts Versuche zur Entwicklung eines „Frühkoordinationssystems" der Regierungsvorhaben und einer integrierten Aufgabenplanung durchgeführt worden. Neuerdings befassen sich die Regierungen mit den Problemen „Entbürokratisierung" und „Bürgernähe". Abschließend muß aber noch darauf hingewiesen werden, daß die praktischen Erfahrungen der letzten Jahre manch hochgestellte Erwartungen enttäuscht haben, die „Planungseuphorie" weitgehend überwunden ist. So wird etwa heute eine umfassende, langfristige integrierte Gesamtplanung überwiegend nicht für realisierbar gehalten. Diese letzte Entwicklung darf sich aber nicht ins Gegenteil verkehren und dazu führen, daß in den nach wie vor dringend notwendigen Bemühungen um eine Verbesserung der Leistungsfähigkeit des Regierungsbereichs nachgelassen wird (vgl. zum ganzen etwa Karehnke DÖV 1974, 115ff.; König DVBl 1975, 232ff.; Lepper Die Verwaltung 1976, 478ff.; Müller DÖV 1977, 15ff.).

Literatur: *Hesse* § 17; *Maunz/Zippelius* § 42; *Stein* § 3; *Stern,* Bd. II, §§ 31, 39, 40; *Ellwein/Hesse,* Das Regierungssystem der BRD, Nr. 4, 5; *Sontheimer,* Grundzüge des pol. Systems der BRD, Kap. VIII; *Achterberg,* Bundesregierung, in: HdBStaatsR Bd. II, § 52; *Schröder,* Bundesregierung, ebenda, §§ 50, 51; *Kölble,* DÖV 1969, 25 ff.; *ders.,* DÖV 1973, 1 ff.; *Scheuner,* DÖV 1974, 433 ff.; *Oppermann/Meyer,* Das Parlamentarische Regierungssystem des GG, VVDStRL Bd. 33, S. 7 ff., 69 ff.; *Ellwein,* Regierung und Verwaltung, in: Benda/Maihofer/Vogel (Hrsg.), Handbuch des Verfassungsrechts, S. 1123 ff.

Wiederholungsaufgaben und Fälle:

(1) Was versteht man unter dem Begriff Regierung, und wie ist der Regierungsbereich zum Verwaltungs- und Parlamentsbereich abzugrenzen?
Dazu: § 19 II (Rdn. 396 ff.).

(2) Welche Konsequenzen hat die Festlegung des parlamentarischen Regierungssystems auf das Verhältnis Regierung/Parlament (Opposition)?
Dazu: § 19 I und II (Rdn. 395, 399).

(3) Was versteht man unter „Organisationsgewalt" und wem steht sie im einzelnen im Bereich der Regierung zu?
Dazu: § 19 III 2 (Rdn. 401).

(4) In einem Bundestagsbeschluß wird die Bundesregierung aufgefordert, unverzüglich diplomatische Beziehungen zu der Revolutionsregierung des Landes Z aufzunehmen. Die Bundesregierung hält diesen Beschluß gemäß Art. 59 II für verfassungswidrig. Zu Recht?
Dazu: § 19 VI (Rdn. 414, 345; vgl. Schröder JuS 1967, 321 ff.).

(5) Ist es verfassungsrechtlich unbedenklich, wenn in den Koalitionsvereinbarungen (a) ein Sachprogramm, (b) die personelle Besetzung des Kabinetts und (c) die Außerkraftsetzung der Richtlinienkompetenz festgelegt wird?
Dazu: § 19 IV 4 (Rdn. 407; vgl. auch Erichsen, Staatsrecht II, S. 83 ff.).

(6) Bundesminister I hat einen Gesetzentwurf zur Neuordnung des Bodenrechts erarbeitet und dem Kabinett vorgelegt. Gegen den Widerstand des Regierungskollegiums will der Bundeskanzler unbedingt eine stark geänderte Gesetzesvorlage im Parlament einbringen. Der Bundestag möchte schließlich seinerseits die Kanzlerfassung in wesentlichen Teilen ändern und verabschieden. Wie sind die Konflikte zwischen Minister und Kanzler sowie zwischen Kanzler und Bundestag verfassungsrechtlich zu lösen (gegebenenfalls äußerste Mittel)?
Dazu: § 19 IV und V (Rdn. 408 ff., 406).

(7) Ist es zulässig, einem parlamentarischen Staatssekretär auf Dauer mehrere Fachabteilungen zu unterstellen?
Dazu: § 19 V 2 und VII (Rdn. 411, 415 f.; vgl. Art. 33 IV; StGH BW DÖV 1973, 673 ff.).

(8) Um die Abberufung eines mißliebigen Ministers zu erreichen, spricht der Bundestag mehrheitlich dem Minister das Mißtrauen aus und streicht bei der Budgetfeststellung dessen Gehalt. Welche Rechtswirkungen entfalten diese Beschlüsse?
Dazu: § 16 II 4 und § 19 VI (Rdn. 414, 345; vgl. Friehe JuS 1983, 208 ff.).

§ 20 Gesetzgebung

I. Aufgabe der Gesetzgebung

420 1. Ein demokratisches, rechtsstaatliches, sozialstaatliches und föderalistisches Gemeinwesen muß seiner Natur nach unabdingbar ein **„Gesetzesstaat"** sein; das Gesetz ist eben der sichtbarste Ausdruck eines demokratischen Rechtsstaates. Herrschaft in der Demokratie ist Herrschaft der Gesetze. Jeder moderne soziale Rechtsstaat muß zwangsläufig ein potentierter Gesetzesstaat sein. Die Gesetze beinhalten in weitem Umfange die zu einer bestimmten Zeit verfolgte Politik (geltende „politische Kultur"). Sie sind das Ergebnis von im Grundsatz öffentlichen Entscheidungsprozessen, die meist von der Auseinandersetzung divergierender Interessen und von politischen Kompromissen geprägt sind; als **politisches Führungsinstrument,** als Mittel umfassender gesellschafts- und sozialgestaltender Politik, sind sie deshalb in einer rechtsstaatlichen Demokratie schlechthin konstituierend und unverzichtbar. Dadurch, daß jedes Gesetz von einem bestimmten obersten Staatsorgan in einem ganz bestimmten, verfassungsrechtlich festgelegten, aufwendigen Verfahren beschlossen wird, gewinnt es seinen besonderen abstrakt-normativen Rang, seine Verbindlichkeit und seine hervorgehobene demokratische Legitimation und Autorität. Durch die unverzichtbaren Charakteristika von Diskussion, Information, pluralistische Offenheit, Öffentlichkeit und Mehrheitsprinzip verkörpert das Gesetzgebungsverfahren **prozedurale Rationalität** und begründet damit tendenziell **materiale Richtigkeit** („Gemeinwohlverfahren"). **„Gesetze"** sind dabei die in einem förmlichen Verfahren getroffenen, generell geltenden, vom Einzelfall losgelösten (abstrakten), allgemeinen und rechtsverbindlichen Anordnungen (der Inhalt ist nicht entscheidend; unzulässig sind Individual-, nicht Maßnahmegesetze, vgl. dazu Rdn. 659; Einzelfallregelungen erfolgen durch Verwaltungsakt, vgl. § 35 VwVfG).

421 2. Das **Wesen der Gesetzgebung** kann nach der herkömmlichen Unterscheidung des Gesetzesbegriffs im formellen und im materiellen Sinne umschrieben werden (vgl. Rdn. 7): ersterer umfaßt den Erlaß von Rechtsnormen durch die gesetzgebenden Körperschaften im vorgeschriebenen förmlichen Gesetzgebungsverfahren und in der Form des Gesetzes; letzterer ist das Setzen von Rechtsnormen durch eine staatliche Autorität (somit fallen etwa auch Rechtsverordnungen unter den materiellen Begriff).

422 3. Zutreffender über die **Aufgabe der Gesetzgebung** geben die Funktionen Aufschluß, die ihr das GG vor allem in den Art. 20, 28 und 70 ff. zuweist. Danach ist unter Gesetzgebung (1) die Entscheidung der dazu demokratisch legitimierten Staatsorgane über insbesondere alle grundsätzlichen Fragen (Wesentlichkeitstheorie; Sicherung des Bereichs der Freiheits- und Gleichheitsrechte; Grundsatzfragen des sozialen Zusammenlebens; legislative Staatsleitung) in (2) einem förmlichen parlamentarischen Verfahren, das durch freie Willensbildung, umfassende Öffentlichkeit und Transparenz, durch optimale Berücksichtigung und optimalen Ausgleich der unterschiedlichen Interessen geprägt ist, sowie (3) die dauerhafte und verbindliche sowie allgemein anerkannte Geltung des so Entschiedenen zu verste-

hen (i. S. einer Bindung an klare, bestimmte, berechenbare und damit voraussehbare Gesetzesnormen; Rechtssicherheit und Vertrauensschutz durch **„Primat des Gesetzes“;** Rationalisierung und Stabilisierung des Entschiedenen; rechtsstaatliche Komponente). Vor allem das Gesetz im formellen Sinne ist trotz einiger Nachteile in einem repräsentativen System das demokratischste und rationalste Mittel und am ehesten zur Gewährleistung einer gerechten, freiheitlichen und sozialen Rechtsordnung geeignet. Deshalb wird auch von der Rechtsstaatlichkeit des Art. 20 der Grundsatz des Vorrangs und des Vorbehalts des Gesetzes besonders gefordert und betont und als Konsequenz für den Gesetzgeber die Verpflichtung abgeleitet, die wesentlichen Regelungen und grundlegenden Entscheidungen selbst zu treffen und nicht der Exekutive zu übertragen (vgl. Art. 80 und oben Rdn. 189ff.; vgl. auch Hesse § 14 I 1). Dabei sind der Zustand, insbesondere die Quantität und Qualität sowie die Perspektiven der Gesetzgebung, aber auch das Verhältnis des Bürgers zum Gesetz und die Akzeptanz des Rechts ständig aufzuarbeiten und Verbesserungen anzustreben (vgl. dazu DVBl. 1988, 777ff. und Hill DÖV 1988, 666ff.).

4. Die allgemeine **Bedeutung der Gesetzgebung** und die Verteilung der Gesetzgebungskompetenzen ist über deren demokratische und rechtsstaatliche Komponenten hinaus gerade im Bundesstaat außerordentlich groß (föderalistische Komponente). Allein im Bund wurden von 1949–1986 insgesamt über 4000 Gesetze verabschiedet (von 1986–1990: 369). Angesichts der Tendenz, immer mehr Bereiche des gesellschaftlichen Lebens zu „verstaatlichen“ und durch Gesetz zu regeln, sowie im Interesse der Wahrung der Rechtseinheit verstärkt Gesetzgebungskompetenzen auf den Bund zu übertragen, ist diese Entwicklung verständlich (zunehmende „Unitarisierung“ der Gesetzgebung führt zur Funktionsauszehrung der Landesparlamente; zum Problem der „Gesetzes- und Vorschriftenflut“ vgl. Rdn. 440). Die große Regelungsdichte wird durch die detaillierten Richtlinien des EG-Rechts noch verstärkt (vgl. Art. 189 EWGV). **423**

II. Verteilung der Gesetzgebungskompetenzen

Die gesetzgeberische Kompetenzordnung ist im Bundesstaat eine höchst politische Machtfrage. Die Methode der Aufteilung der Gesetzgebungszuständigkeiten zwischen Bund und Ländern erfolgt nach dem in **Art. 70** enthaltenen Grundprinzip (beachte auch Art. 30 und Rdn. 249ff.). Das GG geht bei der Zuordnung der Gesetzgebungskompetenz auf Gesamtstaat und Gliedstaaten vom Grundsatz der Gliedstaatenzuständigkeit aus. Danach wird die Zuständigkeit der Länder vermutet (sog. **Vermutung der Länderkompetenz**). Eine Bundesgesetzgebungskompetenz ist demnach nur dann gegeben, wenn eine solche das GG ausdrücklich verleiht (Art. 70ff.; abschließend aufgezählte Kompetenzzuweisung; **Enumerationsprinzip**). Insbesondere in den Art. 73–75 und 105 weist das GG dem Bund eine Fülle von Sachgebieten, insgesamt überhaupt das Schwergewicht der Gesetzgebungszuständigkeiten zu. Diese Situation ist seit 1949 durch zahlreiche Kompetenzverlagerungen zu Lasten der Länder noch verschärft worden (vgl. Jutzi JuS 1978, 447ff.; Eiselstein NVwZ 1989, 323ff.; Ossenbühl DVBl. 1989, 1230ff.). Im Rahmen der **424**

Prüfung der Verfassungsmäßigkeit eines Gesetzes ist als erstes zu fragen und festzustellen, ob die Gesetzgebungskompetenz gegeben ist, d. h. ob die gesetzliche Regelung unter ein im GG genanntes Sachgebiet subsumiert werden kann (wenn ja: Verbandskompetenz des Bundes; wenn nein: Verbandskompetenz des Landes; anschauliches Beispiel: BVerfGE 61, 149, 173ff. – Staatshaftungsgesetz –; Rahner ZRP 1990, 63ff. – Gentechnikgesetz –). Dabei ist allerdings zu beachten, daß die Sachgebietsaufteilung nicht ganz global vorgenommen, sondern eine differenzierende Regelung getroffen wurde. Das GG unterscheidet, vor allem nach dem Kriterium der Regelungsintensität, **fünf verschiedene Zuständigkeitsgruppen** für die Gesetzgebung: ausschließliche und konkurrierende Gesetzgebung, Rahmen- und Grundsatzgesetzgebung des Bundes sowie die ausschließliche Gesetzgebung der Länder (vgl. Rengeling, in: HdBStaatsR Bd. IV, § 100).

425 1. **Ausschließliche Bundesgesetzgebung:** Gemäß Art. 71 steht dem Bund diese Gesetzgebungskompetenz ohne weiteres zu. Die Länder sind ausgeschlossen; sie dürfen nur tätig werden, wenn sie dazu bundesgesetzlich ausdrücklich ermächtigt sind (nach Art. 71 ist dies die große Ausnahme). Die Sachgebiete der Art. 73, 105 I können eben weitgehend nur **bundeseinheitlich** geregelt werden. Vgl. etwa die Gesetzgebungsmaterien auswärtige Angelegenheiten, Staatsangehörigkeit, Währungswesen usw. (zur Auslegung des Art. 73 Nr. 7 vgl. BVerfGE 12, 205, 225ff.). Weiter gehören hierher auch noch eine ganze Anzahl von Verfassungsbestimmungen an anderen Stellen, die eine bestimmte Materie dem Bundesgesetzgeber zuweisen (vgl. Art. 4 III, 21 III, 38 III, 41 III usw.: „Das Nähere regelt ein Bundesgesetz").

426 2. **Konkurrierende Gesetzgebung:** Die zweite und zugleich umfassendste Zuständigkeitsgruppe ist in Art. 72, 74, 105 II geregelt. Eine Länderzuständigkeit besteht nach Art. 72 I nur solange und soweit der Bund von seinem Gesetzgebungsrecht keinen Gebrauch gemacht hat (Ausnahmefall; Beispiel: BVerfGE 77, 308, 329ff. – Arbeitnehmerweiterbildung –). Hat der Bundesgesetzgeber von seiner Kompetenz Gebrauch gemacht und selbst ein Sachgebiet ausdrücklich geregelt, tritt für die Länder eine „Sperrwirkung" ein (Art. 72 I, 31; BVerfGE 34, 9, 28; 67, 299, 324ff.). Der Bund besitzt bei der konkurrierenden Gesetzgebung dann die Gesetzgebungskompetenz, wenn **(1)** die zu regelnde Gesetzesmaterie unter ein in Art. 74, 74a, 105 II ausdrücklich genanntes Sachgebiet fällt und **(2)** ein Bedürfnis nach bundesgesetzlicher Regelung besteht (Art. 72 II). Die Zugehörigkeit zu einem **Sachgebiet** muß objektiv ermittelt werden. Die Zuordnung der zu regelnden Materie richtet sich nach ihrer besonderen Eigenart und wesensmäßigen Zugehörigkeit; dabei sind die herkömmliche Einordnung und die angemessene Weiterentwicklung der vorgefundenen Grundstrukturen zu berücksichtigen (BVerfGE 48, 367, 373; 68, 319, 327ff.). Das BVerfG legt die Begriffe der einzelnen Gesetzesmaterien dabei eher weit als eng und oft historisch i. S. der Verfassungstradition und -kontinuität aus (vgl. etwa BVerfGE 11, 192, 199 und 61, 149, 174ff. – bürgerliches Recht, als Ergebnis der rechtsgeschichtlichen Entwicklung hinsichtlich des „Rechts des Privaten und der Ordnung der Individualrechtsverhältnisse", sowie gerichtliches Verfahrensrecht –; 23, 113, 122ff. – Strafrecht –; 29, 402, 409 und 68, 319, 330 – Recht der Wirtschaft –; 67, 299, 313ff. und BVerwG DÖV 1978, 886f. – Abgrenzung Straßenverkehrsrecht/

Landesstraßenrecht –; 75, 108, 146ff. – Gattungsbegriff „Sozialversicherung“ –). Das gesamte Privatrecht gilt dabei grundsätzlich als vom Bund abschließend geregelt (sog. Kodifikationsprinzip; vgl. BVerfGE 7, 342, 354f.). Zu den ungeschriebenen Gesetzgebungszuständigkeiten des Bundes siehe Rdn. 430. Die weitere Voraussetzung, ob für den Bund ein **Bedürfnis nach bundesgesetzlicher Regelung** besteht, hat zunächst der Bundesgesetzgeber selbst festzustellen. Es handelt sich dabei primär um eine politische Frage, die von den Gerichten zu respektieren ist und deshalb grundsätzlich nicht nachgeprüft werden kann. Das BVerfG räumt hier dem Bundesgesetzgeber einen weiten „Ermessensspielraum“ ein und prüft lediglich, ob der Gesetzgeber die in Art. 72 II enthaltenen Begriffe im Prinzip zutreffend ausgelegt und sich in dem dadurch bezeichneten Rahmen gehalten hat. Bei dieser Auslegung kann praktisch immer die Nr. 3, Wahrung der Rechts- oder Wirtschaftseinheit, bejaht werden. Die Bedeutung des Art. 72 II ist demzufolge äußerst gering; die Maßstäbe des Art. 72 II laufen funktionell leer und spielen weder eine praktische noch eine verfassungspolitische Rolle; bisher ist noch kein Gesetz daran gescheitert (vgl. BVerfGE 13, 230, 233ff.; 26, 338, 382f.; 67, 299, 326f.).

3. **Rahmengesetzgebung** (Art. 75 und 98 III 2): Bei dieser dritten Gesetzgebungsvariante müssen drei Voraussetzungen gegeben sein und damit auch geprüft werden: **(1)** die zu regelnde Gesetzesmaterie muß dem Bund, insbesondere gemäß Art. 75, zugewiesen sein; **(2)** nach Art. 72 II muß ein Bedürfnis nach bundesgesetzlicher Regelung vorliegen; **(3)** schließlich müssen die Rahmenvorschriften so ausgestaltet sein, daß dem Landesgesetzgeber noch ein „Regelungsspielraum“ von substantiellem Gewicht verbleibt (inhaltliche Schranke). Der Bund darf eben nur Rahmenvorschriften erlassen. Ein nach Art. 75 beschlossenes Gesetzeswerk muß, wenn auch nicht in allen einzelnen Bestimmungen, so doch als Ganzes durch die Landesgesetzgebung **ausfüllungsfähig und ausfüllungsbedürftig,** jedenfalls auf eine solche Ausfüllung hin angelegt sein (BVerfGE 4, 115, 129f.). Bundesgesetze sind demnach dann Rahmengesetze nach Art. 75, wenn sie insgesamt gesehen noch nach Inhalt und Zweck der Ausfüllung durch den Landesgesetzgeber fähig und bedürftig in dem Sinne sind, daß erst mit dieser Ausfüllung das Gesetzgebungswerk über den zu ordnenden Gegenstand in sich geschlossen und vollziehbar wird (begrenzte Regelungsdichte, keine „Vollregelung“). Die bedeutendsten Rahmengesetze sind das Beamtenrechtsrahmengesetz, das Hochschulrahmengesetz, das Wasserhaushaltsgesetz und das Raumordnungsgesetz (Sartorius Nr. 150, 500, 845, 340). Ihrer Art nach richten sich Rahmenregelungen als verbindliche Richtlinie entweder nur an den Landesgesetzgeber oder sie sind für jedermann unmittelbar verbindlich. Der Bundesgesetzgeber kann von beiden Möglichkeiten Gebrauch machen (vgl. etwa § 72 I HSchRG; BVerfGE 4, 115, 129f.). **427**

4. **Grundsatzgesetzgebung:** Die Zuständigkeit des Bundes für eine Grundsatzgesetzgebung ist im GG nicht allgemein geregelt. Lediglich an verschiedenen Einzelstellen wird eine solche Gesetzgebungskompetenz festgelegt, wobei die verschiedenen Fälle durchaus nicht völlig gleich normiert sind (Art. 109 III, 91a II, 140 i. V. m. Art. 138 I WV). Das wichtigste Grundsatzgesetzgebungswerk ist das Haushaltsgrundsätzegesetz (Sartorius Nr. 699). Ebenso wie die Rahmengesetzgebung ist die Grundsatzgesetzgebung eine **inhaltlich beschränkte Bundesgesetzgebung.** Es dür- **428**

fen eben nur Grundsätze und keine umfassenden, erschöpfenden Detailregelungen erlassen werden. Insoweit unterscheiden sich Rahmengesetzgebung und Grundsatzgesetzgebung praktisch nicht. Deshalb können die zur Rahmengesetzgebung erarbeiteten Kriterien für die inhaltliche Kompetenzeinschränkung auch für die Grundsatzgesetzgebung übernommen werden. Ein Bedürfnis nach bundesgesetzlicher Regelung ist allerdings nicht ausdrücklich zu prüfen und festzustellen.

429 5. **Ausschließliche Ländergesetzgebung:** Die Gesetzgebungskompetenz der Länder ist gemäß Art. 70, 30 dann gegeben, wenn das GG den Bund nicht ausdrücklich für zuständig erklärt. Dabei steht den Ländern, abgesehen von dem Erlaß des Landesverfassungsrechts und des staatlichen Organisationsrechts, die Gesetzgebung besonders auf den Gebieten des Kultus-, Medien-, Kommunal- und Polizeirechts zu (vgl. Bullinger DÖV 1970, 761ff.).

430 6. **Ungeschriebene Gesetzgebungszuständigkeiten des Bundes:** Angesichts der Schwierigkeiten bezüglich einer eindeutigen und auch stets einigermaßen zweckmäßigen Aufteilung der Gesetzgebungskompetenzen ist zu fragen, ob es nicht neben den Regelungen in den Art. 70ff. noch stillschweigende, ungeschriebene Bundeszuständigkeiten gibt oder geben muß. Das BVerfG und überhaupt die ganz h.M. lassen in engen Grenzen solche Gesetzgebungszuständigkeiten zu. Zusätzlich zu den genannten Zuständigkeiten (Ziff. 1–4) liegt demnach ausnahmsweise auch in folgenden Fällen eine Gesetzgebungskompetenz des Bundes vor: **(1)** Eine Bundeszuständigkeit **kraft Sachzusammenhangs** ist dann gegeben, wenn eine dem Bund zugewiesene Materie verständlicherweise nicht geregelt werden kann, ohne daß zugleich eine ihm nicht ausdrücklich zugewiesene andere Materie mitgeregelt wird, wenn also ein Übergreifen in nicht ausdrücklich zugewiesene Materien unerläßliche Voraussetzung für die Regelung einer der Bundesgesetzgebung zugewiesenen Materie ist (BVerfGE 3, 407, 423; 26, 281, 300; Beispiele: Gerichtsgebühren als Sachzusammenhang zum bürgerlichen Recht und gerichtlichen Verfahren; Jugendpflege als Sachzusammenhang zur öffentlichen Fürsorge). Als Unterfall der Bundeszuständigkeit kraft Sachzusammenhangs ist die sog. **Annexkompetenz** anerkannt. Sie ist dann gegeben, wenn ein Sachgebiet in einem notwendigen, unlösbaren Zusammenhang und einem engen funktionalen Verhältnis mit einem der Zuständigkeit des Bundes unterliegenden Sachgebiet steht. Wichtig ist die Annexkompetenz insbesondere in bezug auf die Vorbereitung und Durchführung von Regelungen, vor allem hinsichtlich der Aufrechterhaltung der öffentlichen Sicherheit und Ordnung (Ordnungs- bzw. Polizeigewalt; BVerfGE 3, 407, 433; 8, 143, 150; Beispiel: Bundesbahnpolizei als Annex zu Art. 73 Nr. 6; Bundeswehrhochschule als Annex zu Art. 73 Nr. 1). **(2)** Schließlich ist noch in engen Grenzen eine Bundeskompetenz **kraft Natur der Sache** zu bejahen. Eine solche Kompetenz wird dort zugelassen, wo es sich um Materien handelt, die ihrer Natur nach ureigenste, der Landesgesetzgebungszuständigkeit a priori entrückte Bundesangelegenheiten sind, also begriffsnotwendig und zwingend nur vom Bund selbst sachgerecht geregelt werden können (BVerfGE 3, 407, 421, 427f.; 26, 246, 257; Beispiele: Bestimmung des Sitzes der Bundesregierung, der Bundessymbole, Verleihung und Entziehung von Bundesorden und dergleichen).

III. Ordentliches Gesetzgebungsverfahren

Der gesamte Prozeß des Gesetzgebungsverfahrens ist sinnvollerweise in **drei Abschnitte** zu gliedern: Einleitungsverfahren, Hauptverfahren und Abschlußverfahren. Diese verschiedenen Phasen sind im GG in den Art. 76, Art. 77 und 78 sowie in Art. 82 geregelt (lesen; zum Gesetzgebungsnotstand vgl. Art. 81!). **431**

1. **Einleitungsverfahren:** Ein Gesetzgebungsverfahren wird dadurch in Gang gesetzt, daß beim Bundestag eine Gesetzesvorlage eingebracht wird **(Gesetzesinitiative,** Art. 76 I; regierungs- oder parteiinterne Vorbereitungsphase bei häufiger Verbandsbeteiligung). Dieses Gesetzesinitiativrecht steht gemäß Art. 76 I der Bundesregierung (als Kollegium, vgl. § 15 GeschOBReg), dem Bundesrat (gemäß § 30 GeschOBR durch Mehrheitsbeschluß) oder einer Gruppe von mindestens 33 Abgeordneten des Bundestages (Fraktionsstärke, vgl. §§ 76, 10 GeschOBT) zu. Form und Begründung der Gesetzgebungsvorlagen ergeben sich aus §§ 75 ff. GeschOBT. Das Volk ist von einer unmittelbaren Beteiligung am Gesetzgebungsverfahren ausgeschlossen (anders etwa Art. 59, 69 LV BW). Nur durch Einbringung einer Gesetzesvorlage durch einen zur Gesetzesinitiative Berechtigten wird also ein Gesetzgebungsverfahren in Gang gebracht (zum Zuleitungsverfahren an den Bundestag vgl. Art. 76 II, III). Interessant ist im Zusammenhang mit dem Gesetzesinitiativrecht, daß etwa in der 11. Wahlperiode des Bundestages von insgesamt 602 Gesetzesvorlagen 324 von der Bundesregierung und 227 aus der Mitte des Bundestages bzw. 51 vom Bundesrat eingebracht wurden. Bezieht man die entsprechenden Zahlen auf die in dieser Zeit verabschiedeten 369 Gesetzesbeschlüsse, so ergibt sich folgende Aufteilung: Bundesregierung 288 (78%), Bundestag 66 (18%) und Bundesrat 15 (4%). Diese faktische Situation ist zwar sicher nicht überraschend, aber auch nicht ganz unbedenklich (vgl. dazu auch Rdn. 440 f.). **432**

2. **Hauptverfahren** (parlamentarische Phase): Alle eingebrachten Vorlagen werden gedruckt und an alle Mitglieder des Bundestages, des Bundesrates und an die Bundesministerien verteilt (Bundestagsdrucksachen; vgl. § 77 GeschOBT). **433**

a) Das **Verfahren vor dem Bundestag** beginnt mit der Ersten Lesung. Hauptzweck dieser ersten parlamentarischen Beratung ist es in aller Regel, den Gesetzentwurf summarisch an den zuständigen Fachausschuß zu überweisen (§§ 79 f. GeschOBT; zur Ausschußarbeit: Lenz u. a. ZRP 1980, 249 ff.). Nach Abschluß der Ausschußberatungen wird dann die Zweite und Dritte Lesung anberaumt. Normalerweise stellt die Zweite Lesung eine Einzelberatung und die Dritte Lesung nur noch eine Gesamtberatung des Gesetzentwurfs mit anschließender Abstimmung dar (vgl. §§ 81 ff. GeschOBT). Ein Gesetz ist vom Bundestag gemäß Art. 77 I, 42 II dann beschlossen, wenn die Mehrheit der abgegebenen Stimmen dem Entwurf zustimmt (einfache Mehrheit), es sei denn, daß das GG etwas anderes vorschreibt (vgl. etwa Art. 79 II; zum Problem der Beschlußfähigkeit des Bundestages: vgl. § 45 GeschOBT und BVerfGE 44, 308, 314 ff.). Nach der Beschlußfassung ist das Gesetz unverzüglich dem Bundesrat zuzuleiten (Art. 77 I 2). **434**

b) Die Ausgestaltung des **Verfahrens vor dem Bundesrat** ist davon abhängig, ob es sich um ein Einspruchs- oder um ein Zustimmungsgesetz handelt. Dabei geht das **435**

GG, ähnlich wie in Art. 30 und 70, von der Vermutung für eine bestimmte Gesetzesart aus. Grundsätzlich sind alle Gesetze **Einspruchsgesetze,** d.h. der Bundesrat kann nach dem Verfahren vor dem Vermittlungsausschuß lediglich Einspruch einlegen, der aber vom Bundestag überstimmt werden kann (Art. 77 IV). Nur in den Fällen, in denen das GG dies ausdrücklich bestimmt, muß der Bundesrat zwingend zustimmen (**Zustimmungsgesetze;** Regel-Ausnahme-Verhältnis von Einspruch und Zustimmung; BVerfGE 37, 363, 383; 75, 108, 149ff.). Die einzelnen GG-Vorschriften, die die Zustimmungsbedürftigkeit vorschreiben, berühren meist grundlegende Länderinteressen (Kompensation für Eingriffe in die Organisations- und Finanzhoheit der Länder; vgl. etwa Art. 29 VII, 79, 84 I, V, 85 I, 87 III, 87b, c, d, 91a, 104a, 105 III, 106 IV, V, 107, 108 II, 109 III, IV). Bedarf auch nur eine Bestimmung eines Gesetzes der Zustimmung des Bundesrates, so ist das ganze Gesetz zustimmungsbedürftig (unteilbare Gesetzeseinheit), und der Bundesrat ist ermächtigt, es insgesamt zu prüfen bzw. zu beanstanden (vgl. BVerfGE 8, 274, 294f.). Der Bundestag ist allerdings seinerseits nicht gehindert, aus diesem Grund ein Gesetzesvorhaben formal in mehrere Gesetze aufzuteilen und zu regeln (vgl. zu den schwierigen Problemen der Zustimmungsbedürftigkeit: BVerfGE 37, 363, 379ff.; 48, 127, 177ff; Fiedler ZRP 1977, 9ff.; Janson DVBl. 1978, 318ff.). Heute zeigt sich immer deutlicher, daß die Mehrzahl der Gesetze, vor allem wegen Art. 84 I, wonach Vorschriften über die Behördenzuständigkeit oder das Verwaltungsverfahren die Zustimmungspflicht begründen, Zustimmungsgesetze sind (vgl. etwa BVerfGE 55, 274, 318ff. zum Ausbildungsplatzförderungsgesetz; in den 50er Jahren waren rd. 10%, heute sind ca. 60% zustimmungsbedürftig, brauchen das Plazet der Länderregierungen). Die Bedeutung der Gesetzgebungsfunktion des Bundesrates ist erheblich größer geworden (vgl. Rdn. 379). Dies ist in Zeiten, in denen die Oppositionsparteien des Parlaments im Bundesrat die Stimmenmehrheit besitzen, besonders problematisch.

436 Das **Zustandekommen von Einspruchsgesetzen** ist auf verschiedenen Wegen möglich (Art. 77 II–IV sorgfältig durchlesen): der Bundesrat stimmt zu, stellt keinen Antrag gemäß Art. 77 II, legt keinen Einspruch innerhalb der in Art. 77 III festgelegten Frist ein oder nimmt ihn wieder zurück, oder der Einspruch des Bundesrates wird vom Bundestag überstimmt (Art. 77 IV, 78). Bei **Zustimmungsgesetzen** ist dagegen das Zustandekommen stets an die ausdrückliche Zustimmung geknüpft (vgl. zum ganzen **Schaubild 15**, S. 210).

437 c) Eine durchaus positive Rolle im Gesetzgebungsverfahren spielt der nach Art. 77 II zu bildende **Vermittlungsausschuß,** der sich aus 32 Mitgliedern zusammensetzt, die je zur Hälfte dem Bundestag und dem Bundesrat angehören (GeschO des Vermittlungsausschusses vom 19. 4. 1951). Diese Institution, eine bedeutsame Neuerung des GG, die nicht unbestritten ist (von „großer Errungenschaft“ bis „undemokratische Veranstaltung“), hat sich insgesamt als gemeinsame Einrichtung i.S. eines „institutionalisierten Einigungsprozesses“ von Bundestag und Bundesrat sowie als Mittler zwischen beiden Kammern aber durchaus bewährt. Die Einberufung des Ausschusses kann bei Einspruchsgesetzen nur der Bundesrat, bei Zustimmungsgesetzen der Bundestag, der Bundesrat und die Bundesregierung verlangen. Er hat primär die Aufgabe, die Meinungsverschiedenheiten zwischen Bundesrat und Bundestag durch Kompromißformeln, Ergänzungs- und Änderungsvorschläge

beizulegen („vermittelnde Einigung" in Konfliktsfällen, aber kein „Überparlament"; bisher ist in fast 90% der Fälle, in denen der Ausschuß angerufen wurde, ein Gesetz zustandegekommen!). Stimmt dabei der Vermittlungsausschuß einem das Gesetz ändernden Einigungsvorschlag zu, so hat allerdings der Bundestag zunächst erneut wieder Beschluß zu fassen (zur Rolle und Bedeutung des Vermittlungsausschusses vgl. etwa Opfermann ZRP 1976, 206ff.; zu den Möglichkeiten und Grenzen des Vermittlungsverfahrens vgl. BVerfGE 72, 176, 187ff. – HHStrukturG 1982 –; Henseler NJW 1982, 849ff.; Bismark DÖV 1983, 269ff.; Dietlein ZRP 1985, 322ff.).

3. **Abschlußverfahren:** Die Ausfertigung, die Verkündung und das Inkrafttreten der **438** Gesetze regelt Art. 82. Ist ein Gesetz nach den Art. 76–78 zustandegekommen, so ist es nach Gegenzeichnung (Art. 58) vom Bundespräsidenten auszufertigen (zum Prüfungsrecht des Bundespräsidenten vgl. Rdn. 389ff.). Danach wird das Gesetz im Bundesgesetzblatt verkündet, und zwar in der Regel auf Veranlassung des zuständigen Fachministers (allgemeine Zugänglichmachung; HessStGH NVwZ 1989, 1153f.). Der Zeitpunkt des Inkrafttretens eines Gesetzes soll gemäß Art. 82 II im Gesetz selbst audrücklich bestimmt werden. Ist dies nicht der Fall, dann tritt die Regelung des Art. 82 II 2 in Kraft (vgl. dazu BVerfGE 16, 6, 18ff.).

Zum Gang des Gesetzgebungsverfahrens vergleiche das nachstehende **Schaubild 15** **439** (S. 210).

4. Die Gesetzgebungstätigkeit vor allem des Bundes war in den letzten Jahren und **440** ist auch heute noch erheblicher **Kritik** ausgesetzt. Das Parlament ist neben der Wahrnehmung seiner übrigen Funktionen der zunehmenden Flut von komplizierten neuen Gesetzen und Gesetzesänderungen kaum mehr gewachsen. In den ersten elf Legislaturperioden wurden insgesamt 6650 Gesetzesinitiativen eingebracht und 4427 Gesetze verabschiedet **(„Gesetzesflut").** Hier wird die Notwendigkeit eines „legal-self-restraint" evident. Die dem Parlamentarismus zugrunde liegende idealtypische Vorstellung, daß sich in öffentlicher Rede und Gegenrede, in offener geistiger Auseinandersetzung der im Parlament vertretenen Gruppen die überzeugendsten Sachargumente durchzusetzen vermögen und zu entsprechend guten und gerechten Beschlüssen führen (Rede- und Diskussionsparlament i. S. eines „Forums der Nation"), muß unter Berücksichtigung der gegenwärtig geübten Praxis, aber auch des realistischerweise Machbaren, relativiert werden. H. Schneider (in: Festschrift für G. Müller, 1970, S. 421) faßt die Kritik überspitzt in folgenden Sätzen zusammen: „Mit der steigenden Zahl der Gesetze sinkt deren Wert, aber auch die Qualität des Gesetzgebungsprozesses. Mit zunehmendem Ausstoß von Gesetzen leidet die Sorgfalt des Produktionsverfahrens. Wenn der Bundestag an einem einzigen Sitzungstag neben anderen z. T. zeitraubenden Punkten 24 Gesetze in zweiter und dritter ‚Beratung' behandelt, so wird der loyale Staatsbürger kaum davon zu überzeugen sein, daß eine solche Eilprozedur nach Art fließbandähnlicher Massenproduktion den Mindesterfordernissen einer ordnungsgemäßen parlamentarischen Verhandlung genügt. Und wenn der Bundesrat in dreieinhalb Stunden 146 Tagesordnungspunkte abwickelt – wenn er dabei 96 Gesetze behandelt und darunter allein 72 Gesetze als Zustimmungsgesetze sowie zwei verfassungsändernde Gesetze verab-

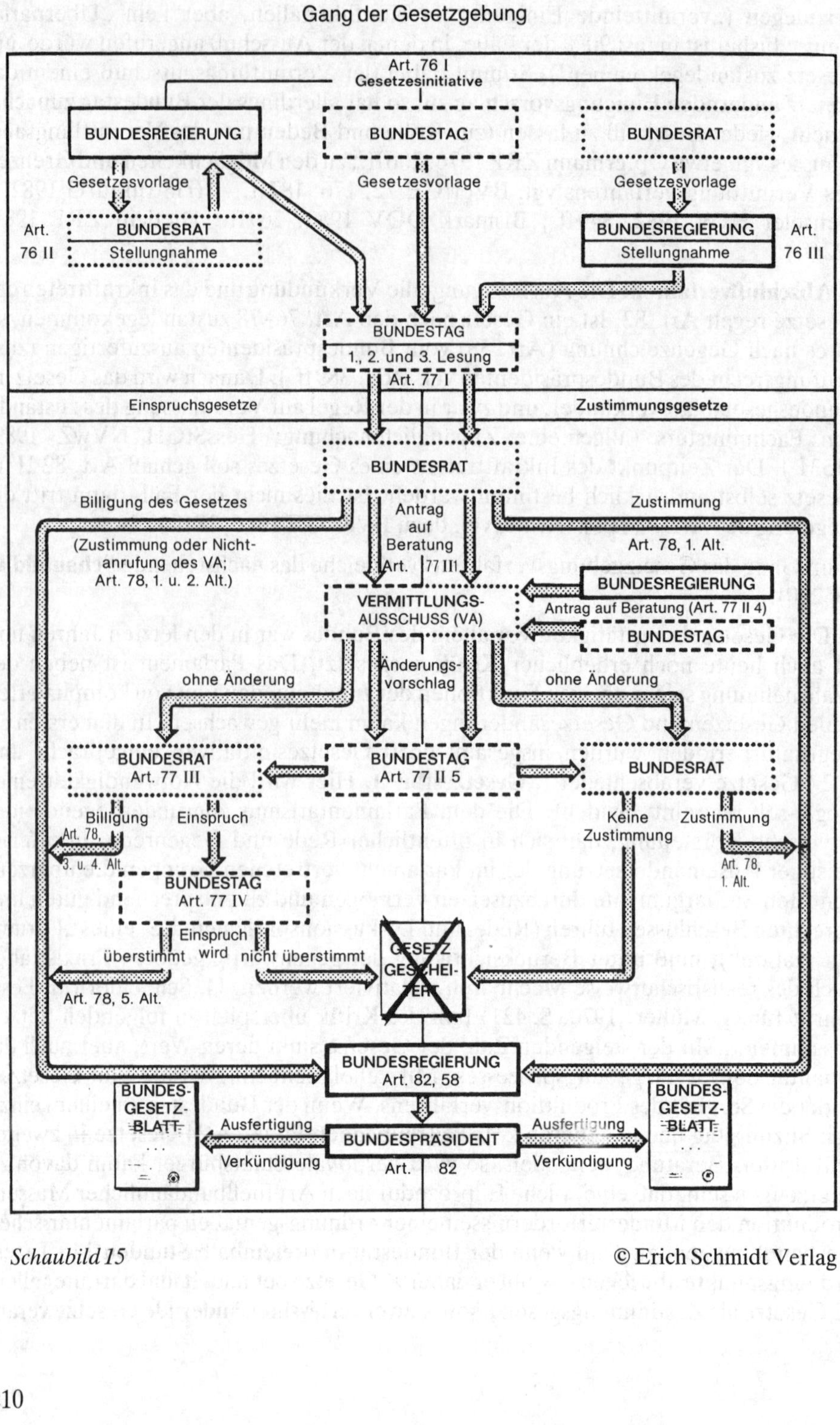

Schaubild 15 © Erich Schmidt Verlag

schiedet –, so muß dies wie eine aufwendige, aber unseriöse Farce wirken. Eine solche Praxis macht das System der demokratischen und föderalistischen Willensbildung unglaubwürdig.“ Außerdem muß berücksichtigt werden, daß die vom Gesetzgeber zu regelnden Materien immer vielschichtiger und schwieriger werden (vgl. Umweltbereich: Stettner NVwZ 1989, 806ff.; Atomgesetz: Wagner NVwZ 1989, 1105ff.; Gentechnikgesetz: Hirsch/Schmidt-Didezuhn NVwZ 1990, 713ff.). Aus alldem wird die Gefahr einer Fremdsteuerung vor allem des Parlaments durch die Ministerialverwaltung und durch die Verbände sichtbar, der gegengesteuert werden muß (vgl. Degenhart, StaatsR I, Rdn. 77ff.).

Reformüberlegungen wie Neuverteilung der Gesetzgebungskompetenzen zwischen **441**
Bund und Ländern, Entlastung des Parlaments durch stärkere Betonung der Grundsatzgesetzgebung, Neufassung des Art. 80, Einführung von beschließenden Ausschüssen usw. sind hier geboten; die gegenwärtig geführte Diskussion zur „Gesetzes- und Vorschriftenflut“ und zum „Übermaß“ an Rechtsstaatlichkeit macht dies überdeutlich (vgl. Rdn. 168, 362f. und 422f.; zu den Vorschlägen im Schlußbericht der Enquête-Kommission Verfassungsreform: Stern ZRP 1977, 12ff. und Ipsen DÖV 1977, 537ff.; zum Problem der Normenflut vgl. Vogel DVBl. 1979, 897ff. und Zuck NJW 1979, 1681ff. je mit eindrucksvollen Zahlen). Daneben muß aber auch die Problematik des Verhältnisses des Bürgers zum Gesetz, die Akzeptanz des Rechts, gesehen und aufgearbeitet werden („ Aufweichung“ der Gesetzmäßigkeit durch „zivilen Ungehorsam“ usw.? Vgl. Hill DÖV 1988, 666ff.; Püttner DÖV 1989, 137ff.). Die sicher zu Recht geführte Diskussion darf aber die Bedeutung des Gesetzes als solches, ein essentialia unseres demokratischen Rechtsstaates, nicht in Frage stellen oder gar in Mißkredit bringen (zur Gesamtproblematik allgemein: Stern, Bd. II, § 37 IV; Degenhardt DÖV 1981, 477ff.; Isensee ZRP 1985, 139ff.).

IV. Rechtsverordnungen

1. **Bedeutung der Rechtsverordnungen:** Geht man einerseits davon aus, daß die **442**
Gesetzgebungsfunktion in der repräsentativen Demokratie unlösbar mit dem Parlament verbunden ist (Gewaltenteilungsprinzip), und bedenkt man andererseits, daß im modernen Verwaltungsstaat die Rechtsverordnungen ein unentbehrliches Mittel zur Bewältigung der Staatsaufgaben darstellen, so wird hier der Widerspruch zwischen staatstheoretischen Grundsätzen und dem praktisch Notwendigen besonders offensichtlich, aber auch die Bedeutung der Rechtsverordnung erkennbar (so wurden etwa im BGBl. und im BAnzeiger in den ersten zehn Wahlperioden insgesamt 12639 Rechtsverordnungen, aber lediglich 3991 Gesetze verkündet). Den Rechtsverordnungen kommt die Aufgabe zu, das Parlament von gesetzgeberischen Detailregelungen zu entlasten, ihm mehr Zeit für grundlegende Gesetzgebungsvorhaben zu geben sowie die Gesetzesbestimmungen, die einer häufigen Anpassung und Änderung an die sich wandelnden Verhältnisse bedürfen, möglichst rasch und ohne zeitraubende Verfahren erlassen zu können (vgl. z.B. BVerfGE 8, 274, 321f.). Dabei muß aber andererseits die Gefahr gesehen werden, daß entgegen dem in Art. 20 enthaltenen demokratischen und rechtsstaatlichen Prinzip die Gesetzgebung in

nicht unerheblichem Umfang faktisch nicht mehr voll vom Parlament, sondern von der Exekutive wahrgenommen wird. Zwar ist die Gewaltenteilung nur ein Leitprinzip des GG und nicht ein zwingender, durchgängiger Grundsatz; doch kann es bei einer im Übermaß geübten Delegationspraxis leicht zu einer Aushöhlung der Legislativfunktionen und damit zu einem unzulässigen Eingriff in den Kernbereich der Ersten Gewalt kommen (vgl. BVerfGE 34, 52, 59f.; vgl. auch 41, 251, 265f.).

443 **Art. 80** versucht nun dieses dargestellte Spannungsverhältnis im Wege eines Kompromisses dergestalt zu lösen, daß das parlamentarische Interesse an Entlastung verfassungsrechtlich anerkannt, zugleich aber rechtsstaatlichen Schranken unterworfen wird. Gerade Art. 80 I zwingt ja den Gesetzgeber, die Grundlinien der auf die Exekutive übertragenen rechtssetzenden Regelungen selbst zu bestimmen und damit jederzeit selbst in den Händen zu halten (Festlegung von Inhalt, Zweck und Ausmaß der Ermächtigung). Die Rechtssetzung der Exekutive kann sich eben nur in einem beschränkten, vom Gesetzgeber vorgezeichneten Rahmen vollziehen **(Verordnungen als gesetzesabhängiges Recht).** Das Parlament darf sich seiner Verantwortung als gesetzgebende Körperschaft nicht dadurch entziehen, daß es einen Teil seiner Gesetzgebungsmacht der Exekutive überträgt, ohne dabei genau die Grenzen dieser übertragenen Kompetenzen bedacht und bestimmt zu haben. In einer Verordnung darf niemals originärer politischer Gestaltungswille der Exekutive zum Ausdruck kommen (BVerfGE 1, 14, 60; 34, 52, 60; 78, 249, 272ff.). Aus diesem Grund sind auch, im Gegensatz zum Rechtszustand nach der WV, Ermächtigungen zu gesetzesvertretenden (gesetzesändernden oder gesetzesergänzenden) Rechtsverordnungen grundsätzlich verfassungswidrig. Aus Art. 129 III, 20 II und 80 I, den rechtsstaatlichen Prinzipien der Gewaltenteilung und des Vorranges des Gesetzes ergibt sich die grundsätzliche Unzulässigkeit solcher Rechtsverordnungen (Ausnahme etwa Art. 115k; zu dem gesamten nicht unbestrittenen Problemkreis vgl. BVerfGE 2, 307, 326ff.; Wolff/Bachof, VerwR I, § 25 VII; Wilke AöR 1973, 196, 243ff.). Rechtsverordnungen können somit nur den Inhalt ihrer gesetzlichen Ermächtigung verdeutlichen, erläutern, vervollständigen und in engen Grenzen erweitern.

444 2. **Begriff:** Die Rechtsverordnungen werden häufig schlagwortartig als rechtssetzende Akte der Exekutive bezeichnet. Etwas exakter wird man sagen können, daß Verordnungen von der vollziehenden Gewalt erlassen werden, die hierbei aufgrund einer parlamentarischen Ermächtigung rechtssetzend tätig wird; es handelt sich um rechtlich verbindliche, im Rang unterhalb dem Gesetz stehende Normen. Dabei ist die Rechtssetzungsaufgabe des Verordnungsgebers eine eigenständige, im GG verankerte Befugnis der Exekutive; „abgeleitet“ oder „delegiert“ ist sie allerdings insoweit, als ihre Wahrnehmung erst nach gesetzlicher Ermächtigung möglich ist, die die Themenbereiche und die Entscheidungsgrundsätze der Verordnung vorgibt („unechte Delegation“). Die Rechtsverordnung ist nur Gesetz im materiellen, nicht im formellen Sinne. Gesetz und Verordnung trennt die Unterschiedlichkeit des Normgebers. Weiter kommt das Gesetz in einem förmlichen, komplizierten und meist langwierigen parlamentarischen Gesetzgebungsverfahren zustande (vgl. Art. 76–78), während dies bei der Rechtsverordnung weitgehend nicht der Fall ist (vgl. die karge Regelung in Art. 80). Die Grundsätze des Art. 80 lassen sich nicht auf die Verleihung autonomer Satzungsgewalt an Körperschaften und Anstalten des öffent-

lichen Rechts (BVerfGE 33, 125, 145ff.) und auch nicht auf den Erlaß von allgemeinen Verwaltungsvorschriften (Art. 83ff.) anwenden.

3. **Voraussetzungen und Schranken:** Art. 80 I regelt die Voraussetzungen der Rechtssetzung durch die Exekutive und verlangt eine gesetzliche Ermächtigung als unabdingbare Bedingung der Verordnungsrechtssetzung, schließt also ein verfassungsunmittelbares Verordnungsrecht im Normalfall aus. Eine gültige Ermächtigungsgrundlage setzt voraus, daß das ermächtigende Gesetz selbst formell ordnungsgemäß zustande gekommen ist (Art. 76ff.) und nicht gegen Vorschriften des GG verstößt, und daß die in Art. 80 I 1–3 enthaltenen besonderen Anforderungen (abschließend bestimmte Adressaten, Bestimmheit der Ermächtigung und Zitiergebot) beachtet sind. **445**

Art. 80 I 1 enthält eine enumerative Aufzählung der **Ermächtigungsadressaten;** nur die Bundesregierung, ein Bundesminister oder die Landesregierungen können zum Erlaß von Rechtsverordnungen ermächtigt werden. Unter bestimmten, im einzelnen in Art. 80 I 4 genannten Voraussetzungen, ist allerdings eine Subdelegation zulässig. Die Anforderungen an den materiellen Inhalt der Ermächtigungsnorm, die **Festlegung von Inhalt, Zweck und Ausmaß der Ermächtigung (Bestimmtheitsgrundsatz),** ist nur schwer festzustellen und läßt sich nur von Fall zu Fall entscheiden. Grundsätzlich muß die Ermächtigung so genau bestimmt sein, daß bereits aus ihr erkennbar und vorhersehbar ist, was vom Bürger gefordert werden kann bzw. was ihm gegenüber zulässig sein soll (BVerfGE 7, 282, 302f.; 78, 249, 272ff.). Negativ hat das BVerfG ausgeführt, daß es an diesen inhaltlichen Anforderungen jedenfalls dann fehlt, wenn die Ermächtigung so unbestimmt ist, daß nicht mehr vorausgesehen werden kann, in welchen Fällen und mit welcher Tendenz von ihr Gebrauch gemacht werden wird, und welchen Inhalt die aufgrund der Ermächtigung erlassenen Verordnungen haben können. Der Gesetzgeber hat in einem demokratischen Rechtsstaat demnach selbst die Verantwortung zu tragen und damit die Entscheidung zu treffen, welche Fragen geregelt werden sollen. Er muß die Grenzen einer solchen Regelung festsetzen und angeben, welchem Ziel sie dienen soll. Das Gesetz muß mithin selbst schon etwas bedacht und erkennbar gewollt, die Richtung vorhersehbar bestimmt haben, dem Verordnungsgeber ein **„Programm“** setzen, das durch die Verordnung erreicht werden soll. Dabei braucht der Gesetzgeber allerdings Inhalt, Zweck und Ausmaß der Ermächtigung nicht unbedingt ausdrücklich in der Ermächtigungsnorm selbst zu bestimmen. Vielmehr läßt es das BVerfG ausreichen, wenn sich Inhalt, Zweck und Ausmaß, also das zu verwirklichende Programm, im Wege der Auslegung, insbesondere aus dem Zweck der Ermächtigung, der Entstehungsgeschichte, aus dem Ziel der gesetzlichen Gesamtregelung und dem Zusammenhang der Ermächtigungsnorm mit anderen Vorschriften ermitteln läßt; stets muß eine Willkür des Verordnungsgebers ausgeschlossen sein (vgl. BVerfGE 33, 358, 364ff.; 35, 179, 183; 68, 319, 332f.). Auf eine hinreichende Bestimmtheit der Ermächtigung kommt es um so mehr an, wenn die Verfassung Eingriffe in einen grundrechtlich geschützten Bereich nur aufgrund eines Gesetzes zuläßt (BVerfGE 41, 251, 266; 58, 257, 277f. – Ermächtigung zur „Versetzung“ ist im Schulrecht hinreichend bestimmt –; 80, 1, 20ff. – Multiple-Choice-Verfahren –). **446**

447 An **formellen Anforderungen** ist bei Rechtsverordnungen zu beachten, daß in der Verordnung die Ermächtigungsgrundlage anzugeben (Zitiergebot, Art. 80 I 3) und daß in vielen Fällen die Zustimmung des Bundesrates erforderlich ist (Art. 80 II; Antoni AöR 1989, 220ff.; von den in der 10. Legislaturperiode knapp 1000 Verordnungen waren rd. die Hälfte zustimmungspflichtig). Schließlich sind auch die Rechtsverordnungen auszufertigen und zu verkünden (Art. 82 I 2; zur Beschlußfassung vgl. HessFG DVBl. 1985, 348).

Literatur: *Hesse* § 14 I; *Maunz/Zippelius* § 30; *Stern,* Bd. II, §§ 37, 38; *Ellwein,* Das Regierungssystem der BRD, Nr. 4.3.1.; *Ossenbühl,* Verfahren der Gesetzgebung, Rechtsverordnung, in: HdBStaatsR Bd. III, §§ 63, 64; *Jesch,* Zulässigkeit gesetzesvertretender Verwaltungsverordnungen? AöR 1959, 74ff.; *Wilke,* BVerfG und Rechtsverordnungen, AöR 1973, 196ff.; *Kirchhof,* Rechtsquellen und GG, in: BVerfG und GG, Festgabe zum 25jährigen Bestehen des BVerfG, Bd. 1, S. 51, 76ff.; *Scholz,* Auschließliche und konkurrierende Gesetzgebung von Bund und Ländern in der Rspr des BVerfG, ebenda, Bd. 2, S. 252ff.; *Eichenberger/Novak/Kloepfer,* Gesetzgebung im Rechtsstaat, VVDStRL Bd. 40, S. 1ff.; *Ellwein,* Gesetzgebung, in: Benda/Maihofer/Vogel (Hrsg.), Handbuch des Verfassungsrechts, S. 1093ff.; *Schulze-Fielitz,* Gesetzgebung als materiales Verfassungsverfahren, NVwZ 1983, 709ff.; *Gusy,* Das GG als normative Gesetzgebungslehre? ZPR 1985, 291ff.; *Antoni,* Die Zustimmungsbedürftigkeit von Bundesgesetzen und Rechtsverordnungen, AöR 1988, 329ff. und AöR 1989, 220ff.

Wiederholungsaufgaben und Fälle:

(1) Ist es sinnvoll, das Gesetzgebungsverfahren im Bundestag in drei Lesungen aufzugliedern? Welche Aufgaben kommen den einzelnen Lesungen zu?
Dazu: § 20 III 2 (Rdn. 434).

(2) In welchen Kompetenzbereich der Gesetzgebung fallen neu auftretende, gesetzlich bisher noch nicht erfaßte Aufgaben?
Dazu: § 20 II (Rdn. 424).

(3) Welche Gesetzgebungsarten kennt das GG, und was sind die Besonderheiten der einzelnen Arten?
Dazu: § 20 II (Rdn. 424ff.; beachte Art. 72 II).

(4) Für welche Frage ist die Unterscheidung in Einspruchs- und Zustimmungsgesetze von besonderer Bedeutung, und nach welchen Kriterien erfolgt diese Unterscheidung?
Dazu: § 20 III 2 (Rdn. 435).

(5) Es soll ein Gesetz zum Schutze der Berufsbezeichnung Ingenieur (Ingenieurgesetz) erlassen werden. Die Bundestagsmehrheit hat ein entsprechendes Gesetz beschlossen (vgl. Art. 74 Nr. 11 – evtl. kraft Sachzusammenhangs –). Der Bundesrat ist der Auffassung, daß es sich um eine Materie der ausschließlichen Ländergesetzgebung handelt. Wer hat recht? Welche rechtlichen Mittel stehen gegebenenfalls dem Bundesrat zur Verfügung?
Dazu: § 20 III 2b (Rdn. 435; BVerfGE 26, 246, 253ff.; vgl. auch E 61, 149, 174ff.).

(6) Ein Hochschulgesetz eines Landes ermächtigt den Wissenschaftsminister, durch Rechtsverordnung für einzelne Fachgebiete einen numerus clausus einzuführen, soweit dies mit Rücksicht auf die Aufnahmefähigkeit der Universität erforderlich ist, um ein ordnungsgemäßes Studium zu gewährleisten. Ist Art. 80 anwendbar und entspricht diese Ermächtigung gegebenenfalls den Anforderungen des Art. 80 I 2?
Dazu: § 20 IV 3 (Rdn. 445f.; vgl. Bansch/Mathes JuS 1969, 231f. und etwa Art. 61 LV BW).

(7) Es soll ein Bundesgesetz mit folgendem Inhalt beschlossen werden: „Die Innenminister (-senatoren) der Länder werden ermächtigt, Rechtsverordnungen zum Zwecke des Umweltschutzes zu erlassen." Ein Bundesratsmitglied erhebt dagegen rechtliche Bedenken. Zu Recht? Welche prozessualen Maßnahmen könnten ggf. ergriffen werden?
Dazu: § 20 II und IV 3 (Rdn. 424, 445f.; vgl. Art. 74 Nr. 11a und 24, Art. 75 Nr. 3 und 4; Art. 80 sowie Art. 93 I Nr. 2 und 3).

§ 21 Verwaltung

I. Bedeutung, Funktion und Begriff der Verwaltung allgemein

1. Nicht zuletzt in der staatsrechtlichen Diskussion wird die **Bedeutung** der Verwal- **448**
tung nicht selten unterschätzt. In einem modernen, hoch industrialisierten und technisierten sozialen Rechtsstaat der Daseinsvorsorge spielt die Verwaltung eine zentrale Rolle. Die Notwendigkeit einer möglichst vorausschauenden, aktiven Regelung und Steuerung der komplexen gesellschaftlichen und wirtschaftlichen Probleme und Konflikte bedingt und benötigt gerade in einer sozial und ökonomisch stark differenzierten, arbeitsteiligen Gesellschaft eine funktionsfähige öffentliche Verwaltung, die zur Bewältigung ihrer Aufgaben leistungsfähig, spezialisiert, aber auch noch bürgernah sein muß. Hinzu kommt, daß ein immer größerer Kreis von Menschen in elementaren Bedürfnissen von der Verwaltung und ihren Leistungen abhängig ist. Deshalb spürt der einzelne auch die Tätigkeit der Verwaltung viel umfassender und unmittelbarer als die der anderen staatlichen Funktionen, wodurch sein Bild vom Staat eben wesentlich von seinen „Eindrücken" über die Verwaltung geprägt wird. In der anspruchsvollen Aufgabenbewältigung, wie sie vom Bürger erwartet wird, ist die Verwaltung sicher nicht selten überfordert, was ihr u. a. zum Teil zu Unrecht Vorwürfe wie Verbürokratisierung, „aufgeblähter Machtapparat", Bürgerferne, Kompetenzwirrwarr, Anonymität und Perfektionismus eingebracht hat. Die täglich erlebte „Abhängigkeit" von der Verwaltung, die eben darin liegt, daß die Verwaltung beim Vollzug der Gesetze und bei sonstigen nicht auf Gesetz beruhenden Maßnahmen in ständiger und vielfältiger Weise mit dem Bürger in Berührung kommt, und die auch zu einer gewissen Staatsverdrossenheit mit beiträgt, ist ein schwierig zu lösendes Problem unserer Zeit.

Die Bedeutung der Verwaltung kommt etwa auch noch in zwei anderen Faktoren **449**
zum Ausdruck. Zum einen ist die **öffentliche Verwaltung** der mit Abstand **größte Arbeitgeber** in der Bundesrepublik (insgesamt waren 1986 allein im Bereich der öffentlichen Verwaltung fast 4 Mio. Vollzeitbedienstete beschäftigt; vgl. etwa Ellwein Nr. 5.1; ders. DÖV 1978, 475ff.) und damit auch als sozialer und wirtschaftlicher Faktor von zentraler Bedeutung. Zum anderen ist zu berücksichtigen, daß die Verwaltung für die Regierung, nicht selten aber auch für Parlament und Parteien, ein besonders wichtiges Potential an Information, Sachverstand, Initiativen, Vorschlägen usw. darstellt. Die „Macht" der Regierung ergibt sich eben oft aus dem Vorhandensein der Verwaltung. Dadurch, daß im Bereich der Exekutive Regierung und Verwaltung gegenseitig aufeinander angewiesen sind, sich also gegenseitig

voraussetzen, besitzt auch die Verwaltung eine gewisse Selbständigkeit, ist keinesfalls als bloßer „verlängerter Arm" der Regierung anzusehen. Besonders bei Schwächen in der politischen Führung zeigt sich die „Macht" der Verwaltung (vgl. Karpen NVwZ 1988, 406ff.).

450 2. Die **Tätigkeitsfelder** der öffentlichen Verwaltung sind sehr vielgestaltig. Die **Funktionen** der öffentlichen Hand lassen sich grob in folgende Verwaltungsarten zusammenfassen (in Anlehnung an Ellwein, Nr. 5.1.3): Ordnungsverwaltung, Dienstleistungsverwaltung, wirtschaftende Verwaltung, organisations- und politische Verwaltung; dabei werden diese Verwaltungsarten häufig noch in verschiedene Grundfunktionen untergliedert (z.B. Dienstleistungsverwaltung durch Planung, Vorbereitung, Auswahl, Entscheidung, Durchführung, Durchsetzung, Kontrolle, Rückkopplung) und erstrecken sich im wesentlichen auf die öffentlichen Aufgabenbereiche Sozial- und Gesellschaftspolitik, Wirtschafts- und Verkehrspolitik, Kultur- und Bildungspolitik, Sicherheit, Innere Ordnung und Rechtspflege sowie die Finanz- und Steuerpolitik (vgl. dazu etwa auch Bull, Die Staatsaufgaben nach dem GG, 2. Aufl., 1977).

451 3. Die Mannigfaltigkeit und Verschiedenartigkeit der einzelnen Verwaltungstätigkeiten lassen den Sinn und den Wert einer definitorischen Bestimmung des **Begriffs Verwaltung** fraglich erscheinen (vgl. Rdn. 398). In der Tat ist eine Kennzeichnung der Verwaltung als „vollziehende oder ausführende Gewalt" oder eine Negativabgrenzung – Verwaltung ist der Bereich, der nicht Gesetzgebung, Regierung und Rechtsprechung ist – wenig hilfreich. Auch einige Versuche, die Verwaltung positiv zu definieren, sind nicht sehr befriedigend („Umsetzung der Verfassung und ihrer Wertordnung zur tätig werdenden Verfassung", „Verwirklichung der Staatszwecke für den Einzelfall", „Realisierung und Konkretisierung des Gemeinwohls", „administrative Umsetzung der legislatorischen und gubernativen Entscheidungen"). Der Begriff der Verwaltung läßt sich noch am ehesten umschreiben als „die planmäßige Tätigkeit öffentlicher Gemeinwesen zur Gestaltung und Gewährleistung des sozialen Zusammenlebens, wobei diese Tätigkeit in ihren Zielen und Zwecken, Aufgaben und Befugnissen durch die Rechtsordnung und innerhalb dieser durch die politischen Entscheidungen der Regierung bestimmt und begrenzt wird" (Bachof EStL Sp. 3827f.).

452 4. Der Bereich der Exekutive, der vollziehenden Gewalt, gliedert sich in die Regierung und die Verwaltung (vgl. dazu Rdn. 398). Beide Bereiche sind zwar eng miteinander verbunden, werden aber grundsätzlich danach voneinander unterschieden, ob typischerweise ein leitendes, richtunggebendes, gestaltendes und planendes Regieren **(politische Funktion)** oder mehr ein angeleitetes, geführtes und rechtsgebundenes Verwalten **(überwiegend Rechtsfunktion)** vorliegt. Diese Aussage bedarf noch einer gewissen Verdeutlichung. Die Verwaltung wird auch heute noch, nicht zuletzt aufgrund der besonderen Ausgestaltung und Eigenart des öffentlichen Dienstes (Berufsbeamtentum, Art. 33 IV, V), als Institution mit besonders hohem Fachwissen verstanden, die sich durch Sachlichkeit und Unparteilichkeit besonders auszeichnet. Dies ist notwendig, aber heute nur noch zum Teil zutreffend. Es muß – vor allem in einer modernen parlamentarischen Demokratie – gesehen werden, daß heute Regierung und Verwaltung vor allem in ihren Grenzbereichen (insbesondere in den Ministerien) kaum mehr auseinandergehalten werden können, sich immer stärker gegenseitig durchdringen, und der Verwaltungsbereich außerdem immer engere Verflechtungen mit dem parteipolitischen und verbandspolitischen Raum eingeht (Lehmann-Grube DÖV 1985, 1ff.). Zum Inhalt und zur Problematik der sog. **hergebrachten Grundsätze des Berufsbeamtentums** vgl. Lecheler AöR 1978, 349ff.; Stern, StaatsR, Bd. I, § 11; Isensee ZBR 1988, 141ff.; Vogelsang ZBR 1990, 200ff.; Art. 20 II Einigungsvertrag: Goerlich JZ 1991, 75ff.).

II. Grundsätzliche Aufteilung der Verwaltungsfunktionen

1. In einer bundesstaatlichen Ordnung können die Zuständigkeiten und Kompetenzen grundsätzlich nach Sachgebieten und/oder Funktionsbereichen aufgeteilt werden (vgl. Rdn. 249ff.). Im Anschluß an die Gesetzgebung (Art. 70ff.) könnte man evtl. vermuten, daß die Zuständigkeitsregelung bei der Ausführung der Gesetze (Art. 83ff.) der Regelung über die Verteilung der Gesetzgebungskompetenz folgt oder sich doch mindestens an sie anlehnt. Das GG geht diesen Weg aber nicht. Die Gesetzgebungszuständigkeit des Bundes umfaßt keinesfalls – gewissermaßen als Annexkompetenz – die Verwaltungszuständigkeit des Bundes; sie kann nicht mit ihr gleichgesetzt werden. Aus der dem deutschen Bundesstaatsrecht eigentümlichen Trennung der Kompetenz zum Erlaß und zur Ausführung der Bundesgesetze ergibt sich der **Grundsatz der Inkongruenz von Gesetzgebungs- und Verwaltungszuständigkeit des Bundes.** Aus dem Katalog der Gesetzgebungszuständigkeiten können also grundsätzlich keine Aussagen über die Verwaltungszuständigkeiten des Bundes hergeleitet werden (vgl. BVerfGE 12, 246f.). Die unterschiedlichen Kompetenzverteilungsregelungen im Bereich der gesetzgebenden und vollziehenden Gewalt haben zur Folge, daß dann, wenn ein Bundesgesetz neben den üblichen allgemeinverbindlichen Gesetzesinhalten auch Regelungen zur konkreten Gesetzesdurchführung und dessen Verwaltungsverfahren enthält, die Bundeszuständigkeit zweimal zu prüfen und festzustellen ist: einmal nach den Bestimmungen der Art. 73ff. und zum anderen hinsichtlich der Regelungen, die sich auf die Durchführung des Gesetzes selbst beziehen, nach den Art. 83ff. **453**

2. Die in einem Bundesstaat wichtige Frage nach dem Verteilungsmodus für die **Aufteilung der Verwaltungsfunktionen und -kompetenzen** auf den Bund und die Länder ist auch im Bereich der vollziehenden Gewalt gemäß Art. 83 (lex specialis zu Art. 30) nach dem bereits bekannten Grundsatz geregelt. Es besteht demnach eine **Primärkompetenz der Länder;** die Zuständigkeit der Länder wird vermutet, soweit im GG selbst keine ausdrückliche, spezielle anderweitige Regelung zugunsten des Bundes enthalten ist. Notwendig für die Wahrnehmung einer Verwaltungsaufgabe durch den Bund ist also immer ein verfassungsrechtlicher Titel (anders noch Art. 14 WV); nach dem Verteilungssystem der negativen Ausgrenzung bedarf der Bund eines Spezialtitels, d.h. einer ausdrücklichen Kompetenzzuweisungsbestimmung im GG selbst **(Enumerativprinzip).** Die Länder können sich dagegen ohne weiteres auf den Grundsatz der Länderzuständigkeit nach Art. 83 (Art. 30) berufen. **454**

455 Anders als bei der Gesetzgebung liegt im Bereich der Verwaltung der tatsächliche Schwerpunkt an vollziehenden Aufgaben und Kompetenzen bei den Ländern, wenngleich aufgrund praktischer Notwendigkeiten seit 1949 ein gewisser fortschreitender Geländegewinn der Bundesverwaltung zu verzeichnen ist (vgl. etwa Art. 84 I, letzter Halbs., II, 91a, 91b und 104a IV; zur Lage der Bundes-, Landes- bzw. Kommunalverwaltung nach 30 Jahren GG vgl. Hartkopf/Schnoor/Rommel DÖV 1979, 349ff.).

III. Anwendungsbereich der Art. 83ff.

456 1. Der VIII. Abschnitt des GG regelt die Ausführung der Bundesgesetze und die Bundesverwaltung. Der Anwendungsbereich der Art. 83ff. erstreckt sich demnach zum einen auf den gesamten Bundesgesetzesvollzug, einerlei ob die Bundesgesetze vom Bund selbst oder den Ländern ausgeführt werden, und zum anderen auf die Bundesexekutive, insbesondere den Verwaltungsbereich; der Regierungsbereich wird durch die Art. 62ff. überlagert und ist weitgehend dort geregelt (vgl. § 19, Rdn. 400ff.). Das GG konnte diese beiden Aufgabengebiete, die Ausführung von Gesetzen und die Verwaltung, zusammen in einem Abschnitt behandeln, weil sie sich eben im Hinblick auf das dort geregelte weitgehend decken. Aus **Inhalt und Anwendungsbereich der Art. 83ff.** ergibt sich, daß der VII. Abschnitt folgende Regelungen enthält: (1) die Verteilung der Verwaltungskompetenzen auf Bund und Länder; (2) die Art und Weise der Ausführung der Bundesgesetze, wobei zu untergliedern ist zwischen (a) den verschiedenen Verwaltungstypen und (b) der Verteilung der Zuständigkeiten auf die einzelnen Verwaltungstypen; (3) die Organisation der Bundesverwaltung. In den Art. 83ff. ist folglich insbesondere der Vollzug der Ländergesetze durch die Länder selbst und die Organisation der Länderverwaltungen nicht geregelt. Als logische Konsequenz des Bundestaatsprinzips mußte das GG diese Fragen den Landesverfassungen vorbehalten (vgl. allerdings Art. 28 I, 84 I, 85 I).

457 2. Nach den Rechtsgrundlagen werden herkömmlich zwei Arten von Verwaltungstätigkeiten unterschieden. Der überwiegende Teil der Verwaltungsaufgaben besteht sicher in der Ausführung, in dem Vollzug, der Verwirklichung der einzelnen Gesetze (gesetzesabhängige oder **gesetzesakzessorische Verwaltung**). Daneben gibt es aber in einem modernen Sozialstaat auch Verwaltungstätigkeiten, die legitimerweise wahrgenommen werden, ohne daß dafür eine gesetzliche Grundlage vorhanden ist (gesetzesfreie oder **nicht gesetzesakzessorische Verwaltung**). Dies trifft etwa für weite Teile des auswärtigen Dienstes, der Bahn, der Post, aber auch für die Fonds- und Subventionsverwaltung und allgemein für große Bereiche der Daseinsvorsorge, der Planung, Entwicklung usw. zu. „Gesetzesfreie" Verwaltung heißt dabei aber nicht, daß hier eine Bindung an Rechtsnormen entfällt (beachte Art. 20 III!), sondern nur, daß keine spezielle Gesetzesbestimmung die konkrete Aufgabe vorschreibt bzw. regelt. Beide Handlungsarten haben dem Vollzug der Verfassung, insbesondere der Verwirklichung der Grundrechte und der Staatszielbestimmungen zu dienen (Art. 1ff. und 20). Gesetzesakzessorische und gesetzesfreie Verwaltung unterliegen folglich dem Gebot der Gesetzmäßigkeit, unterschied-

lich ist nur das Maß der Gebundenheit. Im Hinblick auf den Anwendungsbereich der Art. 83ff. könnte fraglich sein, ob nur die gesetzesakzessorische Verwaltung (Ausführung der Bundesgesetze) oder jede vollziehende Tätigkeit darunter fällt. Nach h.M. gilt der VIII. Abschnitt grundsätzlich für beide Aufgabenbereiche, den gesetzesakzessorischen und den gesetzesfreien, also für alle Staatstätigkeiten, und zwar gleichgültig, ob diese in den Formen des Privatrechts oder des Öffentlichen Rechts wahrgenommen werden (Art. 30; z.B. auch Gründung einer Fernseh-GmbH; BVerfGE 12, 205, 246f.). Nicht anwendbar sind die Art. 83ff. lediglich für rein fiskalische, erwerbswirtschaftliche Tätigkeiten.

IV. Organisation der Bundesverwaltung

1. Von zentraler Bedeutung für die Organisation der Bundesverwaltung ist die sog. **Organisationsgewalt** (im GG nur fragmentarisch geregelt), d.h. die hoheitliche Befugnis im Bereich der öffentlichen Verwaltung **(1)** Organe zu schaffen, **(2)** Behörden zu errichten und **(3)** errichtete Behörden einzurichten, also die Verwaltung zu organisieren. Die Organisationsgewalt beinhaltet demnach grundsätzlich die Kompetenzen Organschaffung, Organerrichtung und Behördeneinrichtung. Außerdem gehört in der Regel auch die Befugnis, **(4)** Regelungen des Verwaltungsverfahrens zu treffen und allgemeine Verwaltungsvorschriften zu erlassen, zur Organisationsgewalt. Der Unterschied zwischen den beiden zuletzt genannten Regelungsarten ist darin zu sehen, daß **Verfahrensbestimmungen,** die das „Wie" der behördlichen Tätigkeit regeln, also i.d.R. Außenwirkung entfalten, grundsätzlich als Gesetze oder Rechtsverordnungen ergehen, während **Verwaltungsvorschriften** i.d.R. lediglich verwaltungsinternen Charakter haben, also keinen bestimmten förmlichen Anforderungen genügen müssen und folglich in aller Regel von der Exekutive, insbesondere der Regierung, selbst erlassen werden (vgl. dazu etwa Krebs VerwArch 1979, 259ff. und Krebs, HdBStaatsR Bd. III, § 69, Rdn. 51ff.). **458**

Ausgangspunkt und Voraussetzung aller anfänglichen und weiteren Organisationsakte und -maßnahmen ist die **Organschaffung,** d.h. die Anordnung, daß ein Organ bestimmter Funktion überhaupt entsteht, abstrakt ins Leben gerufen werden soll. Dieser Akt erfolgt häufig zusammen mit der **Organerrichtung,** mit der eine Zuweisung von Aufgabenbereichen und Sachkompetenzen sowie die Festlegung der räumlichen Zuständigkeit vorgenommen wird (z.B. funktionelle Zuständigkeit im Instanzenzug, Einordnung in die staatliche Gesamtorganisation, hierarchische Unterstellungsverhältnisse, Festlegung der Organwillensbildung und -entscheidung). Organerrichtung ist also die Anordnung all dessen, was notwendig ist, damit das geschaffene Organ nach außen als organisatorische Einheit wirksam werden kann. Einem errichteten Organ fehlt allerdings noch so lange Realität, bis es eingerichtet ist, bis Organwalter berufen sind, der Behördensitz bestimmt ist, Büroräume vorhanden sind, Sachmittel bereitgestellt werden, die interne Geschäftsverteilung geregelt ist usw. (Organ- oder **Behördeneinrichtung**). Erst das eingerichtete Organ ist „lebendig" (vgl. dazu Wolff/Bachof, VerwR II, §§ 72 I, 74 III, IV und 78 sowie Kirschenmann JuS 1977, 565, 568f.). **459**

460 Die von der Organisations- und Verwaltungslehre allgemein vorgenommene Unterscheidung zwischen Errichtung und Einrichtung einer Behörde macht das GG allerdings nicht. In den Art. 84ff. wird zwar für ein und dieselbe Sache einmal von „Errichtung" und zum anderen von „Einrichtung" gesprochen. Mit der h. M. ist jedoch davon auszugehen, daß derjenige, welcher nach Art. 84–86 und 87 I 2 zur „Einrichtung" oder „Errichtung" einer Behörde ermächtigt wird, grundsätzlich in beiden Fällen zur Regelung der gesamten Organ- und Behördenorganisation, also zu allen aus der Organisationsgewalt fließenden, oben umschriebenen Kompetenzen befugt ist (Schaffung, Errichtung und Einrichtung des Organs bzw. der Behörde). Für die organisatorische Ausgestaltung besteht ein Gestaltungsspielraum (BVerfGE 63, 1, 33ff.).

461 2. Von der Frage, was inhaltlich zu den Kompetenzen gehört, die die Organisationsgewalt ausmachen, ist die wichtige Frage zu unterscheiden, wer für die **Wahrnehmung der Befugnisse aus der Organisationsgewalt** zuständig ist, und zwar einerseits zwischen Gesamtstaat und Gliedstaaten (Bund- oder Länderebene) sowie andererseits innerhalb einer Ebene zwischen Legislative und Exekutive (vgl. dazu Kirschenmann JuS 1977, 565, 569 m. w. N.).

462 Die in den Art. 83ff. enthaltene Regelung über die Zuweisung der aus der Organisationsgewalt fließenden Kompetenzen geht von dem Grundsatz aus, daß die Organisationszuständigkeit dem Zuweisungssystem der Verwaltungsmaterien folgt, also auch insoweit eine **Primärzuständigkeit der Länder** besteht (Art. 83). Besondere, im GG ausdrücklich festgelegte Regelungen gehen allerdings diesem Grundsatz der Landesorganisationszuständigkeit vor. Vor allem durch Art. 84 I, II und 85 werden wesentliche Kompetenzen der Organisationsgewalt dem Bund zugewiesen, wobei solche Entscheidungen allerdings meist der Zustimmung des Bundesrates bedürfen (vgl. als interessantes Beispiel: BVerfGE 75, 108, 149ff. – Verwaltungsverfahren für Künstlersozialabgabe –).

463 Die funktionelle Zuordnung und ggf. Verteilung der Organisationsgewalt auf Legislative, Exekutive und Judikative in einer Ebene (Bund oder Land) ist umstritten; ohne diese Frage abschließend klären zu müssen, kann aber jedenfalls für den hier interessierenden Verwaltungsbereich davon ausgegangen werden, daß die Ausübung der Organisationsgewalt der Exekutive mindestens subsidiär zusteht. Aus der Sach- und Funktionsnähe folgt faktisch eine überwiegende Zugehörigkeit der Organisationskompetenzen zum Eigenbereich der vollziehenden Gewalt. Diese Zuordnung primär zum **Funktionsbereich der Exekutive** entzieht die Organisationsgewalt allerdings nicht dem **„Zugriffsrecht" der Legislative** (vgl. Art. 86 S. 2 und etwa Art. 70 LV BW). Die Organisationsbefugnisse stehen der Exekutive, insbesondere der Regierung, eben nur zu, soweit verfassungsrechtlich oder gesetzlich nichts anderweitiges bestimmt ist (Organisationsgewalt als verfassungsabhängige Gewalt; zu den Grenzen legislativer Organisationsregelungen vgl. Rdn. 414). Im allgemeinen kann davon ausgegangen werden, daß die Organschaffung und meist auch die Organeinrichtung schon wegen ihrer Vielzahl an Regelungen mit Außenwirkung durch Gesetz oder Rechtsverordnung erfolgt (Gesetzesvorbehalt, Wesentlichkeitstheorie), während die Behördeneinrichtung im Zuständigkeitsbereich der Exekutive verbleibt (zum Verwaltungsvorbehalt vgl. Maurer/Schnapp DÖV 1984, 929ff.; Erichsen/Knoke DÖV 1985, 54ff.).

3. Die öffentliche Verwaltung allgemein und die Bundesverwaltung speziell sind geprägt von einigen wesentlichen **Organisationsgrundsätzen:** Zentralisation – Dezentralisation, Konzentration – Dekonzentration (vgl. oben Rdn. 66f.); monokratisches – kollegiales Prinzip, hierarchisches und instanzielles Prinzip (die Verwaltung ist grundsätzlich gekennzeichnet vom Verhältnis der Über- und Unterordnung; die übergeordnete Behörde bzw. der Vorgesetzte ist weisungsbefugt gegenüber den nachgeordneten Behörden bzw. Mitarbeitern; zum Bundesbehördenaufbau vgl. unten Rdn. 465ff.). **464**

V. Verwaltungstypen und ihre Ausgestaltung

Unter **Verwaltungstypen** versteht man die Organisationsformen, nach denen Bundes- und Landesexekutive im Bereich der Verwaltung und insbesondere des Gesetzesvollzugs einander zugeordnet bzw. voneinander abgegrenzt sind. Sie werden danach unterschieden, wer von beiden die Verwaltungstätigkeit ausübt, und wie die Aufsichts- und Weisungsbefugnisse geregelt sind. Nach diesen Kriterien sind nach dem GG folgende Verwaltungstypen zu unterscheiden (vgl. Blümel, in: HdBStaatsR Bd. IV, § 101): **465**

- bundeseigener Vollzug von Bundesgesetzen;
- Bundesauftragsverwaltung;
- Verwaltung bei Gemeinschaftsaufgaben;
- landeseigener Vollzug von Bundesgesetzen;
- landeseigener Vollzug von Landesgesetzen.

Diese Reihenfolge sollte unbedingt auch bei der Prüfung der Verwaltungskompetenz zugrunde gelegt werden. Ist im GG für die Ausführung eines Bundesgesetzes keine der drei ersten Verwaltungsarten vorgesehen, so ist der Verwaltungstyp „landeseigener Vollzug“ von Bundesgesetzen gegeben (Regelform für die Ausführung von Bundesgesetzen, Art. 83!). **466**

1. **Bundeseigener Vollzug von Bundesgesetzen:** Der Verwaltungstyp „bundeseigene Verwaltung“ ist in **Art. 86ff.** geregelt. Dort wird zusätzlich unterschieden zwischen (1) bundeseigener Verwaltung, d.h. in den Bund eingegliederte (nichtrechtsfähige) Behörden, (a) mit eigenem, in der Regel dreistufigem Unterbau – Art. 87 I 1 – und (b) ohne eigenen Verwaltungsunterbau – Art. 87 I 2 – sowie (2) der Verwaltung durch bundesunmittelbare Körperschaften oder Anstalten des öffentlichen Rechts als rechtlich verselbständigte (rechtsfähige) juristische Personen (Art. 86, 87 II; zu Art. 87 II: BVerfGE 63, 1, 34ff.). Soweit ein Gesetz nichts anderes bestimmt, weist Art. 86 bei diesem Verwaltungstyp die bedeutsamen Aufgaben der Behördeneinrichtung (Organisationsgewalt; vgl. auch Rdn. 401) und des Erlasses von Verwaltungsvorschriften der Bundesregierung zu (vgl. dazu BVerfGE 26, 338, 396f.). Die Aufsichtsmittel und die Weisungsbefugnisse ergeben sich bei dieser Verwaltungsart vor allem aus dem innerhalb der Bundesverwaltung geltenden hierarchischen Prin- **467**

zip (Ministerialsystem; umfassende Weisungs-, Disziplinar- und Aufsichtsmöglichkeiten). Die Neuerrichtung und Erweiterung von Bundesbehörden ist allerdings vor allem durch **Art. 87 III** eingeschränkt und nur unter ganz bestimmten Voraussetzungen zulässig. Nach Art. 87 III 1 können selbständige Bundesbehörden und neue bundesunmittelbare Körperschaften oder Anstalten des öffentlichen Rechts ohne eigenen Verwaltungsunterbau nur errichtet werden, wenn dem Bund insoweit die Gesetzgebungskompetenz zusteht und ein Errichtungsgesetz erlassen worden ist (vgl. dazu BVerfGE 14, 197, 210ff.). Nach Art. 87 III 2 müssen dem Bund für die Errichtung von Mittel- und Unterbehörden zusätzlich „neue Aufgaben" erwachsen sein sowie ein „dringender Bedarf" für deren Bewältigung bestehen. Art. 87 III will die Erweiterung der Bundesverwaltung unter verfassungsrechtlicher Kontrolle halten und politisch sichtbar machen. Im Bereich des S. 1 hat der Bund eine umfangreiche Bundesverwaltung aufgebaut, während von S. 2 nur selten Gebrauch gemacht wurde.

468 Der **Behördenaufbau** der bundeseigenen Verwaltung ist in hierarchischer Reihenfolge wie folgt gegliedert: (1) **Oberste Bundesbehörden** (Bundespräsident, Bundeskanzleramt, Bundesministerien, Bundesrechnungshof). (2) **Bundesoberbehörden:** Es handelt sich dabei um aus den Ministerien ausgegliederte, aber selbständige und zentralisierte Behörden, die für das gesamte Bundesgebiet zuständig sind und dem zuständigen Ministerium unterstellt sind (Art. 87 III 1; z.B. Bundesarchiv, Bundesverwaltungsamt, Stat. Bundesamt, Bundeskriminalamt, Kraftfahrtbundesamt, Bundeskartellamt). (3) **Bundesmittelbehörden:** Sie sind Behörden, die in der Hierarchie zwischen der Ministerialebene und der Stufe der Unterbehörden stehen, einen räumlich begrenzten Zuständigkeitsbereich besitzen (nicht das ganze Bundesgebiet) und einem Ministerium nachgeordnet sind (z.B. Oberpostdirektion, Bundesbahndirektion, Oberfinanzdirektion). (4) **Bundesunterbehörden:** Hier handelt es sich um die unterste Verwaltungsstufe eines räumlich begrenzten Bundesgeschäftsbereichs, die der zuständigen Mittelbehörde unterstellt ist (z.B. Postämter, Hauptzollämter). (5) **Bundesunmittelbare Körperschaften und Anstalten:** Im Unterschied zu allen anderen der bisher genannten Behörden handelt es sich dabei nicht um unmittelbare, sondern um mittelbare Bundesverwaltung (rechtsfähige Körperschaften und Anstalten des öffentlichen Rechts). Sie stellen einen Sonderverwaltungstypus dar, deren Zuständigkeitsbereich sich über das Gebiet eines Landes hinaus erstrecken muß (Art. 87 II; z.B. Bundesanstalt für Arbeitsvermittlung und Arbeitslosenversicherung, Bundesversicherungsanstalt für Angestellte, Bundesknappschaft). (6) Schließlich sind noch **privatrechtliche Rechtsträger** denkbar und deshalb zu nennen, die öffentliche Verwaltungsaufgaben in der Form des Privatrechts wahrnehmen (z.B. Lufthansa).

469 2. **Bundesauftragsverwaltung** (besser: Länderverwaltung im Bundesauftrag): Bei diesem Verwaltungstyp führen die Länder Bundesgesetze im Auftrag des Bundes aus (**Art. 85;** lesen!). Es handelt sich dabei um echte Landesverwaltung; im Außenverhältnis treten nur die Landesbehörden auf. Dem Bund werden allerdings bei dieser Organisationsform gesteigerte Einflußrechte übertragen, weshalb die Handlungsfreiheit der Länder in diesem Bereich relativ stark beschränkt ist. Die Auftragsverwaltung wird demnach geprägt von den sehr intensiven Einfluß- und Mitwirkungsrechten des Bundes. Die Fragen (1) der **Behördeneinrichtung** (Organisationsgewalt, also einschließlich Organschaffung, Organerrichtung; vgl. Rdn. 458ff.) können durch zustimmungsbedürftiges Bundesgesetz geregelt werden. (2) Auch das **Verwaltungsverfahren** wird in aller Regel bundesgesetzlich festgelegt (vgl. § 1 I Nr. 2 VwVfG; BVerfGE 26, 338, 385; letzteres nur als Einspruchsgesetz, beachte den Unterschied in Art. 84 I und 85 I). Daneben hat die Bundesregierung bei der Auftragsverwaltung (3) wesentliche Einflußmöglichkeiten auf die Länder, indem sie (a) durch zustimmungsbedürftige allgemeine **Verwaltungsvorschriften** verfahrensmäßige und organisatorische Regelungen, die Art und Weise der Verwaltungsführung der Länder, festlegen kann (vgl. Rdn. 458ff.). Dasselbe gilt für eine einheitliche Ausgestaltung der Ausbildung der Beamten und Angestellten. Nur wenn vom Bund keine entsprechende Regelungen getroffen werden, sind diese Angelegenheiten Ländersache (Art. 85 I, II). Weiter bestehen wichtige Einwirkungsmöglichkeiten der Bundesregierung, die letztlich in der besonderen Eigenart der Auftragsverwaltung begründet sind, (b) in der Mitwirkung bei der **Ernennung von Leitern der Mittelbehörden** (Art. 85 II 3) sowie (c) in der Möglichkeit, den Landesbehörden **Einzelweisungen** zu geben (umfassende Weisungsbefugnisse der zuständigen Bundesministerien; Art. 85 III; Bund-Land-Weisung im Atomrecht: BVerfGE 81, 310, 330ff. mit Anm. Lange NVwZ 1990, 928ff.). Schließlich besitzt der Bund (d) nach Art. 85 IV auch umfassende Aufsichtsrechte, die sich sowohl auf die Rechtmäßigkeitskontrolle als auch auf die Zweckmäßigkeit des Verwaltungshandelns der Länder erstrecken **(Rechts- und Fachaufsicht).** Zur Frage der Kostentragung – Lastenverteilung – im Bereich der Auftragsverwaltung vgl. Art. 104a II, III und V.

3. **Landeseigener Vollzug von Bundesgesetzen:** Soweit keiner der beiden vorste- **470**
hend beschriebenen Verwaltungstypen eingreift, erfolgt die Ausführung der Bundesgesetze nach Art. 83 und 84 (landeseigener Vollzug als **Regelform;** Primärkompetenz der Länder). Die Organisationsform „landeseigener Vollzug von Bundesgesetzen" ist also eine Art generalklauselartiger Auffangstatbestand (Art. 83: „soweit das GG nichts anderes bestimmt oder zuläßt"). Es handelt sich bei dieser Verwaltungsform um Landesverwaltung; die Länder erfüllen die Aufgaben nach Art. 84 aus eigener, selbständiger Kompetenz. Die Regelung der Verwaltungsorganisation usw. (Organisationsgewalt) ist grundsätzlich Ländersache. Die Befugnisse der Länder bei der Ausführung der Bundesgesetze unterliegen jedoch folgenden Einschränkungen: (1) Durch zustimmungsbedürftiges Bundesgesetz können die **Behördeneinrichtung** und das **Verwaltungsverfahren** näher bestimmt werden (Art. 84 I, letzter Halbs.; § 1 II, III VwVfG). Trotz des Preises der Zustimmung zum ganzen Gesetz ist dies gleichwohl heute weithin die Regel. (2) Die Bundesregierung kann mit Zustimmung des Bundesrates allgemeine **Verwaltungsvorschriften** erlassen (Art. 84 II). Solche verwaltungsinternen, sich i. d. R. nicht unmittelbar für den Bürger auswirkenden Regelungen dienen einer bundeseinheitlichen Gesetzesanwendung und einem wirksamen Gesetzesvollzug; sie geben dem Bund nicht zu unterschätzende innerorganisatorische Einwirkungsrechte auf die Länder. (3) Der Bundesregierung steht gemäß Art. 84 III beim landeseigenen Vollzug der Bundesgesetze die **Rechtsaufsicht** zu (nur Rechtmäßigkeits-, nicht Zweckmäßigkeitskontrolle). Mittel der Bundesaufsicht sind Kontrolle und Korrektur; hierzu können Beauftragte entsandt

oder Mängelrügen ausgesprochen werden (vgl. Art. 84 III, IV). (4) Schließlich steht in Ausnahmefällen der Bundesregierung noch nach Art. 84 V das Recht zu, Einzelweisungen zu erteilen.

471 Insgesamt ist für die Regelform „landeseigener Vollzug von Bundesgesetzen" festzustellen, daß aufgrund der weitgehenden Ausschöpfung der in Art. 84 I und II eingeräumten Möglichkeiten der Einfluß des Bundes auf die Verwaltungsorganisation der Länder erheblich ausgedehnt wurde (unitarisierende Korrektur der föderativen Verwaltungsstruktur), was allerdings eine verstärkte Mitbestimmung des Bundesrates zur Folge hatte und damit u. a. zu jener bundesstaatlichen Verflechtung und Verzahnung beiträgt, die das heutige föderative System besonders prägt (vgl. oben § 12, Rdn. 245 und 261 ff.).

472 4. **Landeseigener Vollzug von Landesgesetzen:** Dieser Verwaltungstyp ist in den Art. 83 ff. nicht ausdrücklich geregelt. Er ergibt sich deshalb aus **Art. 30.** Es handelt sich dabei um ausschließlich den Ländern zustehende Verwaltungsangelegenheiten, die von eigenen unmittelbaren oder mittelbaren Behörden wahrgenommen werden (Landesregierung, Ministerien, Regierungsbezirke, Landkreise, Gemeinden usw.), und auf die der Bund grundsätzlich keine Einfluß- und Aufsichtsmöglichkeiten besitzt (zur Bundestreue vgl. Rdn. 246 f.).

473 5. Die Systematik der Art. 83 ff., nach der die Zuständigkeitsbereiche von Bund und Ländern klar voneinander abgegrenzt sein müssen, also keine Doppelkompetenzen für einzelne Sachgebiete der Verwaltung bestehen, läßt erkennen, daß dem GG bei dem Vollzug der Bundesgesetze ein Typenzwang zugrunde liegt, d. h. ein **numerus clausus der Verwaltungstypen** im Bund-/Länder-Verhältnis besteht (Art. 83 ff. als erschöpfende Regelung und grundsätzlich unabdingbares Recht; vgl. BVerfGE 63, 1, 39 ff.). Daraus folgt, daß andere als die in Art. 83 ff. normierten Verwaltungsarten nur durch eine ausdrückliche Verfassungsbestimmung (Art. 108 IV) oder eine GG-Änderung eingeführt werden können. Aus dem Organisationsprinzip des sog. Typenzwanges, das sich aus dem VIII. Abschnitt ergibt, ist deshalb zu schließen, daß sog. Mischverwaltungen grundsätzlich unzulässig sind (zu den denkbaren, aber eben grundgesetzwidrigen Möglichkeiten der Mischverwaltung vgl. etwa BVerfGE 11, 105, 124; 32, 145, 156).

474 6. Problematisch und bis heute nicht eindeutig geklärt sind die Fragen im Zusammenhang mit den vielfältigen vereinbarten **Verwaltungsformen auf der Bund-/Länder-Ebene.** Insbesondere in der nicht gesetzesausführenden Verwaltung sind die „Verflechtungen" und gegenseitigen „Einwirkungen" zwischen Bund und Länderverwaltungen in der Praxis häufig einer Mischverwaltung angenähert (**„Dritte Ebene";** vgl. Empfehlungen und Beschlüsse der Fachministerkonferenzen, Bund-Länder-Gremien usw., aber auch Art. 104 a IV, 91 a und 91 b). Das BVerfG hat dazu ausgeführt, daß Mitplanungs-, Mitverwaltungs- und Mitentscheidungsbefugnisse des Bundes – gleich welcher Art – im Aufgabenbereich der Länder, ohne daß das GG dem Bund entsprechende Kompetenzen übertragen hat, gegen das verfassungsmäßige **Verbot der sog. Mischverwaltung** verstoßen (vgl. BVerfGE 39, 96, 120; 41, 291, 311 und unten Rdn. 503 f.). Damit wird jedoch ein bloß koordinierendes Zusammenwirken von Bund und Ländern nicht ausgeschlossen (zur Zulässigkeit von Gemeinschaftseinrichtungen und Verwaltungsabkommen zwischen den Ländern vgl. Rdn. 264).

Abschließend soll noch kurz auf die **Verwaltung der Gemeinschaftsaufgaben,** die teilweise auch als besonderer weiterer Verwaltungstyp genannt wird, eingegangen werden. Die **Art. 91a und 91b** (lesen!) sehen für bestimmte „gesetzesfreie" Aufgabenbereiche eine Gemeinschaftsverwaltung i. S. einer gemeinschaftlichen Planung und vor allem Finanzierung vor. Bei abschließend aufgezählten Gemeinschaftsaufgaben wirkt der Bund bei der Aufgabenerfüllung mit. Die Ausführung dieser Aufgaben bleibt aber Landesangelegenheit. Die Einführung der Art. 91 a und 91 b im Jahr 1969 ist nur zu verstehen, wenn man den Zweck dieser Vorschriften, die Sanktionierung einer langjährigen Praxis im Bund-Länder-Verhältnis, mit berücksichtigt. Das GG sieht für die Wahrnehmung der Gemeinschaftsaufgaben unterschiedliche Regelungen vor: Nach Art. 91 a II, III kann das Verwaltungsverfahren und die Behördeneinrichtung durch zustimmungsbedürftiges Bundesgesetz näher festgelegt werden; im Bereich des Art. 91 b sind solche Bestimmungen durch Verwaltungsvereinbarungen zu treffen. Darüber hinaus können die Bundesbehörden grundsätzlich weder den Landesbehörden Weisungen erteilen noch an deren Entscheidungen mitwirken, sondern besitzen i. d. R. nur Informationsrechte (Art. 91 a V; zur Finanzierung und Kostentragung vgl. Art. 91 a IV, 104 a III und V). Obwohl das BVerfG die Einflußmöglichkeiten des Bundes im Bereich der Art. 91 a, 91 b und 104 a IV einzudämmen, also restriktiv auszulegen versucht, besitzt der Bund aufgrund der Verfahrensbestimmungen (vgl. etwa die Zusammensetzung der Beschlußgremien in den Planungsausschüssen) und insbesondere durch die erhebliche Mitfinanzierung nach wie vor ein Übergewicht (vgl. BVerfGE 39, 96, 119 f.; 41, 291, 305 ff.). Das Institut der Gemeinschaftsaufgaben, deren Verfassungsmäßigkeit zwar überwiegend grundsätzlich bejaht wird, ist jedoch in Einzelfragen rechtlich, vor allem aber politisch, heftig umstritten (vgl. etwa Barbarino DÖV 1973, 19 ff.; Schmitt BayVwBl. 1977, 385 ff., 421 ff.; Müller-Volbehr DVBl. 1978, 313 ff.). **475**

VI. Verteilung der Verwaltungskompetenzen

Es bleibt zu klären, welche Verwaltungsangelegenheiten in welchem Verwaltungstyp zu erledigen sind, ob also für ein bestimmtes Sachgebiet die Verwaltungskompetenz dem Bund oder den Ländern zusteht. Ausgehend von der Grundregel des Art. 83 (Vermutung für landeseigenen Vollzug von Bundesgesetzen) ist dies auch hier aus Zweckmäßigkeitsgründen nach der in Rdn. 465 enthaltenen Reihenfolge zu prüfen. **476**

1. **Fälle der bundeseigenen Verwaltung:** Eine zwingend vorgeschriebene, obligatorische Verwaltungskompetenz des Bundes besteht bei den in den Art. 87 I, II, 87 b, 87 d I, 88, 89 II und 108 I genannten Sachgebieten. Dabei sind der Auswärtige Dienst, die Verwaltung von Bahn und Post, die Bundesfinanz- und Bundeswehrverwaltung die bedeutsamsten Materien (vgl. aber Reformen bei Bahn/Post; zur Wehrverfassung: Wieland DVBl. 1991, 1174 ff.). Daneben ist eine bundeseigene Verwaltung in den Fällen des Art. 87 III (genau lesen!) unter den dort genannten Voraussetzungen möglich (fakultative bundeseigene Verwaltung). **477**

478 2. **Fälle der Bundesauftragsverwaltung:** Wie der vorgehende, so liegt auch dieser Verwaltungstyp nur vor, wenn er für bestimmte Verwaltungsmaterien, die im GG enumerativ aufgezählt sind, ausdrücklich festgelegt ist. Auch hier ist zwischen obligatorischer und fakultativer Bundesauftragsverwaltung zu unterscheiden. Erstere ist bei den in Art. 90 II (Verwaltung der Bundesautobahnen und Bundesstraßen), 104a III 2 (Geldleistungsgesetze) und 108 III (Finanzverwaltung) enthaltenen Sachgebieten angeordnet und letztere für die Materien in den Art. 87b II, 87c, 87d II, 89 II und 120a vorgesehen. Insgesamt gesehen kommt diesem Verwaltungstyp keine größere Bedeutung zu.

479 3. **Fälle der „Gemeinschaftsaufgabenverwaltung“:** Die Sachgebiete, für die diese Verwaltungsart bestimmt ist, ergeben sich aus Art. 91a, 91b (Hochschulbau, Verbesserung der regionalen Wirtschafts-, der Agrarstruktur und des Küstenschutzes, Bildungsplanung, Wissenschaftsförderung; zur Gesamtproblematik vgl. Rdn. 474f.; zu Art. 104a IV vgl. unten Rdn. 503f.).

480 4. Für alle anderen bundesgesetzlichen Regelungen (Sachgebiete) erfolgt der Gesetzesvollzug in dem Verwaltungstyp des **landeseigenen Vollzugs von Bundesgesetzen.** In all diesen Fällen liegt also die Verwaltungskompetenz bei den Ländern (Art. 83f.; Regeltypus).

481 5. Schließlich gehören gemäß Art. 30 die Materien, die weder bundesgesetzlich geregelt noch sonst durch das GG dem Bund zugewiesen sind, grundsätzlich zur alleinigen Verwaltungskompetenz der Länder (**landeseigener Vollzug von Landesgesetzen** und die Landesverwaltung).

481a 6. Auch für die Sachgebiete der **nichtgesetzesakzessorischen Verwaltung** gelten hinsichtlich der Verwaltungskompetenz (Bund oder Länder) die Verteilungsgrundsätze der Art. 83ff.

482 7. In engen Grenzen kann der Bund ausnahmsweise im Bereich der Verwaltung auch ohne ausdrücklichen Verfassungstitel Zuständigkeiten besitzen. Solche **ungeschriebenen Bundesverwaltungskompetenzen** sind aber auf echte Ausnahmefälle zu begrenzen (kraft Sachzusammenhangs und aus der Natur der Sache; etwa bei Angelegenheiten, die eindeutig überregional oder gesamtstaatlichen Charakter haben und nicht durch ein Land wirksam wahrgenommen werden können). Keinesfalls reichen Zweckmäßigkeitsüberlegungen oder finanzielle Gründe aus, um solche Zuständigkeiten zu begründen (vgl. dazu Rdn. 430 sowie BVerfGE 11, 6, 17f.; 22, 180, 216f.; 41, 291, 312; 77, 288, 299 – §§ 2 II, 4 und 147 BBauG als punktuelle Annexregelung zulässig –).

VII. Verwaltungsreform

483 Angesichts des stürmischen Wandels der wirtschaftlichen, technischen und sozialen Umweltbedingungen muß die Verwaltung heute ständig qualitativ und quantitativ steigenden Anforderungen, insbesondere an Führungs- und Entscheidungsfähigkeiten, auf allen Ebenen gerecht werden (vgl. dazu bereits eingehend Rdn. 417ff.). Abgesehen von den Problemen der Regierungsreform geht es hierbei vor allem

darum, das negative Image der Verwaltung abzubauen (vgl. die vielfältigen, teilweise recht unrealistischen und vordergründigen politischen Aktivitäten unter den Schlagworten **„Entbürokratisierung"** und **„Bürgernähe"**). Neben einer gezielten Auswahl und Ausbildung des Personals kommt insbesondere den Fragen der Planung, der Organisation, den Managementkonzeptionen, aber auch den Ressourcenproblemen erhebliche Bedeutung zu. In diesem Zusammenhang ist auch die Gebiets-, die Aufgaben- und Funktionalreform vor allem im kommunalen Bereich, aber auch die Reform des öffentlichen Dienstes zu sehen. Bei diesen Reformbestrebungen sollten dabei stets folgende Kriterien und Faktoren beachtet werden: Aufgabenkritik, optimale Aufgabenerfüllung, Leistungsfähigkeit, Effizienz und Wirtschaftlichkeit der Verwaltung, Transparenz der Entscheidungen, Bürgernähe der Verwaltung, Partizipation der Betroffenen usw. (vgl. Lange DÖV 1985, 169ff.; Karpen NVwZ 1988, 406ff.; zur Verwaltungsentwicklung und -reform in den neuen Bundesländern: Seibel DÖV 1991, 198ff.; Pitschas DVBl. 1991, 457ff.).

Literatur: *Hesse* § 14 II 2; *Maunz/Zippelius* § 31; *Stein* § 5; *Stern,* Bd. II, § 41; *Badura,* Staatsrecht, G 1ff.; *Ellwein,* Das Regierungssystem der BRD, Nr. 5.1.–5.4.; *Morstein/Marx,* Einführung in die Bürokratie, 1959; *Mayntz,* Soziologie der öffentlichen Verwaltung, 1978; *Achterberg,* Strukturen der Geschichte der Verwaltung, DÖV 1979, 577ff., 737ff.; *Herzog,* Die Systematik der Art. 83ff., JA ÖR 1971, 221ff.; *Kirschenmann,* Zuständigkeiten und Kompetenzen im Bereich der Verwaltung, JuS 1977, 565–572; *Hartkopf/Schnoor/Rommel,* Zur Lage der Bundes-, Landes- und Kommunalverwaltung nach 30 Jahren GG, DÖV 1979, 349ff.; *Vogel,* Verteilung der Verwaltungskompetenzen, in: Benda/Maihofer/Vogel (Hrsg.), Handbuch des Verfassungsrechts, S. 837ff.; *Maurer/Schnapp,* Der Verwaltungsvorbehalt, VVDStRL Bd. 43 (1985), S. 1ff.; *Hillmann,* Aspekte der Bürokratiediskussion, VerwArch 1986, 1ff.; *Schulte,* Zur Rechtsnatur der Bundesauftragsverwaltung, VerwArch 1990, 415ff.; *Blümel,* Verwaltungszuständigkeit, in: HdB StaatsR Bd. IV, § 101.

Literatur zum öffentlichen Dienst: vgl. etwa Studienkommission für die Reform des Öffentl. Dienstrechts, 1973 (Bericht mit Anlagebänden); *Rudolf/Wagener,* Der öffentliche Dienst im Staat der Gegenwart, VVDStRL 1978, 175ff.; *Isensee,* Öffentlicher Dienst, in: Benda/Maihofer/Vogel (Hrsg.), Handbuch des Verfassungsrechts, S. 1149ff.; *Lecheler,* Der öffentliche Dienst, in: HdBStaatsR Bd. III, § 72; *ders.,* Verfassungsreform des öffentlichen Dienstrechts, in: Das Parlament 1991, Beilage Nr. 49, S. 29ff.

Wiederholungsaufgaben und Fälle:

(1) Wie verhalten sich die Gesetzgebungskompetenzen und die Verwaltungskompetenzen des Bundes zueinander?
Dazu: § 21 II 1 (Rdn. 453).

(2) Was versteht man unter „Mischverwaltung"? Wäre es möglich, eine solche Verwaltungsform einzuführen?
Dazu: § 21 V 5 und 6 (Rdn. 474f.).

(3) Warum gibt es auf Bundesebene kein Bundeskultusministerium?
Dazu: § 21 II 2 (Rdn. 454).

(4) Das Bundeskindergeldgesetz (BKGG) von 1964 hat die Kindergeldzahlung der Bundesanstalt für Arbeit als „Kindergeldkasse" übertragen. Gemäß § 24 BKGG sind die Arbeitsämter (unselbständige Glieder der Bundesanstalt) zuständig für die Entgegennahme des Antrags und die Entscheidung über den Anspruch. Ist das BKGG insoweit verfassungsgemäß? Steht dem Bund die Verwaltungskompetenz zu? Welcher Verwaltungstyp ist hier angesprochen? Liegt evtl. Art. 87 II vor oder ist Art. 87 III gegeben?

Dazu: § 21 V 1 (Rdn. 467; vgl. Schwerdtfeger, Öffentliches Recht in der Fallbearbeitung, § 38 I 2).

(5) Im Jahr 1960 wurde durch Gesetz die „Deutsche Welle" als bundesunmittelbare Anstalt des öffentlichen Rechts für Rundfunksendungen, die für das Ausland bestimmt sind, errichtet.
Ein gegenwärtig beim Bundestag liegender Gesetzentwurf sieht vor, daß für den Bereich der gesamten BRD eine Bundesfernsehanstalt zur Ausstrahlung eines weiteren Fernsehprogramms gegründet werden soll.
Steht die Errichtung der beiden Anstalten mit dem GG in Einklang?
Dazu: § 20 II und § 21 V 1 (Rdn. 454, 467; vgl. Stein §§ 26, 32 – Fall 15 –; BVerfGE 12, 205, 248 ff.; BVerwGE 22, 299, 307 ff.).

§ 22 Finanzordnung

I. Bedeutung, Ausgestaltung, Geschichte

484 1. Die **Finanzordnung** (Finanzverfassung) ist mit der entscheidende, zugleich aber auch der schwierigste Teil einer bundesstaatlichen Verfassung. Sie bildet einen wichtigen **Eckstein des föderativen Systems,** einen wesentlichen Indikator für die Garantie des Bestands und der Eigenständigkeit sowohl des Gesamtstaates als auch vor allem der Gliedstaaten. Zu Recht wird die Finanzordnung als das entscheidende Kriterium, der untrügliche Indikator und „Nerv" für die reale Machtverteilung im föderalistischen Gefüge zwischen Bund und Ländern angesehen. Die gesamte verfassungsmäßige Kompetenzverteilungsordnung würde nämlich dann aus den Angeln gehoben, wenn dem Bund oder den Ländern zur Erfüllung der ihnen durch die Verfassung zugewiesenen Aufgaben nur völlig unzureichende Finanzmittel zur Verfügung stünden. Das Funktionieren des bundesstaatlichen Systems erfordert eine Finanzordnung, die sicherstellt, daß Gesamtstaat und Gliedstaaten sachgerecht am Sozialprodukt beteiligt werden. Bund und Länder müssen im Rahmen der verfügbaren Gesamteinnahmen so ausgestattet werden, daß sie die zur Wahrnehmung ihrer Aufgaben erforderlichen Ausgaben leisten und damit ihre Selbständigkeit und Eigenverantwortlichkeit entfalten können (vgl. BVerfGE 32, 333, 338; 72, 330, 383; vgl. auch Art. 79 III). Deshalb ist die Finanzordnung der entscheidende Prüfstein für die verfassungsrechtliche Ernsthaftigkeit eines ausgewogenen bundesstaatlichen Systems und damit die faktische Absicherung der materiellen Kompetenzverteilung. Aus der historischen Erkenntnis, daß „wer das Geld hat, auch die Macht besitzt", ist eben die Verteilung der Finanzgewalt überspitzt ausgedrückt die **„Seinsfrage" des Bundesstaates** schlechthin. An der Ausgestaltung der Finanzverfassung in einer bestimmten Staatsordnung kann besonders deutlich und relativ genau die bundesstaatliche Verfassungswirklichkeit, nicht zuletzt ggf. im Unterschied zu den übrigen föderativen Verfassungsnormen, abgelesen werden (vgl. BVerfGE 72, 330, 388 f. – Länderfinanzausgleich –).

485 2. Die Finanzordnung umfaßt begrifflich die Summe der Normen, welche die Gesetzgebung, Verwaltung und Rechtsprechung auf den Gebieten der öffentlichen

Einnahmen (Abgaben: Steuern, Beiträge und Gebühren; vgl. etwa JA ÖR 1976, 1ff.) und Ausgaben einschließlich ihrer Verteilung und Inanspruchnahme betreffen. Dabei stellen sich in der Finanzverfassung eines föderalistischen Staates drei entscheidende **Grundsatzfragen:** (1) Wem steht die Befugnis zu, Art und Höhe der öffentlichen Einkünfte, insbesondere die Steuern (ca. 80% der staatlichen Nettoeinnahmen), festzusetzen (Steuergesetzgebungskompetenz, Besteuerungshoheit)? (2) Wer verwaltet die öffentlichen Einnahmen, d.h. insbesondere, wer besitzt die Zuständigkeit zu deren Erhebung und Einzug (Finanzverwaltungskompetenz)? (3) In welcher Weise werden die öffentlichen Abgaben verteilt bzw. wem stehen letztlich vor allem die Steuererträge zu (Ertragshoheit von Bund, Ländern und Gemeinden)? Die Lösung dieser Grundprobleme kann auf verschiedene Weise erfolgen. In einem Bundesstaat bieten sich insbesondere folgende Finanzverfassungssysteme an:

a) **Beitragssystem:** Bei diesem System liegen die gesamten Kompetenzen der Finanzgesetzgebung und -verwaltung sowie die Ertragshoheit auf einer Ebene, i.d.R. in der Hand der Gliedstaaten. Die andere Ebene, i.d.R. der Gesamtstaat, erhält lediglich finanzielle Zuweisungen zur Abdeckung der Kosten, die für die Erfüllung ihrer Aufgaben erforderlich sind (Umlagen, die sog. „Matrikularbeiträge"). **486**

b) **Trennsystem:** Es beruht auf dem Prinzip der Vorweg-Teilung der gesamten öffentlichen Einkünfte (i.d.R. nach Steuerarten usw.) und einer entsprechenden Aufteilung der Gesetzgebungs- und Verwaltungskompetenzen. Der Nachteil dieses Systems liegt darin, daß es für längere Zeiträume zu starr und nicht flexibel genug ist. **487**

c) **Verbundsystem:** Dieses Verfahren geht von einer einheitlichen Gesetzgebung und Verwaltung des Finanzwesens aus, bei dem die gesamten, gemeinsam erzielten Abgaben nach einem möglichst verfassungsrechtlich festgelegten Schlüssel (Gesamtverbund) oder aber nach für die verschiedenen Steuerarten unterschiedlichen Prozentsätzen auf Bund und Länder (Gemeinden) verteilt werden (Einzelverbund). **488**

d) **Mischsystem:** Häufig versucht man ein optimales System durch eine Kombination vor allem des Trenn- und Verbundsystems zu erreichen, etwa dergestalt, daß einerseits den Gliedstaaten eine gewisse finanzielle Unabhängigkeit durch Zuweisung eigener Steuerarten (eigenständige Gesetzgebungs- und Verwaltungskompetenzen sowie eigene Steuerhoheit) eingeräumt wird, und andererseits der übrige Teil der Steuern gemäß dem Verbundsystem behandelt wird. Bei diesem Prinzip wird es häufig so sein, daß sich die Gesetzgebungs- und Verwaltungskompetenzen sowie die Ertragshoheit nicht decken (z.B.: für eine bestimmte Steuer besitzt der Bund die Gesetzgebungszuständigkeit, während den Ländern die Verwaltung und der Ertrag zusteht). Meist wird das Mischsystem außerdem noch durch Finanzausgleichsregelungen (horizontal und vertikal) ergänzt. **489**

3. Auch die **verfassungsgeschichtliche Entwicklung** kennt sehr unterschiedliche Finanzverfassungssysteme. So war die Reichsverfassung von 1871 von dem Beitragssystem geprägt. Das Reich war weitgehend auf die Matrikularbeiträge der Länder angewiesen; es war „Kostgänger der Länder". Das Reich mußte ständig „vor den Türen der Gliedstaaten betteln" (Bismarck) und befand sich in permanenter Finanz- **490**

not. Die WV, insbesondere durch die „Erzberger'sche Reichsfinanzreform", brachte einen Übergang der wichtigsten Steuern auf das Reich. Das Schwergewicht der Gesetzgebung und der Steuerhoheit lag beim Reich, das außerdem eine eigene Steuerverwaltung einführte. Die Länder erhielten vom Reich zusätzliche Finanzmittel im Wege des Finanzausgleichs und gerieten dadurch in eine immer größere Reichsabhängigkeit („Kostgänger des Reiches", „Reichspensionäre"). Diese finanzielle Abhängigkeit führte vor allem nach 1933 mit zu einer völligen Aushöhlung des Föderalismus.

491 4. Das **GG,** das dem Finanzwesen einen besonderen Abschnitt gewidmet hat, versucht, einen Mittelweg zu gehen. Den Art. 104a ff., die 1949 der umstrittenste Verfassungsteil waren und bis heute auch die meisten Verfassungsänderungen erfahren haben, liegt im Prinzip das Trennsystem zugrunde (vgl. insbesondere Art. 105, 106 I und II, 108), das aber im Laufe der Zeit, vor allem durch die Verfassungsänderungen von 1955 und 1969 (6. und 21. GG-Änderung), durch ein Verbundsystem der wichtigsten drei Steuern (Art. 106 III und IV) erheblich modifiziert sowie durch Finanzausgleichsregelungen (Art. 107), aber auch ein System vielfältiger Finanzzuweisungen und -hilfen des Bundes an die Länder, ergänzt worden ist (Art. 91a, 91b, 104a IV, 107 II). Insgesamt gesehen liegt demnach dem GG ein recht differenziertes, nur schwer zu überblickendes **„Mischsystem"** zugrunde (vgl. BVerfGE 72, 330, 383f.). Der besonderen Bedeutung des Finanzwesens entsprechend, widmet das GG dieser Materie einen eigenen Abschnitt. Er faßt die Grundsätze über Gesetzgebung, Verwaltung und Rechtsprechung auf dem Gebiet der Finanzen mit den übrigen steuer-, finanz- und haushaltsspezifischen Regelungen im X. Abschnitt zusammen (Art. 104a–115).

491a 5. Die Einbeziehung der bisherigen DDR in die Finanzordnung des GG ist vor allem in **Art. 7** des Einigungsvertrages vom 31. 8. 1990 geregelt. Zu den komplexen **„Übergangsregelungen" für die neuen Bundesländer** vgl. im einzelnen: Fiedler DVBl. 1990, 1263ff.; Patzig DÖV 1991, 578ff.; Franke VerwArch 1991, 526ff.

II. Aufteilung der Ausgaben (Lasten) und Einnahmen (Steueraufkommen)

492 1. Gemäß Art. 104a I haben grundsätzlich Bund und Länder je gesondert die Ausgaben zu bestreiten, die sich aus der Wahrnehmung ihrer Aufgaben ergeben. Diese Bestimmung ist von wesentlicher, genereller Bedeutung, weil sie eine das Bund/Länder-Verhältnis im ganzen bestimmende allgemeine **Lastenverteilungsregelung** darstellt („Die Ausgaben folgen den Aufgaben"; BVerfGE 26, 338, 389f.). Die in Art. 104a I normierte Zuordnung von Ausgaben und Aufgaben, einschließlich der daraus resultierenden Verantwortlichkeiten, wird als **Grundsatz der Konnexität** bezeichnet. Da nach h. M. grundsätzlich die Aufgaben durch die Verwaltungszuständigkeiten definiert werden, bedeutet der Grundsatz der Konnexität, soweit das GG nichts anderes bestimmt, letztlich die Abhängigkeit der Finanzkompetenz von der Verwaltungskompetenz und damit die grundsätzliche Übereinstimmung der Verwaltungs- und Finanzierungsverantwortlichkeiten (vgl. etwa Groß DVBl. 1969, 125, 128). Als Konsequenz folgt daraus mindestens mittelbar, daß im

Regelfall die Länder die vollen Finanzierungslasten zu tragen haben (arg. aus Art. 104a II und V). Die Finanzverantwortung knüpft eben an die Zuständigkeit bei der Erfüllung der Vollzugsaufgaben und damit an den landeseigenen Vollzug von Bundesgesetzen als Regelfall an (Art. 83, 30: Vermutung zugunsten der Länderkompetenz; Ausnahme: Bundesauftragsverwaltung, Art. 104a II–V, vgl. auch Art. 91a und 91b; von Arnim, in: HdBStaatsR Bd. IV, § 103, Rdn. 17ff.).

2. Die in Art. 104a I enthaltene Ableitung des Lastenverteilungsgrundsatzes aus den Aufgaben und damit aus der Verwaltungskompetenz ist aber nur dann möglich, wenn die **Verteilung der Steuern** zwischen Bund und Ländern (Gemeinden, vgl. Art. 106 IX) der Aufgabenverteilung im großen und ganzen entspricht. Die Verfassung eines Bundesstaates bedarf deshalb einer der Aufgabenverteilung entsprechenden stabilen Verteilung der öffentlichen Einkünfte, insbesondere des Steueraufkommens. In einer föderalistischen Ordnung muß eine verfassungskräftige Garantie für Bund und Länder hinsichtlich der Zuteilung eines ausgewogenen, angemessenen Anteils am Gesamtsteueraufkommen bestehen (BVerfGE 34, 9, 20; 72, 330, 383ff.; vgl. auch Art. 79 III). In Art. 106 III Nr. 1 und 2 werden dafür Kriterien aufgestellt, die als oberste Leitprinzipien anzusehen sind. **493**

Die Verteilung des Steueraufkommens, die Frage nach der **Ertragshoheit** der einzelnen Steuerart (Steuerquellen des Bundes, der Länder oder Gemeinden), wurde 1969 in der Finanzreform neu geregelt. Dabei ging es u.a. darum, gemäß der geänderten Aufgabenstruktur mehr Steuergerechtigkeit zu schaffen, eine größere Einheitlichkeit der Lebensverhältnisse im Bundesgebiet sicherzustellen sowie Verfassungsrecht und Verfassungswirklichkeit einander anzunähern. Dies versuchte man durch eine Ausweitung des Verbund- zulasten des Trennsystems und durch den Ausbau eines vielfältigen Systems von Finanzausgleichsregelungen zu erreichen (Verfestigung des „Mischsystems"; Wendt, in: HdBStaatsR Bd. IV, § 104, Rdn. 48ff.). **494**

a) Art. 106 bestimmt, daß ein Teil der Steuern nach dem sog. **Trennsystem** dem Bund (Art. 106 I: insbesondere Zölle, Verbrauchsteuern sowie Finanzmonopolerträge wie für Branntwein und Zündwaren), den Ländern (Art. 106 II: insbesondere Vermögen-, Erbschaft- und Kfz-Steuern) oder den Gemeinden (Art. 106 VI: insbesondere die Realsteuern) zustehen und ausschließlich ihnen zufließen. **495**

b) Das Aufkommen der Einkommen-, Körperschaft- und Mehrwert-(Umsatz-) **496** [illegible] damit die weitaus bedeutendsten Steuern (ca. 70% der Gesamtsteuererträge), stehen dem Bund und den Ländern, bezüglich der Einkommensteuer zusätzlich auch den Gemeinden, gemeinsam zu (**Gemeinschaftsteuern** durch Steuerverbund, sog. **Verbundsystem;** Art. 106 III und V; Finanzausgleichsgesetz vom 28. 8. 1969, BGBl. I S. 1432; Gemeindefinanzreformgesetz vom 8. 9. 1969, BGBl. I S. 1587). Dabei werden die Erträge der Gemeinschaftssteuern nach feststehenden, teils in der Verfassung, teils im Gesetz geregelten Schlüsseln auf Bund und Länder (Gemeinden) aufgeteilt (vgl. etwa JA ÖR 1976, 8ff.). Unter den in Art. 106 IV genannten Voraussetzungen, insbesondere bei unterschiedlicher Ausgaben- und Einnahmenentwicklung, sind die Beteiligungsverhältnisse an der Mehrwertsteuer neu festzusetzen (ggf. Anspruch auf entsprechende Umverteilung).

497 c) Da der Länderanteil an der Einkommen- und Körperschaftsteuer nicht etwa nach der Einwohnerzahl, sondern nach dem örtlichen Aufkommen auf die einzelnen Länder verteilt wird („Territorialprinzip", d.h. jedes Land erhält die Erträge, die auf seinem Gebiet vereinnahmt wurden), ist es notwendig, das zwischen finanzstarken und finanzschwachen Ländern bestehende Gefälle durch eine horizontale Finanzausgleichsregelung angemessen auszugleichen (Art. 107; Finanzausgleichsgesetz). Das **Finanzausgleichssystem** wird schließlich noch durch einen vertikalen Finanzausgleich (vgl. Art. 106 VIII und 107 I S. 4) sowie sonstige Finanzzuweisungen und -hilfen ergänzt (vgl. Art. 104a IV, 107 II S. 3, 91a, 91b; unten Rdn. 500ff.).

497a d) Die Finanzverfassung stellt in Art. 104a bis 108 eine wohl überlegte, differenzierte, zwischen Bund und Ländern **sorgsam ausbalancierte Regelung** dar. Dieses System, ein zentraler Eckpfeiler bundesstaatlicher Ordnung, geht davon aus, daß die Aufgaben in Bund, Ländern und Gemeinden aus dem Ertrag der in Art. 105ff. geregelten und verteilten Einnahmequellen finanziert werden. Die Finanzverfassung verlöre ihren Sinn und ihre Funktion, wenn daneben beliebig Abgaben unter Umgehung der bundesstaatlichen Finanzverteilung erhoben werden könnten. Die Erhebung von **Sonderabgaben** außerhalb von Art. 104aff., d.h. von Geldleistungspflichten ohne Gegenleistung, ist deshalb **grundsätzlich unzulässig** (vgl. BVerfGE 55, 274, 300ff.; 67, 256, 275ff.; 81, 156, 186f.). „Abschöpfungsabgaben" wie etwa Fehlbelegungsabgaben für Sozialmietwohnungen, bei denen ein Sachzweck und nicht die bloße Mittelbeschaffung im Vordergrund steht, sind nach Art. 73ff. zulässig (BVerfGE 78, 249, 265ff.; 82, 159, 177ff.; Schmidt NVwZ 1991, 36ff.).

III. Steuergesetzgebungs- und Steuerverwaltungskompetenzen

498 1. Die Verteilung der **Gesetzgebungskompetenz** folgt nicht den entsprechenden Regelungen der Steuerertragshoheit, sondern ist zu ihr, aber auch zur Verwaltungskompetenz unterschiedlich festgelegt (Art. 105 im Vergleich zu Art. 106 und 108). Dabei steht dem **Bund** eindeutig das Schwergewicht an der Steuergesetzgebung zu, nicht zuletzt zur Gewährleistung einheitlicher, gerechter Besteuerungsverhältnisse (etwa Vermeidung von „Steueroasen"). Nach Art. 105 I besitzt der Bund die ausschließliche Gesetzgebung für Zölle und Finanzmonopole sowie für alle übrigen Steuern die konkurrierende Gesetzgebung, wenn ihm deren Aufkommen wenigstens teilweise zusteht oder die Voraussetzung des Art. 72 II vorliegen. Für nichtsteuerliche Abgaben (Sonderabgaben) gelten die Art. 104aff. nicht; hierzu muß auf Art. 73ff. zurückgegriffen werden. Durch Sonderabgaben darf das differenzierte, empfindliche Gefüge der bundesstaatlichen Finanzordnung nicht überspielt werden (vgl. BVerfGE 67, 256, 281ff.). Die **Länder** sind dagegen gemäß Art. 105 IIa lediglich für die örtlichen Verbrauch- und Aufwandsteuern und dabei auch nur solange und soweit zuständig, als diese nicht bundesgesetzlich geregelten Steuern gleichartig sind (zur Auslegung des Begriffs der Gleichartigkeit vgl. BVerfGE 40, 56, 59f.). Daraus folgt, daß bei der Verteilung der Steuergesetzgebungskompetenzen auf die Grundregel des Art. 70 nicht zurückgegriffen werden kann, und den Ländern, aber auch den Gemeinden – abgesehen von den engen Grenzen des Art.

105 II a – kein eigenes Steuerfindungsrecht zusteht. Hinzuweisen ist hierbei allerdings noch auf die Mitwirkungsrechte der Länderregierungen bei der Steuergesetzgebung über den Bundesrat (Art. 105 III). Dadurch sollen die materiellen Länderinteressen hinsichtlich des den Ländern (Gemeinden) zustehenden Steueraufkommens gemäß Art. 106 gesichert werden.

2. Im Unterschied zur Steuergesetzgebung folgt die Aufteilung der **Finanzverwal-** **499**
tungskompetenz im Prinzip der Verteilung des Steueraufkommens. Die den Ländern allein zustehenden Steuern werden von diesen bei gewissen Einflußrechten des Bundes als eigene Angelegenheit verwaltet (Art. 108 II). Die dem Bund ganz zustehenden Einkünfte werden durch bundeseigene Verwaltung (Art. 108 I, Art. 87 I) und die ihm teilweise zufließenden Steuern von den Ländern im Auftrag des Bundes durchgeführt (Bundesauftragsverwaltung, Art. 108 III). Organisation und Verfahren der Finanzverwaltung ist in dem Gesetz über die Finanzverwaltung i. d. F. vom 30. 8. 1971 (BGBl. I S. 1427) geregelt (Bundesfinanzbehörden: Bundesminister der Finanzen, Oberfinanzdirektionen, Hauptzollämter; Landesfinanzbehörden: Landesfinanzministerium, Oberfinanzdirektionen, Finanzämter; Oberfinanzdirektionen sind Bundes- und Landesbehörden! Vgl. § 8 II FVG).

IV. Finanzausgleich und sonstige Finanzhilfen

Eine einigermaßen gleichmäßige Finanzausstattung der Länder ist im Bundesstaat, **500**
soweit dafür die **primär Steuerverteilung** (Art. 106, 107 I S. 1) infolge der unterschiedlichen Wirtschaftskraft der einzelnen Länder nicht ausreicht, durch ein System von komplementären, ergänzenden Finanzausgleichsregelungen anzustreben (**steuerertragskorrigierender Finanzausgleich**; zu den Finanzproblemen der neuen Bundesländer: Fiedler DVBl. 1990, 1263 ff.; Hohmann DÖV 1991, 191 ff.; Patzig DÖV 1991, 578 ff.). Dazu dienen nach dem GG:

1. **„Horizontaler Finanzausgleich“:** Das BVerfG hat wiederholt die Meinung vertre- **501**
ten, daß das Bundesstaatsprinzip seinem Wesen nach nicht nur Rechte, sondern auch solidargemeinschaftliche Pflichten begründet. Eine dieser Pflichten besteht darin, daß die finanzstärkeren Länder den finanzschwächeren Ländern in gewissen Grenzen Hilfe zu leisten haben (BVerfGE 1, 117, 131; 12, 205, 254; 72, 330, 383 ff.; vgl. Rdn. 246 f. und Friauf JA 1984, 618 ff.). Als Ausfluß dieser Rspr ist in **Art. 107 II** festgelegt, daß die unterschiedliche Finanzkraft zwischen den Ländern angemessen auszugleichen ist **(sekundärer horizontaler Finanzausgleich).** Dadurch darf aber keinesfalls eine totale Nivellierung der Länderfinanzen angestrebt, sondern es soll eine bundesweite, angenäherte Einheitlichkeit der Lebensverhältnisse und eine unabhängige Haushaltswirtschaft für jedes Land gewährleistet werden. Das BVerfG hat das FinanzausgleichsG von 1969 z. T. für verfassungswidrig erklärt und Grundsätze für einen bundesstaatlichen Finanzausgleich festgelegt (E 72, 330, 383 ff.; Mußgnug JuS 1986, 872 ff.; Donner ZRP 1985, 327 ff.; Gesetz über den Finanzausgleich zwischen Bund und Ländern vom 28. 1. 1988, BGBl. I S. 94, und das Strukturhilfegesetz vom 20. 12. 1988, BGBl. I S. 2358; Patzig DÖV 1989, 330 ff.).

502 2. **Sonstige Finanzzuweisungen:** Neben dem horizontalen Finanzausgleich enthält das GG ein System vielfältiger Finanzzuweisungen und -hilfen des Bundes an die Länder, das durch die verfassungsmäßige Legalisierung der Gemeinschaftsaufgaben noch komplizierter und problematischer geworden ist. Zu nennen sind:

- Ergänzungszuweisungen gemäß Art. 107 I S. 4,
- Zuweisungen nach Art. 107 II S. 3 und
- Ausgleichszuweisungen nach Art. 106 VIII (z. B. für militärische oder wissenschaftliche Einrichtungen).

503 3. In der Praxis der bundesstaatlichen Finanzpolitik spielen die sog. **Finanzhilfen** des Bundes gemäß **Art. 104 a IV** eine bedeutsame Rolle. Solche kann der Bund den Ländern (Gemeinden) für besonders bedeutsame Investitionen gewähren, wenn sie zur Abwehr einer Störung des gesamtwirtschaftlichen Gleichgewichts, zum Ausgleich unterschiedlicher Wirtschaftskraft oder zur Förderung des wirtschaftlichen Wachstums erforderlich sind (Anwendungsfälle des Art. 104 a IV: z. B. Städtebauförderungsgesetz, Gemeindeverkehrs- und Krankenhausfinanzierungsgesetz). Diese 1969 ebenso wie Art. 91 a und 91 b als Produkt der politischen und ökonomischen Krise Mitte der sechziger Jahre ins GG aufgenommene Regelung, die die frühere sog. „Fondswirtschaft" des Bundes ablöste und größtenteils legalisierte („Verrechtlichung der Bundesfondswirtschaft"), verwischt und verschiebt die Kompetenzaufteilung zwischen Bund und Ländern, verleiht dem Bund mindestens faktisch zusätzliche Einwirkungsmöglichkeiten auf die Länder und ist sowohl verfassungsrechtlich als auch verfassungspolitisch nicht unbestritten („Korrumpierung" der Länder durch finanzielle Verlockungen; „Angebotsdiktatur des Bundes", d. h. meist faktischer und politischer Zwang zur Annahme der angebotenen Finanzhilfen; „Entmachtung der Parlamente", insbesondere der Landtage; fachliche Allianzen, „Ressortkumpanei"; undurchsichtige und überzogene „Politikverflechtung"; vgl. auch Rdn. 475 und die politischen Bemühungen zum Abbau der Mischfinanzierungen als dem „trojanischen Pferd" des modernen Bundesstaates).

504 Das ursprüngliche Ziel der **Gemeinschaftsaufgaben** i. w. S., die Erfüllung solcher Staatsaufgaben, die zwar primär originäre Landesaufgaben, aber für die Gesamtheit bedeutsam und zur Verbesserung und Vereinheitlichung der Lebensverhältnisse erforderlich sind, durch eine maßgebliche Beteiligung des Bundes sicherzustellen, ist heute politisch und rechtlich umstritten. Besonders die Gefahren und Probleme bei der Gewährung von Finanzhilfen machen es notwendig, Art. 104 a IV restriktiv auszulegen. Es muß gesehen werden, daß die Vergabe von Mitteln aus dem Bundeshaushalt die Länder in eine Bundesabhängigkeit bringen und damit an deren Eigenständigkeit rühren kann. Die Bundeskompetenzen erschöpfen sich folglich bei der Gewährung von Finanzhilfen gemäß Art. 104 a IV in der bloßen Mittelzuweisung unter den dort genannten Voraussetzungen. Unmittelbare oder mittelbare Eingriffe des Bundes in die Planungs- und Gestaltungsfreiheit der Länder, etwa durch Bedingungen oder Dotationsauflagen, sind unzulässig. Die sachliche und finanzielle Zuständigkeit und Verantwortung der Länder bleibt unberührt. Art. 104 a darf auch keinesfalls dazu benützt werden, strukturelle Fehler in der Verteilung des Steueraufkommens und des Finanzausgleichs (Art. 106, 107) auszugleichen. Die Finanz-

hilfen müssen vielmehr stets sowohl quantitativ als auch qualitativ Ausnahmecharakter besitzen. Dabei müssen die Länder Gelegenheit haben, die schriftlich niederzulegenden Regelungen über die Modalitäten der Gewährung von Finanzhilfen mit zu beeinflussen (vgl. dazu BVerfGE 39, 96, 107ff.; 41, 291, 305ff.). Ob es allerdings – dies sei abschließend angemerkt – die Grundsätze des BVerfG vermögen, den Anwendungsbereich und die -modalitäten der Finanzhilfen auch faktisch auf das notwendige Maß hin einzugrenzen, ist fraglich und muß der weiteren Entwicklung überlassen bleiben (vgl. dazu etwa: Müller-Volbehr DVBl. 1978, 313ff.).

V. Haushalts- und Rechnungswesen

1. Nach Art. 109ff. haben Bund und Länder je unabhängig und eigenverantwortlich **505** einen ein- oder zweijährigen Haushaltsplan aufzustellen, der alle voraussehbaren Einnahmen und Ausgaben vollständig enthalten muß (vgl. zum Haushaltsrecht im einzelnen das HaushaltsgrundsätzeG und die Bundeshaushaltsordnung, Sartorius Nr. 699 und 700). Der in Art. 109 I enthaltene **Grundsatz der Haushaltstrennung von Bund und Ländern,** die Haushaltsautonomie als zwingende Folge der bundesstaatlichen Ordnung, bedeutet, daß der Bund und jedes Land alle finanzrelevanten Aufgaben haushaltsmäßig darzustellen haben und dafür sachlich und vollzugsmäßig die volle Verantwortung tragen. Der Haushaltsplan wird vom Parlament durch Gesetz festgestellt (Art. 110 II; nach noch h. M. ist der Haushalt nur ein formelles Gesetz). Bei der Haushaltsbewilligung besteht also ein grundsätzlicher Vorrang des Gesetzgebers gegenüber der Exekutive. Dabei erschöpft sich das Haushaltsgesetz aber nicht in einer bloßen Feststellung, sondern enthält zugleich eine Bewilligung der veranschlagten Mittel, eine Ermächtigung an die Regierung, diese Mittel für die im Haushaltsplan festgelegten Zwecke auszugeben (BVerfGE 20, 56, 90f.). Dabei entfaltet der Haushaltsplan allerdings Rechtswirkungen nur im Organbereich von Parlament und Regierung und nicht darüber hinaus (vgl. BVerfGE 38, 121, 125). Die wichtigsten Ausgabenblöcke des Bundeshaushalts sind die Verteidigung mit ca. 12% und die sozialen Leistungen mit ca. 29% am Gesamthaushaltsvolumen. Alle übrigen Bereiche liegen unter 10%. Abschließend bleibt noch besonders darauf hinzuweisen, daß die Verabschiedung des Haushaltsplanes durch die Volksvertretung, ein in jahrhundertelangem Ringen im Rahmen des Demokratisierungsprozesses erworbenes Recht **(Budgetrecht),** für das Parlament eine wesentliche Bedeutung zusammen mit Art. 114 (Rechnungslegung und -prüfung, Bundesrechnungshof) sowohl hinsichtlich der Mitwirkung an der Staatsleitung als vor allem auch bei der Ausübung der Kontrolle der Exekutive besitzt (vgl. Rdn. 331 und 342; Kisker, in: HdBStaatsR Bd. IV, § 89).

Der **Haushaltsplan** enthält zusammen mit der Finanzplanung für zentrale Bereiche **505a** der Politik wirtschaftliche Grundsatzentscheidungen; er enthält das ins Finanzielle umgesetzte Regierungsprogramm. Er stellt die Politik des Staates i. S. eines „Gesamtprogramms" für eine Etatperiode dar und ist zugleich ein staatsleitender Hoheitsakt in Gesetzesform. Der Haushalt ist in Einnahmen und Ausgaben vollständig und ausgeglichen aufzustellen (Vollständigkeits- und Ausgleichsgebot nach Art. 110

I; BVerfGE 66, 26, 38; 79, 311, 328f.; Kirchhof NVwZ 1983, 505ff.). In engen Grenzen stehen – abgesehen vom Aufstellen und Vollzug der Haushaltspläne und dem Aufstellen der Jahresrechnungen – auch der Bundesregierung (Art. 111: vorläufige Haushaltsführung; Art. 113: Ausgabenerhöhungen) und dem Finanzminister (Art. 112: Notbewilligungsrecht; BVerfGE 45, 1, 31ff.) bestimmte Kompetenzen zu. Kredite kann der Staat grundsätzlich nur bis zur Höhe der Investitionsausgaben aufnehmen (zu Art. 115 und zur Etathoheit des Parlaments vgl. BVerfGE 45, 1, 31ff.; 79, 311, 328ff.; Janson ZRP 1983, 139ff.; Leibinger/Jordan DÖV 1989, 16ff.; Osterloh NJW 1990, 145ff.; Arndt JuS 1990, 343ff.).

506 2. Der Grundsatz der Selbständigkeit und Unabhängigkeit der Haushaltswirtschaft ist in den Jahren 1967 und 1969 stark relativiert worden (Änderungen des Art. 109 durch das 15. und 20. Gesetz zur Änderung des GG). **Art. 109 Abs. II–IV** stellen heute die Grundsatz- und Ermächtigungsnormen dar, durch die vor allem dem Bund ein vielfältiges Instrumentarium zur wirtschaftlichen Globalsteuerung an die Hand gegeben wird. So wurden in dem **Stabilitätsgesetz** vom 8. 6. 1967 (Sartorius Nr. 720), das aufgrund Art. 109 III und IV erging, einschneidende Maßnahmen für eine konjunkturgerechte Haushaltswirtschaft und zur Abwehr von Störungen des gesamtwirtschaftlichen Gleichgewichts erlassen (mittelfristige Finanzplanung, Investitionsprogramme, Kreditlimitierungen, Konjunkturausgleichsrücklagen, Korrekturen bei der Verteilung des Steueraufkommens usw.; vgl. insbesondere §§ 9, 10, 26ff. StWG; BVerfGE 79, 311, 330ff.). Weiter ist es durch die 1969 erfolgte Änderung des Art. 109 III dem Bund möglich geworden, für Bund und Länder gemeinsame Grundsätze für das Haushaltsrecht zu erlassen (**Haushaltsgrundsätzegesetz** vom 19. 8. 1969, Sartorius Nr. 699). Schließlich ist noch auf die beratenden, aber zentralen Einrichtungen des Finanzplanungsrates (§ 51 HGrG) und des Konjunkturrates (§ 18 StWG) hinzuweisen. Art. 109 II–IV gibt dem Bund Kompetenzen zur Einwirkung auf die Haushaltsführung der Länder, die allerdings grundsätzlich der Zustimmung des Bundesrates bedürfen.

VI. Besondere Problematik

507 Die Finanzverfassung ist kein isoliert stehendes Phänomen des Föderalismus, sondern weit eher der „archimedische Punkt", der entscheidende Eckpfeiler und Lebensnerv der bundesstaatlichen Ordnung. Die Frage, ob das im GG festgelegte ausgeklügelte Finanzverfassungssystem der Wahrung föderativer Selbständigkeit und Unabhängigkeit vor allem der Gliedstaaten bei gleichzeitiger Berücksichtigung der Erfordernisse einer gewissen Vereinheitlichung, Angleichung und wirtschaftlichen Globalsteuerung bestehen kann, ist gegenwärtig nicht zuletzt in Ermangelung einer besseren Lösung mit einem vorsichtigen Ja zu beantworten, muß aber für die Zukunft offen bleiben. Wegen der enormen Bedeutung der Finanzen ist die Beschäftigung mit den Fragen der Finanzordnung eine ständige, bedeutsame Aufgabe. Die aktuellen Fragen des Abbaus von Mischfinanzierungen, der EG-Finanzierung und vor allem der ausreichenden Finanzausstattung der neuen Bundesländer machen dies evident (vgl. Böttcher ZRP 1989, 340ff.; Fiedler DVBl. 1990, 1263ff.).

Die enormen Sachzwänge zwischen Solidarität und Solidität erfordern Überlegungen zur Neuordnung (Rdn. 491 a; Kilian JZ 1991, 425 ff.; Franke VerwArch 1991, 526 ff.).

Literatur: *Hesse* § 7 II 1 d; *Maunz/Zippelius* § 35; *Stern,* Bd. II, §§ 45–51; *Vogel,* Der Finanz- und Steuerstaat, in: HdBStaatsR Bd. I, § 27; *Friauf,* Die Finanzverfassung in der Rspr. des BVerfG, in: Festschrift zum 25jährigen Bestehen des BVerfG, Bd. II 1976, S. 300 ff.; *Selmer,* Finanzordnung und GG, AöR 1976, 238 ff., 399 ff.; *Starck,* Finanzausgleich und Finanzhilfen im Bundesstaat, JZ 1975, 363 ff.; *Klein,* Bund und Länder nach der Finanzverfassung des GG, in: Benda/Maihofer/Vogel (Hrsg.), Handbuch des Verfassungsrechts, S. 863 ff.; *Donner,* Aktuelle Probleme des Finanzausgleichs, ZRP 1985, 327 ff.; *Vogel,* Grundzüge des Finanzrechts des GG, in: HdBStaatsR Bd. IV, § 87.

Wiederholungsfragen und Fälle:

(1) Welche Finanzverfassungssysteme kennen Sie und welche waren bzw. sind in der RV von 1871, in der WV und im GG festgelegt?
Dazu: § 22 I (Rdn. 485 ff.).

(2) Was versteht man unter dem Grundsatz der Konnexität?
Dazu: § 22 II 1 (Rdn. 492; vgl. auch Groß DVBl. 1969, 128).

(3) Aufgrund von Art. 104 a IV und eines Gesetzes über ein Konjunkturprogramm X stellt der Bund den Bundesländern für bestimmte Investitionen 5 Milliarden DM an Zuschüssen zur Verfügung. Da ein Land den Inhalt und die Zielrichtung des Konjunkturprogramms für verfehlt hält und sich weigert, sich daran zu beteiligen, nimmt der Bund aus diesem Land entspr. Anträge unmittelbar von den Gemeinden entgegen und zahlt die Zuschüsse an diese aus. Wäre ein solches Vorgehen zulässig?
Dazu: § 22 IV 3 (Rdn. 503 f.; vgl. BVerfGE 39, 107 ff.; 41, 305 ff.).

§ 23 Rechtsprechung

I. Stellung und Bedeutung der „Dritten Gewalt“

1. Die im IX. Abschnitt des GG in den Art. 92–104 enthaltenen verfassungsrechtlichen Grundsätze stellen gewissermaßen die inhaltliche Wiederaufnahme und Konkretisierung des Grundprinzips der **Rechtsstaatlichkeit,** vor allem der Fundamentalnorm des Art. 20 II 2 dar. Dabei fällt auf, daß im Vergleich zu der doch starken Verflechtung der gesetzgebenden und vollziehenden Gewalt, eine von den anderen Bereichen weitgehend **unabhängige „Dritte“ Gewalt** verfassungsrechtlich festgelegt ist. Für einen demokratischen Rechtsstaat ist gerade in Bezug auf die Rechtsprechung eine betonte „Gewaltentrennung“ unerläßlich. Nur wenn eine unabhängige Gewalt über die Einhaltung der Rechtsordnung wacht, die eben von den übrigen Gewalten grundsätzlich streng gesondert ist, kann von einer Verwirklichung des Rechtsstaatsprinzips gesprochen werden (funktionsmäßige, organisatorische und personelle Gewaltenteilung). Zwar sind wechselseitige Eingriffe auch in den Bereich der rechtsprechenden Gewalt unvermeidlich (vgl. Art. 94 I, 95 II, 98 II; Verwaltung, Organisation und weitgehend auch die personelle Besetzung liegt in **508**

den Händen der Exekutive), doch enthält das GG einige „Sicherungen“, um den Einfluß dieser Einwirkungen auf die Unabhängigkeit der Richter nicht zu groß werden zu lassen (vgl. Art. 33, 97). Da es der Rechtsstaat dem Bürger verwehrt, sein Recht mit Gewalt durchzusetzen, muß der einzelne sein Recht vor staatlichen Gerichten suchen. Aus dem Verbot der Privatgewalt und der **Verstaatlichung der Rechtsdurchsetzung** folgt demnach die verfassungsrechtliche Pflicht des Staates, für die Sicherheit seiner Bürger zu sorgen, die Beachtung ihrer Rechte sicherzustellen und überhaupt eine funktionstüchtige Rechtspflege zu gewährleisten (vgl. BVerfGE 74, 257, 261 f.).

509 2. Gegenüber der WV ist im GG die rechtsprechende Gewalt beträchtlich erweitert und gestärkt worden. Das GG versucht, die Organisation der gesamten Gerichtsbarkeit in den Grundzügen verfassungsrechtlich zu bestimmen und gleichzeitig in einigen grundrechtsartigen Normen das Verhältnis des einzelnen zur rechtsprechenden Gewalt zu regeln. Die **hervorgehobene Rolle und Bedeutung** äußert sich besonders in der Stellung, die das BVerfG im GG als oberstes Verfassungsorgan erhalten hat, in der umfassenden Rechtsweggarantie des Art. 19 IV (dem „formellen Hauptgrundrecht“), in der spezifischen richterlichen Unabhängigkeit und ihrer strengen Bindung an das Recht. Die bedeutsame Stellung der Rechtsprechung wird auch durch folgende Zahlen dokumentiert: Im Jahr 1989 waren in der Bundesrepublik über 17000 Richter beschäftigt, die insgesamt etwa 3 Millionen Gerichtsverfahren bearbeitet und erledigt haben. In diesen Zahlen, der höchsten Richterdichte in der Welt, kommen aber auch deutsche Tugenden wie „Rechthaberei“ und „Perfektionismus“ zum Vorschein, die die Tendenzen zum Rechtsprechungs- und Richterstaat in sich tragen (Busse ZRP 1991, 332 ff.; Blankenburg ZRP 1992, 96 ff.).

510 3. Die „Dritte Gewalt“ wirkt als streitentscheidende, vor allem aber auch rechtswahrende und rechtskontrollierende Gewalt an den Reibungs- und Konfliktspunkten zwischen Norm und Lebenssachverhalt; sie hat den verfassungsverbindlichen Auftrag, in Anwendung der anerkannten juristischen Auslegungsregeln und in der Pflicht zu rational nachvollziehbarer Begründung ihrer Entscheidung diese Reibungspunkte i. S. des demokratischen Gesetzgebers aufzulösen und den Rechtsfrieden zwischen den Beteiligten herzustellen (Benda ZRP 1977, 3). Die **Rechtsfrieden sichernde Funktion** der Justiz, die vor allem durch Rechtssicherheit, Rationalität, Gleichheit, Kontinuität und Autorität erfolgt, ist dabei nicht als bloßer „Durchsetzungsmechanismus“, sondern als ständige Akzeptanz- und Legitimitätsschaffung zu verstehen, wobei die Richter die Aufgabe von Gesetzeswahrern und nur sehr begrenzt und subsidiär von Rechtsgestaltern besitzen. Der gerichtliche Rechtsschutz und die Rechtsprechung überhaupt sind unabdingbare Elemente, „Grundpfeiler“ des Rechtsstaatsprinzips (die Feuerprobe besteht das Recht erst im Gerichtsverfahren). Daran kann auch das Faktum nichts ändern, daß in den letzten Jahren ein Teil der Bevölkerung an die Gerichte viel zu hohe und dann enttäuschte Erwartungen richtete; entsprechendes gilt für den Vorwurf der totalen Justizialisierung der Lebensbereiche und die Ansicht, der Rechtsstaat habe sich zum „Richter- oder Rechtswegestaat“, zur „vorherrschenden Staatsgewalt“ mit einem Kontrollübermaß entwickelt. Die Rechtsprechung ist eben keine „Übergewalt“, nicht omnipotent, sondern unterliegt richterlicher Zurückhaltung und wird in der Regel nur auf

Antrag des Betroffenen tätig (vgl. dazu etwa Kissel NJW 1982, 1777ff.; Maier NJW 1989, 3202ff.; GFE NJW 1990, 1834ff.; Geiß DRiZ 1992, 45ff.).

II. Begriff und Ausgestaltung

1. Eine hinreichend klare **begriffliche Inhaltsbestimmung** der Rechtsprechung ist äußerst schwierig. Die Kennzeichnung der „Dritten Gewalt" als „Rechtsanwendung auf konkrete Sachverhalte" oder als „Streitentscheidung" ist zu eng. Die Umschreibung der Rechtsprechung als „autoritative, verbindliche Festlegung bestrittenen, gefährdeten oder verletzten Rechts in einem geordneten Verfahren durch eine selbständige, unabhängige, neutrale Instanz, die allein nach Gesetz und Recht entscheidet", wird ihrem Wesen und ihrer Funktion noch am ehesten gerecht. **511**

In der Weimarer Republik wurde der in Art. 103 WV enthaltene Begriff „Gerichtsbarkeit" von der ganz h. M. in einem formellen Sinne verstanden. Dies bedeutet, daß sich der Umfang der Gerichtsbarkeit nur durch die gesetzliche Zuweisung von Aufgaben feststellen ließ, daß die Verfassung selbst aber keine bestimmten Aufgaben der Justiz vorbehielt. Im Gegensatz dazu wird heute der Begriff „rechtsprechende Gewalt" in Art. 92 in einem materiellen Sinne ausgelegt. Nach Auffassung des BVerfG wird nur ein **materielles Verständnis des Rechtsprechungsbegriffs** dem Inhalt des Art. 92 gerecht (BVerfGE 22, 49, 73ff.). Die Sorgfalt, die das GG der Hervorhebung der rechtsprechenden Gewalt als Institution und als Kontrollorgan der übrigen Gewalten widmet, wäre schwer verständlich, sollte ihr Umfang schlechthin dem einfachen Gesetzesvorbehalt unterliegen. Gegenüber nur formalen Kriterien, dem bloßen Abstellen auf eine Tätigkeit, die der äußeren Form nach Rechtsprechung darstellt (WV), liegt nach dem GG dem Begriff der rechtsprechenden Gewalt ein Mehr, eine rechtsstaatliche Einrichtungsgarantie, zugrunde (Rdn. 576). Danach beinhaltet Rechtsprechung i. S. des Art. 92 die in besonders geregelten Verfahren zu potentiell verbindlicher, rechtskräftiger Entscheidung führende rechtliche Beurteilung von Sachverhalten in Anwendung des geltenden objektiven Rechts durch ein unbeteiligtes (Staats-)Organ als neutrale Instanz (Entscheidung von Rechtsstreitigkeiten, die traditionell typische Rechtsprechungsaufgaben sind; Rechtsprechende Gewalt und Gewährung von Rechtsschutz „im Namen des Volkes"; vgl. Wolff/Bachof, VerwR I, § 19 I c; Schmidt-Jortzig NJW 1991, 2377ff.). **512**

2. Der „Dritten Gewalt" (Richter) ist die Rechtsprechung gewissermaßen als Monopol übertragen (Gerichts- bzw. **Richtermonopol für Rechtsprechungsfunktionen**). Über den Kreis der in der Verfassung ausdrücklich genannten Aufgaben hinaus (vgl. etwa Art. 13 II, 14 III 4, 15 II, 18, 19 IV, 21 II, 34 III, 41 II, 93, 95; 100, 104 II) gehören demnach gemäß Art. 92 noch weitere Aufgaben zur Rechtsprechung. Mag auch die exakte Grenzziehung in Einzelfällen schwierig sein, so ist doch unzweifelhaft, daß die traditionellen Kernbereiche der Rechtsprechung – bürgerliche Rechtspflege und Strafgerichtsbarkeit, Verwaltungs- und Verfassungsgerichtsbarkeit – der rechtsprechenden Gewalt zuzurechnen sind (typische Rechtsprechungsaufgaben). Nach Auffassung des BVerfG ergibt sich aus Art. 95, 96, daß zumindest die Kernbereiche der herkömmlicherweise den einzelnen dort genannten Gerichtsbarkeiten **513**

übertragenen Aufgaben als Rechtsprechung im materiellen Sinne anzusehen sind (BVerfGE 22, 49, 78). Im Hinblick auf die Strafgerichtsbarkeit folgert das BVerfG daraus, daß sich die Verhängung einer Kriminalstrafe nach dem GG als ein so schwerwiegender Eingriff in die Rechtssphäre des einzelnen darstellt, daß sie unter allen Umständen nur durch den Richter vorgenommen werden darf. Dies bedeutet, daß alle strafrechtlichen Unrechtstatbestände, die durch Kriminalstrafe geahndet werden, zum unentziehbaren Kernbereich des Strafrechts und damit der Rechtsprechung überhaupt gehören, die nach Art. 92 allein durch Richter (rechtsprechende Gewalt) wahrgenommen werden dürfen. Nur wenn der Gesetzgeber mindergewichtige strafrechtliche Tatbestände als Ordnungswidrigkeiten ausgestaltet, ist es zulässig, ein Verwaltungsverfahren vorzusehen, das allerdings seinerseits einer nachträglichen richterlichen Prüfung unterliegen können muß (BVerfGE 22, 49, 81). Bei Ordnungswidrigkeiten liegt also dann noch kein verfassungswidriger Eingriff in den Kernbereich der Dritten Gewalt vor, wenn gewissermaßen nur der „erste Zugriff" der Exekutive zugewiesen ist, und jederzeit die Möglichkeit besteht, eine gerichtliche Überprüfung der Verwaltungsentscheidung herbeizuführen. Aus diesen Gründen hat es das BVerfG für nicht mit dem GG vereinbar angesehen, daß Steuerstrafen von den Finanzämtern geahndet werden (BVerfGE 22, 49, 81; strikte Durchführung der Inkompatibilität, vgl. oben Rdn. 179ff.; zur Friedensgerichtsbarkeit BVerfGE 10, 200, 216ff.).

514 3. Nach Art. 92 I ist rechtsprechende Gewalt den Richtern anvertraut (**Richtervorbehalt** des Art. 92). Der Begriff ist hierbei nicht personell, sondern institutionell zu verstehen, d. h. er ist mit dem Begriff Gericht gleichzusetzen. Das BVerfG verlangt dabei, daß gemäß Art. 92 die rechtsprechende Gewalt durch **staatliche Gerichte** ausgeübt wird (Rechtsprechungsmonopol durch Bundesgerichte oder Gerichte der Länder; BVerfGE 18, 241, 254; 26, 186, 194f.). Die verfassungsrechtlichen Erfordernisse der Staatlichkeit sind danach dann als erfüllt anzusehen, wenn die Errichtung des Gerichts vollständig auf einem Gesetz beruht, es sich materiell um rechtsprechende Funktionen, also um staatliche Aufgaben handelt, und der Staat bei der personellen Besetzung des Gerichts maßgebliche Mitwirkungsrechte besitzt (BVerfGE 26, 186, 195). Wenn eine solche Bindung an den Staat gewährleistet ist, kann die Staatlichkeit auch bei jenen Gerichten vorliegen, die von einer Körperschaft des öffentlichen Rechts getragen werden (z. B. Ärztekammer: BVerfGE 18, 241, 253ff.; Ehrengerichtsbarkeit für Rechtsanwälte: BVerfGE 26, 186, 192ff.; 48, 300, 315ff.; zur Schieds- und Verbandsgerichtsbarkeit: Scholz DÖV 1973, 843ff., Stober NJW 1979, 2001ff.; zur Betriebsjustiz: BAG JZ 1968, 335ff., Kuhlmann JZ 1976, 537ff.). Die Gerichte müssen darüber hinaus nach Art. 20 II von den anderen Gewalten hinreichend getrennt sein, und zwar in organisatorischer und personeller Hinsicht (z. B. kann ein Vorstandsmitglied einer Landwirtschaftskammer nicht gleichzeitig Beisitzer eines Landwirtschaftsgerichts sein: BVerfGE 54, 159, 166ff.).

515 Zum Erfordernis der Unabhängigkeit und Neutralität der Gerichte, die vom BVerfG als Wesensmerkmale der Rechtsprechung angesehen werden, ist besonders die Garantie der sachlichen und persönlichen Unabhängigkeit der Richter (Art. 97 I, II, 98), deren organisatorische Selbständigkeit (Art. 20 II 2) sowie Unbefangenheit und Distanz zu den Verfahrensbeteiligten zu zählen (Staats-, Beteiligten- und

Gesellschaftsunabhängigkeit; Art. 97; BVerfGE 78, 331, 338). Diese Verfassungsgrundsätze dienen zur Verwirklichung der für die Rechtsprechung unbedingt notwendigen Unparteilichkeit und Bindung an das Recht. Die in Art. 97 I den Richtern gewährleistete **sachliche Unabhängigkeit** besteht darin, daß sie nur an das Gesetz gebunden, also frei von Weisungen sind (vgl. Art. 1 III, 20 III – Verfassungs- und Gesetzesgebundenheit der rechtsprechenden Gewalt –; BVerfGE 26, 186, 198). **Persönliche Unabhängigkeit** heißt vor allem grundsätzliche Unabsetzbarkeit und Unversetzbarkeit des Richters (Art. 97 II; BVerfGE 12, 81, 88ff.; 26, 186, 198f. m. w. N.; Dütz JuS 1985, 745ff.; Papier NJW 1990, 8ff.; Schmidt-Jortzig NJW 1991, 2377ff.). Die Rechtsstellung der Richter ist im einzelnen in den Richtergesetzen von Bund und Ländern ausgestaltet und konkretisiert (vgl. Schönfelder, Nr. 97). Zum Verfahren der Bundesrichterwahl: Günther ZRP 1987, 199ff.; Zitscher ZRP 1991, 100ff. Zu den Problemen der **Rechtspflege in den neuen Bundesländern:** Henrichs u. a. NJW 1991, 449ff.; Roggemann NJW 1991, 456ff.; Stelkens JuS 1991, 991ff. und DVBl. 1992, 536ff.; Bohlander JuS 1991, 1031ff.; Limbach ZRP 1992, 170ff.

III. Verteilung der Rechtsprechungskompetenzen

1. Durch Art. 92, subsidär Art. 30, wird auch im Bereich der Rechtsprechung das **516** Bundesstaatsprinzip verwirklicht. Danach steht die Ausübung der rechtsprechenden Befugnisse und die Erfüllung der Rechtsprechungsaufgaben den Ländern zu, soweit das GG keine andere Regelung trifft oder zuläßt. Die Art. 92ff. bestimmen also abschließend, welche Gerichte der Bund errichten kann; die gesamte übrige rechtsprechende Gewalt wird dagegen durch die Gerichte der Länder ausgeübt (Art. 92, 2. Halbs., und 30; **Primärkompetenz der Länder;** BVerfGE 8, 174, 176). Dies bedeutet etwa, daß Sondergerichte des Bundes unzulässig sind, während sie gemäß Art. 101 II unter bestimmten Voraussetzungen durch die Länder errichtet werden können (BVerfGE 26, 186, 192ff.; zum ganzen Blümel, in: HdBStaatsR Bd. IV, § 102).

2. Als oberste Bundesgerichte sind danach gemäß Art. 93–95 zu errichten: das **517** **Bundesverfassungsgericht** (BVerfG in Karlsruhe; Bundesverfassungsgerichtsgesetz, Sartorius Nr. 40), der **Bundesgerichtshof** (BGH in Karlsruhe, Verfahrensgesetze für die ordentliche Gerichtsbarkeit: Gerichtsverfassungsgesetz, Zivilprozeßordnung und Strafprozeßordnung, Schönfelder Nr. 95, 100, 90), das **Bundesverwaltungsgericht** (BVerwG in Berlin, Verwaltungsgerichtsordnung, Sartorius Nr. 600), der **Bundesfinanzhof** (BFH in München, Finanzgerichtsordnung von 1965), das **Bundesarbeitsgericht** (BAG in Kassel, Arbeitsgerichtsgesetz von 1953) und das **Bundessozialgericht** (BSG in Kassel, Sozialgerichtsgesetz von 1958). Aus diesen Gerichten ist gemäß Art. 95 III zur Wahrung der Einheitlichkeit der Rechtsprechung ein gemeinsamer Senat zu bilden (vgl. RsprEinhG, Schönfelder Nr. 95b). Daneben können vom Bund nach Art. 96 I, II, IV das Bundespatentgericht, Wehrstrafgerichte, Disziplinar- und Dienstgerichte errichtet werden. Alle übrigen Gerichte sind Gerichte der Länder. Die Bundesgerichte sind somit im wesentlichen nur für die Revisionsgerichtsbarkeit zuständig (in eng begrenzten, sachlich gerechtfer-

tigten Fällen auch erstinstanzliche Zuständigkeiten; vgl. BVerfGE 8, 174ff.). Zum Gerichtsaufbau vgl. das nachfolgende **Schaubild 16:**

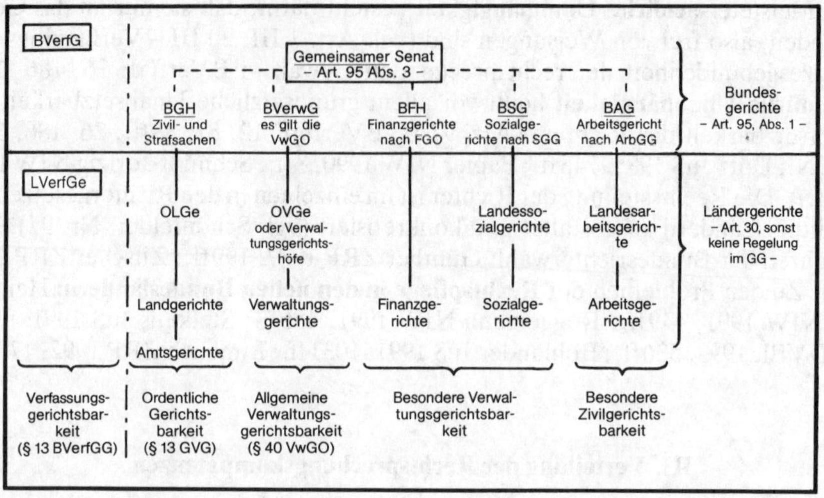

Schaubild 16: Der Gerichtsaufbau, insbes. die Bundesgerichte

IV. Garantien für das gerichtliche Verfahren

518 Das GG enthält in seinem IX. Abschnitt für den Bürger auch Garantien zur Verwirklichung des Rechtsstaatsprinzips im Gerichtsverfahren und bei der Rechtsanwendung (Verfahrensgrundsätze), die auch als **Justizgrundrechte** bezeichnet werden (vgl. Rdn. 209f.). Es handelt sich dabei um folgende Garantien und Rechte:

519 1. Die Garantie des **gesetzlichen Richters** und das Verbot von Ausnahmegerichten (Art. 101 I). Der Grundsatz des gesetzlichen Richters besagt, daß der für den konkreten Fall zuständige Richter im voraus, vor Verwirklichung des einen gesetzlichen Tatbestand bildenden Sachverhalts, generell und so genau wie möglich durch Gesetz und Geschäftsverteilungsplan bestimmt sein muß (BVerfGE 20, 336, 344; 82, 286, 297f.; EuGRZ 1983, 225; zur Unzulässigkeit von Ausnahmegerichten: BVerfGE 10, 200, 212; BayVerfGH NJW 1984, 2813f.).

520 2. Die Bestimmung des Art. 102, „die **Todesstrafe** ist abgeschafft", besagt, daß der Gesetzgeber den Tod als Strafe nicht androhen und der Richter die Todesstrafe nicht verhängen darf (BVerfGE 18, 112, 116f.; kritisch zu Art. 102: Tettinger JZ 1978, 128ff.; Calliess NJW 1988, 849ff.; Ballhausen NJW 1988, 2656ff.).

521 3. Art. 103 I gewährt den Anspruch auf **rechtliches Gehör.** Dieser Rechtssatz, der als Ausprägung des Rechtsstaatsprinzips, als grundrechtsgleiches Recht (Art. 93 I Nr. 4a) und i. V. mit Art. 19 IV gesehen werden muß, gibt jedem an einem gerichtlichen Verfahren Beteiligten einen Anspruch darauf, daß er Gelegenheit erhält, sich zu dem einer gerichtlichen Entscheidung zugrundeliegenden Sachverhalt vor Erlaß der Entscheidung zu äußern, und daß einer gerichtlichen Entscheidung nur solche Tatsachen und Beweismittel zugrundegelegt werden dürfen, zu denen Stellung zu nehmen den Beteiligten Gelegenheit gegeben war. Das Gericht ist verpflichtet, die Anträge und Ausführungen der Beteiligten zur Kenntnis zu nehmen und bei der Entscheidung in Erwägung zu ziehen (Art. 103 I als Prozeßgrundrecht zur Sicherstellung einer verfahrensfehlerfreien Entscheidung; Recht auf Information, Äußerung, Berücksichtigung und angemessene Vertretung sowie auf ein überraschungsfreies, **faires Verfahren;** Gewährleistung eines Mindestbestandes an Rechten im Prozeß; BVerfGE 46, 315, 319; 50, 32, 35f.). Art. 103 I gewährleistet i. V. mit dem Rechtsstaatsprinzip (z.T. auch aus Art. 19 IV bzw. Art. 2 I i. V. mit Art. 20 III und Art. 3 I abgeleitet) einen wirkungsvollen Rechtsschutz (Gebot der Effektivität), einen offenen gerichtlichen Zugang und generell ein prozessuales Verfahren, das sachangemessen, geeignet und für den Rechtssuchenden zumutbar sowie von einer richterlichen Aufklärungs-, Kontroll-, Fürsorge- und Prozeßförderpflicht, aber auch von einer prozessualen Waffen- und Chancengleichheit geprägt ist (vgl. BVerfGE 74, 228, 233f.; 75, 183, 188f.; 81, 123, 126f.; Zierlein DVBl. 1989, 1169ff.). Das „rechtliche Gehör" gilt grundsätzlich auch im Verwaltungsverfahren (vgl. §28 VwVfG; BVerwG NJW 1976, 588). Art. 103 I beinhaltet einen doppelten Zweck: Er dient einer möglichst umfassenden Abklärung der Grundlagen der Entscheidung und sichert die Menschenwürde im Prozeß (dem Rechtssuchenden soll nicht „kurzer Prozeß" gemacht werden, er soll Subjekt, nicht Objekt im Gerichtsverfahren sein). Die überragende Bedeutung des „prozessualen Urrechts" gibt ihm einen konstitutiven und grundsätzlich unabdingbaren Anspruch auf die Gewährleistung effektiven Rechtsschutzes (BVerfGE 55, 1, 5f.; 63, 45, 59f.; 66, 313, 318ff. – Beiordnung eines Anwalts –; 64, 135, 145ff. – Anspruch auf Dolmetscher –; 78, 88, 96ff.; 78, 104, 117ff. und 81, 347, 356f. – Anspruch auf Prozeßkostenhilfe –; BVerfG NJW 1991, 2823f. – kein Überraschungsurteil –; Kopp AöR 1981, 604ff.; Schmidt-Aßmann DÖV 1987, 1029ff.; zu den Grenzen von **Präklusionsvorschriften,** insbesondere zu §§296 und 528 II ZPO: BVerfGE 75, 183, 188ff., 302ff.; 81, 264, 269ff.; Franke NJW 1986, 3049ff.).

4. Art. 103 II normiert den Grundsatz **„nulla poena sine lege"** und das Verbot **522**
rückwirkender Strafgesetze. Jede rückwirkende, analoge oder gewohnheitsrechtliche Strafbegründung und Strafverschärfung ist unzulässig (BVerfGE 71, 108. 113ff.; 81, 132, 135f.). Außerdem müssen die Straftatbestände vom Gesetzgeber selbst festgelegt und für den einzelnen vorhersehbar, d.h. hinreichend genau bestimmt sein (vgl. BVerfGE 25, 269, 284ff.; 57, 250, 262; 64, 389, 393ff.; 75, 329, 340ff.; 78, 374, 381ff.; zur Bestimmtheit des §240 StGB: BVerfGE 73, 206, 230ff.).

5. In Art. 103 III ist ein **Verbot mehrmaliger Bestrafung** wegen derselben Tat **523**
aufgrund der allgemeinen Strafgesetze festgelegt. Dieses Prinzip des „ne bis in idem" läßt also eine zweimalige Verurteilung in derselben Sache, einem einheitlichen Lebensvorgang, grundsätzlich nicht zu (BVerfGE 23, 191, 202f.; 56, 22, 27f.; zur Ausnahme bei Disziplinarstrafen vgl. BVerfGE 28, 264, 277ff.).

6. Art. 104 gewährt dem Bürger gegenüber der Staatsgewalt Rechtsgarantien bei **524**
Freiheitsentziehung. Diese Bestimmung enthält das formelle Freiheitsgrundrecht,

das mit der materiellen Freiheitsgarantie des Art. 2 II 2 in unlöslichem Zusammenhang steht (vgl. Rdn. 701; BVerfGE 83, 24, 30ff.; Gusy NJW 1992, 457ff.).

525 7. Schließlich ist hier vollständigkeitshalber noch die **Rechtsweggarantie** des Art. 19 IV, das „formelle Hauptgrundrecht", zu nennen. Dadurch wird die rechtssstaatliche Forderung nach möglichst lückenlosem und effektivem, die prozessuale „Waffengleichheit" berücksichtigenden gerichtlichen Schutz gegen die Verletzung der Rechtssphäre des einzelnen durch Eingriffe der öffentlichen Gewalt gewährleistet (wirksamer Rechtsschutz als subjektiv-öffentliches Recht; vgl. etwa § 13 BVerfGG; § 40 VwGO; aber auch § 13 GVG; BVerfGE 49, 329, 340f.; 67, 43, 58; 78, 88, 99; Schenke JZ 1988, 317ff.; status activus processualis; vgl. Rdn. 209, 583, und 664).

V. Verfassungsgerichtsbarkeit

526 1. **Bedeutung der Verfassungsgerichtsbarkeit:** Gegenüber dem Staatsgerichtshof nach Art. 108 WV kommt dem BVerfG im GG eine wesentlich stärkere, zentrale Stellung zu (Robbers JuS 1990, 257, 262). Diese ergibt sich einerseits aus dem besonderen Status des BVerfG und der Verfahrensgestaltung (Art. 94; BVerfGG; insbesondere § 31 BVerfGG – Wirkung der Entscheidungen –), die die Verfassungsgerichtsbarkeit im GG erfahren hat, sowie andererseits aus den dem BVerfG zugewiesenen wesentlich umfassenderen Aufgaben (abstrakte Normenkontrolle – Art. 93 Nr. 2 –; insbesondere aber die Verfassungsbeschwerde, die für die Grundrechtsgewährleistung eine eminente Bedeutung erlangt hat – Art. 93 Nr. 4a –). Diese starke Stellung verleiht dem BVerfG einen begrenzten Anteil an der obersten Staatsgewalt, macht es zu einem selbständigen, unabhängigen obersten Staatsorgan und schaltet damit die rechtsprechende Gewalt (insbesondere durch das BVerfG) aktiv in das Balancierungs- und Kontrollsystem des Gewaltenteilungsprinzips ein. Das BVerfG handelt dabei in einer Doppelfunktion als Gericht und als mit höchster Autorität ausgestattetes Verfassungsorgan der „Dritten Gewalt". Seine Sonderstellung als Gericht zur Wahrung der Verfassungsmäßigkeit auf der Ebene der Verfassungsorgane und im Verhältnis zum Bürger sowie seine hervorgehobene Funktion auch im politischen Prozeß begründen seine starke Stellung im Gefüge des GG (oberster „Hüter der Verfassung" und Garant des Rechts; z. T. Drohung mit dem „Gang nach Karlsruhe"). Seine herausragende Bedeutung wird auch aus der Tatsache ersichtlich, daß bis Ende 1990 knapp 82000 Verfahren bei ihm anhängig gemacht wurden (davon hatten rd. 2% Erfolg).

527 2. **Wesen der Verfassungsgerichtsbarkeit:** Zentraler Gegenstand der Verfassungsgerichtsbarkeit, d.h. dem Gerichtsbarkeitsbereich, der letztendlich über Verfassungsrechtsfragen entscheidet, ist die Verfassung. Sie setzt deshalb als Grundlage eine möglichst umfassend kodifizierte Verfassung, die den Staat normativ ordnet und für alle Staatsorgane Verbindlichkeit besitzt, aber auch eine echte, unabhängige Gerichtsbarkeit voraus. Durch die Verfassungsgerichtsbarkeit gewinnt im staatlichen und gesellschaftlichen Leben die geschriebene Verfassung eine besondere Bedeutung, indem sie für das Verfassungsgericht den obersten Prüfungsmaßstab und die entscheidende Prüfungsnorm darstellt. Die Verfassung ist Geltungsgrundlage für das gesamte staatliche Recht und alle Staatstätigkeiten. Ziel der Verfassungsgerichtbarkeit ist es besonders, über die „Befolgung“ des GG zu wachen, die Verfassung zu schützen, zu bewahren und zu interpretieren („Hüter der Verfassung“), also die rechts- und sozialstaatliche Grundordnung, insbesondere die Grundrechte, zu aktualisieren und zu garantieren, d. h. alles staatliche Wirken dem Maßstab, dem **Primat des Verfassungsrechts** zu unterwerfen. Die zentralen **Aufgaben des BVerfG** sind demnach folgende: den Inhalt der Verfassungsnormen im Streitfall autoritativ festzustellen, das Verfassungsrecht zu konkretisieren und fortzubilden sowie die Anforderungen und Maßstäbe des Verfassungsrechts gegenüber den politischen Entscheidungen des gesetzgebenden Parlaments und der Regierung, gegenüber der Ausübung öffentlicher Verwaltung und auch rechtsprechender Gewalt zur Geltung zu bringen. Verfassungsgerichtsbarkeit ist also nicht nur Rechtsprechung, sondern im Kern auch Beschränkung des Gesetzgebers und bedeutet Kontrolle und Ausgleich der politisch-parlamentarischen Mehrheitsherrschaft (Machtbegrenzungs-, Beständigkeits- und Sicherheitsfunktion; BVerfG als Kontrollorgan im gewaltengeteilten System des GG; Ausgleichs-, Integrations- und Befriedungsfunktion; vgl. Vogel DÖV 1978, 665ff.).

Über das **Wesen** der Verfassungsgerichtsbarkeit, einer Rspr mit politischem Ak- **528**
zent, bestehen vielfältige Auffassungen, wobei man vereinfacht zwei Hauptrichtungen unterscheiden kann: Die eine Meinung hält die Urteile des BVerfG für echte Gerichtsentscheidungen (materielle Rechtsprechung), während die andere Auffassung in den Urteilen des BVerfG politische Entscheidungen sieht, die nur in justizförmiger Gestalt ergehen (nur formelle Rechtsprechung). Diese spezifische Problematik der Verfassungsgerichtsbarkeit ergibt sich aus ihrer Berührung mit bzw. ggf. aus der Wahrnehmung von Funktionen der politischen Leitung und Gestaltung, aus dem ihr wesensmäßig innewohnenden Dualismus von Recht und Politik, aber auch aus dem hohen Abstraktionsgrad und der „Offenheit“ der Verfassungsnormen. Das BVerfG hat häufig Fragestellungen zu entscheiden, die von ganz erheblichem politischem Einschlag und folglich meist von weitreichender politischer Tragweite und Wirkung sind. Ohne Zweifel muß der Ausgangspunkt und das ganz entscheidende Schwergewicht der BVerfG-Entscheidungen in der rechtlichen Wertung, eben in der Verfassungsinterpretation, liegen. Dabei ist aber zu berücksichtigen, daß es die Verfassungsgerichtsbarkeit mit einem politischen Gegenstand zu tun hat (GG als **„politisches Recht“**), ihre Mitglieder von politischen Instanzen berufen werden (Richterwahl), und ihre Entscheidungen mehr oder weniger weitreichende politische Wirkungen auslösen. Dabei sind dem BVerfG allerdings Grenzen bei der verfassungsrechtlichen Kontrolle und Entscheidung gesetzt. Gegenüber Gesetzgebungsakten ist es zu einer gewissen Zurückhaltung verpflichtet und darf nicht ohne weiteres die Wertungen des Gesetzgebers, dem Inhaber des Rechtssetzungsmonopols, durch seine eigenen austauschen. Das BVerfG hat eben primär die Aufgabe der Verfassungsrechtskontrolle und nicht die eines „Obergesetzgebers“; es darf politische Wertungen und Zweckmäßigkeitsgesichtspunkte nicht nachprüfen (Grundsatz der verfassungsrichterlichen Selbstbeschränkung; **„judicial-self-restraint“;** Gesetzesrecht ist allemal besser als Richterrecht; Richter sind aber auch als

Ersatz entschlußloser Gesetzgeber ungeeignet; vgl. etwa BVerfGE 39, 1, 51ff. und 69ff.; vgl. auch unten Rdn. 543f.). Verfassungsgerichtsbarkeit ist demnach Rechtsprechung über das „Politische“, darf aber keinesfalls mit „politischer Gerichtsbarkeit“ gleichgesetzt werden.

529 3. **Verfassung des BVerfG:** Wie bereits erwähnt, ist das BVerfG ein oberstes Verfassungsorgan des Bundes und außerdem gemäß Art. 92 das höchste Rechtsprechungsorgan (vgl. § 1 BVerfGG!). Es ist in zwei Senate, die je mit acht Richtern besetzt sind, gegliedert (§ 2 BVerfGG). Die Zuständigkeitsverteilung auf die beiden Senate („Zwillingsgericht“) ergibt sich aus § 14 BVerfGG (Zuck NJW 1990, 2452ff.). Die Entscheidung eines Senats ist für den anderen bindend. Nur durch Plenarentscheidung kann davon abgewichen werden (§ 16 BVerfGG). Die Richter des BVerfG, die bestimmte Qualifikationen besitzen müssen (§ 3 BVerfGG), werden vom Bundestag und Bundesrat für die Amtszeit von zwölf Jahren gewählt (§ 4 BVerfGG). Das Wahlverfahren ist in den §§ 5–9 BVerfGG festgelegt (zur Parteipolitik bei der Richterwahl: Preuß ZRP 1988, 389ff.; Zitscher ZRP 1991, 100ff.).

530 4. **Zuständigkeiten des BVerfG:** Das GG legt die Zuständigkeiten des BVerfG nicht mittels einer Generalklausel (vgl. etwa § 40 VwGO) fest, sondern geht von dem **Enumerationsprinzip** aus, d. h. die Zuständigkeiten des BVerfG sind im GG abschließend aufgezählt. Ausnahmsweise können, was zur Zeit nicht der Fall ist, gemäß Art. 93 II dem BVerfG auch durch einfaches Bundesgesetz Kompetenzen übertragen werden. Die gesamten Zuständigkeiten, die über das GG verteilt sind, werden in **§ 13 BVerfGG** zusammengestellt, gewissermaßen katalogisiert. Danach bezieht sich die Verfassungsgerichtsbarkeit allein auf verfassungsrechtliche Streitigkeiten, für die aber ein Monopol des BVerfG besteht (vgl. etwa § 40 VwGO). Die Vielzahl der Zuständigkeiten des BVerfG lassen sich grob in fünf Zuständigkeitsgruppen einteilen:

531 a) **Parteienklagen** (Verfassungsstreitigkeiten im engeren Sinne): Hierbei handelt es sich vor allem um **Organstreitigkeiten** auf Bundesebene (zwischen oder innerhalb von Bundesorganen bzw. von Organteilen und anderen Beteiligten i. S. von § 93 BVerfGG über Umfang ihrer Rechte und Pflichten, über Kompetenzbeeinträchtigungen usw.; verfassungsgerichtlicher Funktionenschutz) oder Streitigkeiten aus dem Bund/Länder-Verhältnis (**bundesstaatliche Streitigkeiten;** verfassungsgerichtliche Kompetenzkontrolle; vgl. Art. 93 I Nr. 1, 3, 4, 84 IV 2, § 13 Nr. 5, 7, 8 und §§ 63–72 BVerfGG). Es handelt sich hier um eine Klageart, bei der sich Antragsteller und Antragsgegner gegenüberstehen. Als Verfahrensvoraussetzungen müssen die Antragsberechtigung und ein Rechtsschutzinteresse gegeben sein (§§ 63, 64, 68, 71 BVerfGG; auch ein Ausschuß oder eine Fraktion, bei statusbezogenen Streitigkeiten auch ein einzelner Abgeordneter oder eine Partei sind parteifähig: BVerfGE 66, 107, 115; 67, 100, 125ff.; 70, 324, 350; 79, 379, 383f.). Die Wirkungen der Entscheidungen in diesem Verfahren ergeben sich aus §§ 67, 31 I BVerfGG.

532 b) Die gerichtliche Verwerfung bzw. Ungültigkeitserklärung parlamentsbeschlossener Gesetze ist ein bedeutsames verfassungspolitisches Problem. Das GG hat die Normgültigkeitsfrage differenziert und ausgewogen festgelegt und beim BVerfG

konzentriert. Bei den Normenkontrollverfahren wird zwischen abstrakten und konkreten unterschieden.

Eine **abstrakte Normenkontrolle** liegt dann vor, wenn generell Rechtsnormen auf ihre Vereinbarkeit mit übergeordneten Normen geprüft werden, d.h. wenn unabhängig, losgelöst von einem konkreten Rechtsstreit das Verhältnis von Normen zueinander untersucht wird. Die Aufgabe dieses Verfahrens ist darin zu sehen, daß dadurch Rechtssicherheit gewährt und ein Instrument geschaffen werden soll, das die rechtliche Kontrollfunktion der Dritten Gewalt gegenüber dem Gesetzgeber effektiv ermöglicht („Hüter der Verfassung"). In diesem Verfahren hat das BVerfG auf Antrag eines eng begrenzten Kreises von Antragstellern ein umfassendes Prüfungs- und Verwerfungsmonopol. Gemäß Art. 93 I Nr. 2, §§ 13 Nr. 6, 76ff. BVerfGG kann das gesamte Bundesrecht auf seine Vereinbarkeit mit dem GG sowie Landesrecht auf seine Vereinbarkeit mit dem GG oder sonstigem Bundesrecht überprüft werden; Prüfungsgegenstand können also alle Rechtsnormen sein (auch Rechtsverordnungen und Satzungen). **Verfahrensvoraussetzungen** sind gemäß § 76 BVerfGG **(1)** die Antragsberechtigung sowie **(2)** das Vorliegen irgendwelcher konkreter Meinungsverschiedenheiten oder Zweifel (Klarstellungsinteresse). Der Entscheidung in diesem Verfahren kommt nach §§ 78, 31 II BVerfGG Gesetzeskraft zu (vgl. BVerfGE 20, 86ff.). **532a**

Das Verfahren der **konkreten Normenkontrolle** – KNK – (Art. 100, §§ 13 Nr. 11, 14, 80ff., 86ff. BVerfGG) kann nur im Zusammenhang mit einem anhängigen konkreten Rechtsstreit, für dessen Entscheidung es auf die Gültigkeit der zu prüfenden Normen ankommt, durchgeführt werden. Ausgangspunkt ist also ein zur Entscheidung anstehender Einzelfall. Die KNK ist im Rahmen des gerichtlichen Ausgangsverfahrens Teil eines einheitlichen Prozesses, ein Zwischenverfahren, das verselbständigt und in die ausschließliche Zuständigkeit des BVerfG gelegt ist. Dadurch soll verhindert werden, daß jeder Richter sich über den Willen und die Autorität des nachkonstitutionellen Gesetzgebers hinwegsetzen kann. Die KNK muß also der Entscheidung des anhängigen Ausgangsverfahrens dienen und außerdem die zusätzliche, wesentliche Funktion erfüllen, durch allgemein verbindliche Klärung verfassungsrechtlicher Fragen divergierende Entscheidungen der Gerichte, Rechtsunsicherheit und Rechtszersplitterung zu vermeiden (vgl. BVerfGE 20, 351f.; 42, 49f,; Gerontas DVBl. 1981, 1089ff.). Sinn dieses Verfahrens ist es also, den konkreten Fall auf einer sicheren Rechtsbasis entscheiden zu können und die Einheitlichkeit der Verfassungsrechtsprechung zu wahren. Die Aufgabe des BVerfG ist vom Grundsatz der Subsidiarität geprägt und beschränkt sich auf die Nachprüfung und Verwerfung der vorgelegten, konkreten Rechtsnorm (BVerfGE 78, 20, 24). **533**

Voraussetzung für die Anrufung des BVerfG im Verfahren der KNK ist: **(1)** Das vorlegende Gericht, bei dem das Verfahren anhängig ist, muß das Gesetz für verfassungswidrig halten (überzeugt sein); rechtliche Zweifel genügen nicht. Die Antragsberechtigung liegt dabei ausschließlich bei den Gerichten (Richtervorlage). **(2)** Bei der Entscheidung des konkreten Rechtsstreits muß es auf das für verfassungswidrig erachtete Gesetz ankommen, es muß für die konkrete Streitentscheidung eine entscheidende Rolle spielen; die Vorlage muß in diesem Sinne unerläßlich **534**

sein (Entscheidungserheblichkeit liegt nur vor, wenn bei einer Normungültigkeit anders entschieden werden müßte, bloße Normauslegungsprobleme reichen nicht; Art. 100, § 80 II BVerfGG; BVerfGE 42, 42, 50; 58, 300, 317f.; 72, 51, 60ff.; 83, 111, 116f.; Sachs DVBl. 1985, 1106ff.). **(3)** Bei der zu überprüfenden Rechtsnorm muß es sich um nachkonstitutionelles Recht handeln (Prüfungsnorm muß nach dem 23. 5. 1949 in Kraft getreten sein). Bei vorkonstitutionellem Recht entscheidet jedes Gericht selbständig. Der Grund dafür liegt darin, daß eben bei vorkonstitutionellem Recht die Autorität der auf dem GG beruhenden gesetzgebenden Gewalt (Bundestag) unberührt bleibt. Nachkonstitutionelles Recht liegt bereits dann vor, wenn der Gesetzgeber nach Inkrafttreten des GG die entsprechende Norm „in seinen Willen aufgenommen" und damit bestätigt hat (konkreter Bestätigungswille durch Neuverkündung, größere Novellierung, Änderung, Verweisung usw. eines vorkonstitutionellen Gesetzes; nach 40 Jahren ist dies im Zweifel anzunehmen; vgl. etwa BVerfGE 29, 39, 42f.; 63, 181, 187ff.; 71, 224, 227f.). Prüfungsgegenstand (-norm) können somit nur nachkonstitutionelle Gesetze im formellen Sinne sein. Prüfungsmaßstab ist das GG. Die Wirkung der Entscheidungen ergibt sich aus §§ 82, 78, 31 II BVerfGG.

535 c) **Die Verfassungsbeschwerde** – VB – ist ihrem Wesen nach ein zusätzlicher, spezifischer Rechtsbehelf des Bürgers gegen den Staat mit dem Zweck, daß alle Akte der gesetzgebenden, vollziehenden und richterlichen Gewalt auf ihre „Grundrechtmäßigkeit" hin nachprüfbar sein sollen (**Rechtsbehelf gegen Grundrechtsverletzung;** Art. 93 I Nr. 4a, 4b; §§ 13 Nr. 8a, 90ff. BVerfGG). Im Gesamtsystem der verfassungsgerichtlichen Zuständigkeiten ist die VB Ausdruck der besonderen Bedeutung, die das GG den Grundrechten für die verfassungsmäßige Ordnung des Gemeinwesens beimißt (Vorrang der Verfassung, insbesondere der Grundrechte). Der VB kommt eine doppelte Funktion zu: Sie wird einmal dem Bürger zur Gewährleistung seiner individuellen Grundrechte eingeräumt und dient zum anderen der Auslegung und Fortbildung des objektiven Verfassungsrechts. Verfahrensrechtlich ist sie als außerordentlicher Rechtsbehelf ausgestaltet, der nur subsidiär und unter wesentlich engeren Voraussetzungen zulässig ist als die allgemeinen Rechtsmittel (BVerfGE 33, 247, 258; 51, 130, 138f.; Erichsen Jura 1979, 274ff.; 335ff.; 391ff.; Klein DÖV 1982, 797ff.; Zuck JuS 1988, 370ff.; Weber JuS 1992, 122ff.).

536 Für die Zulässigkeit der VB müssen folgende **Voraussetzungen** gegeben sein: **(1)** Der Beschwerdeführer muß eine Grundrechtsverletzung durch einen Akt der öffentlichen Gewalt behaupten (§ 90 I BVerfGG; Möglichkeit des Vorliegens einer eigenen, gegenwärtigen und unmittelbaren **Grundrechtsbeschwer;** Grundrechtsrüge; Rechtsschutzbedürfnis). In Art. 93 I Nr. 4a sind die Grundrechte – subjektiv-öffentliche Verfassungsrechte – abschließend, enumerativ aufgezählt. Unter einem „Akt der öffentlichen Gewalt" ist jede öffentlich-rechtliche Tätigkeit des Staates oder seiner Untergliederung zu verstehen (nicht nur der Verwaltung, sondern auch des Gesetzgebers und der Gerichte). Für die VB gegen Gesetze verlangt das BVerfG zusätzlich, daß das Gesetz den Beschwerdeführer „selbst, gegenwärtig und unmittelbar in seinen Rechten" verletzen muß (BVerfGE 20, 283, 290; 60, 360, 369ff.; 72, 39, 42ff.; 74, 69, 74f.; 79, 1, 13ff.; Schenke NJW 1986, 1451f.; Detterbeck DÖV 1990, 558f.). Durch diese erste Voraussetzung soll verhindert werden,

daß die VB zur Popularklage wird. **(2)** Gemäß § 90 II 1 BVerfGG muß der Rechtsweg ausgeschöpft, in der Regel der ganze Instanzenzug durchlaufen sein. Es gilt der Grundsatz der Subsidiarität dieses Rechtsmittel **(Prinzip der Rechtswegerschöpfung).** Dieses Erfordernis, das eine besondere Ausprägung des Rechtsschutzbedürfnisses darstellt, verlangt, daß die behauptete Grundrechtsverletzung zunächst im sachnächsten Verfahren geltend gemacht wird, und die VB nur den letzten und subsidiären Rechtsbehelf darstellt (zuerst Ausschöpfung aller zulässigen und zumutbaren Rechtsmittel, also umfassende fachgerichtliche Sachverhaltsaufklärung und rechtliche Vorprüfung im Instanzenzug; BVerfGE 42, 243, 249; 72, 39, 42ff.; 77, 381, 400ff.). Die Ausnahmen des § 90 II 2 sind deshalb eng auszulegen (BVerfGE 69, 315, 340f.; 70, 180, 185ff.; 80, 40, 45ff.). **(3)** Bei der Einlegung der VB müssen Fristen eingehalten werden (§ 93 I, II BVerfGG). **(4)** Schließlich muß in einem Annahmeverfahren, in einem dem zuständigen Senat vorgeschalteten **Vorprüfungsverfahren,** durch eine aus drei Richtern bestehende Kammer (Dreiergremium) über die Annahme des Rechtsbehelfs zur Entscheidung beschlossen werden (vgl. im einzelnen Art. 94 II 2, §§ 93a, 93b, 93c und 15a BVerfGG). Damit sollen offensichtlich unzulässige und unbegründete VB ausgesondert werden (§ 93b I Nr. 2 BVerfGG: „keine hinreichende Aussicht auf Erfolg"). Dieses Verfahren ist erforderlich, wenn man bedenkt, daß ca. 97% der eingereichten VB von den Vorprüfungsausschüssen nicht angenommen werden, da sie oft mit querulatorischem oder verfassungsfremdem Inhalt begründet werden und insgesamt auch nur etwa 2% letztlich Erfolg haben. Das Annahmeverfahren wurde vor allem zur Entlastung des BVerfG eingeführt (von den bis 31. 12. 1990 insgesamt 81996 anhängigen Verfahren waren 78449 VB, also ca. 96%). Zur Problematik des § 93b BVerfGG und zur „heimlichen Macht" der Vorprüfungskammern vgl. BVerfGE 19, 88, 91; Benda NJW 1980, 2097ff.; Zuck NJW 1986, 968ff.

Gemäß Art. 93 I Nr. 4b, § 91 BVerfGG können die Gemeinden und Gemeindever- **537**
bände VB mit der Behauptung erheben, ihr Selbstverwaltungsrecht des Art. 28 II sei verletzt. Wegen dem in § 91 S. 2 BVerfGG enthaltenen Subsidiaritätsgrundsatz ist die Bedeutung dieses Rechtsbehelf vor dem BVerfG allerdings begrenzt (vgl. BVerfGE 71, 25, 34ff.; 76, 107, 112ff.; 79, 127, 141; Clemens NVwZ 1990, 834ff.).

d) **Anklageverfahren** (strafähnliches Verfahren): Traditionell fallen in diese Rechts- **538**
behelfsgruppe die Minister-, Abgeordneten- und Richteranklageverfahren. Dem Verfassunggeber des GG schien die Minister- und Abgeordnetenanklage entbehrlich zu sein. Das GG kennt deshalb nur die **Anklage des Bundespräsidenten** (Art. 61, §§ 13 Nr. 4, 49ff. BVerfGG) und die **Richteranklage** (Art. 98 II, §§ 13 Nr. 9, 58ff. BVerfGG). Zu dieser Gruppe sind weiter auch die Anklageverfahren zum Schutz vor verfassungsfeindlicher Betätigung zu rechnen. Diese Verfahren dienen der Sicherung der freiheitlichen demokratischen Grundordnung, letztlich also dem Schutz der Verfassung und des Staates selbst (vgl. Rdn. 155). Nach Art. 18, §§ 13 Nr. 1, 36ff. BVerfGG kann auf Antrag bei Grundrechtsmißbrauch durch das BVerfG die **Grundrechtsverwirkung** ausgesprochen werden. Obwohl die Tatbestandsvoraussetzungen für dieses Verfahren weit gefaßt sind, wurde vom BVerfG bis heute noch keine Grundrechtsverwirkung ausgesprochen (vgl. BVerfGE 11, 282f.). Hierher gehört schließlich auch das Verfahren über das **Verbot politischer Parteien.** Das

in Art. 21 II, §§ 13 Nr. 2, 43ff. BVerfGG festgelegte Verfahren gibt die rechtliche Möglichkeit, „verfassungsfeindliche“ politische Parteien auszuschalten (zum Parteienprivileg und Entscheidungsmonopol des BVerfG vgl. Rdn. 288f.). Bisher wurden vom BVerfG die Sozialistische Reichspartei (SRP – BVerfGE 2, 1ff.) und die Kommunistische Partei Deutschlands (KPD – BVerfGE 5, 85ff.) verboten.

539 e) Die fünfte und letzte Rechtsbehelfsgruppe kann man mit der Rubrik „Sonstige Verfahren“ umschreiben. Hierher gehört insbesondere die Entscheidung des BVerfG über Beschwerden gegen Bundestagsentscheidungen im **Wahlprüfungsverfahren** (Art. 41, §§ 13 Nr. 3, 48 BVerfGG).

540 5. **Besonderheiten des Verfahrens:** Das Verfahren der Verfassungsgerichtsbarkeit ist recht unterschiedlich ausgestaltet und von den Besonderheiten der einzelnen Zuständigkeiten geprägt. Es nähert sich, je nach Verfahrensart, dem Zivil-, dem Straf- oder dem Verwaltungsprozeß an. Eine gewisse Eigenständigkeit des Verfahrens vor dem BVerfG läßt sich gleichwohl u. a. aus einer etwas freieren Handhabung des Prozeßrechts (vgl. etwa §§ 24, 26 BVerfGG) und einem großzügigeren Hinweggehen über Bagatellstreitigkeiten (vgl. § 93b BVerfGG) ableiten. Das BVerfG wird nie von sich aus aktiv, sondern gewährt Rechtsschutz nur auf Antrag.

541 Eine besondere Bedeutung kommt bei der Verfassungsgerichtsbarkeit der Frage zu, welche Wirkungen die Entscheidungen entfalten. Wie alle Gerichtsentscheidungen, so erlangen auch diejenigen des BVerfG **Rechtskraft** unter den am Verfahren beteiligten Parteien (hinsichtlich Urteilstenor und die ihn tragenden Urteilsgründe). Die Eigenart der Verfassungsgerichtsbarkeit (Vorrang der Verfassung) macht es aber in vielen Fällen notwendig, über die Parteien hinaus verbindliche Feststellungen zu treffen. Dies erfolgt einmal durch die **Verbindlichkeit der Entscheidungen** gemäß **§ 31 I BVerfGG** (z. B. in den Fällen der §§ 67 S. 3, 72, 78 und 95 BVerfGG). Hiernach wird die bindende Wirkung der Entscheidung (Urteilstenor und die ihn tragenden Gründe) über die beteiligten Parteien hinaus auf alle Verfassungsorgane des Bundes und der Länder sowie alle Behörden und Gerichte angeordnet. Darüber hinaus haben in den Fällen des **§ 31 II BVerfGG** die Entscheidungen des BVerfG **Gesetzeskraft** (insbesondere in den Normenkontrollverfahren). Ein für nichtig erklärtes Gesetz, das im BGBl. veröffentlicht wurde, ist von Anfang an nichtig; es ist also materiell niemals in Kraft getreten (anders als bei einer Gesetzesaufhebung durch den Gesetzgeber; vgl. etwa § 79 BVerfGG). Gleichwohl ist die Entscheidung des BVerfG nur Rechtsfeststellung und keine Rechtssetzung. Das Urteil bleibt Urteil (Gerichtsentscheidung). Es erlangt lediglich die Wirkung, die sonst nur dem Gesetzgeber zusteht (zur Rechtskraft, Bindungswirkung und Gesetzeskraft nach § 31 BVerfGG: Lange JuS 1978, 1ff.; Seuffert AöR 1979, 169ff.). Zu den Grenzen des sog. „Normwiederholungsverbots“: BVerfGE 77, 84, 103f.

542 Zu nennen ist ferner noch der einstweilige Rechtsschutz. Das BVerfG kann gemäß § 32 BVerfGG durch **einstweilige Anordnung** bis zur Entscheidung in der Hauptsache einen Zustand aus wichtigen Gründen vorläufig regeln. Das BVerfG hat bisher von dieser Möglichkeit relativ sparsamen Gebrauch gemacht (nur bei Vorliegen besonders wichtiger Gründe des Gemeinwohls; vgl. BVerfGE 12, 36, 39f.; 64, 67, 69ff.; 77, 130, 134f.; 80, 74, 79ff.; 82, 162, 171f.; 82, 310, 312f.).

6. **Einfluß und Grenzen:** In den letzten 40 Jahren ist ein beachtlicher Bedeutungszuwachs der Rechtsprechung, besonders der Verfassungsgerichtsbarkeit, zu verzeichnen („Emanzipation der Dritten Gewalt"). Das BVerfG hat durch zahlreiche wegweisende, grundlegende, teilweise auch umstrittene Entscheidungen praktisch auf alle Rechtsgebiete maßgeblich eingewirkt. Mittels der konkreten Normenkontrolle oder der Verfassungsbeschwerde kann das BVerfG ja auch mit der verfassungsrechtlichen Seite jedes Rechtsstreits befaßt werden. Die Verfassungsgerichtsbarkeit unterwirft alles staatliche Handeln dem Maßstab des Rechts. Aufgrund seiner Autorität hat das BVerfG bisher auch in höchst politischen Entscheidungen den „Primat des Verfassungsrechts" zur Geltung bringen können. Die Verfassungsgerichtsbarkeit gehört deshalb heute zum Wesen des Rechtsstaates. Im Gefüge der Rechtsprechung hat sich das BVerfG als unentbehrlicher „Hüter der Verfassung" herausgestellt. **543**

Abschließend ist nochmals auf die Frage nach den **Grenzen** der Verfassungsgerichtsbarkeit zurückzukommen (vgl. Rdn. 528). Das BVerfG räumt dem Gesetzgeber einen weiten Raum gesetzgeberischen Ermessens ein (Einschätzungs- und Wertungsprärogative, Gestaltungsspielraum; vgl. etwa BVerfGE 77, 381, 405). Es prüft grundsätzlich nur, ob die äußersten Grenzen dieses Bereichs überschritten sind, dagegen nicht, ob die Lösung des Gesetzgebers die zweckmäßigste, vernünftigste oder gerechteste ist. Es darf also grundsätzlich nicht an die Stelle des Gesetzgebers treten und hat gegenüber politischen Entscheidungen die Pflicht zur Zurückhaltung (das BVerfG ist kein „Obergesetzgeber"; es hat sich keineswegs vom „Hüter" zum „Herrn" der Verfassung entwickelt; vgl. BVerfGE 27, 111, 127f.; 39, 1, 51ff.; 56, 54, 80ff.; Hattenhauer ZRP 1978, 83ff.). Aufgrund der Tatsache, daß Verfassungsgerichtsbarkeit notwendigerweise häufig mindestens mittelbar politische Gerichtsbarkeit ist, bleibt ihre Politisierung wie auch die „Juridifizierung" der Politik stets eine Gefahr. Bei der Wahl der Richter des BVerfG wird dies etwa besonders deutlich (vgl. § 7 BVerfGG). Die Rolle des BVerfG entspricht dabei aber nur dann der Verfassung, wenn sowohl eine Politisierung des Gerichts und seiner Verfahren als auch eine „Justizlastigkeit" des politischen Systems vermieden wird. Vor allem darf an der im GG vorgeschriebenen Macht- und Kompetenzverteilungsstruktur des Regierungssystems im Grundsatz nicht gerüttelt werden. Zutreffend wird deshalb das „judicial-self-restraint", die **richterliche Selbstbeschränkung,** als Gebot und Lebenselixier der Rspr des BVerfG bezeichnet (vgl. insbesondere BVerfGE 36, 1, 14f.; Grimm JZ 1976, 697ff.). Zwar ist die Auffassung, daß bei der „Juridifizierung" politischer Streitfälle die Politik nichts zu gewinnen, die Justiz aber alles zu verlieren hat, nicht Wirklichkeit geworden, und es sind auch die mitunter gemachten Prophezeiungen, das BVerfG hindere „aktive Politik" oder sei eine „restaurative Bremse des Fortschritts", nicht eingetreten, doch muß die weitere Entwicklung sorgfältig und kritisch beobachtet werden (vgl. etwa die heftig diskutierte Entscheidung zur Schwangerschaftsunterbrechung – § 218 StGB –, zur Wehrpflichtnovelle 1977 und zum nichtehelichen Lebenspartner; BVerfGE 39, 1, 36ff.; 48, 127, 158ff.; 82, 6, 11ff.; Rennert NJW 1991, 12ff.). **544**

Literatur: *Hesse* § 14 III; *Maunz/Zippelius* §§ 32–34; *Stein* § 5 IV, V; *Stern,* Bd. II, §§ 43, 44; *Löwer,* Zuständigkeiten und Verfahren des BVerfG, in: HdBStaatsR, Bd. II, § 56; *Ellwein,* Das Regierungssystem der BRD, Nr. 6.2. und 6.3.; *Leibholz,* Das BVerfG im Schnittpunkt von Politik und Recht, DVBl. 1974, 396ff.; *Benda,* BVerfG und Gesetzgeber im dritten Jahrzehnt des GG, DÖV 1979, 465ff.; *Kissel,* Grenzen der rechtsprechenden Gewalt, NJW 1982, 1777ff.; *Korinek/Müller/Schlaich,* Die Verfassungsgerichtsbarkeit im Gefüge der Staatsfunktionen, VVDStRL Bd. 39, 1ff.; *Scheuner,* Verfassungsgerichtsbarkeit und Gesetzgebung, DÖV 1980, 473ff.; *Schlaich,* Das BVerfG – Stellung, Verfahren, Entscheidung, JuS 1981, 741ff. – JuS 1982, 597ff. (mehrere Folgen); *Heyde,* Die Rechtsprechung, in: Benda/Maihofer/Vogel (Hrsg.), Handbuch des Verfassungsrechts, S. 1199ff.; *Simon,* Verfassungsgerichtsbarkeit, ebenda, S. 1253ff.; *Klein,* Verfassungsprozeßrecht, AöR 1983, 410ff. und 561ff.; *Raiser,* Richterrecht heute, ZRP 1985, 111ff.; *Maier,* Dritte Gewalt und GG, NJW 1989, 3202ff.; *Arbeitskreis* für Rechtsprechung der Gesellschaft zur Förderung der Entbürokratisierung, Arbeitspapier, NJW 1990, 1834ff.; *Schmidt-Jortzig,* Aufgabe, Stellung und Funktion des Richters, NJW 1991, 2377ff.; *Stelkens,* Die Gerichtsbarkeit in den neuen Bundesländern, JuS 1991, 991ff.

Wiederholungsfragen und Fälle:

(1) Der Präsident des Verwaltungsgerichts V rät den Richtern R und S, bei ihren Urteilen stärker die Rechtsprechung des BVerfG zu berücksichtigen, damit ihre Urteile nicht laufend aufgehoben würden. Falls sie diesem Rat nicht folgen, werde er veranlassen, daß sie in die Verwaltung versetzt würden. Ist eine solche Drohung zulässig?
Dazu: § 23 II 3 (Rdn. 515).

(2) Das Land L hat ein Ärztekammergesetz erlassen (AKG). Nach dessen § 1 sind alle Ärzte des Landes L kraft Gesetzes Mitglieder der Ärztekammer, einer öffentlich-rechtlichen Körperschaft. § 9 AKG bestimmt: Die Mitglieder können berufsgerichtlich bestraft werden, wenn sie ihre Berufspflichten verletzten. Nach § 10 werden Berufsgerichte für Ärzte errichtet. Träger sind die Ärztekammern. Der Vorsitzende muß die Befähigung zum Richteramt haben; er wird vom Innenminister ernannt. Die Beisitzer der Berufsgerichte werden von der Vertreterversammlung der Ärztekammer gewählt. Beisitzer darf nicht sein, wer leitender Angestellter der Ärztekammer ist. Die näheren Voraussetzungen für die Ernennung zum Vorsitzenden regelt der Innenminister durch Rechtsverordnung. Wie ist die Einrichtung dieses Standesgerichts verfassungsrechtlich zu beurteilen? Genügt die Regelung des AKG den verfassungsrechtlichen Anforderungen an ein „Gericht“? Gegen welche Art. des GG könnte hier verstoßen worden sein?
Dazu: § 23 II 2 und 3 (Rdn. 513f.; vgl. BVerfGE 18, 241ff. und Schwerdtfeger, Öffentliches Recht in der Fallbearbeitung, § 36 III).

(3) Das Amtsgericht X, das über eine Anklage wegen groben Unfugs (§ 360 I Nr. 11 StGB) zu entscheiden hat, hält diese Norm wegen mangelnder Bestimmtheit des Tatbestandes für verfassungswidrig. Es erwägt, nach Art. 100 I das Verfahren auszusetzen und die Entscheidung des BVerfG einzuholen. Wäre die Vorlage an das BVerfG zulässig?
Dazu: § 23 V 4b (Rdn. 533f.; vgl. BVerfG NJW 1968, 1772, und E 45, 363, 370ff.).

(4) A will gegen ein Steuergesetz, das er für verfassungswidrig hält, mit der Verfassungsbeschwerde vorgehen. Unter welchen Voraussetzungen und vor allem in welchem Zeitpunkt ist dies möglich (Entstehung, Fälligkeit der Steuer; Gesetz, Steuerbescheid)?
Dazu: § 23 V 4c (Rdn. 536; vgl. JA ÖR 1974, 146f.).

Fünfter Teil: Grundrechte

§ 24 Bedeutung, Entwicklung, Grundrechtsverständnis

I. Bedeutung der Grundrechte allgemein

1. Die Grundrechte stellen in einem modernen, demokratischen und sozialen Rechtsstaat einen fundamentalen Faktor von zentraler, überragender Bedeutung dar. Der Grundrechtsteil ist deshalb als ein unabdingbares, unaufgebbares, zur Verfassungsstruktur gehörendes Wesensmerkmal (Essentialia) einer geltenden Verfassungsordnung anzusehen. Die in den Grundrechtsbestimmungen enthaltenen Wertentscheidungen enthalten zusammen mit den Staatszielbestimmungen die maßgeblichen und bedeutsamsten Elemente der freiheitlich demokratischen Grund- und Wertordnung der Verfassung und bilden die wichtigste Richtschnur für die Verwirklichung der materiellen Gerechtigkeit, der sozialen Freiheit und Gleichheit (Grundrechtsordnung als juristisch „erhöhtes Recht des Rechts", als „Recht der Menschheit", eben als Menschenrechte auf hoher moralischer Gerechtigkeitsüberzeugung; vgl. Brugger AöR 1989, 537 ff.). Die Grundrechtsnormen sind verfassungsrechtliche **Fundamentalrechte** des einzelnen; sie wurden und werden gefordert und für unabdingbar gehalten, um einmal die Staatsgewalt vor allem im Verhältnis Staat – Bürger zu beschränken **(staatslimitierende Funktion)** und zum anderen, gleichsam als Korrelat dazu, die individuelle Freiheit zu sichern, und zwar sowohl vor dem Staat (Abwehrrechte gegenüber dem Staat, sog. status negativus) als auch durch den Staat (Teilhaberechte, soziale Grundrechte, sog. status positivus; **freiheitssichernde Funktion).** Grundrechte bezeichnen ein vom Umfang, von den Funktionen und von der Wirkungskraft breit gefächertes, differenziertes und mehrdimensionales Normgefüge, das im modernen demokratischen Rechtsstaat der Gegenwart eindrucksvoll die „Allgegenwart" und die „Universalität" der Grundrechte und ihren Gerechtigkeitsideen verkörpert („**Grundrechtsstaat** und -gesellschaft"; vgl. etwa Häberle JZ 1989, 913 ff.). 545

Nach h. M. besteht die bedeutsamste Funktion der Grundrechte in der Begrenzung der Staatsgewalt, in der Absage an staatliche Allmacht und Willkür. Gerade der Verfassunggeber des GG hat dies, nicht zuletzt aufgrund der Erfahrungen von 1933–1945, durch die besondere Betonung der Grundrechtsordnung zum Ausdruck gebracht. Nicht eine ausschließliche „Gemeinschaftsorientierung" und Mißachtung des einzelnen Menschen („Du bist nichts, Dein Volk ist alles"), sondern eine grundsätzliche **„Menschorientierung" ist Ausgangspunkt der Grundrechte.** Die 546

Art. 1ff. gehen von der Grundvorstellung aus, daß der Mensch Subjekt und nicht Objekt staatlichen Handelns ist; der Staat ist der Menschen wegen da und nicht umgekehrt. Grundrechte beinhalten individuell, „personal“ ausgerichtete Gewährleistungen; sie sollen sicherstellen, daß die staatliche Gemeinschaft keine umfassende Macht über den einzelnen ausüben kann. Das Handeln des Staates wird durch die Beachtung der Freiheit des Menschen begrenzt und legitimiert. Grundrechtliche Freiheit im klassischen Sinne bedeutet eben, daß der Staat zu grundrechtlich geschützten Lebensbereichen „Distanz“ hält. Andererseits muß aber auch gesehen werden. daß jedes Grundrecht den Beistand der staatlichen Gemeinschaft voraussetzt, durch die es gewährleistet wird. Hierin kommt das zeitlose, unaufhebbare Spannungsverhältnis zwischen individueller Freiheit und sozialer Gerechtigkeit, zwischen Individualinteresse und Gemeinwohl zum Ausdruck. Auf die Lösung dieses Problems wird noch einzugehen sein (vgl. auch oben Rdn. 227, 239).

547 2. Bereits bei den Ausführungen zum Demokratieprinzip, zur Rechtsstaatlichkeit, zum Sozialstaatsgrundsatz und auch zur Verfassungsgerichtsbarkeit (insbesondere zur Verfassungsbeschwerde) wurde aufgezeigt, welche eminente Bedeutung den Grundrechten im gesamten Bereich von Staat und Gesellschaft der Bundesrepublik Deutschland zukommt (vgl. Rdn. 152, 172, 220ff., 536). Grundrechte sind Weg- und Grenzmarken zur Schaffung und Sicherung einer guten Staats- und Gesellschaftsordnung; sie sind zusammen mit Art. 20, 28 gleichsam Richtlinie und Impuls für das gesamte Rechtssystem, Anregung und Auftrag für die gesamte Staatstätigkeit (insbesondere i. S. der **Verwirklichung „optimaler“ Grundrechtsvoraussetzungen** und hoher Grundrechtseffektivität durch den Staat). Grundrechte sind gewissermaßen „conditio sine qua non“ des demokratischen Staates, denn die Staatsform des demokratischen und sozialen Rechtsstaates entfiele oder veränderte sich ganz wesentlich ohne sie und umgekehrt **(„Strukturfunktion“ der Grundrechte).** Darüber hinaus sind Grundrechte nicht nur ein wesentlicher Teil des Staatsrechts, sondern ein Stück gelebter politischer Verfassung, die Grundlage des Friedens und der Gerechtigkeit in einer Gemeinschaft, Ausdruck nationaler geschichtlicher Erfahrungen und Errungenschaften, das Spiegelbild der politischen Kultur eines Volkes und insoweit auch von Umfang und Intensität der Zustimmung und Unterstützung, vom „Grundrechtsbewußtsein“ der Bürger abhängig (Notwendigkeit eines Grundkonsenses über die Grundwerte).

548 3. Das GG hat durchaus bewußt den Grundrechtsabschnitt an den Anfang gestellt. Das ist keinesfalls nur redaktionell zu erklären (vgl. WV), sondern hat eine nicht zu unterschätzende staatsrechtliche Bedeutung. Im Parlamentarischen Rat ist betont worden, daß die Grundrechte „nicht nur ein Anhängsel des GG sein“ dürfen, sondern daß sie „das GG regieren“ sollten (i. S. einer „Konkordanz“ mit anderen GG-Normen). Nicht zuletzt sollte dadurch zum Ausdruck gebracht werden, daß dem Grundrechtsteil des GG im Unterschied zu den entsprechenden Art. 109ff. der WV weitgehend nicht nur „pathetische Deklamation ohne rechtliche Nutzanwendung in der Rechtspraxis“, sondern eine umfassende Rechtsverbindlichkeit, eine tatsächliche „Aktualität“ zukommen soll (WV: Grundrechte im Rahmen der Gesetze; GG: Gesetze im Rahmen der Grundrechte). Obwohl der Wortlaut der Art.

109ff. WV und der Art. 1ff. GG in wesentlichen Teilen übereinstimmt, unterscheiden sich beide Regelungen aber in ihrer Wirkungs- und Bestandskraft entscheidend. Vor allem waren die **Grundrechte** der WV im Unterschied zum GG kein **„aktuelles" Recht,** sondern lediglich programmatische Rechtsgrundsätze, die der Aktualisierung durch Ausführungsgesetze bedurften. Bahnbrechend für die jüngste Entwicklung der Grundrechte in Deutschland sind insbesondere drei **zentrale Bestimmungen** des GG: (1) die Bindungswirkung der Grundrechte in allen Bereichen und für alle Staatsorgane in **Art. 1 III** (Bindungsklausel; vgl. auch Art. 20 III; Grundrechte gelten nicht mehr „nach Maßgabe der Gesetze", sondern umgekehrt „Gesetze nach Maßgabe der Grundrechte"), (2) ein beachtlicher Bestandsschutz vor Verfassungsänderungen gemäß **Art. 79 III** (Richtschnurklausel; Art. 1 I, II: Würde des Menschen als Basis aller Grundrechte) einschließlich der Wesensgehaltsgarantie des Art. 19 II und (3) die Gewährung effektiver prozessualer Durchsetzungsrechte (Verwirklichungsklausel; status activus processualis; **Art. 19 IV, 93 I**).

II. Aspekte der geschichtlichen Entwicklung

Zunächst wird es für sinnvoll gehalten, vorweg zum besseren Verständnis der **549** Grundrechte, die nur aus ihrer historischen Entwicklung heraus voll begriffen werden können, einen kurzen Abriß der Grundrechtsgeschichte zu geben. Zwar kann dabei auf die verfassungsgeschichtlichen Ausführungen Rdn. 75ff. verwiesen werden; jedoch sind hier vor allem die grundrechtsrelevanten historischen Aspekte eingehender zu skizzieren (vgl. etwa Stern, StaatsR Bd. III/1, §§ 59f.; Pieroth Jura 1984, 568ff.; Hofmann NJW 1989, 3177ff.).

1. Die ersten Ansätze der Menschenrechte im heute verstandenen Sinne sind in **550** **England** zu finden. Im Zusammenhang mit Glaubens- und Religionskämpfen wurden in der „Petition of Rights" (1628), der „Habeas-Corpus-Akte" (1679) und der „Bill of Rights" (1689) Rechte und Freiheiten zugestanden, die als nationale Rechte des Individuums aufgefaßt und anerkannt wurden, allerdings nicht als allgemeine individuelle Freiheitsrechte im heutigen Sinne, sondern zuerst als feudale Privilegien des Adels, später als parlamentarische Freiheiten. So waren etwa bereits damals die Glaubensfreiheit, die Gleichheit vor dem Gesetz, der Schutz vor willkürlicher Verhaftung, der Anspruch auf den gesetzlichen Richter oder auf Gesetzmäßigkeit der steuerlichen Belastungen i. d. S. zugesichert. Eine erste wissenschaftliche Beschreibung und Systematisierung der Menschenrechte erfolgte von John Locke im Jahr 1690 („Treatises on Government") und später dann von Blackstone (1765/68). Die englische Verfassungs- und Grundrechtsentwicklung, deren wesentlichste Punkte die Freiheitsrechte und die Begrenzung der Staatsgewalt waren, sind weltweit Vorbild geworden und haben insoweit die gesamte weitere Entwicklung der Menschenrechte beeinflußt. Einen ersten faktischen „Durchbruch" erreichte die englische Bewegung in **Nordamerika** in der Proklamation der „Bill of Rights" von Virginia im Jahr 1776. In ihr und den Zusatzartikeln I–X der amerikanischen Bundesverfassung von 1789/1790 sah etwa Georg Jellinek das Vorbild der Menschenrechtserklärung, den Motor der modernen Grundrechtsbewegung (Art. 1:

„Alle Menschen sind von Natur aus gleichermaßen frei und unabhängig und besitzen gewisse angeborene Rechte"). Die bürgerliche Menschenrechtsbewegung fand dann ihren Höhepunkt 1789 in der **französischen Revolution** mit der Erklärung der Menschen- und Bürgerrechte (Déclaration des droits de l'homme et du citoyen) durch die französische Nationalversammlung. Diese Resolution ist ein leidenschaftliches Bekenntnis zur „Menschlichkeit" (Liberté, Egalité, Fraternité). In der französischen Verfassung von 1791 wurde ausdrücklich festgelegt, daß der Endzweck aller politischen Vereinigungen (Staat) die Erhaltung der natürlichen und unabdingbaren Menschenrechte ist (zur Herkunft der Menschenrechtserklärungen: Hofmann JuS 1988, 841 ff.).

551 2. In **Deutschland** war das Echo auf die Forderungen nach Freiheitsrechten und vor allem auf die Erklärung der Menschen- und Bürgerrechte in Frankreich von 1789 eher zurückhaltend. Selbst das 19. Jahrhundert verlief ohne größere oder gar dramatische Höhepunkte. Die politischen Forderungen des Bürgertums waren damals primär auf eine Beteiligung des Volkes an der Ausübung der Staatsgewalt und die Verwirklichung eines gesamtdeutschen Nationalstaates gerichtet. Nicht zuletzt aufgrund von Art. XVIII der Deutschen Bundesakte von 1815, wonach sich die Fürsten und freien Städte verpflichteten, den Untertanen der deutschen Bundesstaaten Rechte zuzusichern, finden sich erste Ansätze von Menschenrechten in den Verfassungen der süddeutschen Staaten (Baden und Bayern 1818; Württemberg 1819; Preußen erst 1850). Deutschland versuchte dann allerdings in der Revolution von 1848 das im Hinblick auf andere Länder versäumte an Menschenrechten wenigstens etwas nachzuholen. Vor allem in der **Paulskirchenverfassung von 1849,** die allerdings nie Rechtsverbindlichkeit erlangte, wurde eine vorbildliche „Katalogisierung" der liberalen Freiheitsrechte ausgearbeitet. Das Staats- und damit letztlich auch das Menschenrechtsverständnis des 19. und der ersten Jahrzehnte des 20. Jahrhunderts wurde in Deutschland stark von der bürgerlich-liberalen Staatsauffassung geprägt. Danach wurden die Grundrechte weitgehend allein als Gewährleistung einer Sphäre individueller Freiheit angesehen. Der Staat hatte gegenüber dem einzelnen Bürger vor allem und zuförderst dessen Freiheit, Eigentum und Sicherheit zu garantieren und zu schützen. Spezifisch sozial sollte der liberale Staat nicht tätig werden, denn die stark individualistisch verstandenen Freiheitsrechte kannten keine sozialstaatlichen Forderungen an die öffentliche Hand. Die hier skizzierte Grundtendenz trifft sowohl für die Paulskirchenverfassung als auch ganz überwiegend für die Weimarer Reichsverfassung zu (die RV von 1871 enthält keine Grundrechte, sondern überließ sie einer landesverfassungsrechtlichen Regelung). Erste Ansätze in Richtung auf soziale Grundrechte sind in der zweiten Hälfte des 19. Jahrhunderts einmal in den sozialdemokratischen Parteiprogrammen (z. B. von 1869 und 1891) und zum anderen in den Bismarck'schen Sozialgesetzen (1881–1889) zu finden. Die **WV** enthielt – wie bereits erwähnt – in den Art. 109–165 einen Grundrechtskatalog, der mit dem des GG formell durchaus vergleichbar ist. Im Unterschied zum GG waren die Grundrechte in der WV aber keine subjektiv-öffentlichen Rechte, sondern bloße Programmsätze, waren aus der WV „ausgebürgert" und liefen folglich faktisch „leer" (Regelungen wie Art. 1 III, 19 II, IV, 79 I, II, III, 93 I fehlten). Unter der Geltung der WV galten die

Grundrechte im Rahmen der Gesetze, während nach dem GG die Gesetze im Rahmen der Grundrechte gelten.

3. Verfassungsrechtlich erfolgte im **GG** ein bedeutsamer Wandel vom bürgerlich-liberalen Freiheitsstaat zum Leistungs-, Wohlfahrts- und Sozialstaat. Das Ziel, der Rechtsstaat dürfe als liberaler in die Freiheit des einzelnen möglichst wenig eingreifen (These: „Ohne den Staat"), wurde durch eine zweite Zielsetzung ergänzt, nach der der Staat als sozialer überhaupt erst die Bedingungen der Freiheit schaffen und sichern muß (Vorkehrungen „durch den Staat"). Grundrechtsausübung darf nicht zu einem Privileg weniger, sondern muß zu einer realen Chance für möglichst viele werden. Zwar sieht auch das GG den zentralen Ausgangspunkt der Grundrechte in dem Schutz des einzelnen gegen den als allmächtig und willkürlich gedachten Staat; doch wird zum einen nicht schlechthin ein möglichst umfassender Freiheitsgebrauch, sondern die **Würde des Menschen als der oberste Wert** in der freiheitlichen und sozialstaatlichen Rechtsordnung geschützt. Um seiner Würde willen muß dabei dem Menschen eine möglichst weitgehende Entfaltung seiner Persönlichkeit gesichert werden, was aber neben einer eigenverantwortlichen persönlichen Freiheit auch Elemente sozialethischer und -rechtlicher Pflichten einschließt (vgl. BVerfGE 1, 104; 5, 204; 61, 82, 100f.; zu den Grundpflichten vertiefend: Stober NVwZ 1982, 473ff.). Zum anderen werden dem Staat durch die Bestimmungen der Art. 1 III, 19 IV, 93 I Nr. 4a einerseits und die Staatszielbestimmung „sozialer Rechtsstaat" in Art. 20 I, 28 I andererseits soziale und gesellschaftliche Anforderungen vermittelt und Aufgaben auferlegt, die das Grundrechtsverständnis erheblich gewandelt haben. Das Menschenbild des GG ist nicht mehr das eines „isolierten Individuums". Das GG hat vielmehr das **Spannungsverhältnis Individuum/Gemeinschaft** i. S. einer Gemeinschaftsbezogenheit und Sozialpflichtigkeit (vgl. Art. 14 II), aber auch i. S. eines Anstrebens gleicher Grundrechtsrealisierungschancen für alle entschieden, ohne dabei allerdings den Eigenwert der Menschenwürde und der persönlichen Freiheit grundsätzlich in Frage zu stellen. Anders ausgedrückt, der individuellen Freiheit wird als Korrektiv die gesellschaftliche Solidarität beigegeben. Das GG, das also auf Extremlösungen verzichtet und weder dem schrankenlosen Individualismus noch dem die Freiheit mißachtenden Kollektivismus huldigt, muß gleichwohl die aus der Polarität von Individual- und Gemeinwohlinteressen sich ergebenden Probleme sehen und i. S. einer „Konkordanz" von Einzelfreiheit und Gemeinwohl zu lösen versuchen (Gick JuS 1988, 585f.; zu den **Grundpflichten** vgl. etwa Bethge JA 1985, 249ff.). **552**

4. Die Aufstellung und Durchsetzung von Menschenrechten ist heute eine **weltweite Forderung.** Diese Bestrebungen finden vor allem Ausdruck in der „Allgemeinen Erklärung der Menschenrechte" der Vereinten Nationen vom 10. 12. 1948 und der „Europäischen Konvention zum Schutze der Menschenrechte und Grundfreiheiten" vom 4. 11. 1950 (Europäische Menschenrechtskonvention; Gesetz vom 7. 8. 1952, BGBl. II S. 686; vgl. Rdn. 593; Bielefeldt ZRP 1988, 423ff.; Sommermann AöR 1989, 391ff.; Beutler EuGRZ 1989, 185ff.; Hofmann JZ 1992, 165ff.; vgl. auch die Entschließung des Europäischen Parlaments über Grundrechte und Grundpflichten vom 12. 4. 1989, in: NVwZ 1991, 759ff.). **553**

III. Wesen der Grundrechte

554 1. Das Wesen der Menschenrechte liegt nach dem herkömmlichen Grundrechtsverständnis in der Ausgrenzung und der Garantie individueller und gesellschaftlicher Freiheitsräume gegen konkrete staatliche Eingriffe (eingriffsabwehrende Funktion). Aufgrund der **freiheitlich-liberalen Komponente** der Grundrechte gilt auch heute noch der Grundsatz der größtmöglichen Freiheitsschonung; Freiheitsbeschränkungen sind folglich in aller Regel nur unter Berücksichtigung des Güterabwägungs- und des Verhältnismäßigkeitsprinzips und bei Vorliegen vernünftiger Gründe des Gemeinwohls durch Gesetz oder aufgrund eines Gesetzes zulässig (BVerfGE 32, 72). Diese klassische Betrachtungsweise der Grundrechte als **Abwehrrechte** (status negativus) des Bürgers gegen staatliche Machtentfaltung ist zwar nach wie vor noch ein wichtiger, aber keinesfalls mehr alleiniger Inhalt der Art. 1ff. Gemäß den Hauptprinzipien der GG-Grundrechtsordnung, dem Grundsatz individueller Handlungs- und Entfaltungsfreiheit einerseits und dem Gleichheitsgrundsatz mit dem Staat als Regulator und Umsetzer sozialer Gerechtigkeit andererseits, wird deutlich, daß die Grundrechte weder von Statik noch von Homogenität, sondern eher von einer spannungsgeladenen Dynamik und Vielfalt geprägt sind (BVerfGE 65, 1, 43 und NJW 1987, 2501f.).

555 2. Die Grundrechtsverbürgungen enthalten nach dem heute geltenden Grundrechtsverständnis weitere, zusätzliche Aspekte; neue Bedeutungsschichten sind hinzugetreten (**„Mehrdimensionalität" der Grundrechte** zur Verstärkung ihrer Effektivität). Dies ist aufgrund der gesellschaftlichen, sozialen und wirtschaftlichen Veränderungen, der gewandelten materiellen und kulturellen Bedürfnisse sowie der geänderten Realisierungsbedingungen von individueller Freiheit im modernen Staat zwangsläufig und unabdingbar. Grundrechte müssen heute im Leben des Gemeinwesens mehr leisten als bloße Machtbeschränkung und Ausgrenzung (Staat nicht nur als „Feind", sondern auch Helfer und Beschützer der Freiheit; Grimm NVwZ 1985, 865f.). Grundrechte erschöpfen sich also nicht in ihrer negatorischen Funktion; sie entfalten neue Grundrechtsdimensionen und erfahren so Funktionserweiterungen, die in 40 Jahren zu einer fortschreitenden Grundrechtsgeltung geführt haben. Zu nennen sind insbesondere: Die Dimension der Grundrechte als objektive Wertentscheidungen, die Leitprinzipien jeder Rechtssetzung und Rechtsauslegung bilden, und deren größtmögliche Verwirklichung aller staatlichen Gewalt aufgegeben ist. Die Grundrechtsnormen stellen also eine **objektive Wertordnung** (Wertsystem) auf, die als verfassungsrechtliche Grundentscheidung für alle Bereiche des Rechts gilt und Richtlinien und Impulse für Gesetzgebung, Verwaltung und Rechtsprechung gibt (vgl. BVerfGE 21, 362, 372; 39, 1, 41; 73, 261, 269). Davon ausgehend werden einzelne Grundrechte, an deren Bestand und Ausübung ein besonderes öffentliches Interesse des Gemeinwesens besteht, als objektive Verfassungprinzipien und damit als wesentliche Bestandteile der Wertordnung des GG geschützt und gewährleistet (**Einrichtungsgarantien** für besonders wichtige und gefährdete Freiheitsbereiche; z.B. Familie, Eigentum, Presse, kommunale Selbstverwaltung). Das BVerfG hat darüber hinaus aus einzelnen Grundrechten die grundsätzliche Pflicht des Staates zu positivem Handeln abgeleitet (staatliche **Schutzpflichten**,

Schutzvorkehrungen in besonderen Grundrechtsgefährdungslagen). So wurde etwa aus der Wissenschaftsfreiheit des Art. 5 III den betroffenen Grundrechtsträgern ein **Teilhaberecht** an staatlichen Leistungen (Grundausstattung) unter dem Vorbehalt des finanziell Möglichen zugestanden (BVerfGE 35, 79, 114f.; 39, 1, 42). Entsprechendes gilt für die Studienplatzzulassung – numerus clausus – (BVerfGE 33, 303, 336). Weiter ist noch der jüngste Bedeutungsinhalt, die Grundrechte als **Organisations- und Verfahrensgarantien,** zu nennen (effektiver Rechtsschutz, Informations- und Verfahrensteilhabe). In einzelnen Ausnahmefällen gewährt die h. M. schließlich auch unmittelbar aus den Grundrechtsbestimmungen **Leistungsansprüche** (status positivus; vgl. BVerwGE 1, 159, 161f.; 9, 78, 80f.; 27, 360, 362; zum ganzen: Hofmann NJW 1989, 3177, 3183ff. und Rdn. 572ff.).

3. **Zusammenfassend** kann gesagt werden, daß das GG in seinem Abschnitt I „Die Grundrechte" den Menschen an den Anfang und in den Mittelpunkt der verfassungsrechtlichen Wertordnung stellt. Als „roter Faden" und Grundorientierung für die Grundrechtsordnung steht die innerhalb der sozialen Gemeinschaft sich frei entfaltende menschliche Persönlichkeit und ihre Würde. Die Grundrechte sind Abwehr- und in gewissen Grenzen auch Forderungsrechte; sie enthalten nicht nur Rechte gegen den Staat, sondern auch Rechte an den Staat (Freiheit vom Staat, aber auch Freiheitssicherung durch den Staat). Dem „negativen" wird ein „positives" Grundrechtsverständnis beigefügt. Grundrechte sind unverzichtbarer Bestandteil eines demokratischen Rechtsstaates, der die Menschenwürde achtet und sich zur sozialen Gerechtigkeit bekennt. Die in den Grundrechten enthaltenen objektiven Wertentscheidungen sind aller staatlichen Gewalt zur größtmöglichen Verwirklichung aufgegeben (Entwicklung, Verstärkung und Effektuierung der Grundrechte als permanente Staatsaufgabe: **„Grundrechtskultur"**; Häberle AöR 1989, 361ff.). Eine Umsetzung i.S. „kleiner Münze" wäre verfassungswidrig; aber auch eine inflationäre Ausdehnung wäre unzulässig. 556

IV. Grundrechtsverständnis und Grundrechtsinterpretation

Das Grundrechtsverständnis und die Grundrechtsinterpretation basieren auf dem Prinzip der Einheit der Verfassung, sind also im gesamten Verfassungskontext zu sehen; sie werden in erheblichem Umfang auch von den staatsgestaltenden Verfassungsentscheidungen der in Art. 20 festgelegten Staatszielbestimmungen geprägt. Dabei werden die Inhalte und Konturen der begrifflich „offenen" grundrechtlichen Wertordnung in beachtlichem Ausmaß auch bewußt oder unbewußt von der Staatsauffassung (**Verfassungstheorie, Staatszwecklehren;** vgl. Rdn. 40ff.), der „Weltanschauung" des Grundrechtsinterpreten bestimmt (vgl. etwa die Diskussion über Art. 14 und 15). Ganz nüchtern muß man sehen, daß einerseits Grundrechtstheorie und -konkretisierung einen „Hauptschauplatz" rechtspolitischer Auseinandersetzung bilden (vereinfacht ausgedrückt insbesondere zwischen konservativen Verteidigern des bürgerlichen Rechtsstaates und Vorstreitern für mehr soziale Gerechtigkeit), daß andererseits aber die Grundrechtsordnung kein „Wertehimmel subjektiver Beliebigkeit" ist, sondern eine solche säkulare Wertordnung darstellt, die demo- 557 kratisch konsensfähig ist und der Vielfalt der Meinungen in unserer pluralistischen Gesellschaftsordnung Rechnung trägt (Zeitler, 53. DJT; zur gegenwärtigen **Grundwertediskussion:** Meyer, Hrsg., Grundwerte und Gesellschaftsreform, 1981; Karpen JuS 1987, 593ff.).

558 Voraussetzung und Grundlage für jede fruchtbare Grundrechtsanwendung, insbesondere und gerade im Hinblick auf die Offenheit und Weite der wertentscheidenden Grundrechtsbestimmungen, ist eine rationale Erklärung der Grundrechtsfunktionen und -wirkungsweisen, eine hinreichende Transparenz, Bestimmtheit und **Klarheit über das Grundrechtsverständnis und die Auslegungsmethoden;** deshalb muß angestrebt wreden, diesem rechtsstaatlichen Anliegen möglichst gerecht zu werden. Soweit möglich muß versucht werden, die Interpretation und damit die Inhalte der Grundrechte für den einzelnen Grundrechtsträger voraussehbar und nachvollziehbar zu machen („Klarheit" und „Kalkulierbarkeit" der Grundrechtsgewährleistungen). Es gehört folglich zu den wichtigen Aufgaben der Staatsrechtslehre, „den notwendigen Zusammenhang von Grundrechtstheorie und Grundrechtsinterpretation ausdrücklich und allgemein bewußt zu machen und die Frage zu stellen, welche verschiedenen Grundrechtstheorien gegenwärtig auf die Interpretation der Grundrechte einwirken, und mit welcher Folge für den Inhalt der einzelnen Grundrechtsbestimmungen sie das tun", aber auch die Grundrechtsinterpretation rational zu gestalten und die methodischen Leitlinien des BVerfG transparent zu machen (vgl. Böckenförde NJW 1974, 1530).

559 1. **Grundrechtstheorien:** Die Auslegung und Konkretisierung der Grundrechte wird – wie bereits erwähnt – nicht unwesentlich auch von der jeweils vertretenen Staatsauffassung und Grundrechtstheorie beeinflußt. Dabei spielt, da die allgemeinen juristischen Auslegungsmethoden besonders im Bereich der Grundrechte nur beschränkt anwendbar sind, die allgemein oder im Einzelfall vertretene Grundrechtstheorie für die Grundrechtsinterpretation eine entscheidende Rolle. Von den von Böckenförde genannten fünf hauptsächlichen Grundrechtstheorien, die entweder einzeln oder miteinander verbunden die Interpretation der Grundrechte heute nicht unwesentlich mitbestimmen, sollen im folgenden kurz die drei wichtigsten dargestellt und beschrieben werden (vgl. Böckenförde NJW 1974, 1529ff.):

560 a) **Liberale (bürgerlich-rechtsstaatliche) Grundrechtstheorie:** Die Grundrechte haben hier primär den Charakter staatsbezogener Abwehrrechte des einzelnen zur Sicherung eines Bereichs individueller und gesellschaftlicher Freiheit gegen Bedrohung durch die Staatsmacht (Betonung des Grundsatzes „in dubio pro libertate"). Gegenüber dieser gewährleisteten Freiheitssphäre ist der Staat auf Gewährleistungs-, Sicherungs- und Regulierungsaufgaben begrenzt. Grundrechtstheoretischer Ausgangspunkt ist, daß die Freiheit des einzelnen – rechtlich gesehen – prinzipiell unbegrenzt, die Befugnis des Staates zu Eingriffen hingegen prinzipiell begrenzt ist, was zur Folge hat, daß die Grundrechte weitgehend Abwehr- und Ausgrenzungscharakter haben, und der Mensch zum autarken, isolierten Individuum wird. Die Schwäche dieser Theorie wird u.a. in der relativen „Blindheit" gegenüber den sozialen Voraussetzungen der Realisierung grundrechtlicher Freiheit gesehen.

b) **Demokratisch-funktionale Grundrechtstheorie:** Ausgangspunkt dieser Lehre ist das Verständnis der Grundrechte von ihrer öffentlichen und politischen Funktion her (Gewährleistung des demokratischen Prozesses der öffentlichen Willensbildung als Verfassungsprinzip; politische Teilnahmerechte, status activus bzw. status politicus). Die demokratiebezogenen Grundrechte der Art. 5, 8 und 9, aber auch Art. 38 II, 33 II stehen hier besonders im Vordergrund. Die Grundrechte sind dem Staatsbürger nach dieser Theorie nicht zur freien Verfügung eingeräumt, sondern ihm in seiner Eigenschaft als Glied der Gemeinschaft und damit auch im öffentlichen Interesse verliehen. Der politisch oder öffentlich motivierte Freiheitsgebrauch hat Vorrang vor dem privat motivierten (vgl. BVerfGE 14, 21, 25). **561**

c) **Sozialstaatliche Grundrechtstheorie:** Diese Lehre beruht auf der Erkenntnis, daß für die Mehrzahl der Bürger die sozialen Voraussetzungen zur Realisierung der Grundrechte nicht gegeben sind, sie also weitgehend leere Formeln darstellen, wenn der Staat nicht erst die Voraussetzungen zum Freiheitsgebrauch durch soziale Leistungen schafft. Die Grundrechte müssen daher zugleich in einem gewissem Umfang Leistungsansprüche an den Staat gewähren (Betonung sozialer Grundrechte; staatliche Garantenstellung für eine reale Grundrechtsverwirklichung durch Leistungs- und Teilhaberechte, soweit dies wirtschaftlich möglich ist; vgl. dazu BVerfGE 33, 303, 331ff,; oben Rdn. 218ff.; Wipfelder ZRP 1986, 140ff.). **562**

d) Nach h. M. läßt sich eine allgemeingültige Theorie, die für sämtliche Grundrechte gültig ist und eine zutreffende Auslegung ermöglicht, nicht finden. Das BVerfG und ein großer Teil der Lehre gehen deshalb bei der Grundrechtsinterpretation fallbezogen, d.h. je nach der besonderen Bedeutung des betreffenden Grundrechts im Verfassungssystem, wechselnd von verschiedenen Theorien aus (**„grundrechtsindividuelle Auslegung“**). Zwar gelten die einzelnen Aspekte grundsätzlich generell, jedoch ist Ausgangs- und Schwerpunkt im Einzelfall entsprechend dem Wesen des einzelnen Grundrechts die liberale, institutionelle, wertentscheidende, demokratische oder sozialstaatliche Grundrechtstheorie (vgl. zu einigen wichtigen Grundrechten insbesondere BVerfGE 29, 312, 316; 33, 303, 329ff.; 27, 71, 80ff.; das BVerfG neigt etwas zu sehr zum bloßen Falldezisionismus). Böckenförde ist dagegen der Auffassung, daß sich das GG auf die liberale und die sozialstaatliche Grundrechtstheorien festgelegt hat (NJW 1974, 1537f.; vgl. außerdem Liesegang JuS 1976, 420ff. und Ossenbühl NJW 1976, 2100, 2105ff. sowie Rupp AöR 1976, 161ff.). **563**

2. **Grundrechtsinterpretation:** Das BVerfG geht auch bei der Auslegung der Grundrechte im Prinzip von den in Rdn. 109ff. dargelegten, allgemein für die Verfassungsinterpretation geltenden Grundsätzen aus. Danach kann festgehalten werden, daß der Schwerpunkt der Grundrechtsauslegung in einer objektiven, vor allem systematisch-teleologischen Betrachtungsweise liegt, daß aber dabei kein streng festgelegtes Auslegungsschema oder eine ganz bestimmte Interpretationsmethode gilt, sondern daß die Art und Weise der konkreten Grundrechtsauslegung vor allem vom BVerfG fallorientiert, d.h. grundrechtsindividuell, gehandhabt wird. Diese Besonderheit, die sog. „grundrechtsindividuelle Auslegung“, ergibt sich eben aus der besonderen Weite und Offenheit der Grundrechtsvorschriften, die häufig nicht nur eine Interpretation, sondern eine darüber hinausgehende Konkretisierung der Grundrechte **564**

erforderlich machen (Grundrechtsinterpretation zur „Optimierung" der Grundrechtsgeltung durch flexible Kombination und Integration von Theorieelementen entsprechend dem individuellen Grundrechtsprofil; zur Grundrechtsinterpretation am Maßstab des Völkerrechts und der Europäischen Menschenrechtskonvention: BVerfGE 74, 358, 370; Sommermann AöR 1989, 391ff.; zur Rechtsvergleichung: Häberle JZ 1989, 913ff.). Die Rspr. hat einige zusätzliche verfassungsspezifische Auslegungselemente herausgearbeitet, die vor allem im Bereich der Grundrechte als interpretatorische Argumentationsfiguren bedeutsam sind und deshalb hier kurz angesprochen werden sollen (vgl. dazu oben Rdn. 109ff. – wiederholen –; Ossenbühl NJW 1976, 2100, 2105ff.).

565 Nicht selten auftretende Auslegungsfragen durch konkurrierende Grundrechtsnormen und divergierende Grundrechtsinteressen (etwa verschiedener Grundrechtsträger) sind einmal aus dem **Prinzip der Einheit der Verfassung** zu lösen, das als ein Prinzip der Verfassungsinterpretation gebietet, eine Grundrechtsnorm so auszulegen, daß sie sich möglichst nicht in Widerspruch zu anderen Verfassungsbestimmungen setzt. Eine einzelne Grundrechtsnorm ist im Kontext der gesamten Verfassungsordnung zu sehen. Es ist eine besonders wichtige Aufgabe dieses Prinzips, das Problem des mannigfaltigen und vielschichtigen „Ineinander-Verschränkt-Seins" und „Gegenseitig-Bedingt-Seins" von Grundrechtsbestimmungen untereinander und im Verhältnis zu den organisatorischen Verfassungsbestimmungen (insbesondere Art. 20) ausgewogen, einheitsstiftend, freiheitsschonend und gerecht, also mit möglichst großer integrierender Wirkung zu lösen sowie den vor allem in der Grundrechtskollision manifest werdenden Widerstreit der verschiedenen Individualinteressen und absoluten Gemeinschaftsinteressen zum Ausgleich zu bringen. Da die einzelnen Verfassungs- und Grundrechtsnormen grundsätzlich gleichrangig sind, ist der Ausgleich in der Weise vorzunehmen, daß eine relative, möglichst optimale Wirksamkeit aller betroffenen Verfassungsnormen sichergestellt wird. Dieses Ziel ist auch durch das **Prinzip der Gesamtgüterabwägung** und den **Grundsatz der Verhältnismäßigkeit** anzustreben. Dadurch, daß die Wirksamkeit einer Norm nicht einseitig auf Kosten einer anderen zurückgedrängt oder gar aufgehoben werden darf, sondern die Wirksamkeit aller Grundrechtsnormen möglichst optimal gewährleistet wird, hat diese Auslegung **„praktische Konkordanz"** zu stiften. Spannungslagen zwischen verschiedenen grundrechtlich geschützten Rechtsgütern sind i.S. einer möglichst weitgehenden Optimierung aller betroffenen Güter zu lösen (zur hervorgehobenen Stellung der Menschenwürde: BVerfGE 75, 369, 380; vgl. auch Art. 79 III). Grundrechtsinterpretation hat also die Aufgabe, die Schutz- und Gewährleistungsfunktion der Grundrechte unter den gewandelten technischen und gesellschaftlichen Rahmenbedingungen und unter Berücksichtigung der einheitlichen Wertordnung und deren Sinnzusammenhänge optimal zu entfalten, aber auch „in die Zeit hinein offen" zu halten, um die Lösung von zeitbezogenen und damit wandelbaren Problemen zu gewährleisten (**Grundsatz der maximalen Grundrechts-Effektivität;** zur Wechselwirkungstheorie vgl. unten Rdn. 650; zur Gesamtproblematik vgl. etwa BVerfGE 15, 288, 295; 41, 29, 50f.; 74, 244, 252f.; Böckenförde NJW 1976, 2089ff.; Liesegang JuS 1976, 420ff.; Ossenbühl NJW 1976, 2100ff.; Häberle JZ 1989, 913ff.).

3. Abschließend kann also nochmals festgehalten werden, daß die im GG festgelegten Fundamentalprinzipien und die Grundrechte nicht isoliert gesehen werden dürfen, sondern einander in einem gegenseitigen **„Wechselwirkungsverhältnis"** dergestalt zugeordnet und aufeinander bezogen werden müssen, daß die Einheit der Verfassung gewahrt bleibt, und alle im GG enthaltenen Rechte und Prinzipien eine möglichst umfassende Wirkung entfalten können. Dieselbe Problematik besteht auch zwischen den einzelnen Grundrechten, zwischen verschiedenen Grundrechtsträgern sowie innerhalb der einzelnen Grundrechtskomponenten. Dabei ergeben sich teilweise recht erhebliche innere Spannungsverhältnisse, insbesondere zwischen einerseits dem Schutz der individuellen Freiheitssphäre und andererseits der sozial gerechten Gleichheit, zwischen Freiheits- und Gleichheitsgrundrechten. Der Grundsatz „in dubio pro libertate" gilt deshalb heute nicht mehr ohne weiteres. Diese normativen Spannungen zu erkennen, abzubauen und entsprechend den oben genannten Kriterien zu lösen, ist eine wichtige Aufgabe der öffentlichen Hand, insbesondere der Rechtsprechung. Bei dieser so verstandenen Interpretationsaufgabe ist dann allerdings nach den Grenzen richterlicher Nachprüfbarkeit zu fragen. Nach Friesenhahn „bedarf es einer nüchtern-vorsichtigen Interpretation der materiellen Verfassungsvorschriften hinsichtlich ihres objektiv-rechtlichen wie ihres subjektiv-rechtlichen Gehaltes, damit das von der Verfassung gewollte Verhältnis der Gewalten zueinander erhalten bleibt". Denn die Annahme einer umfassenden richterlichen Kontrolldichte könnte dazu führen, „daß der auch von einer normativen Grundordnung des Staates offen zu haltende Raum freier politischer Entscheidung zu sehr eingeengt wird, und daß politisch unverantwortliche Gerichte vom Kontrolleur zum Gestalter der Rechtsordnung aufsteigen" (50. DJT 1974, G 4ff.; vgl. dazu und zum Problem des „judicial-self-restraint" Rdn. 528, 544 und Schubert/Thedieck ZRP 1979, 254ff.). **566**

§ 25 Begriff und Funktion der Grundrechte

I. Begriff der Grundrechte

1. Die Grundrechte i. S. des GG können allgemein als die einer Person **verfassungsmäßig verbürgten,** als die von der Verfassung verliehenen, individuellen **Rechte** bezeichnet werden. Grundrechte berechtigen den einzelnen und verpflichten den Staat und gewährleisten, daß deren Beachtung im Wege des gerichtlichen Rechtsschutzes durchgesetzt werden kann. Der Kreis solcher Rechte und der Umfang ihrer Gewährleistung richtet sich nach der jeweils geltenden Verfassung und auch nach den politischen Grundanschauungen, die der Verfassung zugrunde liegen. Das GG enthält eine beachtliche Zahl von Grundrechten, die nicht nur im Abschnitt „Die Grundrechte", also innerhalb des Grundrechtskatalogs der Art. 1–19, sondern auch außerhalb des Katalogs normiert sind (vgl. Art. 33, 38, 101–104). Eine Beschränkung der im GG festgelegten Grundrechte auf die Art. 1–19 wäre zu formal und würde ihrer besonderen Bedeutung und ihrem Wesensgehalt nicht gerecht. Nach **567**

einhelliger Meinung sind als **Grundrechte des GG alle in Art. 93 I Nr. 4a aufgezählten Rechte** zu verstehen. Zusätzliche, teilweise weitergehendere Grundrechte sind noch in verschiedenen Landesverfassungen enthalten.

568 Die Definition der Grundrechte ist uneinheitlich und dabei auch manches umstritten. Gleichwohl kann von folgendem, dem GG zugrundeliegenden **Begriff** ausgegangen werden: Grundrechte sind die in der Verfassungsurkunde (objektives Recht) enthaltenen Gewährleistungen zugunsten des einzelnen Staatsbürgers, aus denen sich ergibt, daß der Bürger sich gegenüber dem Staat auf diese Rechte berufen, ihre Beachtung verlangen und gegebenenfalls gerichtlich durchsetzen kann. In diesen Verfassungsbestimmungen werden die als wesentlich für das Staatsleben erachteten Rechte der einzelnen und ihre gesellschaftlichen Verbindungen verbürgt. Dabei sind diese Rechte nicht nur als verfassungsrechtliche Begrenzung staatlicher Macht zu verstehen, sondern konstituieren auch die im GG festgelegte staatlich-demokratische wie gesellschaftlich-soziale Rechtsordnung. Gerade in dem sog. „Doppelcharakter", der **„Mehrdimensionalität"** der Grundrechte liegt ihre besondere Bedeutung begründet. Sie beinhalten nicht nur subjektiv-öffentliche Abwehrrechte, sondern stellen zugleich als objektive Rechtsnormen eine allgemeine Wertordnung auf (Grundrechte als Elemente eines objektiven Grundwertesystems; vgl. Art. 1 III, 19 IV, 93 I Nr. 4a). Begrifflich können die Grundrechte also mit den Elementen subjektiv-öffentliche Abwehrrechte, Elemente objektiver Wertordnung, Einrichtungsgarantien, Teilhabe- und Leistungsrechte, Organisations- und Verfahrungsgarantien, überhaupt als alle Verfassungsnormen, welche das Verhältnis der Bürger zum Staat regeln und an die der Staat gebunden ist, umschrieben werden (Hofmann NJW 1989, 3177, 3185f.).

569 2. Von den Grundrechten unterschieden und ausgegrenzt werden von der Staatslehre allgemein die sog. bloßen Programmsätze und die sog. Einrichtungsgarantien. Dies erfolgt deshalb, weil diesen Rechtsinstituten die Qualität eines **subjektiv-öffentlichen Rechts,** dem besonderen Merkmal der Grundrechte, nicht oder nur begrenzt zukommt. Diese Unterscheidung ist heute unter der Geltung des GG zwar praktisch nicht mehr von Bedeutung, doch ist sie aus Gründen der Grundrechtssystematik und des Grundrechtsverhältnisses nach wie vor noch nützlich:

570 Von bloßen **Programmsätzen** spricht man dann, wenn grundrechtsähnliche Verfassungsbestimmungen lediglich unerzwingbare Zielsetzungen und programmatische Grundsätze enthalten, also nur unverbindliche Verfassungsaufträge darstellen („Wunschbilder"). Die Unterscheidung der Grundrechte in aktuelles Recht und bloße Programmsätze, die in der WV eine wichtige Rolle gespielt hat, ist vom Verfassunggeber des GG grundsätzlich aufgegeben worden. Vor allem im Hinblick auf Art. 1 III sind Programmsätze (Verfassungsauftrag; bloßer programmatischer Appell an den Gesetzgeber) nur noch dann anzunehmen, wenn die Auslegung dazu zwingt. Spätestens seit 1969, dem Erlaß des Gesetzes über die rechtliche Stellung der nichtehelichen Kinder (vgl. Art. 6V; BVerfGE 25, 167, 172ff.), enthält das GG keine Programmsätze mehr (in einzelnen LV z. T. anders). Zu Begriff und Inhalt der **Einrichtungsgarantien** als Teilkomponente, verstärkender Aspekt der Grundrechte vgl. unten Rdn. 576ff.

3. Zur gegenwärtigen Verfassungsreformdiskussion im vereinten Deutschland, insbesondere zur Aufnahme von Staatszielbestimmungen und **„sozialen Grundrechten"** (programmatisches Recht auf Arbeit, Wohnung, Bildung usw.) vgl. Kröning ZPR 1991, 161ff.; Ramm JZ 1991, 1ff.; Nebendahl ZRP 1991, 257ff.; Graf Vitzthum VBlBW 1991, 404ff.; Ossenbühl DVBl. 1992, 468, 475f. **571**

II. Inhalt und Funktionen der Grundrechte

Der Wortlaut des GG, insbesondere der Abschnitt I, gibt keine vollständigen **572**
Hinweise, welche Funktionen den Grundrechten zukommen (vgl. etwa Art. 1 III). Interessant und besonders bedeutsam ist deshalb die Entwicklung der Grundrechte in der höchstrichterlichen Rspr, wie sie sich seit 1951 darstellt. Dabei ist eine nicht zu verkennende Erweiterung der Grundrechtsfunktionen zur Stärkung ihrer Geltungskraft zu verzeichnen. Heute lassen sich die in Rspr und Literatur vertretenen verschiedenen Dimensionen und **Funktionen** der Grundrechte im wesentlichen in folgende **sechs Bedeutungsinhalte** zusammenfassen (vgl. dazu Hesse § 9 II; Ossenbühl NJW 1976, 2100ff.; Starck JuS 1981, 237ff.; Jarass AöR 1985, 363ff.):

- subjektiv-öffentliche Abwehrrechte
- Elemente objektiver Wertordnung (wertentscheidende Grundsatznormen)
- Einrichtungsgarantien
- Teilhaberechte
- Organisations- und Verfahrensgarantien
- Leistungsrechte (Anspruchsnormen).

1. **Grundrechte als subjektiv-öffentliche Abwehrrechte:** Wie bereits dargelegt wur- **573**
de, ist der Abwehr- und Ausgrenzungscharakter der Grundrechte, der sog. **status negativus,** auch heute noch eine besonders wichtige Komponente der Menschenrechte (negatorische, auf Unterlassung staatlicher Eingriffe gerichtete Funktion; Freiheit „vom Staat"). Nach ihrer Geschichte und ihrem Inhalt sind die Grundrechte in erster Linie individuelle Rechte, die den Schutz konkreter, besonders gefährdeter Bereiche menschlicher Freiheit zum Gegenstand haben. Auf dem Hintergrund der historischen Entwicklung, insbesondere der freiheitlich-liberalen Grundrechtskonzeption, ist die Ausgrenzung individueller Freiheitsräume, einer „staatsfreien Privatsphäre", maßgebliche Aufgabe der Grundrechte; als Abwehrrechte des Bürgers gegen des Staat i. S. von Bürger-Staat-gerichteten Rechten räumen sie dem einzelnen einen subjektiv-öffentlichen Anspruch auf die Gewährung eines von staatlichen Eingriffen, Einengungen und Reglementierungen weitgehend verschonten autonomen Bereichs eigener Lebensgestaltung ein (verfassungsrechtlich abgesicherte Individualpositionen; Sphäre „privater Beliebigkeit", „Umhegungen" privater Lebensbereiche; z. B. Art. 4, 5, 6, 12, 14). Menschenrechte sind von ihrer Idee her Rechte des Subjekts, eben subjektive Rechte. Die Grundrechte bilden demnach Schranken für das staatliche Handeln und geben dem einzelnen zugleich einklagbare subjektiv-öffentliche Rechte, mit deren Hilfe er den Hoheitsträger, der den einzelnen in Anspruch nehmen will, zurückdrängen, in Schranken verweisen, eben „abwehren" kann (vgl. Art. 1 III, 19 IV, 93 I Nr. 4a; individualrechtliche Ausrichtung; BVerfGE

50, 290, 337). Hierin kommt auch besonders deutlich der besondere Sinn und Zweck der Grundrechte als Abwehrrechte zum Ausdruck; sie dienen in erster Linie dem Schutz des Bürgers vor Mißbrauch staatlicher Gewalt (Ausschaltung von Machtwillkür; **staatsmachtlimitierende und eingriffsabwehrende Funktion**). Die Freiheit des Bürgers hat gegenüber staatlichen Eingriffen grundsätzlich Priorität (bei Nichtvorliegen ausreichender Gemeinwohlgründe in dubio pro libertate). Nach dem GG haben die staatlichen Hoheitsträger die in Art. 1–19, 33, 38, 101, 103 und 104 normierten Grundrechte gegenüber dem einzelnen zu respektieren, d.h. jeder Mensch (ggf. auch juristische Personen, Art. 19 III) kann grundsätzlich Grundrechtseinschränkungen abwehren (vgl. Art. 1 III, 19 IV, 93 I Nr. 4a).

574 2. **Elemente objektiver Wertordnung (wertentscheidende Grundsatznormen):** Als Abwehrrechte beinhalten die Grundrechte eine Anspruchsgrundlage für den einzelnen, ein subjektiv-öffentliches Recht, das vom Begünstigten bzw. Betroffenen (Grundrechtsträger) geltend gemacht und ggf. durchgesetzt werden kann. Dieser subjektiv-rechtlichen Komponente hat die Rspr zur Verstärkung der Geltungskraft der Grundrechte eine objektiv-rechtliche Komponente zusätzlich beigefügt und durch die Absage an eine wertneutrale Ordnung den Anwendungsbereich der Grundrechte erweitert. Das BVerfG hat in ständiger Rspr ausgesprochen, daß die Grundrechte zugleich eine objektive Wertordnung statuieren, die als verfassungsrechtliche Grundentscheidung für alle Bereiche des Rechts gilt und Richtlinien und Impulse für Gesetzgebung, Verwaltung und Rechtsprechung gibt (Grundrechte als Elemente objektiver Wertordnung, also kein wertneutrales System). Die in den Grundrechten verbürgten Leitprinzipien sind aller staatlichen Gewalt als verpflichtender Auftrag zur größtmöglichen Verwirklichung aufgegeben; sie sind Maßstab, Vorgabe, Anwendungs- und Auslegungsregel, begründen begrenzte positive staatliche Handlungs-, Gestaltungs- und Schutzpflichten, sind aber auch Kompetenzbestimmung und Machtbegrenzung für die rechtsetzende, die vollziehende und die rechtsprechende Gewalt (vgl. Art. 1 III, 20 III; BVerfGE 7, 198, 205; 39, 1, 41; 77, 170, 214f, 223, 229). Aus der durch die objektiven Komponenten hervorgerufenen prinzipiellen **Verstärkung der Geltungskraft** und der Erweiterung des Anwendungsbereichs sowie aus der in Art. 1 III festgelegten Bindung allen staatlichen Handelns auch an die objektiven Elemente der Grundrechte als unmittelbar geltendem Recht ergibt sich demnach, daß die Grundrechte als wertentscheidende Grundsatznormen in die gesamte übrige Rechtsordnung, insbesondere auch in die Privatrechtsordnung, Ausstrahlungswirkung entfalten (etwa über die „Eingangs- und Einbruchstellen" der Generalklauseln, unbestimmten Rechtsbegriffe; „Drittwirkung" der Grundrecht; verfassungskonforme Auslegung; vgl. Rdn. 613ff.; BVerfGE 73, 261, 269; Jarass AöR 1985, 363f.). Die öffentliche Hand besitzt nicht nur kraft des Sozialstaatsauftrages, sondern auch gemäß der objektiven Grundrechtskomponente eine Garantenstellung für die Umsetzung und Optimierung des grundrechtlichen Wertsystems in die Verfassungswirklichkeit (BVerfGE 81, 242, 254f.).

575 Grundrechte sind folglich nicht nur Abwehr-, sondern auch den Staat verpflichtende Rechte, die Menschenrechte zu verwirklichen. Aus der objektiv-rechtlichen Pflicht ergibt sich das Gebot zu Schutz und Förderung der Grundrechte. Der Staat hat im

Rahmen des Möglichen und unter Berücksichtigung eines weiten gesetzgeberischen Ermessens die Aufgabe, die rechtlichen, organisatorischen, verfahrensmäßigen und finanziellen Voraussetzungen zu schaffen, aufgrund derer für die Menschen die Wahrnehmung und Ausübung der Grundrechte faktisch ermöglicht und erhebliche Gefährdungen begrenzt bzw. unbeherrschbare angeschlossen werden (**grundrechtshegende, -pflegende und -schützende Funktion** des Staates; vgl. BVerfGE 31, 314, 326; 33, 303, 331; 39, 1, 41 ff. – Schutz des ungeborenen Lebens –; 46, 160, 164 f. – Schleyer-Entführung –; 53, 30, 71 ff. – Schutz des Art. 2 II durch Genehmigungsverfahren –; 77, 170, 214, 222 ff. – C-Waffen-Lagerung –). Einen Rechtsanspruch kann der einzelne allerdings allein aus der Grundrechtskomponente „wertentscheidende Grundsatznorm“ nicht ableiten, es sei denn, daß der Staat trotz hohem Gefährdungspotential untätig geblieben ist oder die getroffenen Maßnahmen offensichtlich ungeeignet oder unzureichend sind (zu den staatlichen **Schutzpflichten** außerdem: BVerfG NJW 1987, 2287 – Aids-Bekämpfung –; HessVGH JZ 1990, 88 ff. – Gentechnikanlagen –; Klein NJW 1989, 1633 ff.; Wahl/Masing JZ 1990, 553 ff.; Preu JZ 1991, 265 ff.). Überhaupt besteht die Funktion der Grundrechte als verfassungsrechtlicher Grundwerterahmen, als objektive Prinzipien in erster Linie in der prinzipiellen Verstärkung des Abwehrcharakters. Die „objektive Wertordnung“ läßt sich eben nicht von diesem eigentlichen und ursprünglichen Kern lösen und zu einem Gefüge objektiver Normen verselbständigen, in dem der klassische und bleibende Sinn der Grundrechte zurücktritt (unaufhebbarer Zusammenhang der individualistischen und der objektiven Komponente, wobei der ersten ein gewisser Vorrang zukommt; vgl. BVerfGE 50, 290, 337).

3. **Einrichtungsgarantien:** Die in den Grundrechten als wertentscheidende Grund- **576**
satznormen zum Ausdruck kommende objektiv-rechtliche Dimension findet in dem Rechtsinstitut „Einrichtungsgarantie“ eine weitere Ausdehnung und Verstärkung. Der Lehre von den Instituts- und institutionellen Garantien geht es um den Schutz wesentlicher, freiheitlich gestalteter privater Lebensbereiche oder öffentlich-rechtlicher Einrichtungen. Durch sie sollen solche Einrichtungen des öffentlichen, staatlichen, politischen, religiösen und privaten Lebens, die der Verfassunggeber für so wertvoll erachtete, daß er sie in einem typusbestimmenden Kern auch gegen legislative Veränderungen abschirmen wollte, verfassungsrechtlich garantiert werden (**Verbürgerung freiheitlich geordneter Lebensbereiche;** Freiheit „im“ Staat; z.B. Art. 28 II: kommunale Selbstverwaltung; Art. 33 V: Beamtentum; Art. 21: Parteien; Art. 140: Kirchen; Art. 6: Ehe, Familie; Art. 14: Eigentum; Art. 5: Presse, Rundfunk, Wissenschaft). Einrichtungsgarantien zielen nicht auf die Gewährleistung individueller Rechte, sondern auf die Garantie bestimmter Einrichtungen ab. Das Grundrecht als subjektiv-öffentliches Recht ist unmittelbar einer Person zugeordnet; die Einrichtungsgarantie bezieht sich auf die Institution i. S. einer objektiven Gewährleistung. Diese Einrichtungen werden dabei in der Weise geschützt, daß in der Verfassung der Bestand der Institution nur als solcher verankert wird; dem (Nutznießer) der Institution stehen unmittelbar grundsätzlich keinerlei Rechte zu. Die Einzelheiten der Ausgestaltung und der konkrete Inhalt werden dort nicht festgelegt, sondern bleiben grundsätzlich dem Gesetzgeber vorbehalten. Einrichtungsgarantien werden in der Verfassung also nur in ihren typischen Grundzügen, in

ihrer Substanz und nicht in allen Einzelheiten verbürgt und gewährleistet. Der Zweck solcher Garantien ist demnach die Gewährleistung bestimmter Einrichtungen (Institute), und zwar einmal im Hinblick auf eine völlige Abschaffung, zum anderen aber auch bezüglich der wesentlichen Strukturen und Organisationsgrundsätze, dem „Ordnungs- und Normenkern", und damit der prinzipiellen Funktionstüchtigkeit dieser Institute (BVerfGE 6, 55, 72; 10, 59, 66; 47, 327, 369).

577 Die **Bedeutung** der Einrichtungsgarantien für den Gesetzgeber liegt darin, daß er sie zwar weitgehend konkretisieren und gestalten kann, daß es ihm aber von Verfassungs wegen verwehrt ist, das „Institut" als solches zu beseitigen oder es in seinem Wesensgehalt, in seinem elementaren verfassungsrechtlich geschützten Bestand, anzutasten (vgl. BVerfGE 24, 367, 389). Die Besonderheit der Einrichtungsgarantien, vor allem im Vergleich zu den Grundrechten als subjektiv-öffentlichen Rechten, ergibt sich daraus, daß der einzelne hierbei grundsätzlich keinen Rechtsschutz genießt, der betroffene Bürger folglich allein aufgrund einer Einrichtungsgarantie den Rechtsweg nicht beschreiten kann (vgl. allerdings Art. 93 I Nr. 4b). Ausnahmsweise gewährleistet das Recht auf kommunale Selbstverwaltung einen garantierten Kernbereich autonomer Eigenständigkeit, der nach den geschichtlichen Entwicklungen und den historischen Erscheinungsformen der kommunalen Selbstverwaltung zu bestimmen ist (vgl. etwa Art. 127 WV; BVerfGE 23, 365f.; 76, 107, 117ff.; 79, 127, 143ff.). Daß der Grundrechtskomponente „Einrichtungsgarantie" gleichwohl eine nicht zu unterschätzende Bedeutung zukommt, ist heute unbestritten (zur **Institutsgarantie der Ehe,** Art. 6 I, vgl. etwa BVerfGE 31, 58, 67, 82; 36, 146, 161ff.; zum Hauptanwendungsfall der Einrichtungsgarantien, des Lebensbereichs **freie Presse** in Art. 5 I und der Pflicht des Staates zur Erhaltung der Meinungsvielfalt im Pressewesen vgl. etwa BVerfGE 20, 162, 176; OVG Berlin NJW 1975, 1938ff.; zur **Privatschul**freiheit: BVerfGE 75, 40, 61ff.). Darauf wird bei den einzelnen Grundrechten noch näher einzugehen sein.

578 Bei den Einrichtungsgarantien wird meist noch zwischen Institutsgarantien und institutionellen Garantien unterschieden. Dabei spricht man von **Institutsgarantien,** wenn es sich um die Verbürgung privater Einrichtungen handelt (Art. 6, 14: Einehe, Familie, elterliche Gewalt, Vertragsfreiheit, Eigentum, Erbrecht, unabhängige Presse). Dagegen handelt es sich bei der Gewährleistung von öffentlich-rechtlichen Einrichtungen um **institutionelle Garantien** (Art. 28 II, 33 V, 92, 140).

579 Die Darstellung der Einrichtungsgarantien als weitere objektive Komponente der Grundrechte zeigt, daß sich nach dem GG Grundrechte als subjektiv-öffentliche Rechte und Einrichtungsgarantien keinesfalls gegenseitig ausschließen. Im Gegenteil beinhalten einzelne Grundrechtsbestimmungen beides (vgl. etwa Art. 6 und 14); die Einrichtungsgarantien treten als „Verbürgungen freiheitlich geordneter Lebensbereiche" neben die individualrechtlichen Grundrechtsinhalte. Grundrechte bezwecken mit ihrer institutionellen Sicht gerade nicht, die Grundrechte als subjektiv-öffentliche Rechte zu beeinträchtigen, sondern ihre freiheitliche und demokratische Bedeutung i. S. einer Effektuierung, einer möglichst allgemeinen Verwirklichung der Grundrechte und der faktischen Möglichkeit ihrer Inanspruchnahme für alle zu fördern und zu sichern **(grundrechtsstützende und -ergänzende Funktion).**

4. **Teilhaberechte:** Eine nach wie vor im einzelnen umstrittene Komponente der Grundrechte ist die Charakterisierung als sog. Teilhaberechte. Erstmals im „Numerus-clausus-Urteil" und dann im „Hochschul-Urteil" hat das BVerfG hervorgehoben, daß die Grundrechte nicht nur Abwehrrechte gegen staatliche Eingriffe sind, sondern gleichzeitig, komplementär dazu, Teilhaberechte an staatlichen Leistungen sein müßten, damit ein Grundrecht Anspruch auf Realität erhalten könne und nicht leerzulaufen drohe. Daraus hat das BVerfG in Einzelfällen, um einer Grundrechtsaushöhlung vorzubeugen, eine Pflicht des Staates zu positivem Handeln abgeleitet (BVerfGE 33, 303, 330ff.; 35, 79, 120). Aufgrund der Erkenntnis, daß Freiheitsrechte ohne die tatsächliche Voraussetzung, sie effektiv in Anspruch nehmen zu können, weitgehend wertlos wären, hat das BVerfG ausgeführt, daß der soziale Rechtsstaat eine gewisse begrenzte Garantenstellung für die Umsetzung des grundrechtlichen Wertsystems in die Verfassungswirklichkeit einnimmt. Dabei ist allerdings vieles umstritten und vom BVerfG auch offengelassen worden. **580**

Ausgangspunkt der Argumentation des BVerfG ist die Feststellung, daß je stärker der moderne Staat sich der sozialen Sicherung und kulturellen Förderung der Bürger zu widmen hat, sich vom Interventions- zum Leistungsstaat entwickelt, desto mehr muß im Verhältnis Bürger-Staat neben das ursprüngliche Postulat der Freiheitssicherung vor dem Staat die komplementäre Forderung nach grundrechtlich verbürgter Teilhabe an den staatlichen Leistungen treten (partielle Freiheitssicherung „durch" den Staat; Förderung und Mithilfe durch den Staat). Angesichts der immer größer werdenden Angewiesenheit des einzelnen auf staatliche Leistungen, wird es immer notwendiger, die realen Voraussetzungen und Bedingungen für die Grundrechtsausübung, die Möglichkeit für die faktische Grundrechtsverwirklichung ggf. von Staats wegen zu schaffen. Auf diesem Hintergrund hat das BVerfG ausgeführt, daß sich Grundrechte dann zu positiven Teilhaberechten und ggf. Leistungsansprüchen verdichten können, wenn die Grundrechtsverwirklichung eben nur durch staatliche Leistungen garantiert wird, und der Gesetzgeber eine grundrechtskonforme Anspruchsregelung ohne sachliche Gründe nicht getroffen hat. Ein Recht auf Teilhabe wird vor allem in den Bereichen angenommen, in denen der Staat ein faktisches Monopol besitzt wie etwa im Schul- und Hochschulbereich (BVerfGE 35, 79, 114f.; vgl. auch 39, 1, 42; weitere faktische Monopolbereiche der öffentlichen Hand: Post- und Fernmeldewesen, Energieversorgung, Verkehrswesen usw.). Letztlich handelt es sich um Pflichten der öffentlichen Hand auf Herstellung funktionsfähiger Einrichtungen (als Basis der Grundrechtsgewährleistung) und um Rechte des einzelnen auf gleichen Zugang und gleiche Beteiligung an diesen, der Allgemeinheit dienenden Einrichtungen, die sich aus einzelnen Freiheitsrechten i. V. mit dem Gleichheitsgrundsatz und dem Sozialstaatsprinzip ergeben. Teilhaberechte sind demnach zu verstehen als Rechte auf verhältnismäßige, alle Nutzungsmöglichkeiten ausschöpfende und an Art. 3 I orientierte, chancengleiche und sachgerechte Teilhabe an Leistungen und Einrichtungen, die vom Staat bereitgestellt sind (Recht bzw. Pflicht auf vor- und fürsorgende sowie gerechte Verteilung und Teilnahme; **„derivative" Teilhabeansprüche** im Unterschied zu „originären" Leistungsansprüchen; vgl. Rdn. 585; BVerwG NJW 1978, 842, 844 und NVwZ 1987, 682, 684f.; Langer NJW 1990, 1328ff.). **581**

582 Damit die Erwartungen des Bürgers nicht überspannt und die Pflichten für den Staat nicht zu drückend werden und finanzierbar bleiben, hat das BVerfG allerdings Grenzen gezogen. Die Teilhaberechte stehen unter dem Vorbehalt des Möglichen im Sinn dessen, was der einzelne vernünftigerweise von der Gesellschaft beanspruchen kann, aber auch unter dem Vorbehalt des Finanzierbaren. Dies hat in erster Linie der Gesetzgeber in eigener Verantwortung zu beurteilen und zu entscheiden (parlamentarische Gestaltungsaufgabe im Rahmen des gesetzgeberischen Ermessens; **Maßgabeteilhaberecht;** BVerfGE 33, 303, 333f.). Insgesamt ist deshalb eine gewisse Zurückhaltung geboten; vor einer Interpretation eines Grundrechts als Teilhaberecht muß sorgfältig geprüft werden, ob die Teilhaberechtskomponente tatsächlich eine Effektuierung der realen grundrechtlichen Freiheitskomponente mit sich bringt, worin eben der Kern der Teilhabekonstruktion liegt. Der Teilhabeaspekt darf nicht dazu führen, daß sich ein Grundrecht im „Selbstwiderspruch" auflöst (vgl. dazu etwa Ossenbühl NJW 1976, 2104f.; Rupp AöR 1976, 183; Sendler DÖV 1978, 581ff.; Breuer Jura 1979, 401ff.).

583 5. **Organisations- und Verfahrensgarantien:** Die jüngste und noch nicht in allen Konturen erkennbare Komponente ist die Sicherung der Grundrechtsverwirklichung durch geeignete, angemessene Organisationsformen und Verfahrensregelungen. In den letzten Jahren hat für die Verwirklichung und Durchsetzung der Grundrechte die Bedeutung des Verfahrensrechts stark zugenommen (z. B. Genehmigung von umweltbelastenden Großanlagen; verstärkte gegenseitige Durchdringung von Grundrechten/Verfahren und Organisation). Damit Grundrechte ihre Funktion in der gewandelten sozialen Wirklichkeit gleichwohl erfüllen können, bedürfen die materiell-rechtlichen Grundrechtspositionen einer organisations- und verfahrensrechtlichen Abstützung (Anspruch auf **effektiven Rechtsschutz;** staatliche Pflicht zur Gestaltung eines Verfahrens, das der Grundrechtseffektuierung dient) und in Teilbereichen auch einer offenen, pluralisitischen und damit **freiheitsfördernden Organisation** (z. B. Medien, überhaupt die Organisation der Information und Kommunikation; vgl. etwa BVerfGE 57, 295, 319f., 324ff.; **Informations- und Verfahrensteilhaberecht**). Das sich nicht nur aus Art. 19 IV, 20, 101 ff. ergebende, sondern unmittelbar auch aus einzelnen Grundrechten abzuleitende Verfahrensteilhaberecht setzt die Maßstäbe für eine den Grundrechtsschutz effektuierende Verfahrensgestaltung und für eine verfassungskonforme, grundrechtsfreundliche Anwendung der vorhandenen Verfahrensvorschriften. Dem Bedeutungsinhalt „Verfahrensgarantie" liegt also die Auffassung zugrunde, daß das „ordnungsgemäße Verfahren" nicht selten die einzige Möglichkeit zur Durchsetzung und wirksamen Gewährleistung der Grundrechte ist. Die Verwirklichung der Grundrechte bedarf der organisations- und verfahrensrechtlichen Abstützung; nicht selten ist eine effektive Grundrechtsgewährleistung nur durch eine **Vorverlagerung des Grundrechtsschutzes** möglich (Ausbau frühzeitig einsetzender Verfahrenspositionen insbesondere bei komplexen Planungen und drohenden Gefährdungen; Verfahrens- und Organisationsrecht als „Vorposten" materieller Grundrechtssicherung; fördernder und abwehrender Grundrechtsschutz durch Vorsorge-, Prüfungs-, Sicherheits- und Kontrollmaßnahmen im Rahmen von vorausgehenden Genehmigungsverfahren; Organisation und Verfahren als Medium zur Verstärkung und Sicherung des Grundrechtsschutzes). Bestimmte Grundrechte erschöpfen sich sogar nahezu im Verfahrensrecht (z. B. Art. 16, 4 III, 14 III); solche **„verfahrensabhängigen" Grundrechte** stellen besonders sorgfältige und hohe Maßstäbe an die jeweils geltenden Verfahrensordnungen (vgl. Grimm NVwZ 1985, 865ff.). Aber auch bei **„verfahrensgeprägten" Grundrechten** (z. B. Art. 2 II, 5 I 2, 13) müssen effektive, korrekte Verfahren zur Verfügung gestellt werden (BVerfGE 60, 53, 64; 77, 170, 229f.; BVerwG NVwZ 1989, 1163, 1165; zum „Verfahren" in der Umweltschutzpraxis, insbesondere zu § 13 II VwVfG und § 17 BImSchG: Beyerlin NJW 1987, 2713ff.; zur Umweltverträglichkeitsprüfung: Weber/Hellmann NJW 1990, 1625ff.).

Das BVerfG hat bisher unmittelbar aus folgenden Grundrechten eine Verfahrens- **584** garantie abgeleitet **(Einzelfälle): Art. 16 II** – wirksames Verfahren bei Asylgewährung –, BVerfGE 56, 216, 235ff.; 65, 76, 93ff.; 71, 276, 292ff.; **Art. 14** – Zwangsversteigerung eines Grundstücks –, BVerfGE 51, 150, 156; **Art. 12** – vorläufige Berufsverbote –, BVerfGE 48, 292, 297; – berufsbezogene Prüfungen –, BVerfG NJW 1991, 2005ff.; **Art. 2 II** – Gestaltung atomrechtlicher Verfahrensvorschriften i. S. von bestmöglicher Gefahrenabwehr und Risikovorsorge mit regelmäßiger „Nachbesserungspflicht" –, BVerfGE 53, 30, 65, 71ff. und Luckes NJW 1983, 1753ff.; **Art. 2 I** – Recht auf faires Gerichtsverfahren, prozessuale Waffengleichheit – BVerfGE 63, 45, 60f., sowie – Organisations- und Verfahrensvorkehrungen zum Schutz des Rechts auf informationelle Selbstbestimmung –, BVerfGE 65, 1, 49f.; **Art. 5 I 2** – Rundfunkfreiheit: der Gesetzgeber muß zu ihrer Gewährleistung materielle, organisatorische und Verfahrensregelungen, also eine Rundfunkordnung erlassen –, BVerfGE 57, 295, 319ff.; **Art. 13** – rechtliches Gehör vor Wohnungsdurchsuchung –, BVerfGE 75, 318, 326ff.

Im einzelnen ist noch vieles umstritten und deshalb bei der Anwendung der „Verfahrensgarantie" etwas Zurückhaltung geboten (wer ist etwa bei Art. 2 II Grundrechtsträger; konkret-individuelle Grundrechtsbetroffenheit als Abgrenzungsmerkmal zur unzulässigen Popularklage; Abgrenzung zu Art. 19 IV, 103 I; vgl. Ossenbühl DÖV 1981, 1, 4ff.; Bethge NJW 1982, 1ff.; Redeker NVwZ 1992, 305ff.).

6. **Leistungsrechte (Anspruchsnormen):** Nach einhelliger Meinung können unmit- **585** telbar aus den Grundrechten grundsätzlich keine finanziellen Leistungs- oder Versorgungsansprüche gegen den Staat abgeleitet werden (originäre, verfassungsunmittelbare Leistungsansprüche). Das GG hat eben die Grundrechte nicht als **„soziale" Grundrechte,** sondern ganz bewußt in erster Linie als Abwehrrechte konzipiert (zum Sozialstaatsprinzip und zur „sozialstaatskonformen" Grundrechtsauslegung vgl. Rdn. 231ff.; das Sozialstaatspostulat beinhaltet einen verpflichtenden Auftrag, aber keinen Individualanspruch etwa auf Arbeit oder Umweltschutz; vgl. Nebendahl ZRP 1991, 257ff.). Eine Umdeutung der Abwehrrechte in Leistungsrechte ist folglich, auch unter Berücksichtigung der objektiven und institutionellen Grundrechtskomponenten, grundsätzlich nicht möglich (BVerwG NJW 1978, 842f.). Gleichwohl hat die Rspr in eng begrenzten Ausnahmefällen von diesem Grundsatz Ausnahmen zugelassen und unmittelbar aus dem GG finanzielle Leistungsansprüche zuerkannt (status positivus; aus Art. 1 I und 2 I, II i. V. mit dem Sozialstaatsprinzip: Anspruch auf Sozialhilfe und Impfung; BVerwGE 1, 159, 161f.; 9, 78, 80f.; aus

Art. 7 IV: Anspruch auf Subventionierung von Privatschulen; BVerfGE 75, 40, 61ff.; BVerwGE 27, 360, 362ff.; 70, 290, 295; Vogel DVBl. 1985, 1214ff.).

586 7. Abschließend ist nochmals zu betonen, daß die verschiedenen einzelnen Bedeutungsinhalte der Grundrechte weder isoliert gesehen werden noch sich verselbständigen dürfen, sondern Bestandteile eines konkreten einheitlichen Grundrechtes sind. Die einzelnen Elemente ergänzen und stützen sich gegenseitig und verstärken so die Geltungskraft der Grundrechtsverbürgungen insgesamt (**Komplementärfunktion;** subjektiv- und objektivrechtliche, materielle und formelle Elemente bedingen und stützen einander). Ausgangspunkt, Wurzel und zentraler Bedeutungsinhalt der Grundrechte ist dabei nach wie vor ihr individualrechtlicher Gehalt als Menschen- und Freiheitsrechte; sie werden aber objektiv-rechtlich angereichert (Grundrechte als objektive Wertordnung und Auslegungsmaxime, materielle und verfahrensrechtliche Schutzpflichten usw.). Der den Grundrechten nach ihrer Geschichte und ihrem heutigen Inhalt primär innewohnende Abwehrcharakter wird unter der Geltung des GG durch die objektiven, institutionellen, teilhabenden und prozessualen Grundrechtskomponenten, aber auch durch das Sozialstaatsprinzip, ergänzt und damit insgesamt gesehen verstärkt; zum Teil werden dadurch auch erst die Bedingungen der Freiheit geschaffen und gesichert (Intensivierung und Optimierung der Grundrechtsgeltung; **Grundsatz der Grundrechtseffektuierung;** vgl. BVerfGE 50, 290, 337f.; 52, 391, 406ff.; Häberle JZ 1989, 913f.). Zur Veranschaulichung wird beispielhaft auf Art. 5 verwiesen.

§ 26 Einteilung und Systematik der Grundrechte

587 Es gibt eine Vielzahl von Versuchen, die Grundrechte möglichst umfassend zu untergliedern, zu systematisieren. Im folgenden sollen die wichtigsten dieser Einteilungsarten kurz zusammengefaßt werden (vgl. dazu auch das **Schaubild 17** auf S. 276, in dem der Versuch einer Grundrechtssystematisierung gemacht wird).

I. Grundrechte, Einrichtungsgarantien, Programmsätze

588 Die klassische Staatsrechtslehre unterscheidet allgemein, ob die konkrete Verfassung dem einzelnen subjektiv-öffentliche Rechte einräumt, ob sie lediglich Einrichtungsgarantien gewährleistet oder ob sie schließlich bloße Programmsätze enthält. Diese Unterscheidung ist heute unter der Geltung des GG nicht mehr von Bedeutung, gleichwohl für Grundrechtssystematik und -verständnis nach wie vor nicht unwichtig. Im einzelnen wird dazu auf Rdn. 569ff., 573 und 576f. verwiesen.

II. Einteilung der Grundrechte nach der Rechtsquelle

1. Auch heute noch herrscht ein theoretischer Streit, ob es sich bei den Grundrechten um vor- oder **überstaatliches Recht** („Naturrecht") handelt, das der Staat vorfindet und lediglich anerkennen kann (dem Staat vorausgehendes Recht; vgl. Art. 1 II), oder ob diese Rechte erst durch Selbstbeschränkung der Staatsgewalt vom Verfassunggeber geschaffen werden müssen (vom Staat gewährtes Recht; vgl. BVerfGE 10, 59, 81; Bleckmann § 4; v. Münch, GG-Kommentar, Art. 1, Rdn. 11). **589**

2. **Abänderbare und unabänderbare Grundrechte:** Grundsätzlich sind die Menschenrechte des GG im Rahmen der Verfassungsbestimmungen abänderbar (beachte Art. 19 I, II, 79 I, II). Zu beachten ist aber, daß gemäß Art. 79 III die Grundsätze der Art. 1 und 20 einer Änderung entzogen sind. Aus Art. 1 I (Würde des Menschen) und Art. 20 (Demokratie- und Rechtsstaatsprinzip) folgt, daß die wichtigsten Grundrechte eben doch von der verfassungsändernden Gewalt im Grundsatz nicht angetastet werden dürfen (vgl. oben Rdn. 134 und 211). **590**

3. Mitunter wird ganz formal zwischen Grundrechten innerhalb und außerhalb des Katalogs differenziert. Als Grundrechte **innerhalb des Grundrechtskatalogs** werden jene Rechte verstanden, die im Abschnitt I „Die Grundrechte", in den Art. 1–19, festgelegt sind. Alle übrigen im GG enthaltenen Grundrechte sind solche **außerhalb des Katalogs** (Art. 20 IV, 33, 38, 101–104, 140 i. V. mit der WV). Grundsätzlich bestehen für beide Arten keine rechtlichen Unterschiede (vgl. Art. 93 I Nr. 4a). Zu beachten ist allerdings, daß nach umstrittener aber h. M. zwar Art. 1 III und 19 IV für alle Grundrechte gelten, daß aber Art. 19 I–III nur auf die Grundrechte des Grundrechtskatalogs (Art. 1–18) anwendbar ist (vgl. BVerfGE 21, 362, 373). **591**

4. Neben den im GG enthaltenen **Bundesgrundrechten** gibt es in einem Bundesstaat meist auch **Landesgrundrechte.** Nicht selten enthalten die Landesverfassungen über die im GG enthaltenen Grundrechte hinaus weitere subjektiv-öffentliche Rechte, Einrichtungsgarantien oder Programmsätze (insbesondere in den kulturellen, kirchlichen, wirtschaftlichen und sozialen Bereichen; vgl. etwa Art. 2 I, 3–22 LV BW). Das Verhältnis von Bundes- und Landesgrundrechten ist im einzelnen in Art. 31 und 142 geregelt (vgl. dazu Sachs DÖV 1985, 469ff.; Schneider DÖV 1987, 749ff.). **592**

5. Neben den nationalen gelten in der Bundesrepublik auch internationale Grundrechte. Dadurch, daß die **Europäische Menschenrechtskonvention** von 1950 in der Bundesrepublik im Jahr 1952 ratifiziert und durch einfaches Gesetz in innerstaatliches Recht transformiert wurde, gelten die dort enthaltenen Grundrechte auch in Deutschland. Dabei muß aber beachtet werden, daß es sich bei diesen Menschenrechten nicht um Regeln des Völkerrechts, sondern um einfaches Bundesrecht handelt, also die Grundrechte nicht tangieren, sondern nur interpretieren können (vgl. BVerfGE 10, 271, 274; 74, 358, 370; zu den „europäischen Grundrechten" allgemein: Bleckmann DVBl. 1978, 457ff.; Dauses JZ 1980, 293ff.; Schwarze EuGRZ 1986, 293ff.; De Gucht EuGRZ 1989, 207ff.). Die **UNO-Deklaration** der Menschenrechte von 1948 enthält sogar lediglich Richtlinien, nicht verbindliches Völkerrecht (Art. 25; Stern, StaatsR Bd. III/1, § 62; Sommermann AöR 1989, 391ff.; Hofmann JZ 1992, 165ff.; oben Rdn. 553). **593**

III. Einteilung der Grundrechte nach dem persönlichen Geltungsbereich

594 1. **Menschen- und Bürgerrechte:** Häufig werden die Grundrechte nach dem Kreis der Berechtigten in Menschen- und Bürgerrechte eingeteilt. Unter Menschenrechten versteht man dabei jene Grundrechte, die allen Menschen zustehen (ohne personale Eingrenzung, ohne Unterschied hinsichtlich Staatsangehörigkeit, Rasse usw.; „Jedermann-Grundrechte"). Das sind nach dem GG sämtliche Grundrechte, die nicht den Deutschen vorbehalten sind („jeder", „jedermann", „alle Menschen", z.B. Art. 2 I, II, 3). Im Unterschied dazu spricht man bei jenen Grundrechten von Bürgerrechten, die nach dem GG nur den deutschen Staatsbürgern verfassungsrechtlich zustehen („Deutsche" i.S. von Art. 116; z.B. Art. 8, 9, 11, 12, 16 II und 38 – Rechte des Staatsvolkes –; der Grundrechtsschutz der Ausländer erfolgt insoweit nach h.M. über Art. 2 I, vgl. BVerfGE 35, 382, 399, und 74, 165, 173).

595 2. **Grundrechte für natürliche und juristische Personen:** Für die natürlichen Personen kennt das GG, abgesehen von der in Ziff. 1 gemachten Unterscheidung, grundsätzlich keine Einschränkungen hinsichtlich des Geltungsbereichs der Grundrechte (Ausnahme: Art. 38 II). Jeder Mensch bzw. Deutsche ist grundsätzlich Grundrechtsträger. Nach Art. 19 III können sich allerdings auch juristische Personen insoweit auf die Grundrechte berufen, als sie ihrem Wesen nach auf diese anwendbar sind (vgl. dazu eingehend unten Rdn. 602ff.).

IV. Traditionelle Einteilung der Grundrechte

596 1. Die klassischen Grundrechtsfunktionen sind schon von Jellinek durch drei Begriffe umschrieben worden: status negativus, status positivus und status activus. Die Grundrechte sind danach Abwehrrechte **(status negativus)** gegenüber aller staatlichen Gewalt. Die Abwehrrechte machen es dem einzelnen möglich und räumen ihm die entsprechenden Befugnisse ein, sich gegenüber staatlichen Eingriffen zur Wehr zu setzen (ursprüngliche Funktion der Grundrechte: Abwehr- und Ausgrenzungscharakter; Freiheit „vom" Staat; Abwehr von Eingriffen in Freiheit, Privatheit und Eigentum). Für eine wirksame Sicherung der individuellen Freiheit und Gleichheit ist die Gewährleistung solcher als subjektiv-öffentliche Rechte ausgestalteten Grundrechte Voraussetzung. Der verfassungsrechtliche Grundrechtsschutz erschöpft sich aber nicht in der den Abwehrrechten herkömmlich beigemessenen Schutzfunktion, sondern beinhaltet daneben in gewissen Grenzen und unter bestimmten Voraussetzungen die komplementäre Funktion der grundrechtlichen Verbürgung an staatlichen Leistungen. Der einzelne kann seine Freiheit eben häufig nicht ohne den Staat verwirklichen; er ist für die Schaffung und Erhaltung seiner freien Existenz auf staatliche Vorkehrungen angewiesen (**status positivus;** Freiheit „durch", nicht ohne den Staat; Teilhabe-, Leistungs-, Verfahrens- und Rechtsschutzrechte; vgl. dazu BVerfGE 33, 303, 329ff.; 35, 79, 115f.; Martens/Häberle VVDStRL 1972, S. 7ff., 43ff.). Schließlich gibt es auch Grundrechte, die auf eine Mitwirkung und Teilhabe der Bürger an der staatlichen Willensbildung abzielen (staatsbürgerliche Teilnahmerechte; **status activus;** Freiheit „im" und „für" den

Staat). Zu diesen „politischen" Grundrechten gehören vor allem Art. 4 III, 12a, 33 und 38 (Wehrpflicht und Wahlrecht; vgl. auch Art. 16, 17 sowie Art. 21).

2. Nach einer weiteren Einteilung werden die Grundrechte in Freiheits-, Gleichheits- und Justizgrundrechte gegliedert. Die **Freiheitsrechte** gewährleisten dem einzelnen einen Handlungsbereich (individuelle Freiheitssphäre), innerhalb dessen sich jeder frei betätigen kann. Die als die klassischen Abwehrrechte zu charakterisierenden Freiheitsrechte lassen sich ihrerseits wieder aufteilen in individuell-persönliche Rechte (Art. 2 I, II, 4, 10, 11, 12, 13 usw.), und individuell-kommunikative Rechte (Art. 5 I, III, 8, 9 usw.). Auf die besonders wichtige Unterscheidung zwischen besonderen oder speziellen Freiheitsrechten einerseits und dem allgemeinen, generellen Freiheitsrecht des Art. 2 I andererseits wird noch unten näher einzugehen sein. Die **Gleichheitsrechte** gewährleisten keinen Handlungsbereich, sondern sichern die Gleichbehandlung aller Bürger durch den Staat. Danach ist grundsätzlich wesentlich Gleiches gleich und wesentlich Ungleiches ungleich zu behandeln; Unterschiede dürfen nur bei Vorliegen eines sachlichen Grundes gemacht werden (Willkürverbot). Besonders bedeutsam ist auch hier die Differenzierung in spezielle Gleichheitsrechte (Art. 3 II, III, 33 38 I) und den allgemeinen Gleichheitssatz des Art. 3 I. Schließlich ist noch eine dritte Gruppe von Grundrechten zu nennen, die man als Rechtsschutz- oder Verfahrensgarantien **(„Justizgrundrechte")** bezeichnen kann. Diese Rechte gewährleisten in den Verfahren vor den Gerichten oder den Verwaltungsbehörden die Beachtung rechtsstaatlicher Grundsätze (Art. 19 IV, 101–104; status activus processualis; Rdn. 518ff., 583f.). **597**

3. **Grundrechte als spezielle oder generelle Rechte:** Die überkommene Gliederung der Grundrechte in Freiheits- und Gleichheitsrechte macht es aufgrund der von der h.M. vertretenen umfassenden, geschlossenen Grundrechtssystematik (ständige Rechtsprechung seit BVerfGE 6, 32, 36ff.) notwendig, die einzelnen Grundrechte einander zuzuordnen, sie auf allgemeine Grundsatznormen zurückzuführen, sie in spezielle und generelle Freiheits- und Gleichheitsrechte einzuteilen (Grundrechte als leges speciales oder leges generales). Nach der Rechtsprechung des BVerfG wird dabei im Bereich der Freiheitsgrundrechte **Art. 2 I** als Grundsatznorm, **Auffangtatbestand** oder „Muttergrundrecht" angesehen, der als **lex generalis** stets erst dann eingreift, wenn ein **besonderes Freiheitsgrundrecht (lex specialis)** nicht vorliegt. Dasselbe gilt im Bereich der Gleichheitsgrundrechte für **Art. 3 I.** Diese Grundsatznormen kommen als leges generales eben erst dann zur Anwendung, wenn die besonderen Freiheitsrechte der Art. 2 II, 4ff. oder die speziellen Gleichheitsrechte der Art. 3 II, III, 33, 38 II nicht gegeben sind (leges speciales; vgl. etwa BVerfGE 19, 252, 261). Für künftig zu schreibende Grundrechtsklausuren sollten Sie sich folgendes besonders einprägen: (1) Stets müssen zuerst die tatbestandlichen Voraussetzungen der in Betracht kommenden speziellen Grundrechte geprüft werden. (2) Wenn ein spezielles Grundrecht tatbestandlich gegeben ist, darf Art. 2 I bzw. 3 I nicht geprüft werden (auch nicht zusätzlich; lex specialis derogat legi generali). (3) Die Grundsatznormen der Art. 2 I, 3 I dürfen erst geprüft werden, wenn der zu prüfende Sachverhalt unter kein spezielles Freiheits- bzw. Gleichheitsgrundrecht fällt, wenn ein besonderer Lebensbereich durch ein spezielles Grundrecht nicht geschützt ist (vgl. ganz besonders BVerfGE 6, 32ff., unbedingt durcharbeiten!). **598**

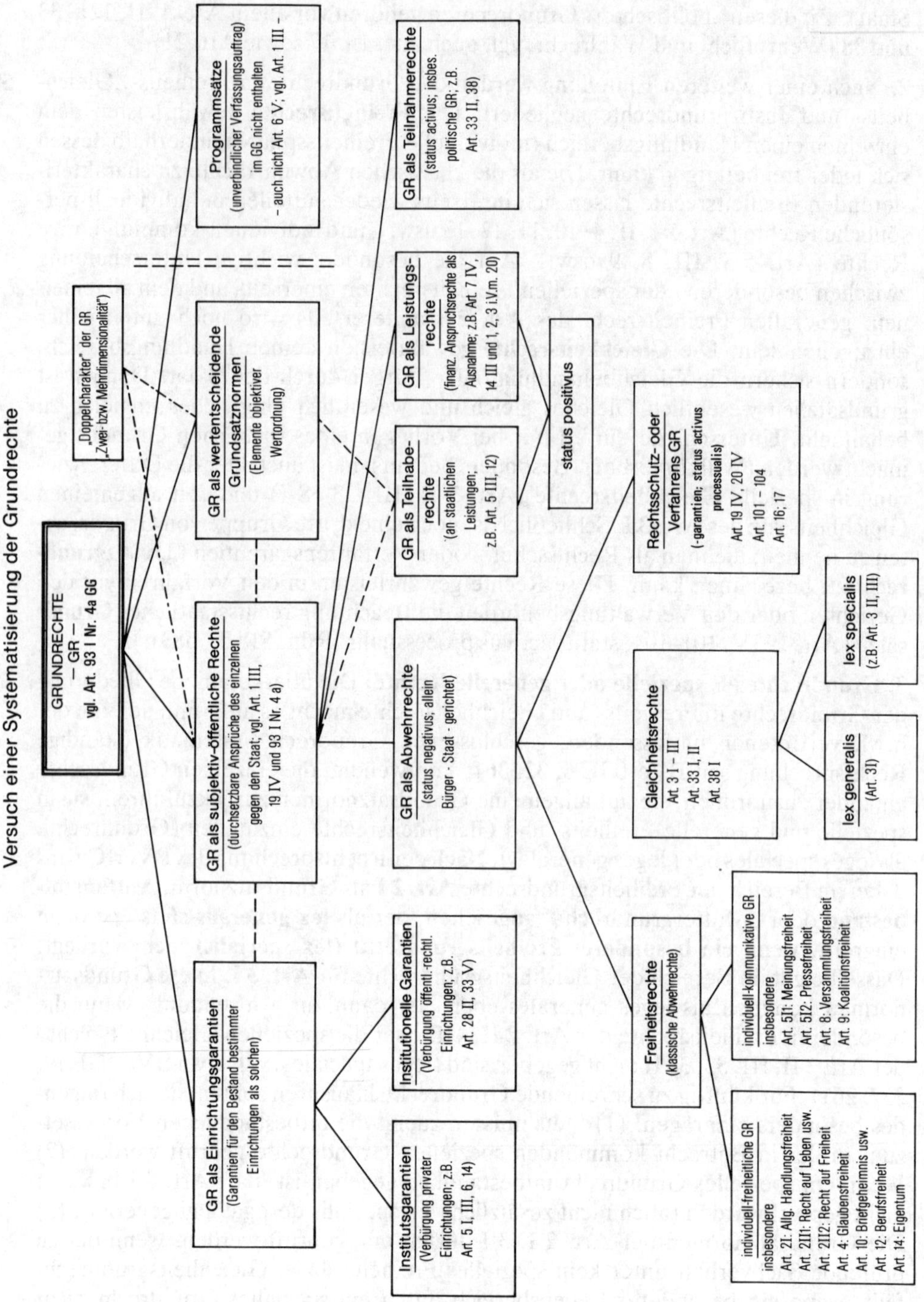

Schaubild 17

Allgemein zu den **Grundrechtskonkurrenzen** und -konflikten vgl. etwa VG Köln NJW 1983, 1212f.; Lepa DVBl. 1972, 161; Bleckmann § 14; Kriele JA 1984, 629ff.; Fohmann EuGRZ 1985, 49ff.; Bleckmann/Wiethoff DÖV 1991, 722ff.

§ 27 Grundrechtsträger und Grundrechtsadressat

I. Grundrechtsträgerschaft

1. Bei der Grundrechtsträgerschaft geht es um die Frage, wer sich auf Grundrechte **599** berufen, sie für sich in Anspruch nehmen und sie ggf. zu seinen Gunsten durchsetzen kann, wer also **Anspruchsberechtigter** der Grundrechte als subjektiv-öffentliche Rechte ist. Die Grundrechtsträgerschaft wird im allgemeinen mit den beiden auseinanderzuhaltenden Begriffen Grundrechtsfähigkeit und Grundrechtsmündigkeit umschrieben (Differenzierung nach dem „Haben" und „Ausüben" von Grundrechten). Unter **Grundrechtsfähigkeit** versteht man die Eigenschaft, Inhaber, Träger von Grundrechten („Grundrechtssubjekt") zu sein. Sie setzt im Grundsatz die Möglichkeit eines Rückbezugs auf die den Menschenrechten ureigene, individuelle Rechtspersönlichkeit voraus und ist vergleichbar mit der Rechtsfähigkeit im Zivilrecht, allerdings zum Teil enger, zum Teil weiter. Natürliche Personen besitzen sie grundsätzlich ohne weiteres, juristische Personen nur, wenn die Voraussetzungen des Art. 19 III gegeben sind. Im Unterschied dazu spricht man von **Grundrechtsmündigkeit,** wenn jemand rechtlich dazu in der Lage ist, dazu fähig ist, Grundrechte in eigenem Namen wahrzunehmen, sie selbständig geltend zu machen und – soweit notwendig – gerichtlich durchzusetzen. Die Grundrechtsmündigkeit kann grundsätzlich nur bei natürlichen Personen problematisch werden, nicht zuletzt auch deshalb, weil diese Frage weder im GG noch sonst gesetzlich geregelt ist.

2. Für die **natürlichen Personen** kennt das GG, abgesehen von der in Rdn. 594 **600** gemachten Unterscheidung (Jedermann- und Deutschengrundrechte), grundsätzlich keine Einschränkungen hinsichtlich des Geltungsbereichs der Grundrechte (Ausnahme: Art. 38 II). Jeder Mensch bzw. Deutsche besitzt grundsätzlich ohne weiteres die **Grundrechtsfähigkeit,** d.h. er kann sich als Grundrechtsträger auf diese Rechte berufen (jeder Lebende; grundsätzlich von der Vollendung der Geburt bis zum Tode, vgl. § 1 BGB). Die Rechtsfähigkeit nach § 1 BGB ist allerdings nicht ganz identisch mit der Grundrechtsfähigkeit; bei einzelnen Grundrechten wird in begrenztem Umfang die Grundrechtsberechtigung auf den noch nicht geborenen Menschen und den Toten ausgedehnt (zur Grundrechtsfähigkeit Verstorbener im Hinblick auf Art. 1 I: BVerfGE 30, 173, 194ff. und BGH NJW 1990, 1986ff.; zum nasciturus im Hinblick auf Art. 2 II: BVerfGE 39, 1, 36ff.; Hoerster JuS 1989, 172ff.). Die Anordnung von Voraussetzungen wie Volljährigkeit usw. sind für die Grundrechtsfähigkeit normalerweise nicht zulässig, es sei denn, daß dies im GG ausdrücklich festgelegt ist (vgl. Art. 5 II, 6 II, 11 II, 13 III, 38 II).

Die Frage, ob und wie sich die Minderjährigkeit auf die **Grundrechtsmündigkeit,** die **601** Fähigkeit zur selbständigen Geltendmachung der Grundrechte, auswirkt und welche Grundsätze dafür anzuwenden sind, ist höchst umstritten (Grundrechtswahrnehmungs- oder -ausübungsfähigkeit). Grenzt man diese Problematik auf die prozessuale Geltendmachung der Grundrechte ein **(Prozeßfähigkeit),** so wird gegenwärtig dazu folgende Auffassung überwiegend vertreten: Die Vorschriften über die Geschäfts- und Prozeßfähigkeit (§§ 104ff. BGB, § 52 ZPO) können allgemein und unmittelbar zur Beurteilung der Grundrechtsmündigkeit nicht herangezogen werden (allenfalls als ein Indiz; entsprechende Anwendung ggf. dann, wenn mit der Grundrechtsausübung auch Verpflichtungen eingegangen werden sollen). Soweit in Einzelfällen spezialgesetzliche Regelungen bestehen, sind grundsätzlich diese maßgebend (**feste Altersgrenzen:** Religionsmündigkeit ab dem 12. bzw. 14. Lebensjahr, § 5 des Gesetzes über religiöse Kindererziehung, Sartorius Nr. 47; BVerwGE 44, 196, 199; BVerwG NJW 1983, 2585; Grundrechtsmündigkeit für Art. 4 III: §§ 19 V und 26 II WehrpflG, vgl. BVerwGE 7, 358; zu § 15 MeldeG BW: VGH Mannheim NJW 1985, 2965; zu § 59 FGG: BVerfGE 72, 122, 132ff.). Im übrigen ist auf die geistige Reife, die Urteils- und Einsichtsfähigkeit des konkreten Grundrechtsträgers und auf das jeweils betroffene Grundrecht im Einzelfall und grundsätzlich nicht auf Altersstufen abzustellen (**flexible Altersgrenzen;** individuelle, differenzierende Betrachtungsweise; konkrete Prüfung). Es ist also danach zu fragen, ob der einzelne in der Lage ist, die für die Wahrnehmung des speziellen Grundrechts – entsprechend dessen Sinn und Zweck – erforderliche geistige Reife, also einen „sinnvollen und vernunftbestimmten Willen“, die Einsicht in die Tragweite einer Entscheidung aufzubringen (vgl. BGHZ 15, 265f.; BVerfGE 59, 360, 387ff.; vgl. auch BVerwG NJW 1989, 1875; kritisch dazu Hohm NJW 1986, 3107ff.). Da Minderjährige noch der elterlichen Gewalt als dem natürlichen Recht der Eltern gemäß Art. 6 II unterliegen, muß, wenn sie grundrechtsmündig sind, zusätzlich noch das Verhältnis Eltern-Kind und u. U. sogar Eltern-Kind-Staat berücksichtigt werden. Die Grundrechtsmündigkeit kann deshalb sowohl von Art. 6 II als auch durch bestehende Vormundschaftsrechte usw. überlagert sein (vgl. §§ 1626ff., 1909 BGB; BVerfGE 47, 46, 69ff.; 72, 122, 132ff.; zum ganzen Maunz/Dürig, Art. 19 III, Anm. 12ff.; Stern, StaatsR Bd. III/1, § 70 V; zur abgestuften Grundrechtsmündigkeit im Kind/Eltern-Verhältnis: BVerfGE 59, 360, 387ff.). Für den Grundrechtsunmündigen handelt prozessual sein gesetzlicher Vertreter (Robbers DVBl. 1987, 709ff.).

602 3. Nach Art. 19 III gelten die Grundrechte dann auch für inländische **juristische Personen,** wenn sie ihrem Wesen nach auf diese anwendbar sind. Bei juristischen Personen müssen stets die Voraussetzungen des Art. 19 III geprüft und die Grundrechtsfähigkeit ausdrücklich festgestellt werden; das konkret in Rede stehende Grundrecht muß gerade der speziell betroffenen juristischen Person sinnvoll zugeordnet werden können. Dabei ist streng zwischen juristischen Personen des Privatrechts und solchen des öffentlichen Rechts zu unterscheiden. Das „Wesen der Grundrechte“, auf das es nach Art. 19 III entscheidend ankommt, fordert eine solche Unterscheidung (BVerfGE 21, 362, 369; 68, 193, 205f.).

603 a) Der Begriff der inländischen juristischen Person wird von der Rspr im Bereich des Privatrechts nicht zuletzt auf dem Hintergrund des Art. 9 extensiv ausgelegt. Neben den rechtsfähigen **juristischen Personen des Privatrechts** (z. B. rechtsfähiger Verein, GmbH, AG, rechtsfähige Stiftungen; vgl. BVerfGE 25, 371ff.; BVerwGE 40,

347, 348f.) hat das BVerfG den Anwendungsbereich des Art. 19 III auch auf nichtrechtsfähige Handelsgesellschaften wie die OHG, die KG und ggf. sonstige wirtschaftliche Personenvereinigungen (vgl. dazu BVerfGE 20, 162, 171; 21, 362ff.; 23, 12ff.), aber auch auf ideelle, religiöse oder politische Personenvereinigungen ausgedehnt, wenn sie eine festere, körperschaftsähnliche Organisationsstruktur aufweisen (VGH München NJW 1984, 2116; Religionsgemeinschaften können sich auf Art. 4, politische Parteien und Vereinigungen i. d. R. etwa auf Art. 3, 5, 8 und 38 berufen; vgl. BVerfGE 6, 273, 277; 10, 89, 99; 24, 236, 246f.; 30, 112ff.). Aufgrund des eindeutigen Wortlauts und des Sinn und Zwecks des Art. 19 III wird von der h. M. diese Vorschrift nur auf **inländische** juristische Personen angewandt, wobei der Standort des effektiven Verwaltungsmittelpunktes, das faktische Aktionszentrum, und nicht die Staatsangehörigkeit des Personenkreises der Vereinigung entscheidend ist (vgl. BVerfGE 21, 207, 208f.). Danach gelten für ausländische juristische Personen nur die „prozessualen" Grundrechte aus Art. 19 IV, 20 III, 93 I Nr. 4a, 101 I und 103 I. Eine beachtliche Mindermeinung will Art. 19 III in bestimmten Grenzen auf ausländische juristische Personen ausdehnen (arg.: kein einleuchtender Grund für eine Differenzierung; Diskriminierungsverbot des Art. 7 EG-Vertrages; vgl. etwa Meessen JZ 1970, 602ff.).

Besonders problematisch bei Art. 19 III ist die Feststellung, wann Grundrechte **604** **ihrem Wesen nach auf juristische Personen anwendbar** sind. Eine generelle Richtlinie kann dafür nicht gegeben werden. Vielmehr ist dafür eine besondere, eingehende Prüfung jedes Einzelfalles notwendig. Dabei ist vor allem zu untersuchen, ob das konkrete Grundrecht auf die spezielle juristische Person, ausgehend von deren besonderem Typus, deren Zweck und dem Umfang ihrer Rechtsfähigkeit, wesensmäßig vom Sinn und Zweck des jeweiligen Grundrechtsschutzbereichs anwendbar ist, d. h. ob es unmittelbar an natürliche Eigenschaften des Menschen anknüpft oder nicht. Es ist insbesondere zu prüfen, ob das betreffende Grundrecht „menschenbezogen" ist, ob es nur individuell oder auch korporativ betätigt werden kann, ob also das vom konkreten Grundrecht geschützte Verhalten nur menschenbezogen oder auch kollektiv möglich ist. Das BVerfG sieht bei juristischen Personen des Privatrechts den „personellen Bezug" auch dann für gegeben an, „wenn der Durchgriff auf die hinter ihnen stehenden Menschen es als sinnvoll und erforderlich erscheinen läßt" (BVerfGE 39, 302, 312; 75, 192, 195f.). Auf juristische Personen des Privatrechts sind daher im wesentlichen die Art. 1 I, 2 II, 3 II, 6, 16, 33, 102, 104 nicht anwendbar (BVerfGE 13, 290, 297f.; anders nach h. M.: Personenvereinigungen mit ideeller Zielsetzung, wenn und soweit ihr kollektiver sozialer Geltungsanspruch in ihrem Aufgabenbereich betroffen ist, BVerwGE 82, 76ff. und OVG Lüneburg NJW 1992, 192f.). Dagegen können sie sich in der Regel auf Art. 3 I, 5, 9, 10, 12, 13, 14, 17, 19 IV, 101, 103 berufen (vgl. BVerfGE 3, 359, 363; 4, 7, 17; 19, 206, 215). Problematisch und deshalb stets sorgfältig zu prüfen ist die Anwendbarkeit der Art. 2 I, 4, 5, 8, 12 (vgl. BVerfGE 21, 261, 266; 21, 271, 277f.; OVG Rh.-Pf. NJW 1980, 1866ff.; BGH NJW 1986, 2951f.; Badura DÖV 1990, 353ff.; Bleckmann/Helm DVBl. 1992, 9ff.).

b) Nach umstrittener, aber h. M. widerspricht es dem Wesen der Grundrechte, Art. **605** 19 III auf **juristische Personen des öffentlichen Rechts** anzuwenden. Die öffentliche

Hand, Körperschaften, Anstalten und Stiftungen des öffentlichen Rechts, besitzen demnach mindestens im Bereich der Wahrnehmung öffentlicher Aufgaben keine Grundrechtsfähigkeit. Dies gilt auch für die öffentliche Daseinsvorsorge, und zwar ohne Unterschied, ob sie in privatrechtlichen oder öffentlich-rechtlichen Formen durchgeführt wird (BVerfG NJW 1987, 2501f.). Dies wird damit begründet, daß es mit dem Wesen der Grundrechte unvereinbar ist, den Staat und die in ihm inkorporierten rechtsfähigen Verwaltungsträger als Verpflichtete der Grundrechte (Rdn. 607ff.) zugleich zu Berechtigten und Nutznießern der Grundrechte zu machen **(keine Grundrechtsgeltung bei Identität von Grundrechtsträger und -adressat).** Juristische Personen des öffentlichen Rechts handeln aufgrund von Kompetenznormen und nicht in Wahrnehmung individueller Freiheitsrechte. Grundrechte sind Bürger-Staat-bezogen und deshalb als subjektiv-öffentliche Rechte zwischen zwei Teilen der öffentlichen Hand innerhalb ein und desselben Staatsverbandes nicht denkbar. Die durch Eingriffe und auch Übergriffe des einen Hoheitsträgers in die Funktion und das Vermögen eines anderen hervorgerufenen Konfliktsituationen stellen sich lediglich als Kompetenzkonflikte dar und finden ihre Regelung in den Organisationsbestimmungen der Staatsverfassungen sowie den dazu ergangenen Rechts- und Verwaltungsvorschriften und nicht in den Grundrechten (BVerfGE 68, 193, 205ff.; 75, 192, 195ff.).

606 Eine **Ausnahme** von diesem Grundsatz wird nur anerkannt, wenn es sich **(1)** um die Verletzung eines sog. Verfahrensgrundrechts handelt (Justiz- und **Prozeßgrundrechte,** insbesondere Art. 101, 103) oder, wenn **(2)** eine juristische Person des öffentlichen Rechts, insbesondere eine Gebietskörperschaft, unmittelbar dem Lebensbereich der Bürger zugeordnet werden muß, der durch die als verletzt gerügten Grundrechte geschützt wird (Vorliegen einer „grundrechtstypischen Gefährdungslage"). Letzteres ist dann gegeben, wenn einer juristischen Person des öffentlichen Rechts ein „eigener Bereich selbstverantwortlicher Freiheit" eingeräumt ist, der letztlich den Bürgern zur Verwirklichung ihrer individuellen Grundrechte dient und als eigenständige, vom Staat unabhängige oder jedenfalls distanzierte Einrichtung verfassungsrechtlich Bestand hat; insoweit ist juristischen Personen des öffentlichen Rechts eine auf den geschützten Bereich begrenzte, **partielle Grundrechtsfähigkeit** zuzuerkennen. Dies gilt nur für die „Ausnahmetrias": Kirchen (Art. 4 und 140), Rundfunkanstalten (Art. 5 I 2) und Hochschulen (Art. 5 III). Daneben können die Kommunen ihr Selbstverwaltungsrecht nach Art. 28 II geltend machen. Einen darüber hinausgehenden Grundrechtsschutz anerkennt das BVerfG nicht (so z.B. auch keinen Eigentumsschutz für Gemeinden, kommunale Versorgungsunternehmen und Sparkassen; vgl. BVerfGE 61, 82, 100ff.; 78, 101ff.; BVerfG NJW 1990, 1783 mit Anm. von Koppensteiner NJW 1990, 3105ff.; zur Gesamtproblematik: BVerfGE 39, 302, 312; 59, 231, 254f.; 68, 193, 207; 75, 192, 195ff.; Scholler/Broß DÖV 1978, 238ff.; Bethge AöR 1979, 54ff. und 265ff.; Kröger JuS 1981, 26ff.; Broß VerwArch 1986, 65ff.; Bleckmann/Helm DVBl. 1992, 9ff.).

II. Grundrechtsadressat (Geltungsbereich der Grundrechte)

Während es bei der Grundrechtsträgerschaft um die Frage geht, wer sich auf die Grundrechte i. S. eines subjektiv-öffentlichen Rechtes berufen kann, wen die Grundrechte also letztlich schützen, handelt es sich bei dem **Grundrechtsadressatenkreis** um das Problem, wer sein Handeln an den Grundrechten auszurichten hat, wer in seinem Tätigwerden zwingend an die Grundrechtsbestimmungen gebunden ist. Grundrechtsadressat ist demnach derjenige, der, wenn er rechtmäßig handeln will, grundrechtskonform handeln muß **(Grundrechtsverpflichteter).** Wegen der Bürger-Staat-Bezogenheit der Grundrechte (Abwehrrechte gegen den Staat, status negativus) ist grundsätzlich jeder Träger öffentlicher Gewalt Grundrechtsadressat (vgl. Art. 1 III und 20 III). In begrenztem Umfange gelten die Grundrechte darüber hinaus aber auch unter bzw. im Verhältnis zwischen Privatpersonen. **607**

1. **Bindung der öffentlichen Hand:** Ausgangspunkt für die Frage nach der Bindung der öffentlichen Gewalt an die Grundrechte ist die eminent bedeutsame Bestimmung des **Art. 1 III:** Um ein „Leerlaufen" der Grundrechte auszuschließen, wird die gesetzgebende, vollziehende und rechtsprechende Gewalt an die Grundrechte als unmittelbar geltendes Recht gebunden. Der Wortlaut des Art. 1 III scheint dabei auch für die Frage, in welchen Tätigkeitsbereichen die öffentliche Hand Grundrechtsadressat ist, eine klare Antwort zu geben. In Wirklichkeit ist dies jedoch keineswegs der Fall. Es stellt sich hier vor allem das heftig umstrittene Problem, ob der Staat und die Träger mittelbarer Staatsverwaltung, die Körperschaften und Anstalten des öffentlichen Rechts, in all ihren Aufgaben und Funktionen, also nicht nur im öffentlich-rechtlichen, sondern besonders auch im privatrechtlichen Bereich in vollem Umfang an die Grundrechte gebunden sind. Im einzelnen sind folgende vier Tätigkeitsarten zu unterscheiden **(Fallgruppen):** **608**

a) **Bindung der öffentlichen Hand bei der Wahrnehmung öffentlicher Aufgaben:** **609**
(1) Unproblematisch im Hinblick auf Art. 1 III ist das Handeln der öffentlichen Hand, wenn sie in den **Formen des öffentlichen Rechts** (Gesetz, Verordnung, Verwaltungsakt) tätig wird (hoheitlicher Bereich). Hier gilt unstreitig Art. 1 III. Alle staatlichen Gewalten sind insoweit in vollem Umfange an die Grundrechte des GG gebunden. **(2)** Schwieriger ist dagegen die Frage der Grundrechtsbindung der öffentlichen Hand in den Fällen zu beantworten, in denen sie nicht hoheitlich, sondern in den **Formen des Privatrechts** tätig wird. Diese Fallgruppe hat in den letzten vierzig Jahren durch die enorme Zunahme der Leistungsverwaltung (Daseinsvorsorge), durch die verstärkte erwerbswirtschaftliche Betätigung des Staates, aber auch durch eine gewisse „Flucht ins Privatrecht" besondere Bedeutung erlangt (vgl. etwa Betrieb von öffentlichen Einrichtungen wie Schwimmbäder, Krankenhäuser, Theater, Verkehrsbetriebe, Elektrizitäts-, Gas-, Wasserwerke usw.; Vergabe von Subventionen usw.; Anschaffung von Betriebs- und Ausrüstungsgegenständen usw.). Bei der Lösung dieser Frage muß von dem Grundsatz ausgegangen werden, daß sich der Staat nicht dadurch von der Grundrechtsbindung befreien kann, daß er öffentliche Aufgaben einfach in privatrechtlichen Formen durchführt oder sie einer Privatperson, einem sog. „beliehenen Unternehmer", zur Erledigung überträgt (vgl. BVerfGE 10, 302, 327; BGHZ 52, 325, 327 ff.). Im Hinblick auf Art. 1 III würde dies eine

mißbräuchliche und deshalb unzulässige Umgehung darstellen. Auf diesem Hintergrund nimmt die h. M., die Lehre von der **„Fiskalgeltung der Grundrechte“,** folgende Differenzierung vor: **(a)** bei der unmittelbaren Erfüllung materiell, funktionell öffentlicher Aufgaben (etwa Leistungsverwaltung, Daseinsvorsorge) ist die öffentliche Hand, auch wenn sie in den Formen des Privatrechts tätig wird, streng an die Grundrechte gebunden. Bei der Wahrnehmung solcher Funktionen in privatrechtlichen Formen haben die staatlichen Hoheitsträger also in vollem Umfange Art. 1 III zu beachten; sie sind unmittelbar an die Grundrechte gebunden (sog. **„Verwaltungsprivatrecht“:** vgl. Wolff/Bachof, VerwR I, § 23 II b; von Zezschwitz NJW 1983, 1873 ff.; BGHZ 52, 325, 327 f.; 65, 284 ff.; 91, 84, 96 f.). **(b)** Nach der h. M. gilt dagegen die Bindungswirkung des Art. 1 III nicht für sog. **„fiskalische Hilfsgeschäfte“** (vgl. etwa BGHZ 36, 91, 95 ff.; GmS-OGB NJW 1986, 2359 f.). Hierbei handelt es sich insbesondere um privatrechtliche Verträge (Handlungsformen), wie etwa über die Beschaffung von Schreibmaterial, Heizöl und sonstigen Sachgütern, die die öffentliche Hand nicht zur unmittelbaren Erfüllung von öffentlichen Aufgaben, sondern nur mittelbar für öffentliche Zwecke abschließt (Bedarfsdeckungsgeschäfte der öffentlichen Hand; zur öffentlichen Aufgabenerfüllung notwendige Hilfsgeschäfte der Verwaltung). Der Übergang zu „erwerbswirtschaftlichen Tätigkeiten“ ist z. T. fließend (vgl. unter Rdn. 611).

610 Aus den Grundsätzen der Lehre von der Fiskalgeltung der Grundrechte ergibt sich, daß es für die Frage der Grundrechtsbindung nicht auf die Rechtsform des Verwaltungshandelns, die formale Komponente, sondern entscheidend auf das Vorliegen von funktional öffentlichen Aufgaben, die unmittelbar öffentlichen Zwecken dienen, die materielle Komponente, ankommt. Bei der unmittelbaren Erfüllung von funktional öffentlichen Aufgaben ist also die öffentliche Hand stets in vollem Umfang an die Grundrechte gebunden (Art. 1 III).

611 b) **Bindung der öffentlichen Hand im rein fiskalischen Bereich: (3)** Es handelt sich hier um den Bereich, in dem die öffentliche Hand als „Fiskus“, d. h. wie eine Privatperson am Privatrechtsverkehr teilnimmt, wobei die funktionell öffentlichen Aufgaben nicht oder nur mittelbar gefördert werden. Solche **rein „erwerbswirtschaftlichen Tätigkeiten“** liegen demnach etwa vor, wenn Finanzvermögen (staatlicher Waldbesitz, Domänen, gemeindliche Brauerei, Wirtschaftsunternehmen, Beteiligungsgesellschaften usw.) erworben, veräußert oder erhalten werden soll (wirtschaftswerbende, unternehmerische Tätigkeiten; häufig werden dieser Fallgruppe auch die „fiskalischen Hilfsgeschäfte“ zugeordnet). Nach h. M. unterliegen diese rein fiskalischen Staatstätigkeiten nicht in der Bindungswirkung des Art. 1 III (vgl. BGHZ 36, 91, 95 ff.; GmS-OGB NJW 1986, 2359 f.; vgl. aber Rdn. 613 ff.). Nach anderer Auffassung ist allerdings auch der Bereich der fiskalischen Verwaltung voll oder teilweise an die Grundrechte gebunden (vgl. etwa Hesse § 11 I; kritisch zum ganzen: Ehlers DVBl. 1983, 422 ff.; Gusy DÖV 1984, 872 ff.).

612 c) Bei der Prüfung, ob eine Grundrechtsbindung nach Art. 1 III eingreift, ist demnach zweckmäßigerweise wie folgt vorzugehen: Handelt die öffentliche Hand in den Formen des öffentlichen Rechts, so ist ohne weiteres Art. 1 III anzuwenden (Fallgruppe 1). Nimmt sie dagegen Handlungen in den Formen des Privatrechts wahr, so ist festzustellen, ob es sich inhaltlich und wesensmäßig, also materiell um unmittelbar öffentlichen Aufgaben dienende Tätigkeiten handelt. Ist dies der Fall, so handelt es sich um den Bereich des sog. Verwaltungsprivatrechts, in dem Art. 1 III in vollem Umfange gilt (Fallgruppe 2a). Ist dies dagegen zu verneinen, so liegen sog. rein fiskalische Staatstätigkeiten vor, für die nach h. M. die Bindungswirkung grundsätzlich nicht gilt (Fallgruppen 2b und 3). Aber auch bei solchen Fiskalgeschäften kann eine gewisse Bindung an die Grundrechte durch das Rechtsinstitut der sog. Drittwirkung der Grundrechte eintreten und ist deshalb ggf. zusätzlich zu prüfen (vgl. unten Rdn. 613ff. und etwa OLG Düsseldorf DÖV 1981, 537ff.).

2. **Grundrechtsgeltung zwischen Privatpersonen (sog. „Drittwirkung der Grundrechte"):** Entsprechend der historischen Entwicklung kommt der Komponente der Grundrechte, die als Bürger-Staat-gerichtetes, vertikales Abwehrrecht umschrieben werden kann, nach wie vor eine maßgebliche Bedeutung zu (vgl. Art. 1 III). Daraus könnte man schließen, daß nur die öffentliche Hand als Grundrechtsadressat in Betracht kommt. Gleichwohl muß gefragt und geprüft werden, ob die Grundrechte über den Wortlaut hinaus nicht auch „soziale und wirtschaftliche Gewalten" wie etwa Wirtschaftsverbände, Gewerkschaften, Monopolbetriebe oder eventuell sogar jedermann, also auch Privatpersonen im Privatrechtsverkehr, zu binden vermögen **(horizontale Stoßrichtung)** oder die Grundrechte als objektive Wertordnung nicht wenigstens i. S. von Wegweisern, Richtlinien und Direktiven in das Zivilrecht „ausstrahlen". Die Grundrechte beinhalten eben heute über ihren Status als Abwehrrechte hinaus die zusätzliche wichtige Komponente, allgemeine Wertmaßstäbe für alle Rechtsbereiche aufzustellen (vgl. oben Rdn. 574f.), und damit die staatliche Pflicht eine grundrechtsadäquate Ordnung auch im Zivilrecht zu verwirklichen (grundrechtliche Schutzgebotsfunktion). Die Wirkungskraft der Grundrechte soll sich möglichst umfassend entfalten. So kann z.B. durchaus auch nichtstaatliche Machtentfaltung etwa durch Verbände oder Konzerne freiheitsbedrohende Wirkungen verursachen. Im folgenden ist deshalb zu prüfen, ob und ggf. in welcher Art und Weise auch Privatpersonen Grundrechtsadressaten sein können, Grundrechte also auch im Privatrechtsverhältnis bindend sind bzw. auf das Privatrecht einwirken (der Gesetzgeber des Privatrechts und die Gerichte des Zivilrechtswegs sind selbst unmittelbar an die Grundrechte gebunden: Art. 1 III). **613**

a) Unzweifelhaft liegt eine solche Grundrechtsbindung unter „Privaten" dann vor, wenn dies in der Verfassung ausdrücklich festgelegt ist. Das GG enthält allerdings nur in **Art. 9 III** (Koalitionsfreiheit) eine entsprechende Regelung. **614**

b) Hinsichtlich aller übrigen Grundrechtsbestimmungen ist stark umstritten, ob und in welchem Umfang eine Grundrechtsgeltung zwischen Personen im Privatrechtsverkehr anzuerkennen ist oder nicht. Dazu werden die unterschiedlichsten Meinungen vertreten (volle Geltung; **keine unmittelbare Geltung;** weder unmittelbare noch mittelbare Geltung). Die äußersten Positionen in diesem Streit liegen einerseits in der These, daß die Grundrechte ausschließlich gegen den Staat gerichtet seien, sowie andererseits in der Auffassung, daß alle Grundrechte oder jedenfalls die wichtigsten von ihnen im Privatrechtsverkehr gegen jedermann gelten. Die Lehre von der unmittelbaren, echten Drittwirkung, wonach die Grundrechte direk- **615** te Wirkungen zwischen Privatrechtssubjekten entfalten (Bürger-Bürger-Bezogenheit; Ableitung aus dem gewandelten Grundrechtsverständnis: objektive Wertordnung und „wertentscheidende Grundsatznorm") stellt heute eine Mindermeinung dar (so insbesondere Nipperdey und das BAGE 1, 185, 191ff.; 4, 274, 276; 13, 168, 175; Schwabe NJW 1973, 229f.). Diese Auffassung ist – abgesehen vom Arbeitsrecht – auf heftigen Widerstand gestoßen. Insbesondere wird dagegen vorgebracht, daß eine unmittelbare Grundrechtsbindung zu einer beträchtlichen Einengung selbstverantwortlicher Freiheit, aber auch zu einer prinzipiellen Veränderung von Eigenart und Bedeutung des Zivilrechts sowie zu Rechtsunsicherheit führen würde, daß das Verfassungsrecht, schon weil es inhaltlich dazu gar nicht in der Lage ist, keine Superrevisionsinstanz des Privatrechts sein dürfe, und auch daß Grundrechtsträger grundsätzlich eben nicht gleichzeitig Grundrechtsadressaten sein könnten (vgl. dazu Hesse § 11 II). Mit der h. M. ist deshalb und aufgrund der historischen Entwicklung sowie der Entstehungsgeschichte der Grundrechte, dem Wortlaut des Art. 1 III und dem Umkehrschluß aus Art. 9 III eine unmittelbare Grundrechtsgeltung im Privatrechtsverkehr abzulehnen.

616 Die ganz h. M. erkennt jedoch an, daß die Grundrechtsbestimmungen als Elemente objektiver Wertordnung einen mittelbaren Einfluß auf das Privatrecht haben („begrenzte" Bindungswirkung). So betont das BVerfG, daß die Zivilgerichte die **Ausstrahlungswirkung** der in den Grundrechten enthaltenen Wertentscheidungen im Bereich des Zivilrechts hinreichend zu beachten haben. Das Privatrecht ist, soweit es Spielräume beläßt (insbesondere bei Generalklauseln und Blankettbegriffen), „im Lichte der Grundrechte" auszulegen. Einzelne Zivilrechtsnormen dienen dabei als „Medium", als „Schlüssel", um durch sie die Grundrechtswertordnung in ein privatrechtliches Rechtsverhältnis „einzuschleusen". Die Verfassungsgerichtsbarkeit hat darüber zu wachen, daß die zivilgerichtlichen Entscheidungen auf einer grundsätzlich richtigen Auffassung von der Reichweite und Wirkkraft der Grundrechte beruhen und sie nicht verletzen. Insbesondere die staatliche Schutzfunktion zur Abwehr von Eingriffen Privater in Grundrechte Dritter gebietet im Rahmen bestehender Interpretationsspielräume bei Rechtsverhältnissen wie z. B. Rechtsgeschäften, unerlaubten Handlungen oder nachbarrechtlichen Beziehungen eine grundrechtskonforme Auslegung („mittelbare Drittwirkung"; BVerfGE 7, 198, 207; 35, 202, 219; 42, 163, 168; 73, 261, 268f.; 81, 242, 256; BVerfG NJW 1991, 2411f.). Nach der von der h. M. vertretenen **Lehre von der mittelbaren Drittwirkung der Grundrechte** kann man grundsätzlich zwei, allerdings nicht immer klar trennbare Fallgruppen unterscheiden (differenzierende Lösung; vgl. dazu Maunz/Dürig, Art. 1 III Anm. 127ff.; BVerfGE 7, 198, 205; 30, 173, 196f.; 34, 269, 280ff.):

617 (1) Die in den Grundrechten enthaltenen Wertentscheidungen, die als Bestandteil der objektiven Rechtsordnung auf alle Bereiche ausstrahlen, haben zwar keine unmittelbare Geltungswirkung, doch können sie im Privatrechtsverkehr mittelbar auf die Weise Bedeutung erlangen, daß sie über die unbestimmten Rechtsbegriffe und Generalklauseln in das Privatrecht einwirken, also über Rechtsnormen, die besonders auslegungsbedürftig und wertausfüllungsfähig sind (i. S. einer verfassungs- und grundrechtskonformen Interpretation). Über diese im Lichte der Wertentscheidungen der Grundrechte verfassungskonform auslegungsbedürftigen **„Ein-**

gangs- und Einbruchstellen" (vgl. etwa §§ 133, 138, 157, 242, 315, 823 – über die Rechtswidrigkeit und die sonstigen Rechte –, 826, 1004 BGB; vgl. aber auch § 114 ZPO und §§ 81a, 121 StPO) erfolgt demzufolge mittelbar eine beachtliche „Einstrahlung" der Grundrechte ins Privatrecht (**grundrechtskonforme Auslegung;** vgl. BVerfGE 7, 198, 205; 73, 261, 268ff.). Im einzelnen ist manches umstritten und im Umbruch begriffen (vgl. etwa Bleckmann DVBl. 1988, 938ff.; Schnapp JuS 1989, 7ff.; Canaris JuS 1989, 161ff.).

(2) Weiter müssen in den Fällen, in denen eine **„gesellschaftliche Gewalt"** durch **618**
Ausübung massiven wirtschaftlichen oder sozialen Druckes (Macht) auf Teilgebieten faktisch so wirkt und eingreift wie der Staat selbst, wo also Macht in bestimmten sozialen Beziehungen zur „gesellschaftlichen Übermacht" wird, ausnahmsweise die Grundrechtsnormen bindend sein. Zum Schutz der individuellen Freiheitssphäre, einer Hauptaufgabe der Grundrechte, muß dann, wenn Monopole, Wirtschaftsverbände, Gewerkschaften usw. dem einzelnen gegenüber praktisch wie die öffentliche Hand selbst auftreten, also die gesellschaftliche Macht in ihren Auswirkungen für den einzelnen der Stoßkraft staatlicher Gewalt in etwa gleichkommt, eine möglichst umfassende Grundrechtsbindung bestehen, wobei umstritten ist, ob in solchen Fällen eine mittelbare Drittwirkung der Grundrechte (so wohl OLG Stgt. JZ 1975, 698ff.) oder eine analoge Anwendung des Art. 1 III die richtige Rechtskonstruktion darstellt (unzulässiger **Boykottaufruf** eines Filmproduzentenverbandes oder eines Zeitschriftenvertriebsrings usw.: BVerfGE 25, 256, 263ff.; 62, 230, 244; grundrechtswidrige „Fremdbestimmung" eines Vertragsteils bei völlig einseitiger, stark gestörter Vertragssymetrie: BVerfGE 81, 242, 255f.; Hesse § 11 II; Maunz/Zippelius, § 18 II, vertreten hier eine nach der Intensität der Abhängigkeit „abgestufte" Drittwirkung).

c) Während bei Handlungen, für die Art. 1 III in vollem Umfange anwendbar ist, **619**
Verfassungsbeschwerde unter den Voraussetzungen des § 90 BVerfGG erhoben werden kann, gibt es zwischen Privatpersonen unmittelbar nicht die Möglichkeit der Verfassungsbeschwerde. Soweit allerdings ein Zivilgericht bei seiner Entscheidung Grundrechte nicht beachtet hat, begeht das Gericht als staatliche Gewalt seinerseits eine Grundrechtsverletzung, die dann mit der Verfassungsbeschwerde angegriffen werden kann (insoweit besteht ein umfassender, **lückenloser Grundrechtsschutz,** mittelbar also auch zwischen Privatpersonen im „Bürger-Bürger-Verhältnis"; vgl. etwa BVerfGE 30, 173, 182ff.; 42, 163, 168f.; BVerfG NJW 1991, 2411f.).

§ 28 Einschränkung der Grundrechte

I. Notwendigkeit von Einschränkungen

1. Die Gewährleistung der Grundrechte als Individualrechte, insbesondere der **620**
verfassungsrechtlichen Freiheitsrechte, kann nicht zur Folge haben, daß der einzelne berechtigt ist, sein Grundrecht unbegrenzt auszuüben (kein schrankenloser,

rücksichtsloser Grundrechts- oder Freiheitsgebrauch). Die Grundrechtsgewähr führt nicht zu einer absoluten Unantastbarkeit des individuellen Schutzbereichs eines konkreten Grundrechts. Jedes Grundrecht muß zwangsläufig aus der Natur der Sache heraus in seinem Umfang begrenzt sein; **schrankenlose Grundrechte sind undenkbar.** Dies ergibt sich aus folgenden Überlegungen:

621 – Der einzelne Grundrechtsträger, das Individuum, kann nicht außerhalb seiner realen Umwelt, isoliert von seinem sozialen Bezugsfeld gesehen werden. Der einzelne lebt in einer staatlichen Gemeinschaft; seine Grundrechtsausübung ist folglich inhaltlich so festzulegen bzw. zu begrenzen, daß einmal kein wildwüchsiges, sondern ein geordnetes Zusammenleben im Staat gewährleistet ist, und zum anderen die Voraussetzungen dafür geschaffen werden, daß eine möglichst optimale Grundrechtsausübung für alle sichergestellt wird. Da die Grundrechte eben allen Menschen bzw. Bürgern zustehen, muß bei ihrer Ausübung auf die Rechte der Mitmenschen Rücksicht genommen werden; eine durch nichts begrenzte Freiheit ist in einer sozialen Gemeinschaft undenkbar (**gemeinschaftsgebundene Grundrechtsverbürgungen,** „Freiheit verpflichtet", alle sollen an den Grundrechten partizipieren).

622 – Daraus folgt mittelbar das zweite Argument: Wären nämlich die Grundrechte nicht einschränkbar, könnte der Staat sie nicht als Abwehr- und Teilhaberechte, aber auch nicht als Einrichtungsgarantie gewährleisten und schützen. Bei einer schrankenlosen Grundrechtsordnung würden sich die vielen Grundrechtsträger außerordentlich stark gegenseitig behindern; der einzelne wäre zwar frei gegenüber dem Staat, aber dann eben ausgeliefert den privaten Grundrechtsinhabern, die faktisch die Macht ausüben. Für breite Schichten der Menschen käme dies einer weitgehenden tatsächlichen Lahmlegung der Grundrechte gleich. Grundrechte sind demnach gewissermaßen die Kehrseite der gesetzlich zu fixierenden Gemeinwohlinhalte und Rechte Dritter.

623 – In modernen Staaten mit hochentwickelten Gesellschaftsordnungen erwartet und verlangt die große Mehrheit der Bevölkerung in vielen Bereichen relativ umfassende staatliche Aktivitäten, die zwangsläufig in Teilbereichen freiheitsverringernde Wirkung entfalten. Weit mehr als früher bedürfen die knapper werdenden Freiheitsräume der Abgrenzung, Begrenzung, Zuordnung und Ausgestaltung, Vorkehrung und Absicherung.

624 2. Grundrechtsschranken müssen also sein. Erst die Beschränkung der Grundrechte schafft die Voraussetzung für eine reale und optimale Grundrechtsregelung in einer Gemeinschaft für möglichst alle Menschen und damit für ein geordnetes Zusammenleben im Staat. Die Aufstellung und Festlegung von solchen **Begrenzungen** für die einzelnen Grundrechte ist folglich eine unabdingbare und besonders bedeutsame Aufgabe. Dabei ist allerdings zu beachten, daß die als Verfassungsrecht ausgestalteten Grundrechte **nur durch die Verfassung selbst** eingeschränkt werden können. Eventuelle Grenzen und Schranken der grundrechtlichen Gewährleistungen müssen demnach ihre Grundlage im GG selbst haben. Andere Möglichkeiten der Grundrechtseinschränkung gibt es nach h.M. nicht (vgl. BVerfGE 69, 1, 54f.; BVerwGE 49, 202, 208).

3. Nun kann es aber bei einer Einschränkung der Grundrechte nicht nur darum gehen, Eingriffe ihrerseits „grenzenlos“ zu legitimieren. Vielmehr ergibt sich aus dem Wesen der Grundrechte, sie als Individualrechte möglichst effektiv zu gewährleisten, die staatliche Pflicht, solche Einschränkungen nur insoweit vorzunehmen, als sie zum Schutz öffentlicher Interessen oder Grundrechtsinteressen Dritter unerläßlich sind. Deshalb ist die Problematik der Grundrechtsschranken stets mit dem Verfassungsgebot verknüpft, das latente Spannungsverhältnis zwischen Individual- und Gemeinschaftsinteressen in eine „harmonische Balance“ zu bringen bzw. Einschränkungen ihrerseits nur im Rahmen des Verhältnismäßigen vorzunehmen. **625**

II. Grundrechtsnormbereich (Tatbestand) und Grundrechtsschranken

Trotz mannigfacher Versuche gibt es bis heute keine allgemeingültige Systematik für den Bereich des Grundrechtstatbestandes und insbesondere der Grundrechtsschranken (vgl. etwa Pieroth/Schlink, Staatsrecht II, Rdn. 225ff. und von Mangoldt/Klein/Starck, Kom. zum GG, Art. 1 III, Rdn. 170ff. – lesen, wobei man sich von einer gewissen Übersystematisierung nicht beirren lassen sollte). Dies rührt vor allem daher, daß nach wie vor dogmatisch vieles umstritten ist und terminologisch in wesentlichen Bereichen keine Übereinstimmung besteht; nicht zuletzt ist dies aber auch eine Folge der vielfältigen, sehr unterschiedlich gestalteten Grundrechtsinhalte und der Tatsache, daß auf diesem Hintergrund die Rspr bisher nur einzelfallbezogen und nicht etwa nach einer klaren Schrankensystematik entschieden hat. In Kenntnis dieser schwierigen Ausgangslage wird es gleichwohl für notwendig gehalten, dem Studenten eine einigermaßen klare und verständliche Systematisierung an die Hand zu geben (zur Praxis der Grundrechtsbegrenzung: Schmidt AöR 1981, 507ff.). **626**

1. Die inzwischen überwiegend anerkannte Systematik der Grundrechtseinschränkungen läßt sich in Kurzform wie folgt umschreiben (**Prüfungsfolge in 3 Stufen**): (1) Zunächst ist die gegenständliche Reichweite, die materielle Substanz eines Grundrechtes zu ermitteln. Ein konkretes Grundrecht ist nur so weit gewährleistet, wie sein **Norm- und Schutzbereich** reicht (Grundrechtstatbestand; geschützter Ausschnitt aus der Lebenswirklichkeit). Ist das einschlägige Grundrecht in seinem Normbereich betroffen (teilweise wird auch von „beeinträchtigt“ oder „tangiert“ gesprochen), so liegt ein **Eingriff** vor, der aber nur dann zu einer Grundrechtsverletzung führt, wenn er als rechtswidrig zu qualifizieren ist. (2) In einer zweiten Stufe **(Schrankenbereich)** ist deshalb zu prüfen, ob der Eingriff durch eine (a) verfassungsunmittelbare Schranke, (b) eine Vorbehaltsschranke – grundrechtlicher Gesetzesvorbehalt – oder (c) eine verfassungsimmanente Schranke gerechtfertigt und damit rechtmäßig ist oder nicht. (3) Da die „Rechtfertigungsgründe“ des Schrankenbereichs aber keinen unbeschränkten Freiraum für Grundrechtseinschränkungen gewähren, muß in einer abschließenden dritten Stufe **(Schranken-Schranken-Bereich)** untersucht werden, ob die Einschränkungen die Individualsphäre der Bürger nicht unnötig oder nicht mehr als erforderlich beeinträchtigen (Regulativ zur Effektuierung der Individualrechtskomponente; Gebot eines Interventionsminimums). Da- **627**

bei sind **Verbürgung und Begrenzung** i. S. von gemeinschaftsgebundenen Grundrechtsgewährleistungen fundamentale Elemente (Bausteine) unserer grundrechtlichen Wertordnung.

628 Um insgesamt eine optimale Grundrechtsgeltung sicherzustellen, muß ein Verfahren gefunden und gewählt werden, das eine transparente, berechenbare, nachvollziehbare und ausgewogene Berücksichtigung der individuellen Freiheits- und Gleichheitsrechte einerseits und der verfassungsrechtlichen Allgemeininteressen, aber auch der kollidierenden Grundrechte Dritter andererseits gewährleistet (Mechanismus der Balance der Spannungslagen zwischen Individual- und Gemeinschaftsinteressen). Dies wird in hohem Maße durch eine **mehrstufige Grundrechtsinterpretation** bzw. -prüfung, durch ein sehr differenziertes und austariertes System von Verbürgungs-, Ausgestaltungs- und Begrenzungsregelungen erreicht. Ganz besonders für eine klausurmäßige Bearbeitung von Grundrechtsproblemen bietet sich deshalb das bereits genannte, systematisch und methodisch relativ klare **Prüfungsschema** an. Etwas ausführlicher dargestellt beinhaltet es folgendes (vgl. auch S. 301, **Schaubild 18**):

629 (1) **Norm- oder (Schutz-)bereich:** Zunächst ist der Grundrechtstatbestand durch Definition der einzelnen Grundrechtsleitbegriffe (Begriffshof) abstrakt zu bestimmen und dann der konkret zu prüfende Sachverhalt unter diese Leitbegriffe zu subsumieren (z. B.: körperliche Unversehrtheit, Meinungsäußerung, Beruf, Eigentum usw.). Beim Vorliegen der tatbestandlichen Voraussetzungen, also wenn der zu prüfende Sachverhalt unter eine Grundrechtsbestimmung subsumiert werden kann, ist grundsätzlich eine unzulässige, verfassungswidrige Grundrechtsbeeinträchtigung impliziert, d. h. das Grundrechtsfeld, der Norm- oder Schutzbereich des zu prüfenden Grundrechts ist nach dem Sachverhalt betroffen; es liegt somit ein Grundrechtseingriff vor.

630 (2) **Schrankenbereich:** Ein Grundrechtseingriff ist allerdings dann gerechtfertigt und damit verfassungsgemäß, wenn eine Grundrechtsschranke, und zwar entweder eine

- verfassungsunmittelbare Schranke, eine
- Vorbehaltsschranke (Gesetzesvorbehalt) oder eine
- verfassungsimmanente Schranke

dies im Einzelfall zuläßt. Dabei ist allerdings zu beachten – was für den grundrechtlichen Gesetzesvorbehalt ganz besonders gilt –, daß solche Schrankenbestimmungen nicht beliebig festgelegt werden können, sondern ihrerseits wieder begrenzenden Voraussetzungen, zusätzlichen Eingriffsschranken unterliegen.

631 (3) **Schranken-Schranken-Bereich** (Eingriffsschranken): In den Normbereich darf also nicht unbegrenzt, sondern nur beschränkt eingegriffen werden. Bei der Festlegung der Schrankenbestimmungen müssen, sollen sie verfassungsgemäß sein, bestimmte „limitierende" Voraussetzungen beachtet werden (nur begrenzte Einschränkbarkeit der Grundrechte; vgl. etwa Art. 19 II). Vor allem das Rechtsstaatsprinzip und der Grundsatz der optimalen Grundrechtseffektivität gebieten es, hier zwei allgemein gültige Verfassungsgrundsätze anzuwenden:

– **Grundsatz der Verhältnismäßigkeit** i. w. S. (vgl. oben Rdn. 205ff.): Das mit einer Schrankenbestimmung, insbesondere einem Gesetzesvorbehalt, verfolgte Ziel (Gesetzeszweck) muß verfassungslegitim und das zu seiner Erreichung gewählte Mittel unter Berücksichtigung der Bedeutung des einzuschränkenden Grundrechts („im Lichte des Grundrechts"; „Wechselwirkungstheorie") geeignet, erforderlich und verhältnismäßig i. e. S. sein. **632**

– **Grundsatz der Güterabwägung:** Eine möglichst stark am Prinzip der Einzelfallgerechtigkeit orientierte Grundrechtsinterpretation bedarf einer ausgewogenen Berücksichtigung divergierender verfassungsrechtlicher Interessen. Da typischerweise im Rahmen des Normbereichs (Grundrechtstatbestand) die freiheitlich-individuelle Komponente (Grundrechte als subjektiv-öffentliche Abwehrrechte) verstärkt zum Tragen kommt, während beim Schrankenbereich die verfassungsrechtlichen Interessen Dritter (der anderen Mitmenschen) und der Allgemeinheit besonders im Vordergrund stehen, ist eben auf einer weiteren, dritten Prüfungsstufe, dem Schranken-Schranken-Bereich, ein schonender, insgesamt gesehen möglichst optimaler Interessenausgleich und damit eine die grundrechtliche Wertordnung berücksichtigende Gesamtgüterabwägung vorzunehmen („praktische Konkordanz"). **633**

Obwohl hier in der systematischen Einordnung durchaus manches umstritten ist, erscheint es gerade für Studienanfänger besonders vorteilhaft zu sein, von diesem Grundrechtsprüfungsschema auszugehen. Auf die einzelnen Stufen der Prüfungsfolge wird im einzelnen noch näher eingegangen. **634**

2. Grundsätzlich geht auch das **BVerfG** methodisch von dem Grundsatz der Trennung von Grundrechtstatbestand und Grundrechtsschranken aus. In E 32, 54, 72 fordert das BVerfG etwa ausdrücklich, daß „zunächst die materielle Substanz des Grundrechts zu ermitteln ist; erst dann sind unter Beachtung der grundsätzlichen Freiheitsvermutung und des Verfassungsgrundsatzes der Verhältnismäßigkeit und Zumutbarkeit die rechtsstaatlich vertretbaren Schranken der Grundrechtsausübung zu fixieren". Es sei „bedenklich ..., den Wirkungsbereich des Grundrechts vom Schrankenvorbehalt her zu bestimmen" und den Normbereich eines Grundrechts nur deshalb eng zu interpretieren, um Schrankenprobleme gegenstandslos zu machen. Das BVerfG wendet sich damit gegen eine restriktive Auslegung der grundrechtlichen Leitbegriffe, nur um evtl. Schrankenproblemen auszuweichen (Konsequenz: grundsätzlich „weite", extensive begriffliche Festlegung des Normbereichs und dessen Tatbestandsmerkmale). Insgesamt fordert das BVerfG damit nicht nur die Trennung, sondern zugleich eine **bestimmte Abfolge der Tatbestands- und Schrankenprüfung** (zuerst der Normbereich, dann erst der Schrankenbereich). Obgleich sich das BVerfG zu diesen methodischen Grundsätzen durchaus bekennt, hält es sich in der schriftlichen Urteilsbegründung häufig nicht an diesen methodischen Ansatz. Vielmehr wird nicht selten i. S. eines „Dahinstehen-Lassens" oder einer „abgekürzten Begründung" argumentiert. Der methodischen Klarheit, der logischen Konsequenz, aber auch der Vollständigkeit der zu prüfenden Probleme und Gesichtspunkte wegen, sollte aber mindestens von Studenten der ersten und mittleren Semester das hier vorgeschlagene grundrechtliche Prüfungsschema im Prinzip

übernommen werden (allerdings nicht i. S. eines „Allheilmittels"; auch ist es nicht auf alle Grundrechtsprüfungen voll anwendbar).

635 Die vorstehend vorgenommene abgeschichtete, mehrstufige Grundrechtsprüfung ist nicht unbestritten. Der entscheidende Grund für das Trennungs- und Abfolgeprinzip ist dem anzustrebenden Grundsatz einer vorhersehbaren, nachvollziehbaren und damit **kontrollierbaren Verfassungsauslegung** durch gestufte und überschaubare Subsumtionsvorgänge im verfassungsrechtlichen Erkenntnisverfahren zu entnehmen. Eine grundrechtliche Interpretation über die **Prüfungsstationen** Normbereich (Tatbestand), Schrankenbereich (Grundrechtsschranken) und Schranken-Schranken-Bereich (Eingriffsschranken) macht die Subsumtion einsichtiger und berechenbarer, führt aber auch durch eine solch stufenweise und systematisierend vorgehende Prüfungsfolge zu einer Disziplinierung und Vervollständigung des verfassungsrechtlichen Argumentierens sowie zu einer Transparenz und Kontrollierbarkeit der Entscheidungsgründe. Dabei können natürlich die einzelnen Prüfungsschritte nicht immer strikt voneinander getrennt werden und selbst bei einer betonten Trennung der einzelnen Stufen grundrechtlicher Verbürgung und Begrenzung bleibt eine wechselseitige Einwirkung von Tatbestands- und Schrankeninterpretation aufeinander zulässig, ja oft sogar notwendig („Wechselwirkungstheorie"; vgl. zum ganzen Kloepfer, in: BVerfG und GG. Festgabe aus Anlaß des 25jährigen Bestehens des BVerfG, Bd. II, S. 405 ff.).

III. Normbereich (Grundrechtstatbestand)

636 1. Das einzelne Grundrecht besitzt eine ganz bestimmte sachliche, inhaltliche Reichweite; es bezeichnet einen Ausschnitt aus der Lebenswirklichkeit, in dem der einzelne Grundrechtsschutz wirkt. Für jedes Grundrecht ist dieser Normbereich gesondert zu bestimmen (begriffliche Festlegung der konkreten Tatbestandsmerkmale und damit des einzelnen Grundrechtsfeldes, des Norm- oder Schutzbereiches einer konkreten Grundrechtsnorm; Interpretation, was etwa unter den Leitbegriff „Glaube", „Gewissen", „Versammlung" oder „Beruf" zu verstehen ist). Eine Reihe von Grundrechten bedarf der gesetzlichen Ausgestaltung und Konkretisierung durch inhaltliche und organisatorische Regelungen, eben einer grundrechtssichernden, grundrechtsfördernden, positiven Ordnung. Solche gesetzlichen Ausgestaltungs- und Präzisierungsregelungen sind dann Teil des Normbereichs und nicht des Schrankenbereichs, wenn sie das Grundrecht nicht beeinträchtigen oder verkürzen, sondern intakt halten oder seinen Gebrauch fördern bzw. erst ermöglichen (insbesondere die traditionell gesetzesgeprägten Schutzbereiche wie z. B. Familie, Eigentum). Es handelt sich insoweit also um keine Grundrechtseinschränkung im eigentlichen Sinne, sondern um die Frage der Ausgestaltung und Festlegung des Grundrechtstatbestandes. In einem ersten Schritt ist die inhaltliche Reichweite des Normbereichs des einzelnen Grundrechts zu bestimmen (sachliche Eingrenzungen durch Definition der Tatbestandsmerkmale – Leitbegriffe –); anschließend ist dann zu untersuchen, ob im konkreten Fall der zu prüfende Sachverhalt unter den so festgelegten Normbereich subsumiert werden kann. Im Falle der Kongruenz von

Tatbestand und Sachverhalt kann dann festgestellt werden, daß das betreffende Grundrechtsfeld (Schutzbereich) tangiert ist, und damit ein Grundrechtseingriff vorliegt.

Teilweise wird hier noch zwischen dem **sachlichen Normbereich** (vom Tatbestand geschützte Verhaltensweisen) und dem **persönlichen Schutzbereich** (Grundrechtsträgerschaft; vgl. Rdn. 599ff.) unterschieden. Im folgenden wird nur der sachliche Bereich behandelt.

2. Im Normbereich, der ersten Prüfungsstufe, sind folglich vor allem drei gedankli- **637**
che Untersuchungsschritte vorzunehmen: **(1)** Zunächst ist durch Auslegung der einzelnen im konkreten Fall in Betracht kommenden Grundrechtsnorm, insbesondere durch eine definitorische Festlegung der einzelnen „Leitbegriffe" und der übrigen tatbestandlichen Grundrechtsvoraussetzungen, deren Inhalt und Umfang allgemein zu bestimmen (Begriffshof; **Tatbestand**). Dabei ist anerkannt, daß dem Gesetzgeber eine begrenzte Gestaltungskompetenz bei der Bestimmung der einzelnen Tatbestandsmerkmale zukommt, allerdings nur i. S. einer präzisierenden und konkretisierenden Festlegung. Eine präzise Definition der die Grundrechte kennzeichnenden Leitbegriffe bereitet häufig nicht unerhebliche Schwierigkeiten (vgl. etwa zu den Leitbegriffen „Glaube": BVerfGE 12, 1, 3f.; „Gewissen": E 12, 45, 54f.; „Kunst": E 30, 173, 188f.; „Beruf": E 7, 377, 397ff.). **(2)** In einem zweiten Schritt ist dann zu untersuchen, ob die verfassungsrechtlich zu prüfende Maßnahme (Gesetzesnorm, Verwaltungsakt usw.) einen **Sachverhalt** darstellt, der unter den abstrakten Grundrechtstatbestand, insbesondere den Leitbegriff, subsumiert, „daruntergehalten" werden kann. Es ist also zu klären, ob der konkrete Einzelfall vom Tatbestand einer Norm erfaßt wird. **(3)** Ist dabei der konkret zu prüfende Fall (Sachverhalt) einem bestimmten Grundrechtsleitbegriff (gesetzlicher Tatbestand) unterzuordnen, so ist der Norm-(Schutz-)bereich dieses Grundrechts betroffen, und es liegt eine grundsätzlich unzulässige, nicht verfassungsgemäße Grundrechtsbeeinträchtigung vor (Grundrechtseingriff bei Kongruenz von Tatbestand und Sachverhalt). Ein **Grundrechtseingriff** liegt also dann vor, wenn dem einzelnen ein Verhalten, das in den Schutzbereich eines Grundrechts fällt, erschwert bzw. unmöglich gemacht wird. Weitere Voraussetzungen wie unmittelbares oder finales Handeln sind nicht erforderlich; es reicht eine Grundrechtsbeeinträchtigung aus, die der öffentlichen Gewalt zurechenbar ist, von ihr ausgeht (BVerfGE 66, 39, 60; BVerwG NJW 1991, 1766f.). Mit diesem Zwischenergebnis darf aber die Grundrechtsprüfung keinesfalls abgeschlossen werden. Vielmehr ist in all diesen Fällen weiter zu klären, ob der Grundrechtseingriff durch eine Grundrechtsschrankenbestimmung gedeckt, also verfassungsgemäß und damit zulässig ist oder nicht; eine Grundrechtsverletzung liegt eben nur bei einem rechtswidrigen Eingriff vor (vgl. unten Rdn. 639ff.).

3. In Fällen, in denen die Grundrechtsbeeinträchtigung quantitativ und qualitativ **638**
nur unbedeutend oder ganz geringfügig ist (minimale Eingriffsintensität), wird von der überwiegenden Meinung kein Grundrechtseingriff angenommen. Eine Eingriffsqualität wird bei solchen **„Bagatelleingriffen"** also nicht für gegeben erachtet; der Normbereich ist folglich in solchen Fällen nicht betroffen (vgl. BVerfGE 17,

108, 115; BVerwG JZ 1989, 688). Im Zweifelsfall sollte allerdings auch bei geringfügigen Eingriffen stets die Eingriffsqualität bejaht werden.

IV. Schrankenbereich (Grundrechtsschranken)

639 Wie bereits erwähnt, liegt dem GG nicht das Menschenbild eines isolierten souveränen Individuums zugrunde. Die Verfassung hat sich vielmehr in dem Spannungsverhältnis zwischen Individual- und Gemeinschaftsinteressen „i. S. der **Gemeinschaftsbezogenheit** und Gemeinschaftsgebundenheit der Person entschieden". Die Grundrechte sind also nicht isolierten Individuen, sondern Menschen eingeräumt, die in einer sozialen Gemeinschaft leben; individuelle Freiheit kann folglich nur als begrenzte, sozial gebundene Freiheit verstanden werden (vgl. BVerfGE 28, 243, 260f.; 33, 1, 10f.; 39, 334, 366f.). Auf diesem Hintergrund ist es unschwer einsichtig, daß Grundrechtseinschränkungen zulässig sein müssen (durch generelle oder individuelle Eingriffe; Rechtsnormen, Verwaltungsakte, Gerichtsurteile). Während also das „Ob" von Grundrechtsbegrenzungen im großen und ganzen unumstritten ist, bleibt bei der Frage nach dem „Wie" manches problematisch. Ausgehend von der überwiegenden Meinung und den vorstehenden Ausführungen ist ein Grundrechtseingriff dann gerechtfertigt und damit verfassungsgemäß, wenn er durch eine Schrankenbestimmung, die sich aus der Verfassung selbst ergeben muß, im Einzelfall zugelassen wird (ein Eingriff ist dann als rechtmäßig legitimiert). Als solche Grundrechtsschranken kommen in Betracht (rechtsstaatlich „gebändigtes" Eingriffsinstrumentarium; Legitimation durch gesetzlichen oder verfassungsunmittelbaren **Eingriffstitel**): (1) verfassungsunmittelbare Schranken, (2) Vorbehaltsschranken (Gesetzesvorbehalt) sowie (3) verfassungsimmanente Schranken (z. T. auch ungeschriebene verfassungssystematische Schranken genannt).

640 1. **Verfassungsunmittelbare Schranken:** In der einzelnen Grundrechtsnorm kann, was im GG nicht selten der Fall ist, selbst ausdrücklich eine Begrenzung festgelegt sein (sog. verfassungsunmittelbare Schranke). Durch sie wird bereits von Verfassungs wegen der Normbereich unmittelbar eingegrenzt. Hierbei werden also in der Grundrechtsgewährleistung selbst zusätzliche normative Einschränkungen aufgestellt (z. B. Art. 2 I, 5 II, 8 I, 9 II, 13 II, III; lesen!). Ein Teil der Literatur behandelt diesen Bereich allerdings als Beschreibung der sachlichen Reichweite einer Grundrechtsnorm, ordnet ihn also bereits unmittelbar dem Normbereich zu (verfassungsunmittelbare Beschreibung der sachlichen Gewährleistungsreichweite).

641 2. **Vorbehaltsschranke (Gesetzesvorbehalt):** Die wichtigste Grundrechtsschranke ergibt sich aus dem sog. Gesetzesvorbehalt. Häufig werden die Grundrechte dadurch eingegrenzt, daß die einzelne Verfassungsbestimmung dem Grundrecht einen sog. Gesetzesvorbehalt beifügt, durch den der einfache Gesetzgeber ausdrücklich von Verfassungs wegen ermächtigt und in die Lage versetzt wird, den Umfang und die Grenzen dieses Grundrechts im einzelnen festzulegen. Hierbei wird häufig noch zwischen einfachen Gesetzesvorbehalten (allgemeine Eingriffsermächtigung) und qualifizierten Gesetzesvorbehalten (Eingrenzung nur unter bestimmten Voraussetzungen oder zu bestimmten Zwecken, z. B. Art. 11 II, 13 III) unterschieden. Daraus ergibt sich, daß dann, wenn ein solcher Gesetzesvorbehalt im GG ausdrücklich enthalten ist, eine Beschränkung dieser Grundrechte durch Gesetz oder aufgrund eines Gesetzes (vgl. Art. 80 I) zulässig ist (z. B. Art. 2 II 3, 5 II, 8 II, 10 II, 12 I 2, 13 III). Bei der Ausübung des Gesetzesvorbehalts ist zu beachten, daß der Gesetzgeber wegen der in aller Regel bestehenden besonderen „Grundrechtssensibilität" verpflichtet ist, grundrechtsregelnde und -begrenzende Maßnahmen grundsätzlich selbst gesetzlich zu normieren **(„Parlamentsvorbehalt").** Er selbst muß das Spannungsverhältnis Individual-/Allgemeininteresse i. S. eines angemessenen Ausgleichs lösen und festlegen. Aus der zentralen Bedeutung der Grundrechte, aber auch aus dem Rechtsstaats- und Demokratieprinzip sowie dem Zweck des einzelnen Gesetzesvorbehalts in Art. 1 ff. ergibt sich, daß alle Maßnahmen, die in Grundrechte eingreifen, und zwar egal in welchem Bereich, also auch im „besonderen Gewaltverhältnis", vom Gesetzgeber selbst („durch Gesetz") oder von ihm mindestens in den wesentlichen Grundzügen, in allen wichtigen Entscheidungen („aufgrund eines Gesetzes"), getroffen werden müssen. Vor allem darf es grundsätzlich eben nicht dem Ermessen der Exekutive überlassen werden, Grundrechtsgrenzen zu bestimmten (**„Wesentlichkeitstheorie"**, die im grundrechtsrelevanten Bereich besonders zu beachten und insbes. nach der Intensität des Eingriffs festzulegen ist; vgl. Rdn. 195; BVerfGE 33, 125, 158 ff.; 33, 303, 345; 63, 266, 288; 76, 171, 184 f.; 82, 209, 224 f.).

Gesetze, die die Vorbehaltsschranke realisieren, müssen dem formellen und materiellen Verfassungsrecht entsprechen. Solche Schrankenbestimmungen müssen ordnungsgemäß zustande gekommen sein (Art. 70 ff., 76 ff.), den **Voraussetzungen** des Art. 19 I und dem Rechtsstaatsprinzip genügen (hinreichende Bestimmtheit der Voraussetzungen und des Inhalts; Erkennbarkeit des gesetzgeberischen Wollens). Auch inhaltlich ermächtigt der Gesetzesvorbehalt keinesfalls zu völlig beliebigen oder gar willkürlichen Grundrechtseinschränkungen. Vielmehr unterliegt die Gesetzesvorbehaltsschranke ihrerseits wieder gewissen Beschränkungen: (1) Der Wesensgehalt eines Grundrechts darf dadurch nicht angetastet werden (Art. 19 II). (2) Das gesetzgeberische Ziel muß dabei auf die Erreichung des Gemeinwohls gerichtet sein. Gründe des Wohles der Allgemeinheit oder des öffentlichen Interesses müssen den Grundrechtseingriff rechtfertigen (Güterabwägung; vgl. BVerfGE 13, 97, 107 ff.; 21, 245, 249 ff.). (3) Bei der Aufstellung von Grundrechtseinschränkungen muß der Grundsatz der Verhältnismäßigkeit beachtet werden (Vorbehalt des verhältnismäßigen Gesetzes; BVerfGE 29, 221, 235 ff.). Nach der hier vorgeschlagenen Systematik sind diese Voraussetzungen allerdings nicht hier im „Schrankenbereich", sondern erst auf der Stufe des „Schranken-Schranken-Bereichs" zu prüfen. Darauf wird unten Rdn. 646 ff. noch näher eingegangen. **642**

3. **Verfassungsimmanente Schranken** (z. T. auch ungeschriebene verfassungssystematische Schranken genannt): Das GG kennt neben den einschränkbaren Grundrechten auch eine beachtliche Zahl von Grundrechten, die dem Wortlaut nach nicht eingeschränkt werden können (z. B. Art. 3 I, 4 I, 5 III, teilweise 8 I, 16 II). In diesen Fällen taucht die Frage auf, ob solche Grundrechte überhaupt nicht einschränkbar oder doch durch sog. verfassungsimmanente Schranken begrenzt werden können (vgl. etwa JA ÖR 1975, 31 f.; v. Pollern JuS 1977, 644 ff.). Aufgrund der dem Menschenbild des GG innewohnenden Gemeinschaftsbezogenheit, aber auch aus **643**

Gründen der Einheit der Verfassung und der Reduzierung von Kollisionen von Verfassungsbestimmungen, wird heute weitgehend anerkannt, daß keine Grundrechtsnorm im Sinne einer Uneinschränkbarkeit gilt, sondern auch Grundrechte ohne Gesetzesvorbehalt gewissen Schranken unterliegen; eine durch nichts begrenzte Freiheit ist eben in einer sozialen Gemeinschaft undenkbar (BVerfGE 30, 173, 191ff.; vorbehalts-, aber nicht schrankenlos; grundsätzlich keine erhöhte Schutzwürdigkeit für Grundrechte ohne Gesetzesvorbehalt). Hier setzt nun die **Theorie von den immanenten Grundrechtsschranken** ein. Unter immanenten Schranken versteht man dabei jene elementaren Schranken und inneren Begrenzungen, die allen, also auch vorbehaltslosen Grundrechten wesensmäßig innewohnen oder aber sich aus dem System und der Wertordnung des GG ergeben. Neben der grundsätzlichen Einschränkbarkeit aller Grundrechte ist weiter anerkannt, daß solche immanenten Schranken stets aus der Verfassung selbst zu gewinnen sind (Begrenzung nur durch „kollidierende Grundrechte Dritter und andere mit Verfassungsrang ausgestattete Rechtswerte“; BVerfGE 30, 173, 193; 83, 130, 139ff.).

644 Herrscht insoweit noch weitgehende Übereinstimmung, so gehen die Meinungen, wie diese Begrenzungen (immanente Schranken) vorzunehmen und zu begründen sind, aber auch wie weit sie reichen, erheblich auseinander (so wird etwa die Auffassung vertreten, daß sich die immanenten Schranken an der „Schrankentrias“ des Art. 2 I zu orientieren hätten; zu den zahlreich aufgestellten und vertretenen Theorien vgl. Bleckmann S. 245f.; nach h.M. können andere Schrankenregelungen, z.B. Art. 2 I oder 5 II, nicht herangezogen werden, vielmehr ist eine Einzelfallbeurteilung geboten: BVerfGE 81, 278, 292f.; Henschel NJW 1990, 1937ff.; Rupp NVwZ 1991, 1033, 1036). Grundsätzlich wird man bei der Festlegung der immanenten Schranken von der Besonderheit des einzelnen Grundrechts ausgehen müssen, wobei für die Ermittlung der Grenzen ganz entscheidend ist, daß das einzelne Grundrecht mit den übrigen Verfassungsnormen, insbesondere den Art. 1, 20 (vgl. Art. 79 III) und den anderen Grundrechten, also mit der Wertordnung des GG in „Konkordanz“ gebracht, „harmonisiert“ wird. „Vornehmstes Interpretationsprinzip ist die Einheit der Verfassung als eines logisch-teleologischen Sinngebildes, weil das Wesen der Verfassung darin besteht, eine einheitliche Ordnung des politischen und gesellschaftlichen Lebens der staatlichen Gemeinschaft zu sein“ (Grundsatz des schonendsten und möglichst optimalen Interessenausgleichs; vgl. BVerfGE 19, 206, 220; 31, 1, 19f.). Grundrechte haben demnach primär dort „immanente Schranken“, wo sie mit anderen Verfassungsnormen kollidieren oder mit Grundrechten anderer Grundrechtsträger in Konflikt treten (**kollidierendes Verfassungsrecht** als Eingriffsrechtfertigung; vgl. BVerfGE 28, 243, 261; 81, 278, 292f.; BVerwG NJW 1991, 1766ff.; zur „praktischen Konkordanz“ vgl. Rdn. 648f.). Äußerste Grenze ist dabei stets die Wesensgehaltsgarantie des Art. 19 II. Von der Rechtsprechung werden insbesondere folgende **Fallgruppen** von immanenten Schranken anerkannt (Eingriffstitel):

(1) Bei völlig unerheblichen Beeinträchtigungen wird kein Grundrechtsschutz gewährt (vgl. etwa BVerwG NJW 1972, 1726f. sowie Rdn. 638).

(2) Ein Grundrecht findet grundsätzlich dort seine Schranken, wo die Grundrechtsausübung in ein anderes Grundrecht und/oder in Grundrechte Dritter eingreift, und

dieser Eingriff schwerer wiegt als die Versagung des Grundrechtsschutzes auf der Seite des Betroffenen (Güterabwägung bei **Grundrechtskollision** von einem oder mehreren Grundrechten bei mehreren Grundrechtsträgern; BVerfGE 32, 98, 107f., 33, 52, 71; dazu eingehend Rdn. 648ff.). Bloße grundrechtliche Schutzpflichten bewirken eo ipso nur in engen Grenzen eine Eingriffsermächtigung (Warnung vor „Jugendsekten“: BVerwG NJW 1989, 2272ff.; Wahl/Masing JZ 1990, 553f.; Preu JZ 1991, 265ff.). Zur Konkurrenz von Grundrechten mit divergierenden Schranken vgl. v. Münch, GG-Kom., Vorb. Art. 1, Rdn. 41ff.; Kriele JA 1984, 629ff.; Bleckmann/Wiethoff DÖV 1991, 722ff.

(3) Weiter sind auch grundrechtsähnliche **sonstige mit Verfassungsrang ausgestattete Rechtsgüter** in der Lage, schrankenlose Grundrechte einzuschränken (z.B. Berufsbeamtentum, Bundeswehr, Sozialstaat; nicht dagegen bloße Organisations- und Kompetenznormen). So darf etwa auch die Grundrechtsausübung nicht dazu dienen, die verfassungsmäßige Grundordnung der Bundesrepublik im Inneren oder den Frieden der Völkergemeinschaft erheblich zu beeinträchtigen oder unmittelbar und gegenwärtig zu gefährden (vgl. Art. 18, 20 IV, 21 II, 26; vgl. BVerfGE 33, 52, 71; 67, 213, 228; 81, 278, 292ff. – Art. 5 III und Verunglimpfung der Bundesflagge –).

4. Gerade die letzten Ausführungen zeigen, daß eine klare systematische Trennung zwischen Schrankenbereich und Schranken-Schranken-Bereich häufig nicht möglich und die Übergänge nicht selten fließend sind. Gleichwohl sollte aus den genannten Gründen an der Unterscheidung prinzipiell festgehalten werden. 645

V. Schranken-Schranken-Bereich (Eingriffsschranken)

1. Ausgangspunkt der hier zugrunde liegenden systematischen Gliederung ist, daß der Schrankenbereich (die Schrankenbestimmungen) nicht beliebig, völlig frei festgelegt werden kann, sondern seinerseits wieder begrenzenden Voraussetzungen, zusätzlichen Schranken unterliegt (Schranken, die die Begrenzungsmöglichkeiten im Schrankenbereich in „Grenzen“ halten). Das Rechtstaatsprinzip, der **Grundsatz der größtmöglichen Grundrechtseffektivität** i.S. einer optimalen Verwirklichung aller Grundrechte für alle Grundrechtsträger und auch das Prinzip der grundsätzlichen Freiheitsvermutung (in dubio pro libertate) verlangen eine Limitierung der Schrankenbestimmungen (grundrechtlicher Vorbehalt des verhältnismäßigen Gesetzes). Die Grundrechtseinschränkung darf niemals von der Grundrechtsgewährleistung gelöst werden; stets sind die Grundrechte in ihrer freiheitssichernden, grundrechtshegenden und -pflegenden Funktion im Rahmen des Möglichen zu achten. Die Geltungskraft der Grundrechte darf durch den Gesetzesvorbehalt nicht prinzipiell in Frage gestellt werden; die „Herrschaft“ der Gesetze über die Grundrechte muß verhindert werden. Aus Gründen der Transparenz der Argumentation und ihrer Kontrollierbarkeit, aber auch der besseren „Einstudierbarkeit“ und „Einübbarkeit“ wegen sollte dies im Rahmen des Trennungs- und Abfolgeprinzips in einer dritten Stufe geprüft werden (vgl. dazu oben Rdn. 626ff.). 646

647 2. Während nach der h. M. (1) der Grundrechtstatbestand i. S. einer grundsätzlichen Freiheitsvermutung und größtmöglichen Freiheitsschonung prinzipiell weit ausgelegt wird, und damit im Normbereich eines Grundrechts die Individualinteressen besonders berücksichtigt werden, kommen (2) im Schrankenbereich, vor allem über den Gesetzesvorbehalt, die Allgemeininteressen und die Grundrechtsinteressen Dritter (der Mitmenschen) zum Tragen. Diese sich gegenüberstehenden sehr unterschiedlichen Rechtsgüter und Interessenlagen bedürfen auf einer separaten, dritten Prüfungsstufe, (3) dem Schranken-Schranken-Bereich, eines gerechten und schonenden Interessenausgleichs, der alle Grundrechtsgüter möglichst sämtlicher Grundrechtsträger berücksichtigt, durch den also eine der gesamten Verfassungsordnung, insbesondere den grundrechtlichen Wertentscheidungen, gerecht werdende **Gesamtgüterabwägung** vorgenommen wird. Mit diesem Konfliktslösungsmechanismus wird versucht, das Spannungsverhältnis Individuum/Gemeinschaft einerseits durch die Gewährleistung von Grundrechten und andererseits durch die Normierung von Schranken und Sozialpflichtigkeiten auszugleichen (vgl. Gern DÖV 1986, 462ff.).

648 3. Für den durchzuführenden **„gerechten und schonenden Interessenausgleich"** hat die Rspr eine Reihe von Kriterien herausgearbeitet, anhand derer sie versucht, eine optimale Grundrechtseffektivität i. S. des GG zu erreichen: Verfassung als einheitliches Ganzes, Güterabwägung, Verhältnismäßigkeit, Grundsatz der praktischen Konkordanz, Wechselwirkungstheorie, (vgl. auch Art. 19 II; zur Auslegung der Grundrechte vgl. Rdn. 557ff.). Ein allgemeiner Grundsatz oder eine Regel für die Durchführung des Interessenausgleichs, die Prüfung im Schranken-Schranken-Bereich, ist allerdings bis heute nicht entwickelt worden; vielmehr muß wegen der Unterschiedlichkeit der Grundrechtsinhalte und besonders wegen der außerordentlichen Vielfalt der auftretenden Lebenssachverhalte eine Güterabwägung usw. je gesondert, also stets im Einzelfall unter Berücksichtigung aller konkret vorliegenden Umstände, vorgenommen werden. Bei einer solchen **Einzelfallprüfung** ist es besonders wichtig, (1) alle in Betracht kommenden (a) divergierenden Grundrechtstatbestände, (b) alle Grundrechtsgüter und -interessen anderer, dritter Grundrechtsträger, sowie (c) diejenigen der Allgemeinheit, des Gemeinwohls, herauszuarbeiten und (2) den Individualgrundrechtsgütern und -interessen des Betroffenen gegenüberzustellen. Unter Berücksichtigung der Wertordnung des GG und vor allem des in den Grundrechten zum Ausdruck kommenden Wertsystems einschließlich dessen „Rangordnung" (vom BVerfG werden insbesondere Art. 1 I, aber auch Art. 2 II und 5 I besonders hervorgehoben) ist im konkreten Fall eine **„Harmonisierung" des Grundrechtskonflikts** herbeizuführen (Ausgleich des natürlichen Spannungsverhältnisses Individuum – Gemeinschaft; anschauliches Beispiel: BVerwG NJW 1988, 2396ff. – Lärmimmissionen und Feueralarmanlage –; BVerfGE 81, 278, 292ff.). Als Hilfsmittel zur Lösung des Konflikts ist dabei vor allem auf folgende Entscheidungskriterien, die sich allerdings in mannigfaltiger Weise überschneiden und ineinander übergehen, zurückzugreifen:

649 a) Bei der **„praktischen Konkordanz"** handelt es sich letztlich um ein verfassungsspezifisches Güterabwägungsproblem, wobei es allerdings primär nicht darum geht, ob nach den Umständen des konkreten Falles ein Grundrecht gegenüber anderen

Grundrechten eines oder mehrerer Grundrechtsträger oder sonstigen Verfassungsnormen zurückzutreten hat oder nicht, sondern daß ein ausgewogener Grundrechtsausgleich hergestellt wird (alle kollidierenden Grundrechte müssen Begrenzungen ihres Normbereichs hinnehmen). Nach Möglichkeit ist eine Lösung anzustreben, die beiden GG-Vorschriften zu optimaler Wirksamkeit verhilft, eine angemessene Geltungskraft für beide schafft (Herstellung eines schonenden Ausgleichs). Die kollidierenden Vorschriften sind zusammen zu sehen (Einheit der Verfassung) und in der Interpretation aufeinander abzustimmen, weil erst die „Konkordanz" der in den verschiedenen Verfassungsbestimmungen geschützten Rechtsgüter der Entscheidung des GG gerecht wird. Keiner der Verfassungsnormen und -grundsätze kommt von vornherein ein Vorrang zu, wenn auch die einzelnen Gesichtspunkte in ihrer Bedeutung und ihrem inneren Gewicht verschieden sind. Eine Lösung i. S. eines Optimierungsverfahrens läßt sich nur unter Würdigung der kollidierenden Interessen durch Ausgleich und Zuordnung der konkret in Betracht kommenden verfassungsrechtlichen Gesichtspunkte finden (Beispiel: BVerfGE 41, 29, 50f.; 83, 130, 143; Interessenkollision zwischen Kind/Eltern/Staat: Art. 2 I bzw. 4/6/7).

b) Während es bei der „praktischen Konkordanz" im wesentlichen um die Herstel- **650**
lung eines „Interessenausgleichs" zwischen zwei oder mehreren Verfassungsnormen oder mehreren Grundrechtsträgern geht, handelt es sich bei der sog. **„Wechselwirkungslehre"** um die Frage nach dem Verhältnis zwischen Grundrechtsverbürgung und grundrechtseingrenzenden Bestimmungen, zwischen dem Normbereich einerseits und dem Schrankenbereich, insbesondere dem Gesetzesvorbehalt, andererseits. Zwar sind die mit dem Gesetzesvorbehalt versehenen Grundrechte ohne weiteres einschränkbar; jedoch darf die gegenseitige Beziehung zwischen Grundrecht und begrenzendem Gesetz nicht als einseitige Beschränkung der Geltungskraft der Verfassung aufgefaßt werden. Vielmehr sind die begrenzenden, einfachen Gesetze ihrerseits im Lichte der besonderen, überragenden Bedeutung des betreffenden Grundrechts auszulegen und von der grundsätzlichen Vermutung für die vom GG gewährte Freiheit her in ihrer das Grundrecht einschränkenden Wirkung zu interpretieren. Die gegenseitige Beziehung zwischen Grundrecht und Gesetz ist insoweit also nicht i. S. einer einseitigen Beschränkung der grundrechtlichen Wirkungskraft zu verstehen, sondern es findet eine Wechselwirkung in dem Sinne statt, daß das begrenzende Gesetz zwar dem Wortlaut nach dem Grundrecht Schranken setzt, seinerseits aber aus der wertsetzenden Bedeutung des einzelnen Grundrechts im freiheitlich demokratischen Staat ausgelegt (im „Lichte" dieses Grundrechts) und so in seiner das Grundrecht begrenzenden Wirkung selbst wieder eingeschränkt werden muß (sog. „Wechselwirkungs- oder Schaukeltheorie"). Ein Grundrechtseingriff ist danach grundsätzlich nur dann und nur insoweit gerechtfertigt, als er zum Schutz mindestens gleichwertiger mit Verfassungsrang ausgestatteter Rechtsgüter unbedingt geboten ist. Wie hierbei im konkreten Fall letztlich zu entscheiden ist, muß unter Anwendung der Grundsätze der Güterabwägung und der Verhältnismäßigkeit vor allem in der Gegenüberstellung der Grundrechtsindividualinteressen mit den dem grundrechtsbegrenzenden Gesetz zugrunde liegenden Zielvorstellungen und Gesetzeszwecken (i. d. R. Schutz von Allgemeininteressen und Grundwerten Dritter) im Einzelfall herausgearbeitet werden. Ist es nicht möglich, den bestehen-

den Interessenkonflikt im vorstehenden Sinne auszugleichen, so ist unter Berücksichtigung der falltypischen Gestaltung und der besonderen Umstände des Einzelfalles zu entscheiden, welches Interesse zurückzutreten hat. In der Rspr ist die Wechselwirkungslehre bisher vor allem im Rahmen der Meinungsfreiheit, Art. 5 I, II, angewandt worden (vgl. zum ganzen BVerfGE 28, 191, 200f.; 35, 202, 225; 42, 133, 141f.; BVerwG NJW 1978, 2109f.; Hesse § 10 II 2; vgl. besonders Rdn. 735ff.).

651 c) Der **Grundsatz der Verhältnismäßigkeit** erlangt im Bereich der Grundrechte eine besondere Bedeutung. Er dient vor allem der Aktualisierung und Effektuierung grundrechtlichen Freiheitsschutzes im Einzelfall und der Verwirklichung des rechtsstaatlichen Übermaßverbotes („freiheitsschonendste" Auslegung; eingriffsbegrenzende Funktion). Der Grundsatz der Verhältnismäßigkeit zieht als Bestandteil des Rechtsstaatsprinzips staatlichen Eingriffen Grenzen und bestimmt insoweit zugleich die Reichweite der Grundrechte; er ergibt sich aber auch aus dem Wesen der Grundrechte selbst, die als Ausdruck des allgemeinen Freiheitsanspruchs des Bürgers nur soweit beschränkt werden dürfen, als es zum Schutz öffentlicher Interessen unerläßlich ist (BVerfGE 19, 342, 348f.). Die Grenzen sind durch Abwägung der in Betracht kommenden Interessen zu ermitteln; die sich widerstreitenden Interessen sind angemessen auszugleichen. Dadurch soll eine möglichst große materielle Gerechtigkeit im Einzelfall sichergesellt werden. Die Verhältnismäßigkeit eines Eingriffs ist dabei grundsätzlich zu bejahen, wenn der Eingriff einen verfassungslegitimen Zweck verfolgt, sich eines verfassungslegitimen Mittels bedient, die Grundrechtseinschränkung erforderlich und geeignet ist, um den erstrebten Zweck zu erreichen (zweckdienlich und zwecktauglich, Gebot des Interventionsminimums), sowie die eingreifende Maßnahme verhältnismäßig im engeren Sinne ist (nicht evident unverhältnismäßig; Gebot der Proportionalität; angemessene Zweck-Mittel-Relation zwischen Gemeinwohlinteressen und Freiheitsverlust; vgl. dazu eingehend Rdn. 205ff. – wiederholen – sowie BVerfGE 34, 238, 246; 44, 353, 373; 74, 203, 215ff.; 81, 70, 89f.; Grabitz AöR 1973, 568, 586ff.; Schnapp JuS 1983, 850ff.; Jakobs DVBl. 1985, 97ff.). Besonders anschauliche Beispiele der Anwendung des Verhältnismäßigkeitsgrundsatzes sind die zu Art. 12 entwickelte „Dreistufentheorie" (unten Rdn. 795ff.) und das Gesetz zu Art. 10 (BVerfGE 67, 157, 173ff.).

652 d) Schließlich ist ggf. im Schranken-Schranken-Bereich noch zu prüfen, ob eine grundrechtsbegrenzende Schrankenbestimmung evtl. gegen die **Wesensgehaltsgarantie** des Art. 19 II verstößt. Da die Rspr die vorstehenden Prüfungs- und Entscheidungskriterien recht umfassend anwendet, kommt Art. 19 II nur in den seltensten Fällen zum Tragen. Art. 19 II wird in Rdn. 661f. noch eingehend behandelt.

VI. Weitere Einschränkung der Grundrechte, insbesondere in Sonderstatusverhältnissen

653 1. Abschließend soll hier noch ein seit Jahren intensiv diskutiertes Problem im Zusammenhang mit der Begrenzbarkeit der Grundrechte dargestellt werden. Nach früher ganz h. M. bestanden für bestimmte Personenkreise in bestimmten Lebensbereichen neben den oben in Rdn. 639ff. genannten zulässigen Grundrechtsschranken noch weitere, zusätzliche Grundrechtsbegrenzungsmöglichkeiten. Es handelt sich hierbei um das Problem der Grundrechtsgeltung in den „besonderen Gewaltverhältnissen" oder Sonderstatusverhältnissen. Nach der **Lehre vom „besonderen Gewaltverhältnis"** wurde es nämlich als rechtmäßig angesehen, Grundrechtsbeschränkungen auch ohne Gesetz oder gesetzliche Ermächtigung, also allein unter Berufung auf die überlieferte Rechtsfigur des „besonderen Gewaltverhältnisses" zuzulassen (etwa durch Dienstordnungen, Verwaltungsvorschriften usw.). Dabei versteht man im Gegensatz zum allgemeinen Gewaltverhältnis, dem alle Staatsbürger unterliegen, unter dem Begriff „Sonderstatus" diejenigen Beziehungen, die ein enges Verhältnis zum Staat begründen und besondere, über die allgemeinen Rechte und Pflichten des Bürgers hinausgehenden Pflichten und mitunter auch Rechte entstehen lassen (gesteigertes Pflichten- und Abhängigkeitsverhältnis; z. B. Beamte, Schüler, Soldaten, Strafgefangene; vgl. Art. 17a!). Nach Hesse (§ 10 III 1) handelt es sich dabei um „besondere Lebensverhältnisse von jeweils besonderer sachlicher Eigengesetzlichkeit, die wegen dieser Eigengesetzlichkeit auch besondere, elastischere Ordnungen erfordern", eben den speziellen Sonderstatuszwecken angepaßt sein müssen.

2. Im Gegensatz zu der früher h. M. wird heute einhellig anerkannt, daß die Grund- **654**
rechte im besonderen Gewaltverhältnis keinesfalls suspendiert sind, sondern grundsätzlich auch dort gelten. Im Sonderstatusverhältnis gibt es also **keine** schlechthin **grundrechtsfreien Räume.** Wohl noch nicht abschließend geklärt ist allerdings, ob im besonderen Gewaltverhältnis eine Grundrechtseinschränkung ggf. zusätzlich dann vorgenommen werden darf, wenn der Sinn, die Funktion, die Eigenart oder Natur des speziellen Sonderstatusverhältnisses dies zur Zweckerreichung zwingend erfordert und rechtfertigt (vgl. BVerfGE 28, 55, 63ff.; Hesse § 10 III 2; bei dieser Mindermeinung ist umstritten, ob dies für das Grund- und Betriebsverhältnis oder nur das Betriebsverhältnis gilt) oder ob Grundrechtseinschränkungen allein in den in Rdn. 639ff. dargestellten, sich aus der Verfassung selbst ergebenden Formen zulässig sind (h. M.; vgl. BVerfGE 33, 1, 10f.; 34, 165, 192f.; 41, 251, 259ff.). Die letztere Auffassung hat zur Folge, daß auch im besonderen Gewaltverhältnis Grundrechte nur vom Gesetzgeber im Rahmen von Gesetzesvorbehalten begrenzt werden dürfen (also nicht durch Verwaltungsvorschriften usw.). Nach der heute h. M., insbesondere der Auffassung des BVerfG, widerspricht es der Bindungswirkung des Art. 1 III, aber auch dem Art. 19 I 1 (Grundrechtseinschränkung „durch Gesetz oder aufgrund eines Gesetzes") sowie dem Rechtsstaatsprinzip, wenn Grundrechte im besonderen Gewaltverhältnis beliebig oder nach Ermessen der Verwaltung eingeschränkt werden könnten. Vielmehr kommen danach Einschränkungen nur in Betracht, wenn dies in den dafür verfassungsrechtlich vorgesehenen Formen geschieht (Art. 19 I 1). Es besteht also auch im „Sonderstatusverhältnis" volle Grundrechtsgeltung; einen generellen Dispens vom Prinzip der Gesetzmäßigkeit gibt es nicht (keine „Ausblendung", sondern „Einebnung" der Grundrechtsgewährleistung; für alle grundrechtssrelevanten Bereiche gilt der Parlamentsvorbehalt; **Art. 17a;** zu den Voraussetzungen des Gesetzesvorbehalts und den übrigen Grundrechtsschranken vgl. Rdn. 192ff. und 641; so insbesondere BVerfGE 33, 1, 11; 40, 276, 283ff.; 41, 251, 259ff.). Zu diesen Fragen ist allerdings sicher noch nicht

das letzte Wort gesprochen (anschaulich BVerfGE 57, 170, 177ff., 182f. mit Sondervoten – Briefkontrolle in der U-Haft –). So ist etwa unklar, ob die strenge Beachtung des Gesetzesvorbehalts für alle Bereiche des „besonderen Gewaltverhältnisses" gilt, oder ob evtl. zwischen freiwillig und zwangsweise (gesetzlich) eingegangenen Sonderstatusverhältnissen bzw. zwischen deren Grund- und Betriebsverhältnis zu differenzieren ist. Die weitere Entwicklung ist zu verfolgen (vgl. Ossenbühl DÖV 1977, 801ff.; Ronellenfitsch DÖV 1984, 781ff.; Püttner DVBl. 1987, 190ff.; Klein DVBl. 1987, 1102ff.; zum Plaketten-Tragen in Schule und Kaserne: Lisken NJW 1980, 1503f. und Beyer BayVBl. 1981, 233ff.; Soldaten: BVerwG NJW 1991, 997f.; Schoch AöR 1983, 215ff.; Strafgefangene: Bleckmann DVBl. 1984, 991ff.).

655 3. Ein **Verzicht auf Grundrechte** ist nur beschränkt möglich. Nach h.M. kann der einzelne zwar nicht auf ein Grundrecht als solches (kein genereller, kein Blanko- oder Totalverzicht), wenn es freiwillig sowie hinreichend deutlich und konkret erfolgt, jedoch auf einzelne daraus fließende Befugnisse oder Handlungsweisen zeitlich befristet verzichten. Insgesamt ist eher Zurückhaltung geboten. Ein Verzicht auf menschenwürdetangierende Rechte ist unzulässig, über Art. 1 kann nicht verfügt werden. Bei einem rechtmäßigen Verzicht (Einwilligung) fehlt es an einer Grundrechtsbeeinträchtigung (BGH NJW 1972, 1414; Pietzcker Der Staat 1978, 527ff.; Robbers JuS 1985, 925ff.; Bleckmann JZ 1988, 57ff.).

VII. Prüfungsschema

656 Der Übersichtlichkeit wegen sollen in dem **Schaubild Nr. 18** in Form eines groben Schemas nochmals die wesentlichen Punkte bei der Prüfung von Grundrechtsbeschränkungen zusammenfassend dargestellt werden. Dabei muß darauf hingewiesen werden, daß der bei einer Grundrechtsklausur zu wählende Aufbau primär von dem konkret zu prüfenden Klausursachverhalt abhängt. Ein Prüfungsschema kann insoweit nur eine mögliche Richtlinie bzw. eine gedankliche Stütze sein, also nur Hilfsdienste leisten (vgl. dazu auch Rdn. 626ff.). Häufig ist dabei ein Klausursachverhalt nach diesem Schema insoweit doppelt zu prüfen, als zunächst die Rechtmäßigkeit der zugrundeliegenden Rechtsgrundlage selbst (evtl. Verstoß gegen höherrangigeres Recht) und sodann ggf. die Anwendung der Rechtsgrundlage im Einzelfall bei grundrechtskonformer Auslegung festzustellen ist (vgl. etwa BVerfGE 64, 261, 274ff. und 280ff.; 77, 346, 353ff.; vgl. unten S. 301).

§ 29 Schutz der Grundrechte

657 Das GG verleiht dem einfachen Gesetzgeber in vielen Grundrechtsbestimmungen die Befugnis, die Grundrechte durch Gesetz oder aufgrund eines Gesetzes einzuschränken (Gesetzesvorbehalt). Zur Sicherung des Bestands und der Wirksamkeit der Grundrechte ist es deshalb notwendig, für den Gesetzgeber seinerseits wieder

1. *NORMBEREICH (SCHUTZBEREICH) eines GR:* 1.1. Festlegung des GR-Tatbestands („Obersatz") – insbesondere abstrakte Definition der Leitbegriffe – 1.2. Vornahme der Subsumtion („Untersatz") – der gegebene bzw. festzustellende Sachverhalt ist unter den GR-Tatbestand zu subsumieren – 1.3. Feststellung eines GR-Eingriffs („Zwischenergebnis") – ein Eingriff liegt bei Kongruenz von GR-Tatbestand und gegebenem Sachverhalt vor –	im wesentlichen Berücksichtigung der Individualinteressen (folglich grundsätzlich weite, freiheitsschonende Auslegung)
2. *SCHRANKENBEREICH eines GR:* Hier ist zu prüfen, ob der festgestellte GR-Eingriff (1.3) zulässig, d. h. verfassungsgemäß ist. Dies ist der Fall, wenn eine der folgenden Schrankenbestimmungen den Eingriff rechtfertigt (Eingriffstitel): 2.1. Verfassungsunmittelbare Schranke 2.2. Vorbehaltsschranke (Gesetzesvorbehalt) 2.3. Verfassungsimmanente GR-Schranke	im wesentlichen Berücksichtigung der GR-Interessen Dritter und der Allgemeininteressen
3. *SCHRANKEN-SCHRANKEN-BEREICH:* Die GR-Schranken des Schrankenbereichs sind allerdings ihrerseits zu begrenzen. Dies erfolgt insb. durch Abwägung und Ausgleich der GR-Individualinteressen einerseits mit den GR-Interessen Dritter und verfassungsrechtlicher Allgemeininteressen andererseits (Normbereich/Schrankenbereich). Einzelne Prüfungs- und Entscheidungskriterien: 3.1. Güterabwägungsprinzip 3.2. Verhältnismäßigkeitsgrundsatz 3.3. Lehre von der „praktischen Konkordanz" 3.4. „Wechselwirkungstheorie" 3.5. Wesensgehaltsgarantie (Art. 19 II).	

Schaubild 18: Prüfungsschema für Grundrechte (GR)

Schutzvorkehrungen gegen zu starke Einschränkungen verfassungsrechtlich festzulegen. Das wurde insbesondere beim Schranken-Schranken-Bereich (Rdn. 646ff.) eingehend ausgeführt und die von der Rspr und Literatur entwickelten Begrenzungsgrundsätze dargestellt. Die Entwicklung und Festlegung dieser Grundsätze war verfassungsrechtlich und -politisch geboten, weil das GG selbst nur wenige und gewissermaßen nur **„äußerste" Schutzvorkehrungen** normiert hat. An ausdrücklichen GG-Bestimmungen ist dabei vor allem Art. 19 zu nennen, der besonders dazu dienen soll, einer inneren Aushöhlung der Grundrechte vor etwaiger mißbräuchlicher oder übermäßiger Ausnutzung der Gesetzesvorbehalte zu begegnen. Zum Schutz der Grundrechte werden für den Gesetzgeber, der Grundrechtseinschränkungen aufgrund eines Gesetzesvorbehalts vornimmt, **in Art. 19 I und II drei**

„Sicherungen" formeller und materieller Art aufgestellt (nach umstrittener, aber h.M. gilt Art. 19 I, II nur für die Grundrechte der Art. 1–17; vgl. BVerfGE 21, 362, 373).

658 Wenngleich die Bestimmung des Art. 19 I und II für das gesamte Grundrechtsverständnis und die Grundrechtstheorie von nicht zu unterschätzender Wichtigkeit ist, so muß doch andererseits gesehen werden, daß die **praktische Bedeutung** dieser Normen erstaunlich gering ist. Dies ist auch der Grund dafür, daß in Klausuren – entgegen der Meinung vieler Studenten – diese Vorschriften nur in seltenen Fällen eine wichtigere Rolle spielen. Das Hauptgewicht der Prüfung in Grundrechtsklausuren liegt demnach in aller Regel bei den Problemen Grundrechtsleitbegriffe, Grundrechtsschranken, Grundrechtskollision und Grundrechtskonkurrenz, also dem Norm-, Schranken- und Schranken-Schranken-Bereich, und nur ausnahmsweise bei Fragen des Art. 19 I und II! Vor einer Anwendung etwa des Art. 19 II sollte deshalb besonders sorgfältig geprüft werden, ob evtl. nicht doch bereits die aufgrund des Gesetzesvorbehalts ergangene gesetzliche Grundrechtseinschränkung bei der Prüfung im Rahmen des „Schranken-Schranken-Bereichs" grundrechtskonform auszulegen oder ggf. für verfassungswidrig zu erklären ist. Diese Hinweise sollten besonders beachtet werden (zu der sehr begrenzten praktischen Bedeutung des Art. 19 I und II vgl. Schmidt AöR 1981, 507, 512ff.).

Folgende, dem Schutz der Grundrechte dienende und im GG ausdrücklich geregelten Bestimmungen sind hier im einzelnen näher darzustellen:

I. Verbot von Individualgesetzen (Art. 19 I 1)

659 Nach Art. 19 I 1 müssen grundrechtseinschränkende Gesetze allgemeine Geltung haben; ihre Gültigkeit darf nicht nur auf einen Einzelfall beschränkt sein, vielmehr müssen sie auf unbestimmt viele Fälle bezogen (abstrakt) und an unbestimmt viele Adressaten gerichtet sein (generell; vgl. Rdn. 420ff.). Grundsätzlich sollen Grundrechtseinschränkungen alle Menschen in gleicher Lage und auf gleiche Weise treffen (vgl. Art. 3 I; keine Privilegierung oder Diskriminierung) und Einzelfallentscheidungen von der Verwaltung vorgenommen werden (Gewaltenteilungsgrundsatz). Wann allerdings ein solches **Einzelfall- oder Individualgesetz** vorliegt, ist oft nur sehr schwer festzustellen. Man wird sagen können, daß gesetzliche Grundrechtseinschränkungen dann nach Art. 19 I 1 unzulässig sind, wenn sie ausschließlich einen konkreten Fall oder allein einen ganz bestimmten Adressaten betreffen (vgl. dazu BVerfGE 15, 126, 146f.; 25, 371, 396ff.). Kein verfassungswidriges Einzelfallgesetz liegt dagegen vor, wenn der Gesetzgeber sich anläßlich eines konkreten Sachverhalts nur bewußt wird, daß insoweit eine gesetzgeberische Lücke besteht und aus diesem Anlaß gesetzgeberisch tätig wird **(„Maßnahmegesetze"),** wenn – was in aller Regel der Fall sein wird – diese gesetzlichen Regelungen künftig allgemein, für eine unbestimmte Zahl von Fällen, gelten sollen (vgl. BVerfGE 7, 129, 150f.; 12, 225, 229; 24, 33, 52). Liegt also ein genereller Rechtssatz vor, so ist ohne Belang, ob ein Einzelfall den Auslösungsfaktor zu einer gesetzlichen Regelung gegeben hat. Dies bedeutet, daß nach der Rechtsprechung bereits dann, wenn eine Vorschrift nach der

Natur der in Betracht kommenden Sachverhalte geeignet ist, weitere Fälle zu erfassen, kein – auch nicht ein getarntes – Einzelfallgesetz vorliegt (vgl. BVerfGE 25, 371, 396f.; 36, 383, 400f.). Nach dem BVerfG ist dem Erfordernis des Art. 19 I 1 Genüge getan, wenn sich wegen der abstrakten Fassung des gesetzlichen Tatbestands nicht genau übersehen läßt, auf wie viele und welche Fälle das Gesetz Anwendung findet, wenn also nicht nur ein einmaliger Eintritt der vorgesehenen Rechtsfolge möglich ist (BVerfGE 13, 225, 229; Bauernfeind DVBl. 1976, 193ff.). Aus alledem wird erkennbar, daß dem Verbot von Individualgesetzen eine selbständige praktische Bedeutung nicht zukommt.

II. Zitiergebot (Art. 19 I 2)

Eine weitere formelle „Sicherung" oder „Bremse" stellt neben Art. 19 I 1 die **660** Vorschrift des Art. 19 I 2 auf. Dabei kommt dem Zitiergebot die Aufgabe zu, möglichst eindeutige **Rechtsklarheit** zu schaffen und eine Besinnungs- und **Warnfunktion** auszuüben. Es soll sichergestellt werden, daß sich der Gesetzgeber bei jedem Grundrechtseingriff darüber im klaren sein muß, daß er eine solche Einschränkung vornimmt (Ausschluß unbewußter, „heimlicher" Grundrechtseinschränkungen). Durch die enge, restriktive Interpretation des Art. 19 I 2 wird aber der „heilsamen Nötigung" des Zitiergebots weitgehend wieder die Wirkung genommen. Nach dem BVerfG soll Art. 19 I 2 den Gesetzgeber bei seiner Arbeit nicht unnötig behindern, sondern lediglich ausschließen, daß neue, dem bisherigen Recht fremde Möglichkeiten des Eingriffs in Grundrechte geschaffen werden, ohne daß der Gesetzgeber sich darüber Rechenschaft legt und dies ausdrücklich zu erkennen gibt (vgl. z.B. § 12 II AtomG, § 34 BSeuchenG, § 66 des bad.-württ. NaturSchG; zum AtomG: BVerfGE 49, 89, 140f.). Art. 19 I 2 findet deshalb auf solche Gesetze keine Anwendung, die lediglich bereits geltende Grundrechtsbeschränkungen unverändert oder nur mit geringen Abweichungen wiederholen. Weiter gilt das Zitiergebot nicht für vorkonstitutionelles Recht (Gesetze vor 1949 konnten Art. 19 II nicht beachten), nicht für Gesetze, die lediglich den Grundrechtsinhalt selbst oder bereits bestehende Verfassungsschranken definieren und konkretisieren (Regelungsaufträge und Inhaltsbestimmungen), also insbesondere nicht für Gesetze gemäß Art. 2 I, 5 II, 12 I 2, 14 I 2 und III (vgl. BVerfGE 10, 89, 99; 21, 92f.; 35, 185, 188f.; nach E 64, 72, 79ff. fallen z.B. berufsregelnde Gesetze nicht unter das Zitiergebot). Diese Rechtsprechung führt praktisch dazu, daß gerade die wichtigsten Gesetze, die im gesetzgeberischen Alltag die Grundrechte tangieren, nicht an das Zitiergebot gebunden sind (JA ÖR 1972, 91f.; Bethge DVBl. 1972, 365ff.; Alberts JA 1986, 73ff.).

III. Wesensgehaltsgarantie (Art. 19 II)

1. Eine materielle Schranke für die Grundrechtsbegrenzung durch Gesetz oder **661** aufgrund eines Gesetzes enthält Art. 19 II. Durch die Nichtantastbarkeit des Wesensgehalts soll einer gesetzgeberischen Aushöhlung der Grundrechte vorgebeugt

werden. Aus Art. 19 II wird die Auffassung des Verfassunggebers erkennbar, daß die Grundrechte gewissermaßen aus einem äußeren, einschränkbaren und einem inneren, für den einfachen Gesetzgeber **unantastbaren Kern** bestehen (vgl. auch Art. 79 III). Was dabei allerdings zum absoluten Wesensgehalt, zur Grundsubstanz eines Grundrechts gehört, ist problematisch und umstritten (Kernbestand dessen, was die spezifische Natur des einzelnen Grundrechts ausmacht; z.B. bei Art. 8: Möglichkeit des Zusammenkommens mehrerer Personen zur gemeinsamen Erörterung bestimmter Angelegenheiten und des öffentlichen Kundtuns der Versammlung; nicht dagegen etwa ein bestimmter Versammlungsort, z.B. Straßen, oder ein konkretes Kundgabemittel, z.B. Lautsprecher). So ist bis heute noch nicht abschließend entschieden, ob bei dem Begriff Grundrecht i.S. von Art. 19 II auf dem Hintergrund des „Doppelcharakters" der Grundrechte von dem Bedeutungsinhalt „subjektiv-öffentliches Abwehrrecht" oder „wertentscheidende Grundsatznorm" (Elemente objektiver Wertordnung) oder gar von beiden Komponenten auszugehen ist, ob also die Bestimmung des Wesensgehalts (1) **absolut,** und zwar entweder (a) im Hinblick auf den Schutz des Individuums (einzelbezogen; vgl. BVerwG NJW 1977, 763) oder (b) hinsichtlich des Schutzes der Allgemeinheit (allgemeinbezogen) vorgenommen werden muß, oder ob (2) der Wesensgehalt durch eine Zweck-Mittel- bzw. Verhältnismäßigkeitsprüfung im Einzelfall festzustellen ist (**relative Theorie,** vgl. BGH DÖV 1955, 729f.). Dabei wird man allgemein folgendes sagen können: Art. 19 II gewährleistet grundsätzlich einen inhaltlichen Mindestkern, einen absolut eingriffsfesten Wesensgehalt; der verbleibende Restbereich eines Grundrechts muß im **Regelfall** noch eine echte Grundsubstanz beinhalten **(einzelfallbezogene absolute Theorie).** Für jedes Grundrecht muß hierbei aus seiner besonderen Bedeutung im Gesamtsystem der Grundrechte ermittelt werden, worin sein unantastbarer Wesensgehalt besteht (Kriterien zur Bestimmung des eingriffsfesten Kernbereichs: Geheimhaltungswille, Inhalt mit höchstpersönlichem Charakter und hoher Intensität).

662 2. Dieser Grundsatz des Art. 19 II erfährt allerdings nach der h.M., insbesondere der höchstrichterlichen Rspr, dann eine einschneidende, nicht unumstrittene **Ausnahme,** wenn der Eingriff in den Kernbereich zum Schutz höherrangiger Grundrechtsgüter unbedingt und zwingend geboten ist, und das Grundrecht trotz dieser Ausnahme noch für das soziale Leben im ganzen seine Bedeutung besitzt (z.B. lebenslange Freiheitsstrafe). Diese Voraussetzungen sind im Einzelfall aufgrund einer sorgfältigen Abwägung der verfassungsrechtlichen Ziele des Eingriffs und der Schwere der Grundrechtsbeeinträchtigung festzustellen. Es handelt sich hierbei letztlich um eine besonders strenge Anwendung des Grundsatzes der Verhältnismäßigkeit (je länger bzw. stärker der Eingriff, desto strenger die Anforderungen). Diese Ausnahmen können dabei u.U. sogar so weit gehen, daß ein Grundrecht trotz Art. 19 II praktisch entwertet ist (Allgemeinbezogenheit, Gemeinschaftsgebundenheit, strenge Güterabwägung aufgrund der konkreten Rechtsgüterkollisionslage; **gemischte, absolut-relative Theorie,** vgl. BVerfGE 30, 47, 53f.; 45, 187, 270f.; 70, 297, 311f.). So wird es etwa nicht als Eingriff in den Wesensgehalt des **Art. 2 II** angesehen, wenn ein wegen eines schweren Verbrechens Verurteilter eine lebenslange Freiheitsstrafe zu verbüßen hat (mit der Chance zur vorzeitigen Entlassung; i.d.R. ca. 20 Jahre), oder ein gefährlicher Geisteskranker in eine geschlossene

Anstalt eingewiesen wird, obwohl in beiden Fällen vom Grundrecht des Art. 2 II so gut wie nichts mehr übrig bleibt (vgl. Art. 103, 104). Voraussetzung ist aber ein menschenwürdiger Vollzug mit der Chance, die Freiheit wiederzuerlangen (menschenwürdeadäquate Ausübung der Begnadigung; BVerfGE 22, 180, 218f.; 30, 47, 52ff.; 45, 187, 223ff.; 64, 261, 270ff.; 72, 105, 113ff.; Erichsen NJW 1976, 1721ff.; Herbert EuGRZ 1985, 321ff.; a. A. VG Verden NJW 1976, 980ff.). Für das Persönlichkeitsrecht nach **Art. 2 I i. V. mit Art. 1 I** wird ein letzter unantastbarer Bereich privater Lebensgestaltung anerkannt (Kriterien: Geheimhaltungswille, höchstpersönlicher Charakter, Intensität, Intimsphäre). Die Grenzziehung zur absolut unantastbaren „Intimsphäre" ist umstritten und nur einzelfallbezogen zu beantworten (Tagebuch bei Mord nach h. M. verwertbar; vgl. BVerfGE 80, 367, 373ff.; Amelung NJW 1990, 1753ff.; Geis JZ 1991, 112ff.).

3. Schließlich ist in diesem Zusammenhang auch noch besonders auf **Art. 79 III** **663**
hinzuweisen, wonach die Grundsätze der Art. 1 und 20 für unabänderbar erklärt werden („Ewigkeitsklausel"). Darin liegt ein nicht zu unterschätzender materieller Grundrechtsschutz (vgl. Stern JuS 1985, 229ff.).

IV. Schutz durch Garantie der Durchsetzbarkeit (Art. 19 IV, 93 I)

1. Die Absicherung und Effektivität der Grundrechte erfordert schließlich eine **664**
umfassende Kontrolle ihrer Einhaltung durch die rechtsprechende Gewalt. Dies wird insbesondere durch die in Art. 19 IV, dem formellen Hauptgrundrecht, enthaltene **Rechtsweggarantie** gewährleistet (Art. 19 IV als wichtigstes Instrument zur Gewährleistung der unmittelbaren Grundrechtsgeltung; vgl. auch Rdn. 583). Dabei stellt aber das Verfahrensgrundrecht nicht nur das formelle Recht und die theoretische Möglichkeit, das Gericht anzurufen, sondern auch die Effektivität des Rechtsschutzes sicher; der Bürger hat einen substantiellen Anspruch auf eine tatsächlich wirksame gerichtliche Kontrolle („status activus processualis"; Gebot eines fairen Verfahrens; z.B. Anspruch auf das „Armenrecht" oder einen Pflichtverteidiger: BVerfGE 46, 202, 209ff.; 65, 171, 174ff.). Nach der Rspr des BVerfG gilt Art. 19 IV nur gegenüber der Exekutive („öffentliche Gewalt" i. S. des Art. 19 IV ist also nicht Gesetzgebung und Rechtsprechung; für diese Bereiche finden die Art. 20, 92ff., 103 Anwendung; vgl. BVerfGE 24, 33, 49ff.). Art. 19 IV enthält selbst keine Detailvorschriften über die Ausgestaltung des vom GG garantierten Rechtsweges, sondern überläßt diese dem einfachen Gesetzgeber. Weiter verlangt Art. 19 IV nicht, daß vom Gesetzgeber ein Instanzenzug zur Verfügung gestellt wird; der Rechtsweg darf aber nicht in unzumutbarer, aus sachlichen Gründen nicht mehr zu rechtfertigender Weise erschwert werden (vgl. dazu etwa BVerfGE 10, 264, 267f.; 40, 272, 274; 41, 23, 26; 49, 329, 340f.; 53, 30, 65, 71; Gilles JZ 1985, 253ff.; oben Rdn. 209 und 518ff.).

2. Für den prozessualen Schutz der Grundrechte ist neben Art. 1 III, der Festlegung **665**
der unmittelbaren Bindung aller öffentlichen Gewalt an die Grundrechte, und der Rechtsweggarantie des Art. 19 IV vor allem der Rechtsbehelf der **Verfassungsbeschwerde** gegen alle Grundrechtsverletzungen der öffentlichen Gewalt eminent

bedeutsam geworden (vgl. Art. 93 I Nr. 4a und §§ 90ff. BVerfGG). Dadurch, daß die öffentliche Gewalt nach Art. 93 I Nr. 4a in einem umfassenden Sinne verstanden wird, also sich nicht nur auf die vollziehende, sondern auch auf die gesetzgebende und rechtsprechende Gewalt bezieht (im Unterschied zur „öffentlichen Gewalt" i. S. von Art. 19 IV, die die h. M. nur eng als Akte der Exekutive versteht), und außerdem durch die Auslegung des Art. 2 I als grundrechtlichem Auffangtatbestand ein **lückenloses Grundrechtssystem** besteht, sind praktisch alle möglichen Eingriffe in Grundrechtsverbürgungen gerichtlich und verfassungsgerichtlich nachprüfbar (geschlossenes, lückenloses Rechtsschutzsystem; Rdn. 619).

V. Verwirkung der Grundrechte (Art. 18)

666 Zum Schutz der Grundrechte und zur Sicherung der „freiheitlichen demokratischen Grundordnung" ist außerdem noch in Art. 18 die Möglichkeit vorgesehen, daß unter bestimmten Voraussetzungen vom BVerfG die Verwirkung der Grundrechte ausgesprochen werden kann. Art. 18 ist auf dem historischen Hintergrund der Ereignisse von 1919–1945 zu verstehen. Er will eine materielle Grundrechtsschranke für den individuellen politischen Tageskampf ziehen und dient als Sicherung gegen problematische formell-legale Entwicklungen (Grenze der politischen Toleranz). Durch Art. 18 wird deutlich, wie sehr dem Verfassunggeber nicht nur die Gewährleistung von Grundrechten, sondern auch ihr Schutz und ihre Begrenzung auf ein vernünftiges Maß am Herzen lag. Folgende Voraussetzungen müssen dabei vorliegen: Bestimmte, abschließend aufgezählte Grundrechte müssen mißbraucht worden sein, und vom Verhalten des Grundrechtsträgers muß eine Gefahr für die freiheitlich demokratische Grundordnung ausgehen (vgl. §§ 36ff. BVerfGG). Insoweit ist Art. 18 ein konsequenter Wesenszug der im GG verankerten „streitbaren Demokratie" (vgl. Rdn. 155f.). Für den Ausspruch der Verwirkung besitzt das BVerfG das Monopol. Aus wohlüberlegten Gründen wurden bisher allerdings erst zwei Verwirkungsanträge gestellt, die beide vom BVerfG zurückgewiesen wurden (vgl. BVerfGE 11, 282f.; Hesse § 22 I).

Literatur zu §§ 24–29: *Hesse* §§ 9–11; *Maunz/Zippelius* §§ 18–22; *Stein* § 24; *Stern,* Staatsrecht, Bd. III/1, Allgemeine Lehren der Grundrechte, §§ 58–76; Zippelius §§ 32–34; *Bleckmann,* Allg. Grundrechtslehren, 1979; *Kriele* §§ 37–41; *Denninger,* Bd. 1, S. 1ff.; Bd. 2, S. 135ff.; *Martens/Häberle,* Grundrechte im Leistungsstaat, VVDStRL Bd. 30, 7ff., 43ff.; *Schwabe,* BVerfG und Drittwirkung der Grundrechte, AöR 1975, 442ff.; *Böckenförde,* Grundrechtstheorie und Grundrechtsinterpretation, NJW 1974, 1529–1538; *ders.,* Zur Lage der Grundrechtsdogmatik nach 40 Jahren GG, 1990; *Ossenbühl,* Die Interpretation von Grundrechten in der Rspr des BVerfG, NJW 1976, 2100–2107; *Kloepfer,* Grundrechtstatbestand und Grundrechtsschranken, in: Festschrift zum 25jährigen Bestehen des BVerfG, 1976, Bd. II, S. 405ff.; *Schnapp,* Grenzen der Grundrechte, JuS 1978, 729ff.; *Hesse,* Bestand und Bedeutung der Grundrechte, EuGRZ 1978, 427ff.; *Lorenz,* Der grundrechtliche Anspruch auf effektiven Rechtsschutz, AöR 1980, 623ff.; *Starck,* Die Grundrechte des GG, JuS 1981, 237ff.; *Alexy,* Theorie der Grundrechte, 1985; *Jarass,* Grundrechte als Wertentscheidungen in der Rspr des BVerfG, AöR 1985, 363ff.; *Canaris,* Grundrechtswirkungen und Verhältnismäßigkeitsprinzip im Privatrecht, JuS 1989, 161ff.; *Klein,* Grundrechtliche Schutzpflicht des Staates, NJW 1989, 1633ff.; *Häberle,* Grundrechtsgeltung und Grundrechtsinterpretation im Verfassungsstaat, JZ 1989, 913ff.; *Ramm,* Grundrechte und Arbeitsrecht, JZ 1991, 1ff.

Wiederholungsfragen und Fälle:

(1) Was versteht man unter „Institutsgarantie" und „institutioneller Garantie" und worin unterscheiden sich beide Begriffe?
Dazu: § 25 II 3 (Rdn. 576ff.).

(2) Art. 11 der bad.-württ. Landesverfassung lautet: „Jeder junge Mensch hat ohne Rücksicht auf Herkunft oder wirtschaftliche Lage das Recht auf eine seiner Begabung entsprechende Erziehung und Ausbildung." Wie ist diese Bestimmung mit dem „numerus clausus" zu vereinbaren?
Dazu: § 25 I 2 und II (Rdn. 569f. und 572ff.).

(3) Handelt es sich bei dem Recht auf Freizügigkeit des Art. 11 um ein Menschengrundrecht?
Dazu: § 26 III 1 (Rdn. 594).

(4) Kann sich eine GmbH ohne weiteres auf die Grundrechte aus Art. 2 I, 3 I, 4 und 12 berufen?
Dazu: § 27 I 3 (Rdn. 602ff.).

(5) Beim Kauf von Büromaterial bevorzugt die Stadtverwaltung X die ortsansässigen Geschäfte. Kann sich A, der in Y ein Geschäft für Bürobedarf betreibt, auf Art. 3 berufen?
Dazu: § 27 II 1 (Rdn. 609).

(6) Ein Strafgefangener schrieb an eine Mitarbeiterin einer Gefangenenhilfsorganisation einen Brief. Der Brief wurde von der Leitung der Strafanstalt gemäß einer Dienstanweisung kontrolliert und angehalten, weil er beleidigende Äußerungen enthielt. Eine gesetzliche Grundlage bestand dafür nicht. War das Verhalten der Anstaltsleitung zulässig?
Dazu: § 28 VI (Rdn. 653f.; BVerfGE 33, 1, 10f.).

(7) B wird wegen Mordes zu lebenslanger Freiheitsstrafe verurteilt. Die dagegen erhobene Revision hat keinen Erfolg. Nun will er Verfasungsbeschwerde wegen Verstoßes gegen Art. 2 II, 1 I, 19 II erheben. Er fragt an, ob dieses Rechtsmittel Aussicht auf Erfolg hat.
Dazu: § 29 III (Rdn. 662; vgl. Erichsen NJW 1976, 1721ff.; BVerfGE 45, 187, 223ff.; aber auch VG Verden NJW 1976, 980ff.).

(8) Die Stadt A betreibt ihren öffentlichen Personennahverkehr durch eine Verkehrsbetriebs-AG (Eigengesellschaft). Innerhalb ihrer privatrechtlichen Entgelte werden Privatschulen keine verbilligten Sozialtarife gewährt. Kann sich ein Schüler einer Privatschule mit Erfolg dagegen wehren?
Dazu: § 27 II 1 (Rdn. 609; vgl. BGHZ 52, 325, 327f.; zur Wasserversorgung: BGHZ 65, 284ff.).

(9) Durch den Bau einer Bundesstraße wurde in das Eigentum einer Gemeinde schädigend eingegriffen. Kann die Kommune dafür eine Entschädigung vom Bund verlangen?
Dazu: § 27 I 3b (Rdn. 605f.; vgl. BGH NJW 1975, 158ff.; BVerfGE 61, 82, 100ff.).

(10) X hat, ohne im Besitz einer Sondernutzungserlaubnis zu sein, auf einem öffentlichen Gehweg Handzettel politischen Inhalts verteilt. Vom zuständigen Amtsgericht wurde er deshalb zu einer Ordnungswidrigkeit von 100,– DM verurteilt. Kann X unter Berufung auf die Grundrechte dagegen mit Aussicht auf Erfolg vorgehen?
Dazu: § 28 V und § 30 VI (Rdn. 646ff. und 725ff., 736; vgl. OLG Stuttgart DVBl. 1976, 113ff.; BayVerfGH NJW 1978, 1912f.; BVerwG NJW 1978, 1935f.).

§ 30 Einzelne Grundrechte

667 Im Hinblick auf die Bedeutung der Grundrechtsordnung allgemein und die Vielfalt und Fülle der zu den einzelnen Grundrechten bislang ergangenen Rechtsprechung und veröffentlichten Literatur ist es im Rahmen eines „Grundkurses“ zwangsläufig nicht leistbar, die Art. 1–17 umfassend und eingehend zu behandeln. Der Grundkurs kann und soll dies nicht leisten, nicht zuletzt, weil – was die Erfahrung in den Anfängerlehrveranstaltungen zeigt – die äußerst vielschichtigen und schwierigen Probleme der einzelnen Grundrechtsbestimmungen den Studenten der ersten Semester überfordern. Die nachstehende Darstellung beschränkt sich deshalb im großen und ganzen auf eine Einführung und erste Orientierung. Für eine Vertiefung in die vielfältigen Probleme der einzelnen Grundrechte wird gleichzeitig dem Studenten ein Überblick auf die wichtigsten höchstrichterlichen Entscheidungen und eine Auswahl einschlägiger Literaturhinweise gegeben. Dabei ist allerdings nachdrücklich darauf hinzuweisen, daß ein Student selbst bei der ersten einführenden Beschäftigung mit einzelnen Grundrechten nicht darauf verzichten kann, wenigstens die wichtigsten der angegebenen und mit (x) bezeichneten Entscheidungen nachzulesen. Die gründliche Lektüre dieser Entscheidungen ist für das Verständnis der Grundrechte und des Öffentlichen Rechts überhaupt unerläßliche Grundvoraussetzung.

668 Die Darstellung der einzelnen Grundrechte soll im Prinzip nach einer möglichst **einheitlichen Gliederung** erfolgen. In Anlehnung an das Prüfungsschema für den Bereich der Grundrechtseinschränkung (vgl. oben S. 301) soll versucht werden, was allerdings wegen der teilweise sehr unterschiedlichen Struktur der Grundrechte nicht immer möglich sein wird, nach folgender Gliederung vorzugehen (klausurmäßiges Prüfungsschema i. S. von Vorüberlegungen bzw. eines ersten Rohkonzepts):

(1) Bedeutung und Allgemeine Grundsätze;
(2) Normbereich (Grundrechtstatbestand; persönlicher und sachlicher Schutzbereich);
(3) Schrankenbereich (Grundrechtsschranken; „Eingriffstitel“);
(4) Schranken-Schranken-Bereich (Eingriffsschranken, Begrenzung der „Eingriffstitel“, wobei 3 und 4 gegebenenfalls zusammen behandelt werden);
(5) weitere besondere Probleme.

I. DIE WÜRDE DES MENSCHEN (Art. 1 I)

1. Allgemeine Bedeutung der Menschenwürde

669 Achtung und Schutz der Menschenwürde (Art. 1 I) gehören zu den tragenden Konstitutionsprinzipien des GG und der gesamten objektiven Wertordnung des Staates. Art. 1 I enthält i. V. mit Art. 2 I und II oberste Wertentscheidungen und verfassungsrechtliche Schutzaufträge. Die freie menschliche Persönlichkeit und ihre Würde stellen den **höchsten Rechtswert** innerhalb der verfassungsmäßigen Ordnung

dar (BVerfGE 32, 98, 108). Art. 1 ist Ausgangs- und Gravitationspunkt, Basis und **Zentrum des Grundrechtswertesystems;** in Art. 1 ist brennpunktartig das Kernsubstrat der Grundrechtsordnung festgelegt. Der Staatsgewalt ist in allen ihren Erscheinungsformen die Verpflichtung auferlegt, die Würde des Menschen zu achten und sie zu schützen. Dem liegt ein ganz bestimmtes **Menschenbild des GG,** nämlich die Vorstellung vom Menschen als einem geistig-sittlichen Wesen, zugrunde, das darauf angelegt ist, in Freiheit sich selbst zu bestimmen und sich zu entfalten. Diese Freiheit versteht das GG allerdings nicht als diejenige eines isolierten und selbstherrlichen, sondern als eines gemeinschaftsbezogenen und gemeinschaftsgebundenen Individuums (Menschenwürde als Schlüsselbegriff für das Verhältnis des Menschen zum Staat und der Menschen untereinander; Art. 1 als „politische Moral" und „unveräußerliches Sittengesetz" der Bundesrepublik; Art. 1 als **oberster Zweck allen Rechts,** als oberstes Konstitutionsprinzip, als Fundamentalnorm in der Wertepyramide des GG). Daraus folgt auch, daß in der Gemeinschaft grundsätzlich jeder einzelne als gleichberechtigtes Glied mit Eigenwert anerkannt werden muß. Es widerspricht daher der menschlichen Würde, den Menschen zum bloßen Objekt im Staate zu machen, ihn einer Behandlung auszusetzen, die seine individuelle Subjektqualität prinzipiell in Frage stellt. Die unverlierbare Würde des Menschen als Person besteht gerade darin, daß er als selbstverantwortliche Persönlichkeit mit eigenständiger Identität, Wertansprüchen und Leistung, einem menschspezifischen Eigenbereich anerkannt bleibt, Subjekt staatlichen Handelns ist. Der Staat ist primär für den Menschen da und nicht umgekehrt (BVerfGE 4, 7, 15f.; 65, 1, 64).

Die Menschenwürde als **Urgrundrecht,** als vitale Basis jedes menschlichen Daseins **670**
enthält deshalb einen verfassungsrechtlich geschützten sozialen Wert- und Achtungsanspruch, woraus sich für den Staat bei all seinen Tätigkeiten die Verpflichtung ergibt, die grundlegenden Voraussetzungen individueller und sozialer Existenz des Menschen zu erhalten bzw. zu schaffen (Freiheit vor Furcht und Not). So wird etwa aus Art. 1 I i. V. mit Art. 2 II und dem Sozialstaatsprinzip die Verpflichtung des Staates hergeleitet, jenes **Existenzminimum** zu gewähren, das ein menschenwürdiges Dasein überhaupt erst ermöglicht (BVerfGE 6, 32, 41; 30, 1, 20; 45, 187, 227f.). Ganz allgemein will Art. 1 das „Person-Sein", die menschliche Identität in den sozialen Interaktionen, in der gesellschaftlichen Umwelt ermöglichen und absichern.

Im GG ist der Grundsatz der Menschenwürde bewußt an die Spitze des Grund- **671**
rechtskatalogs gestellt worden; darüber hinaus wird ihm durch die Formulierung **„ist unantastbar"** ein besonderer Rang gegeben. Weiter wird die Würde des Menschen formell durch **Art. 79 III** über die anderen Grundrechtsbestimmungen gestellt, indem dort eine Änderung ausgeschlossen wird, die in die Substanz eingreift. Nach h.M. hat deshalb Art. 1 I einen prinzipiellen Vorrang vor allen anderen Grundrechtsvorschriften. Aus diesem Grund ist Achtung und Schutz der Menschenwürde zentraler Auftrag und entscheidender Maßstab allen staatlichen Handelns sowie der wichtigste wertausfüllende Auslegungsgrundsatz (verfassungskonforme Interpretation unter besonderer Berücksichtigung des Art. 1 I). Darüber hinaus liegt eine wesentliche Bedeutung des Art. 1 I darin, daß er die **Wirkungskraft der anderen Grundrechte verstärkt** und ihnen deutlichere Konturen, eine gesteigerte Aussage-

kraft gibt (Art. 1 im „Verbund“ mit Art. 2 ff.). Andererseits ist die Menschenwürde nicht nur durch Art. 1, sondern mit jeweils besonderer Blickrichtung auf einzelne Gefährdungsmöglichkeiten auch durch Art. 2 ff. geschützt („partiell verselbständigte Ausschnitte“ aus der Menschenwürde). Deshalb liegt die besondere Bedeutung der Würde des Menschen nicht allein in der „isolierten“ Grundrechtsvorschrift des Art. 1 I, sondern vor allem in ihrer Verstärkungs- und Ausstrahlungswirkung auf die gesamte Verfassungsordnung. Art. 1 I ist, insbesondere auch i. V. mit Art. 2 I, alles andere als „kleine Münze“ (**„Mittelpunktsfunktion“** des Art. 1 im Grundrechtssystem; vgl. BVerfGE 35, 202, 225).

672 Die **Rechtsqualität des Art. 1 I** ist umstritten. Nach einer Auffassung ist die Menschenwürde nur als Wertproklamation, als objektiv verpflichtende oberste Verfassungsentscheidung zu verstehen („ideeller Ausgangspunkt“; Argument insbesondere der Wortlaut des Art. 1 III: Bindungswirkung nur für die „nachfolgenden Grundrechte“). Mit der h. M. ist davon auszugehen, daß auch Art. 1 I ein echtes Grundrecht, eine subjektiv-öffentliche Gewährleistung eines unantastbaren personalen Eigenwerts des Menschen, ein Recht auf Achtung und Schutz der Menschenwürde beinhaltet (vgl. BVerfGE 1, 333, 343 ff.; 39, 1, 42 ff., 67; 45, 187, 227 f.). Diese Frage ist allerdings in der Praxis deshalb nicht von so zentraler Bedeutung, weil die Rspr, insbesondere das BVerfG, die Menschenwürde allein faktisch nie als Anspruchsgrundlage heranzieht, sondern eine solche aus Art. 1 I i. V. mit anderen Grundrechten, vor allem mit Art. 2 II oder dem Grundrechtsauffangtatbestand des Art. 2 I und gegebenenfalls noch i. V. mit dem Sozialstaatsprinzip sieht (bitte einprägen! Vgl. etwa BVerfGE 30, 173, 193 f.; 45, 187, 223, 228; 80, 367, 373 ff.).

2. **Normbereich (Grundrechtstatbestand)**

673 **Grundrechtsträger** (persönlicher Normbereich) und damit Schutzberechtigter des Art. 1 I ist der „Mensch schlechthin“, also alle Menschen. Ausländer und Deutsche, Kinder und Erwachsene, Asoziale und Strafgefangene, d. h. jeder ist unabhängig von seiner körperlichen und geistigen Situation grundrechtsfähig. Das Grundrecht ist angeboren, unverlierbar und verzichtbar. Über den „lebenden Menschen“ hinaus ist Grundrechtsträger des Art. 1 I auch bereits der Nasciturus (vgl. BVerfGE 39, 1, 41) und in bestimmten Grenzen auch noch der Verstorbene (vgl. BVerfGE 30, 173, 194 – Mephisto-Urteil –; BGH NJW 1990, 1986 ff.; vgl. Rdn. 600).

674 Der **Begriff der Menschenwürde** (sachlicher Normbereich) ist äußerst schwierig zu bestimmen (ausfüllungsbedürftige Generalklausel; interdisziplinäre Definitionsansätze). Grob kann man den Begriff als das umschreiben, was die Natur, den Eigenwert, die Eigenständigkeit und die Selbstverantwortung, also das Wesensmäßige und Personenhafte des Menschen ausmacht und beinhaltet (Vernunftbesitz, Freiheit des Willens, Autonomie; Leistung durch selbstbestimmtes Verhalten). Der Mensch als Person ist Träger höchster geistig-sittlicher Werte und verkörpert einen sittlichen, kraft seiner geistigen Potenz selbstbestimmten Eigenwert, der unverlierbar und auch jedem Anspruch der Gemeinschaft, insbesondere allen rechtlichen und politischen Zugriffen des Staates und der Gesellschaft gegenüber eigenständig und unantastbar ist. Würde der menschlichen Persönlichkeit ist der innere und zugleich soziale Wert-, Achtungs- und Schutzanspruch, der dem Menschen um seinetwillen zukommt (Menschenwürde als spezifisch geprägte menschliche Individualität, als Selbstbestimmung der im Menschen angelegten Fähigkeiten und Kräfte; vgl. BVerfGE 49, 286, 298; BayVerfGH 8, 57; Maunz/Dürig, Kom. zum GG, Anm. 14ff. zu Art. 1). Auf der Grundlage der Rspr soll der Inhalt der Menschenwürde durch die Bildung von **Fallgruppen,** die sich teilweise allerdings mitunter überlappen, noch etwas konkreter erläutert und beschrieben werden:

(1) Der Mensch darf **nicht bloßes Objekt staatlichen Handelns** sein (Schutz der **675** **Subjektstellung** des Individuums, insbesondere im Straf- und Verfahrensrecht). Die körperliche und geistig-seelische Identität und Integrität der Person ist zu achten und zu wahren. Eine Degradierung des Menschen zum bloßen Mittel, zur vertretbaren Größe oder zum „Spielball" staatlicher Machtentfaltung ist unzulässig; auch darf über seine Rechte nicht kurzerhand von Obrigkeits wegen verfügt werden (kein „kurzer Prozeß", sondern ein für den Betroffenen faires Verfahren; Art. 103 I; BVerfGE 64, 135, 145; oben Rdn. 223 und 521). Daraus ergibt sich ein generelles Verbot, „lebensunwertes" Leben zu vernichten, medizinische oder sonstige Versuche an Menschen durchzuführen, ein Kind uneingeschränkt „aus der Retorte" zu erzeugen. Der „Gentechnologie" werden enge Grenzen gesetzt (vgl. Deutsch ZRP 1987, 305ff. und NJW 1991, 721ff.). Unzulässig ist, bestimmte Vernehmungsmittel wie Lügendetektoren, Hypnose, Folter usw. (vgl. §§ 136f. StPO) einzusetzen oder eine umfassende Registrierung vorzunehmen (vgl. BVerfGE 19, 93, 99; 27, 1, 6; 30,1, 25ff.; 50, 125, 133; zur Todesstrafe: BVerfGE 18, 112, 117; zur lebenslangen Freiheitsstrafe bei Resozialisierungsmöglichkeit: BVerfGE 45, 187, 228ff.; 72, 105, 113ff. und Rdn. 662; zur Isolationshaft: BVerfGE 49, 24, 64; zum Lügendetektor: BVerfG NJW 1982, 375; zur Gentechnologie: VGH Kassel NJW 1990, 336ff.; Hofmann JZ 1986, 253ff.; Kloepfer/Delbrück DÖV 1990, 897ff.).

(2) Schutz des **allgemeinen Persönlichkeitsrechts** (Art. 1 I i.V. mit Art. 2 I). Die **676** individuelle Persönlichkeit ist als oberstes Rechtsgut in mehrfacher Weise i.S. von Grundbedingungen für die Erhaltung der engeren persönlichen Lebensphäre zu gewährleisten (BGHZ 24, 72, 76ff.; BVerfGE 54, 148, 153; Jarass NJW 1989, 857ff.; oben Rdn. 687): (a) Schutz eines gegen die Öffentlichkeit abgesicherten Bereichs, einer vor dem „Zugriff" der Öffentlichkeit abzuschirmenden **Eigensphäre:** Gewährleistung eines autonomen Bereichs privater Lebensgestaltung, einer Intim-, Privat-, Berufs- und Sozialsphäre, in der der einzelne seine Individualität entwickeln und bewahren kann (Recht auf Privatheit, auf personale Integrität im Rahmen abgestufter „Sphären"; Ausprägungen der menschlichen Individualität); Abwehr rechtswidriger Eingriffe etwa durch §§ 823, 253 BGB; Verbot heimlicher Tonbandaufnahmen und der Tagebuchverwertung: BVerfGE 80, 367, 373ff.; BGH NJW 1988, 1016ff. und 1037ff. (b) Schutz in der **„Öffentlichkeitssphäre":** Verfügungsrecht über die Darstellung der eigenen Person, insbesondere das Recht am eigenen Namen und Bild sowie am geschriebenen oder gesprochenen Wort (vgl. BVerfGE 34, 269, 281; 35, 202, 219); Selbstbestimmungsrecht, wie sich jemand der Öffentlichkeit darstellen will (BVerfGE 63, 131, 142f. – Gegendarstellungsrecht –); Recht, von der Unterschiebung nicht getaner Äußerungen verschont zu bleiben (BVerfGE 35, 202, 220 – Lebach –; 54, 148, 153f. – Eppler –). (c) Schutz vor

statistischen Erhebungen, insbesondere der Verarbeitung und Weitergabe **personenbezogener Daten:** Recht auf informationelle Selbstbestimmmung, d.h. die Befugnis, grundsätzlich selbst über die Verwertung seiner persönlichen Daten zu bestimmen (zur Volkszählung: BVerfGE 65, 1, 41ff.; BVerfG NJW 1988, 959ff.; Simitis NJW 1984, 398ff.; Krause JuS 1984, 268ff.; zur informationellen Selbstbestimmung: BVerfGE 78, 77, 84ff.; BVerwG NJW 1990, 2761ff.; Gross AöR 1988, 161ff.; Simitis/Fuckner NJW 1990, 2713ff.; Poppenhäger NJW 1992, 149ff.; zu Art. 1 I i. V. mit Art. 2 I: Degenhart JuS 1990, 161ff.; 1992, 361ff.).

677 (3) Schutz der **persönlichen Ehre** und des **guten Rufes** i. S. eines Verbots bloßer Demütigung, Erniedrigung und Bloßstellung von Menschen oder systematische Verletzung deren sozialen Achtungs- und Geltungsanspruchs (Schutz des Ansehens als „äußere Ehre"; BVerfG NJW 1989, 3269f.; Verbot grausamer, unmenschlicher, erniedrigender, unangemessener Strafen; Verbot einer Zurschaustellung oder Diffamierung von Gefangenen oder den Menschen zum bloßen „Schauobjekt" der Verbrechensbekämpfung zu machen usw.; vgl. BVerfGE 34, 369, 382f.; 45, 187, 228; 64, 261, 272ff. – menschenwürdiger Strafvollzug mit Resozialisierungsziel –; Verbot von „Peep-Shows": BVerfG NJW 1987, 3246f.; BVerwGE 64, 274, 278ff.; BVerwG NVwZ 1990, 668f. – Frau als bloßes Schau- und Lustobjekt –; kritisch Würkner NVwZ 1988, 600ff.; Discher JuS 1991, 642ff.). Der Staat ist verpflichtet, durch straf- und zivilrechtliche Vorschriften die Menschenwürde im Kern zu garantieren (insbesondere Schutz durch die Sanktionsnormen der §§ 185ff. StGB) und etwa auch Rassen- und Klassenhaß nicht aufkommen zu lassen (§§ 130ff. StGB).

678 (4) Verpflichtung des Staates, Mindestvoraussetzungen für ein **menschenwürdiges Dasein** zu gewährleisten (Schutz für Bedürftige, Schwache und Minderheiten; Anspruch auf ein **Existenzminimum;** Art. 1 I i. V. mit Art. 2 II und dem Sozialstaatsprinzip; vgl. Rdn. 221). Strafgefangene haben einen Anspruch auf Resozialisierung (vgl. BVerfGE 35, 202, 235f.; 45, 187, 228f.).

679 Allgemein wird eine Verletzung der Menschenwürde dann vorliegen, wenn der Mensch zum bloßen Objekt, zur vertretbaren Größe herabgewürdigt, auf die Ebene einer Sache erniedrigt, seine ureigenste Persönlichkeit und Intimsphäre mißachtet, seine Ehre in demütigender Weise verletzt wird, oder die ökonomischen Bedingungen für seine Wertverwirklichung von außen her in einem Ausmaß verringert werden, die ihn zum bloßen Vegetieren verurteilen (BVerwG DÖV 1977, 449). Die Subjektqualität des Menschen, seine Selbstbestimmung auf der Grundlage des Eigenwerts jedes Menschen, darf prinzipiell nicht in Frage gestellt werden.

3. „Unantastbarkeit" der Menschenwürde (immanente Grundrechtsbegrenzung)

680 Die Menschenwürde ist zwar vom Wortlaut her grundsätzlich unantastbar, also grundsätzlich uneinschränkbar und auch unverzichtbar. Gleichwohl ist heute anerkannt, daß Art. 1 I im Hinblick auf die Gemeinschaftsgebundenheit **nicht „prinzipiell unbegrenzt"** ist. Der einzelne muß sich diejenigen Schranken seiner Handlungsfreiheit gefallen lassen, die der Gesetzgeber zur Pflege und Förderung des sozialen Zusammenlebens in den Grenzen des bei dem gegebenen Sachverhalt allgemein Zumutbaren zieht; doch muß die Eigenständigkeit der Person, der unantastbar innerste private Lebensbereich, gewahrt bleiben (BVerfGE 30, 1, 20; 45, 187, 227f.; 50, 166, 175). Eingriffe in die Individual- und Privatsphäre sind zur Verfolgung gewichtiger verfassungsrechtlicher Zwecke zulässig (Schrankenbereich: verfassungsimmanente Schranke); sie dürfen aber nicht in den engsten Bereich privater Lebensgestaltung, die Intimsphäre, eingreifen und müssen verhältnismäßig und verfassungslegitim sein (Schranken-Schranken-Bereich: insbesondere Güterabwägung zwischen der Menschenwürde als Individualrecht und den verfassungsrechtlichen Allgemeininteressen, strikte Beachtung des Verhältnismäßigkeitsgebots; Vermutung zugunsten der „unantastbaren" Menschenwürde; vgl. BVerfGE 79, 256, 268ff.; 80, 367, 373ff. – Verwertbarkeit eines Tagebuches –; Rdn. 646ff.; zur **„Sphärentheorie":** Geis JZ 1991, 112ff.; Degenhart JuS 1992, 361, 363f.). Im Rahmen der Güterabwägung kommt dem obersten Rechtsgut des Art. 1 I prinzipieller Vorrang vor anderen Rechtsgütern zu (zum „Vorrang" des Art. 1 I zu Art. 5 III: BVerfGE 75, 369, 379f.).

4. **Besondere Probleme**

Nach der h. M. stellt auch Art. 1 I ein subjektiv-öffentliches Recht dar. Nach dieser **681** Auffassung ist zweifelsfrei, daß der einzelne gegen die öffentliche Hand einen Abwehranspruch besitzt (i. V. mit Art. 2 I oder II usw., vgl. Rdn. 669ff.). Problematisch bleibt allerdings, ob und in welchem Umfang darüber hinaus ein durchsetzbares Recht darauf bestehen kann, daß der Staat auch zum Schutz der Menschenwürde aktiv tätig wird **(status positivus).** In dem Urteil zum Schwangerschaftsabbruch hat das BVerfG erklärt, daß auf dem Hintergrund der Grundrechtskomponente „objektive Wertordnung" für den Staat eine umfassende **Schutzpflicht** besteht, die gebietet, daß sich der Staat schützend und fördernd vor das Leben und die Menschenwürde stellt. Danach enthält Art. 1 I eine grundsätzliche Pflicht des Staates zu positiver Förderung der Grundrechtsgewährleistung. Der Staat hat also die Gesamtrechtsordnung grundsätzlich so auszugestalten, daß auch im Privatrechtsverkehr Beeinträchtigungen der Menschenwürde möglichst verhindert werden (Schutzvorkehrungen, Vorbeugung gegen Grundrechtsgefährdungen; ggf. Einsatz von strafrechtlichen Mitteln). Dem Gesetzgeber kommt dabei allerdings ein nicht unerheblicher Ermessens- und Prognosespielraum zu. Letztlich ist freilich einiges umstritten (vgl. Rdn. 697ff.; Klein NJW 1989, 1633ff.; zur Gentechnik: VGH Kassel NJW 1990, 336ff.; Wahl/Masing JZ 1990, 553ff.; Preu JZ 1991, 265ff.). Einhellig anerkannt ist aber, daß Art. 1 I eine oberste Interpretationsnorm und ein höchster Wertmaßstab für alles staatliche Handeln darstellt (verfassungskonforme Auslegung im Lichte der Menschenwürde; BVerfGE 39, 1, 36ff.; 79, 256, 268ff.).

Wachsende Anforderungen an moderne Staaten mit hochentwickelten Gesellschaf- **682** ten verringern zwangsläufig individuelle Freiheit und reduzieren den Normbereich der Menschenwürde (z. B. Umweltschutz, Gentechnologie). Hierin liegt ein zentrales Problem der Zukunft. Stets muß der Vorrang des Art. 1 vor einer Perfektionierung des Planens und des technischen und wissenschaftlichen Fortschritts gewährleistet sein. Keinesfalls darf staatliche Planung zu einer Verplanung des Menschen führen.

Wichtige Entscheidungen (x): BVerfGE 7, 198ff. („Lüth-Urteil“); E 27, 1, 6ff. (Mikrozensus); E 30, 173ff. („Mephisto-Urteil“; vgl. dazu Kastner NJW 1982, 601ff.); E 45, 187, 223ff. (lebenslange Freiheitsstrafe); E 49, 286, 297ff. („Transsexuellen-Urteil“); E 65, 1, 38ff. (Volkszählungsgesetz); E 80, 367, 373ff. (Tagebuchverwertung); VGH Kassel NJW 1990, 336ff. (Gentechnikanlagen).

Aus der Literatur: *Benda,* Die Menschenwürde, in: Benda/Maihofer/Vogel (Hrsg.), Handbuch des Verfassungsrechts, S. 107ff.; *Denninger,* Staatsrecht 1, S. 11ff.; *Häberle,* Die Menschenwürde als Grundlage der staatlichen Gemeinschaft, in: HdBStaatsR Bd. I, § 20; *Hoerster,* Zur Bedeutung des Prinzips der Menschenwürde, JuS 1983, 93ff.; *Maunz/Zippelius* § 23; *Starck,* Menschenwürde als Verfassungsgarantie im modernen Staat, JZ 1981, 457ff.; *Stein* § 20; *Vitzthum,* Die Menschenwürde als Verfassungsbegriff, JZ 1985, 201ff.; *ders.,* Gentechnologie und Menschenwürde, ZRP 1987, 33ff.; *Kloepfer/Delbrück,* Zum neuen Gentechnikgesetz, DÖV 1990, 897ff.

II. DIE FREIE ENTFALTUNG DER PERSÖNLICHKEIT (Art. 2 I)

1. Bedeutung im Grundrechtssystem

683 Die Bedeutung des Art. 2 I als das **Hauptfreiheitsgrundrecht** ist eminent und nicht zu unterschätzen. Das BVerfG sieht in der freien menschlichen Persönlichkeit einen „obersten Wert der Verfassung“ (BVerfGE 7, 405). Vor allem in der häufig auftretenden engen Verbindung mit der Menschenwürde nach Art. 1 I (insbesondere beim allgemeinen Persönlichkeitsrecht), kommt dem Art. 2 I mit der höchste Verfassungswert zu. Aus dieser Bedeutung des Art. 2 I i.V. mit Art. 1 I wird eine allgemeine Freiheitsvermutung zugunsten des Bürgers abgeleitet, der allerdings durch die Gemeinschaftsbezogenheit der Grundrechte und die Gemeinbelange bestimmte Grenzen gezogen sind (BVerfGE 17, 13f.; 54, 148, 153; 80, 137, 152ff.).

684 Die **Funktion des Art. 2 I** im Grundrechtssystem wird wegen teilweise unterschiedlicher Auslegung des Normbereichs und des Schrankenbereichs nicht einheitlich beurteilt. Nach heute ganz h.M. enthält Art. 2 I die Garantie der **allgemeinen Handlungsfreiheit** und umfaßt damit jegliches menschliche Verhalten. Das bedeutet, daß dieses allgemeine Freiheitsrecht als Generalklausel alle Lücken ausfüllt, die von den speziellen Freiheitsrechten nicht abgedeckt werden. Der Schutz des Art. 2 I greift also nur dann ein, wenn eine grundrechtsbeeinträchtigende Handlung durch ein lex specialis tatbestandlich nicht erfaßt wird. Art. 2 I stellt folglich einen Auffangtatbestand, ein **Auffanggrundrecht** („Muttergrundrecht“) dar; spezielle Freiheitsrechte gehen Art. 2 I als lex generalis vor (einprägen! Vgl. Rdn. 598). Demnach erfaßt der Normbereich des Art. 2 I menschliche Verhaltensweisen und Betätigungen nur dann, wenn er unter einem sachlichen Gesichtspunkt verletzt ist, der nicht in den Bereich eines speziellen Freiheitsgrundrechtes fällt (vgl. etwa BVerfGE 6, 32, 41; 19, 206, 225). Diese von der h.M. vertretene weite Auslegung des Art. 2 I führt zur Annahme eines **geschlossenen Grundrechtssystems** im Sinne eines lückenlosen Wert- und Anspruchssystems. Da dort, wo kein spezielles Freiheitsgrundrecht besteht, Art. 2 I anzuwenden ist **(das „unbenannte“ generelle ergänzt die „benannten“ speziellen Freiheitsgrundrechte),** gibt es kein Handeln, das grundrechtlich nicht erfaßt ist, und keinen belastenden rechtswidrigen staatlichen Akt, der nicht wenigstens gemäß Art. 2 I durch Verfassungsbeschwerde anfechtbar ist. Art. 2 I gewährleistet damit einen **umfassenden Schutz der individuellen Freiheit**; sie umfaßt

jegliche Form menschlichen Handelns, alle Betätigungen zur persönlichen Freiheitsentfaltung (BVerfGE 80, 137, 152f.; vgl. auch Art. 93 I Nr. 4a). Nicht zuletzt darin liegt seine besondere Bedeutung.

2. **Normbereich (Grundrechtstatbestand)**

Grundrechtsträger des Art. 2 I sind nicht nur alle natürlichen Personen, sondern häufig auch juristische Personen des Privatrechts (Handelsgesellschaften etwa bezüglich Vertrags- und Wettbewerbsfreiheit im Rahmen der allgemeinen Handlungsfreiheit des Art. 2 I; BVerfGE 23, 12, 20). Als allgemeines Menschenrecht, „jeder", steht Art. 2 I als subjektiv- öffentliche Grundrechtsverbürgung auch Ausländern zu, was insbesondere bei „Deutschen-Grundrechten" bedeutsam ist (BVerfGE 49, 169, 180; OVG Münster NVwZ 1989, 1090). **685**

Der Norm- oder **Freiheitsbereich** des Art. 2 I erstreckt sich nicht nur auf einen Kernbereich menschlicher Entfaltungsfreiheit, sondern meint eine weit darüber hinausgehende Handlungsfreiheit. Die „freie Entfaltung der Persönlichkeit" wird in einem umfassenden Sinne verstanden; sie schützt die menschliche Freiheit schlechthin. Der Begriff der „freien Entfaltung der Persönlichkeit" ist offen, wird also unbegrenzt im Sinne einer wertneutralen, allumfassenden **„allgemeinen Handlungsfreiheit"** verstanden („Jeder kann tun und lassen, was er will, soweit er nicht..."; „Jedermann hat die Freiheit, alles zu tun, was anderen nicht schadet und nicht gegen die verfassungsmäßige Ordnung oder das Sittengesetz verstößt"). Das Hauptfreiheitsgrundrecht des Art. 2 I schützt, was sich zwangsläufig aus der **Weite des Normbereichs** ergibt, nicht nur die Freiheit vor staatlichen Eingriffen, sondern gerade auch die aktive Gestaltung der Lebensführung durch den einzelnen selbst (Recht auf Selbstbestimmung; zusammen mit Art. 1 I „allgemeines Persönlichkeitsrecht"; Konsum-, Ausreise-, Selbstdarstellungsfreiheit, Berufs- und Aufenthaltsfreiheit für Ausländer usw.). Der Begriff „freie Entfaltung" ist tätigkeitsbezogen (dynamische Freiheit) und entfaltet sich im Handeln auf allen Lebensgebieten. Dabei schützt Art. 2 I alle Betätigungsformen (im Unterschied dazu schützt Art. 1 primär die statische Existenz des Menschen als solche). Durch die allgemeine Handlungsfreiheit ist folglich auch die **wirtschaftliche Betätigung** geschützt, soweit nicht Art. 9, 12 oder 14 als lex specialis eingreifen (insbesondere Vertrags- und Wettbewerbsfreiheit; angemessener Raum für Unternehmerinitiative; Wirtschaftsfreiheit, Privatautonomie; vgl. dazu etwa BVerfGE 6, 32, 36ff.; 20, 150, 154f.; 38, 312, 319f.; 70, 115, 123; 78, 179, 196ff. – Berufsfreiheit für Ausländer–; 80, 137, 152ff. mit abw. Meinung Grimm). **686**

Ein besonders bedeutsamer Teil des Normbereichs von **Art. 2 I i. V. mit Art. 1 I** ist das **allgemeine Persönlichkeitsrecht** (zum Inhalt dieser Gewährleistung vgl. BVerfGE 54, 148, 152ff., Brandner JZ 1983, 689ff., Jarass NJW 1989, 857ff. und die Fallgruppen zu Art. 1, oben Rdn. 674ff.). Es gewährleistet für den engsten persönlichen Lebensbereich, insbesondere die Individualsphäre, die Privat- und Intimsphäre, z. T. auch die Sozialsphäre, einen intensiven Grundrechtsschutz. Dieses Recht auf Respektierung eines geschützten Persönlichkeitsbereichs (Art. 2 I i. V. mit Art. 1 I; BVerfGE 72, 155, 170) hebt sich dabei von den aktiven Elementen der „allge- **687** meinen Handlungsfreiheit" ab. Die Rspr hat dafür verschiedene Fallgruppen (private Lebensgestaltung, öffentliche Selbstdarstellung, informationelle Selbstbestimmung, persönliche Ehre und Ansehen; individuelle und soziale Identität) und für den gefährdeten Bereich menschlicher Persönlichkeit besondere Kriterien und Konkretisierungen entwickelt (Rdn. 676; BVerfGE 80, 367, 373f.; Jarass NJW 1989, 857ff.; Degenhart JuS 1992, 361ff.).

688 Abschließend ist hier nochmals darauf hinzuweisen, daß das Freiheitsgrundrecht des **Art. 2 I als lex generalis** erst dann zu prüfen ist, wenn ein spezielles Freiheitsgrundrecht nicht betroffen ist, d.h. wenn eine Verletzung des Normbereichs eines lex specialis unter demselben sachlichen Gesichtspunkt nicht vorliegt.

3. **Schrankenbereich („Rechtsgütertrias" des Art. 2 I)**

689 Die von der h.M. vertretene Weite des Normbereichs des Art. 2 I zwingt zur Aufstellung von Grundrechtsbegrenzungen. Der Mensch ist eben nicht nur ein isoliertes, souveränes Individuum, gewissermaßen ein „Robinson Crusoe", sondern eine sozialbezogene, gemeinschaftsgebundene Persönlichkeit. In Art. 2 I müssen deshalb auch entsprechend weite Schrankenbestimmungen aufgestellt werden (verfassungsunmittelbare **„Schrankentrias"):**

690 (1) **Verletzung Rechter Dritter:** Dazu gehören alle nach dem GG als schutzwürdig anerkannten subjektiv-öffentlichen oder privaten Rechte, insbesondere die Grundrechte. Keiner darf seine Handlungsfreiheit so ausnutzen, daß er dadurch ein Mehr an Handlungsfreiheit bekommt als seine Mitmenschen („verfassungsrechtliche Chancengleichheit").

691 (2) **Verstoß gegen das Sittengesetz:** Eine allgemeingültige Definition des Begriffs Sittengesetz kann nicht gegeben werden. Man wird sagen können, daß dieselben Grundsätze gelten wie bei der Auslegung der „guten Sitten", von „Treu und Glauben" im Sinne von §§ 138, 242, 826 BGB (die nach dem gesunden Volksempfinden „herrschenden Moralvorstellungen"; vgl. BVerfGE 6, 389, 435; BAG NJW 1976, 1958). Grundrechtsausübung darf nicht in der Weise erfolgen, daß gegen das „Anstandsgefühl aller billig und gerecht Denkenden" verstoßen wird („Gute-Sitten-Schranke" oder „rechtsethische Kontrollschranke"; Sack NJW 1985, 761ff.).

692 (3) **Verstoß gegen die verfassungsmäßige Ordnung:** Wenn Art. 2 I einerseits die menschliche Handlungsfreiheit in umfassendem Maße schützt, dann muß andererseits dem Gesichtspunkt Rechnung getragen werden, daß der Gesetzgeber diesen so weiten Freiheitsbereich einschränken können muß. Deshalb ist der Begriff der verfassungsmäßigen Ordnung ebenfalls weit auszulegen. Verfassungsmäßige Ordnung im Sinne des Art. 2 I beinhaltet deshalb die gesamte verfassungsgemäße Rechtsordnung, d.h. man versteht darunter die Gesamtheit der **Normen, die formell und materiell der Verfassung gemäß sind** (Bundesrecht, Landesrecht und auch ortspolizeiliche Verordnungen; BVerfGE 54, 143; 55, 159, 165). Dies bedeutet, daß Art. 2 I praktisch durch jede Rechtsnorm beschränkt werden kann, soweit die Rechtsvorschrift formell ordnungsgemäß beschlossen wurde (Art. 77ff.) und nicht einer Verfassungsnorm – abgesehen von Art. 2 I – materiell widerspricht (zu prüfen sind hierbei insbesondere: Art. 70ff. – Gesetzgebungskompetenz –, Art. 20 I – insbesondere das Rechts- und Sozialstaatsprinzip –, Art. 1, 3, 5, 19). Dabei müssen alle wesentlichen Eingriffsregelungen vom Gesetzgeber selbst vorgenommen werden (anschauliches Beispiel: BVerfGE 80, 137, 152ff.).

4. Schranken-Schranken-Bereich

Die weite Auslegung der Schranke „verfassungsmäßige Ordnung" durch das BVerfG ist in der Literatur teilweise auf erhebliche Kritik gestoßen. Dabei wurde vor allem vorgebracht, daß die allgemeine Handlungsfreiheit nicht wieder beliebig vom einfachen Gesetzgeber eingeschränkt werden dürfe. Die Interpretation des BVerfG würde Art. 2 I praktisch „leerlaufen" lassen. Diese Problematik hat das BVerfG bei seinen Entscheidungen allerdings auch gesehen und im Rahmen des „Schranken-Schranken-Bereichs" berücksichtigt. Das BVerfG führt zur Verhinderung eines „Leerlaufens" aus, daß jede Einschränkung der Rechte aus Art. 2 I zusätzlich noch besonders auf die Tragfähigkeit der zu ihrer Rechtfertigung vorgebrachten Gründe hin zu untersuchen ist (Schutz vor unverhältnismäßigen Eingriffen). Mit dem GG materiell vereinbar ist eine Schrankenbestimmung demnach nur dann, wenn sie dem Erfordernis der Rechtsstaatlichkeit genügt, also das Übermaßverbot, insbesondere die **Grundsätze der Verhältnismäßigkeit, der Zumutbarkeit und der Güterabwägung** für Grundrechtseingriffe beachtet (vgl. dazu BVerfGE 59, 275, 278f.; 78, 77, 85ff.; Rdn. 646ff.). Dabei ist zu beachten, daß je stärker ein gesetzlicher Eingriff elementare Äußerungsformen der Handlungsfreiheit berührt (Grad der Eingriffsintensität), um so sorgfältiger die zu seiner Rechtfertigung vorgebrachten Gründe gegen den grundsätzlichen Freiheitsanspruch des Bürgers abgewogen werden müssen. Erst wenn die Einschränkung auch diese Prüfung besteht, hat sie Bestand (BVerfGE 6, 389, 433; 35, 202, 220; 55, 159, 165; 59, 275, 278f.; 80, 137, 152ff. mit abw. Meinung Grimm; Pieroth AöR 1990, 33ff.). **693**

Danach ist eine Schrankenbestimmung in der Regel in folgenden Fällen verfassungswidrig: **694**

(1) Wenn ein Eingriff durch den „Sozialbezug" der betroffenen Handlungsweise nicht gerechtfertigt ist (**Abwägung** des individuellen Grundrechtsgutes des Betroffenen mit den Grundrechtsinteressen der Mitmenschen und Belangen der Allgemeinheit).

(2) Wenn die die Handlungsfreiheit beeinträchtigende Maßnahme **unverhältnismäßig** oder sachfremd ist (Übermaßverbot; Eingriff als ungeeignetes und nicht erforderliches Mittel, Nicht-Beachtung eines angemessenen Zweck-Mittel-Verhältnisses; vgl. oben Rdn. 205ff.; Bsp.: BVerfGE 17, 306, 313f.; 55, 159, 165ff.; 78, 232, 244ff.).

(3) Wenn ein Eingriff den **Wesensgehalt** des Art. 2 I antastet (Art. 19 II).

Stets muß allerdings noch ein solcher **Kernbereich personaler Freiheit** gesichert sein, der unser heutiges Lebensgefühl i. S. eines Mindeststandards an Unabhängigkeit, Selbständigkeit und Bewegungsfreiheit fordert. Unter Beachtung dieses Kerns **695** an personeller Eigenständigkeit kann aber Art. 2 I durch Gesetz eingeschränkt werden, wenn es zur Pflege des sozialen Zusammenlebens erforderlich ist und sich in den Grenzen des allgemein Zumutbaren und Verhältnismäßigen bewegt (BVerfGE 50, 256, 262; 80, 367, 373 ff.; Geis JZ 1991, 112 ff.).

Wichtige Entscheidungen (x): BVerfGE 6, 32 ff. („Elfes-Urteil"; vgl. auch BVerwG DÖV 1969, 74 und OVG Lüneburg JZ 1980, 28 f.); E 17, 306, 313 ff. (Mitfahrerzentralen); E 20, 150, 154 ff. (Sammlungsgesetz); E 34, 238, 245 ff. (Tonbandaufnahmen); E 54, 148, 152 ff. („Eppler-Urteil"); E 59, 275, 277 ff. (Schutzhelmpflicht für Kradfahrer); BVerwG NJW 1980, 2595 ff. (kein allgemeinpolitisches Mandat der Studentenschaft); BVerfGE 80, 137, 152 ff. (Reiten im Walde).

Aus der Literatur: *Hesse* § 12 I 10; *Maunz/Zippelius* § 24 I 1; *Erichsen,* Allgemeine Handlungsfreiheit, in: HdBStaatsR Bd. VI, § 152; *ders.,* Das Grundrecht aus Art. 2 I, Jura 1987, 367 ff.; *Merten,* Das Recht auf freie Entfaltung der Persönlichkeit, JuS 1976, 345 ff.; *Schmidt,* Die Freiheit vor dem Gesetz. Zur Auslegung des Art. 2 I, AöR 1966, 42 ff.; *Scholz,* Das Grundrecht der freien Entfaltung der Persönlichkeit in der Rspr. des BVerfG, AöR 1975, 80 ff. u. 264 ff.; *Degenhart,* Die allg. Handlungsfreiheit des Art. 2 I, JuS 1990, 161 ff. und JuS 1992, 361 ff.

III. DAS RECHT AUF LEBEN UND KÖRPERLICHE UNVERSEHRTHEIT SOWIE DIE FREIHEIT DER PERSON (Art. 2 II)

1. Bedeutung des Art. 2 II

696 Wie Art. 2 I, so enthält auch Art. 2 II eine verfassungsrechtliche Grundentscheidung und gewährleistet **oberste Werte** und essentielle Grundrechtsgüter (Hauptsicherheitsgrundrechte). Der ausdrückliche Schutz des eigentlich selbstverständlichen Rechts auf Leben im GG ist gewissermaßen als Reaktion auf die Erfahrungen von 1933–1945 zu verstehen („ Vernichtung lebensunwerten Lebens", „Liquidierung"). Art. 2 II enthält ebenso wie die Abschaffung der Todesstrafe durch Art. 102 ein eindeutiges Bekenntnis zum grundsätzlichen Wert des Menschenlebens und zu einer Staatsauffassung, die sich in betonten Gegensatz zu den Anschauungen eines politischen Regimes stellt, dem das einzelne Leben wenig bedeutet, und das deshalb mit dem angemaßten Recht über Leben und Tod des Bürgers schrankenlosen Mißbrauch treibt (BVerfGE 39, 1, 36 f.). Das **Grundrechtsgut „Leben"** ist eben schlechthin die allgemeine und elementarste Voraussetzung für Grundrechte überhaupt und damit nicht zuletzt auch die „vitale Basis der Menschenwürde". Deshalb stellt das Lebensrecht nicht nur einen grundsätzlichen Wert, sondern den höchsten Wert dar, das Grundvoraussetzung für die Ausübung aller Grundrechte ist (BVerfGE 39, 1, 42 f.). Für den einzelnen hat die **Gesundheit** einen ähnlich hohen Stellenwert; erst durch sie wird die ungehinderte Ausübung der anderen Grundrechte ermöglicht. Dies gilt auch für die freiheitssichernde Funktion des Art. 2 II 2.

697 Dabei enthält Art. 2 II nicht nur ein subjektiv-öffentliches Abwehrrecht gegen staatliche Eingriffe; vielmehr folgt aus seiner zentralen Bedeutung und aus seinem objektiv-rechtlichen Gehalt die Pflicht der staatlichen Organe, sich schützend und fördernd vor die in Art. 2 II genannten Rechtsgüter zu stellen **(Schutzauftrag zu vorsorgenden gesetzlichen Regelungen** wie §§ 211 ff. StGB, zur Risikovorsorge, zum Immissions- und Umweltschutz, „Nachbesserungspflichten" usw.; vgl. BVerf-

GE 56, 54, 70ff.; BVerfG NJW 1983, 2931ff.; Schmidt-Assmann AöR 1981, 205ff.). Art. 2 II beinhaltet als „verfahrensgeprägtes" Grundrecht auch einen effektiven Rechtsschutz, eine faire Verfahrensgestaltung (Verfahrensteilhabe; Prüfungs-, Vorsorge- und Kontrollmaßnahmen durch vorherige Genehmigungsverfahren; BVerfGE 53, 30, 65ff.; 70, 297, 308; 77, 170, 214f., 229f.; BVerwG NVwZ 1989, 1163ff.; vgl. Rdn. 699f.).

2. **Normbereich (Grundrechtstatbestand)**

Grundrechtsträger nach Art. 2 II ist jeder Mensch, d.h. jedes Leben besitzende **698**
menschliche Individuum (nach h.M. auch der Nasciturus; BVerfGE 39, 1, 37; Zippelius JuS 1983, 659ff.; Hoerster JuS 1989, 172ff.; Rdn. 600). Juristische Personen sind im Rahmen des Art. 2 II nicht grundrechtsfähig.

a) Der Schutz des Lebens besagt, daß dem Staat die Entscheidung über das Leben **699**
entzogen ist (vgl. auch Art. 102). Das **Lebensgrundrecht** untersagt Eingriffe in das menschliche Leben und verbietet vor allem auch die Vernichtung „lebensunwerten Lebens", die Ausrottung rassischer oder religiöser Gruppen sowie politischer Gegner. Der Norm- oder Schutzbereich des Art. 2 II beinhaltet demnach die **biologisch-physische Existenz** des menschlichen Lebens, aber i.V. mit Art. 1 I und dem Sozialstaatsprinzip auch ein **menschenwürdiges Dasein** (Schutz vor dem Tod und Recht auf ein Existenzminimum; BVerfGE 45, 187, 228). Art. 2 II stellt also insoweit nicht nur ein subjektiv-öffentliches Abwehrrecht dar, sondern enthält auch in gewissem Umfang positive Schutz- und Leistungsansprüche (Sozialhilfe, Recht auf eine menschenwürdige Wohnung; vgl. Rdn. 221, 678). Da ein Eingriff zwangsläufig irreparabel ist, postuliert Art. 2 II die **Pflicht zum Schutz des Lebens.** Diese Schutzpflicht gebietet dem Staat, sich schützend und fördernd vor das Leben zu stellen, unbeherrschbare Gefahren zu beseitigen und es vor allem auch vor rechtswidrigen Eingriffen von seiten anderer zu bewahren. Der Gesetzgeber hat dafür ggf. normative Regelungen (auch Verfahrensgarantien), unter engen Voraussetzungen sogar Strafrechtsvorschriften, zu erlassen, wobei ihm dabei ein nicht unwesentlicher Ermessens- und Prognosespielraum zukommt. Nach der Rspr hat der Staat seine Schutzpflicht erst bei gänzlicher Untätigkeit oder völliger Unzulänglichkeit und Ungeeignetheit der Maßnahmen verletzt (BVerfGE 77, 170, 214f.; Sondervotum Mahrenholz E 77, 234ff.). Die Schutzpflicht aus Art. 2 II besteht gegenüber dem einzelnen und gegenüber der Gesamtheit aller Bürger (vgl. §§ 211ff. StGB; BVerfGE 39, 1, 42ff.; 46, 160, 164 – Schleyer-Entführung –; 77, 170, 214f., 223; 77, 381, 402ff. – atomare Entsorgungsanlage und Lagerung chemischer Waffen –; Preu JZ 1991, 265ff. – Gentechnikanlagen –; zur Pflicht zur Zwangsernährung vgl. § 101 I StrafvollzugsG; zur „Sterbehilfe": Giesen JZ 1990, 929ff.; zu § 218 StGB: Eser ZRP 1991, 291ff.).

b) Während das Lebensgrundrecht in Art. 2 II das körperliche „Dasein" des Men- **700**
schen im biologisch-medizinischen Sinne beinhaltet, wird durch das Grundrecht der **Unversehrtheit des Körpers** das körperliche „Sosein" geschützt. Der Normbereich der körperlichen Unversehrtheit umfaßt die gesamte körperliche, gesundheitliche und seelische Beschaffenheit des Menschen (biologisch-physiologische und geistig-

seelische Integrität der Körpersphäre). Alle Einwirkungen auf die Substanz des Körpers im biologisch-medizinischen Sinne, welche die Gesundheit beeinträchtigen (z. B. ärztliche Eingriffe, die i. d. R. durch Einwilligung rechtmäßig sind – vgl. allerdings § 226a und auch § 216 StGB –, Impfung, Blutentnahme), Schmerzen hervorrufen oder das Befinden einer Person in der Weise verändern, die der Zufügung von Schmerzen gleichzusetzen ist (z. B. Fluglärm), Entstellungen des Körpers oder wesentliche Funktionsänderungen zur Folge haben, aber auch Einwirkungen psychischer Art, seelische Mißhandlungen und sog. Substanzeingriffe, wie z. B. Haarschneiden, sind unter den Leitbegriff „körperliche Unversehrtheit" zu subsumieren. Der Staat ist verpflichtet, darauf hinzuwirken, den Menschen i. S. eines Freiseins von Schmerzen, von Gesundheitsbeeinträchtigungen, von seelischen Qualen usw. zu schützen (vgl. §§ 223 ff. StGB und §§ 823 ff. BGB; vgl. etwa zum Rauchverbot: BGH NJW 1981, 569 f., BayVerfGH NJW 1987, 2921 ff., Jahn DÖV 1989, 850 ff.; zur Verpflichtung zu Lärmschutzmaßnahmen: BVerfGE 56, 54, 73 ff.; BGHZ 111, 63 ff.; BVerwGE 81, 198 ff.; zum AtomG als ausreichender Schutzvorkehrung und Risikominimierung gegen Kernreaktorgefahren: BVerfGE 53, 30, 57 ff.; Wagner NJW 1989, 1825 ff.). Ein originäres **Recht auf Umweltschutz** gewährleistet Art. 2 II allerdings nach h. M. nicht (BVerfG NJW 1978, 554 ff.; BVerfG NJW 1983, 2931 f.; nur Schutzauftrag an den Gesetzgeber; vgl. Rdn. 133; zur Gesamtproblematik: Kloepfer DVBl. 1988, 305 ff.). Durch effektive Prüfungen und Vorkehrungen, frühzeitige Beteiligung und wirksamen Rechtsschutz im Genehmigungsverfahren **(Verfahrensgarantien)** sollen aber Gefahren und Risiken minimiert und ggf. „nachgebessert" werden (vgl. Laubinger VerwArch 1982, 60 ff.; Dolde NVwZ 1982, 65 ff.; BVerwG NVwZ 1989, 1163 ff.). Verkehrsübliche oder ganz unwesentliche und damit zumutbare Eingriffe stellen keine Verletzung der körperlichen Unversehrtheit dar **(Bagatelleingriffe;** vgl. BVerfGE 17, 108, 114 ff.).

701 c) Der Begriff **Freiheit der Person** in Art. 2 II umfaßt nur Behinderungen der körperlichen Bewegungsfreiheit (liberté d'aller et de venir), nicht die Entfaltungs- und Betätigungsfreiheit. Der Schutzbereich des Art. 2 II 2 entspricht dem des Art. 104 I 1 (Freiheit vor Verhaftungen, Festnahmen und ähnlichen Einschränkungen der körperlichen Bewegungsfreiheit; z. B. Einweisung in eine Anstalt; zur Abgrenzung zu Art. 11 und 104: Tiemann NVwZ 1987, 10 ff.; Hantel JuS 1990, 865 ff.; Gusy NJW 1992, 457 ff.). Art. 2 II 2 gewährt keine Freiheit von jeglichem Druck oder Zwang. Die h. M. sieht folglich etwa bei der Aufenthaltsbestimmung eines Kindes durch die elterliche Gewalt oder bei zumutbaren Erscheinungspflichten, wie z. B. durch Vorladung zum Verkehrsunterricht oder als Zeuge, keinen Eingriff in den Normbereich des Art. 2 II 2 als gegeben an (geringe Eingriffsintensität; vgl. BVerfGE 22, 21 ff.; BVerwGE 6, 354 ff.). Zur Vorführung und Art. 104 II: BGH NJW 1982, 753 ff.

3. **Schrankenbereich (Gesetzesvorbehalt)**

Die Grundrechte des Art. 2 II stehen gemäß Art. 2 II 3 unter dem **Gesetzesvorbehalt** (zur Vorbehaltsschranke vgl. Rdn. 641f.). Unter den Voraussetzungen und in den Grenzen des Art. 19 I und II darf der Gesetzgeber grundsätzlich die Grundrechtsverbürgungen des Art. 2 II einschränken. Art. 2 II 3 verlangt aber stets ein formelles Gesetz, d.h. eine Rechtsnorm, die von dem für die Gesetzgebung zuständigen Organ in dem vorgeschriebenen förmlichen Verfahren erlassen wurde. Bei Freiheitsentziehungen wird der in Art. 2 II 3 enthaltene Gesetzesvorbehalt meist noch durch die formellen Voraussetzungen des Art. 104 I verstärkt (BVerfGE 58, 208, 220). Eingriffe in die materiellen Freiheitsverbürgungen des Art. 2 II bedürfen flankierender Verfahrensgarantien, die einer Entwertung entgegenwirken (vgl. BVerfGE 65, 317, 322f.; 77, 170, 229f.). Ausnahmsweise läßt die h. M. ein maßvolles Züchtigungsrecht von Kindern durch Eltern und Lehrer kraft Gewohnheitsrecht zu (vgl. Art. 6 II und 7 I; BGHSt 11, 241ff.). **702**

4. **Schranken-Schranken-Bereich**

Nicht jeder durch ein formelles Gesetz für zulässig erklärte Eingriff in Art. 2 II ist aber verfassungsmäßig. Vielmehr muß jeder Eingriff im Lichte der Bedeutung der Grundrechtsgüter des Art. 2 II gesehen werden (Wechselwirkung zwischen Grundrecht und einschränkendem Gesetz; der Gesetzesvorbehalt des Art. 2 II 3 ist im Lichte der besonderen Bedeutung und Sensibilität des Art. 2 II 1 und 2 auszulegen). Ein Eingriff muß verfassungsrechtlich legitimiert sein und insbesondere das Übermaßverbot beachten. Folglich muß stets geprüft werden, ob ein an sich zulässiger Eingriff die „Schranken des Schrankenbereichs" beachtet, die der im Rechtsstaatsprinzip verwurzelte **Grundsatz der Verhältnismäßigkeit** und das **Güterabwägungsprinzip** zieht (BVerfGE 17, 108, 117; 29, 316; 49, 24, 58). So muß etwa eine freiheitsbeschränkende Eingriffsmaßnahme zur Erreichung des angestrebten verfassungsrechtlichen Gesetzeszweckes erforderlich und geeignet sein sowie in angemessener Relation zur Schwere der Tat, des Tatverdachts usw. stehen (je stärker und länger der Eingriff, desto strenger die Anforderungen; BVerfGE 20, 45, 49; 35, 185, 190f.; zur Zumutbarkeitsgrenze bei Feueralarmsirenenlärm: BVerwG JZ 1989, 237ff.; zur Lösung der Kollision von Raucherfreiheit und Nichtraucherschutz: Jahn DÖV 1989, 850ff. m.w.N.). Von der höchstrichterlichen Rspr werden unter Berücksichtigung dieser Grundsätze z.B. für verfassungsgemäß erachtet: Notwehr und Notstand (vgl. §§ 53f. StGB), Blutentnahme (§ 81a StPO, BVerfGE 5, 15), Impfzwang (BVerwGE 9, 78ff.), Untersuchungshaft (BVerfGE 36, 264, 273f.), Kontaktsperregesetz (BVerfGE 49, 24, 55ff.), Arbeitszwang (BVerfGE 30, 47, 53f.), Anstaltsunterbringung eines Geisteskranken (BVerfGE 58, 208, 220ff.; 66, 191, 195; 70, 297, 307ff.) und lebenslange Freiheitsstrafe für schwerste Tötungsdelikte bei vorzeitiger Entlassungschance (BVerfGE 45, 187, 223ff.); dagegen ist es etwa verfassungswidrig, wenn eine Liquorentnahme in einem Strafverfahren mit geringer Strafandrohung angeordnet (BVerfGE 16, 194, 203), eine übermäßig lange Haftdauer verfügt (BVerfGE 53, 152, 158ff.) oder das Beschleunigungsgebot bei U-Haft mißachtet wird (BVerfG NJW 1991, 2821; Rechtsgüterabwägung: hoher Rang der **703** individuellen Freiheit/wirksame, funktionstüchtige Strafrechtspflege und Generalprävention).

Wichtige Entscheidungen (x): BVerfGE 16, 194, 198ff. (Liquorentnahme); E 17, 108, 117ff. (Hirnkammerluftfüllung); E 36, 264, 273f. (Dauer der Untersuchungshaft); E 39, 1, 36ff. (Schwangerschaftsunterbrechung); E 45, 187, 223ff. und 72, 105, 113ff. (lebenslange Freiheitsstrafe, vgl. dazu auch den Vorlagebeschluß VG Verden NJW 1976, 980ff.); E 49, 24, 53ff. (Kontaktsperregesetz); E 53, 30, 57ff. (Atomkraftwerke Mülheim-Kärlich); E 56, 54, 73ff. (Schutzpflicht gegen Fluglärm); E 58, 208, 220ff.; 65, 317, 321ff.; 70, 297, 307ff. (Unterbringung eines Geisteskranken.); 77, 170, 207ff. (Lagerung chemischer Waffen); Hess VGH NJW 1990, 336ff. (Gentechnikanlagen).

Aus der Literatur: *Hesse* § 12 I 1; *Maunz/Zippelius* § 24 I 2; *Lorenz,* Recht auf Leben und körperliche Unversehrtheit, in: HdBStaatsR Bd. VI, § 128; *Erichsen,* Zur Verfassungswidrigkeit der lebenslangen Freiheitsstrafe, NJW 1976, 1721ff.; *Beckmann,* Die Aussetzung des Strafrestes bei lebenslanger Freiheitsstrafe, NJW 1983, 537ff.; *Hoerster,* Ein Lebensrecht für die menschliche Leibesfrucht? JuS 1989, 172ff.; *Merten,* Praktischer Fall zum Rauchverbot, JuS 1982, 365ff.; *Schmidt-Assmann,* Anwendungsprobleme des Art. 2 II im Immissionsschutzrecht, AöR 1981, 205ff.; *Scholz,* Nichtraucher contra Raucher, JuS 1976, 232ff.; *Stober,* Umweltschutzprinzip und Umweltgrundrecht, JZ 1989, 426ff.; *Tröndle,* Der Schutz des ungeborenen Lebens, ZRP 1989, 54ff.; *Wagner,* Ist das Atomgesetz verfassungswidrig? NJW 1989, 1825ff.; *Zippelius,* An den Grenzen des Rechts auf Leben, JuS 1983, 659ff.; *Giesen,* Ethische und rechtliche Probleme am Ende des Lebens, JZ 1990, 929ff.; *Büchner,* Kein Rechtsschutz für ungeborene Kinder? ZRP 1991, 431ff.

IV. DIE GLEICHHEITSRECHTE, INSBESONDERE DER ALLGEMEINE GLEICHHEITSSATZ (Art. 3 I)

1. Bedeutung und Systematik der Gleichheitsrechte

704 Die Gleichheitsgrundrechte stellen verfassungsrechtliche **Fundamentalnormen** dar; sie enthalten ein subjektives Recht des einzelnen auf Gewährleistung der Rechtsetzungs- und Rechtsanwendungsgleichheit (Gleichheit des Gesetzes und vor dem Gesetz) und sind zusammen mit dem Rechtsstaats- und Sozialstaatsprinzip die wichtigsten **Positivierungen des Gerechtigkeitsgedankens** im GG. Mit ihren Komponenten als wertentscheidende Grundsatznormen (Elemente objektiver Wertordnung) sind die Gleichheitsgrundrechte in besonderem Maße geeignet, ein „Einströmen" materieller Gerechtigkeitserwägungen in alle Bereiche zu gewährleisten (nach h. M. grundsätzlich i. S. von formaler, weniger von sozialer Gleichheit; zur mittelbaren Drittwirkung der Grundrechte vgl. Rdn. 613ff.). Eine besondere Bedeutung kommt dem Gleichheitssatz, der ein allgemeines Verbot willkürlicher Ungleichbehandlung enthält, vor allem auf dem Gebiet der Leistungsverwaltung und etwa im Wirtschafts-, Steuer- und Arbeitsrecht zu. Dabei enthalten nach h. M. alle Gleichheitsrechte nur das **Gebot zur Verwirklichung formaler Gerechtigkeit;** Art. 3 bezweckt, daß Gerechtigkeit primär beachtet, nicht hergestellt wird. Der Auftrag zur Herstellung eines sozialen Ausgleichs (Art. 3 als Medium sozialer Egalisierung; soziale Grundrechte) ist nach dem GG nicht dem Gleichheitssatz, sondern primär dem Sozialstaatsprinzip zu entnehmen (vgl. etwa Gusy JuS 1982, 30ff.).

705 Das GG enthält eine ganze Reihe von Vorschriften, durch die die formale und materiale Gleichheit und Gerechtigkeit gewährleistet wird. Dabei ist der in Art. 3 I

niedergelegte allgemeine Gleichheitssatz von den übrigen Vorschriften, den besonderen und speziellen Gleichheitsgrundrechten, zu unterscheiden (z. B. Art. 3 II, III, 6 V, 33 I, II, III, 38 I). Die **speziellen Gleichheitsrechte,** die im wesentlichen nur partielle Konkretisierungen und häufig auch tatbestandliche Verschärfungen des Art. 3 I enthalten, gehen dabei als lex specialis dem **allgemeinen Gleichheitssatz** als lex generalis vor. Nur dort, wo keine besonderen Gleichheitsrechte eingreifen, kommt das „Auffanggrundrecht" des Art. 3 I zur Anwendung (Hauptgleichheitsgrundrecht; vgl. Rdn. 598).

Während der allgemeine Gleichheitssatz, worauf unten noch einzugehen sein wird, **706**
ganz überwiegend als Willkürverbot verstanden wird, also nur die willkürliche Ungleichbehandlung im wesentlichen gleicher Situationen verbietet (Verbot grundloser Ungleichbehandlung), besteht das **Wesen der speziellen Gleichheitsgrundrechte** prinzipiell darin, daß durch sie bestimmte tatbestandliche Kriterien aufgestellt werden, nach denen nicht unterschieden werden darf. Diese strengeren Gleichheitssätze begründen eine striktere Bindung als der allgemeine Gleichheitssatz. Zur Rechtfertigung einer Differenzierung reicht das Vorliegen eines sachlich einleuchtenden Grundes nicht aus, es bedarf eines besonders rechtfertigenden, eines zwingenden Grundes (von Arnim DÖV 1984, 85ff.). Nach Art. 3 II und III sind Differenzierungen wegen des Geschlechts, der Abstammung usw. willkürlich und damit verfassungswidrig („kategorisches Differenzierungsverbot"), soweit sie nicht durch objektive biologische oder funktionale (arbeitsteilige) Unterschiede gerechtfertigt sind; Tradition oder überkommenes Rollenverständnis reichen nicht aus (BVerfGE 74, 163, 179ff.; BVerfG NJW 1991, 1602 und NJW 1992, 964f.).

Mit Art. 3 II unvereinbar z. B.: BVerfGE 37, 217, 249ff. – Staatsangehörigkeit der **707**
Kinder –; 48, 327, 337 und BVerfG NJW 1991, 1602ff. – Bestimmung des Ehenamens –; 52, 369, 373f. – Hausarbeitstag auch für Männer –; 57, 335, 341ff. – Rentenbenachteiligung für Frauen –; VGH München NJW 1982, 2570f. – kein generelles Beschäftigungsverbot für Frauen auf Baustellen –; BVerfG NJW 1992, 964f. – Nachtarbeitsverbot –; **mit Art. 3 II, III vereinbar** z. B.: BVerwGE 40, 17ff. – nur Frauen als Hebammen –; BAG NJW 1986, 743 – Mutterschaftsurlaub –. Zum Frauenfeuerwehrdienst: Parodi DÖV 1984, 799ff.; zur arbeitsrechtlichen Gleichbehandlung vgl. §§ 611aff. BGB, Gitter NJW 1982, 1567ff., BAG NJW 1990, 65ff. und Wiese JuS 1990, 357ff. (speziell zur Lohngleichheit: BAG NJW 1982, 461ff. und NJW 1983, 190ff.). Zur **Gleichberechtigung der Frau allgemein:** Schmitt-Glaeser DÖV 1982, 381ff. (zur eng begrenzten Zulässigkeit von **Frauenquoten** im öffentlichen Dienst, Art. 3 II, III/Art. 33 II: VG Bremen NJW 1988, 3224ff.; OVG Münster NJW 1991, 501f.; Pfarr/Fuchsloch NJW 1988, 2201ff.; Lange NVwZ 1990, 135ff.; Sachs NVwZ 1991, 437ff.; Battis u. a. DVBl. 1991, 1165ff.; Kruse DÖV 1991, 1002ff.; zur Gleichbehandlung im Europarecht: Listl-Knopik ZRP 1992, 181ff.). Zu Art. 38 I vgl. Rdn. 281, 313.

2. **Inhalt des allgemeinen Gleichheitssatzes (Art. 3 I)**

708 a) **Grundrechtsträger** des Art. 3 I sind alle Menschen, also auch Ausländer, aber grundsätzlich auch alle juristischen Personen des Privatrechts (Art. 3 I wirkt „international"; vgl. BVerfGE 23, 353, 373 und Rdn. 599ff.).

709 b) Seit der E 1, 14, 52 legt das BVerfG in ständiger Rspr den Inhalt des Art. 3 I dergestalt aus, daß der allgemeine Gleichheitssatz die Grundrechtsadressaten verpflichtet, **wesentlich Gleiches gleich und wesentlich Ungleiches entsprechend seiner Verschiedenheit und Eigenart ungleich** zu behandeln. Art. 3 I ist danach erst dann verletzt, wenn sich ein vernünftiger, aus der Natur der Sache ergebender oder sonstwie **sachlich einleuchtender Grund** für die gesetzliche Differenzierung oder Gleichbehandlung nicht finden läßt, kurzum, wenn die Bestimmung als willkürlich bezeichnet werden muß. Art. 3 I wird damit als allgemeines **Willkürverbot,** als Verbot willkürlicher Ungleichbehandlung, verstanden. Daran ändert im Grundsatz auch die „neue Formel" des BVerfG wenig, nach der der Gleichheitssatz vor allem dann verletzt ist, „wenn eine Gruppe von Normadressaten anders behandelt wird, obwohl zwischen beiden Gruppen keine Unterschiede von solcher Art und solchem Gewicht bestehen, daß sie die ungleiche Behandlung rechtfertigen könnten" (**bereichsbezogene Sachangemessenheitsprüfung;** E 65, 104, 112; 74, 9, 24f.; 75, 108, 157ff.; 78, 232, 247f.). Diese Auslegungsregel beläßt dem Gesetzgeber einen weiten Bewertungs- und Ermessenspielraum; er entscheidet grundsätzlich, welche Sachverhalte oder Lebensverhältnisse im Rechtssinne gleich oder ungleich zu behandeln sind. Nur wenn der Gesetzgeber bestimmte äußerste Grenzen seines Ermessens überschreitet, wenn also eine Gleichbehandlung unter keinem denkbaren Gesichtspunkt mehr sachlich gerechtfertigt ist oder mit einer am Gerechtigkeitsdenken orientierten Betrachtungsweise unvereinbar erscheint und damit willkürlich ist, liegt ein Verstoß gegen Art. 3 I vor. Das Ausmaß der Differenzierung bzw. Übereinstimmung, das dem Gesetzgeber erlaubt ist, richtet sich nach der Natur des konkret in Frage stehenden Lebens- und Sachbereichs. Dabei ist zu berücksichtigen, daß sich in der Lebenswirklichkeit die Sachverhalte nie völlig gleichen, und vor allem bei der Regelung von Massenerscheinungen Typisierungen unabdingbar sind (Realität kennt keine absolute Gleichheit; vgl. BVerfGE 1, 14, 52; 26, 72, 76; 33, 303, 351ff; 83, 395, 401f.). Art. 3 I, der dem einzelnen ein subjektiv-öffentliches Recht auf Gleichbehandlung i. S. von Willkürfreiheit gibt, richtet sich aber nicht nur an den Gesetzgeber, sondern grundsätzlich auch an die vollziehende und rechtsprechende Gewalt (vgl. Art. 1 III; BVerfGE 1, 14, 52; 13, 255; Pietzcker JZ 1989, 305ff.).

710 c) Im Rahmen der **Rechtssetzungsgleichheit** ist es – wie bereits erwähnt – primär Aufgabe des Gesetzgebers selbst, zu beurteilen, ob und unter welchen sachlichen Gesichtspunkten zwei Lebensbereiche, Sachverhalte oder Personengruppen einander so gleich sind, daß ihre Gleichbehandlung geboten ist oder umgekehrt. Vom BVerfG wird nur die Einhaltung bestimmter äußerster Grenzen des gesetzgeberischen Ermessens nachgeprüft. Einen besonders weiten Prognose- und Gestaltungsspielraum des Gesetzgebers und eine besondere Zurückhaltung der Rspr nimmt dabei das BVerfG im Rahmen des Art. 3 I bei gewährenden, wirtschaftslenkenden und ähnlichen Gesetzen an („Leistungsverwaltung"; BVerfGE 18, 315, 331f.;

BVerwGE 52, 145, 150; 78, 232, 248). Dies ist grundsätzlich notwendig, um es dem Gesetzgeber überhaupt erst zu ermöglichen, die vielfältigen Lebensverhältnisse durch einheitliche, generelle Regelungen zu erfassen. Vor allem muß es dem Gesetzgeber möglich sein, insbesondere bei Massenerscheinungen, zu generalisieren, zu pauschalieren und zu typisieren. Dabei sind auch gewisse Härten und Ungerechtigkeiten in Kauf zu nehmen; die **Typisierung** darf aber nicht so weit gehen, daß dadurch eine größere Zahl von Fällen oder Normadressaten grundlos ungleich betroffen wird. Die Härten dürfen grundsätzlich nur eine verhältnismäßig kleine Zahl von Personen betreffen, und der Gleichheitsverstoß darf nicht sehr intensiv sein (vgl. BVerfGE 17, 1, 23f.; 48, 346, 356ff.). Art. 3 verbietet es, eine Personengruppe im Vergleich zu anderen Normadressaten ohne sachlichen Grund anders zu behandeln. Ob ein sachlicher Grund vorliegt, ist u.a. anhand der Prinzipien der Systemgerechtigkeit, der Sachgesetzlichkeit und Folgerichtigkeit sowie der Typengerechtigkeit zu prüfen (vgl. BVerfGE 62, 256, 274; 65, 104, 112f.; 70, 230, 239f.). So hat das BVerfG (E 82, 126, 145ff.) für die ungleichen Kündigungsfristen für Arbeiter und Angestellte keinen rechtfertigenden Grund und damit § 622 II BGB für unangemessen und rechtswidrig angesehen. Dem gesetzgeberischen Gestaltungsraum sind dort engere Grenzen gezogen, wo solche Regelungen Auswirkungen auf andere Grundrechte haben (etwa Art. 2 I, 12; BVerfGE 60, 123, 133ff.; 62, 256, 274; BVerfG NJW 1991, 2129ff.; Rodi NJW 1991, 2865ff.).

Der Gesetzgeber braucht unter mehreren gerechten Lösungen im konkreten Fall **711**
nicht die zweckmäßigste, vernünftigste oder gerechteste Lösung gewählt zu haben; vielmehr genügt es, wenn für die getroffene Regelung ein sachgerechter, sachlich einleuchtender Grund vorliegt (BVerfGE 50, 57, 77; 54, 11, 25f.; 68, 237, 250ff.; BVerwGE 42, 309, 316f.). Solche hinreichenden **Differenzierungsgründe** (Differenzierungsziele) stellen die Gesichtspunkte Systemgerechtigkeit, Praktikabilität, Rechtssicherheit, Vertrauensschutz, aber etwa auch das Sozialstaatsprinzip dar. Die Frage der Folgerichtigkeit, der Typen- und **Systemgerechtigkeit** gesetzlicher Vorschriften spielt in der Rspr des BVerfG zu Art. 3 I eine wichtige Rolle. Zwar sind „Systembrüche" nicht schlechthin verboten, doch wird eine Systemwidrigkeit, d.h. wenn die vom Gesetz selbst statuierte Sachgesetzlichkeit ohne zureichende sachliche Gründe verlassen wird, als Indiz für Willkür angesehen (BVerfGE 30, 250, 270f.; 34, 103, 115; 71, 146, 154ff.; Kirchhof NJW 1987, 2354ff.; Maaß NVwZ 1988, 14ff.; Schoch DVBl. 1988, 875ff.).

Folgendes **Grundprüfungsschema** sollte als Orientierung für Art. 3 I dienen: **712**

(1) Liegt ein spezielles Gleichheitsgrundrecht vor? Als lex generalis ist Art. 3 I erst zu prüfen, wenn Art. 3 II, III, 6 V, 33 I, II, III und 38 I nicht anwendbar sind.

(2) Welche Sachverhalte werden ungleich bzw. gleich geregelt? Dafür müssen die Elemente der beiden Sachverhalte oder Gesetzestatbestände, die einander gegenübergestellt werden sollen, sorgfältig herausgearbeitet, miteinander verglichen und das Differenzierungsmerkmal herausgearbeitet werden (Bildung von Vergleichsgruppen und Tatbestandsgattungen; Vergleich zweier Sachverhalte, Rechtsnormen, Gruppen von Normadressaten oder Lebensverhältnissen; Gegenüberstellung eines **Vergleichspaares**; Feststellung des maßgeblichen Differenzierungskrite-

riums). Dabei hängt die Prüfung von der Besonderheit und der Bedeutung des zu regelnden Sachverhalts ab (bereichsbezogene Eigengesetzlichkeiten).

(3) Besteht für die Ungleich- bzw. Gleichbehandlung ein **sachlicher Grund**? Aus dem Regelungszweck der beiden Gesetzesnormen und dem Zweck der Gleich- oder Ungleichbehandlung (Differenzierungsziel) ist die Sachgemäßheit und Angemessenheit des Differenzierungs- oder Gleichbehandlungskriteriums zu ermitteln bzw. zu prüfen. Kein sachlich einleuchtender Grund liegt insbesondere vor, d. h. Art. 3 I ist als Willkürverbot verletzt, wenn (Fallgruppen)

(a) der mit der Differenzierung/Gleichbehandlung verfolgte Zweck verfassungswidrig oder ein Differenzierungsverbot des GG nicht beachtet ist;
(b) die Differenzierung/Gleichbehandlung zur Erreichung des verfolgten Zweckes ungeeignet oder sachgesetzwidrig ist, gegen den Verhältnismäßigkeitsgrundsatz verstößt;
(c) die Differenzierung/Gleichbehandlung gemessen am Zweck sachfremd, illegitim oder gerechtigkeitsfeindlich ist (nicht zweckdienliche, sachfremde Erwägungen; evidente Unsachlichkeit; Verstoß gegen im GG verankerte Gerechtigkeitsvorstellungen);
(d) die Differenzierung/Gleichbehandlung unangemessen, inadäquat, sachgesetz – oder systemwidrig ist (willkürliches Handeln oder Unterlassen).

713 d) Der allgemeine Gleichheitssatz hat aber nicht nur Bedeutung für den Gesetzgeber, sondern bindet in besonderem Maße Verwaltung und Rechtsprechung (Art. 1 III; **Rechtsanwendungsgleichheit**). Vor allem im Bereich der Ermessensausübung bei der Gesetzesanwendung und im Rahmen der Leistungsverwaltung, die häufig nicht gesetzesakzessorische Verwaltung ist, kommt dem Gleichheitssatz erhebliche Bedeutung zu. Die vollziehende Gewalt hat die gesetzlichen Vorschriften nicht nur unter Berücksichtigung der Staatszielbestimmungen und der grundrechtlichen Wertentscheidungen auf alle von ihnen erfaßten Fälle gleich anzuwenden und auszulegen, sondern auch bei Bestehen von **Beurteilungs- und Ermessensspielräumen** oder bei Vorliegen „gesetzesfreier" Verwaltung den Gleichheitssatz zu beachten. Art. 3 I verlangt, daß gleiche Sachverhalte auch im Rahmen des Ermessens gleich behandelt und entschieden werden (BVerwGE 34, 278, 281). Dies bedeutet, daß in den beiden genannten Bereichen eine bestimmte Verwaltungspraxis generell für gleiche Sachverhalte gewählt werden muß, von der dann, wenn sich eine solche Praxis herausgebildet und verfestigt hat, nur noch bei Vorliegen sachlicher Gründe abgewichen werden kann (**„Selbstbindung"** der Verwaltung durch konstante Verwaltungsübung, z. B. aufgrund von Verwaltungsvorschriften; Ermessensreduzierung ggf. bis auf „Null"; in engen Grenzen Rechtsanspruch gemäß der Ermessensvorschrift i. V. mit Art. 3 I; vgl. BVerwGE 31, 212 ff.; 34, 278 ff.; 44, 72 ff.; VGHBW NVwZ 1991, 1199.; Pietzcker NJW 1981, 2087 ff.).

714 Grundsätzlich ist auch bei der Rechtsanwendungsgleichheit Art. 3 I nicht verletzt, wenn ein **sachlicher Grund** für die Ungleich- bzw. Gleichbehandlung besteht, sondern nur, wenn eine willkürliche Behandlung vorliegt, d. h. wenn bei einer am Gerechtigkeitsgedanken orientierten Betrachtungsweise eine Gleichbehandlung bzw. Differenzierung weder notwendig noch gerechtfertigt erscheint, und sich der

Schluß aufdrängt, daß sie auf sachfremden Erwägungen beruht (zu den Differenzierungszielen und -kriterien vgl. oben Buchst. c). Allerdings ist hier in der Regel ein sachlicher Grund deshalb enger zu fassen, weil die Behörde sich im Rahmen des Gesetzes halten muß (Vorrang und Vorbehalt des Gesetzes; Art. 80 I). Es reicht also nicht jeder sachliche Grund aus, sondern nur ein vom Gesetzeszweck gedeckter. Eine Abweichung von einer bisher geübten Praxis ist zulässig, wenn die bisherige Praxis rechtswidrig war (rechtswidriges Verhalten erzeugt keinen Anspruch auf Gleichbehandlung; kein Anspruch auf Fehlerwiederholung; **keine Gleichheit im Unrecht!** BVerwGE 34, 278, 283; DÖV 1977, 830; Rechenbach NVwZ 1987, 383 ff.; Völlmeke NJW 1992, 1345 ff.), wenn neue Tatsachen eingetreten sind, wenn sich die Rechtslage geändert oder wenn sich die bisherige Praxis als unzweckmäßig erwiesen hat (vgl. dazu etwa §§ 48 ff. VwVfG).

Wichtige Entscheidungen (x): BGHZ 52, 325 ff. (Straßenbahntarif); BVerfGE 21, 12 ff. (Mehrwertsteuer); E 37, 217 ff. (Staatsangehörigkeit); E 39, 169 ff. (Witwerrente); E 43, 213, 225 ff. (Differenzierung bei Arbeitsentgelten); E 48, 327, 337 f. (Wahlrecht bei Ehenamen); E 48, 346, 356 ff. (Witwenrente); E 62, 256, 274 ff. (Kündigungsfristen von Arbeitern und Angestellten); E 74, 9, 24 ff. (Arbeitslosengeld für Studenten); BVerwG DÖV 1983, 466 ff. („Landeskinder-Klausel"); VG Bremen NJW 1988, 3224 ff. (Frauenquoten); BVerfG NJW 1990, 2246 ff. (Verfassungswidrigkeit von § 622 II BGB).

Aus der Literatur: *Gusy,* Der Gleichheitsschutz des GG, JuS 1982, 30 ff.; *Hesse* § 12 II; *Hesse,* Der Gleichheitssatz in der neueren deutschen Verfassungsentwicklung, AöR 1984, 174 ff.; *Hofmann,* Das Gleichberechtigungsgebot des Art. 3 II, JuS 1988, 249 ff.; *Maunz/Zippelius* § 25; *Ossenbühl,* Selbstbindung der Verwaltung, DVBl. 1981, 857 ff.; *Randelzhofer,* Gleichbehandlung im Unrecht? JZ 1973, 536 ff.; *Robbers,* Der Gleichheitssatz, DÖV 1988, 749 ff.; *Schoch,* Der Gleichheitssatz, DVBl. 1988, 863 ff.; *Wendt,* Der Gleichheitssatz, NVwZ 1988, 778 ff.; *Zacher,* Soziale Gleichheit, AöR 1968, 341 ff.; *Zippelius/Müller,* Der Gleichheitssatz, VVDStRL Bd. 47 (1989), S. 1 ff.

V. GLAUBENS- UND BEKENNTNISFREIHEIT (Art. 4)

1. Bedeutung und Systematik

Zu den wesentlichen Freiheiten, um deren Sicherung und Erhaltung der Staat **715**
besteht, gehört mindestens seit dem 18. Jahrhundert die Glaubens-, Bekenntnis-, Kultus- und Gewissensfreiheit („Die Gedanken sind frei"). Überhaupt ist die geschichtliche Entwicklung der Menschenrechte stark von diesen Freiheitsrechten geprägt worden (Glaubenskriege!). Die Glaubens- und Gewissensfreiheiten sind historisch als „Urgrundrechte", philosophisch als „Schlüsselgrundrechte" und politisch oft als „Testgrundrechte" für den Zustand von Staat und Gesellschaft zu verstehen. Heute gehört Art. 4 zu den **elementaren Verfassungsgrundsätzen** und Grundwertentscheidungen des GG. Wegen seiner engen Beziehung zur Menschenwürde ist Art. 4 extensiv zu interpretieren; ihm kommt ein hoher Wertgehalt zu (BVerfGE 33, 23, 28 f.; zum Verhältnis von Art. 140 i. V. mit Art. 137 WV vgl. etwa BVerfGE 33, 23, 31).

Die verschiedenen in Art. 4 I und II enthaltenen Leitbegriffe (Glaube, Gewissen, **716**
Bekenntnis und Religionsausübung) sind nur schwer zu definieren und praktisch nicht exakt voneinander abzugrenzen; deshalb geht die h. M. zu Recht davon aus,

daß der gesamte Art. 4 I und II als **einheitliches Grundrecht** zu verstehen ist. Gleichwohl ist zu versuchen, die begriffliche Vielfalt durch einen allgemeinen **systematischen Rahmen** einigermaßen zu ordnen. Grundsätzlich wird man die in Art. 4 I und II enthaltenen Grundrechte in drei Freiheitsbereiche einteilen können: **(1)** Die **Freiheit des Denkens,** also innere Gedankenvorgänge und Überzeugungen, die inneren Glaubens- und Gewissensbildungsprozesse, das sog. forum internum. Die Bedeutung der „Gedankenfreiheit" ergibt sich aus ihrer Ausstrahlungswirkung auf alle Rechtsbereiche als wertentscheidende Grundsatznorm für die Gewährleistung eines freien geistigen Prozesses. **(2)** Um die Freiheit des Denkens den Mitmenschen mitzuteilen, bedarf es der **Freiheit des** weltanschaulichen oder religiösen **Redens,** Verkündens, Äußerns, der Kundgabe, also der Bekenntnisfreiheit. **(3)** Schließlich erfordert die Glaubens- und Gewissensbetätigung auch die **Freiheit des Handelns,** die Freiheit, sich gemäß seiner religiösen und weltanschaulichen Überzeugung zu verhalten (Religionsausübung).

717 Art. 4 I und II gewährleistet demnach einen von staatlicher Einflußnahme freien Rechtsraum, in dem jeder sich eine Lebensform geben kann, die seiner religiösen und weltanschaulichen Überzeugung entspricht, mag es sich dabei um religiöse Bekenntnisse, religionsfeindliche oder religionsfreie Anschauungen, um **positive oder negative Religionsfreiheit** handeln (Art. 4 als umfassendes religiöses und weltanschauliches Grundrecht; „es mit der Religion zu halten wie man will"; BVerfGE 12, 1, 3; 44, 37, 49; 46, 266f.). Art. 4 enthält nicht nur ein subjektiv-öffentliches Abwehrrecht (ethische Autonomie, sittliche Handlungsfreiheit), sondern als Element der objektiven Wertordnung auch ein Bekenntnis zur religiösen und **weltanschaulichen Toleranz** und Neutralität des Staates sowie Schutzpflichten zur Verwirklichung des Art. 4, um einen freien geistigen Prozeß ohne staatliche Beeinflussung zu sichern (Gewährleistung von Betätigungsräumen; subjektive und objektive, individuelle und kollektive Elemente). Das verbindliche **Gebot der weltanschaulich-religiösen Neutralität** verwehrt es grundsätzlich dem Staat, bestimmte Bekenntnisse zu privilegieren oder den Glauben oder Unglauben seiner Bürger zu bewerten (weltanschaulich-religiöse Pluralität; „Nichtidentifikation" von Staat und Kirche; BVerfGE 19, 206, 216; 33, 23, 28; 53, 366, 386ff.; VGH München NVwZ 1991, 1099ff.; Franke AöR 1989, 7ff.).

717a Den **Kirchen** und anderen Religionsgemeinschaften wurde in Art. 140 i. V. mit Art. 137 III WV das freie eigenständige Gestalten, Ordnen und Verwalten aller eigenen Angelegenheiten gemäß den spezifischen kirchlichen Ordnungsgesichtspunkten, entsprechend ihrem weltanschaulichen Auftrag und Selbstverständnis garantiert. Aus dieser Selbstordnungs- und Selbstverwaltungsgarantie ergibt sich eine nur begrenzte Anwendung der allgemein geltenden Gesetze (Anwendung „im Lichte" der Bedeutung des Art. 4; Wechselwirkung von Kirchenfreiheit und Schrankenzweck; vgl. BVerfGE 66, 1, 17ff.; 72, 278, 289; Niebler BayVBl 1984, 1ff.; Czermak ZRP 1990, 475ff.; zum Recht kirchlicher Arbeitsverhältnisse: BVerfGE 70, 138, 162ff. und Rüthers NJW 1986, 356ff.). Zum Schutz der Sonn- und Feiertage (Art. 140 GG, 139 WV): BVerwG NJW 1988, 2252ff. und NJW 1990, 1059ff.

2. **Normbereich (Grundrechtstatbestände)**

a) Art. 4 I und II enthält ein Menschengrundrecht. Alle natürlichen Personen sind grundrechtsfähig und damit **Träger der Grundrechte** aus Art. 4 I und II, und zwar ohne Unterschied, ob sie einer religiösen oder weltanschaulichen Gemeinschaft angehören oder nicht. Bezüglich der Geltendmachung der Grundrechte muß allerdings grundsätzlich die **Religionsmündigkeit** vorliegen (vgl. dazu Rdn. 601; OVG Rh.-Pf. DÖV 1981, 586f.). Aber nicht nur natürliche Personen, sondern auch Kirchen, Religions- und Weltanschauungsgemeinschaften selbst sowie andere juristische Personen und Vereinigungen, deren alleiniger oder partieller Zweck die Förderung oder Pflege eines religiösen oder weltanschaulichen Bekenntnisses usw. ist, können Träger des Grundrechts aus Art. 4 I und II sein. Voraussetzung ist aber stets, daß es sich um Vereinigungen handelt, deren Zweck gerade auf die Erreichung eines solchen Zieles gerichtet ist (BVerfGE 24, 236, 245f.; 32, 98, 106; 57, 220, 242; 83, 341, 353). Art. 4 enthält eine individuelle und eine kollektive Schutzkomponente (einschließlich einer religiösen und weltanschaulichen Vereinigungsfreiheit; Art. 140 i. V. mit Art. 137 II, VII WV). **718**

b) Das Grundrecht der **Glaubensfreiheit** ist wegen seines hohen Verfassungsranges weit, also extensiv auszulegen. Unter dem Leitbegriff Glauben versteht man eine positive oder negative innere Überzeugung des Menschen vor Gott und dem Jenseits. Objekt des Glaubens in Art. 4 I ist folglich eine wie auch immer geartete Gottesvorstellung bzw. die auf einer solchen Gottesvorstellung aufbauenden metaphysischen oder ethischen Vorstellungen (innere religiöse Überzeugung). Geschützt von Art. 4 I ist demnach nicht nur der gottverbundene Glaube, sondern ebenso das Fürwahrhalten aller anderen, nicht- oder sogar antireligiösen **Weltanschauungen.** Unter Glauben i. S. von Art. 4 I versteht man also letztlich eine irrationale Überzeugung davon, was als absolut Gültiges hinter den Erscheinungen der Welt steht (einschließlich Atheismus; BVerfGE 12, 1, 3f.; 35, 35, 366, 376). Die Glaubensfreiheit beinhaltet nicht nur das forum internum (Freiheit des Denkens), sondern erstreckt sich auch auf die Freiheit, das auszusprechen oder zu verschweigen, was man glaubt oder nicht, für seinen Glauben zu werben oder sogar andere von einem fremden Glauben abzuwerben. Überhaupt gehört zur Glaubensfreiheit das Recht des einzelnen, sein gesamtes Verhalten an den Lehren seines Glaubens auszurichten und seiner inneren Glaubensüberzeugung gemäß zu handeln (positive und negative Glaubensfreiheit; eine religiöse oder antireligiöse Überzeugung bilden, haben, äußern und demgemäß handeln; BVerfGE 33, 23, 28; 49, 375f.). Diese weite Auslegung des Leitbegriffs Glaube beruht darauf, daß von einer echten Glaubensfreiheit eben erst gesprochen werden kann, wenn zur Aktualisierung und Realisierung der inneren Überzeugung vor allem drei Komponenten gegeben sind **(Glaubensverwirklichungsfreiheit):** (1) religiöse und weltanschauliche Bekenntnisfreiheit, (2) ungestörte Religionsausübung und (3) **religiöse Vereinigungsfreiheit** (vgl. Art. 4 I, II sowie Art. 140 i. V. mit Art. 137 II WV; zum ganzen: BVerfGE 24, 236, 245; 83, 341, 353ff.; Schockenhoff NJW 1992, 1013ff.). **719**

c) Den Normbereich der **Gewissensfreiheit** klar festzulegen, ist äußerst schwierig. **720**
Gewissen kann nicht wie Glaube auf ein metaphysisches Gedankensystem, sondern

muß auf ethische Kategorien zurückgeführt werden. Unter Gewissen ist deshalb das Bewußtsein des Menschen von der Existenz des Sittengesetzes und dessen verpflichtender Kraft zu verstehen. Das Gewissen ist als ethische Kategorie eine dem Menschen innewohnende „innere" Instanz, die ihm sagt, wie er sich in einer bestimmten Situation „richtig" zu verhalten hat. Es bezeichnet ein real erfahrbares seelisches Phänomen, dessen Forderungen, Mahnungen und Warnungen für den Menschen unmittelbare evidente Gebote unbedingten Sollens sind. Als Gewissensentscheidung ist somit jede ernste sittliche, an den Kategorien von „Gut" und „Böse" orientierte Entscheidung anzusehen, die der einzelne in einer bestimmten Lage als für sich bindend und unbedingt verpflichtend innerlich erfährt, so daß er gegen sie nicht ohne ernste Gewissensnot handeln könnte (subjektives Bewußtsein vom sittlichen Wert oder Unwert des eigenen Verhaltens, vom Erlaubtsein oder Verbotensein des Handelns; innere sittliche Überzeugung; Freiheit, nach innerlich erfahrenen Geboten zu handeln; gewissensgemäßes und -gebotenes äußeres Tun und Lassen; BVerfGE 12, 24, 54f.; 48, 127, 163). Die Gewissensfreiheit gewährt nicht nur subjektive Rechte, sondern enthält auch eine oberste wertentscheidende Grundsatznorm. Insoweit gewährleistet Art. 4 I etwa ein allgemeines „Wohlwollensgebot" gegenüber Gewissenstätern (vgl. BVerfGE 23, 127, 134; 78, 391, 395; Tiedemann DÖV 1984, 61ff.; Rupp NVwZ 1991, 1033ff.).

721 d) Die **Bekenntnisfreiheit** schützt grundsätzlich das Reden, Schweigen, Verkünden, also die positive oder negative Kundgabe religiöser und weltanschaulicher Meinungen und Überzeugungen. Alle Äußerungen und jedes Verschweigen von Glauben- und Gewissensüberzeugungen, die die Zugehörigkeit zu einer bestimmten religiösen, antireligiösen oder weltanschaulichen Geisteshaltung offenbaren, fallen in den Normbereich der Bekenntnisfreiheit (Freiheit, ein Bekenntnis zu manifestieren, zu verbreiten, aber auch zu negieren, zu verschweigen sowie zu konvertieren). Da die ganz h. M. die Glaubens- und Gewissensfreiheit so extensiv auslegt, wird in aller Regel die Bekenntnisfreiheit bereits auch zusammen mit dem Normbereich der Glaubens- oder Gewissensfreiheit betroffen sein (vgl. HessStGH NJW 1966, 31, 34f.).

722 e) Schutzobjekt des Grundrechts der ungestörten Religionsausübung in Art. 4 II **(Kultus- oder Religionsausübungsfreiheit)** ist die religiöse oder weltanschauliche Handlungsfreiheit; sie umfaßt Kultushandlungen im privaten und im öffentlichen Bereich (alle Äußerungen des religiösen und weltanschaulichen Lebens einschließlich der Propaganda, des Werbens und Abwerbens; BVerfGE 24, 236, 245f. – Aktion Rumpelkammer –; Maurer JuS 1972, 330ff. und OVG Lüneburg NVwZ 1991, 801f. – Glockengeläut –; AG Balingen NJW 1982, 1006f. – „Schächten" –). Auch dieser Leitbegriff ist demnach extensiv auszulegen. Gleichwohl ist die eigenständige Bedeutung des Art. 4 II wie die der Bekenntnisfreiheit relativ gering.

3. **Begrenzung des Art. 4 I und II**

Die Grundrechte in Art. 4 I und II enthalten keine Schrankenbestimmungen; sie sind nach dem bloßen Wortlaut nicht begrenzbar (vgl. allerdings die Gesetzesschranke in Art. 140 i. V. mit Art. 137 III WV; BVerfGE 49, 375 ff.; oben Rdn. 717 a). Gleichwohl ist es heute ganz h. M., daß es keine schrankenlosen Grundrechte gibt; die Notwendigkeit von Begrenzungen ist unbestritten (vgl. zu den **„immanenten“ Grundrechtsschranken** Rdn. 643 f.). Nach der Auffassung des BVerfG dürfen entsprechende Einschränkungen aber weder aus der „allgemeinen Rechtsordnung“ (etwa in Anlehnung an die „Rechtsgütertrias“ in Art. 2 I) noch aus einer „unbestimmten Güterabwägungsklausel“, sondern ausschließlich aus der Verfassung selbst hergeleitet werden. Vorbehaltslose Grundrechte sind eben durch einfaches Gesetz nicht einschränkbar; den Freiheitsverbürgungen des Art. 4 I und II können allein durch andere Bestimmungen des GG Grenzen gezogen werden. Allerdings sind gesetzliche Bestimmungen, die Art. 4 I und II betreffen, dann verfassungsgemäß, wenn sie sich lediglich als Ausgestaltung einer Begrenzung durch die Verfassung selbst erweisen. Kennzeichnend für einen Staat, der die Menschenwürde zum obersten Verfassungswert erklärt und die Glaubens- und Gewissensfreiheit ohne Gesetzesvorbehalt und unverwirkbar (Art. 18) garantiert, ist, daß die in Art. 4 I und II enthaltenen Freiheitsrechte umfassend gewährleistet werden und nur dann eingeschränkt werden dürfen, wenn sie bei ihrer Verwirklichung in Widerspruch zu anderen Wertentscheidungen der Verfassung treten, und fühlbare Beeinträchtigungen für das Gemeinwesen oder die Grundrechte anderer erwachsen (verfassungsimmanente Grundrechtsschranken durch **kollidierendes Verfassungsrecht**; BVerfGE 33, 23, 29; 52, 223, 245 ff.; BVerfG NJW 1989, 3269 f.). Ein solcher „Konfliktsfall“ ist dabei vor allem so zu lösen, daß die bestehende Spannungslage zwischen den Grundrechten aus Art. 4 I und II einerseits, und anderen Verfassungsnormen wie etwa Art. 6 und 7 oder die Freiheitsrechte der Mitmenschen andererseits (Art. 1, 2, 4, 5), im Wege der „praktischen Konkordanz“ im Einzelfall zu einem „harmonischen Ausgleich“ gebracht werden (christliche Gemeinschaftsschule als Regelschule: BVerfGE 41, 29, 50 f.; Arbeitslosengeldversagung wegen Ablehnung rüstungsbezogener Arbeit: BVerfG NJW 1984, 912 und Eiselstein DÖV 1984, 794 ff.; liturgisches Glockengeläut: BVerwG NJW 1984, 989 ff. und Müssig DVBl. 1985, 837 ff.; Lehrer als Bhagwan-Fan: Stock JuS 1989, 654 ff.). Vor allem dort, wo negative und positive Weltanschauungs- und Glaubensrichtungen aufeinandertreffen, ist ein solcher Ausgleich unter besonderer Berücksichtigung des **Toleranzgebotes** und der Verhältnismäßigkeit herzustellen (vgl. BVerfGE 52, 223, 245 ff. – Schulgebet –; BVerwG NVwZ 1988, 937 f. – Bekenntnisfreiheit im Schulbereich –; BVerwGE 82, 76 ff., NJW 1991, 1770 ff., BVerfG NJW 1989, 3269 ff., VG Hamburg NVwZ 1991, 806 ff. und Heintschel/Schäfer DVBl. 1991, 1341 ff. – Aufklärung über „Jugendsekten“ –). **723**

4. **Kriegsdienstverweigerung (Art. 4 III)**

724 Art. 4 III ist seinem Wesen nach ein Teil der in Art. 4 I gewährleisteten Freiheitsrechte, insbesondere der Gewissensfreiheit. Er beschränkt und konkretisiert die Reichweite der freien Gewissensentscheidung abschließend für den Fall der Wehrpflicht (spezielle Gewissensverwirklichungsfreiheit; vgl. dazu Art. 12a; §§ 25ff. Wehrpflichtgesetz – Sartorius Nr. 620 –; BVerfGE 12, 45, 56ff.; 28, 243, 259). Der Kerngehalt des Art. 4 III besteht darin, den Kriegsdienstverweigerer vor dem Zwang zu bewahren, in einer Kriegshandlung einen anderen töten zu müssen, wenn ihm sein Gewissen eine Tötung verbietet. Die Wehrgerechtigkeit und der allgemeine Gleichheitsgrundsatz setzen Art. 4 III allerdings Grenzen (zu Art. 4 III und 12a vgl. BVerfGE 48, 127, 158ff.; BVerwG NVwZ 1982, 675, NVwZ 1989, 60ff. und 1066f. – „schwere Gewissensnot" als Maßstab der Gewissensentscheidung –; BVerwG NVwZ 1989, 1067ff. – Art. 4 III als „verfahrensabhängiges" Recht –; BVerfGE 69, 1, 20ff. – zum Kriegsdienstverweigerungs-Neuordnungsgesetz vom 28. 2. 1983 –; Eckertz JuS 1985, 683ff.; Franke AöR 1989, 7, 20ff.).

Wichtige Entscheidungen (x): BVerfGE 24, 236, 246ff. (Aktion Rumpelkammer); E 32, 98, 106ff. (Gesundbetung, Verweigerung einer Bluttransfusion); E 35, 366, 376ff. (Gerichtskreuz-Beschluß); E 41, 29, 44ff. (christliche Gemeinschaftsschule); E 44, 37, 49ff. (Kirchenaustritt); E 52, 223, 234ff. und Anm. Link JZ 1980, 564ff. (Schulgebet); BSG NJW 1981, 1526f. (Arbeitsablehnung aus religiöser Überzeugung); E 48, 127, 158ff. (Verfassungswidrigkeit der Wehrpflichtnovelle 1977); E 69, 1, 20ff. (KriegsdienstverweigerungsG 1983); E 83, 341, 351ff. (Religiöse Vereinigungsfreiheit der Baháí).

Aus der Literatur: *Bäumlin/Böckenförde,* Das Grundrecht der Gewissensfreiheit, VVDStRL 1970, 3ff., 33ff.; *Becker,* Neuere Rspr des BVerwG zu Art. 4 III, DVBl. 1981, 105ff.; *Böckenförde,* Religionsfreiheit und öffentliches Schulgebet, DÖV 1966, 30ff.; *Ders.,* Der Fall Küng, NJW 1981, 2101ff.; *von Campenhausen,* Religionsfreiheit, in: HdBStaatsR Bd. VI, § 136; *Eiselstein,* Das „forum internum" der Gewissensfreiheit, DÖV 1984, 794ff.; *Franke,* Gewissensfreiheit und Demokratie, AöR 1989, 7ff.; *Häberle,* Grenzen aktiver Glaubensfreiheit, DÖV 1969, 385ff.; *Hesse* § 12 I 4; *Hollerbach,* Staatskirchenrecht in der Rspr des BVerfG, AöR 1981, 218ff.; *Maunz/Zippelius* §§ 24 II 1, 27; *Scheuner,* Religionsfreiheit im GG, DÖV 1967, 585ff.; *Schumacher,* Die Neuregelung des Rechts der Kriegsdienstverweigerung, DÖV 1983, 918ff.; *Stein* § 21 II; *Steiner,* Der Grundrechtsschutz des Art. 4 I, II, JuS 1982, 157ff.

VI. MEINUNGS- UND MEDIENFREIHEIT (Art. 5 I, II)

1. **Bedeutung des Art. 5 I**

725 Die besondere Stellung und Bedeutung des Art. 5 I im Verfassungsgefüge ergibt sich vor allem aus zwei Komponenten: Die Meinungsfreiheit ist als unmittelbarster Ausdruck der menschlichen Persönlichkeit in der Gesellschaft eines der vornehmsten Menschenrechten überhaupt (zentrales kommunikatives Grundrecht). Darüber hinaus ist Art. 5 I für eine freiheitlich-demokratische Staatsordnung schlechthin konstituierend, weil er erst die ständige geistige Auseinandersetzung, den Kampf der Meinungen, ermöglicht (BVerfGE 7, 198, 208; 50, 234, 239). Das BVerfG betrachtet Art. 5 I als die eigentliche **Grundlage des politischen und öffentlichen Meinungsbildungsprozesses** und räumt Art. 5 I eine grundlegende Bedeutung im Hinblick auf das demokratische Prinzip ein (fundamentales Wesens-

merkmal des freiheitlichen, demokratischen Staates). Ein freier und offener Prozeß der Meinungen (ständige geistige Auseinandersetzung) ist Basis und Lebenselement einer pluralistischen Demokratie und damit für unsere Staatsordnung Grundvoraussetzung (vgl. etwa Suhr NJW 1982, 1065 ff.).

Die volle Tragweite des Art. 5 läßt sich nur erschließen, wenn man die Meinungs- **726**
und Medienfreiheitsgrundrechte mit allen **Komponenten** zusammen betrachtet, nämlich als subjektiv-öffentliche Abwehrrechte, als wertentscheidende Grundsatznormen (konstituierende Elemente der objektiven Wertordnung – Drittwirkung der Grundrechte – und der freiheitlich-demokratischen Grundordnung), als Einrichtungsgarantien (Presse, Rundfunk, Fernsehen), aber in engen Grenzen auch als Organisationsgarantien, Teilhabe- und Leistungsrechte (Sicherung der Pluralität der Meinungen, Vorkehrungen gegen Pressekonzentrationen, ggf. Pressesubventionen; zu den Anforderungen an eine Rundfunkordnung: BVerfGE 57, 295, 318 ff.). Art 5 I schützt als Kernstück politischer und geistiger Freiheitsgrundrechte die Meinungs-, Informations- und Pressefreiheit sowie die Freiheit der Berichterstattung von Rundfunk, Fernsehen und Film. Durch Art. 5 sollen Meinungsmonopole verhindert und Meinungsvielfalt gestärkt werden. Art. 5 I gewährleistet ein freiheitliches **System von Kommunikationsrechten**, das sich mit seinen individual- und demokratieorientierten Funktionen, mit seinen subjektiv- und objektivrechtlichen Elementen ergänzt, gegenseitig bedingt und stützt (vgl. BVerfGE 80, 124, 131 ff.; Tettinger JZ 1990, 846 ff.).

2. **Normbereiche (Grundrechtstatbestände)**

a) Hinsichtlich der **Grundrechtsträgerschaft** (persönlicher Geltungsbereich) treten **727**
bei Art. 5 I keine besonderen Probleme auf (Menschengrundrecht, Art. 19 III, vgl. allgemein und zur partiellen Grundrechtsfähigkeit öffentlicher Rundfunkanstalten: BVerfGE 31, 314, 322 und Rdn. 606).

b) **Meinungsfreiheit:** Die Meinungsfreiheit beinhaltet einmal die Meinungsbildung **728**
als „innerem" Prozeß (dafür ist eine ausdrückliche Gewährleistung nicht erforderlich) und zum anderen die Meinungsäußerung (vgl. BVerfGE 7, 198, 208; 20, 56, 97 ff.). Die h. M. begrenzt den Schutzbereich der Meinungsäußerungsfreiheit auf die Wiedergabe von **rational-wertenden Denkvorgängen** und ihren Ergebnissen (Werturteile, Überzeugungen, Stellungnahmen, Einschätzungen, Kritiken usw.; dem einzelnen subjektiv zurechenbare wertende Äußerungen, wobei auch die Identifikation mit anderen Meinungen oder Fragen darunter fallen); einfache Tatsachenübermittlungen werden nicht erfaßt (z. B. rein statistische Angaben), es sei denn, sie sind mit Werturteilen untrennbar verbunden oder für die Meinungsbildung relevant (arg.: Wortlaut des Art. 5 I; vgl. BVerfGE 54, 208, 219 f.; 61, 1, 8; BVerfG NJW 1992, 1439 ff., 1442 ff.). Diese von der h. M. vorgenommene Unterscheidung zwischen Wertung und Tatsachenbehauptung bereitet in der praktischen Anwendung oft Schwierigkeiten. Grundsätzlich wird man sagen können, daß die Meinungsfreiheit i. S. einer **geistigen Auseinandersetzung** zu verstehen ist, was eben bei einer bloßen Tatsachenübermittlung z. T. nicht vorliegt, daß durch Art. 5 I primär die Meinungsbildung, geistiger Meinungskampf geschützt ist und nicht ein solcher mit

physischen Mitteln wie etwa Zwang, wirtschaftlicher Macht oder vergleichbarem Druck. Für die Bestimmung der Reichweite der Meinungsfreiheit (Normbereich) sieht es das BVerfG folglich als wesentlichen Faktor an, ob es sich bei der zu beurteilenden Äußerung um einen Beitrag zur geistigen Meinungsbildung in einer die Öffentlichkeit i. w. S. berührenden Frage handelt (Meinung als Mittel der geistigen Auseinandersetzung; vgl. BVerfGE 42, 163, 170). In den Schutzbereich des Art. 5 fallen also die Äußerungen, die durch Elemente der Stellungnahme, der Meinungsbildung, der Überzeugung, überhaupt durch die Erzielung geistiger Wirkungen geprägt sind; auf den Wert oder die Vernüftigkeit einer Äußerung kommt es nicht an. Vom Normbereich nicht erfaßt werden bewußte oder erwiesene Behauptungen unwahrer Tatsachen, Formalbeleidigungen, diffamierende Schmähkritik sowie besonders exzessive kommerzielle Werbung (vgl. BVerfGE 61, 1, 5ff.; 82, 43, 50ff.; 82, 272, 279ff.; NJW 1991, 1475f.; NJW 1992, 1439ff.; BGH NJW 1987, 1398). Geschützt wird nach Art. 5 I jede Form der Meinungsäußerung; die Begriffe „Wort, Schrift oder Bild" sind nur beispielhaft (zur negativen Meinungsfreiheit: Merten DÖV 1990, 761ff.).

729 c) **Informationsfreiheit:** Art. 5 I garantiert, daß jeder das Recht besitzt, sich aus **allgemein zugänglichen Quellen** ungehindert zu unterrichten, sich also zu informieren. Allgemein zugänglich ist dabei eine Informationsquelle dann, wenn sie technisch geeignet und dazu bestimmt ist, der Allgemeinheit, d.h. einem individuell nicht bestimmbaren Personenkreis, Informationen zu beschaffen (BVerfGE 27, 104, 108; 33, 52, 65). Dieses Freiheitsrecht umfaßt die schlichte Informationsaufnahme sowie die aktive Informationsbeschaffung und -auswahl (BVerfGE 27, 71, 81ff.). Für die Informationsfreiheit wesensbestimmend sind zwei Komponenten: Eine frei und möglichst gut informierte öffentliche Meinung (demokratisches Element, Publizität) und die Möglichkeit einer umfassenden Information des Bürgers als notwendige Voraussetzung für eine freie Meinungsbildung und -äußerung (individuelles Element, Recht auf freie Unterrichtung; vgl. BVerfGE 27, 71, 81). Der Zugang zu den allgemein zugänglichen Informationsmitteln (z.B. Rundfunk, Fernsehen, Film, Litfaßsäulen, die meisten Presseerzeugnisse, auch etwa ausländische Zeitungen, aber auch Einrichtungen, die im konkreten Fall öffentlich angeboten werden, wie z.B. Ausstellungen) hat ungehindert, d.h. frei von rechtlich angeordneter oder faktisch verhängter staatlicher Abschneidung, Behinderung, Lenkung, Registrierung oder Verzögerung, zu erfolgen. Art. 5 I verbietet es also dem Staat, den Zugang zu Informationsquellen wesentlich zu erschweren oder unmöglich zu machen (vgl. BVerfGE 21, 291; 27, 88, 98; allerdings gibt Art. 5 I kein Recht auf allgemeine Information durch den Staat, vgl. BVerwG DÖV 1979, 102).

730 d) **Pressefreiheit:** Das Grundrecht gewährleistet eine freie, nicht von der öffentlichen Gewalt beeinflußte oder gelenkte, keiner Zensur unterworfenen Presse als für einen freiheitlichen Staat und für die moderne Demokratie unentbehrliches Wesenselement. Der Leitbegriff Presse ist nicht zuletzt wegen der enormen Bedeutung der Presse als Mittel permanenter öffentlicher Kritik und Kontrolle weit auszulegen (BVerfGE 50, 234, 239f.). Zur Presse gehören alle durch Vervielfältigung hergestellten, zur Verbreitung geeigneten und bestimmten Druckerzeugnisse, insbesondere Bücher und Periodika, Flugblätter, Plakate usw. Art. 5 I garantiert das

Recht des einzelnen auf Herstellung (einschließlich Beschaffung der Information, vorbereitende Hilfstätigkeiten, Redaktion, Druck, Presseäußerung) und Verbreitung (Vertrieb) vervielfältigter Druckerzeugnisse unabhängig vom Inhalt. Die Pressefreiheit schützt deshalb auch Unterhaltungs- und Sensationsdruckerzeugnisse, Anzeigenteile der Zeitungen, reine Tatsachenübermittlung und bloße Bildberichterstattung (BVerfGE 20, 162, 174ff., 186ff; 21, 271, 278ff.; 62, 230, 243). Die Reichweite der Pressefreiheit umfaßt demnach den gesamten Prozeß, also von der Beschaffung der Information und der Entstehungsphase redaktioneller Meinungsbildung bis zur Verbreitung der Presseerzeugnisse, aber etwa auch das Redaktionsgeheimnis (alle wesensmäßig für das Funktionieren der Pressearbeit erforderlichen Tätigkeiten wie presseinterne Hilfstätigkeiten oder typisch pressebezogene Funktionen; BVerfGE 66, 116, 133f.; 77, 346, 353ff.). Die Pressefreiheit setzt darüber hinaus die Existenz einer relativ großen Zahl selbständiger, vom Staat unabhängiger und nach ihrer Tendenz, politischen Färbung oder weltanschaulichen Grundhaltung miteinander konkurrierender Presseerzeugnisse voraus (Pluralität der Presse, wobei es dem Staat verwehrt ist, auf die Tendenz von Presseerzeugnissen Einfluß zu nehmen; staatliche Neutralitätspflicht; BVerfGE 52, 283, 296; 80, 124, 131ff.; BVerfG NJW 1992, 1439f.; vgl. Rdn. 738).

Streitig ist, ob der Presse gegenüber staatlichen Stellen ein **Auskunftsanspruch** **731**
zusteht. Trotz der der Presse zustehenden Informationsbeschaffungsfreiheit bietet Art. 5 I 2 nach h. M. unmittelbar keinen Auskunftsanspruch (evtl. L-PresseG). Dies gilt besonders für interne Behördenvorgänge sowie Form und Modalität der Herausgabe pressebedeutsamer Informationen. Stets besteht aber ein gleiches Akteneinsichts- und Auskunftsrecht; vgl. BVerwGE 70, 310ff.; 84, 375ff.; NJW 1991, 118f.; vgl. auch BVerfGE 50, 234, 240). Bei Informationsmitteln und -leistungen, für die ein staatliches Monopol besteht (z.B. Bundespost), gewährt Art. 5 I einen Anspruch auf gleichberechtigte Teilhabe und Partizipation (vgl. LG Frankfurt NJW 1983, 1125ff.; OVG Bremen JZ 1989, 633ff.).

e) **Freiheit von Rundfunk, Fernsehen** (Grundrechtsträgerschaft: auch Körperschaf- **732**
ten des öffentlichen Rechts) **und Film** (im wesentlichen von Art. 5 III erfaßt; vgl. BVerwGE 1, 303, 305): Rundfunk und Fernsehen sind „Medium“ und „Faktor“ des im Art. 5 I garantierten und geschützten Prozesses freier Meinungsbildung (essentielle Verstärkung und Ergänzung der Meinungsfreiheit). Geschützt wird ein freier Rundfunk, so wie er sich historisch entwickelt hat (insbesondere öffentliche, aber auch private Trägerschaft). Unabhängig von der Rechtsform muß gewährleistet sein, daß alle gesellschaftlich und politisch relevanten Kräfte zu Wort kommen können, und weder eine staatliche noch eine einseitig gesellschaftliche Beherrschung oder Einflußnahme besteht (die in Staat und Gesellschaft bestehende Meinungsvielfalt muß sich widerspiegeln; vgl. BVerfGE 12, 205, 259f.; 59, 231, 257ff.). Die Rundfunkfreiheit schützt die Tätigkeiten von der Beschaffung der Information über die Vertraulichkeit der Redaktionsarbeit bis zur Verbreitung der Sendung und umfaßt ferner die dazu erforderlichen Hilfstätigkeiten (BVerfGE 77, 65, 74f.; 78, 102f.). In einer Demokratie ist der Zweck der Rundfunkfreiheit darin zu erblicken, einen freien, kontrastreichen Meinungsmarkt zu erhalten, die Meinungsvielfalt zu gewährleisten, die ständige geistige Auseinandersetzung zu ermöglichen sowie Mei-

nungsmanipulation zu verhindern. Der Rundfunk ist eine Einrichtung, die die Ausgewogenheit zwischen gesellschaftlicher Stabilität und Veränderung erhalten soll und weder dem Staat noch einer gesellschaftlichen Gruppe ausgeliefert ist. Die bestehende Gruppenrepräsentation und die beschränkte staatliche Rechtsaufsicht über die Fernseh- und Rundfunkanstalten dienen dazu, die Ziele der Rundfunkfreiheit sicherzustellen (BVerfGE 31, 314, 327). Dabei sind diese wesentlichen Grundlinien und Leitsätze vom Gesetzgeber selbst durch eine **positive Rundfunkordnung** von geeigneten materiellen, organisatorischen und Verfahrensregelungen festzulegen (Parlamentsvorbehalt bezüglich Zulassung, Wahrung eines gesellschaftlichen Pluralismus, Programminhalt i. S. einer Meinungsvielfalt und Ausgewogenheit, Staatsaufsicht, Regelungen zur Sicherung eines **„binnen- und außenpluralistischen Modells";** BVerfGE 57, 295, 518ff. mit Anm. Scholz JZ 1981, 561ff.; Lerche NJW 1982, 1676ff.; BVerfGE 73, 118, 152ff. mit Anm. Stock NJW 1987, 217ff.; 74, 297, 322ff. mit Anm. Bullinger JZ 1987, 928ff.; 83, 238, 295ff. mit Anm. Degenhart DVBl. 1991, 510ff. und Stock JuS 1992, 383ff. – NRWRundfunkG –; BayVerfGH NJW 1990, 311ff.). Zu den medientechnischen Entwicklungen und zur Situation von Rundfunk und Fernsehen vgl. etwa Paptistella DÖV 1978, 750ff.; Starck NJW 1980, 1359ff.; Hoffmann-Riem ZRP 1981, 177ff.; Bullinger NJW 1984, 385ff.; Kübler NJW 1987, 2961ff.; Goerlich/Radeck JZ 1989, 53ff.

733 f) Das **Zensurproblem** des Art. 5 I 2 untersagt nur die Vor- oder Präventivzensur. Es soll die typischen Gefahren einer Präventivkontrolle bannen; das Zensurverbot stellt eine absolute Eingriffsschranke dar (vgl. BVerfGE 33, 51, 71f.; Breitbach/Rühl NJW 1988, 8ff.).

3. **Schrankenbereich (Art. 5 II)**

734 Nach Art. 5 II können die kommunikativen Grundrechte des Art. 5 I durch allgemeine Gesetze sowie durch Gesetze, die dem Ehr- und Jugendschutz dienen, eingeschränkt werden. Diese Schrankenbestimmungen geben dem Gesetzgeber ganz beachtliche Möglichkeiten zur Begrenzung der Freiheitsverbürgungen des Art. 5 I. Während die Grundrechtsschranken **„Gesetze zum Ehr- und Jugendschutz"** relativ unproblematisch sind (vgl. etwa §§ 185ff. StGB und das Gesetz über die Verbreitung jugendgefährdender Schriften; BVerfGE 30, 336, 348ff.; 33, 1, 16f.; 77, 346, 356), ist die Schrankenbestimmung des „allgemeinen Gesetzesvorbehalts" wesentlich schwieriger festzulegen (zur Gesamtproblematik: Gornig JuS 1988, 274ff.). Unter **„allgemeine Gesetze"** versteht die ganz h. M. solche Gesetze in formellen und materiellen Sinne (auch Rechtsverordnungen und Satzungen), deren Regelungsziel nicht mit den Schutzobjekten des Art. 5 I identisch ist, d. h. die sich nicht gegen die Freiheitsrechte des Art. 5 I als solche richten. Daraus folgt, daß zwar die Gesetze zum Ehr- und Jugendschutz die Grundrechte des Art. 5 I speziell und unmittelbar einschränken können, daß aber „allgemeine Gesetze" sich nicht speziell und direkt gegen die Grundrechte des Art. 5 I richten dürfen, sondern zum Schutz anderer Rechtsgüter erlassen sind, wobei allerdings eine mittelbare Beeinträchtigung oft unvermeidlich ist und deshalb als zulässig angesehen wird. Die objektive Zielrichtung eines „allgemeinen Gesetzes" darf aber keinesfalls Art. 5 I sein; eine Gesetzesnorm darf sich weder gegen eine bestimmte Meinung noch gegen den

Prozeß freier Meinungsbildung und freie Information als solche richten. „Allgemeine Gesetze“ sind also nur jene, die sich nicht direkt, frontal gegen die Freiheitsrechte der geistigen Auseinandersetzung richten, sondern diese nur gelegentlich der Verfolgung anderer vorrangiger Zwecke und wichtiger Rechtsgüter, die gegenüber den Grundrechten des Art. 5 I Vorrang genießen, unvermeidlicherweise mitbeeinträchtigen (vgl. z. B.: Strafgesetze, etwa funktionstüchtige Rechtspflege, wirksame Strafverfolgung und Aussagezwang, BVerfGE 64, 108, 115f.; 71, 206, 214f.; 77, 65, 75; Beamtengesetze mit Pflichten zur Verschwiegenheit und politischen Zurückhaltung; Gesetze zur Aufrechterhaltung der öffentlichen Sicherheit und Ordnung wie etwa durch Einschränkung der Straßenwerbung usw.; vgl. BVerfGE 7, 198, 209ff.; 28, 191, 201ff.; 50, 234, 240f.; zur Pressefusionskontrolle: BVerfG NJW 1986, 1743).

4. **Schranken-Schranken-Bereich**

Das Verhältnis zwischen den Grundrechtsverbürgungen des Art. 5 I und den „all- **735**
gemeinen Gesetzen“ nach Art. 5 II ist nun aber nicht i. S. einer einseitigen Einschränkung zu sehen. Die Gewährleistungen des Art. 5 I dürfen dadurch nicht relativiert werden; sie stehen nicht schlechthin unter dem Vorbehalt des einfachen Gesetzes. Vielmehr besteht zwischen Art. 5 I einerseits und Art. 5 II andererseits eine umfassende **Wechselwirkung:** Zwar schränken allgemeine Gesetze die Freiheitsrechte des Art. 5 I ein, doch müssen sie sich dabei selbst wieder eine weitestmögliche Einwirkung des Grundrechts auf ihre Auslegung gefallen lassen (Beschränkung der einschränkenden Wirkung allgemeiner Gesetze; klassischer Anwendungsfall der Schranken-Schranken-Lehre! Vgl. Rdn. 650). Die allgemeinen Gesetze müssen deshalb in ihrer die Grundrechte des Art. 5 I begrenzenden Wirkung ihrerseits im Lichte der Bedeutung dieser Grundrechte gesehen und so interpretiert werden, daß der besondere Wertgehalt des Art. 5 I, der in der freiheitlichen Demokratie zu einer grundsätzlichen Vermutung für diese Freiheitsverbürgung in allen Bereichen, namentlich aber im öffentlichen Leben, führen muß, auf jeden Fall gewahrt bleibt. Die gegenseitige Beziehung zwischen Grundrecht und „allgemeinem Gesetz“ ist also nicht als einseitige Beschränkung der Geltungskraft des Art. 5 I durch die „allgemeinen Gesetze“ aufzufassen; es findet vielmehr eine Wechselwirkung in dem Sinne statt, daß die „allgemeinen Gesetze“ zwar dem Wortlaut nach den Grundrechten Schranken setzen, ihrerseits aber aus der Erkenntnis der wertsetzenden Bedeutung dieser Grundrechte im freiheitlich-demokratischen Staat ausgelegt und so in ihrer das Grundrecht begrenzenden Wirkung selbst wieder eingeschränkt werden müssen (Wechselwirkungstheorie; vgl. BVerfGE 7, 198, 207ff.; 35, 202, 223f.; 47, 130, 143). Bei der Anwendung der Wechselwirkung ist vom Zweck der Meinungsäußerung auszugehen: Die Rechtsgüter des Art. 5 I kommen um so stärker zum Tragen, je mehr es sich um einen Beitrag zum geistigen Meinungskampf in einer die Öffentlichkeit berührenden Frage handelt (politische, wirtschaftliche, soziale oder kulturelle Belange der Allgemeinheit); die in Art. 5 II verfolgten Rechtsgüter sind bei Äußerungen im rein privaten, namentlich im wirtschaftlichen Verkehr und in Verfolgung eigennütziger Ziele von besonderem Gewicht (BVerfGE 61, 1, 10ff.; 77, 65, 75ff. – Beschlagnahme von Filmen nach StPO geht dem Rundfunkredaktionsgeheimnis vor –; 82, 272, 279ff.).

736 Das hat im Einzelfall durch eine umfassende generelle und konkrete Abwägung aller sich gegenüberstehenden Rechtsgüter zu erfolgen, wobei zu berücksichtigen ist, ob es sich um eine zur öffentlichen geistigen Auseinandersetzung oder nur für den privaten Bereich bestimmte Meinungsäußerung handelt, und ob es um einen „Gegenschlag" im öffentlichen Meinungskampf geht oder nicht (**Güterabwägung** zwischen der Bedeutung der Grundrechtsgüter des Art. 5 I einerseits und den mit dem „allgemeinen Gesetz" verfolgten Interessen und Rechtsgütern andererseits; BVerfGE 54, 129, 135ff.). Dabei müssen die im Rahmen des Art. 5 II verfolgten Rechtsgüter gegenüber den Verbürgungen in Art. 5 I vorrangig sein. Das bedeutet praktisch, daß das Kriterium der „güterabwägenden Wechselwirkung" als eine zu der Begriffsbestimmung des „allgemeinen Gesetzes" hinzutretende Voraussetzung anzusehen ist. „Allgemeine Gesetze" müssen darüber hinaus auch das Übermaßverbot beachten, dürfen also nicht gegen den **Grundsatz der Verhältnismäßigkeit** verstoßen; außerdem muß der Gesetzgeber selbst solche mittelbaren Grundrechtsbegrenzungen hinreichend bestimmt festlegen (vgl. als besonders plastische **Beispiele: (1)** BVerfGE 20, 162ff. – Spiegel-Urteil –; **(2)** Verteilung bzw. Verkauf politischer Flugblätter, politische Werbung usw.: BVerfG NVwZ 1992, 53f.; BVerwGE 56, 63ff.; Pappermann NJW 1976, 1342ff.; OVG Lüneburg NJW 1986, 863f.; Fall 10, oben S. 307; **(3)** Tragen einer Plakette mit politischem Inhalt durch Lehrer und Schüler – „Anti-Atom-Plakette" –: BVerwG NJW 1990, 2265f.; BAG NJW 1982, 2888f.; Lisken NJW 1980, 1503f.; zum Tragen einer „Stoppt Strauß" – Plakette: BayVerfGH NJW 1982, 1089ff. und Suhr NJW 1982, 1065ff.; **(4)** Meinungsfreiheit der Soldaten: BVerwGE 63, 37ff.; 73, 237ff.; 83, 60ff.; BVerwG NVwZ 1990, 762ff.; BVerfGE 57, 29ff.; Schoch AöR 1983, 215ff.; **(5)** Pressefreiheit und Warnung vor „Kredithaien" als Verbraucheraufklärung: BVerfGE 60, 234, 239ff.; **(6)** Meinungsfreiheit der Beamten und Richter: BVerwG NJW 1988, 1747ff. und BVerfG NJW 1989, 93f. – Zeitungsannonce gegen Raketenstationierung –; Schmitt-Vockenhausen JuS 1985, 524ff.; Hager NJW 1988, 1694ff.; **(7)** Pressefreiheit und Sonntagsruhe: BVerwG NJW 1990, 1059f.).

5. Weitere wichtige Fragen im Rahmen des Art. 5 I und II

737 a) **Ausstrahlungswirkung des Art. 5 I:** Nach der Lehre von der Drittwirkung der Grundrechte gelten die Grundrechte im Privatrechtsbereich nicht unmittelbar (vgl. dazu eingehend Rdn. 613ff.). Gemäß der grundlegenden Bedeutung, die das BVerfG dem Art. 5 I im Hinblick auf die Willensbildung des Volkes und die öffentliche Meinung zuschreibt, ist es zwangsläufig, daß dem Art. 5 I eine besondere „mittelbare Drittwirkung" zukommt. Die Grundrechte des Art. 5 I wirken in besonderem Maße durch die „Einbruchstellen" der Generalklauseln und unbestimmten Rechtsbegriffe in das Privatrecht hinein und besitzen im zivilrechtlichen Bereich durch die „grundrechtskonforme Auslegung" eine beachtliche Ausstrahlungswirkung (vgl. z. B. §§ 138, 242, 823, 826, 1004 BGB). Art. 5 I wird – gewissermaßen als **klassischer Fall der Drittwirkungslehre** – häufig zur Beantwortung der Frage herangezogen, ob eine Verletzungshandlung i. S. von §§ 823 oder 826 BGB rechts- bzw. sittenwidrig oder aber durch Art. 5 I gerechtfertigt ist. Soweit es sich dabei um einen von Art. 5 I geschützten geistigen Wettstreit der Meinungen handelt, ist dies ein Indiz dafür, daß kein Verstoß gegen §§ 823 oder 826 vorliegt; soweit allerdings die Durchsetzung von Meinungen mit Hilfe wirtschaftlichen oder sozialen Druckes etwa durch Boykottaufruf bei monopolähnlicher Machtstellung erfolgt, was von Art. 5 I nicht geschützt wird, weist dies auf eine Rechts- und Sittenwidrigkeit im Rahmen der zivilrechtlichen Vorschriften hin (zu den Grenzen der Pressefreiheit bei Boykottaufrufen: BVerfGE 62, 230, 242 ff.; BVerfG NJW 1989, 381 f.).

Beispiele: BVerfGE 7, 198 ff. (Lüth-Urteil): Aufruf zum Boykott von Filmen eines in der NS-Zeit engagierten Regisseurs (Veit Harlan); BVerfGE 25, 256 ff. (Blinkfüerfall, wirtschaftlicher Boykott aus politischen Motiven); BVerfGE 42, 163, 168 ff. (zivilrechtlicher Unterlassungsanspruch gegen Äußerungen bei politischen Auseinandersetzungen); OLG Düsseldorf BB 1978, 1745 f. (Boykottaufruf im Einzelhandel); BGH NJW 1985, 1620 f. mit Anm. Hufen JuS 1986, 192 ff. (Mietboykottaufruf). Zu den Grenzen verfassungsrechtlicher Kontrolle zivilgerichtlicher Entscheidungen vgl. BVerfGE 42, 143, 147 f.

b) **Einrichtungsgarantien des Art. 5 I:** Art. 5 I enthält Institutsgarantien für die Presse, den Rundfunk, das Fernsehen und den Film. Die Garantie dieser Einrichtungen erfolgt in dem Sinne, daß sie zwar der Gesetzgeber konkretisieren und im einzelnen ausgestalten kann, daß sie jedoch als solche hinsichtlich ihrer wesentlichen Struktur und insbesondere ihrer Abschaffung unantastbar sind (vgl. eingehend Rdn. 576 f.). Gerade Art. 5 I garantiert wegen seiner nahen Verbindung zum Demokratieprinzip und zur freiheitlich-demokratischen Grundordnung nicht nur ein Individualrecht des einzelnen, sondern auch das Phänomen der freien Bildung einer öffentlichen Meinung und im Bereich des Pressewesens die **„Institution freie Presse"**. Dabei ist anerkannt, daß zum Wesen dieser Institution eine möglichst breite Vielfalt der Presseerzeugnisse und damit eine möglichst große Chance der Veröffentlichung unterschiedlicher Meinungen, eine Pressepluralität, aber auch eine möglichst umfassende Unabhängigkeit der Presseorgane auch vom Staat gehört. Dementsprechend ermächtigen und verpflichten Art. 5 I (Existenzverbürgung der „freien Presse") und Art. 20 (Demokratiegebot) den Staat zum Eingreifen, wenn und soweit das freie Pressewesen, insbesondere durch Pressekonzentration, bedroht ist (Rechtfertigung bzw. Pflicht zum Erlaß konzentrationshemmender Vorschriften, aber auch solcher der inneren Pressefreiheit; vgl. BVerfGE 12, 261; 20, 162, 170; NJW 1986, 1743; VG Berlin NJW 1974, 330 f.). Hierbei tritt dann allerdings zwischen der Institutsgarantie „freie Presse" und dem Individualgrundrecht (Art. 5, 12, 14) ein Spannungsverhältnis auf, das im Einzelfall im Rahmen der „praktischen Konkordanz" zu lösen ist. Die Pressefreiheit des einzelnen muß dabei ggf. in dem Maße zurücktreten, in dem durch ihren uneingeschränkten Gebrauch die grundrechtlich gewährleistete Kommunikationsfreiheit der anderen Grundrechtsträger und damit die Funktionsfähigkeit der Kommunikation gefährdet ist. **738**

c) Aus den Grundrechtskomponenten „wertentscheidende Grundsatznorm", „Einrichtungsgarantie" und **„Teilhaberecht" (status positivus)** ergibt sich ganz allgemein hinsichtlich der in Art. 5 I enthaltenen Grundrechtsverbürgungen, daß der freiheitlich soziale Rechtsstaat eine Garantenstellung für die Umsetzung des grundrechtlichen Wertsystems in die Verfassungswirklichkeit besitzt und vor allem besondere rechtliche, organisatorische, in engen Grenzen finanzielle und ähnliche Vorkehrungen zur Verwirklichung und Aufrechterhaltung der in Art. 5 I gewährleisteten **739**

Freiheitsrechte zu treffen hat, um so die tatsächlichen Voraussetzungen für eine Realisierung des Art. 5 I für möglichst alle zu schaffen (begrenzte staatliche Schutzpflichten bei inhaltlichem Neutralitätsgebot; vgl. BVerfGE 12, 205, 259ff.; 31, 314, 326; 80, 124, 133f.). Im einzelnen kommt allerdings dem Gesetzgeber ein Gestaltungs- und Ermessensspielraum zu. Wegen der besonderen Grundrechtssensibilität dieses Bereiches müssen aber hierbei grundsätzlich alle Regelungen vom Gesetzgeber selbst getroffen werden („Parlamentsvorbehalt" bei Grundrechtseinschränkungen und dergleichen; BVerfG NJW 1977, 671). Zum Problem der Pressesubventionierung vgl. VG Berlin NJW 1974, 330ff.; OVG Berlin NJW 1975, 1938ff.; BVerfGE 80, 124, 131ff.; Detterbeck JuS 1991, 670ff.

Wichtige Entscheidungen (x): BVerfGE 7, 198, 203ff. („Lüth-Urteil"); E 12, 205, 259ff. („Deutschland-Fernseh-GmbH"); E 20, 162, 174ff. („Spiegel-Urteil"); E 25, 256ff. („Blinkfüer-Entscheidung"); E 27, 71ff. (Informationsfreiheit); E 35, 202ff. („Fall Lebach"); E 42, 163, 168ff. (Zulässigkeit herabsetzender politischer Äußerungen); E 54, 208, 215ff. („Böll-Urteil"); E 57, 295, 318ff. (saarl. Rundfunkgesetz); E 62, 230, 242ff. (Art. 5 I und Boykottaufruf); VG Berlin NJW 1974, 330ff. (Presse-Subventionierung); BVerwG NJW 1978, 2109f. (Meinungsfreiheit der Soldaten); BGH NJW 1981, 1089ff. und BVerfGE 66, 116, 130ff. („Bild/Wallraff-Urteil", vgl. dazu Roellecke JZ 1981, 688ff.); BVerfGE 73, 118, 152ff. (4. Rundfunkurteil, NdsLRundfG); 77, 65, 72ff. (Filmbeschlagnahme beim ZDF).

Aus der Literatur: *Arndt/v. Ohlshausen,* Verfassungsrechtliche Fragen zur inneren Pressefreiheit, JuS 1975, 485ff.; *Broß,* Medienrecht im Umbruch, VerwArch 1987, 475ff.; *Bullinger,* Freiheit und Gleichheit in den Medien, JZ 1987, 257ff.; *ders.,* Freiheit von Presse, Rundfunk, Film, in: HdBStaatsR Bd. VI, § 142; *Hesse* § 12 I 5; *Maunz/Zippelius* § 24 II 2; *Oppermann,* Auf dem Weg zur gemischten Rundfunkverfassung? JZ 1981, 721ff.; *Papier,* Über Pressefreiheit, Der Staat 1974, 399ff.; *Schmidt,* Rundfunkfreiheit und -gewährleistung, ZRP 1980, 132ff.; *Schmidt-Jortzig,* Meinungs- und Informationsfreiheit, in: HdBStaatsR Bd. VI, § 141; *Schmitt-Glaeser,* Die Meinungsfreiheit in der Rspr des BVerfG, AöR 1988, 52ff.; *ders.,* Rundfunkfreiheit in der Rspr des BVerfG, AöR 1987, 215ff.; *ders.,* Das duale Rundfunksystem, DVBl. 1987, 14ff.; *Stein* § 10; *Steinberg,* Meinungsfreiheit und Straßennutzung, NJW 1978, 1898ff.; *Suhr,* Zur streitbaren Meinungsfreiheit, NJW 1982, 1065ff.; *Tettinger,* Der Schutz der persönlichen Ehre im freien Meinungskampf, JZ 1983, 317ff.; *ders.,* Schutz der Kommunikationsfreiheiten, JZ 1990, 846ff.; *Merten,* Zur negativen Meinungsfreiheit, DÖV 1990, 761ff.

VII. FREIHEIT VON KUNST UND WISSENSCHAFT (Art. 5 III)

1. Wissenschaftsfreiheit

740 In der verfassungsrechtlichen Garantie des Art. 5 III „Wissenschaft, Forschung und Lehre sind frei" sieht das BVerfG die Gewährleistung eines individuellen Freiheitsrechts. Jeder, der wissenschaftlich tätig ist, hat ein Recht auf Abwehr staatlicher Einwirkung auf den Prozeß der Gewinnung und Vermittlung wissenschaftlicher Erkenntnisse. Der **Oberbegriff Wissenschaft** (wissenschaftliches Forschen und Lehren, nicht dagegen Schulunterricht), ist dabei als der ernsthafte, auf einem gewissen Erkenntnisstand aufbauende Versuch zur Ermittlung wahrer Erkenntnisse durch methodisch geordnetes und kritisch reflektierendes Denken zu verstehen. Die Wissenschaft ist deshalb ein von staatlicher Fremdbestimmung freier, nicht an eine bestimmte Wissenschaftstheorie bindbarer Bereich (BVerfGE 15, 256, 263f.; 35, 79, 112f.; 47, 327, 367f.). Darüber hinaus enthält Art. 5 III eine wertentscheidende Grundsatznorm, die das Individualrecht verstärkt, schützt und die Positionen einzelner Grundrechtsträger zum Ausgleich bringt sowie gesamtgesellschaftliche Allgemeinbelange berücksichtigt. Außerdem beinhaltet Art. 5 III die Einrichtungsgarantie „freie Wissenschaft". Aus den beiden zuletzt genannten Grundrechtskomponenten ergibt sich, daß der Staat funktionsfähige Institutionen für einen freien Wissenschaftsbetrieb zur Verfügung zu stellen und außerdem durch geeignete organisatorische Maßnahmen dafür zu sorgen hat, daß das Grundrecht der freien wissenschaftlichen Betätigung soweit unangetastet bleibt, wie dies unter Berücksichtigung der anderen legitimen Aufgaben der Wissenschaftseinrichtungen und der Grundrechte der verschiedenen Beteiligten möglich ist (vgl. dazu BVerfGE 35, 79, 112ff.; 43, 242, 267f.; zur Lehrstuhlausstattung vgl. BVerwG NJW 1978, 842ff.; VGH BW DVBl. 1982, 454ff.; Häberle AöR 1985, 329ff.; Erichsen/Scherzberg NVwZ 1990, 8ff.; Tierversuche und Art. 5 III: Brandhuber NJW 1991, 725ff.).

2. **Kunstfreiheit**

Die Kunstfreiheit in Art. 5 III enthält neben einem subjektiv-öffentlichen Abwehrrecht für den Grundrechtsträger eine das Verhältnis Staat – Kunst regelnde wertentscheidende Grundsatznorm. Die Gewährleistung betrifft sowohl die eigentliche künstlerische Betätigung (**„Werkbereich"** des künstlerischen Schaffens) als auch den Zugang zur Öffentlichkeit, die Darbietung und Verbreitung, die kommunikative Vermittlung des Kunstwerks einschließlich der Werbung (**„Wirkbereich"**; Kunst als öffentlichkeitsangewiesenes und kommunikationsbezogenes Grundrecht; BVerfGE 30, 173, 188ff.; 67, 213, 224; 77, 240, 251). Diese Festlegung des sachlichen Schutzbereichs erfordert, daß in den personalen Geltungsbereich des Art. 5 III neben dem Künstler selbst im Wirkbereich die Personen einbezogen sind, die eine unentbehrliche Mittlerfunktion zwischen Künstler und Publikum ausüben (BVerfGE 81, 278, 292). Der **Leitbegriff „Kunst"** ist nur schwer bestimmbar. Er kann als die freie schöpferische Gestaltung umschrieben werden, in der Eindrücke, Erfahrungen und Erlebnisse des Künstlers durch das Medium einer bestimmten Formensprache zu unmittelbarer Anschauung gebracht werden sollen. Wertende Einengungen der Kunstfreiheit sind unzulässig (Offenheit des Kunstbegriffs als unmittelbarstem Ausdruck der individuellen Künstlerpersönlichkeit). Die künstlerische Qualität ist nicht maßgeblich; Art. 5 III schützt das künstlerische Gelingen und das künstlerische Bemühen (BVerfGE 75, 369, 377). Nach Sinn und Aufgabe erstreckt sich die Kunstfreiheitsgarantie auf all das, was nach der Struktur, der geschichtlichen Entwicklung und der allgemeinen Anschauung, also nach der Anlage von Darstellung und Dargestelltem noch als ernsthafter Versuch zur Gestaltung von Wirklichkeit anzusehen ist und daher wesensmäßig an der Eigengesetzlichkeit des Kunstbereichs teilhat (BVerfGE 30, 173, 189; 67, 213, 226f.; 83, 130, 138ff.; VG Köln NJW 1983, 1212ff.; Henschel NJW 1990, 1937ff.; Würkner NVwZ 1992, 1ff.). **741**

Das in Art. 5 III festgelegte Verhältnis von Kunst und Staat verpflichtet letzteren zu **Neutralität und Toleranz.** Daraus ergibt sich für den Staat das Verbot, auf Methoden, Inhalte und Tendenzen der künstlerischen Betätigung einzuwirken, **742** allgemein verbindliche Regeln über den Schaffensprozeß vorzuschreiben oder den Raum künstlerischer Tätigkeit einzuengen (vgl. BVerfGE 31, 229, 238f.; BGH NJW 1975, 1884; Hartmann JuS 1976, 649).

3. Begrenzung der Grundrechte aus Art. 5 III

743 Die in Art. 5 III enthaltenen Grundrechtsgarantien werden vorbehaltslos gewährleistet (vgl. allerdings Art. 5 III 2). Wie bei Art. 4 so bestehen auch hier Grundrechtsschranken, die aber nur aus dem GG selbst entnommen werden dürfen (Grundrechte und andere oberste Grundwerte des GG als **verfassungsimmanente Schranken;** Rdn. 643f.; BVerfGE 81, 278, 292f.; Dreier DVBl. 1980, 471ff.). Vor allem sind die Grundrechte der beteiligten Mitmenschen und andere verfassungslegitime Interessen zu berücksichtigen und durch fallbezogene Abwägung in einen verhältnismäßigen Ausgleich zu bringen (Art. 1, 2 I; so mußte etwa 1971 im „Mephisto-Urteil" bei der Güterabwägung die Kunstfreiheit gegenüber der Menschenwürde und dem Persönlichkeitsrecht zurückstehen, BVerfGE 30, 173, 191ff.; 67, 213, 228; 75, 369, 378ff.; dto. bezüglich Wissenschaftsfreiheit/optimale Krankenversorgung, BVerfGE 57, 70, 99f.; zur Kunst auf Straßen, die nach h.M. als Sondernutzung und nicht als Gemeingebrauch bewertet wird: BVerwG NJW 1987, 1836f. und NJW 1990, 2011ff., Steinberg/Hartung JuS 1990, 795ff., Heinz NVwZ 1991, 139ff.; zu Kunst/Pornographie/Jugendschutz: BVerfGE 83, 130, 138ff., Geis NVwZ 1992, 25ff.). Zur Grundrechtskonkurrenz bei Schrankendivergenz zwischen Art. 5 III und 8: VG Köln NJW 1983, 1212f. (allgemein: Henschel NJW 1990, 1937, 1943; Würkner DÖV 1992, 150ff.).

Wichtige Entscheidungen (x): BVerfGE 35, 79, 115ff. (Hochschulurteil); E 47, 237, 368ff. (zum Umfang der Wissenschaftsfreiheit); E 55, 37, 57ff. („Bremer Modell"); E 57, 70, 90ff. (Grenzen des Art. 5 III an Uni-Kliniken); VG Kassel NJW 1978, 963f. (Ausschluß von der Dokumenta-Ausstellung); VGH München NJW 1981, 2428f. und BVerfGE 67, 213, 222ff. („Anachronistischer Zug"; vgl. dazu Berkemann NVwZ 1982, 85ff.); LG Frankfurt NJW 1986, 1258ff. (Fassbinder-Premiere mit Anm. Emmerich/Würkner NJW 1986, 1195ff.); BVerfGE 75, 369, 376ff. (Strauß-Karikaturen); BVerfGE 81, 278ff. und 298ff. (Verunglimpfung der Bundesflagge und -hymne); BVerwG NJW 1990, 2011ff. (Straßenkunst); BVerfGE 83, 130, 138ff. (J. Mutzenbacher).

Aus der Literatur: *Denninger,* Freiheit der Kunst, in: HdBStaatsR Bd. VI, § 146; *Häberle,* Die Freiheit der Wissenschaft, AöR 1985, 329ff.; *ders.,* Die Freiheit der Kunst, AöR 1985, 577ff.; *Hufen,* Zur rechtlichen Regelung der Straßenkunst, DÖV 1983, 353ff.; *Kastner,* Zum „Mephisto-Buch" von K. Mann, NJW 1982, 601ff.; *Lorenz,* Wissenschaft zwischen Hochschulautonomie und Staatsintervention, JZ 1981, 113ff.; *Oppermann,* Freiheit von Forschung und Lehre, in: HdBStaatsR Bd. VI, § 145; *Turner,* Grenzen der Forschungsfreiheit, ZRP 1986, 172ff.; *Würkner,* Straßenrecht kontra Kunstfreiheit? NJW 1987, 1793ff.; *Erichsen/Scherzberg,* Verfassungsrechtliche Determinanten staatlicher Hochschulpolitik, NVwZ 1990, 8ff.; *Henschel,* Die Kunstfreiheit in der Rspr. des BVerfG, NJW 1990, 1937ff.; *Laubinger,* Straßenkunst: Gemeingebrauch oder Sondernutzung? VerwArch 1990, 583ff.; *Würkner,* Die Freiheit der Kunst in der Rspr, NVwZ 1992, 1ff.

VIII. EHE UND FAMILIE (Art. 6)

1. Allgemeine Bedeutung von Art. 6

Das GG stellt in Art. 6, in einer eigenen Grundrechtsbestimmung, den engsten **744** persönlichen Bereich des einzelnen, den Familienkreis, besonders heraus. Die Bedeutung des Art. 6 ergibt sich aus seiner Mehrdimensionalität, inbesondere aus drei Komponenten: Art. 6 enthält ein subjektiv-öffentliches Abwehrrecht des einzelnen gegen staatliche Eingriffe, eine personal geprägte Institutsgarantie für Ehe und Familie und darüber hinaus eine wertentscheidende Grundsatznorm (Element objektiver Wertordnung) für die gesamte Rechtsordnung (vgl. insbesondere §§ 1297ff. BGB, Ehegesetz; BVerfGE 24, 119, 135; 31, 58, 67). Ehe und Familie werden unter den besonderen Schutz der staatlichen Ordnung gestellt. In Erfüllung dieser verfassungsrechtlichen Pflicht ist es Aufgabe des Staates, für die Erhaltung und Förderung von Ehe und Familie, den Keimzellen jeder staatlichen Gemeinschaft, zu sorgen (BVerfGE 6, 55, 71ff.; 76, 1, 41ff., 51f.). Nach Art. 6 ist der Staat verpflichtet, den Bestand, die Einheit und Selbstverantwortlichkeit von Ehe, Familie und Elternrecht zu respektieren, zu schützen und zu fördern. Dabei hat er die kulturgeschichtliche Tradition ebenso wie den gesellschaftlichen und sozialen Wandel zu berücksichtigen. Als wertentscheidende Grundsatznorm wirkt Art. 6 auf das gesamte private und öffentliche Recht ein und weist dem Staat positiv die Aufgabe zu, Ehe und Familie durch geeignete Maßnahmen zu fördern sowie vor Beeinträchtigungen und Belastungen zu bewahren, und enthält negativ das Verbot, Ehe und Familie zu schädigen oder sonst zu beeinträchtigen (staatliche Schutz- und Förderpflicht; BVerfGE 51, 386, 396ff.; 53, 224, 245ff.; 55, 114, 126f.; 76, 1, 41ff.; 80, 81, 90ff.; 81, 2, 6f.; Lecheler DVBl. 1986, 905ff.; BVerfG NJW 1991, 1944ff.).

2. Normbereiche (Grundrechtstatbestände)

a) **Grundrechtsträger** des Art. 6 können nur natürliche Personen sein; seinem **745** Wesen nach können nur sie unmittelbar aus diesem Grundrecht ein subjektives Recht herleiten (vgl. Art. 19 III; BVerfGE 13, 290, 297f.). Auf Art. 6 können sich Deutsche und Ausländer berufen (BVerfGE 31, 58, 82; 51, 386, 396f.; 76, 1, 41). In gewissen Grenzen schützt Art. 6 auch einzelne Ehegatten, deren Ehe durch Scheidung oder Tod des Partners beendet wurde (Folgewirkungen, insbesondere im Unterhalts-, Versorgungs- und Versicherungsrecht; BVerfGE 62, 323, 329ff. und NJW 1984, 1523f.).

b) Das GG legt die in Art. 6 enthaltenen grundrechtlichen **Leitbegriffe** nicht fest, **746** sondern setzt sie gewissermaßen als vorgegeben voraus. Grundsätzlich sind sie deshalb nach ihrem überkommenen, sich historisch in unserem Kulturkreis entwikkelten Inhalt zu definieren, wobei aber die sozialen Veränderungen und der gesellschaftliche Wandel nicht außer Betracht gelassen werden dürfen. Unter der **Ehe** ist folglich die freivereinbarte, rechtlich anerkannte, auf Dauer angelegte und damit grundsätzlich unauflösbare Verbindung einer Frau und eines Mannes zur umfassendsten und zugleich engsten Lebensgemeinschaft zu verstehen. Dabei geht Art. 6 I von einer partnerschaftlich orientierten Ehe und von der Gleichberechtigung der Ehepartner aus (vgl. Art. 3 II). Wesentliche Strukturelemente der Ehe sind also: rechtlich sanktionierte und dauerhafte, lebenslange Verbindung zur ehelichen Lebensgemeinschaft, Monogamie, Eheschließungsfreiheit, grundsätzliche Unauflöslichkeit, gleichberechtigte Partnerschaft, staatsfreie Ehesphäre (Bild der „verweltlichten bürgerlich-rechtlichen Ehe"; BVerfGE 53, 224, 245ff.). Der Grundsatz der Lebenslänglichkeit der Ehe gebietet etwa, daß das Ehe- und Scheidungsrecht eheerhaltende, scheidungsverhindernde Regelungen enthält. Formales Erfordernis für den Schutz einer solchen Ehegemeinschaft ist die Eheschließung vor dem Standesbeamten in der gesetzlich vorgeschriebenen Form (Personenstandsgesetz; bürgerliche, nicht kirchliche Eheschließung; auch sog. „hinkende Ehen" unterliegen dem Schutz des Art. 6, BVerfGE 62, 323, 330f.). Deshalb werden auch nicht intakte oder in Scheidung lebende Ehen grundsätzlich geschützt (BVerfGE 55, 134, 142). „Wilde Ehen" und andere eheähnliche Verhältnisse sind zwar nicht verboten, werden jedoch von Art. 6 I nicht erfaßt (evtl. über Art. 2 I); auch geschiedene Ehen genießen keinen Grundrechtsschutz (BVerwGE 15, 306, 316; Ausnahme: aus der Ehe abgeleitete finanzielle Ansprüche, BVerfGE 62, 323, 332). Das Grundrecht des Art. 6 I gewährleistet vor allem die Eheschließungs- und Familiengründungsfreiheit, das eheliche Zusammenleben und die eheliche Selbstbestimmung (persönliche und wirtschaftliche Lebensführung, Lebens- und Wirtschaftsgemeinschaft; BVerfGE 81, 1, 6f.); es schützt vor Eingriffen in die Ehe und die eheliche Privatsphäre und verbietet eine Diskriminierung der Ehe (so ist etwa eine Benachteiligung von Ehegatten gegenüber Ledigen unzulässig, BVerfGE 13, 290, 298; NJW 1991, 1944f.; VG Saarlois DVBl. 1978, 761f.; Zippelius DÖV 1986, 805, 808f.).

747 c) Unter dem **Leitbegriff „Familie"** i. S. von Art. 6 ist die lebenslange Gemeinschaft von Eltern und Kindern zu verstehen (sog. Kleinfamilie, nicht die „Generationen-Großfamilie", mit der Funktion einer Lebens- und Beistandsgemeinschaft). Die Familie ist folglich die natürliche Erweiterung der Ehe, wobei eine Familie i. S. von Art. 6 auch dann vorliegt, wenn sie nur aus dem Kind und einem sorgeberechtigten Elternteil besteht (sog. Restfamilie). Zu den zur Familie zählenden Kindern gehören auch Stief-, Adoptiv- und nichteheliche Kinder (BVerfGE 10, 59, 66; 18, 97, 106; 48, 327, 339). Der Schutz des Art. 6 endet weder mit der Volljährigkeit oder Heirat der Kinder noch mit dem Auszug aus der elterlichen Wohnung. Inhalt und Umfang des Schutzbereichs sind dabei aber „abgestuft" nach Grad und Intensität der Unterhalts- und Beistandserfordernisse garantiert (Maß des Angewiesenseins auf Lebenshilfe, abgestuft nach Lebens-, Haus- und bloßer Begegnungsgemeinschaft; BVerfGE 80, 81, 90ff.). Dies ergibt sich vor allem aus dem Normzweck des Art. 6, der in erster Linie die Erhaltung und Förderung der bestehenden sozialen Funktionen des Familienverbandes schützt und die gegenseitige Verantwortlichkeit seiner Mitglieder begründet (vgl. §§ 1601ff. BGB; BVerfGE 57, 170, 178; BVerwG NJW 1984, 2780f.; VGH BW NVwZ 1982, 517ff.). Art. 6 I schützt die Familie als geschlossenen und selbstbestimmten Lebensbereich (Familienautonomie). Der Staat ist verpflichtet, die Einheit und Eigenverantwortlichkeit sowie das Zusammenleben der Familie zu respektieren und zu fördern (BVerfGE 51, 386, 398; 76, 1, 41ff.; 80, 81, 90ff.; zum Familienlastenausgleich: BVerfGE 82, 60, 78ff.).

d) Art. 6 II enthält eine spezielle Bestimmung für das Verhältnis zwischen Eltern und Kindern in der Familie. Er garantiert den Vorrang der Eltern, ihre Eigenständigkeit und Selbstverantwortlichkeit bei der Pflege und Erziehung der Kinder, bestellt aber gleichzeitig die staatliche Gemeinschaft in den Fällen zum „Wächter", in denen die Eltern nicht bereit oder in der Lage sind, ihr Erziehungsrecht zum Wohle des Kindes wahrzunehmen (Grundsatz der Familienautonomie und Elternverantwortung i. S. einer Schutz- und Erziehungsgemeinschaft). Das **Elternrecht** ist ein ausgesprochen pflichtbezogenes Recht, das dem Wohle des Kindes zu dienen hat (Kind als Grundrechtsträger von Art. 1 und 2 I). Die Verknüpfung von Rechten und Pflichten ist im Unterschied zu anderen Grundrechten für Art. 6 II wesensbestimmend; das Elternrecht (besser: **Elternverantwortung**)ist nicht nur ein „sozialgebundenes, pflichthaltiges" Recht, sondern es existiert von vornherein überhaupt als primär „fremdnutziges", nämlich „kindernütziges" und keinesfalls als elterliches Herrschaftsrecht (fiduziarisches, dienendes Recht, eine anvertraute treuhänderische Freiheit; Art. 6 II findet seine Rechtfertigung im Bedürfnis des Kindes nach Schutz und Hilfe; BVerfGE 61, 358, 371 f.; 72, 155, 171 ff.; 80, 81, 90 ff.). Das GG geht davon aus, daß das Kindeswohl i. S. von Geborgenheit, erzieherischer Kontinuität und bestmöglicher Förderung bei den Eltern in aller Regel am besten aufgehoben ist. Das Elternrecht umfaßt also die Beziehungen zwischen Eltern und Kindern i. S. einer umfassenden Personensorge für das persönliche, körperliche und psychische Wohl, für die seelisch-geistige Entwicklung, für Bildung und Ausbildung, sowie überhaupt das Recht, über Ziel und Methoden der Erziehung zu bestimmen (vgl. § 1671 BGB; Personen- und Vermögenssorge; Pflege und Erziehung). Das Elternrecht soll gewährleisten, daß das Kind zu einer eigenverantwortlichen Persönlichkeit innerhalb der sozialen Gemeinschaft erzogen wird. Dieses Elterngrundrecht gewährt den Eltern ein subjektiv-öffentliches Abwehrrecht gegen hoheitliche Eingriffe, soweit sie nicht durch das „Wächteramt" gedeckt sind (BVerfGE 24, 119, 138 ff.; 47, 46, 69 ff.). Das Elternrecht ist unteilbar und kann nur einvernehmlich, d. h. von beiden Elternteilen gemeinsam, ausgeübt werden, soweit nicht durch Gesetz etwas anderes bestimmt ist, oder eine anderslautende Entscheidung des Vormundschaftsgerichts vorliegt (OVG Münster DVBl. 1975, 443). Bei Konflikten oder Interessenkollisionen zwischen Kind/Mutter/Vater muß dem Kind und seinem Wohle Vorrang zukommen. Der Staat, der im Rahmen seines **„Wächteramtes"** grundsätzlich nur subsidiär tätig werden darf (gewisse Ausnahme Art. 7), hat lediglich durch geeignete Maßnahmen Elternkonflikte zu kanalisieren und Kinder vor elterlicher Untätigkeit oder vor Elternrechtsmißbräuchen zu schützen (vgl. §§ 1626 ff. BGB; BVerfGE 24, 119, 144 f.; 74, 102, 124 f.; zur Adoption: BVerfGE 79, 51, 63 ff.; zur Neuregelung des Rechts der elterlichen Sorge, §§ 1618 a, 1626 II und 1631 II BGB, vgl. Diederichsen NJW 1980, 1 ff.; BVerfGE 56, 363, 380 f.; zur begrenzten Vermögenssorge: BVerfGE 72, 155, 167 ff.; Ramm/Schmidt NJW 1989, 1708 ff., 1712 ff.; zu §§ 1705, 1738 BGB: BVerfG NJW 1991, 1944 ff., Horn DÖV 1991, 830 ff., Brötel NJW 1991, 3119 ff.). **748**

3. **Begrenzung der Grundrechte des Art. 6**

749 a) Die Grundrechte Ehe und Familie in Art. 6 I und ihre umfassenden, an den Staat gerichteten Schutzgebote sind vom Wortlaut her weder durch einen Gesetzesvorbehalt noch auf andere Weise beschränkbar. Gleichwohl lassen die Freiheitsrechte Ehe und Familie gesetzliche Regelungen über ihre konkrete Ausgestaltung nicht nur zu, sondern setzen sie geradezu voraus. Die Verwirklichung der Wertentscheidung des Art. 6 I setzt eine allgemeine **einfachgesetzliche ehe- und familienrechtliche Ausgestaltungsregelung** voraus, welche die Leitbegriffe Ehe und Familie definiert und abgrenzt (vgl. dazu Rdn. 636f.). Solche Regelungen müssen aber die wesentlichen, die Verfassungsinstitute Ehe und Familie bestimmenden Strukturprinzipien beachten, die sich aus der Anknüpfung des Art. 6 I an die hergebrachten, geschichtlich in unserem Kulturkreis sich herausgebildeten und im bürgerlichen Recht konkretisierten Lebensformen in Verbindung mit dem Freiheitscharakter dieser Grundrechtsverbürgungen und anderer Verfassungsnormen ergeben. Mag auch das bürgerliche Recht die Ausgestaltung im einzelnen festlegen, so kann aber umgekehrt keinesfalls der Inhalt von Art. 6 I überhaupt erst aus dem einfachen Recht erschlossen werden, so daß dieses niemals dem GG widersprechen könnte. Vielmehr müssen die einzelnen Regelungen des bürgerlichen Rechts an Art. 6 I als der vorrangigen, selbst die Grundprinzipien enthaltenden Leitnorm gemessen werden. Zweifellos hat der Gesetzgeber hierbei einen erheblichen Gestaltungs- und Ermessensspielraum; dennoch können etwa im Eheschließungsrecht zu strenge oder zu geringe Sach- oder Formvoraussetzungen mit der Freiheit der Eheschließung oder anderen sich aus der Verfassung selbst ergebenden Strukturprinzipien der Ehe unvereinbar sein. Ebenso kann die Anwendung einer gesetzlichen Regelung im Einzelfall dagegen verstoßen oder allgemeine Verfassungsprinzipien, insbesondere den **Grundsatz der Verhältnismäßigkeit,** verletzen (vgl. BVerfGE 24, 119, 135; 28, 324, 361; 31, 58, 68f.; Beispiel: Ausweisung eines ausländischen Staatsangehörigen, der mit einer/einem Deutschen verheiratet ist, vgl. BVerfGE 35, 382ff.; 51, 386, 396ff.; 80, 81, 90ff.; BVerwGE 42, 141ff. und NJW 1980, 2657f. – Güterabwägung zwischen den Interessen des deutschen Staates an der Ausweisung und dem Interesse der Eheleute an Ehe und Familie –; zum Familiennachzug: Zimmermann DÖV 1991, 401ff.).

750 Abgesehen von der Möglichkeit einer begrenzten einfachgesetzlichen Ausgestaltung des Ehe- und Familienrechts steht das Elterngrundrecht nach **Art. 6 II 2** insoweit unter einer Art „Gesetzesvorbehalt“, als es von dem **„Wächteramt des Staates“** gedeckt ist. Aus Art. 6 II folgt deshalb nur die Befugnis, die Interessen der Eltern, des Kindes und des Staates untereinander abzuwägen, zu regeln und soweit dies unbedingt notwendig ist, einzuschränken (BVerfGE 24, 119, 144f.). Das Wächteramt rechtfertigt einen begrenzten Gesetzesvorbehalt bei völlig untätigen Eltern (Erziehungsreserve), bei stark zerstrittenen Eltern (Schlichter- und Schiedsrolle) sowie bei Mißbrauch des Elternrechts (Schutzfunktion; vgl. §§ 1666ff. BGB). Unter den in **Art. 6 III** genannten Voraussetzungen kann der Gesetzgeber den schwerwiegendsten Eingriff in das Elternrecht, die Trennung, ermöglichen (vgl. BVerfGE 31, 194, 210; 60, 79, 87ff.). Alle einschränkenden Regelungen müssen dem Wohle des Kindes dienen (BVerfGE 64, 180, 187ff.).

b) Ein besonderes Problem besteht häufig in der **Lösung von Spannungsverhältnissen** zwischen dem Elternrecht (Art. 6 II), den Grundrechten des Kindes selbst (insbesondere Art. 1 und 2 I) sowie den dem Staat eingeräumten Rechten („Wächteramt", vor allem aber dem Schulorganisationsrecht in Art. 7). Grundsätzlich stehen alle drei Rechtskreise gleichrangig nebeneinander, wobei die Lösung der Spannungslage durch eine verfassungsrechtliche **Güterabwägung** im Einzelfall zu erfolgen hat. Da aber das Elternrecht kein Herrschaftsrecht über das Kind ist, sind Konfliktslagen in den Eltern/Kind-Beziehungen vorrangig zugunsten des Kindes und seines Wohles zu entscheiden (BVerfGE 55, 171, 179; 72, 155, 167ff.; zur Abwägung Eltern/Pflegefamilie: E 75, 201, 217ff.; zur Abwägung bei Adoption: BVerfGE 79, 51, 63ff.). Bei Interessenkollisionen im Verhältnis Eltern/Kind/Schule muß eine Güterabwägung zwischen dem in Art. 6 II garantierten Erziehungsrecht, dem in Art. 7 I verankerten Recht des Staates zur Entscheidung über das Schulsystem und den Grundrechten des Kindes (Art. 1, 2 und 4) vorgenommen werden. Dabei kommt dem Gesetzgeber allerdings ein nicht unerheblicher Gestaltungsspielraum zu (vgl. BVerfGE 24, 119, 144f.; 41, 29, 44ff.). Elternrecht und staatliche Schulhoheit müssen zum Ausgleich gebracht werden. Die gemeinsame Erziehungsaufgabe von Eltern und Schule, welche die Bildung und den Schutz der Persönlichkeit des Kindes zum Ziele hat, läßt sich nicht in einzelne Komponenten zerlegen; sie ist in einem sinnvoll aufeinander bezogenen Zusammenwirken zu erfüllen (BVerfGE 34, 165, 182f.; 47, 46, 69ff.; 59, 360, 376ff.; HessStGH NVwZ 1984, 90ff.; vgl. dazu Rdn. 761f.). 751

4. Art. 6 I und II als Institutsgarantie und wertentscheidende Grundsatznorm

a) Ehe, Familie und Elternrecht sind als **Einrichtungsgarantien** geschützt (vgl. dazu Rdn. 576f.). Daraus ergibt sich, daß Regelungen und Tendenzen, die auf eine Abschaffung dieser Institutionen abzielen oder den Normkern, die wesentlichen Strukturprinzipien des Ehe- und Familienrechts tangieren, untersagt sind. Im übrigen kann der Gesetzgeber allerdings Modifizierungen und gewisse Änderungen des geltenden Rechts vornehmen (vgl. BVerfGE 6, 55, 72; 53, 224, 245ff.; BGH NJW 1979, 978ff. und 1289ff., wonach die Reform des Scheidungsrechts von 1977 nicht gegen Art. 6 verstößt). 752

b) Wie bereits ausgeführt, enthält Art. 6 verbindliche Wertentscheidungen für alle Rechtsbereiche, die gesamte Rechtsordnung **(Elemente objektiver Wertordnung).** Die Ausstrahlungswirkung des Art. 6 erfaßt dabei nicht nur das gesamte Familienrecht, sondern bezieht sich etwa auch auf das internationale Privatrecht, das Steuerrecht, das Sozialrecht, das Ausländerrecht usw. (vgl. BVerfGE 28, 324, 346f.; 31, 58ff.; 36, 146, 161ff.; 80, 81, 92ff.). Aus dem Charakter des Art. 6 I als wertentscheidende Grundsatznorm folgt: (1) Dem Staat obliegt ein besonderer Schutz, ein Gebot zur Förderung von Ehe und Familie (ehe- und familienfreundliches Steuer- und Sozialversicherungssystem; Kindergeld usw.; BVerfGE 44, 249, 273f.; 48, 346, 366; zur Pflicht des Staates zu einem Familienlastenausgleich: BVerfGE 82, 60, 78ff.). (2) Da die Grundrechte zwischen Privatpersonen, im Privatrechtsbereich, nur mittelbar gelten („Drittwirkung der Grundrechte"; vgl. dazu Rdn. 613ff.), 753 besteht grundsätzlich kein Abwehrrecht bei Störungen von Ehe und Familie durch dritte Privatpersonen. So steht etwa einer Ehefrau grundsätzlich kein Unterlassungsanspruch gegen die Geliebte ihres Ehemannes zu. Ausnahmsweise ist aber die Ehefrau durch Art. 6 gegen das Eindringen oder die Aufnahme der Geliebten des Ehemannes in den räumlich-gegenständlichen Bereich der Ehe, insbesondere in die Ehe- oder Familienwohnung geschützt (grundrechtskonforme Auslegung – im Lichte des Art. 6 – von §§ 823 I, 1004 I, 1353 I BGB, quasinegatorischer Unterlassungsanspruch; BGHZ 6, 360ff.; OLG Celle NJW 1980, 711f. und OLG Schleswig FamRZ 1989, 979 – Ehestörungsklage –; Smid NJW 1990, 1144ff.).

754 Seit einigen Jahren wird die Einwirkung des Ehe- und Familienschutzes auf das **Staatsangehörigkeits- und Ausländerrecht** besonders heftig diskutiert (vgl. zur Einbürgerung ausländischer Ehegatten: BVerwG NJW 1982, 538f. und NJW 1990, 1433f.; zur Ausweisung ausländischer Ehegatten: BVerfGE 51, 386, 396ff. und NVwZ 1983, 667; BVerwGE 42, 141f.; 56, 246ff.; zum Nachzug von Familienangehörigen: BVerwG NJW 1982, 1958f. und NJW 1984, 2775, 2778f.; zum Ehegattennachzug: BVerfGE 76, 1, 41ff., kritisch dazu Zuleeg DÖV 1988, 587ff.). Der Ehe- und Familienschutz weist dabei „Zonen unterschiedlicher Festigkeit" auf (abgestufter Grundrechtsschutz nach Fallgruppen; Differenzierung nach Deutschen-, gemischter oder reiner Ausländerehe oder -familie, Minderjährigkeit/Volljährigkeit, Grad der Hilfsbedürftigkeit, Gefährdung, Ehebestandszeit, Integrationsfähigkeit, Wartefristen usw.; vgl. BVerfGE 80, 81, 90ff.; BVerwG NJW 1982, 1958f. und NJW 1984, 2780ff.; Weber NJW 1983, 1225ff.; Meyer-Teschendorf DÖV 1989, 105ff.; Zimmermann DÖV 1991, 401ff.

Wichtige Entscheidungen (x): BVerfGE 6, 55, 72ff. (Ehegattenbesteuerung); E 10, 59, 72ff. („Stichentscheid-Urteil"); E 24, 119, 135ff. (Elternrecht); E 31, 58, 67ff. („Spanier-Entscheidung" – Eheschließungsfreiheit –); E 53, 224, 245ff. (Zerrüttungsprinzip); E 76, 1, 41ff. (Ehegattennachzug zu Ausländern); E 60, 68, 74ff. (zu Art. 6 IV – Mutterschaftsschutz –); BVerfGE 25, 167, 173ff. und E 74, 33ff. (zu Art. 6 V); BVerfG NJW 1991, 1944ff. (§ 1738 BGB).

Aus der Literatur: *Bähr,* Reform des Unehelichenrechts, JuS 1969, 545ff.; *Bosch,* Entwicklungslinien des Familienrechts, NJW 1987, 2617ff.; *Dörr,* Elterliche Sorge, Umgangsbefugnis und Kindesherausgabe, NJW 1989, 690ff.; *Gernhuber,* Kindeswohl und Elternwille, FamRZ 1973, 229ff.; *Hesse* § 12 IV; *Lecheler,* Schutz von Ehe und Familie, in: HdBStaatsR Bd. VI, § 133; *Giesen,* Ehe und Familie in der Ordnung des GG, JZ 1982, 817ff.; *v. Campenhausen/Steiger,* Verfassungsgarantie und sozialer Wandel – Das Beispiel von Ehe und Familie, VVDStRL Bd. 45 (1987), S. 1ff.; *Zacher,* Elternrecht, in: HdBStaatsR Bd. VI, § 134; *Zippelius,* Verfassungsgarantie und sozialer Wandel bei Art. 6, DÖV 1986, 805ff.; *Heinz,* Zum Stand des Namenrechts, DÖV 1991, 967ff.

IX. SCHULWESEN (Art. 7)

1. Bedeutung des Art. 7

755 Das Schulwesen ist unter Berücksichtigung der tragenden Grundsätze des GG (Art. 7, 6, 4, 2, 3, 5 und 12, Demokratiegebot sowie Rechts- und Sozialstaatsprinzip) und der einzelnen LV rechtlich zu ordnen. Art. 7 regelt nur einzelne Grundfragen des Schulrechts. Zwar enthält Art. 7 Einrichtungsgarantien, Grundrechtsnormen und

Auslegungsregeln für das Schulrecht, doch enthält eben das GG keine in sich geschlossene Regelung, sondern legt lediglich bestimmte Teilbereiche in unterschiedlicher Ausführlichkeit fest (BVerfGE 6, 309, 354ff.; 26, 228, 238f.). Im übrigen steht die **Kulturhoheit** den Ländern zu. Nach den Art. 70ff. besitzen die Länder grundsätzlich die Gesetzgebungskompetenz im Bereich des Schulwesens. Den Landesparlamenten kommt deshalb eine weitgehende Gestaltungsfreiheit im Schulwesen zu (vgl. etwa Art. 11–12 LV BW), was eine – teilweise als recht unbefriedigend empfundene – Vielfalt und mitunter auch Zersplitterung des Schulwesens zur Folge hat.

Grundsätzlich hat der Staat für ein Schulsystem zu sorgen, das bei der Vermittlung **756** von Wissen und Fertigkeiten dem **Gebot der Toleranz,** der Liberalität und Pluralität gerecht wird und ein Elternwahlrecht bietet. Die Schule hat für die verfassungsrechtlich verankerten Wertvorstellungen und für die Vielfalt der Anschauungen in Erziehungsfragen offen zu sein sowie auf das natürliche Erziehungsrecht der Eltern und auf deren religiöse und weltanschauliche Überzeugung Rücksicht zu nehmen (**schulischer Pluralismus**, kein Absolutsetzen von Bildungszielen, sowie hinreichende **staatliche Neutralität** und Toleranz; vgl. BVerfGE 47, 46, 74ff.; 53, 185, 195f.; 75, 40, 61ff.; BVerfG NVwZ 1990, 54f.; BayVerfGH NJW 1988, 3141f.; Eiselt DÖV 1978, 866ff.).

2. Begriff und Umfang des Schulwesens und der Schulaufsicht

a) Das **Schulwesen** umfaßt sowohl die öffentlichen Schulen als auch die Privatschu- **757** len, nicht dagegen die Hochschulen (Universitäten, Fachhochschulen, vgl. Art. 5 III und 12 I; BVerfGE 37, 314, 320). Als Teil des umfassenden Bildungswesens ist der **Begriff** Schulwesen als die Gesamtheit der Einrichtungen zu definieren, die sich mit der Vermittlung von Bildungsinhalten in Schulen befassen. Eine **Schule** ist dabei eine auf gewisse Dauer berechnete, an fester Stätte unabhängig vom Wechsel der Lehre und Schüler in überlieferten Formen organisierte Einrichtung der Erziehung und des Unterrichts, die durch planmäßige und methodische Unterweisung eines größeren Personenkreises in einer Mehrzahl allgemeinbildender oder berufsbildender Fächer bestimmte Bildungs- und Erziehungsziele zu verwirklichen bestrebt ist und die nach Sprachsinn und allgemeiner Auffassung als Schule angesehen wird. Die Schularten werden nach verschiedenen Kriterien in unterschiedliche **Schultypen** gegliedert: öffentliche Schulen/Privatschulen; Pflichtschulen/weiterführende Schulen; allgemeinbildende und berufsbildende Schulen; Grundschule/Hauptschule/Realschule/Gymnasium/Sonderschule usw. Zwar ist durch das sog. „Hamburger Abkommen" vom 28. 10. 1964 zwischen den Ländern eine gewisse Einheitlichkeit auf dem Gebiet des Schulwesens erreicht, doch bestehen gleichwohl aufgrund der Kulturhoheit der Länder zahlreiche, z. T. nicht unerhebliche Unterschiede.

b) Der Begriff der **staatlichen Schulaufsicht,** wie ihn Art. 7 I verwendet, ist unter **758** Berücksichtigung seiner historischen Entwicklung auszulegen (BVerwGE 21, 289f.). Er kann als Inbegriff der staatlichen Herrschaftsrechte, nämlich als Gesamtheit der staatlichen Befugnisse zur Organisation, Planung, Leitung und Beaufsichtigung des Schulwesens umschrieben werden. Zu den staatlichen Organisationsbefugnissen zählen vor allem: Schulpflicht, Schuldauer, Schulsystem, Schulreform, Versuchs- und Experimentierklauseln, Schulbuchgenehmigung, Bildungsplanung, Errichtung und Schließung von Schulen als **äußere schulorganisatorische Angelegenheiten;** Schulstrafen, Versetzung und Ausschluß aus der Schule, Festlegung der Bildungsinhalte, Unterrichtsziele und Ausbildungsgänge, Überwachung und Auswahl der Lehrer, Verhältnis von Lehrer und Schüler, Verhalten der Schüler als **innere schulorganisatorische Angelegenheiten.** Dabei gehören die organisatorische Gliederung der Schule und die strukturellen Festlegungen des Ausbildungssystems, das inhaltliche und didaktische Programm der Lernvorgänge und das Setzen der Lernziele sowie die Entscheidung darüber, ob und wieweit diese Ziele von dem Schüler erreicht worden sind, zu dem staatlichen Gestaltungsbereich, der auch einer elterlichen Mitbestimmung nach Art. 6 II grundsätzlich entzogen ist (BVerfGE 34, 165, 182; 45, 400, 415 und NVwZ 1984, 781; BVerwG NJW 1981, 1056 und OVG Münster NVwZ 1984, 804ff., HessVGH NVwZ 1991, 189ff.: kein Recht der Eltern auf eine bestimmte Schulform und bestimmte Lerninhalte wie z.B. Mengenlehre, sondern nur generell auf ein plurales Schulsystem).

759 Der **Begriff „Schulaufsicht"** enthält also neben den eigentlichen (1) Aufsichtsrechten (Rechts-, Fach- und Dienstaufsicht) auch allgemeine Gestaltungs- und Normierungsrechte des Staates innerhalb des Schulwesens. Zur Schulaufsicht i. S. von Art. 7 I gehört die Befugnis des Staates zur (2) zentralen Ordnung und Organisation des Schulwesens mit dem Ziel, ein Schulsystem zu gewährleisten, das allen jungen Bürgern gemäß ihren Fähigkeiten die dem heutigen gesellschaftlichen Leben entsprechenden Bildungsmöglichkeiten eröffnet; dabei ist der staatliche Auftrag nicht allein auf (3) die Vermittlung von Wissensstoff beschränkt, sondern bezieht sich – neben dem Elternhaus – auch auf (4) die Erziehung. Insbesondere der schulische Erziehungsauftrag ist aber nicht ausschließliche Staatsangelegenheit (schulische und elterliche Erziehung als prinzipiell gleichrangige gemeinsame Aufgabe, als aufeinander bezogenes Zusammenwirken durch Berücksichtigung der erzieherischen Elternvorstellungen; vgl. Rdn. 762). Hauptziel muß es stets sein, zur Persönlichkeitsentwicklung des Kindes und zu seiner Eingliederung in die Gesellschaft beizutragen. Dabei muß sie aber für unterschiedliche Wertvorstellungen offen sein und Indoktrinierungsversuche unterlassen (BVerfGE 26, 228, 238; 47, 46, 71ff.; 53, 185, 196; BVerfG NVwZ 1990, 54f.; BVerwGE 79, 298ff.).

760 c) Die dem Staat durch Art. 7 I im Rahmen der Schulaufsicht zustehenden allgemeinen schulorganisatorischen Gestaltungs- und Normierungsrechte können nun aber nicht beliebig, etwa allein durch die Schulverwaltung ausgeübt werden; vielmehr müssen sie verfassungsgemäß sein, und insbesondere die wesentlichen staatlichen Entscheidungen im Schulwesen mindestens in ihren Grundzügen vom Gesetzgeber selbst getroffen werden (**„Parlamentsvorbehalt"** für organisatorische Grundstrukturen, wesentliche Systemveränderungen und erhebliche Eingriffe wie Groblernziele, Schülerstatus, Einrichtung von Versuchs- und Ganztagsschulen, Einführung einer gymnasialen Oberstufe oder Förderstufe, eines Sexualkundeunterrichts usw.; **Wesentlichkeitstheorie;** BVerfGE 34, 165, 192f.; 45, 400, 417ff.; 47, 46, 78ff.; 58, 257, 268ff.; vgl. zum ganzen Rdn. 195f. und 653f.). Was im einzelnen als „wesentlich" angesehen werden muß, ist bisher noch nicht abschließend geklärt (vgl. dazu etwa BVerfGE 45, 400, 418f.; 58, 257, 268ff.; BVerwG NJW 1982, 1410ff.; HessStGH DÖV 1984, 718ff.; Clemens NVwZ 1984, 65ff.; Theuersbacher NVwZ 1988, 886ff.; anschauliches Beispiel: VGH BW NJW 1987, 3274ff., wonach die Groblernziele zum Unterrichtsthema „Frieden" einer gesetzlichen Grundlage bedürfen).

3. Grenzen der Schulaufsicht

Das Schulwesen ist zwar grundsätzlich Sache des Staates; der Bildungs- und Erzie- **761**
hungsauftrag des Staates gemäß Art. 7 I wird jedoch durch verfassungsrechtliche Garantien wie das Elternrecht (Art. 6 II, 7 II), die Privatschulfreiheit (Art. 7 IV, V), der konfessionelle Religionsunterricht (Art. 7 III; vgl. auch Art. 140 i. V. mit Art. 136ff. WV), das Selbstverwaltungsrecht der Gemeinden (Art. 28 II) und die Grundrechte, insbesondere die Glaubens-, Gewissens- und Bekenntnisfreiheit der Schüler (Art. 4 I), die freie und menschenwürdige Entfaltung der Persönlichkeit des Kindes (Art. 1 und 2 I), die Chancengleichheit im Bildungsbereich und die freie Berufs- und Ausbildungswahl (Art. 2 I, 3 II, III, 12 und 20 I), aber auch durch die pädagogische Freiheit der Lehrer (vgl. BVerfGE 47, 46, 83), begrenzt und eingeschränkt. Art. 7 steht also in einem besonderen **Sinnzusammenhang** mit anderen Normen des GG. Die darin liegenden Kollisionen sind durch Rechtsgüterabwägungen i. S. einer Grundrechtsoptimierung schonend auszugleichen (vgl. BVerfGE 59, 360, 379; BVerfG NVwZ 1990, 54f.; VG Hannover NJW 1991, 1000f.).

Das häufig auftretende **Spannungsverhältnis zwischen dem Erziehungsrecht der** **762**
Eltern aus Art. 6 II und dem staatlichen Schulaufsichtsrecht aus Art. 7 I ist meist schwierig zu lösen. Dabei ist davon auszugehen, daß der staatliche Erziehungsauftrag der Schule in seinem Bereich dem elterlichen Erziehungsrecht nicht nach-, sondern gleichgeordnet ist. Die Bildung des Kindes ist gemeinsame Erziehungsaufgabe von Eltern und Schule (vgl. BVerfGE 34, 165, 183 und Rdn. 751). Bestehende Spannungslagen sind nach sorgfältiger Prüfung des Einzelfalles durch Interessen- und Güterabwägung im Wege der **„praktischen Konkordanz"** zwischen den beiden und ggf. weiteren Grundrechten zu lösen (vgl. Rdn. 648ff.; BVerfGE 41, 29, 50f.). Nach der Rspr gehört die Festlegung der Schultypen, der Schulorganisation, der Ausbildungsgänge, der Bildungsziele, der Lehrpläne und der Lehrmethoden grundsätzlich zum staatlichen Gestaltungsbereich. Auch kann der Staat für den Besuch einer bestimmten Schule Zulassungsvoraussetzungen aufstellen (negative Auslese). Im übrigen liegt aber im Rahmen der zur Verfügung stehenden Schulsysteme das Wahl- und Entscheidungsrecht bei den Eltern, das nicht mehr als notwendig eingeschränkt werden darf (BVerfGE 34, 165, 191f.; 45, 400, 415f.). Demnach ist der Gesetzgeber gehalten, das Schulsystem so zu organisieren, daß den Eltern immer ein substantielles Wahl- und Entscheidungsrecht bleibt, die schulische Erziehung ihrer Kinder zu bestimmen und in gewissem Umfang bei schulischen Angelegenheiten mitzuwirken. Der Staat ist verpflichtet, in der Schule die Verantwortung der Eltern für den Gesamtplan der Erziehung ihrer Kinder zu achten und für die Vielfalt der Anschauungen in Erziehungsfragen soweit offen zu sein, als es sich mit einem geordneten staatlichen Schulsystem verträgt (im einzelnen ist manches umstritten;

BVerfGE 34, 165, 183; 47, 46, 74f.). Die Lösung des Spannungsverhältnisses von Art. 7 zu Art. 6 II ist geprägt von Pluralität, Toleranz, Konkordanz und Kooperation. Daraus ergeben sich für die Eltern im Schulwesen keine Mitbestimmungs- und in der Regel auch keine Mitwirkungsrechte; den Eltern gegenüber bestehen aber Informations-, Aufklärungs- und Abstimmungspflichten (BVerwG NJW 1979, 1616: keine Elternbeteiligung bezüglich des Sexualkundeunterrichts; BVerfGE 59, 360, 378ff.: grundsätzliches Recht der Eltern auf Unterrichtung und Aufklärung über elternrelevante Vorgänge in der Schule; aus einzelnen LV ergeben sich z.T. weitergehendere Ansprüche, vgl. etwa HessStGH NJW 1982, 1381 und Dietze NJW 1982, 1353ff.; zum Religionsunterricht und zu Art. 7 III: BVerfGE 74, 244, 250ff.; Schlink NJW 1992, 1008ff.).

Wichtige Entscheidungen (x): BVerfGE 6, 309, 355ff. („Konkordatsurteil"); E 34, 165, 181ff. (Einführung einer obligatorischen Förderstufe in Hessen); E 41, 29, 44ff. (Christliche Gemeinschaftsschule); E 45, 400, 414ff. und E 53, 185, 195ff. (Reform der gymnasialen Oberstufe); E 47, 46, 65ff. und BVerwG NJW 1979, 1616f. (Sexualkundeunterricht); BVerfGE 52, 223, 235ff. mit Anm. Link JZ 1980, 564ff. (Schulgebet); BVerfGE 59, 360, 376ff. (Schülerberater); BVerfG NVwZ 1990, 54f. und BVerwGE 79, 298ff. (Schulbuchauswahl); HessVGH NVwZ 1991, 189ff. (integrierte Gesamtschule).
Zum Privatschulwesen: BVerfGE 27, 195, 200ff.; 37, 314, 319ff.; BVerwGE 27, 360, 362ff.; NRWVerfGH DVBl. 1983, 223ff. mit Anm. Bernhard DVBl. 1983, 299ff.; BVerwGE 70, 290ff. und DÖV 1988, 1057ff.; BVerfGE 75, 40, 61ff. mit Anm. Eiselt DÖV 1987, 557ff. (Privatschulförderung).

Aus der Literatur: *Blau,* Bedeutung und Probleme der Privatschulfreiheit, JA 1984, 463ff.; *Fehnemann,* Bemerkungen zum Elternrecht in der Schule, DÖV 1978, 489ff.; *Hesse* § 12 IV; *Kloepfer,* Staatl. Schulaufsicht und gemeindl. Schulhoheit, DÖV 1971, 837ff.; *Müller,* Christliche Gemeinschaftsschule und weltanschauliche Neutralität des Staates, DÖV 1969, 441ff.; *Oppermann,* Schule und berufliche Ausbildung, in: HdBStaatsR Bd. VI, § 135; *Ossenbühl,* Schule im Rechtsstaat, DÖV 1977, 801ff.; *Sendler,* Gesetzesrecht und Richterrecht im Schulwesen, DVBl. 1982, 381ff.; *Starck,* Staatliche Schulhoheit, pädagogische Freiheit und Elternrecht, DÖV 1979, 269ff.; *Stein* § 19; *Vogel,* Die Bestandsgarantie des Art. 7 IV 1, DVBl. 1985, 1214ff.; *Wolff/Bachof,* VerwR II, § 101; *Ladeur,* Elternrecht und Schulschließung, DÖV 1990, 945ff.; *Renck,* Verfassungsprobleme der christlichen Gemeinschaftsschule, NVwZ 1991, 116ff.

X. VERSAMMLUNGSFREIHEIT (Art. 8)

1. Bedeutung des Art. 8

763 Die Versammlungsfreiheit ist als **Kommunikationsgrundrecht** für jede demokratische Ordnung von konstitutiver Bedeutung; in ihr, insbesondere im Demonstrationsrecht, finden Liberalität und Toleranz einer freiheitlichen Demokratie ihren unmittelbarsten Ausdruck (klassisches Grundrecht für Andersdenkende, Unzufriedene und Unbequeme). Der Mensch als soziales Wesen bedarf durch Art. 8 neben dem individualrechtlichen Aspekt besonders der politisch-demokratischen Elemente. Die praktische Bedeutung des Art. 8 liegt demnach primär in seiner Funktion, freie politische Willensbildung in Gruppenform zu gewährleisten, und ergänzt insoweit die Meinungsfreiheit (Art. 5 I, vgl. auch Art. 4 und 9). Daneben schützt Art. 8 aber auch allgemein die interpersonale Persönlichkeitsentfaltung, das individuelle/kollektive Zusammensein zum Zwecke der interpersonalen Kommunikation als

„gemeinschaftliche" Entfaltung (umfassender Meinungs- und Informationsaustausch), aber auch die negative Versammlungsfreiheit. Art. 8 dokumentiert, daß der Mensch nicht nur als isoliertes Individuum behandelt werden darf, sondern ihm auch die Möglichkeit des kollektiven Handelns gewährleistet sein muß (unentbehrliches demokratisches Funktionselement: Recht auf friedlichen Protest, auf pluralistische Initiativen und Alternativen; BVerfGE 69, 315, 342ff.). Sie schützt nicht nur vor staatlichen Eingriffen, sondern verpflichtet den Staat auch, die grundsätzliche Abhaltung von Versammlungen zu ermöglichen (OVG Lüneburg NJW 1978, 1939; OVG Münster NVwZ 1989, 886ff.; OVG Bremen NVwZ 1990, 1188ff.; VG Hannover NJW 1991, 1000f.). Art. 8 unterscheidet zwischen Versammlungen unter freiem Himmel (Abs. 2) und den übrigen Versammlungen.

2. **Normbereich (Grundrechtstatbestand)**

Die Versammlungsfreiheit kann ihrem Wesen nach nur auf natürliche Personen **764** anwendbar sein (Art. 19 III). Art. 8 I beschränkt allerdings die **Grundrechtsträgerschaft** auf Deutsche i. S. von Art. 116 („Bürgerrecht"; BVerwG DVBl. 1975, 888).

Unter dem **Leitbegriff Versammlung** i. S. von Art. 8 wird das Zusammensein von **765** mindestens drei Personen verstanden (vgl. § 73 BGB; in der Literatur werden zunehmend zwei Personen für ausreichend erachtet), die sich zusammengefunden haben, um an einem gemeinsamen Ort zu einem gemeinsamen, gleichartigen Zweck gemeinschaftliche Kommunikation zu betreiben, Angelegenheiten zu erörtern oder eine gemeinsame Kundgebung zu veranstalten (interpersonaler Meinungs-und Informationsaustausch; gemeinsame körperliche Sichtbarmachung von Überzeugungen; Mittel der geistigen Auseinandersetzung und Medium zur Einwirkung auf die Meinungs- und Willensbildung; kommunikativ-demokratisches und kollektives Grundrecht; innere Verbindung durch gemeinsame Willensbekundung, Diskussionsveranstaltung, Demonstrationszug, Protestmarsch und dergleichen). Nicht unter den Versammlungsbegriff fallen deshalb in der Regel rein unterhaltende, kommerzielle, sportliche und ähnliche Zusammenkünfte sowie bloß zufällige Ansammlungen, weil es bei ihnen meist an einer inneren Verbindung, an einem gemeinsamen Zweck fehlt. Art. 8 bezieht sich auf öffentliche und nichtöffentliche Veranstaltungen, auf planmäßige und spontane, auf erlaubte und nicht angemeldete Zusammenkünfte (BVerwGE 26, 135, 138; 69, 315, 342f.; BVerwG NJW 1989, 2411f.; kritisch zu dem hier nicht mehr vertretenen, auf öffentliche Angelegenheiten beschränkten, engen Versammlungsbegriff: Geck DVBl. 1980, 797ff.; v. Mutius Jura 1988, 30, 79). Ferner schützt Art. 8 nicht nur die Versammlung selbst, sondern deren Vorbereitung, Organisation, Leitung, Durchführung und die Teilnahme an ihr. Dabei erfaßt der Normbereich des Art. 8 wie der des Art. 5 I nur die Auseinandersetzung mit geistigen Mitteln; wer seinen Standpunkt mit Tätlichkeiten, physischen Mitteln und dergleichen durchsetzen will, also nicht „friedlich und ohne Waffen", oder wer eine Versammlung mit Verhinderungsabsicht aufsucht, kann sich nicht auf Art. 8 berufen (BGH NJW 1975, 50; BVerfG NJW 1991, 2694f.). **Unfriedlich** ist eine Versammlung dann, wenn es in ihrem Verlauf nicht nur vereinzelt zu rechtswidrigen, gewalttätigen Handlungen gegen Dritte kommt, oder die Versammlung gar darauf angelegt ist. Auch eine rechtswidrige Verkehrsbehinderung, die Ziel und Zweck einer öffentlichen Aktion ist, nimmt nach der Rspr einen unfriedlichen Charakter an und steht damit nicht mehr unter der Garantie des Art. 8 I (vgl. BGHZ 59, 30ff.; 70, 277, 287; BVerfGE 69, 315, 342ff. und 73, 206, 248ff. – Strafbarkeit von Sitzdemonstrationen –; Brohm JZ 1985, 501ff.; Hölscheidt DVBl. 1987, 666ff.). Zum ganzen und zum Versammlungsgesetz – Sartorius Nr. 435 –: Alberts NVwZ 1992, 38ff.; Kniesel NJW 1992, 857ff.

3. **Grundrechtsbeschränkung des Art. 8**

766 Nach Art. 8 II können nur Versammlungen unter freiem Himmel gesetzlich beschränkt werden (**Gesetzesvorbehalt** als grundrechtliche Vorbehaltsschranke; vgl. Rdn. 641f. sowie die abschließenden Verbots- und Auflösungsgründe in §§ 14ff. Versammlungsgesetz – lex specialis zum Straßenverkehrs- und allgemeinen Polizeirecht –; BVerwG NJW 1989, 2411f.). Dabei muß allerdings das Verhältnismäßigkeitsprinzip gewahrt sein (Wechselwirkungstheorie; vgl. etwa BVerwGE 26, 135, 137; NJW 1967, 1191). Im übrigen unterliegt die Versammlungsfreiheit **verfassungsimmanenten Grundrechtsschranken** (solche sind etwa in den §§ 5–13 Versammlungsgesetz niedergelegt; Ketteler DÖV 1990, 954, 957ff.). So darf insbesondere Art. 8 I nicht so ausgeübt werden, daß dadurch Grundrechte Dritter gefährdet werden. Deshalb kann vor allem zum Schutz bedrohter, überragender verfassungsrechtlicher Gemeinschaftsgüter eine Versammlung beschränkt oder verboten werden (z.B. wegen Seuchengefahr gemäß Art. 2 II; § 43 BSeuchenG; in äußersten Ausnahmefällen auch bei unvermeidbarer erheblicher Gefährdung der öffentlichen Sicherheit und Ordnung, vgl. dazu BVerfGE 39, 334, 367; 69, 315, 348ff.). Versammlungen dürfen aber nicht allein deshalb untersagt werden, weil mit Gegendemonstrationen usw. zu rechnen ist, die erhebliche Gefahren für die öffentliche Sicherheit und Ordnung mit sich bringen können (unmittelbare oder mit hoher Wahrscheinlichkeit drohende Gefahr; OVG Lüneburg NVwZ 1988, 638f.; OVG Münster NVwZ 1989, 886ff.; entspr. gilt für die optische Dokumentation von Versammlungen, OVG Bremen NVwZ 1990, 1188ff.; außerdem BGH NJW 1984, 1226, 1229 und Rühl NVwZ 1988, 577ff.). Nach dem Grundsatz der Verhältnismäßigkeit ist ein Versammlungsverbot nur rechtmäßig, wenn minderschwere Maßnahmen wie Auflagen usw. nicht mit Erfolg ergriffen werden können (vgl. BVerfG NJW 1985 2395; VG Köln NJW 1988, 2123f.). Zu Art. 8 und dem Gemeingebrauch an öffentlichen Straßen: VGH Kassel NJW 1988, 2125f.; BVerwG NJW 1989, 52f.).

Wichtige Entscheidungen (x): LG Köln JZ 1969, 80ff. und BGH NJW 1969, 1770ff. (Straßenbahnblockade durch Sitzstreik); BVerwGE 26, 135, 138 (Spontanversammlung); BGHZ 59, 30ff. („Demonstrationsschäden-Urteil“); VGH München NJW 1981, 2428f. und VG Köln NJW 1983, 1212f. (Kunst- und Versammlungsfreiheit, Auflagen für politisches Straßentheater); BVerfGE 69, 315, 339ff. mit Anm. Gusy JuS 1986, 608ff. (Fall „Brokdorf“) und 73, 206, 247ff. mit Anm. Starck JZ 1987, 145 (Sitzblockaden); BVerfG NJW 1992, 890f. (Spontan-/Eilversammlung).

Aus der Literatur: *Alberts,* Novellierungsbedürftigkeit des Versammlungsrechts, ZRP 1988, 285ff.; *Bross,* Störung von politischen Versammlungen, DVBl. 1981, 208ff.; *Blanke/Sterzel,* Demonstrationsfreiheit – Geschichte und demokratische Funktion, Kritische Justiz 1981, 347 ff.; *Drosdzol,* Grundprobleme des Demonstrationsrechts, JuS 1983, 409 ff.; *Hesse* § 12 I 7; *Hoffmann,* Inhalt und Grenzen der Demonstrationsfreiheit, JuS 1967, 393 ff.; *Kloepfer,* Versammlungsfreiheit, in: HdBStaatsR Bd. VI, § 143; *von Mutius,* Die Versammlungsfreiheit des Art. 8, Jura 1988, 30, 79; *Ketteler,* Die Einschränkbarkeit nichtöffentlicher Versammlungen in geschlossenen Räumen, DÖV 1990, 954 ff.; *Kniesel,* Die Versammlungs- und Demonstrationsfreiheit, NJW 1992, 857 ff.

XI. VEREINIGUNGS- UND KOALITIONSFREIHEIT (Art. 9)

1. Bedeutung des Art. 9

Wie Art. 5 I und 8, so sind auch die Vereinigungs- und Koalitionsfreiheit nach Art. 9 **767**
als **kommunikative Grundrechte** unentbehrliche Mittel einer aktiven Demokratie. Die Möglichkeit der Organisation von Personen und Interessen sowie die Mitgestaltung an der Willensbildung des Volkes durch solche Vereinigungen sind unverzichtbare, konstitutive Elemente der freiheitlich-demokratischen Grundordnung. Die Vereinsfreiheit gewährt als „Doppelgrundrecht" umfassende Betätigungsfreiheit für das Individuum und die Kooperation, das Kollektiv (Freiheit „zu" und „in", aber auch „der" Vereinigung; Selbstbestimmung der Mitglieder und der Vereinigung selbst). Art. 9 stellt ein Mittel zur kollektiven Verstärkung von Einzelaktivitäten dar und erhöht die Chance des einzelnen, in gesellschaftlichen, sozialen und politischen Meinungsbildungs- und Entscheidungsprozessen gehört zu werden (vgl. dazu Rdn. 292 ff.). Das **Prinzip freier sozialer Gruppenbildung** ist zu den elementaren Äußerungsformen der menschlichen Handlungsfreiheit zu rechnen. Art. 9 beinhaltet ein subjektives Abwehr- und Mitwirkungsrecht für alle Deutschen und die Vereine selbst, eine korporative Garantie für alle Vereinigungen und eine wertentscheidende Grundsatznorm (Element der objektiven Wertordnung; vgl. BVerfGE 30, 227, 241; 80, 244, 252 f.). Der Gesetzgeber hat eine hinreichende Vielfalt von Rechtsnormen zur Verfügung zu stellen, die den verschiedenen Typen von Vereinigungen angemessen ist, und diese Rechtsformen so auszugestalten, daß dadurch die Funktionsfähigkeit der Vereinigungen gewährleistet ist (BVerfGE 50, 290, 353 ff.). Überlagert wird die Vereinigungsfreiheit nach Art. 9 von der Spezialvorschrift des Art. 21 (politische Parteien) und auch des Art. 140 i. V. mit Art. 137 WV (Religionsgemeinschaften).

2. Normbereich (Grundrechtstatbestand des Art. 9 I)

Vereine und Gesellschaften i. S. von Art. 9 I sind alle auf Dauer berechneten, **768**
organisierten und freiwilligen Zusammenschlüsse mehrerer zur Verfolgung gemeinsamer, erlaubter Ziele und Zwecke (konstitutive Elemente: freiwilliger Zusammenschluß von mindestens drei, gemeinsamer, aber beliebiger Zweck, organisierte Willensbildung; jede Vereinigung mit einem Mindeststandard organisatorischer Festigkeit, auch nichtrechtsfähige Vereine, locker organisierte Arbeitsgemeinschaften usw.; vgl. § 2 I VereinsG – Sartorius Nr. 425 –; das Vereins- und Gesellschaftsrecht ist vor allem in folgenden gesetzlichen Vorschriften näher geregelt: VereinsG, §§ 21 ff. und 705 ff. BGB, §§ 105 ff. HGB, AktienG, GmbHG, GenossenschaftsG

usw.). Art. 9 I umfaßt nach der Rspr nur **Vereinigungen des Privatrechts.** Öffentlich-rechtliche Zwangszusammenschlüsse werden nach der h. M. nicht von der Vereinigungsfreiheit, sondern in Ermangelung einer lex specialis von der allgemeinen Handlungsfreiheit des Art. 2 I geschützt (BVerfGE 10, 354, 361f.; BVerfG NJW 1986, 1095f.). Die Vereinigungsfreiheit schützt die Gründung (einschließlich der Typenwahl und der Satzungsautonomie), den Beitritt, das Verbleiben, das Fernbleiben und den Austritt, aber auch die Vereinstätigkeit, den Vereinsbestand und die Vereinsauflösung. Wegen des engen Zusammenhangs von individueller und kollektiver Vereinigungsfreiheit ist durch Art. 9 I auch die Vereinigung selbst geschützt. Art. 9 I garantiert demnach für den einzelnen sowohl die „positive" als auch die „negative Vereinigungsfreiheit" und für den Verein das Entstehen, das Bestehen und das Funktionieren der Vereinigung, die Vereinstätigkeit und den Vereinsbestand (Vereinsautonomie; individuelles und kollektives Grundrecht; BVerfGE 30, 227, 243; 50, 290, 353f.; 80, 244, 252f.; BVerwG NJW 1991, 2037f.; Murswiek JuS 1992, 116ff.).

3. **Begrenzung der Vereinigungsfreiheit (Art. 9 II)**

769 Die in Art. 9 I garantierte Vereinigungsfreiheit wird durch die Schrankenbestimmung des **Art. 9 II** begrenzt. Der Begriff „Vereinigungen" ist dabei als Oberbegriff mit den Leitbegriffen „Vereine und Gesellschaften" in Art. 9 I identisch. Politische Parteien, für die als lex specialis Art. 21 II gilt, fallen nicht darunter; allerdings ist Art. 9 II auf politische Gruppen anwendbar, die sich nicht als politische Parteien organisiert haben oder betätigen sowie auf Nebenorganisationen von Parteien und auf sog. Tarnorganisationen. Widersprechen Ziele und Tätigkeiten der Vereinigung den Strafgesetzen, der verfassungsmäßigen Ordnung oder der Völkerverständigung (etwa bei Verfolgung rassischer Ziele), so ist sie verboten. **Strafgesetze** dürfen dabei nicht primär das „Sich-Vereinigen", sondern unter Beachtung des Grundsatzes der Verhältnismäßigkeit nur die entfaltete Tätigkeit verbieten (Wechselwirkungstheorie). Der Begriff der **verfassungsmäßigen Ordnung** i. S. des Art. 9 II ist enger zu verstehen als in Art. 2 I; er deckt sich im wesentlichen mit den entsprechenden Begriffen in Art. 21 II und 18 (vgl. BVerfGE 6, 32, 38; BVerwG NJW 1981, 1796; oben Rdn. 155f., 280). Gegen die verfassungsmäßige Ordnung richten sich grundsätzlich nur solche Vereinigungen, die den Willen haben, ihre verfassungsfeindlichen Ziele in die Tat umzusetzen; die verfassungsfeindliche Vereinigung muß in kämpferisch-aggressiver Form das Ziel verfolgen, die verfassungsmäßige Ordnung der Bundesrepublik zu untergraben (vgl. Art. 18 und 21 II; BVerwGE 37, 344, 356ff.; VGH BW DVBl. 1970, 745; von Mutius Jura 1984, 193ff.). Zu den Einzelheiten des Vereinsverbots als äußerstes Mittel vgl. §§ 3ff. VereinsG – lex specialis zu den Polizeigesetzen – und etwa Gastroph BayVwBl. 1969, 229ff., BVerwG NJW 1981, 1796ff. („Wehrsportgruppe Hoffmann") sowie BVerwG NJW 1989, 993ff. („Hell's Angels"). Zur Zulässigkeit der Strafbewehrung von Vereinsverboten: BVerfGE 80, 244, 252ff.

770 Die Vereinigungsfreiheit ist nach h. M. aber nicht nur gemäß Art. 9 II, sondern auch durch die **„verfassungsimmanenten Grundrechtsschranken"** einschränkbar. Dem

Gesetzgeber ist es deshalb grundsätzlich nicht verwehrt, der Vereinigungsfreiheit Schranken zu ziehen, die zum Schutz anderer Verfassungsrechtsgüter von der Sache her unter Beachtung des Verhältnismäßigkeitsgrundsatzes geboten sind. Die Interessen des Gemeinwohls, die der Staat beim Schutz anderer Rechtsgüter wahrnimmt, müssen aber der Intensität des Eingriffs in die Vereinsfreiheit an Gewicht entsprechen (vgl. BVerfGE 30, 227, 243; 39, 334, 367; NJW 1992, 549f.).

4. **Koalitionsfreiheit (Art. 9 III)**

Der Zweck der Vereinigungen i. S. von Art. 9 III (Koalitionen) besteht verfassungs- **771**
rechtlich in der **Wahrung und Förderung der Arbeits- und Wirtschaftsbedingungen.** Art. 9 III gewährleistet also über die allgemeine Vereinigungsfreiheit hinaus für die speziellen Berufsvereinigungen des Arbeitslebens ein besonderes Freiheitsrecht auf freie Bildung und eigenverantwortliche Tätigkeit arbeitsrechtlicher Koalitionen. Das erst unter den Bedingungen moderner Industriearbeit entstandene Grundrecht bedarf, weil es keinen traditionell feststehenden Inhalt besitzt, verstärkt der gesetzlichen Ausgestaltung und Konkretisierung (BVerfGE 50, 290, 367f.; 58, 233, 246ff.). Das Grundrecht schützt die einzelnen, die sich zu Koalitionen zusammenschließen (individuelle Koalitionsfreiheit), schützt aber auch die Tätigkeit von Koalitionen als solchen (kollektive Koalitionsfreiheit; BVerfGE 4, 96, 101ff.; 18, 18, 26). Die Koalitionen haben einen verfassungsrechtlichen Status. Der Normbereich des Art. 9 III als **„Grundrecht des Arbeitsrechts"** wird durch Inhalt und Zweck der Koalitionen und der Tarifverträge definiert: (1) Wahrung und Förderung der Arbeitsbedingungen, die sich auf das Arbeitsverhältnis selbst beziehen wie Lohn, Arbeitszeit, Arbeitsschutz, Urlaub, sowie (2) Förderung der Wirtschaftsbedingungen, der für Arbeitgeber und Arbeitnehmer bedeutsamen allgemeinen wirtschafts- und sozialpolitischen Verhältnisse wie Abbau der Arbeitslosigkeit, Konjunkturfragen, aber auch betriebliche Mitbestimmung, Vermögensbildung und Einführung neuer Technologien (BVerfGE 28, 295, 304; 44, 322, 340ff.; Tarifvertrag als Mittel zur autonomen Ordnung des Arbeitslebens; BVerfG NJW 1991, 2549ff.). Mit der Koalitionsfreiheit ist auch die sog. **Tarifautonomie** und damit der Kernbereich eines Tarifvertragsystems gewährleistet, weil die Koalitionen andernfalls ihre Funktion, in dem von der staatlichen Rechtsetzung freigelassenen Raum das Arbeitsleben im einzelnen durch Tarifverträge zu ordnen, nicht sinnvoll erfüllen können (BVerfGE 4, 96, 108; 20, 312, 317). Der Sinn der Koalitionsfreiheit wird in der Schaffung eines annähernd gleichgewichtigen Kräfteverhältnisses autonomer Tarifpartner, in dem die Arbeits- und Wirtschaftsbedingungen frei ausgehandelt werden können, gesehen; Art. 9 III dient einer sinnvollen Ordnung des Arbeitslebens (von rd. 22 Mio. Arbeitnehmern sind über 9 Mio. organisiert; vgl. BVerfGE 50, 290, 366ff.; zum Tarifvertrag und zur Tariffähigkeit vgl. etwa BVerfGE 18, 18, 28; 34, 307, 320; 44, 322, 340; BAGE 21, 98, 102).

Koalitionen i. S. von Art. 9 III sind körperschaftliche Vereinigungen von Arbeitneh- **772**
mern oder Arbeitgebern zur gemeinsamen Wahrnehmung spezifischer Arbeitnehmer- oder Arbeitgeberinteressen gegenüber dem jeweils anderen Sozialpartner, gegenüber dem Staat oder der Allgemeinheit. Sie sind Zusammenschlüsse in den

Formen des Privatrechts, beruhen auf freier Bildung und freiwilliger Mitgliedschaft und weisen eine überbetriebliche Organisation auf. Weitere notwendige Wesensmerkmale der Koalition sind das Vorliegen des Grundsatzes der Gegnerfreiheit (Koalitionsreinheit), d. h. die strenge Beschränkung der Mitglieder auf Arbeitgeber oder Arbeitnehmer, sowie im Grundsatz eine wirtschaftliche, politische und rechtliche Unabhängigkeit von der Gegenseite und auch vom Staat, von den politischen Parteien und auch von den Kirchen (vgl. BVerfGE 4, 96, 106f.; 18, 18, 25ff.). Nach h. M. ist nicht Voraussetzung, daß die Koalitionen strikte Neutralität üben oder zum Führen von Arbeitskämpfen bereit sind; sie müssen aber die Interessen ihrer Mitglieder nachhaltig vertreten und die Tarifpartnerfunktionen erfüllen können (Vorhandensein einer „Verbandsmacht" mit einer gewissen Durchsetzungsfähigkeit und organisatorischen Leistungsfähigkeit; gegenseitige Verhandlungsakzeptanz) sowie das geltende Tarifrecht als für sich verbindlich anerkennen (BVerfGE 19, 303, 314f.; 50, 290, 367f.; 58, 233, 246ff.; BVerfG NJW 1991, 2549ff.; BAG NJW 1991, 1699f.).

773 Art. 9 III schützt unmittelbar die **positive Koalitionsfreiheit;** er garantiert allen Arbeitnehmern (etwa auch Beamten) und den Arbeitgebern aller Berufsarten das Recht, unbehindert mit anderen Gleichgesinnten eine Koalition zu gründen, einer solchen beizutreten, Mitglied zu bleiben, aber auch Mitglieder zu werben (BVerfGE 28, 295, 304; Werbung begrenzt durch Betriebsfrieden und ungestörten Arbeitsgang: BVerfGE 57, 220, 245f.); außerdem schützt Art. 9 III die Koalition als solche (Bestand, Auflösung, Zusammenschluß, innere Ordnung, Tätigkeiten für die in Art. 9 III genannten Zwecke – koalitionsgemäße Betätigung –; kollektive Koalitionsfreiheit). Die positive wird durch die **negative Koalitionsfreiheit** ergänzt. Darunter versteht man das Recht, einer Koalition nicht anzugehören bzw. aus ihr auszuscheiden (BVerfGE 20, 312, 321; 50, 290, 367f.; BGH NJW 1991, 485f.).

774 Die Koalitionsfreiheit ist als Grundrecht nicht nur für Gesetzgebung, Verwaltung und Rechtsprechung nach Art. 1 III bindend, sondern Art. 9 III 2 stattet sie ausdrücklich mit der sog. **unmittelbaren Drittwirkung,** also mit bindender Kraft auch für den privaten Rechtsverkehr aus. Daraus folgt, daß die Allgemeinverbindlicherklärung von Tarifverträgen verfassungsgemäß ist (BVerfGE 55, 7, 20ff.), sowie Verträge und sonstige rechtsgeschäftliche Handlungen, aber auch rein tatsächliche Maßnahmen, die die Koalitionsfreiheit einschränken, rechtswidrig sind (z. B. Absperrklauseln, tarifvertragliche Differenzierungsklauseln; vgl. Rdn. 614).

775 Nach heute ganz h. M. garantiert Art. 9 III unter bestimmten Voraussetzungen auch den **Arbeitskampf** als koalitionsmäßige Betätigung, also **Streik** und **Aussperrung** (nicht dagegen politische, „wilde" Streiks usw.). Das BVerfG hat diese Frage jetzt definitiv entschieden (NJW 1991, 2549ff.). In einem funktionsfähigen, vom Grundsatz der „Waffengleichheit" geprägten Koalitionsverhältnis muß der Abschluß von Tarifverträgen notfalls mit einem Arbeitskampf erzwungen werden können (ständige Rspr des BAG seit NJW 1973, 1994). Deshalb müssen Streik und Aussperrung in gewissen Grenzen als Tätigkeitsform der Koalition geschützt, der Arbeitskampf muß als ultima ratio zum Ausgleich sonst nicht lösbarer tariflicher Interessenkonflikte möglich sein. Umfang und Grenzen von Streik und Aussperrung sind so festzulegen, daß die Kampfparität, die Waffengleichheit der Tarifpartner und damit die Funktionsfähigkeit des Arbeitskampfsystems gewährleistet und das Gebot der Friedenspflicht, das Ultima-ratio-Prinzip und der Grundsatz der Verhältnismäßigkeit beachtet werden (Seiter NJW 1980, 905ff.; Hoyningen-Huene JuS 1987, 505ff.; zum Arbeitskampfrecht der Presse: Rüthers NJW 1984, 201ff.). **Beispiele: Abwehraussperrung** begrenzt zulässig (BAG NJW 1985, 2548ff., BVerfG NJW 1991, 2549ff.), **Warnstreik** in engen Grenzen zulässig (BAG NJW 1985, 85ff. und NJW 1989, 57ff.), **Sympathiestreik** in der Regel unzulässig (BAG NJW 1988, 2061ff.). Art. 9 III schützt nicht **politische Streiks**, Betriebsbesetzungen und -blockaden (vgl. LAG München NJW 1980, 957ff.; BAG NJW 1989, 57ff. und 61f.).

Die Koalitionsfreiheit des Art. 9 III kann nach h. M. wie Art. 9 I begrenzt werden **776**
(Grundrechtsschranken). Einmal gilt Art. 9 II auch für Art. 9 III und zum anderen unterliegt die Koalitionsfreiheit der verfassungsimmanenten Schranke. So kann Art. 9 III durch die Grundrechte anderer Grundrechtsträger (Art. 1 I, 2 I, 2 II – z. B. Rechte der Krankenhauspatienten –, Art. 5 I – Rechte der Zeitungsleser –, Art. 12 oder negative Koalitionsfreiheit usw.) oder durch den Koalitionspluralismus eingeschränkt werden, soweit es zum Schutz solcher oder anderer Verfassungsrechtsgüter sachlich geboten ist (z. B. Art. 33 V); geschützt ist aber stets der Kernbereich des Art. 9 III (vgl. BVerfGE 28, 295, 306; 58, 233, 247f.; NJW 1991, 2549ff.).

Wichtige Entscheidungen (x): BVerfGE 4, 96, 104ff. (Grundsätzliches zum Verständnis der Koalitionsfreiheit des Art. 9 III); E 13, 174, 176ff. (Verbot des Frauenbundes); E 18, 18, 25ff. (kath. Hausgehilfinnenverband); E 30, 227, 241ff.; 28, 295, 303ff. (Restriktionen gewerkschaftl. Werbung in Betrieben); E 38, 281, 297ff. (zur Zwangsmitgliedschaft in Arbeitnehmerkammern); E 38, 386, 393ff. (zur Aussperrung von Betriebsratsmitgliedern); E 50, 290, 322, 366ff. (Mitbestimmungsurteil); E 58, 233, 246ff. (Tariffähigkeit einer Arbeitnehmerkoalition); BAG NJW 1980, 1642ff. und NJW 1989, 186ff. (Abwehraussperrung); BAG NJW 1989, 57ff. (Warnstreiks); BVerwG NJW 1978, 2164ff. (Ausländervereinsverbot); BVerfG NJW 1991, 2549ff. (Aussperrung).

Aus der Literatur: *Hesse* § 12 I 8; *Hoyningen-Huene,* Rechtmäßigkeitsvoraussetzungen aktueller Arbeitskampfmittel der Gewerkschaften, JuS 1987, 505ff.; *Maunz/Zippelius* § 24 III 2; *v. Mutius,* Die Vereinigungsfreiheit gemäß Art. 9 I, Jura 1984, 193ff.; *Richardi,* Die Verhältnismäßigkeit von Streik und Aussperrung, NJW 1978, 2057ff.; *Raiser,* Wissenschaft und Politik im Arbeitskampfrecht, JZ 1989, 405ff.; *Scholz,* Koalitionsfreiheit, in: HdBStaatsR Bd. VI, § 151; *Seifert,* Das neue Vereinsgesetz, DÖV 1964, 685ff.; *Seiter,* Die Rspr des BVerfG zu Art. 9 III, AöR 1984, 88ff.; *Stein* § 15; *Zöllner,* Die Rspr des BVerfG zu Art. 9 III, AöR 1973, 72ff.; *ders.,* Der kritische Weg des Arbeitsrechts, NJW 1990, 1ff.; *Ramm,* Grundrechte und Arbeitsrecht, JZ 1991, 1ff.; *Murswiek,* Grundfälle zur Vereinigungsfreiheit, JuS 1992, 116ff.

XII. BRIEF-, POST- UND FERNMELDEGEHEIMNIS (Art. 10)

1. Bedeutung des Art. 10

Nach Art. 10 I sind die Grundrechte des Brief-, Post- und Fernmeldegeheimnisses **777**
unverletzlich. Sie gewährleisten den Schutz der räumlich erweiterten privaten, aber auch geschäftlichen Privatsphäre i. S. eines **Korrespondenzgeheimnisses** und ergänzen die Meinungsfreiheit des Art. 5 sowie das Persönlichkeitsrecht des Menschen in Art. 1 I, 2 I (Vertraulichkeit privater und geschäftlicher Kommunikation in schriftli-

chen, postalischen und fernmeldetechnischen Übermittlungswegen; BVerfGE 67, 157, 171). Als klassische, liberale Abwehrrechte garantieren sie die Freiheit und den Schutz des Kommunikationsvorganges. Art. 10 enthält sowohl subjektiv-öffentliche Individualgrundrechte als auch Einrichtungsgarantien; darüber hinaus stellt er auch eine wertentscheidende Grundsatznorm dar, die mittelbar ins Privatrecht hineinwirkt, und durch die der Gesetzgeber, die Verwaltung und die Rechtsprechung aufgerufen sind, alles zu tun, um Verletzungen des Geheimnisses durch Private zu verhinden. Eine unmittelbare Drittwirkung für die Rechtsbeziehungen Privater untereinander kommt Art. 10 allerdings nach h. M. nicht zu (BayObLG DVBl. 1974, 598). Insoweit sind aber die geltenden straf- und zivilrechtlichen Vorschriften zu beachten (§§ 201f., 354, 355 StGB; §§ 823 II, 826, 134, 138 BGB), die ihrerseits „im Lichte" der in Art. 10 enthaltenen objektiven Wertordnung zu interpretieren sind (zur „Drittwirkung der Grundrechte" vgl. Rdn. 613ff.). Insgesamt ist der Schutz der **postalischen Kommunikation**, deren Privatheit und Vertraulichkeit, für den Menschen von hohem Wert und noch zunehmender Bedeutung (moderne Medien und Informationssysteme; Gusy JuS 1986, 89ff.).

2. **Normbereich (Grundrechtstatbestand)**

778 Der umfassendste Leitbegriff in Art. 10 I ist das **Postgeheimnis,** durch das der Post eine Geheimhaltungspflicht für ihren gesamten Tätigkeitsbereich auferlegt wird. Das Postgeheimnis umfaßt alle postdienstlichen Vorgänge, soweit sie zur Übermittlung von Sendungen und Informationen dienen, und zwar von der Einlieferung bis zum Ausscheiden aus dem Postbereich. Dabei schützt es nicht nur den Inhalt der Sendungen und Informationen, sondern auch die Tatsache der Übermittlung, die Person von Absender und Empfänger und ähnliches (vgl. BVerwGE 6, 299, 300f.; BVerfGE 67, 157, 171f.). Das Postgeheimnis besteht im wesentlichen also darin, daß die Postverwaltung und ihre Organe keinerlei den postalischen Verkehr betreffende Mitteilung ohne die Zustimmung der betroffenen Postteilnehmer an Privatpersonen oder Behörden gelangen läßt.

779 Eine exakte Abgrenzung zwischen dem Post- und dem **Briefgeheimnis** ist nicht möglich und auch nicht erforderlich, da der Grundrechtsschutz stets durch einen Normbereich gewährleistet ist. Nach h. M. schützt das Briefgeheimnis den Briefverkehr außerhalb des Postbereichs, also den Normbereich, der nicht vom Postgeheimnis erfaßt wird **(außerpostalische schriftliche Mitteilungen).** Auch bei dieser Definition des Leitbegriffs kommt dem Briefgeheimnis eine beachtliche Wirkung zu: einmal außerhalb der postdienstlichen Vorgänge, also vor der Einlieferung zur Post und nach der Auslieferung, und zum anderen besonders dann, wenn der Briefverkehr außerhalb des Postbereichs erfolgt; hier gilt das Briefgeheimnis umfassend (z. B. durch privaten Boten). Als Brief ist dabei nicht nur jeder „verschlossene Brief", sondern jede den mündlichen Verkehr ersetzende, schriftliche Nachricht oder Mitteilung in allen Schrift- und Vervielfältigungsarten zu verstehen, wobei ein bestimmbarer Empfänger oder Empfängerkreis vorhanden sein muß (z. B. Brief, Drucksachen, Postkarten, Telegramme, nicht aber etwa Zeitungen usw.; vgl. BVerfGE 33, 1, 11; 67, 157, 171).

Das **Fernmeldegeheimnis** umfaßt die Geheimhaltung aller mit den technischen Mitteln des Fernmeldeverkehrs (Telegramm-, Fernsprech-, Fernschreib- und Funkverkehr, aber auch Teletext, Telefax, Bildschirmtext usw.) weitergegebenen Mitteilungen individueller, privater Kommunikation (vgl. § 1 FernmeldeanlagenG, Sartorius Nr. 925). Auch dieses Grundrecht ist nach h. M. vom Postgeheimnis überlagert. Das Fernmeldegeheimnis schützt vor allem auch den außerpostalischen Fernmeldeverkehr. Dieses Recht gewährleistet dabei die Geheimhaltung aller mit dem Fernmeldevorgang zusammenhängenden näheren Umstände des Fernmeldeverhältnisses, insbesondere die Tatsache, ob, wann und zwischen welchen Personen und Fernsprechanschlüssen Fernmeldeverkehr stattgefunden hat oder versucht worden ist. Unzulässig ist nicht nur die Mitteilung an andere vom bekannt gewordenen Inhalt von Gesprächen oder von sonstigen näheren Umständen des Fernsprechverkehrs, sondern bereits die Kenntnisnahme des Inhalts eines Telefongesprächs durch einen Postbediensteten in einem größeren Ausmaß, als dies für die Vermittlung und Durchführung der Telefonverbindung notwendig ist, aber auch durch eine postfremde Person (umfassender Schutz des einzelnen Fernmeldeteilnehmers; vgl. OLG Köln NJW 1970, 1856; BAG NJW 1973, 1247; OVG Münster NJW 1975, 1335; BVerfGE 67, 157, 172; zur Frage der Registrierung von dienstlichen Telefonaten: OVG Bremen NJW 1980, 606f. mit Anm. Erichsen VerwArch 1980, 429, 435ff.; VGH BW NJW 1991, 2721f.). **780**

3. Einschränkung der Grundrechte (Art. 10 II)

Der in Art. 10 I aufgestellte Grundsatz der Unverletzlichkeit wird durch Art. 10 II relativiert. Beschränkungen der drei Geheimnisse sind aufgrund eines Gesetzes zulässig (**Gesetzesvorbehalt;** vgl. Rdn. 641f.; vgl. z. B. §§ 99, 100a, 110, 111 StPO; § 5 PostG; §§ 6, 16 ZollG). Die h. M. versteht unter Gesetz i. S. von Art. 10 II 1 nur formelle Gesetze (BVerwGE 6, 299, 301; BVerfGE 67, 157, 172ff.). Durch Verwaltungsvorschriften bzw. das „besondere Gewaltverhältnis" kann Art. 10 I nicht begrenzt werden (BVerfGE 33, 1, 10ff.). Dient die Beschränkung dem Staats- und Verfassungsschutz, so kann gesetzlich bestimmt werden, daß sie dem Betroffenen nicht mitgeteilt wird und daß an die Stelle des Rechtswegs die Nachprüfung durch von der Volksvertretung bestellte Organe und Hilfsorgane tritt (Art. 10 II 2; vgl. dazu im einzelnen: Gesetz zur Beschränkung des Art. 10 – Sartorius Nr. 7 –; BVerfGE 30, 1, 18ff.; BVerfG NJW 1988, 1075; BVerwG NJW 1991, 581f.; Gusy NJW 1981, 1581ff.; Schlink NJW 1989, 11ff.; Riegel ZRP 1991, 392ff.). **781**

Der Gesetzesvorbehalt des Art. 10 II bedeutet allerdings nicht, daß das einschränkende Gesetz absoluten Vorrang genießt; vielmehr unterliegt auch die Vorbehaltsschranke ihrerseits wieder Begrenzungen. Der Gesetzesvorbehalt ist stets im Lichte der Grundrechte des Art. 10 I als wertentscheidender Grundsatznorm verfassungskonform auszulegen (**„Wechselwirkungstheorie";** vgl. Rdn. 646ff.). Einschränkende Gesetze müssen Eingriffe in das Brief-, Post- und Fernmeldegeheimnis auf das unbedingt gebotene beschränken und den Verhältnismäßigkeitsgrundsatz beachten (vgl. dazu im einzelnen BVerfGE 27, 88, 102; 30, 1, 17ff.; 67, 157, 173ff.; BVerwG NJW 1991, 581f.). Wird dagegen verstoßen, so hat dies in der Regel zur Folge, daß **782** solche unzulässigerweise in den Besitz der Strafverfolgungsbehörde gelangten Informationen im Strafprozeß nicht verwertet werden dürfen (zum Verwertungsverbot vgl. z. B. OLG Karlsruhe NJW 1973, 208f.).

Wichtige Entscheidungen (x): BVerfGE 30, 1, 17ff. (Abhörurteil); E 33, 1, 12ff. (Briefgeheimnis eines Gefangenen); E 67, 157, 169ff. mit Anm. Arndt NJW 1985, 107ff. (Überwachung des Postverkehrs mit dem Ostblock); OVG Münster NJW 1975, 1335 und VG Köln NJW 1981, 1630ff. (Telefonüberwachung).

Aus der Literatur: *Dürig/Evers,* Zur verfassungsändernden Beschränkung des Post-, Telefon- und Fernmeldegeheimnisses, 1969; *Gusy,* Der Schutz vor Überwachungsmaßnahmen nach dem Gesetz zur Beschränkung des Art. 10, NJW 1981, 1581ff.; *ders.,* Das Grundrecht des Post- und Fernmeldegeheimnisses, JuS 1986, 89ff.; *Häberle,* Die Abhörentscheidung des BVerfG, JZ 1971, 145ff.; *Hesse* § 12 I 3; *Maunz/Zippelius* § 24 V 1; *Schatzschneider,* Fernmeldegeheimnis und Telefonbeschattung, NJW 1981, 286f.; *Schmitt-Glaeser,* Schutz der Privatsphäre, in: HdBStaatsR Bd. VI, § 129, Rdn. 61ff.

XIII. FREIZÜGIGKEIT (Art. 11)

1. Bedeutung des Art. 11

783 Die Freizügigkeit i. S. des **Zu-und Wegzugsrechts** ist verfassungsgeschichtlich als rechtliche Überwindung des Grundsatzes „cuius regio, eius religio“ zu verstehen. In der Grundrechtssystematik der grundgesetzlichen Wertordnung kommt Art. 11 als wesentlichem Freiheitsrecht und elementarer Voraussetzung personaler Lebensgestaltung zwar ein beachtlicher Rang zu; aufgrund des Wortlauts und der höchstrichterlichen Rspr ist seine faktische Bedeutung allerdings im Vergleich mit anderen Grundrechten nicht übermäßig groß.

2. Normbereich (Grundrechtstatbestand)

784 **Grundrechtsträger** von Art. 11 sind alle Deutschen i. S. von Art. 116 I ohne Unterschied, ob sie sich in oder außerhalb des räumlichen Geltungsbereiches des GG aufhalten. Für die Deutschen, die außerhalb der Bundesrepublik leben, gewährleistet Art. 11 ein Recht auf Einwanderung und Einreise (BVerfGE 2, 266, 272; Kunig Jura 1990, 306ff.). Auf Art. 11 können sich auch inländische juristische Personen i. S. von Art. 19 III berufen. Ausländer genießen nicht den Schutz des Art. 11; für sie kommen Art. 16 II und 2 I in Betracht (vgl. OVG Berlin DVBl. 1972, 281; Art. 48 EWG-Vertrag). Kinder sind zwar grundrechtsfähig; ihre Grundrechtsmündigkeit wird jedoch durch das Elternrecht nach Art. 6 II und III eingeschränkt und durch gesetzliche Bestimmungen festgelegt (vgl. §§ 1631ff., 1666 BGB; VGH BW NJW 1985, 2965f.; zum ganzen Rdn. 599ff.).

785 Unter dem Leitbegriff **„Freizügigkeit“** versteht man das Recht, an jedem Ort innerhalb des Bundesgebietes Aufenthalt und Wohnung zu nehmen. Art. 11 gewährt einen Grundrechtsanspruch darauf, daß der Staat die Grundrechtsträger bei der Wahl von Aufenthalt (vorübergehendes Verweilen mit einem Mindestmaß an Dauer und/oder Bedeutung) oder Wohnsitz (ständige Niederlassung an einem Ort i. S. von § 7 BGB; Mittelpunkt der Lebensverhältnisse) innerhalb der Bundesrepu-

blik von Bundesland zu Bundesland, von Gemeinde zu Gemeinde und von Wohnung zu Wohnung oder an der Einreise in das Bundesgebiet nicht hindert oder dies von einer Erlaubnis abhängig macht. Art. 11 gibt das Recht, mit „Hab und Gut" fortzuziehen, sich eine neue „Bleibe" zu suchen, sich frei einen Lebensmittelpunkt zu wählen. Geschützt wird auch die Reisefreiheit sowie das Recht, der Bundesrepublik fernzubleiben, nicht dagegen die Ausreisefreiheit, die nach Art. 2 I garantiert wird (vgl. BVerfGE 2, 266, 273; 6, 32, 34ff.; 8, 95, 97). Art. 11 gewährleistet nur die **Freiheit der Wohnsitz- und Aufenthaltswahl,** nicht aber die persönliche Bewegungsfreiheit (vgl. Art. 2 II), also nicht jedes „Sich-Bewegen" im Bundesgebiet, sondern nur das „freie Ziehen" (Ortswechsel), d. h. eine interterritoriale, interkommunale oder interlokale Ortsveränderung in oder nach der Bundesrepublik mit der Absicht eines gewissen Verweilens, sowie das Verbleiben an einem Ort (negative Freizügigkeit; Tiemann NVwZ 1987, 10, 13). Die Freizügigkeit besteht allerdings nur im Rahmen der gesetzlich geschützten Eigentums- und Besitzverhältnisse und des öffentlichen Sachenrechts. Nicht aus Art. 11 I läßt sich das Recht ableiten, an einem bestimmten Ort ein Wohngebäude zu errichten, eine konkrete Wohnung zu beanspruchen oder an einem beliebigen Platz einen Beruf oder eine Stellung auszuüben (BVerwGE 2, 151f.). Nach h. M. unterliegen auch die gewerbliche und berufsrechtliche Niederlassungsfreiheit nicht dem Art. 11, sondern dem Norm- und Schutzbereich der Art. 12 und 14 (vgl. BGH VwRspr Bd. 5, 690). Im privatrechtlichen Verkehr gilt Art. 11 unmittelbar nicht; mittelbar verbietet er aber, die Freizügigkeit übermäßig durch vertragliche Bindungen zu beeinträchtigen (vgl. etwa BGH NJW 1972, 1414f.; BAG FamRZ 1971, 254).

3. Einschränkung der Freizügigkeit (Art. 11 II)

Die Freizügigkeit kann durch ein oder aufgrund eines Gesetzes eingeschränkt **786**
werden. Die Einschränkung des Grundrechts aus Art. 11 I kann dabei aber nicht umfassend, sondern nur innerhalb der in Art. 11 II abschließend aufgezählten Regelungsbereiche und zur Verfolgung der dort genannten Ziele vorgenommen werden (**„beschränkter" Gesetzesvorbehalt;** BVerwGE 3, 308, 310), also bezüglich nicht ausreichender Lebensgrundlage, zur Abwehr drohender Gefahren für die demokratische Grundordnung, Seuchen-, Naturkatastrophengefahren usw., zum Schutz der Jugend und zum Schutz vor strafbaren Handlungen (vgl. dazu im einzelnen etwa Hailbronner, in: HdBStaatsR Bd. VI, § 131, Rdn. 46ff.; zum Gesetz über die Festlegung eines vorläufigen Wohnortes für Aus- und Übersiedler: Kunig Jura 1990, 306, 309f.). Hierbei ist besonders zu beachten, daß nicht jede Gefahr einer strafbaren Handlung zu einer Beschränkung der Freizügigkeit führt; vielmehr müssen im Einzelfall auf der einen Seite die Bedeutung des Eingriffs in das Grundrecht des Art. 11 I und auf der anderen Seite das Recht der staatlichen Gemeinschaft auf Schutz vor Gefährdung ihrer lebenswichtigen Belange gegeneinander abgewogen werden (BVerfGE 6, 173, 176; VGH München BayVwBl. 1968, 402f.; zum Schranken-Schranken-Bereich und zur Wechselwirkungstheorie vgl. Rdn. 646ff.).

Wichtige Entscheidungen (x): BVerfGE 2, 266, 272ff. (Notaufnahmegesetz); E 6, 32, 34ff. (Elfes-Urteil).

Aus der Literatur: *Hailbronner,* Freizügigkeit, in: HdBStaatsR Bd. VI, § 131; *Hartmann,* Ausreisefreiheit, JöR 1968, 437ff.; *Hesse* § 12 I 2; *Pieroth,* Das Grundrecht der Freizügigkeit, JuS 1985, 81ff.; *Tomuschat,* Freizügigkeit nach deutschem Recht und Völkerrecht, DÖV 1974, 757ff.; *Zuleeg,* Einwanderungsland BR Deutschland, JZ 1980, 425ff.; *Kunig,* Das Grundrecht auf Freizügigkeit, Jura 1990, 306ff.; *Fischer,* Zur Freizügigkeit von EG-Ausländern, NVwZ 1990, 1150ff.

XIV. BERUFSFREIHEIT (Art. 12 I)

1. Bedeutung des Art. 12

787 Art. 12 manifestiert und konkretisiert einen wesentlichen Bereich der Freiheitsgrundrechte, nämlich die **Berufsfreiheit** (einheitliches Grundrecht der Wahlfreiheit von Beruf, Arbeitsplatz und Ausbildungsstätte sowie der Berufsausübung) und die Freiheit von Arbeitszwang und Zwangsarbeit (negative Berufsfreiheit; vgl. Art. 12 II und III sowie Art. 12a; zur Zwangsarbeit: BVerfGE 74, 102, 115ff.; Gusy JuS 1989, 710ff.). Diese praktisch äußerst bedeutsamen Grundrechte dienen allgemein der freien Entfaltung der Persönlichkeit und der Wahrung der Menschenwürde. Art. 12 ist also in engem Zusammenhang mit Art. 1 I und 2 I, aber auch mit dem Sozialstaatsprinzip, insbesondere der Forderung nach sozialer Gleichheit und Gerechtigkeit, zu sehen (vgl. Rdn. 218ff.). Die Ausbildung, berufliche Betätigung und die Sicherheit der wirtschaftlichen Existenz des Menschen sind ganz wesentliche **Teile der Entfaltung und Verwirklichung seiner Persönlichkeit.** Den in Art. 12 gewährleisteten Tätigkeiten ist deshalb im Rahmen der individuellen Lebensgestaltung und Existenzerhaltung ein besonders hoher Rang zuzuerkennen; sie schützen die Freiheit des Bürgers in einem für die moderne arbeitsteilige Gesellschaft besonders wichtigen Bereich (Grundlage für den persönlichen, wirtschaftlichen und sozialen Status). Die Berufsfreiheit wird demnach in ihrer Beziehung zur Persönlichkeit des Menschen verstanden, die sich erst darin voll ausformt und vollendet, daß der einzelne sich einer Tätigkeit widmet, die für ihn Selbstverwirklichung und Lebensgrundlage ist, und durch die er zugleich seinen Beitrag zur gesellschaftlichen Gesamtleistung erbringt (personaler Grundzug, individualrechtlich-personaler Ansatz; BVerfGE 32, 54, 71; 50, 290, 362; 63, 266, 286f.; 75, 284, 292; Schneider DÖV 1984, 926). Zu Art. 12 II, III, Arbeitszwang: BVerfGE 83, 119ff.

788 Das GG hat in Art. 12 die Gewerbefreiheit zu einer **umfassenden Berufsfreiheit** erweitert und sie verfassungsrechtlich verbindlich abgesichert. Gemäß Art. 1 III ist Art. 12 für die öffentliche Hand unmittelbar geltendes Recht (subjektiv-öffentliches Abwehrrecht) und wirkt als wertentscheidende Grundsatznorm mittelbar auch in den Privatrechtsbereich hinein (vgl. BVerfGE 50, 290, 361ff.; 81, 242, 254ff.; BVerwG DÖV 1971, 861). Art. 12 gewinnt so Bedeutung für alle sozialen Schichten; er gewährt zwar kein Recht auf Arbeit, schützt jedoch nicht nur das „Haben" eines Berufes. Arbeit als Beruf hat für alle gleichen Wert und gleiche Würde (zum Recht auf Arbeit: Gode DVBl. 1990, 1207ff.). Im Rahmen eines Handlungsspielraumes ist der Staat in vielfacher Weise – „mehrdimensional" – Helfer und Schützer von Beruf, Arbeit und Ausbildungsplatz (zur Arbeitsplatzwahl: BVerfG NJW 1991, 1667ff.; Waltermann DVBl. 1989, 699ff.; zum „Teilhaberecht" am Studium vgl. BVerfGE 33, 303, 331f. und Rdn. 803ff.).

Art. 12 besitzt darüber hinaus für den gesamten Bereich des Berufs- und Wirtschaftslebens, die **Wirtschafts- und Sozialordnung,** eine außerordentlich große Bedeutung. In ihm hat der Verfassunggeber eine grundlegende Teilentscheidung für die Wirtschaftsverfassung, nämlich für den Produktionsfaktor Arbeit, getroffen (vgl. etwa BVerfGE 50, 290, 363 – Mitbestimmungsurteil –). Zwar enthält das GG keine Entscheidung für ein bestimmtes Wirtschaftssystem, sondern geht prinzipiell von einer wirtschaftspolitischen Neutralität aus, doch müssen sich wirtschaftslenkende Maßnahmen gleichwohl an den in den Art. 2, 3, 12, 14 und 15 enthaltenen Grundsätzen („Wirtschaftsgrundrechte") und den Staatszielbestimmungen, insbesondere dem Rechts- und Sozialstaatsprinzip, ausrichten (vgl. Rdn. 830f.). Der einzelne ist gemäß Art. 12 in seiner beruflichen Tätigkeit vor tiefgreifenden staatlichen Einflüssen geschützt; ein Wirtschaftssystem, das auf zu starken staatlichen Dirigismus oder gar auf eine „Kollektivierung" oder „Sozialisierung" der Arbeitskraft abzielt, ist verfassungsrechtlich ausgeschlossen (Nebendahl ZRP 1991, 257ff.). **789**

2. **Normbereich des Art. 12 I (Grundrechtstatbestand)**

Grundrechtsträger sind alle Deutschen i. S. von Art. 116 I (für Ausländer ist Art. 2 I anzuwenden: BVerfGE 32, 54, 71; 78, 179, 196f.; Bauer NVwZ 1990, 1152ff.). Von besonderer praktischer Bedeutung ist, ob Art. 12 auch für juristische Personen, insbesondere die Wirtschaftsgesellschaften, anwendbar ist (Art. 19 III; vgl. Rdn. 602ff.). Dies ist grundsätzlich zu bejahen. Juristische Personen des Privatrechts – einschließlich einer OHG und KG – sind insoweit Grundrechtsträger des Art. 12, als eine bestimmte Erwerbstätigkeit ihrer Art nach in gleicher Weise von einer juristischen wie von einer natürlichen Person ausgeübt werden kann (BVerfGE 21, 261, 266; Ausnahme: Berufe, die konstitutiv eine besondere persönliche Vertrauensbeziehung voraussetzen; z. B. Ausschluß einer GmbH von der Rechtsberatung: OVG Koblenz NJW 1980, 1866). **790**

Schlüsselbegriff für die Gewährleistung der Berufsfreiheit ist der **Leitbegriff Beruf.** **791**
Ausgehend von dem Gewerbebegriff ist als „Beruf" (1) jede erlaubte, nicht evident sozial- und gemeinschaftsschädliche Tätigkeit anzusehen, (2) die auf Dauer berechnet oder auf Kontinuität angelegt ist und (3) der Schaffung und Erhaltung einer Lebensgrundlage dient. Der Begriff „Beruf" ist dabei weit auszulegen; er umfaßt nicht nur all jene Berufe, die sich in bestimmten, traditionell oder sogar rechtlich fixierten „Berufsbildern" darstellen, sondern auch die vom einzelnen frei gewählten untypischen Betätigungen und neuartige oder unübliche Berufe, aus denen sich dann wieder neue Berufsbilder ergeben („offener", nicht vorgeprägter Berufsbegriff; z. B. EDV-Ingenieur, Traumdeuter, Astrologe, Ringkämpferin usw.; BVerfGE 22, 286f. – Wahrsager –). Dabei steht dem Gesetzgeber allerdings die Befugnis zu, unter Beachtung des Grundsatzes der Verhältnismäßigkeit die Berufe rechtlich zu ordnen (Typisierung von Berufsformen und „Fixierung" in Berufsbilder; BVerfGE 13, 97, 106; 21, 173, 180f.; 59, 302, 315; 75, 246, 265). Das umstrittene Tatbestandsmerkmal der „erlaubten" Tätigkeit ist nur ausnahmsweise dann nicht gegeben, wenn die Tätigkeit eindeutig mit den in der Rechtsgemeinschaft herrschenden Wertvorstellungen unvereinbar ist; eine definitorische Ausschaltung von

Berufen läßt sich nur dort vertreten, wo eine Tätigkeit evident dem Menschenbild des GG entgegensteht und damit zentralen verfassungsrechtlichen Wertungen und nicht nur allgemeinen sozialethischen Vorstellungen widerstreitet (unerlaubte Berufe: Berufsverbrecher, Spion, Schmuggler, Zuhälter usw.). Art. 12 I schützt also in einem umfassenden Sinne die freie berufliche Betätigung und gewährleistet dem einzelnen das Recht, jede Tätigkeit, für die er sich geeignet glaubt, zur Grundlage seiner Lebensführung zu machen, und zwar sowohl Haupt- als auch Nebenberufe, Erst- und Zweitberufe, selbständige und unselbständige Tätigkeiten, freie private und staatlich gebundene, herkömmliche und untypische Berufe, arbeitgeberische und arbeitnehmerische Tätigkeiten, Klein-, Mittel- und Großbetriebe usw.; geschützt wird aber auch jede Erweiterung oder Änderung der bisherigen Tätigkeit und ihrer Modalitäten (vgl. BVerfGE 7, 377, 397; 14, 19, 22; 32, 311, 316; 50, 290, 363f.; 82, 209, 223; BVerwG NJW 1991, 1766f.).

792 Art. 12 I gewährleistet in erster Linie die Freiheit der **Berufswahl** als Akt der Selbstbestimmung, des freien Willensentschlusses des einzelnen (BVerfGE 7, 377, 403; 30, 292, 313). Die Berufswahl umfaßt aber nicht nur den Willensentschluß, einen bestimmten Beruf ausüben zu wollen, sondern vor allem die Garantie des Zugangs, des Eintritts, des Übergangs und des Verbleibens in einem Beruf, aber auch die freie Entscheidung über Berufsaufnahme und Berufsbeendigung („Substanzwahl"; BVerfGE 9, 338, 344f.; so zählen etwa auch wesentlichere Festlegungen eines Berufsbildes i.d.R. zur Berufswahl: BVerfGE 54, 301, 314; 75, 284, 295f.). Insoweit gewährt Art. 12 I ein Abwehrrecht gegen staatliche Eingriffe; dagegen kann daraus kein positives soziales Statusrecht i.S. eines „Rechts auf Arbeit" abgeleitet werden. Die Freiheit der Berufswahl beinhaltet keinen Anspruch auf Einstellung weder gegenüber privaten noch öffentlichen Arbeitgebern (BVerwGE 8, 170ff.; BVerfGE 59, 231, 262).

793 Die **Berufsausübung,** die durch die Berufsfreiheit ebenfalls geschützt ist (vgl. Art. 12 I 2), umfaßt die gesamte Art und Weise der beruflichen Tätigkeit, d. h. die Form, die Mittel sowie die Bestimmung des Umfangs und des Inhalts der Betätigung („Modalitätenwahl"). Eine Abgrenzung zwischen der Berufwahl und Berufsausübung ist äußerst schwierig und praktisch nicht möglich, da sich beide Begriffe überschneiden, gegenseitig bedingen, ineinander verflochten sind und damit mindestens mittelbar in erheblichem Umfang aufeinander einwirken (so können etwa einschneidende Berufsausübungsregelungen u.U. die Berufswahl nachhaltig beeinflussen; vgl. BVerfGE 36, 47, 58; 68, 155, 170f.; 77, 84, 105f.). Deshalb werden heute nach einhelliger Meinung auch die Berufsbereiche „Wahl" und „Ausübung" als ein Grundrecht gesehen, das den **einheitlichen Grundrechtskomplex** der Berufsfreiheit von verschiedenen Blickpunkten her erfaßt. Art. 12 I umfaßt alle Phasen eines Berufsweges als einen einheitlichen Lebensvorgang; die wesentlichen Ausprägungen der Berufsfreiheit sind ausdrücklich genannt. Die begrifflichen Abgrenzungsprobleme sind dadurch entschärft und von der Tatbestandsebene in den Schrankenbereich verlagert worden („Dreistufentheorie"); die Qualifizierung als Berufswahl- oder -ausübungsregelung hat im Normbereich nur noch vorstrukturierende Bedeutung (BVerfG seit E 9, 338, 344f.; Ossenbühl AöR 1990, 1, 5ff.; vgl. im einzelnen Rdn. 795ff.).

Das Grundrecht des Art. 12 I ist primär persönlichkeitsbezogen, weil es die freie Entfaltung der Persönlichkeit im Bereich der individuellen Leistung und Existenzerhaltung konkretisiert (BVerfGE 30, 292, 334). Die Berufsfreiheit schützt somit grundsätzlich nur den Erwerb, die Betätigung selbst, also die Arbeitskraft, nicht aber das Erworbene, das materielle Ergebnis der individuellen Erwerbs- und Leistungstätigkeit; letzteres wird in der Regel durch die Eigentumsgarantie des Art. 14 verfassungsrechtlich abgesichert (**Grundrechtskonkurrenz zwischen Art. 12 und 14:** für Rechtsnormen mit berufsregelnder Tendenz ist Art. 12 lex specialis; vgl. BVerfGE 30, 292, 335; 38, 61, 79; 68, 193, 222f.; BGH NJW 1990, 3260, 3262). **794**

3. **Einschränkung der Berufsfreiheit**

Nach dem Wortlaut des Art. 12 I sind Begrenzungen der Berufsfreiheit durch Gesetzesvorbehalt nur für den Bereich der Berufsausübung, nicht dagegen für den Bereich der Berufswahl zulässig (Art. 12 I genau lesen!). Da sich aber – wie bereits oben erwähnt – Berufswahl und -ausübung begrifflich nicht trennen lassen, und außerdem sich häufig die Wirkung eines auf die Berufsausübung abzielenden Eingriffs nicht auf die „Ausübung" begrenzen läßt, war eine Bestimmung der Begrenzungsmöglichkeiten durch eine über den Wortlaut des Art. 12 I hinausgehende Auslegung durch das BVerfG erforderlich. Vor allem die Frage, ob die Berufsaufnahme bzw. der -zugang „letzter Akt der unbeschränkbaren Berufswahl oder erster Akt der grundsätzlich einschränkbaren Berufsausübung sei", mußte sachgerecht entschieden werden. Auf diesem Hintergrund hat das BVerfG dann auch festgelegt, daß Art. 12 I ein einheitliches Grundrecht der Berufsfreiheit jedenfalls in dem Sinn enthält, daß der **Gesetzesvorbehalt des Art. 12 I 2 sich „dem Grunde nach" sowohl auf die Berufsausübung wie auf die Berufwahl erstreckt** (nicht starres begriffliches Entweder – Oder, sondern einheitlicher Komplex „berufliche Tätigkeit", der einheitlich unter Gesetzesvorbehalt steht und damit im Ansatz eine einheitliche Schrankenanwendung ermöglicht; seit E 7, 377, 402 – Apothekenurteil – ständige Rspr und heute einhellige Meinung). **795**

Gleichwohl kommt innerhalb des einheitlichen Grundrechts der Unterscheidung in Berufswahl und Berufsausübung Bedeutung zu. Dem Art. 12 I entspricht nur eine Auslegung, nach der die Bereiche Ausübung und Wahl **„dem Umfange nach"** in unterschiedlicher sachlicher Intensität durch den Gesetzesvorbehalt erfaßt werden; insoweit handelt es sich um eine schutzgutorientierte, am Verhältnismäßigkeitsgrundsatz ausgerichtete, differenzierte Schranke mit **abgestufter Reichweite** der Regelungsbefugnis. Der Gesetzgeber ist um so stärker beschränkt, je mehr er in die Freiheit der Berufswahl eingreift; anders ausgedrückt ist er inhaltlich um so freier, je mehr er reine Ausübungsregelungen festlegt, um so enger begrenzt, je mehr er dabei auch die Berufswahl berührt (BVerfGE 7, 377, 402ff.; 33, 125, 158ff.; 77, 84, 105f.; vgl. Rdn. 802). Dabei müssen solche grundrechtsbeschränkenden Regelungen mindestens in den Grundzügen vom Gesetzgeber selbst festgelegt werden und durch effektive Verfahrensgarantien abgesichert sein („Wesentlichkeitstheorie"; Grundsatz der gesetzlichen Normierung berufsfreiheitsregelnder Maßnahmen; vgl. BVerfGE 73, 280, 294ff.; 76, 171, 184ff.; 80, 257, 263ff.; berufsfreiheitsfördernde Prü- **796** fungsverfahren usw., BVerfG NJW 1991, 2005ff., NVwZ 1992, 361ff.; Muckel JuS 1992, 201ff.).

797 Die vorstehend dargelegte Auslegung des Gesetzesvorbehalts in Art. 12 I ist das Ergebnis einer **strikten Anwendung des Prinzips der Verhältnismäßigkeit** bei den vom Gemeinwohl her gebotenen und gerechtfertigten Eingriffen zum Schutz der Verbraucher, Kunden, Patienten usw., aber auch der Berufstätigen selbst. Diese differenzierte Interpretation führt deshalb auch zu einer nach der Intensität des Grundrechtseingriffs abgestuften Regelungsbefugnis des Gesetzgebers, der sog. **„DREI-STUFEN-THEORIE“.** Die „Stufentheorie“, die vom BVerfG 1958 im sog. Apothekenurteil entwickelt wurde und heute einhellig der Rspr und Literatur zugrundeliegt, besagt folgendes (vgl. BVerfGE 7, 378, Leitsatz 6, sowie unten **Schaubild 19,** S. 371).

798 (1) Anforderungen an eine **reine Berufsausübungsregelung – 1. STUFE –:** Am freiesten ist der Gesetzgeber, wenn er eine Regelung trifft, die auf die Freiheit der Berufswahl nicht zurückwirkt, sondern allein die Berufsausübung betrifft (z.B. Ladenschlußzeiten: BVerfGE 13, 237; 59, 336, 349ff.; 61, 291, 307ff.; Hufen NJW 1986, 1291ff.; Nachtbackverbot: E 41, 360, 370 und Frotscher JuS 1981, 662ff.). Regelungen der Berufsausübung müssen sich an sachlichen und vernünftigen Erwägungen des Gemeinwohls orientieren und dürfen die Grenzen des Verhältnismäßigen und Zumutbaren nicht überschreiten (Übermaßverbot). Daraus ergibt sich, daß **(a)** sich der Eingriff mit sachgerechten und vernünftigen Gründen des Gemeinwohls rechtfertigen lassen muß, **(b)** das eingesetzte Mittel geeignet und erforderlich ist, um den erstrebten Zweck zu erreichen, sowie **(c)** bei einer vorzunehmenden Gesamtabwägung zwischen der Schwere des Eingriffs und dem Gewicht und der Dringlichkeit der ihn rechtfertigenden Gründe die Grenze der Zumutbarkeit noch gewahrt ist. Der Grundsatz der Verhältnismäßigkeit ist dabei nicht nur zwischen den einzelnen Stufen, sondern auch innerhalb einer Stufe zu beachten (je empfindlicher die Beeinträchtigung, desto gewichtiger müssen die Gemeinwohlinteressen sein; weitere Bsp.: BVerfGE 30, 292, 315ff.– Bevorratungspflicht für Erdöl –; 41, 378, 395 – örtliche Begrenzung der Rechtsberatung –; 53, 135, 143ff. – Verbraucherschutz durch Kennzeichnungsgebote und Verkehrsverbote –; 65, 116, 125ff. – Unzulässigkeit der Residenzpflicht für Patentanwälte –; 71, 162, 171ff., BVerwG NJW 1992, 994, Taupitz NJW 1992, 937ff. – Rechtmäßigkeit des Werbeverbots für Ärzte u. Apotheker –; 78, 155, 161ff. – Ausschluß der Heilpraktiker von der Kassenzulassung –).

799 (2) Anforderung an eine Regelung, die die Freiheit der **Berufswahl** berührt (auch ein wesentlicher mittelbarer Eingriff in die Wahlfreiheit fällt darunter, insbesondere berufliche Aufnahme-, Zugangs- und Beendigungsregelungen, wesentlichere Festlegungen des Berufsbildes und überhaupt Regelungen, die die Berufswahl wesentlich behindern oder gar faktisch unmöglich machen wie z.B. die Nichtaufnahme in den Krankenhausbedarfsplan, deren wirtschaftliche Auswirkung so schwerwiegend wie eine Zulassungs- und damit Berufswahlbeschränkung ist; vgl. etwa BVerfGE 61, 291, 311; 82, 209, 228ff.; BVerfG NJW 1991, 1667f.). Ein solcher Eingriff in die Berufswahl ist grundsätzlich nur dann gerechtfertigt, wenn dies zum Schutz eines besonders wichtigen Gemeinschaftsgutes oder eines Gemeinwohlbelanges von hoher Bedeutung, das der Freiheit des einzelnen vorgeht, erfordert. Dabei ist zu differenzieren zwischen:

(a) **Subjektive Zulassungsvoraussetzungen – 2. STUFE** – (d.h. Voraussetzungen, **800**
die etwas mit der persönlichen Qualifikation, mit persönlichen Eigenschaften oder Fähigkeiten zu tun haben, auf deren Vorliegen bzw. deren Eintritt persönlich Einfluß genommen werden kann oder zumindest in seiner Person liegen; z.B. auch Mindest- und Höchstaltersgrenzen: BVerfGE 64, 72, 82; 80, 257, 263; OVG Münster NJW 1981, 2018f.): Die Festlegung solcher Voraussetzungen ist zulässig, wenn sie zu dem angestrebten Zweck, der ordnungsgemäßen Erfüllung der Berufstätigkeit, nicht außer Verhältnis stehen, und es die Notwendigkeit zum Schutz eines wichtigen Gemeinschaftsguts verlangt (z.B. „Großer Befähigungsnachweis" für Handwerksmeister: BVerfGE 13, 97, 106ff.; Eintreten für die freiheitlich-demokratische Grundordnung im öffentlichen Dienst: E 39, 334, 370; verfassungswidrig: Buchführungsprivileg für steuerberatende Berufe, BVerfGE 54, 301, 312ff.; zulässig: „Multiple-Choice-Verfahren", BVerfGE 80, 1, 23ff.; BVerfG NJW 1991, 2008ff.; als Richtschnur gilt: angemessene Zulassungsvoraussetzungen sind rechtmäßig, unzumutbare „Überqualifikationen" oder Erschwernisse unzulässig; BVerfGE 69, 209, 217ff.). Unter **(α)** strikter Wahrung des Grundsatzes der Verhältnismäßigkeit muß der Eingriff **(β)** zum Schutz wichtiger Gemeinschaftsgüter und -interessen geboten sein (z.B. Volksgesundheit, Erhaltung der Leistungsfähigkeit des Handwerks und der gewerblichen Nachwuchssicherung, Schutz der Verbraucher, leistungsfähige Rechtspflege, Sicherheit des Straßenverkehrs).

(b) **Objektive Zulassungsvoraussetzungen – 3. STUFE** – (d.h. Voraussetzungen, **801**
die dem Einfluß des einzelnen entzogen und von seiner Qualifikation unabhängig sind, z.B. Bedürfnisprüfung, Kontingentierung): Die Aufstellung einer solchen Voraussetzung ist nur zulässig, wenn dies **(α)** zur Abwehr nachweisbarer oder höchstwahrscheinlicher Gefahren für ein überragend wichtiges Gemeinschaftsgut erfolgt, und **(β)** dieses Mittel auch geeignet und notwendig ist, um dieser schweren Gefahr zu begegnen. Der insoweit geeignete und erforderliche Eingriff muß darüber hinaus auch **(γ)** dem Erfordernis genügen, daß bei einer Gesamtabwägung zwischen der Schwere des Eingriffs und der Bedeutung und Dringlichkeit der ihn rechtfertigenden Gründe die Grenze der Zumutbarkeit gewahrt ist (vgl. BVerfGE 21, 245, 249ff. – Arbeitsvermittlungsmonopol –; 33, 303, 337f. – numerus clausus –; 40, 196, 217ff. und BVerwG NJW 1989, 1749ff. – Zugangsbeschränkung zum Güterfernverkehr –; BVerwG NJW 1982, 1168ff. und NJW 1990, 1376ff. – Kraftdroschkengenehmigung –; BVerfGE 66, 337, 360ff.; 72, 51, 63f. – lebenslanges Anwaltsverbot unzulässig –; Beispiele für überragend wichtige Gemeinschaftsgüter: Bestands- und Funktionsfähigkeit der Deutschen Bundesbahn und des öffentlichen Verkehrs allgemein, Minderung und Behebung von Arbeitslosigkeit, Volksgesundheit, Leben und Gesundheit der Bürger, Verkehrssicherheit, allseitige Information des Staatsbürgers; zum Arbeitsvermittlungsmonopol: Eichenhofer NJW 1991, 2857ff.).

Ganz allgemein gilt für die Einschränkung des Art. 12 I, daß solche Regelungen stets **802**
auf der „Stufe" vorgenommen werden müssen, die den geringsten Eingriff in die

Berufsfreiheit mit sich bringt (schonendstes Mittel); die nächste „Stufe“ darf der Gesetzgeber erst dann betreten, wenn mit hoher Wahrscheinlichkeit dargelegt werden kann, daß die befürchteten Gefahren mit verfassungsmäßigen Mitteln der vorausgehenden „Stufe“ nicht wirksam bekämpft werden können (**Gebot strikter Wahrung des Grundsatzes der Verhältnismäßigkeit** zwischen und innerhalb der einzelnen Stufen; BVerfGE 7, 378; 54, 301, 313ff.; 77, 84, 105ff.; vgl. im übrigen das **Schaubild Nr. 19** auf Seite 371). Die Stufenzuordnung ist dabei nicht zu formal und schematisch vorzunehmen; der Umfang der Regelungsbefugnis hängt letztlich von der Tragweite, der Tiefe und der Intensität des Eingriffs ab. Manche „Grobmaschigkeit“ der Stufentheorie wird eben durch die Anwendung des Verhältnismäßigkeitsprinzips ausgeglichen (vgl. etwa BVerwG NVwZ 1986, 651f.; BVerfGE 73, 301, 316ff.; 81, 70, 89ff.; 82, 209, 230ff.; NJW 1992, 550f.; kritisch zur „Stufentheorie“: Ipsen JuS 1990, 634ff.; Czybulka NVwZ 1991, 145ff.).

4. **Freie Wahl der Ausbildungsstätte und Numerus Clausus**

803 Die Bedeutung der „Numerus-Clausus-Problematik“ rechtfertigt es, hier kurz auf diese Fragen gesondert einzugehen. Wie die Berufswahl oder die Wahl des Arbeitsplatzes, ist auch das Recht, die **Ausbildungsstätte** frei zu wählen, ein Teilaspekt der umfassenden Berufsfreiheit. Ausbildungsstätte i. S. von Art. 12 I ist demnach jede Einrichtung, die der Vorbereitung für einen Beruf dient, die auf einen Beruf vorbereiten will, die dem einzelnen die Kenntnisse vermitteln will, die es ihm ermöglichen sollen, später im Beruf zu bestehen (z.B. Universitäten, Fachhochschulen, Vorbereitungsdienst für das Lehramt, Richteramt usw. – Referendariat – und dergleichen). Ob allerdings dabei zwischen Ausbildungsstätte und Beruf ein spezifischer Zusammenhang bestehen muß, und damit die allgemeinbildenden Schulen nicht unter Art. 12 I fallen, ist umstritten (h. M.: nur berufsbezogene Ausbildung; vgl. BVerfGE 58, 257, 272f.; OVG Münster NJW 1976, 726).

804 Die Freiheit der Wahl der Ausbildungsstätte garantiert zusätzlich den freien Zugang zu solchen Einrichtungen. Art. 12 I ist insoweit nicht auf ein bloßes Abwehrrecht beschränkt; aus Art. 12 I i. V. mit Art. 3 I und dem Sozialstaatsprinzip kann sich vielmehr ein **Zulassungsanspruch** zu einer Ausbildungsstätte ergeben. Zumindest für den besonders wichtigen Bereich des Hochschulwesens, wo der Staat ein faktisches Ausbildungsmonopol besitzt, bedeutet dies, daß Art. 12 i. V. mit Art. 3 I und dem Sozialstaatsprinzip ein Recht auf Zulassung zum Hochschulstudium gewährleistet (**„Teilhaberecht“;** vgl. BVerfGE 33, 303, 331f.). Dieses Recht steht allerdings unter dem Vorbehalt des Möglichen (des Finanzierbaren) i. S. dessen, was der einzelne vernünftigerweise von der Gesellschaft beanspruchen kann, und ist gemäß Art. 12 I 2 durch Gesetz oder aufgrund eines Gesetzes einschränkbar. Deshalb enthält Art. 12 i. V. mit Art. 3 I und 20 auch keinen „originären“ Studienplatzanspruch, sondern nur ein „derivatives“ Recht i. S. eines ausbildungsfördernden und ausbildungssichernden gleichen Zugangs zum Studium (gerechte staatliche Verteilung in Mangelsituationen; BVerfGE 33, 303, 336; 59, 172, 198ff.; BVerfG NVwZ 1992, 361ff.; zum Problem des Teilhaberechts vgl. allgemein Dörr JuS 1988, 96ff., Langer NJW 1990, 1328ff. sowie Rdn. 580ff.).

Schaubild 19

„Drei-Stufen-Theorie"

Art. 12: einheitliches Grundrecht *(Berufsfreiheit)*

1. *STUFE: Berufsausübung* Art u. Weise der berufl. Tätigkeit	*Berufsausübungsregelungen* z. B. Beschränkung des Warenangebots Werbebeschränkungen Nachtbackverbot Ladenschluß	(1) müssen sich an vernünftigen Erwägungen des Gemeinwohls orientieren (sachgerechte Gründe) (2) Grenzen des Zumutbaren und des Verhältnismäßigen dürfen nicht überschritten werden
2. *STUFE: Berufswahl* Berufszugang -aufnahme -beendigung	*subj. Zulassungsvoraussetzungen* Voraussetzungen auf deren Vorliegen bzw. Eintritt der einzelne Einfluß nehmen kann z. B. Befähigungsnachweis Sachkundenachweis Altersgrenze persönliche Eigenschaften, Fähigkeiten usw., Eintreten f. d. freiheitlich-demokratische Grundordnung	(1) zum Schutz eines wichtigen Gemeinschaftsguts (z. B. Schutz vor gesundheitlichen Gefahren, Verbraucherschutz, Verkehrssicherheit) (2) Verhältnismäßigkeit i. w. S. – Erforderlichkeit zur Erreichung von (1) – Geeignetheit – Zweck-Mittel-Relation
3. *STUFE:* – „ –	*obj. Zulassungsvoraussetzungen* Ihre Erfüllung ist dem Einfluß des einzelnen entzogen z. B. Kontingentierung (etwa Güterfernverkehrskonzessionen), Arbeitsvermittlungsmonopol für BfA; unzulässig: Bedürfnisprüfung (z. B. für Gaststätten)	(1) Es muß eine schwere Gefahr für ein *überragend wichtiges Gemeinschaftsgut* entweder vorliegen oder mindestens höchstwahrscheinlich drohen (z. B. Volksgesundheit, ordnungsgemäße Arbeitsvermittlung) (2) Verhältnismäßigkeit i. w. S. (3) Gesamtgüterabwägung (Zumutbarkeitsgrenze)

Klassischer Anwendungsfall der Verhältnismäßigkeit:
Der Gesetzgeber muß Einschränkungen der Berufsfreiheit auf der Stufe vornehmen, die den geringsten Eingriff in Art. 12 I mit sich bringt, und darf die nächste Stufe erst dann betreten, wenn mit hoher Wahrscheinlichkeit dargetan werden kann, daß die befürchteten Gefahren mit Mitteln der vorausgehenden Stufe nicht wirksam bekämpft werden können.
Je einschneidender die Berufsfreiheit beengt wird, desto höher müssen die Anforderungen und die Dringlichkeit an die öffentlichen Interessen sein, die zur Rechtfertigung solcher Beengungen ins Feld geführt werden (innerhalb und zwischen den einzelnen Stufen).

805 Von besonderer Bedeutung ist die Frage, ob eine begrenzte Kapazität an Hochschulplätzen das Recht auf Freiheit der Wahl der Ausbildungsstätte einschränken kann **(Zulässigkeit des Numerus Clausus).** Unter Zugrundelegung der „Drei-Stufen-Theorie" hat das BVerfG den absoluten Numerus Clausus als objektive Zulassungsvoraussetzung gewertet und entschieden, daß eine solche Beschränkung nur zur Abwehr nachweisbarer oder höchstwahrscheinlicher Gefahren für ein überragend wichtiges Gemeinschaftsgut (Funktionsfähigkeit der Universitäten in Forschung, Lehre und Studium) und nur unter strikter Wahrung des Grundsatzes der Verhältnismäßigkeit zulässig ist. Das BVerfG bejaht diese Voraussetzungen nach dem Stand bisheriger Erfahrungen nur dann, wenn der Numerus Clausus **(1)** in den Grenzen des unbedingt Erforderlichen unter erschöpfender Nutzung der vorhandenen, mit öffentlichen Mitteln geschaffenen Ausbildungskapazitäten angeordnet wird, und wenn **(2)** Auswahl und Verteilung nach sachgerechten Kriterien mit einer Chance für jeden an sich hochschulreifen Bewerber unter größtmöglicher Berücksichtigung der individuellen Wahl des Ausbildungsortes erfolgt (Gebot erschöpfender Kapazitätsauslastung; vgl. BVerfGE 33, 303, 338ff.; 43, 291, 313ff.; 54, 173, 191ff.; BVerfG NVwZ 1992, 361ff.; Becker/ Hauck NVwZ 1983, 77ff., 204ff., 328ff., 589ff., 1984, 81ff., 1985, 316ff. und 535ff.; Becker NVwZ 1989, 315ff. Die grundlegenden Entscheidungen bei der Einführung eines Numerus clausus sind vom Gesetzgeber selbst festzulegen (vgl. §§ 27ff. Hochschulrahmengesetz und die einzelnen Landesregelungen; allgemein: Becker NJW 1990, 273ff.; zur Kontrolldichte beim N. C.: BVerfG NVwZ 1992, 361ff.).

Wichtige Entscheidungen (x): BVerfGE 7, 377, 397ff. („Apotheken-Urteil"); E 11, 168, 186ff. (Bedürfnisprüfung bei Kraftdroschken); E 13, 97, 106ff. („Großer Befähigungsnachweis im Handwerk"); E 33, 303, 337ff. („Numerus-Clausus-Urteil"); E 40, 196, 217ff. (Kontingentierung im Güterfernverkehr); E 43, 291, 313ff. (Studienplatzvergabe); BVerwG NVwZ 1983, 223f. (Hochschulzulassung für „Landeskinder"); E 77, 84, 105ff. (sektorales Verbot der Arbeitnehmerverleihung); E 82, 209, 222ff. (Aufnahme in den Krankenhausbedarfsplan); BVerfG NJW 1991, 1766ff., Schoch DVBl. 1991, 667ff. („Glykol-Skandal"); BVerfG NJW 1991, 2005ff. (Kontrolle berufsbezogener Prüfungen).

Aus der Literatur: *Dörr,* Der „numerus clausus" und die Kapazitätskontrolle, JuS 1988, 96ff.; *Friauf,* Die Freiheit des Berufes nach Art. 12, JA 1984, 537ff.; *Häberle,* Das BVerfG im Leistungsstaat (numerus-clausus-Entscheidung), DÖV 1972, 729ff.; *Hesse* § 12 I 9; *Maunz/Zippelius* § 29; *Meessen,* Das Grundrecht der Berufsfreiheit, JuS 1982, 397ff.; *Pietzcker,* Freiheit des Berufs und Grundrecht der Arbeit, NVwZ 1984, 550ff.; *Schneider/Lecheler,* Art. 12 – Freiheit des Berufes und Grundrecht der Arbeit, VVDStRL Bd. 43 (1985), S. 7ff. und 48ff.; *Schwabe,* Die Stufentheorie des BVerfG zur Berufsfreiheit, JA 1981, 318ff.; *Tettinger,* Das Grundrecht der Berufsfreiheit in der Rspr des BVerfG, AöR 1983, 92ff.; *Waltermann,* Freiheit der Arbeitsplatzwahl, DVBl. 1989, 699ff.; *Wendt,* Berufsfreiheit als Grundrecht der Arbeit, DÖV 1984, 601ff.; *Ossenbühl,* Die Freiheiten des Unternehmers nach dem GG, AöR 1990, 1ff.; *Ipsen,* „Stufentheorie" und Übermaßverbot, JuS 1990, 634ff.; *Nebendahl,* Grundrecht auf Arbeit im marktwirtschaftlichen System, ZRP 1991, 257ff.

XV. UNVERLETZLICHKEIT DER WOHNUNG (Art. 13)

1. Bedeutung des Art. 13

Das Grundrecht der Unverletzlichkeit der Wohnung gehört traditionell zum altliberalen Gedankengut. Wenn auch Art. 13 primär nicht den persönlichen, sondern den sächlichen Lebensbereich schützt, so folgt seine Bedeutung gleichwohl aus der Ergänzung und dem Zusammenhang mit der Persönlichkeitsentfaltung und dem Verfassungsgebot der Achtung der Privatsphäre des Bürgers. Art. 13 gewährleistet dem einzelnen im Hinblick auf seine Menschenwürde und im Interesse seiner freien Entfaltung einen **„elementaren Lebensraum"** (BVerfGE 32, 54, 71ff.; NJW 1979, 1539f.). Sinn des Art. 13 ist demnach der Schutz eines räumlichen Bezirks, in dem der einzelne ungestört und unbeobachtet tun und lassen darf, was ihm beliebt (**räumliche Integrität,** d.h. Recht des Bewohners, „in Ruhe gelassen zu werden"; „my home is my castle"; Wohnung als medium zur ungestörten Persönlichkeitsentfaltung; räumliche Dimension des Rechts auf Privatheit; BVerfGE 75, 318, 326ff.). Das Grundrecht der Unverletzlichkeit der Wohnung beinhaltet ein Abwehrrecht, das seinem Träger die Befugnis gibt, Eingriffe in die von ihm bewohnten Räume abzuwehren (BVerfGE 7, 230, 238). Art. 13 I gewährt aber keinen Rechtsanspruch auf eine angemessene Wohnung und enthält unmittelbar keine Aussagen über das Mietrecht oder privatrechtliche Mietverhältnisse (vgl. BayVGH n.F. 15 II, 49, 51; VGH BW ESVGH 10, 70). Die Unverletzlichkeit der Wohnung verbürgt allerdings neben dem „status negativus" (Abwehranspruch gegen den Staat) das Fortbestehen der Institution „freie, individuelle Wohnung" als solcher (Institutsgarantie) und wirkt mittelbar als wertentscheidende Grundsatznorm in die Rechtsordnung hinein (insbesondere in das Miet- und Sachenrecht; BVerfGE 83, 82, 86f.; Rdn. 574ff.; zum Mieterschutz: Henschel NJW 1989, 937ff.). **806**

2. Normbereich des Art. 13 I (Grundrechtstatbestand)

Grundrechtsträger des Art. 13 I sind nicht nur alle natürlichen Personen, sondern grundsätzlich auch juristische Personen und Personenvereinigungen, soweit sie berechtigterweise Inhaber von Wohnungen sind (BVerfGE 32, 54, 72; 42, 212, 219; a.A.: Gusy JuS 1980, 718, 720). Art. 13 schützt die Wohnung als Frei- und Heimstätte jeder Person (Deutsche, Ausländer, juristische Personen). **807**

Der **Leitbegriff Wohnung** ist weit auszulegen. Er umfaßt jedes befriedete Besitztum und auch fahrbare Räume. Wohnung i.S. von Art. 13 ist der Inbegriff der Räume, die ein Mensch der allgemeinen Zugänglichkeit entzogen und zur Stätte seines Aufenthalts und Wirkens gemacht hat (nach außen erkennbare räumliche Privatsphäre; objektiv erkennbarer Wille zur Nichtzugänglichkeit und rechtliche Anerkennung dieser genuin privaten Sphäre). Der Begriff bezieht sich auf alle für Wohnzwecke geeignete Räume einschließlich Gast- und Hotelzimmer, Tageszimmer und dergleichen sowie auf alle sonstigen zur Wohneinheit gehörenden Räume wie Keller, Böden usw. (BGHZ 31, 285, 289). Geschützt werden von Art. 13 aber nicht nur die Räume, die dem Menschen als Stätte seines Privatlebens dienen, sondern auch Arbeits-, Betriebs- und Geschäftsräume, soweit und solange sie für die **808**

Öffentlichkeit nicht gewidmet oder nicht allgemein zugänglich sind (vgl. BVerfGE 32, 54, 69ff.; 42, 212, 219).

3. **Schrankenbereich (Art. 13 II und III)**

809 Art. 13 I wird durch die Schrankenbestimmungen in Art. 13 II und III begrenzt. Sie enthalten ein kompliziertes **System von Eingriffsvoraussetzungen.** Heute ist weitgehend anerkannt, daß Art. 13 III die generelle Schrankenbestimmung enthält („Eingriffe und Beschränkungen im übrigen"), während Art. 13 II für den besonders intensiven Eingriff der Durchsuchung eine Sonderregelung aufweist (vgl. BVerwGE 28, 285, 287; BVerfGE 76, 83, 89ff.).

810 Die Zulässigkeit der **Durchsuchung** richtet sich ausschließlich nach **Art. 13 II** als lex specialis. Begriffsmerkmal der Durchsuchung ist die Suche nach Personen oder Sachen oder die Ermittlung eines Sachverhalts in einer Wohnung. Kennzeichnend ist dabei das ziel- und zweckgerichtete Suchen staatlicher Organe in einer Wohnung ohne Einwilligung des Inhabers, um dort planmäßig etwas aufzuspüren, was der Wohnungsinhaber von sich aus nicht offenlegen oder herausgeben will (BVerwGE 47, 31, 36f.; BVerfGE 51, 97, 106f.; 75, 318, 325ff.). Art. 13 II erfaßt nicht nur die strafprozessualen, sondern gilt auch für andere behördliche Durchsuchungen (BVerwGE 28, 285, 287ff.; 37, 283, 289; das BVerfG hat zu Recht entschieden, daß sich der Richtervorbehalt auch auf den Fall des § 758 ZPO – E 51, 97, 105ff. –, des § 827 III ZPO – E 76, 83, 89ff. – und des § 287 AO – E 57, 346, 354ff. – bezieht). Die grundsätzliche Einschaltung eines Richters bei Durchsuchungen soll gewährleisten, daß die Interessen auch der nicht oder nicht ausreichend gehörten Beteiligten gebührend berücksichtigt und insbesondere die gesetzlichen Voraussetzungen solcher Eingriffe durch eine neutrale, mit richterlicher Unabhängigkeit ausgestattete Instanz genau beachtet werden (vgl. BVerfGE 9, 89, 97; 57, 346, 355f.). Die Anordnung einer Durchsuchung durch andere Organe, insbesondere die Staatsanwaltschaft, kommt nur bei Gefahr im Verzuge in Betracht (BVerfGE 51, 97, 111). Da eine Durchsuchung ihrer Natur nach regelmäßig schwerwiegend in die Privatsphäre eingreift, steht ihre Anordnung unter dem besonderen Schutz der Verhältnismäßigkeit; insbesondere muß der jeweilige Eingriff in einem angemessenen Verhältnis zur Stärke des Tatverdachts stehen (BVerfGE 59, 95, 97).

811 **Art. 13 III** macht die Zulässigkeit von **Eingriffen und Beschränkungen im übrigen** von im einzelnen aufgezählten Voraussetzungen abhängig. Das BVerfG legt dem Art. 13 III eine differenzierte Auslegung zugrunde (abgestuft nach der Schutzintensität). Ausgehend vom Schutzzweck des Grundrechts stellt das BVerfG fest, daß das Schutzbedürfnis bei den unter den weiten Wohnungsbegriff fallenden Räumen verschieden groß ist (strengere Anforderungen bei „Eingriffen und Beschränkungen" in Räume der Privatsphäre als in Geschäfts- und Betriebsräume; je „privater" ein Raum, desto intensiver sein Schutz; BVerfGE 32, 54, 75ff., BVerwGE 47, 31, 38ff.; 78, 251, 255).

Wichtige Entscheidungen (x): BVerfGE 32, 54, 68ff. (Schutzbereich des Art. 13); E 42, 212, 218ff. (Anforderungen an einen Durchsuchungsbefehl); E 51, 97, 105ff. und E 57, 346, 354ff. (Richtervorbehalt bei allen Durchsuchungen); E 75, 318, 325ff. (Betreten einer Wohnung durch Sachverständige); BVerwGE 47, 31, 35ff. (Schranken des Art. 13).

Aus der Literatur: *Battis,* Schutz der Gewerberäume durch Art. 13 GG und Wirtschafts-, Arbeits- und Steueraufsicht, JuS 1973, 25ff.; *Dagtoglou,* Die Unverletzlichkeit der Wohnung, JuS 1975, 753ff.; *Dittmann,* Grundrechtlicher Wohnungsschutz und Vollstreckungseffizienz, Die Verwaltung 1983, 17ff.; *Gusy,* Grundrechtsschutz gegen Wohnungsdurchsuchungen, JuS 1980, 718ff.; *Maunz/Zippelius* § 24 V 2; *Schwan,* Art. 13 GG und die gefahrenabwehrenden Eingriffe in die Wohnungsfreiheit, DÖV 1975, 661ff.; *Schmitt-Glaeser,* Schutz der Privatsphäre, in: HdBStaatsR Bd. VI, § 129, Rdn. 47ff.

XVI. EIGENTUMSGARANTIE (Art. 14)

1. Bedeutung der Eigentumsordnung

Es gibt kaum ein Grundrecht, durch das die Gesellschaftsordnung so entscheidend **812** geprägt wird wie durch die jeweils geltende Eigentumsordnung. Von den beiden Extremauffassungen **„Eigentum ist unverletzliches und heiliges Recht"** (Art. 17 der franz. Menschenrechtserklärung von 1789) und **„Eigentum ist Diebstahl"** (Proudhon, 1840) wurden in den letzten zweihundert Jahren fast alle Varianten einer Eigentumsordnung vertreten. Es handelt sich hier um ein „Kampflied" politischer Auseinandersetzungen um eine freiheitliche und gerechte Eigentumsordnung. Das **GG** versucht einen vertretbaren, ausgleichenden Mittelweg zu gehen. Die dort festgelegte Eigentumsgarantie stellt sich als eine Verbindung und wechselseitige Balancierung von liberaler Eigentumsgewährleistung und möglicher sozialer Eigentumsordnung und -begrenzung dar (vgl. Art. 14 II, 15). In Art. 14 selbst wurde dabei die „Spannungslage" zwischen individualrechtlicher Gewährleistung und grundrechtsimmanenter Begrenzung, zwischen **Freiheit und Sozialbindung** angelegt, und die Eigentumsordnung dergestalt geregelt, daß sie sich in beachtlichem Umfang den sich in der Verfassungswirklichkeit vollziehenden politischen, sozialen und gesellschaftlichen Veränderungen anpassen kann („Funktionswandel des Eigentums").

Wegen seiner Bedeutung für die menschliche Existenz (Sicherung der materiellen **813** Lebensgrundlage sowie der wirtschaftlichen und damit auch der gesellschaftlichen und staatsbürgerlichen Unabhängigkeit) ist das Eigentum nicht nur umfassend, bis in alle Einzelheiten kodifiziert (vgl. etwa §§ 903f. BGB), sondern auch in den Grundzügen verfassungsrechtlich verankert, wobei allerdings Art. 14 eine konkretisierende Ausgestaltung des Eigentums durch Gesetz voraussetzt. Die Eigentumsgarantie stellt ein **elementares Grundrecht** dar; für den sozialen Rechtsstaat ist Art. 14 eine grundgesetzliche Wertentscheidung von besonderer Bedeutung (vgl. BVerfGE 14, 263, 277; 24, 367, 389). Der Eigentumsgarantie kommt im Gesamtgefüge der Grundrechte die Aufgabe zu, dem einzelnen einen Freiraum im vermögensrechtlichen Bereich zu sichern, um ihm eine eigenverantwortliche Gestaltung des Lebens zu ermöglichen (BVerfGE 30, 292, 334). Nach der Rspr des BVerfG ergänzt die Gewährleistung des Eigentums die Handlungs- und Gestaltungsfreiheit des einzelnen; die „personale" Wurzel des Eigentumsschutzes als „vergegenständlichte Freiheit" wird besonders herausgestellt (Funktion des Eigentums: Sicherung der persönlichen Freiheit im vermögensrechtlichen Bereich und Ermöglichung einer eigenverantwortlichen Lebensgestaltung). Der Rechtsgehalt der Eigentumsgarantie ist durch **Privatnützigkeit** und durch die grundsätzlich freie Verfügungsbefugnis über den Eigentumsgegenstand gekennzeichnet (Besitz, Nutzung, Verwaltung, Veräußerung, umfassende eigentumsmäßige Handlungsfreiheit; vgl. etwa BVerfGE 31, 229, 239; 50, 290, 339f.; 70, 191, 201; 78, 58, 73). Dieses überkommene, liberalrechtsstaatliche Verständnis des Art. 14 wird freilich ergänzt und korrigiert durch die Festlegung **„sozialer Funktionen"** des Eigentums, das folglich nicht mehr ausschließlich individualrechtlich verstanden werden darf (Gebot einer am Gemeinwohl orientierten Eigentumsnutzung und damit auch einer gewissen Rücksichtnahme auf Nichteigentümer; abgestufte Sozialpflichtigkeit entsprechend dem Grad des sozialen Bezugs). Dieses in Art. 14 verankerte Spannungsverhältnis enthält ein primär vom Gesetzgeber durch zivil- und öffentlich-rechtliche Normen stets zu aktualisierendes Ausgleichsgebot (gerechte und angemessene Abwägung zwischen individualer, privatnütziger Freiheit und sozialer, gemeinschaftsgebundener Verpflichtung, zwischen den Interessen des Eigentümers und Mieters, des Urhebers und Nutzers usw.; BVerfGE 58, 300, 335f.; 68, 361, 367f.; 70, 191, 201; 79, 292, 301ff.; 81, 12, 16ff.; 83, 201, 208f.).

814 Art. 14 I enthält als Grundrecht in erster Linie ein **subjektiv-öffentliches Abwehrrecht** gegen staatliche Eingriffe. Die Eigentumsgarantie gewährt die Befugnis, jede ungerechtfertigte Einwirkung auf den Bestand der geschützten vermögenswerten Güter, die insbesondere durch Arbeit und Leistung erworben wurden, abzuwehren (BVerfGE 24, 367, 400; 31, 229, 239; vgl. auch BVerfGE 50, 290, 340f.). Ein Rechtsanspruch auf die Gewährung von Eigentum wird freilich nicht begründet. Weiter enthält Art. 14 auch eine Einrichtungsgarantie **(Institutsgarantie),** die als objektiv-rechtliche Grundrechtskomponente einen Grundbestand von Normen sichert, der als Eigentum i. S. von Art. 14 zu bezeichnen ist (BVerfGE 24, 367, 389; oben Rdn. 576ff.). Zudem besitzt der Eigentumsschutz gemäß Art. 14 als **wertentscheidende Grundsatznorm** (Element der objektiven Wertordnung) eine „Ausstrahlungswirkung" auf die gesamte Rechtsordnung und führt damit zur mittelbaren Drittwirkung des Eigentumsgrundrechts (vgl. Rdn. 574f. und 613ff.). Schließlich gewährt Art. 14 zur Sicherung des Eigentums eine umfassende und effektive **Verfahrens- und Rechtsschutzgarantie** (BVerfGE 51, 150, 156; 74, 264, 281ff.; 81, 12, 17; oben Rdn. 583f.).

815 Die Eigentumsregelung des GG setzt sich im wesentlichen aus **vier Komponenten** zusammen, die erst in ihrer wechselseitigen Begrenzung die Bedeutung und den **Inhalt der Eigentumsgarantie** ausmachen: **(1)** Art. 14 gewährleistet zunächst das private Eigentum und zwar einmal als subjektives Recht am Eigentum (freier Zugang zum Eigentum für jedermann und dessen Bestandsschutz vor Eingriffen; Abwehranspruch – status negativus –; umfassende Verfügungsbefugnis) und zum anderen als institutionelle Eigentumsgewährleistung (Schutz als Einrichtungsgarantie mit den Strukturmerkmalen: privatnützige Eigentumsprägung, Verfügungsfähigkeit und Verfügungsbefugnis des Eigentümers, Gewährleistung einer funktionsfähigen Eigentumssubstanz). Darin liegt die grundlegende Entscheidung für eine Eigentumsordnung, die wesentlich, aber nicht ausschließlich (vgl. Art. 15) auf privatem individuellem Eigentum beruht und dessen Fortbestand ermöglicht. **(2)**

Der Inhalt dieses Eigentums ist dabei jedoch nicht durch die Verfassung selbst vorbestimmt, sondern wird vom Gesetzgeber festgelegt. Erst und nur das durch die Gesetze ausgeformte Eigentum bildet den Gegenstand der Eigentumsgarantie und ist verfassungsrechtlich geschützt (vgl. Art. 14 I 2; weite Gestaltungsbefugnis des Gesetzgebers mit erheblichem Beurteilungs- und Prognosespielraum; Grenzen sind dabei neben Art. 14 selbst – Einrichtungsgarantie – insbesondere Art. 19 II, das Gleichheitsgebot und der Grundsatz der Verhältnismäßigkeit; vgl. dazu etwa BVerfGE 20, 351, 356; 26, 369, 396; 40, 196, 222f.; 81, 12, 16ff.). **(3)** Der Eigentumsgebrauch unterliegt nicht allein dem freien Belieben des Eigentümers; er unterliegt vielmehr auch dem grundrechtsbegrenzenden Gebot der Sozialpflichtigkeit (Art. 14 II). Dem Sozialstaatsprinzip wird dadurch die Konkretisierung in die Eigentumsordnung hinein eröffnet (vgl. BVerfGE 21, 73, 82f.; 79, 292, 301ff.). **(4)** Die Entziehung individuellen Eigentums ist ausnahmsweise zulässig, wenn sie aus Gründen des allgemeinen Wohls erforderlich ist; sie darf aber nur gegen Entschädigung erfolgen (vgl. Art. 14 III; Problem: Abgrenzung zwischen entschädigungspflichtiger Enteignung und entschädigungslos hinzunehmenden Auswirkungen der Sozialgebundenheit des Eigentums). Die Eigentumsgarantie hat allerdings in erster Linie die Aufgabe, den Bestand des Eigentums in der Hand des Eigentümers zu sichern und damit auch grundsätzlich eine entschädigungspflichtige Wegnahme des Eigentums zu verhindern. Aus Art. 14 I ergibt sich deshalb auch die staatliche Pflicht, für mögliche Eigentumseingriffe einen effektiven Rechtsschutz zur Verfügung zu stellen (vgl. oben Rdn. 583f.; BVerfGE 49, 220, 225; 74, 264, 281ff.). Für den Grundrechtsträger gewährt Art. 14 primär eine **Eigentumsbestandsgarantie** (Abwehrfunktion; Schutz des konkreten Bestandes, der individuellen Eigentümerposition) und nur ausnahmsweise unter den Voraussetzungen des Art. 14 III eine Eigentumswertgarantie (Entschädigungspflicht; vgl. BVerfGE 58, 300, 323; 74, 264, 279ff.; BVerwG DÖV 1977, 290ff.; BVerwG NJW 1990, 2572ff.; zum ganzen etwa Böhmer NJW 1988, 2561ff.; Erbguth JuS 1988, 699ff.; Papier JuS 1989, 630ff.).

2. Normbereich des Art. 14 (Grundrechtstatbestand)

Grundrechtsträger des Art. 14 können – wie bei Art. 13 – alle natürlichen, aber auch grundsätzlich juristischen Personen i. S. von Art. 19 III sein (vgl. BVerfGE 35, 348, 360; oben Rdn. 602ff.). Die Grundrechtsfähigkeit von Körperschaften des öffentlichen Rechts, insbesondere von Gemeinden, ist nicht unbestritten. Nach h. M. ist ihr Eigentumsschutz zu verneinen (auch bei den Objekten, die der Gemeinde nicht zur Wahrnehmung ihrer öffentlichen Aufgaben dienen; „wesensmäßig" nicht anwendbar; vgl. BVerfGE 61, 82, 100ff.; Ronellenfitsch JuS 1983, 594ff.; Badura JZ 1984, 14ff.; oben Rdn. 605ff.). **816**

Ausgangspunkt für die Festlegung des **Leitbegriffs Eigentum** ist das Rechtsinstitut des Eigentums, so wie es das bürgerliche Recht und die gesellschaftlichen Anschauungen geformt haben. Art. 14 begründet grundsätzlich keinen neuen Eigentumsbegriff, sondern übernimmt den aus der Rechtsentwicklung überkommenen und vom Gesetzgeber inhaltlich festgelegten Begriff (Art. 14 I 2). Gegenstand der Eigentumsgarantie ist somit das durch die verfassungsmäßigen Gesetze ausgeformte **817**

Eigentum (BVerfGE 28, 119, 142; 37, 132, 141). Dabei zeichnet sich das Eigentum i. S. von Art. 14 in seinem rechtlichen Gehalt durch Privatnützigkeit und grundsätzliche Verfügungsbefugnis über den Eigentumsgegenstand aus (BVerfGE 31, 229, 240; 37, 132, 140). Ausgehend von der wesentlichen Funktion des Art. 14 als Individualgrundrecht versteht die ganz h. M. unter **Eigentum jede bestehende privatrechtliche vermögenswerte Rechtsposition,** nicht aber das Vermögen selbst. Es muß sich um ein subjektives vermögenswertes Recht handeln, das dem Berechtigten von der objektiven Rechtsordnung als Sacheigentum (§ 903 BGB) oder ebenso ausschließlich wie dieses als Recht zur privaten Nutzung und zur eigenen Verfügung zugeordnet ist (BVerfGE 27, 326, 343; 68, 193, 222; 78, 58, 71). Dem Eigentumsschutz unterliegen demnach nicht nur dingliche Rechte und der Besitz in der jeweiligen „Situationsgebundenheit", sondern auch alle Aneignungsrechte, Anteils- und sonstigen Gesellschaftsrechte (z. B. Aktien) und die Inhaberstellung von schuldrechtlichen Forderungen, aber auch das Recht am eingerichteten und ausgeübten Gewerbebetrieb (z. B. „Zulassungsstatus" als Kassenarzt: BGH NJW 1981, 2000 ff.). Urheber-, Patent- und Verlagsrechte fallen in Bezug auf ihre vermögensrechtlichen Komponenten und Verwertungsmöglichkeiten ebenfalls unter den Eigentumsbegriff des Art. 14 (vgl. BVerfGE 13, 225, 229; 51, 193, 216 f.; 70, 278, 285; 78, 58, 71; BGHZ 92, 94, 105 ff.; BVerwGE 62, 224 ff.). Grundsätzlich müssen es aber konkrete, bereits zustehende subjektive Rechtspositionen sein (vermögenswerte Ergebnisse eigener Leistung; Art. 14 als „Leistungsschutzrecht"); bloße Gewinnchancen und Hoffnungen, Interessen und Verdienstmöglichkeiten, Erwartungen und Aussichten werden dagegen von Art. 14 nicht geschützt (BVerfGE 28, 119, 142; 45, 272, 296; 74, 129, 148; 81, 12, 16; BVerfG NJW 1992, 36 f.). Eigentum und **Erbrecht** gehören eng zusammen und setzen einander voraus. Bestimmende Elemente der Erbrechtsgarantie sind die Testierfreiheit (an wen der Erblasser sein Vermögen vererben will), die Anerkennung der Privaterbfolge und das Recht des Erben am ererbten Vermögen (vgl. BVerfGE 67, 329, 340 f.).

818 Umstritten ist, ob auch **subjektiv-öffentliche Rechte** in den Normbereich des Art. 14 fallen. Die heute ganz h. M. geht differenzierend vor und stellt entscheidend darauf ab, ob und inwieweit sich eine öffentlichrechtliche Rechtsposition als Äquivalent eigener Leistung erweist oder auf staatlicher Gewährung beruht. Daraus folgt, daß solche öffentlichrechtlichen Ansprüche nicht von Art. 14 erfaßt werden, bei denen zu der einseitigen Gewährung des Staates keine den Eigentumsschutz rechtfertigende Leistung des einzelnen hinzutritt. Lediglich dann ist ein subjektiv-öffentliches Recht i. S. von Art. 14 verbürgt, wenn eine solche Rechtsposition dem privaten Eigentum sehr nahe kommt, d. h. auch auf eigene Leistungen zurückzuführen ist (Voraussetzungen: (1) Eigentumsnähe, also Kennzeichnung durch Privatnützigkeit, und (2) Äquivalent für vom Anspruchsberechtigten selbst erbrachte Arbeit oder Leistung zur Existenzsicherung; z. B. Versicherungsrenten und Rentenanwartschaften aus den gesetzlichen Rentenversicherungen, BVerfGE 53, 257, 289 ff.; 69, 272, 298 ff.; Arbeitslosengeldansprüche: BVerfGE 72, 9, 18 ff.; 74, 203, 213). In solchen Fällen wäre eine ersatzlose Entziehung mit dem rechtsstaatlichen Gehalt des GG nicht vereinbar (vgl. auch BVerfGE 40, 65, 82 f.; 48, 403, 412 f.; 58, 81, 109 ff.; 72, 175, 193 ff.; BGHZ 92, 94, 106; BSG NJW 1987, 463).

3. Inhalts- und Schrankenbestimmung (Art. 14 I 2 und II)

Wie bereits oben ausgeführt, bildet das durch Gesetz inhaltlich ausgeformte Eigentum den Gegenstand der Eigentumsgarantie. Das Eigentum als Zuordnung eines Rechtsgutes an einen Rechtsträger bedarf eben, um im Rechtsleben praktikabel zu sein, notwendigerweise der **rechtlichen Ausformung.** Die konkrete Reichweite des Schutzes durch Art. 14 I 1 ergibt sich also erst aus der Bestimmung von Inhalt und Schranken des Eigentums, die nach Art. 14 I 2 Aufgabe des Gesetzgebers ist; ihm kommt dabei eine weite Gestaltungsbefugnis mit einem erheblichen Beurteilungs- und Prognosespielraum zu (BVerfGE 16, 147, 181f.; 40, 196, 222f.; Seetzen NJW 1975, 429f.). Art. 14 I 2 verleiht demnach dem Gesetzgeber eine recht umfassende Befugnis, im Rahmen der Inhalts- und Schrankenbestimmung das Eigentum durch privatrechtliche oder öffentlichrechtliche Normen abstrakt und generell festzulegen (die Enteignung ist in Art. 14 III geregelt, vgl. dazu Rdn. 823ff.). Dabei kann es keinen absoluten Eigentumsbegriff geben; vielmehr müssen sein Inhalt und seine Funktionen ständig an die gesellschaftlichen und wirtschaftlichen Verhältnisse angepaßt werden. Der Gesetzgeber ist bei seiner Inhaltsbestimmung nicht gänzlich frei: Er muß die grundlegende Wertentscheidung des Art. 14 I 1 sowie Art. 1, 2 I, 3 I und 20 (Rechts- und Sozialstaatsprinzip) beachten und sich am Wohl der Allgemeinheit sowie dem Verhältnismäßigkeitsprinzip orientieren, die nicht nur Grund, sondern auch Grenze für die Beschränkung des Eigentümers sind (ausgewogener und gerechter Ausgleich; BVerfGE 14, 263, 277f.; 50, 290, 340; 58, 300, 330, 335f., 338ff.; 68, 361, 367ff.; 81, 12, 16ff.; vgl. auch BVerwG NJW 1979, 611f. und BGH NJW 1979, 2559ff.). Gesetz i. S. von Art. 14 I 2 ist jede Rechtsnorm, also auch Rechtsverordnungen. Im letzteren Falle müssen sich die wesentlichen Entscheidungen der Inhalts- und Schrankenbestimmungen allerdings aus dem Gesetz selbst ergeben (BVerfGE 21, 73, 79f.; Schink DVBl. 1990, 1375, 1380f.). **819**

Häufig sind Inhalts- und Schrankenbestimmungen zugleich eine Manifestierung der dem Eigentum nach Art. 14 II anhaftenden **Sozialpflichtigkeit.** In der Praxis spielt deshalb Art. 14 II neben Art. 14 I 2 keine bedeutende Rolle. Unter Sozialpflichtigkeit versteht das BVerfG die Gesamtheit der in den gesetzlichen Normen sichtbar werdenden Beschränkungen des Eigentums, die der umfassenden Gebrauchs- und Verfügungsbefugnis des Eigentümers im Interesse des Gemeinwohls allgemein geltende Grenzen zieht. Die **Sozialbindung** ist sowohl Anweisung für das konkrete Verhalten des Eigentümers wie auch in erster Linie eine Richtschnur für den Gesetzgeber, bei entsprechenden Regelungen das Wohl der Allgemeinheit zu beachten (BVerfGE 18, 121, 131; 20, 351, 356; 37, 132, 140f.). Art. 14 II enthält dabei eine Absage an eine Eigentumsordnung, in der das Individualinteresse den unbedingten Vorrang vor den Gemeinschaftsinteressen hat; vielmehr ist dieses in Art. 14 angelegte Spannungsverhältnis auszugleichen. Dabei kommt dem Gesetzgeber aber ein verhältnismäßig weiter Beurteilungsspielraum zu (BVerfGE 8, 71, 80; 21, 73, 83; 58, 300, 335ff.; 70, 191, 200f.; 81, 29, 32; 83, 201, 208ff.; BVerwG NVwZ 1989, 1157, 1160f.; Schink DVBl. 1990, 1375ff.). **820**

Aus dem Vorstehenden folgt, daß die Bestandsgarantie des Art. 14 I 1, der Regelungsauftrag des Art. 14 I 2 und die Sozialpflichtigkeit des Eigentums nach Art. 14 II **821** in einem unlösbaren Zusammenhang stehen. Der Gesetzgeber hat die Aufgabe, das **Sozialmodell** zu verwirklichen, das all diese normativen Elemente in ein ausgewogenes Verhältnis bringt. Keiner dieser Faktoren darf über Gebühr verkürzt werden; vielmehr müssen alle zu einem gerechten Ausgleich gebracht werden. Im Hinblick auf den Grundgedanken und den Schutzzweck der Eigentumsgarantie und das zulässige Ausmaß der Sozialbindung eines konkreten Gegenstandes sind aber Differenzierungen möglich: Soweit es um die Funktion des Eigentums als Element der Sicherung der persönlichen Freiheit des einzelnen geht (personale Funktion), genießt dieses einen besonders ausgeprägten, intensiven Schutz. Dagegen ist die Befugnis des Gesetzgebers zur Inhalts- und Schrankenbestimmung um so weiter, der Eigentumsschutz u. U. um so geringer, je mehr das Eigentumsobjekt in einem sozialen Bezug und einer sozialen Funktion steht (nach dem Ausmaß des sozialen Bezugs und der Sozialbindung eines Eigentumsobjekts **abgestufter Gewährleistungsinhalt** der Eigentumsgarantie; z. B. intensiver Schutz des Eigentums an selbst bewohnten Eigenheimen, weniger starker Schutz bei Mietwohnungen, relativ geringer Schutz des Anteilseigners einer Kapitalgesellschaft; bloße Oberflächennutzung/ Grundwassernutzung bei Gefährdung der lebensnotwendigen Wasserversorgung; zur Abwägung der Mieter- und Vermieterinteressen: BVerfGE 68, 361, 367ff.; 71, 230, 246ff.; 79, 292, 301ff.; zum Ausgleich der Urheber- und Hersteller- mit den allgemeinen Nutzerinteressen: BVerfGE 81, 12, 14ff.). **Unantastbar** ist stets die **Bestandsgarantie** des Art. 14 I 1, die die Erhaltung des Zuordnungsverhältnisses und der Substanz des Eigentums beinhaltet (vgl. dazu BVerfGE 42, 263, 293ff.; 50, 290, 340f.; 79, 283, 289f.; BVerfG NJW 1992, 361f.).

4. **Schranken-Schranken-Bereich**

822 Die Inhalts- und Schrankenbestimmungen des Art. 14 I 2 sind nicht unbegrenzt möglich, sondern müssen, wie z. T. bereits ausgeführt, zahlreichen Anforderungen genügen. Die grundlegende Wertentscheidung des Art. 14 i. S. eines sozial gebundenen Eigentums gebietet, bei Regelungen nach Art. 14 I 2 die Belange der Gemeinschaft und die Individualinteressen in ein **ausgewogenes Verhältnis** zu bringen. Das Wohl der Allgemeinheit ist Orientierungspunkt, aber auch Grenze für die Beschränkung des Eigentümers (BVerfGE 34, 139, 146f.). Grundrechtsbegrenzende Inhalts- und Schrankenbestimmungen i. S. des Art. 14 I 2 müssen sowohl die elementare Wertentscheidung zugunsten des Privateigentums im herkömmlichen Sinne beachten als auch mit allen übrigen Verfassungsnormen in Einklang stehen, also insbesondere dem Gleichheitsgebot des Art. 3 I, dem Grundrecht auf freie Entfaltung der Persönlichkeit und den Prinzipien der Rechts- und Sozialstaatlichkeit genügen (Verhältnismäßigkeitsprinzip; BVerfGE 14, 263, 278). Einschränkungen der Eigentümerbefugnisse müssen demnach zur Erreichung des angestrebten Zieles geeignet und notwendig, nicht übermäßig belastend und deshalb zumutbar, sachlich geboten und damit nicht grob sachwidrig sein (BVerfGE 21, 73, 86; 58, 137, 148; 74, 203, 213f.). Demnach vermag nicht jedes nur denkbare öffentliche Interesse eine Eigentumsbeschränkung zu rechtfertigen, sondern nur Gründe des Allgemeinwohls, denen auch bei Beachtung des **Verhältnismäßigkeitsgrundsatzes** der Vorrang vor dem grundsätzlichen Freiheitsanspruch und dem Vertrauensschutz des Bürgers zu-

kommt; je stärker wichtige Bereiche der Handlungsfreiheit berührt werden, um so schwerwiegender müssen auch die Gründe für einen Eingriff des Gesetzgebers sein; es besteht unter Beachtung des Ausmaßes des sozialen Bezugs eines konkreten Eigentumsgegenstandes eine Wechselwirkung zwischen der Intensität der Eigentumsbeschränkung und den Anforderungen an das Maß des öffentlichen Interesses (vgl. Dörr NJW 1988, 1049ff.; **Bsp.:** BVerfGE 31, 229, 243 und 49, 382, 391ff. – Urheberrechte und Allgemeininteressen am Urheberwerk –; 37, 132, 139ff. und 79, 80, 84f. – Mieterhöhung und Vergleichsmiete –; 50, 290, 341 – Beschränkung des Aktieninhabers durch das Mitbestimmungsgesetz –; 52, 1, 30ff. – Kleingartenrecht greift zu stark in die Eigentümerstellung ein –; 58, 300, 330ff. mit Anm. Rittstieg NJW 1982, 721ff. – Grundwasserbewirtschaftung –; 70, 191, 205ff. – Bildung von Fischereigenossenschaften –; BVerfGE 79, 292, 301f. und 81, 29, 32 sowie Schulte JZ 1989, 525ff. – Eigenbedarfskündigung von Wohnraum –; BVerwG NJW 1991, 3293f. – Bauabstände –). Eine „Substanzentleerung", „totale Sozialbindung" oder eine konfiskatorische Wirkung des Eigentums darf nicht eintreten (BVerfGE 63, 343, 368; NJW 1992, 361f.; BVerwG NVwZ 1989, 1157ff.; Mußgnug JZ 1991, 993ff.).

5. **Enteignung (Art. 14 III)**

Art. 14 gewährt grundsätzlich eine **Eigentumsbestandsgarantie;** er geht vom Recht **823**
des Eigentümers auf den Eigentumsbestand bzw. auf das Behaltendürfen des Eigentumsobjekts aus. Nur in engen Grenzen, bei Vorliegen der in Art. 14 III festgelegten Voraussetzungen, kann an die Stelle der Bestandsgarantie i.S. eines aliud die **Eigentumswertgarantie** treten (BVerfGE 35, 348, 361; 58, 300, 330ff.). Zweck und Legitimation der Enteignung sind darin zu sehen, daß das enteignete Objekt für eine bestimmte öffentliche Aufgabe benötigt wird (nur zum Wohle der Allgemeinheit; dieser Zweck ist unabdingbare Voraussetzung). **Ziel und Zweck** der Enteignung muß das **Gemeinwohl,** das Interesse der Allgemeinheit sein. Der Eingriff muß einem besonderen öffentlichen Nutzen, insbesondere der Daseinsvorsorge, dienen. Ist dieser Zweck erfüllt, so ist unter bestimmten Voraussetzungen auch eine Enteignung zugunsten Privater möglich (z.B. bei Verkehrs- und Versorgungsbetrieben; BVerfGE 66, 248, 257f.; 74, 264, 279ff. – Boxberg –). Zur Bewältigung bestimmter Situationen reichen eben die Begrenzungsmöglichkeiten der Inhalts- und Schrankenbestimmung des Eigentums nicht aus; zum Wohl der Allgemeinheit muß es dann ausnahmsweise zulässig sein, in die Substanz des Eigentums einzugreifen (Enteignung als staatliches Instrument zur zwangsweisen Überwindung grundrechtlicher Schranken). Unter dem **Begriff Enteignung** ist der staatliche Zugriff auf das Eigentum des einzelnen zu verstehen. Ihrem Zweck nach ist sie auf die vollständige oder teilweise Entziehung konkreter subjektiver Rechtspositionen des Art. 14 I gerichtet (hoheitlicher Entzug eines privaten vermögenswerten Rechts; Zwangsinstrument zum Entzug oder Teilentzug des Eigentums; hoheitlich bewirkter Wechsel in der Eigentümerstellung). Die Enteignung kann entweder unmittelbar durch ein Gesetz **(Legalenteignung)** oder durch behördlichen Vollzugsakt aufgrund eines Gesetzes **(Administrativenteignung)** erfolgen (BVerfGE 52, 1, 27; 58, 300, 330ff.). Im einzelnen ist bezüglich Enteignung und enteignungsgleichem Eingriff manches unklar

(BVerfGE 58, 300, 330ff.; BGH NJW 1984, 1169ff.; Erbguth JuS 1988, 699ff.; Rdn. 829a). Zu **Art. 14 EVertr** (insb. SBZ-Enteignungen): BVerfG NJW 1991, 1597ff.; Leisner NJW 1991, 1569ff.; Maurer JZ 1992, 183ff.; Leisner DÖV 1992, 432ff.

824 Die Rspr geht bei der **Prüfung der Zulässigkeit einer Enteignung** normalerweise wie folgt vor:

825 **(1)** Es ist zunächst zu fragen, ob ein enteignungsfähiges Objekt vorliegt. Dies ist dann zu bejahen, wenn der **Normbereich** des Eigentums i. S. von Art. 14 betroffen ist (alle vermögenswerten Rechtspositionen; vgl. Rdn. 817f.).

826 **(2)** Die Enteignung muß – wie gesagt – zum Wohle der Allgemeinheit eingesetzt sein, d. h. das enteignete Objekt muß für eine legitime öffentliche Aufgabe notwendig sein und zur Verfügung stehen, es muß einen öffentlichen Nutzen erfüllen (Gemeinwohlziel). Außerdem darf diese Aufgabe mit anderen rechtlichen Mitteln nicht verwirklicht werden können (Bsp.: Bau von Verkehrswegen, Schulen, Ver- und Entsorgungseinrichtungen, BVerfGE 42, 20, 32ff. und 66, 248, 257; zur Unzulässigkeit einer Enteignung zugunsten einer privaten Gondelbahn, BVerfGE 56, 249, 259ff., 266ff.; 74, 264, 279ff. – Boxberg –). Wird der **Enteignungszweck,** die öffentliche Aufgabe, nicht erfüllt, so ist das enteignete Objekt grundsätzlich wieder zurückzuübertragen (BVerfGE 38, 175, 179f.). Zudem muß die Enteignung ultima ratio sein, dem Grundsatz der Verhältnismäßigkeit entsprechen. Es ist die am wenigsten beeinträchtigende Lösung zu wählen (z.B. obligatorische oder beschränkt dingliche Nutzungsrechte vor Eigentumsentzug). Es darf keine andere rechtlich oder wirtschaftlich vertretbare Möglichkeit zur Verfügung stehen, mit der im konkreten Fall der gleiche Zweck erreicht werden kann (BVerfGE 45, 297, 318ff.; BVerwG NVwZ 1991, 987ff.).

827 **(3)** Weiter ist zu prüfen, ob die öffentliche Gewalt unmittelbar auf das betreffende Eigentumsrecht i.S. von Art. 14 einwirkt. Erforderlich ist dabei ein **hoheitlicher „Eingriff"** (i.d.R. durch Gesetz oder aufgrund eines Gesetzes, durch Legal- oder Administrativenteignung), der zum Entzug, zur Minderung oder zur Beeinträchtigung von Eigentumsrechten oder -befugnissen führt. Ob dies der Fall ist, läßt sich nur durch einen Vergleich der rechtlichen und tatsächlichen Verhältnisse vor und nach dem Eingriff feststellen (vgl. BVerfGE 25, 112, 121f.; 29, 348, 363). Nach dem BGH wird seit BGHZ 37, 44, 47 kein „finaler Eingriff" gefordert, es genügt bereits eine „unmittelbare Einwirkung", ein unmittelbarer Zusammenhang zwischen Maßnahme und Eingriffsfolge (aus der Eigenart der hoheitlichen Maßnahme sich ergebendes Sonderopfer; BGH NJW 1980, 2457ff. – Fluglotsenstreik –). Danach liegt etwa schon ein Eingriff in Art. 14 vor, wenn bei einer Schießübung der Bundeswehr versehentlich ein Waldbrand verursacht wird (erweiterter Eingriffsbegriff; vgl. BGHZ 37, 44, 46ff.; 100, 335ff.). Nach neuerer Rspr. des BVerfG wird dagegen ein gezielter, konkreter hoheitlicher Rechtsakt gegen das Eigentum vorausgesetzt (E 58, 300,330; 74, 264, 280; BVerwG NJW 1990, 2572ff.; zur im Umbruch begriffenen Eingriffsproblematik: Ossenbühl JuS 1988, 193ff.; Lege NJW 1990, 864ff.; Schmitt-Kammler NJW 1990, 2515ff.).

828 **(4)** Besonders zu untersuchen ist dann die Frage, ob die unmittelbare Einwirkung der öffentlichen Gewalt auf das betreffende Eigentumsrecht eine Enteignung oder lediglich eine Sozialbindung des Eigentums darstellt, ob also ein entschädigungspflichtiger Eingriff oder nur eine entschädigungslos zu duldende Eigentumsbeschränkung vorliegt (eines der wichtigsten Probleme des Art. 14!). Zu dieser **Abgrenzungsfrage** werden verschiedene Theorien vertreten: **(a)** Vor allem der BGH vertritt die Auffassung, daß es sich bei der Enteignung um einen gesetzlich zulässigen, zwangsweisen staatlichen Eingriff in vermögenswerte und schutzwürdige Rechte handelt, der die Betroffenen im Vergleich zu anderen ungleich trifft und sie zu einem besonderen, den übrigen Bürgern nicht zugemuteten Opfer für die Allgemeinheit zwingt (**„modifizierte Einzelakt- oder Sonderopfertheorie"**; BGHZ 6, 270, 280; 54, 293, 296; 99, 24, 31f.). **(b)** Demgegenüber wird die Abgrenzung insbesondere vom BVerwG nach den materiellen Kriterien der Schwere, Tragweite und Intensität des Eingriffs vorgenommen (sog. **Schwere- oder Zumutbarkeitstheorie;** vgl. BVerwGE 5, 143ff.; 32, 173ff.; 49, 365, 372; 61, 295, 303). Danach liegt bei einem zumutbaren Eingriff noch Sozialbindung, bei einem unzumutbaren, besonders schweren, intensiven Eingriff Enteignung vor. **(c)** Heute wird meist eine Kombination beider Theorien (sog. **Verbindungstheorie)** bevorzugt: Eine Enteignung liegt danach dann vor, wenn einem Bürger im Vergleich zu anderen ein gleichheitswidriges und unzumutbares Opfer auferlegt wird, und damit ein schwerer und unerträglicher Eingriff vorliegt (Theorie von der sog. „Enteignungsschwelle"; konkret-individuelle „Entzugsakte"; z.B. nachhaltige Veränderung der Grundstückssituation, tiefgreifende Einwirkungen auf die Grundstücksnutzung, den Nutz- oder Verkaufswert usw.; vgl. etwa BVerwG NJW 1978, 62; BGH DVBl. 1975, 331; BGHZ 48, 46, 50f.; 72, 211ff.; BVerfGE 20, 351, 356ff.; BVerwG NJW 1990, 2572ff.). Wenn dagegen die Einwirkung der öffentlichen Gewalt kein ungleich treffendes Sonderopfer bzw. kein unzumutbarer, besonders schwerer Eingriff ist, so liegt keine Enteignung, sondern nur eine infolge der Sozialpflichtigkeit des Eigentums (Art. 14 II) entschädigungslos hinzunehmende „Inhaltsbestimmung des Eigentums" vor (Art. 14 I 2; abstrakt-generelle „Definitionsakte"). Beschränkungen aufgrund der „Situation" und „Lage", der „Situationsgebundenheit" eines Grundstücks (z.B. Natur- und Landschaftsschutz: BGH NJW 1983, 1658; Verkehrslärm: BVerfGE 79, 174, 191ff.) sind lediglich Ausdruck der Sozialbindung des Eigentums; die entschädigungspflichtige Grenze des Sonderopfers bzw. des Zumutbaren ist erst dann überschritten, wenn etwa eine naturschutzrechtliche Regelung eine ausgeübte oder vernünftigerweise in Betracht zu ziehende Nutzung ausschließt (zur Abgrenzung zwischen Inhaltsbestimmung und Enteignung vgl. BVerfGE 56, 249, 259ff.; 58, 300, 338ff. mit Anm. Papier JuS 1985, 184ff. – Naßauskiesung –; BGH NJW 1980, 2299f. – Kiesabbauverbot –; BVerwG NJW 1983, 2893ff. – Wohnraumzweckentfremdungsverbot –; BVerwG NJW 1988, 505f. – Eintragung ins Denkmalbuch –; BGH NJW 1988, 3201ff. – archäologisch bedingtes Sandabbauverbot über 3 Jahre –; BVerwG NJW 1990, 2572ff., Leisner DÖV 1991, 781ff.: Naturschutz).

(5) Erforderlich ist ferner, daß das Gesetz, auf dem die Enteignung beruht, Art und **829**
Ausmaß der **Entschädigung** regelt. Der Gesetzgeber, nicht die Verwaltung oder die Gerichte, hat zu entscheiden, ob die Entschädigung in Geld oder in anderen Werten bestehen soll, und welche Bewertungsgrundlagen sowie welche Maßstäbe entscheidend sein sollen. Ein Enteignungsgesetz, das eine solche Regelung nicht enthält, ist

verfassungswidrig (sog. **Junktimklausel** gemäß Art. 14 III 2 i. S. einer Warn- und Rechenschaftsfunktion bei Eigentumsentzug; vgl. dazu BVerfGE 24, 367, 388ff., 396, 418ff.; 46, 268, 284ff.; 79, 174, 191f.; Bachof DÖV 1954, 594; zur Höhe der Entschädigung BGH NJW 1977, 1725f.; allgemein: Knauber NVwZ 1984, 753ff.).

829a Zu den Abgrenzungsproblemen zwischen Inhaltsbestimmung, Enteignung, enteignungsgleichem Eingriff und dem Theoriestreit zwischen BVerfG, BVerwG und BGH vgl. Papier JuS 1989, 630ff.; Lege NJW 1990, 864ff.; Schink DVBl. 1990, 1375ff.; Maurer DVBl. 1991, 781ff.; Melchinger NJW 1991, 2524ff.

Wichtige Entscheidungen (x): BVerfGE 14, 263, 277f. („Feldmühle-Urteil"); E 24, 367, 388ff. („Hamburger-Deichurteil"); E 31, 229, 238ff. (Urheberrechte); E 42, 263, 290ff. („Contergan-Urteil"); E 50, 290, 339ff. (MitbestimmungsG); E 58, 300, 317ff. (Naßauskiesung, Grenzen der Grundwasserbenutzung mit Anm. Leisner DVBl. 1983, 61ff. und Battis JA 1983, 494ff.); E 74, 264, 279ff. („Boxberg-Urteil"); E 79, 292, 301ff. (Eigenbedarfskündigung bei Wohnraum); BGHZ 6, 270ff. („Einzelakt- oder Sonderopfertheorie"); BGHZ 45, 150ff. („Krabbenfischer-Urteil"); BVerwGE 32, 173ff. („Schweretheorie"); BGHZ 72, 211ff. (Enteignung und Denkmalschutz); BVerwGE 52, 122ff. („Schweinemäster-Fall"); OLG München NVwZ 1986, 691ff. und BGH NJW 1988, 478ff. (Waldschäden); BVerwG NJW 1990, 2572ff. (Naturschutzgebiet); BVerfG NJW 1991, 1597ff. (SBZ-Enteignungen).

Aus der Literatur: *Badura,* Eigentum, in: Benda/Maihofer/Vogel (Hrsg.), Handbuch des Verfassungsrechts, S. 653ff.; *Böhmer,* Grundfragen der verfassungsrechtlichen Gewährleistung des Eigentums, NJW 1988, 2561ff.; *Bross,* Umweltbelastende Betriebe und Eigentumsschutz, DÖV 1978, 283ff.; *Hendler,* Zur BVerfG-Konzeption der Eigentumsgarantie, DVBl. 1983, 873ff.; *Hesse* § 12 III; *Kimminich,* Das Grundrecht auf Eigentum, JuS 1978, 217ff.; *Leisner,* Eigentum, in: HdBStaatsR Bd. VI, § 149; *Maunz/Zippelius* § 28; *Schmidt-Aßmann,* Der öffentlich-rechtliche Schutz des Grundeigentums DVBl. 1987, 216ff.; *Schwerdtfeger,* Eigentumsgarantie, Inhaltsbestimmung und Enteignung, JuS 1983, 104ff.; *Stein* § 13; *Papier,* Grundfälle zum Eigentum, Enteignung und enteignungsgleichem Eingriff, JuS 1989, 630ff.; *Schoch,* Die Eigentumsgarantie des Art. 14, Jura 1989, 113ff. und 529ff.; zur Waldschadensproblematik: *Bender* VerwArch 1986, 335ff. und *Murswieck* NVwZ 1986, 611ff.; *Maurer,* Die Eigentumsregelung im EVertr, JZ 1992, 183ff.

XVII. SOZIALISIERUNG (Art. 15)

1. Inhalt des Art. 15

830 Im Anschluß an die Eigentumsgarantie wird im GG in einem besonderen Artikel die Sozialisierung grundsätzlich zugelassen. Nach Art. 15 können zum Zwecke der Vergesellschaftung Grund und Boden, Naturschätze und Produktionsmittel gegen Entschädigung in Gemeineigentum oder in andere Formen der Gemeinwirtschaft überführt werden. Art. 15 enthält allerdings an den Gesetzgeber keinen Verfassungsauftrag zur Sozialisierung, sondern nur eine Ermächtigung dazu. Ob und in welchem Umfang der Gesetzgeber davon Gebrauch macht, muß seiner politischen Entscheidung überlassen bleiben. Eine **Vergesellschaftung** i. S. von Art. 15 ist im wesentlichen unter **fünf Voraussetzungen** zulässig: **(1)** Nicht jede Eigentumsart, sondern nur die in Art. 15 bestimmten Produktionsfaktoren sind sozialisierungsfähig. **(2)** Die Vergesellschaftung kann nur zu einer Überführung in Gemeineigentum oder andere gemeinwirtschaftliche Formen führen. **(3)** Die Sozialisierung darf nur zum Zwecke der Vergesellschaftung, nicht dagegen zur Bereicherung der öffentlichen Hand oder zur Diskriminierung der Unternehmer vorgenommen werden. **(4)** Entsprechend Art. 14 III muß in dem Gesetz, das die Sozialisierung vorsieht, eine Entschädigung festgelegt sein. Ob darüber hinaus eine Vergesellschaftung objektiv erforderlich oder gesamtwirtschaftlich notwendig ist, kann nach dem Wortlaut des Art. 15 nicht als weitere Voraussetzung angesehen werden. **(5)** Die Sozialisierung darf nicht gegen die übrigen Verfassungsbestimmungen verstoßen (vgl. dazu BVerfGE 12, 354, 363f.; 17, 306, 314; Müller-Volbehr JZ 1982, 132ff.).

2. **Wirtschaftsverfassung**

Das GG schreibt für die Bundesrepublik keine bestimmte Wirtschaftsordnung vor; **831**
die Verfassung legt nur einen groben Ordnungsrahmen fest (vgl. Art. 9, 12, 14 und 15) und geht im übrigen vom **Grundsatz der wirtschaftspolitischen Neutralität** aus. Nach dem BVerfG garantiert allerdings das GG weder diese Neutralität noch die bestehende „soziale Marktwirtschaft". Die „wirtschaftspolitische Neutralität" besteht lediglich darin, daß sich der Verfassunggeber nicht ausdrücklich für ein bestimmtes Wirtschaftssystem entschieden hat. Im Unterschied zu Art. 151ff. WV enthält das GG keine Grundsätze der Gestaltung des Wirtschaftslebens. Dies ermöglicht dem Gesetzgeber, die ihm jeweils sachgemäß erscheinende Wirtschaftspolitik zu verfolgen. Die gegenwärtige Wirtschafts- und Sozialordnung ist zwar eine nach dem GG mögliche Ordnung, keineswegs aber die allein mögliche. Sie beruht auf einer vom Willen des demokratischen Gesetzgebers getragenen wirtschafts- und sozialpolitischen Zweckmäßigkeitsentscheidung, die durch eine andere Entscheidung ersetzt oder durchbrochen werden kann. Das GG enthält eine wirtschaftsverfassungsrechtliche Offenheit, um dem Wandel des wirtschaftlichen Lebens Rechnung zu tragen und die normierende Kraft der Verfassung nicht aufs Spiel zu setzen (BVerfGE 50, 290, 337f.). Stets sind dabei aber die Wertentscheidungen des GG zu beachten. So hat sich die Wirtschafts- und Sozialordnung vor allem an den verfassungsrechtlichen Fixpunkten der Art. 1, 2, 3, 9, 12, 14 und 15, aber auch an dem Rechts- und Sozialstaatsprinzip zu orientieren (Wirtschaftsmodell, das individuelle Freiheit, soziale Bindung und wirtschaftliche Effizienz, freien Wettbewerb und Solidarität verbindet und ausbalanciert). Innerhalb der durch diese elementaren Teilaspekte aufgestellten Schranken sind gleichwohl noch mannigfache Ordnungssysteme denkbar. Das GG hat sich gegen extreme Wirtschaftsformen entschieden; es schließt sowohl ein rein liberalistisches, kapitalistisches Wirtschaftssystem als auch eine totale, vergesellschaftete Planwirtschaft aus (vgl. BVerfGE 4, 7, 17f.; 50, 290, 336ff.; Badura JuS 1976, 205ff.; Bleckmann JuS 1991, 536ff.; Nebendahl ZRP 1991, 257ff.).

Wichtige Entscheidungen (x): BVerfGE 4, 7, 17ff. („Investitionshilfe-Urteil"); E 12, 354, 363ff. („Volkswagen-Privatisierung"); E 50, 290, 336ff. (MitbestimmungsG).

Aus der Literatur: *Badura,* Grundprobleme des Wirtschaftsverfassungsrechts, JuS 1976, 205ff.; *Bäumler,* Abschied von der grundgesetzlich festgelegten „Wirtschaftsverfassung", DÖV 1979, 325ff.; *Häberle,* „Wirtschaft" als Thema neuerer Verfassungen, Jura 1987, 577ff.; *Kriele* §§ 50–56; *Leisner,* Der Sozialisierungsartikel als Eigentumsgarantie, JZ 1975, 272ff.; *Maunz/Zippelius* § 28; *Müller-Volbehr,* Das Soziale in der Marktwirtschaft, JZ 1982, 132ff.; *Scholz,* Paritätische Mitbestimmung und GG, AöR 1976,

483ff.; *Zacher,* in: HdB StaatsR Bd. I, § 25; *Bleckmann,* Grundzüge des Wirtschaftsverfassungsrechts, JuS 1991, 536ff.; *Fezer,* Homo constitutionis, JuS 1991, 889ff.

XVIII. AUSBÜRGERUNG, AUSLIEFERUNG, ASYLRECHT (Art. 16)

1. Ausbürgerung (Art. 16 I)

832 Anders als etwa die WV regelt das GG in Art. 16 I definitiv die Frage der Entziehung und des Verlustes der deutschen Staatsangehörigkeit. Art. 16 I hat zu verhindern, daß einem deutschen Staatsangehörigen durch hoheitliche Gewalt die Staatsangehörigkeit entzogen wird **(keine Zwangsentziehung der Staatsangehörigkeit;** BVerfGE 14, 142, 150; BVerwG DÖV 1967, 94). Diese Vorschrift geht wie Art. 116 davon aus, daß deutscher Staatsangehöriger nicht nur der Bürger der Bundesrepublik einschließlich der neuen Bundesländer ist (sog. Status-Deutsche nach Art. 116 I; vgl. dazu BVerfGE 17, 224ff.; 36, 1, 30; 37, 217, 241; 77, 137, 147ff.). Art. 16 will den Deutschen die rechtlichen Beziehungen zur Bundesrepublik mindestens so lange erhalten, wie sie nicht in eine entsprechende Beziehung zu einem anderen Staat getreten sind (zur früheren Deutsch-Deutschen-Problematik vgl. BVerfGE 36, 1, 30; 77, 137, 147ff.; BVerwG NJW 1983, 585ff.; Blumenwitz JuS 1988, 607ff.). Der Verlust der deutschen Staatsangehörigkeit muß aufgrund eines Gesetzes erfolgen und darf gegen den Willen des Betroffenen nur eintreten, wenn dieser dadurch nicht staatenlos wird. Dem Grundrechtsträger bleibt es allerdings unbenommen, die deutsche Staatsangehörigkeit ausdrücklich oder konkludent abzulegen (BVerfGE 2, 98f.; vgl. auch Rdn. 25).

2. Auslieferungsverbot (Art. 16 II 1)

833 Das Grundrecht des Art. 16 II 1 steht nur Deutschen i. S. von Art. 116 zu (für die übrigen Personen bestehen vielfach Auslieferungsverträge zwischen der Bundesrepublik und ausländischen Staaten; vgl. BVerfGE 18, 112). Unter dem **Begriff „Auslieferung"** versteht die h. M. jede Entfernung, Überführung bzw. zwangsweise Verbringung aus der Bundesrepublik in den Bereich nichtdeutscher Hoheitsgewalt auf Ersuchen einer ausländischen Stelle (amtliche Überantwortung einer Person aus dem Bereich der inländischen Hoheits- und Gerichtsgewalt an eine ausländische Hoheitsgewalt und Gerichtsbarkeit; die Abschiebung, die Ausweisung ohne Ersuchen wird durch Art. 11 geschützt; vgl. dazu BVerfGE 10, 136, 139; BGHSt 5, 396, 404; 12, 262, 264; Maunz/Dürig, Art. 16, Rdn. 42; Zöbeley NJW 1983, 1703ff.). Das Auslieferungsverbot begründet für Deutsche ein subjektiv-öffentliches Recht (vgl. dazu im einzelnen das Deutsche Auslieferungsgesetz von 1929, Sartorius Nr. 605).

3. Asylrecht (Art. 16 II 2)

834 Nach Art. 16 II 2 genießen alle politisch Verfolgten Asylrecht; diese Bestimmung verleiht den geflüchteten und verfolgten Fremden, also ausschließlich den rd. 4,5 Mio. Ausländern und Staatenlosen, ein subjektiv-öffentliches Individualrecht auf Asylgewährung **(„Ausländergrundrecht";** für Deutsche gilt Art. 11 – Zuzugsrecht –;

BVerfGE 4, 238; BVerwG NJW 1975, 2157). Dem Asylrecht liegt die von der Achtung der Unverletzlichkeit der Menschenwürde bestimmte Überzeugung zugrunde, daß kein Staat das Recht hat, Leib, Leben oder persönliche Freiheit des Einzelnen aus Gründen seiner politischen, religiösen oder Gewissensüberzeugung zu verletzen oder zu gefährden (asylerhebliche Merkmale; BVerfGE 80, 315, 333). Das innerstaatliche Asylrecht, das über die völkerrechtlichen Gewährleistungen hinausgeht (Gornig EuGRZ 1986, 521, 526), bedeutet in seinem Kerngehalt Schutz vor politischer Verfolgung erstens durch Verbot der Zurückweisung des Flüchtsuchenden an der Grenze und zweitens durch Verbot der Abschiebung in einen Verfolgerstaat, was einschließt, daß jemand auch in keinen solchen Staat abgeschoben werden darf, in dem die Gefahr der weiteren Abschiebung in einen Verfolgerstaat besteht (Zufluchtgedanke; i. d. R. Kausalzusammenhang zwischen Verfolgung – Flucht – Asyl; BVerfGE 74, 51, 60; 80, 315, 344). Neben dem subjektiv-öffentlichen Recht auf Asylgewährung kommt Art. 16 II 2 auch verfahrensrechtliche Bedeutung zu **(Verfahrensgarantie:** Recht auf Zugang zu einem fairen Asylanerkennungsverfahren, Gewährleistung einer offenen und effektiven Verfahrensgestaltung, eines effektiven Rechtsschutzes, aber keines Instanzenzuges, Pflicht zur Sachverhaltsaufklärung und wirksamen rechtlichen und tatsächlichen Kontrolle; BVerfGE 52, 391, 407 f.; 63, 215, 223 ff.; 65, 76, 93 ff.; Rdn. 583 f.). Dies ist, da sich Art. 16 II 2 in vielen Fällen in Verfahrensgarantien erschöpft, besonders bedeutsam; deshalb darf ein Asylbewerber auch während des Asylverfahrens grundsätzlich nicht abgeschoben werden (strenge Anforderungen an die nicht wiedergutzumachende Abschiebung; BVerfGE 67, 43, 58; 71, 276, 292 f.; BVerwG NJW 1981, 2653 ff.; VG Schleswig NJW 1981, 538 ff.; Deibel DÖV 1986, 859 ff.). Art. 16 II 2 enthält darüber hinaus einen Auftrag an den Gesetzgeber, das Schicksal der Asylberechtigten entsprechend der humanitären Zielsetzung des Grundrechts zu regeln (objektivrechtliche Komponente; Toleranzgebot, Diskriminierungsverbot; BVerwG NVwZ 1983, 678 ff.; Sachs JuS 1989, 537, 541 ff.). Durch die im Ausländergesetz – Sartorius Nr. 656 – enthaltenen asylrechtlichen Bestimmungen wurde dieser Auftrag im wesentlichen eingelöst (vgl. §§ 28 ff. AuslG und AsylVfG; BVerfGE 56, 216, 235 ff.; BVerwGE 49, 202 ff.; vgl. auch die Genfer Flüchtlingskonvention i. d. F. vom 31. 1. 1967, BGBl. 1969 II S. 1293; zu Fragen des neuen Ausländerrechts und der Asylbeschleunigung: Huber NVwZ 1987, 391 ff.; Hailbronner/Cordes NVwZ 1990, 1139 ff. und NVwZ 1991, 713 ff.; zur neueren Asylrechtsprechung: Bertrams DVBl. 1990, 1129 ff.; Selk NVwZ 1990, 1133 ff.; Schenk VBlBW 1990, 401 ff.; Zimmermann DVBl. 1991, 185 ff.).

Der **Begriff des „politisch Verfolgten"** ist weit auszulegen und nicht nur nach der Art **835**
der evtl. begangenen Tat zu bestimmen. Das Asylrecht bezieht sich nicht nur auf die sog. politischen Verbrecher (i. S. von § 3 Deutsches AuslieferungsG – DAG –, Sartorius Nr. 605), sondern erfaßt auch die wegen nicht politischer Straftaten Verfolgten, wenn sie im Falle ihrer Auslieferung in ihrem Heimatland staatlichen Verfolgungsmaßnahmen mit Gefahr für Leib und Leben oder Beschränkungen ihrer persönlichen Freiheit ausgesetzt wären (BVerfGE 9, 174, 180 f.; 38, 398, 402; 76, 143, 156 ff. – Schutz auch bei religiös oder gewissensmäßig motivierter politischer Verfolgung –; 80, 315, 333 ff. – staatliche Verfolgung in öffentlichen, das menschli-

che Zusammenleben betreffenden Fragen, die eine solche Intensität hat, daß der Verfolgte aus der staatlichen Einheit ausgegrenzt wird, landesweit in eine ausweglose Situation versetzt würde –). Grundrechtsträger des Art. 16 II 2 ist demnach derjenige, dem bei einer Abschiebung mit hoher Wahrscheinlichkeit eine staatliche Verfolgung als Eingriff, als zielgerichtetes Handeln des Staates persönlich und gegenwärtig droht, wobei die Verfolgung aus politischen Gründen erfolgen und als Gefahr für Leib, Leben, Freiheit oder Vernichtung der wirtschaftlichen Existenz bestehen muß (Unzumutbarkeit der Rückkehr bei zu befürchtendem Staatsmachtmißbrauch; BVerfGE 76, 143, 156ff.; 80, 315, 333ff.; BVerwG NVwZ 1983, 674ff.). Politisch Verfolgter kann ausnahmsweise auch jemand sein, der erst während seines Aufenthalts in der Bundesrepublik die Tatsachen schafft, die eine politische Verfolgung in dem Land befürchten lassen, das die Auslieferung begehrt (aber kein Erschleichen des Asylrechts durch nachträgliches Schaffen von Fakten; vgl. BVerfGE 38, 398, 402; 64, 46, 58ff.; 74, 51, 64ff.; 81, 142, 149ff.; BVerwGE 49, 202ff.; BVerwG NVwZ 1990, 1175f.). Stets muß es sich um eine auf Tatsachen begründete Furcht vor politischer Verfolgung des einzelnen Asylbewerbers handeln; eine gegenwärtige oder absehbare Gefahr eigener politischer Verfolgung muß mit hoher Wahrscheinlichkeit drohen. Dies ist durch eine sorgfältige Verfolgungsprognose festzustellen. Das Bestehen von Bürgerkrieg oder sonstigen Unruhen sowie von wirtschaftlichen Notlagen im Heimatstaat reicht nicht aus (BVerfGE 54, 341, 357f.; BVerwG DÖV 1979, 296; zu den Anforderungen an den Nachweis von Asylgründen: BVerwG DVBl. 1978, 883ff., NVwZ 1986, 569f., NVwZ 1992, 270ff.). Politisches Asylrecht kann nicht verlangen, wer nach der Auslieferung wirksamen Schutz vor politischer Verfolgung durch den **Grundsatz der Spezialität** genießt. Die vertragliche Zusicherung eines Staates, bei einer Auslieferung dieses Prinzip zu beachten, d.h. die Gewähr zu bieten, daß der Ausgelieferte wegen begangener „politischer Taten" nicht zur Rechenschaft gezogen wird, muß als ausreichende Garantie gegen eine politische Verfolgung des Ausgelieferten angesehen werden (in dem Auslieferungsvertrag muß die „Gegenseitigkeit" verbürgt sein; vgl. §§ 4 und 6 DAG; BVerfGE 15, 249, 251f.; 38, 398, 402f.; 60, 348, 354ff.; zu Ausnahmen im Auslieferungsverkehr mit der Türkei: BVerfGE 63, 197, 205ff.).

836 Art. 16 I 2 enthält ausdrücklich keine **Grundrechtsschranken;** in Art. 18 ist lediglich bestimmt, daß das Asylrecht verwirkt werden kann. Nach h.M. ist aber Art. 16 I 2 gleichwohl nicht schrankenlos, sondern unterliegt verfassungsimmanenten Grundrechtsschranken (vgl. dazu Rdn. 643f. und etwa Kimminich JZ 1976, 61f.). Unter Bezugnahme auf die Rspr des BVerfG, derzufolge auch dem Wortlaut nach uneingeschränkte Grundrechte mit Rücksicht auf die Einheit der Verfassung und die von ihr geschützte gesamte Wertordnung (z.B. Grundrechte Dritter) Begrenzungen erfahren müssen, vertritt das BVerwG die Auffassung, daß es nicht zu verantworten sei, die Sicherheitsinteressen von Staat und Allgemeinheit schlechthin hinter dem Interesse eines Asylberechtigten an Verfolgungsschutz zurücktreten zu lassen. Für die Gewährung des Asylrechts bestehe deshalb eine „Opfergrenze", deren Verlauf unter Würdigung der gesamten Umstände des Einzelfalles bestimmt werden müsse. Auf der Grundlage dieser Grundsätze sieht das BVerwG die §§ 1 II und 14 I 2 AusländerG bei grundrechtskonformer Auslegung als verfassungsmäßig an (vgl.

BVerwGE 49, 202ff. und 207ff.; im einzelnen ist vieles umstritten; vgl. etwa Weber JuS 1976, 325ff.; Philipp/Sachs NJW 1981, 1859ff., 2608ff.; Hailbronner JZ 1987, 73ff.; zur Berücksichtigung des Art. 6 im Asylverfahren vgl. oben Rdn. 749, 754). Politischen Attentätern kommt allerdings grundsätzlich kein Asylrecht zu (vgl. etwa BVerwG NVwZ 1990, 1175f.). Die innenpolitische Problematik des Asylrechts wird evident, wenn man sich die Entwicklung der Zahl der Asylsuchenden und den geringen Anteil der als politisch Verfolgte gerichtlich Anerkannten vor Augen führt (1973: 5595 Asylanträge, 1985: 73832, 1990: 193100 und 1991: 256112 Anträge). Die Flut der Asylanten, die quantitative Dimension, droht immer wieder die Qualität des Asylrechts negativ zu beeinflussen (z.B. Einrichtung von Sammellagern, Versagung der Arbeitserlaubnis; Rittstieg ZRP 1986, 92ff.; Renner NJW 1989, 1246ff.; Hailbronner/Cordes NVwZ 1990, 1139ff. und NVwZ 1991, 713ff.; Wollenschläger/Becker AöR 1990, 369ff.; Schenk ZRP 1992, 102ff.). Zum Asyl- und Ausländerrecht in der EG: Schoch DVBl. 1992, 525ff.

Wichtige Entscheidungen (x): BVerfGE 9, 174, 179ff. (Asylrecht); E 10, 136, 139ff. (Auslieferungsverbot); E 15, 249, 251ff. (Asylrecht); E 38, 398, 401ff. (Umfang des Asylrechts); E 54, 341, 355ff. (Glaubensflüchtlinge); E 56, 216, 235ff. und BVerwG NJW 1981, 2653ff. (Aufenthaltsrecht bis zum Abschluß des Asylverfahrens); E 80, 315, 333ff. (politische Verfolgung der Tamilen); BVerwGE 49, 202ff. (Schranken des Asylrechts).

Aus der Literatur: *Bertrams,* Aus der neueren Asylrechtsprechung, DVBl. 1990, 1129ff.; *Huber,* Die Entwicklung des Ausländerrechts, NJW 1988, 3059ff.; *Kimminich,* Zur Theorie der immanenten Schranken des Asylrechts, JZ 1965, 739ff.; *ders.,* Der Schutz politisch Verfolgter, EuGRZ 1986, 317ff.; *Pagenkopf,* Probleme des Entwurfs eines AsylverfG, NVwZ 1982, 590ff.; *Philipp,* Ist Art. 16 II 2 verfassungswidrig? NJW 1981, 1857ff. (kritisch dazu: Sachs NJW 1981, 2608ff.); *Randelzhofer,* Asylrecht, in: HdBStaatsR Bd. VI, § 132; *Sachs,* Das Asylgrundrecht, JuS 1989, 537ff.; *Säcker,* Die neueste Asylrechtsprechung, DVBl. 1985, 1048ff. und DÖV 1988, 159ff.; *Schwäble,* Asylrecht, DÖV 1987, 183ff. und DÖV 1989, 419ff.; *Schütz,* Das Recht auf Asyl in der Rspr, DÖV 1980, 34ff.; *Weides,* Die verfassungsrechtlichen Grundlagen des Ausländerrechts, JuS 1986, 530ff. und 697ff.; *Zöbeley,* Die neuere Rspr des BVerfG zum Auslieferungsrecht, NJW 1983, 1703ff.; *Huber,* Das neue Ausländerrecht, NVwZ 1990, 1113f.; *Wollenschläger/Becker,* 40 Jahre Asylgrundrecht, AöR 1990, 369f.; *Zimmermann,* Zentrale Fragen des neuen Ausländergesetzes, DVBl. 1991, 185ff.

XIX. PETITIONSRECHT (Art. 17)

Das Petitionsrecht in Art. 17, sich schriftlich mit Bitten und Beschwerden an die **837**
öffentlichen Organe zu wenden, erhält seine besondere Bedeutung durch die vom Staat eingeräumte Möglichkeit, zusätzlich außerhalb des normalen Prozeßverfahrens ein dem Erfolg des Gerichtsverfahrens gleichwertiges Ergebnis zu erzielen, ohne an die Voraussetzungen der Prozeßordnungen, insbesondere die Fristen, Termine, Verfahren usw. gebunden zu sein. Die Petition ist weder ein Prozeßrecht noch liegt darin die Ausübung eines politischen Mitwirkungsrechts. Mit ihr wird dem einzelnen ein formloser Rechtsbehelf garantiert und dem Parlament eine wirkungsvolle Möglichkeit gegeben, die „Hand am Pulsschlag des Volkes“ zu halten („Kummerkasten und Stimmungsbarometer der Nation“; „demokratische Notrufsäule“; Vitzthum/März JZ 1985, 809ff.). Häufig wird Art. 17 auch als **Beschwerde-**

oder Eingaberecht bezeichnet. Den Beschwerdeführer nennt man allgemein Petenten, seine Eingabe Petition (Gesuch, Bitte). Die Bedeutung des Art. 17 wird schon dadurch offenkundig, daß allein im Bundestag im Jahr 1989 13607 und 1990 16497 Petitionen eingereicht wurden.

838 **Grundrechtsträger** des Art. 17 ist jedermann, d. h. grundsätzlich jede natürliche und i. d. R. auch juristische Person des Privatrechts (auch im Ausland lebende Ausländer, Kollektivpersonen; nicht dagegen juristische Personen des öffentlichen Rechts; vgl. OVG Münster NJW 1979, 281). Der **Begriff „Petition"** kennzeichnet eine Bitte oder Beschwerde, die von einem öffentlichen Organ für den Petenten selbst, einen Dritten oder das Gemeinwohl etwas verlangt, beantragt oder fordert. Eine Petition liegt auch vor, wenn der Bürger eine bestimmte Handlung verlangt. Petitionsadressaten sind die „zuständigen Stellen" und die „Volksvertretung" (kumulativ, nicht nur alternativ). Art. 17 umfaßt somit sämtliche Organe der öffentlichen Hand, insbesondere von Bund und Ländern, gleichgültig, ob sie der gesetzgebenden, vollziehenden oder rechtsprechenden Gewalt, der unmittelbaren oder mittelbaren (z.B. Gemeinderat und Gemeindeverwaltung), der Eingriffs-, fiskalischen oder leistenden Verwaltung angehören oder Behörden im technischen Sinne des Wortes sind. Welche „Stelle" im Einzelfall zuständig ist, entscheidet das jeweilige einfachgesetzliche Organisationsrecht. Art. 17 begründet keine Sonderzuständigkeiten (vgl. dazu und zum Problem Gewaltenteilung/Art. 17: OVG Münster NJW 1979, 281f. und von Mutius VerwArch. 1979, 165ff.).

839 Art. 17 gibt dem Petenten allerdings nur ein Recht auf Entgegennahme, sachliche Prüfung und formale Bescheidung der Petition, jedoch keinen Anspruch auf eine bestimmte Entscheidung, auf Erledigung i. S. des Petenten. Nach h. M. muß dem **Petitionserledigungsbescheid** eine Begründung beigefügt werden (OVG Bremen JZ 1990, 965ff.; Siegfried DÖV 1990, 279ff.; BVerwG NJW 1991, 936f.; a. A.: BayVerfGH NVwZ 1988, 820f.). Gegen die nichtordnungsgemäße Behandlung einer Petition durch eine Behörde oder Volksvertretung ist der Rechtsweg zu den Verwaltungsgerichten gegeben (vgl. dazu BVerfGE 2, 225, 229ff. und NVwZ 1989, 953; BVerwG NJW 1976, 637f.; BVerwG NJW 1977, 118; OVG Bremen JZ 1990, 965f.; vgl. zum ganzen etwa auch Art. 45c, §§ 112f. GeschOBT und das Petitionsausschußgesetz vom 19. 7. 1975, Sartorius Nr. 5; Verfahrensgrundsätze des Petitionsausschusses: NVwZ 1990, 843ff.; Slupik/Spohler JuS 1992, 410ff.).

Aus der Literatur: *Hablitzel,* Petitionsrecht, BayVBl. 1986, 97ff.; *Rohlf,* Erweiterte Befugnisse für das Petitionsverfahren des Bundestages, JZ 1976, 359ff.; *Rüfner,* Art. 17 – Petitionsrecht –, AöR 1964, 318ff.; *Thorwirth,* Petitionsausschuß oder Ombudsmann, ZParl 1971, 12ff.; zu den Reformbestrebungen des Petitionswesens vgl. etwa Zwischenbericht der Enquête-Kommission Verfassungsreform des Deutschen Bundestages, in: Zur Sache 1/73 – BT-Drucksache VI/3829; *Vitzthum/März,* Das Grundrecht der Petitionsfreiheit, JZ 1985, 809ff.; *Wittrock,* Gedanken zum Petitionswesen, DÖV 1987, 1102ff.; *Siegfried,* Begründungspflicht bei Petitionsbescheiden, DÖV 1990, 279ff.

GG – Artikelregister

(Die Zahlen bezeichnen die jeweiligen Randnummern)

Stichwortverzeichnis

(Die Zahlen bezeichnen die jeweiligen Randnummern)